Zürcher Grundrisse zur Bibel

herausgegeben von Hans Heinrich Schmid und Siegfried Schulz

Hans Weder

Neutestamentliche Hermeneutik

Zweite, durchgesehene Auflage

TVZ **Theologischer Verlag Zürich**

Für Walter Mostert!

CIP-Titelaufnahme der Deutschen Bibliothek

Weder, Hans:
Neutestamentliche Hermeneutik / Hans Weder. –
2. durchges. Aufl. –
Zürich: Theol. Verl., 1989. –
(Zürcher Grundrisse zur Bibel)
ISBN 3-290-11632-8

Vorwort

In dieser Arbeit wird der Versuch unternommen, eine neutestamentliche Hermeneutik zu entwerfen. Sie ist in dem Sinne neutestamentlich, daß sie das hermeneutische Potential des Neuen Testaments zu entdecken und fruchtbar zu machen sucht. Wenn es zutrifft, daß das Neue Testament etwas zu verstehen gibt, dann sind davon auch Aufschlüsse über das Verstehen selbst zu erwarten. Es geht dieser Arbeit also nicht darum, bei einer allgemeinen philosophischen oder politischen Hermeneutik anzusetzen, um diese dann auf das Neue Testament anzuwenden. Ebenso geht es ihr nicht darum, eine Geschichte der Wahrnehmung neutestamentlicher Texte zu schreiben (dazu verweise ich auf P. Stuhlmacher, Vom Verstehen des Neuen Testaments, Göttingen 1979). Statt dessen werden anhand neutestamentlicher Denkweisen hermeneutische Grundfragen unserer Zeit angegangen.

Die vorliegende neutestamentliche Hermeneutik ist keine Methodenlehre. Denn das primäre hermeneutische Problem angesichts verschiedener Auslegungsmethoden besteht meines Erachtens nicht darin, verschiedene Methoden gegeneinander abzuwägen. Das primäre hermeneutische Problem liegt auf einer tieferen Ebene. Es stellt sich zum Beispiel angesichts der Weltlichkeit (beziehungsweise des erkenntnistheoretischen Atheismus) der Methoden, seien sie nun historisch-kritisch, psychologisch, soziologisch oder linguistisch. Oder es stellt sich – um noch ein zweites Beispiel zu nennen – angesichts verschiedener Verstehensweisen als die Frage, ob es durch diese zu einer Wahrnehmung oder aber zu einer Vereinnahmung der Texte komme. Weil die vorliegende Arbeit solchen Fragen die Hauptaufmerksamkeit schenkt, werden die Methoden nicht zum expliziten Thema gemacht. Statt dessen findet ein stetiges implizites Gespräch mit historisch-kritischen, psychologischen, soziologischen und linguistischen Erkenntnisweisen statt.

Die Anlage der Zürcher Grundrisse zur Bibel erlaubt keinen Anmerkungsapparat. Wo Zitate absolut unvermeidlich waren, wurde der Fundort als eine Zahl in eckigen Klammern, gefolgt von der Seitenzahl, angegeben (zum Beispiel: [12], 123–175). Der Leser findet im Anhang einen Schlüssel zur Auflösung dieser Angaben. Ebenfalls im Anhang befindet sich ein Verzeichnis mit ausgewählter neuerer Literatur zum hermeneutischen Problem. Es soll die Weiterarbeit der Leser an eigenen Fragen erleichtern.

Schließlich gilt es, vielfältigen Dank auszusprechen. Ich danke den Herausgebern dieser Reihe, den Herren Hans Heinrich Schmid und Siegfried Schulz, für die Erteilung ihres Auftrags an mich und für die Aufnahme der Arbeit. Ich danke den Studierenden an der Theologischen Fakultät der Universität Zürich, die sich in vielen Seminaren und Vorlesungen am

Nachdenken über hermeneutische Fragen engagiert beteiligt haben. Ich danke Frau Ursula Kunz für die aufmerksame und sorgfältige Herstellung der Reinschrift. Ich danke meinem Assistenten, Herrn VDM Herbert Kohler, der die Arbeit während allen Stadien ihrer Entstehung mit wichtigen Anregungen und weiterführenden Fragen begleitet hat. Ich danke Herrn B.K.A. Bonsack, dem Altphilologen, für seine wichtigen Korrekturvorschläge (namentlich zur deutschen Wiedergabe von griechischen Texten). Und ich danke meinem Zürcher Kollegen und Freund, Walter Mostert, der das gesamte Manuskript gelesen und vieles zu seiner Verbesserung beigetragen hat. Für noch verbleibende Unzulänglichkeiten ist er selbstverständlich nicht verantwortlich. Die Verläßlichkeit des Denkens, die in Walter Mosterts Arbeiten zum Ausdruck kommt, war mir oft eine große Hilfe. Ihm soll deshalb die vorliegende Hermeneutik gewidmet sein.

Eine neutestamentliche Hermeneutik zu entwerfen, ist eine gewagte Sache. Deshalb bin ich angewiesen auf die Geduld und das Wohlwollen der Leser.

Männedorf, im September 1985 Hans Weder

Inhaltsverzeichnis

Eine ausführliche Vorrede

Wörter wie «Hermeneutik» oder «hermeneutisch» werden im gegenwärtigen theologischen Schrifttum sehr häufig gebraucht. Die Häufigkeit des Gebrauchs scheint allerdings der Klarheit dieser Begriffe nicht unbedingt förderlich zu sein. Für manche hat das Adjektiv hermeneutisch nahezu magische Qualität; es wird an allen möglichen und unmöglichen Orten eingefügt, um der theologischen Rede eine ganz besondere Würde zu verleihen. Andere sehen in der Hermeneutik etwas Furchterregendes: einerseits bildet man sich selbst ein, es niemals wirklich begreifen zu können, anderseits hat man dennoch das Gefühl, es sei so wichtig, daß man es eigentlich verstehen müßte. Für wieder andere schließlich ist die Hermeneutik etwas schlicht Überflüssiges, weil sie Probleme sehe, wo in Wirklichkeit gar keine seien. Bestimmt ließe sich eine Unzahl von Einstellungen zur Hermeneutik finden, die als eine auf vielerlei Weise schattierte Kombination der drei grob skizzierten Auffassungen zu begreifen sind.

Hermeneutik ist jedoch in Wahrheit nichts von alledem. Hermeneutik ist weder eine neuzeitlich-wissenschaftliche Magie, noch eine esoterische Wissenschaft, die den Normaldenkenden das Fürchten lehren will, noch gar eine Pseudo-Wissenschaft, die Probleme erzeugt, wo es eigentlich keine gibt. Hermeneutik ist vielmehr etwas ganz einfaches. Dies vor Augen zu führen hat sich die vorliegende Arbeit zum Ziel gesetzt. Um die schlichte Einfachheit dessen zu Gesicht zu bekommen, was Hermeneutik ist und sein will, sind allerdings erhebliche geistige Anstrengungen notwendig. Eben diese geistigen Anstrengungen können niemandem erspart werden. Ihre Frucht – so bleibt zu hoffen – wird sein, einen Blick auf die schlichte Einfachheit der Hermeneutik tun zu können.

Daß freilich viele falsche und richtige Vorstellungen über Hermeneutik bestehen, läßt sich nicht leugnen. Ebensowenig läßt sich übersehen, daß sie den Zugang zur hermeneutischen Bemühung nicht gerade erleichtern. Dieser Erschwernis soll hier dadurch Rechnung getragen werden, daß der materiellen Entfaltung der neutestamentlichen Hermeneutik eine ausführliche Vorrede vorangestellt wird.

Wir gehen zunächst einmal davon aus, es gebe ein hermeneutisches Problem für die neutestamentliche Wissenschaft, wie immer dies genauer zu definieren sein wird. Wenn dieser Ausgangspunkt richtig ist, dann ist der Sachgegenstand der ausführlichen Vorrede klar umrissen: Zu klären ist einerseits der Begriff der neutestamentlichen Hermeneutik, damit das Wort seine Vieldeutigkeit verliert. Anzugeben ist andererseits, worin genau das Problem besteht, mit welchem sich die neutestamentliche Hermeneutik beschäftigt; anzugeben sind also die Rahmenbedingungen, innerhalb derer das Unternehmen einer neutestamentlichen Hermeneutik stattzufinden hat.

1. Zum Begriff der neutestamentlichen Hermeneutik

Wenn Bezeichnungen mehr sind als Schall und Rauch – und es wäre eine zweifelhafte Hermeneutik, die dies bestreiten wollte –, dann ist es zweckmäßig, die ersten paar Schritte der Annäherung an den Begriff der neutestamentlichen Hermeneutik so zu tun, daß nach der Bedeutung des Wortes Hermeneutik gefragt wird.

1.1 Aufschlüsse aus der Wortgeschichte

In die Augen sticht zuerst der Anklang des Wortes Hermeneutik an den Namen des griechischen Gottes Hermes. Was bedeutet Hermes? Seine Person ist beinahe so schillernd wie der gegenwärtige Gebrauch des Begriffs Hermeneutik. Wenige Aspekte sollten jetzt in Erinnerung gerufen werden. Hermes, der griechische Gott des Handels und Wandels, hat seine vornehmste Aufgabe darin, Wege zu öffnen und diese Wege auch zu beschützen. Hermes ist ferner der Götterbote (das, was im biblischen Bereich «Engel» heißt). Als Götterbote stellt er eine Beziehung her zwischen Göttern und Sterblichen. Sofern er als Götterbote den Botschaften aller Art zugetan ist, ist er auch der Vater der Dolmetscher und Herolde. Vater also einerseits von solchen, die eine Botschaft sorgsam zu übertragen haben, Vater andererseits von solchen, die eine Botschaft anzukündigen haben. Beide, Dolmetscher und Herolde, haben den Menschen etwas zu sagen. Sie und ihre Botschaft stehen unter dem Schutz des Hermes. Es ist denn auch nicht verwunderlich, wenn Hermes als Erfinder von Sprache und Schrift vorgestellt wird, als Erfinder eben jener Mittel, die eine Botschaft weiterzugeben, eine Beziehung herzustellen vermögen, sei es zwischen Göttern und Sterblichen, sei es unter den Menschen.

Auffällig an der hellenistischen Hermesvorstellung ist insbesondere die Menschenfreundlichkeit und Liebenswürdigkeit dieses Gottes. Als Hersteller von Beziehungen aller Art war Hermes der Menschenfreund und der Liebenswürdige, denn die Beziehungen selbst wurden als menschenfreundlich und liebenswürdig erfahren. Was immer der griechische Gott Hermes alles bedeutet haben mag, sein eigentliches Wesen ist eindeutig: Er ist der, der Verhältnisse schafft und Beziehungen anknüpft. Eben dieses sein Wesen erschließt auch das Wesen der Hermeneutik. Das Geschäft dieser wissenschaftlichen Bemühung ist es, Beziehungen herzustellen und Verhältnisse zu schaffen. Die Hermeneutik ist dafür besorgt, daß solche Beziehungen möglichst ungestört bestehen können. Sie öffnet Wege ebenso, wie sie Wege offenhält. Am Geschäft der Hermeneutik überhaupt hat auch die neutestamentliche teil. Der neutestamentlichen Hermeneutik geht es ganz einfach darum, die Beziehung zwischen dem heutigen Leser und den neutestamentlichen Texten herzustellen und zu bewahren. Ihr geht es ganz einfach darum, gleichsam in Anlehnung an den Götterboten Hermes, möglichst *die* Bedingungen herzustellen, unter denen das Neue Testament sagen kann, was es zu sagen hat. Oder, vom Empfänger aus formuliert: Die neutestamentliche Hermeneutik hat sich zur Aufgabe gemacht, den heutigen Leser *verstehen* zu lassen, was er im Neuen Testament liest.

Tun wir nun einen weiteren Schritt in der Annäherung an den Begriff der Hermeneutik. Dabei lassen wir uns Anleitung geben, indem wir unsere Aufmerksamkeit auf das griechische Verbum *hermēneuein* lenken. Von diesem bedingt sich das heute gebräuchliche Substantiv Hermeneutik ja her. Interessanterweise hat dieses Verbum in der griechischen Sprachtradition drei Bedeutungen erlangt, für die die deutsche Sprache drei verschiedene Wortgruppen beansprucht. *Hermēneuein* bedeutet zum ersten: *«deuten, auslegen, erklären»* ([1] 659,5ff). Dabei handelt es sich vor allem um gesprochenes oder geschriebenes Wort, das gedeutet, ausgelegt werden muß. Wodurch aber wird das Wort ausgelegt? Die Antwort muß lauten: wiederum durch das Wort, das heißt: durch ein deutendes, klärendes, auslegendes Wort. So ist es beispielsweise zu verstehen, wenn etwa das Wort bei Platon als der Ausleger der Gesetze erscheint. Von besonderer Wichtigkeit und Tragweite wurde das Geschäft des Auslegens im Blick auf die homerischen Epen oder die alten Mythen. Auch hierbei handelte es sich um die Auslegung gesprochenen Wortes durch das deutende Wort. Mit dem Wort *hermēneuein* ist also jene Tätigkeit gemeint, in welcher eine Beziehung hergestellt wird zwischen dem erkennenden Menschen und dem ihm geltenden Wort, sei dies ein Gesetz, Epos oder Mythos. Genauer noch ausgedrückt: Werden Gesetze, Epen oder Mythen hermeneutisch bearbeitet, geben sie sich allererst zu erkennen als ein *dem Menschen geltendes Wort.* Man kann deshalb sagen: Hermeneutik entdeckt an fremdem Wort, daß es mir gilt.

Eine zweite Bedeutung von *hermēneuein* ist gegeben mit den deutschen Wörtern *«andeuten, seine Gedanken durch Worte darlegen, ausdrücken»* ([1] 659,22ff). Hier ist insbesondere gemeint, daß eine Sache, die noch nicht sprachlich existiert, zur Sprache gebracht wird. In diesem Sinne spricht Thukydides vom Erkennen des Nötigen und dem Aussprechen desselben. Auch diese Bedeutung von Hermeneutik ist bis heute erhalten geblieben: Sache der Hermeneutik ist es, zur Sprache zu bringen, was noch keine sprachliche Existenz hat. Sache der Hermeneutik ist es, *sprechend* auszulegen. Daran, daß *hermēneuein* sowohl auslegen als auch einfach zur Sprache bringen meinen kann, läßt sich erkennen, daß schon das Zur-Sprache-Bringen einer Sache in gewisser Weise ihre Auslegung ist. Wenn das Seiende, Gegenstände oder Empfindungen, zu Worte kommt, ist es damit in einer elementaren Weise schon ausgelegt. Die Sprache gibt nicht nur wieder, was ohne sie da ist. Die Sprache legt, indem sie sie ausspricht, die Erscheinungen aus; sie ist also selbst hermeneutisch.

Schließlich muß auf die dritte Bedeutungsnuance von *hermēneuein* hingewiesen werden: es kann heißen *«aus einer fremden Sprache in die bekannte übertragen, dolmetschen, übersetzen»* ([1] 659,31ff). Hier tritt der Beziehungsaspekt besonders in den Vordergrund: zu fremdsprachigen Aussagen kann keine Beziehung haben, wer sich nicht eines Dolmetschers bedienen oder die Aussage selbst übersetzen kann. Indem Platon von der Annahme ausgeht, die Götter sprächen eine andere Sprache als die Menschen, kann er im *Daimonion* eine hermeneutische Instanz zwischen Menschen und Göttern sehen. Das Daimonion ist ein Dolmetscher dessen, was die Menschen sagen, für die Götter, und dessen, was die Götter sagen, für die Menschen. Das Daimonion sorgt dafür, daß Götter und Menschen in Beziehung bleiben, indem es übersetzt. Sache der Hermeneutik ist es dieser Bedeutung nach also, sprachlich Fremdes in sprachlich Vertrautes zu verwandeln, ohne dabei die fremdsprachliche Aussage zu verfälschen. Das ist ja auch Sache einer guten Übersetzung: sie macht das Fremde vertraut, ohne dem Fremden untreu zu werden.

Betrachtet man diese drei Bedeutungsaspekte des Verbums *hermēneuein* im ganzen, lassen sich Hinweise feststellen, welche der Näherbestimmung des Begriffs der Hermeneutik dienen können. Was schon die vermutete Verwandtschaft zwischen Hermes und Hermeneutik zeigte, hat sich bestätigt: die Hermeneutik nimmt sich vor, Beziehungen herzustellen und zu bewahren. Darüberhinaus gibt das Verbum *hermēneuein* das folgende zu erkennen: Gemeinsam ist allen drei Bedeutungsaspekten, daß Auslegen, Aussprechen und Übersetzen mit dem Medium des Wortes geschieht. Es ist das Wort, das die Gesetze auslegt. Es ist das Wort, das Seiendes zur Sprache bringt. Und es ist wiederum das Wort, das Fremdsprachiges übersetzen kann.

Daraus kann man einerseits erkennen, daß der hermeneutische Vorgang wesentlich und ursprünglich ein *sprachlicher* Vorgang ist. Hermeneutik geschieht im Medium des Wortes. Freilich hat diese fast trivial tönende Entdeckung eine überraschende Kehrseite. Die Kehrseite nämlich, daß die Sprache als solche eine grundlegende hermeneutische Bedeutung hat. Die Sprache selbst dient wesentlich dem Verstehen, sie schafft wesentlich eine Beziehung zwischen Mensch und Mensch, zwischen Welt und Mensch. Das Wort selbst hat einen auslegenden Grundzug und deshalb eine grundlegende hermeneutische Funktion. Besonders schön kann dies am zweiten Bedeutungsaspekt vom *hermēneuein* wahrgenommen werden: schon das *Aussprechen* einer Sache ist eine Auslegung derselben. Dieser hermeneutische Grundzug des Wortes muß ernst genommen werden. Gewöhnlich stellt man sich unter Hermeneutik vor, sie beschäftige sich mit dem Verstehen *von* Sprache. Sie versuche möglichst regelmäßig und einleuchtend zu erreichen, daß eine sprachliche Äußerung verstanden werden kann. Dies ist sicher zu allen Zeiten eine Aufgabe hermeneutischen Bemühens gewesen. Nimmt man allerdings den hermeneutischen Grundzug der Sprache selbst ernst, so begegnet man unversehens einem

Verstehensvorgang, der elementarer ist als das Verstehen *von* Sprache: «Das primäre Verstehensphänomen ist nicht das Verstehen *von* Sprache, sondern das Verstehen *durch* Sprache» ([2], 333). Das Wort schafft Beziehungen, indem es etwas zu verstehen gibt. Das Wort selbst hat eine erhellende Funktion, es ist – im wahren Sinne des Wortes – hermeneutisch. Dieser erste Blick auf einen sprachtheoretischen Sachverhalt – auf ihn wird zurückzukommen sein – hat Folgen für den Begriff der neutestamentlichen Hermeneutik. Sicher wird es immer ihre Aufgabe sein, das Verstehen von Sprache zu ermöglichen, in unserem Falle also das Verstehen der griechischen Sätze, Aussagen und Bilder, wie sie im Neuen Testament vorkommen. Neutestamentliche Hermeneutik aber wird sich darüber hinaus darum bemühen, *der erhellenden Funktion des neutestamentlichen Wortes selbst* bestmöglich zu dienen. Sie wird also Bedingungen zu schaffen haben, unter denen das neutestamentliche Wort dem neuzeitlichen Leser das zu verstehen geben kann, was es eigentlich zu verstehen geben will. Die neutestamentliche Hermeneutik hat der hermeneutischen Funktion des neutestamentlichen Wortes nach besten Kräften zu dienen. Diese Orientierung der Aufgabe bedeutet eine erhebliche Ausweitung des hermeneutischen Problems, die vorerst bloß angezeigt werden soll.

Unsere Beobachtungen am Verbum *hermēneuein* lassen im Blick auf die Hermeneutik noch ein Zweites erkennen. Gemeinsam ist allen drei Bedeutungen des Verbums, daß eine gestörte oder überhaupt fehlende Beziehung wiederhergestellt wird. Gesetze, homerische Epen oder Mythen müssen ausgelegt werden, weil sie nicht ohne weiteres verständlich sind. In einem vordergründigen Sinne mögen sie zwar verstanden worden sein, etwa was die bloße Bedeutung der Sätze und Wörter in ihnen anging. In einem tieferen Sinne jedoch waren sie unverständlich: die Gesetze bedürfen der Auslegung, weil sie nicht ohne weiteres auf das Leben des Bürgers anwendbar sind. Gesetze verstehen aber heißt, sie auf die alltägliche Lebenspraxis anwenden können. Homerische Epen werden ausgelegt, weil ihnen ein tieferer Sinn zugeschrieben wird, als sie auf der bloßen Erzählebene aufweisen. Was das Epos erzählt, wird durch den Logos gedeutet. Mythen schließlich verlangten nach hermeneutischer Bearbeitung, weil das stoische Selbstverständnis nicht am Mythos, sondern am Logos orientiert war, und weil deshalb der Mythos keine selbstverständliche Bedeutung mehr besaß. Keine Beziehung etwa zu Gedanken oder zum erkannten Nötigen konnte es geben, wenn dieses nicht ausgesprochen wurde. Der Mensch muß sich aussprechen, wenn er sich zu verstehen geben will. Schließlich überwand das hermeneutische Bemühen im Vorgang des Übersetzens auch die Barriere, welche dem Verstehen durch die Verschiedenheit der Sprachen gesetzt war, oder – im Falle des Daimonion – die Kluft, welche zwischen den Göttern und den Sterblichen naturgemäß sich auftut.

Aufgabe der Hermeneutik ist es also, gestörte oder fehlende Beziehungen wiederherzustellen. Die Hermeneutik wird im strengeren Sinne erst dort notwendig, wo es infolge von Beziehungslosigkeit überhaupt ein Verstehensproblem gibt. Nun wird niemand leugnen können, daß es gegenwärtig hinsichtlich des Neuen Testaments ein Verstehensproblem gibt, was immer als dessen Ursache namhaft gemacht werde. Die neutestamentliche Hermeneutik ist genau jene Bemühung, die dem Sachverhalt Rechnung trägt, daß das Neue Testament nicht selbstverständlich ist. Das Verstehensproblem, das angesichts des Neuen Testaments besteht, kann sich einerseits darin äußern, daß der Zeitgenosse verständnislos vor diesem Buch steht und es selbstverständlich ad acta legt. Dasselbe Verstehensproblem kann sich andererseits auch darin äußern, daß der Zeitgenosse in diesem Buch *sich selbst* sprechen hört und es zu selbstverständlich zur Hand nimmt. Hermeneutik versucht nichts anderes, als ans Tageslicht zu bringen, was das Neue Testament zu verstehen gibt. So einfach dies tönt, so schwierig ist es durchzuführen.

Fragt man sich, wie eine solche Aufgabe angepackt werden soll, so kann vorderhand eine vorläufige Antwort gegeben werden. Es gilt zunächst, die Verstehensstörung möglichst genau auf ihre Ursachen hin zu befragen, beziehungsweise die Gründe für die allenfalls überhaupt fehlende Beziehung aufzudecken. Um dies zu erreichen, müssen die beiden Beziehungsgrößen – heutiger Mensch und Neues Testament – möglichst genau beschrieben werden, und zwar hinsichtlich ihrer Übereinstimmung wie ihrer Widersprüchlichkeit. Gegenstand der Untersuchung ist demnach einerseits das Neue Testament, das auf seine Eigenart hin möglichst eingehend befragt werden muß, und andererseits der gegenwärtige Leser, dessen Verstehensbedingungen aufgedeckt und diskutiert werden müssen. Erst wenn die beiden Beziehungsgrößen beschrieben worden sind, wird das Verstehensproblem in seiner ganzen Tragweite erkennbar und kann – wenn alles gut geht – behoben werden. Es wäre jedoch ein Mißverständnis anzunehmen, die Verstehensschwierigkeiten seien bloß durch den *historischen* Abstand von Verstehendem und Neuem Testament bedingt. Zwischen beiden tut sich vielmehr auch ein *theologischer* Graben auf, wie diese Hermeneutik Schritt für Schritt zeigen wird.

1.2 Der moderne Begriff der Hermeneutik

Der Begriff der Hermeneutik, wie wir ihn heute kennen, ist allerdings nicht im Bereich des griechischen Denkens entwickelt worden. Insofern könnte unsere Orientierung am Verbum *hermēneuein* falschen Vermutungen Vorschub geleistet haben. «Die *Prägung unseres Begriffs* H.(ermeneutik) vollzog sich erst an der Schwelle zur Neuzeit» ([3], 243). Zwar erscheint schon bei Platon der Ausdruck *hermēneutikē technē,* hermeneutische Kunst, aber dort in einer ganz bezeichnend anderen Prägung als der neuzeitliche Begriff der Hermeneutik. Die Hermeneutik ist dort eine Kunst, die abgesetzt wird von der Weisheit, indem sie aus dem Bereich der Wahrheitsfrage in den Bereich der reinen Auslegung verwiesen wird. Die *hermēneutikē* beschäftigt sich mit der Übersetzung im weitesten Sinne, hingegen steht ihr kein Urteil über die Wahrheitsfrage zu ([3], 243).

Demgegenüber ist unser Begriff der Hermeneutik wohl deshalb an der Schwelle zur Neuzeit entstanden, weil in jener geschichtlichen Situation gerade die Wahrheitsfrage problematisch geworden war. Wie problematisch die *biblische* Wahrheitsfrage geworden war, spiegelt sich unter anderem darin, daß noch bis ins 18. Jahrhundert die Unterscheidung einer hermeneutica sacra (welche für die Heilige Schrift zuständig war) von einer hermeneutica profana (die die übrige Literatur der klassischen Antike bearbeitete) geläufig war. In dieser hier noch selbstverständlichen Unterscheidung meldet sich ein Problem zu Wort, das im Blick auf die Entwicklung der Hermeneutik äußerst folgenreich war. Wenn doch die heilige Schrift Wort Gottes ist, so lautet das Argument, dann ist sie auch anderen Verstehensbedingungen unterstellt als das Menschenwort der übrigen Literatur. Während die profane Literatur historisch ausgelegt werden muß, verlangt das neue Testament – etwa nach Auffassung des Pietismus –, geistlich ausgelegt zu werden ([4], 126f).

Die Unterscheidung von hermeneutica sacra und profana ist insofern bezeichnend für die neuzeitliche Situation, als in ihr sich eine *Gefahr* ankündigt, mit der die Bibelauslegung bis auf den heutigen Tag ständig zu kämpfen hatte. Die Gefahr nämlich, daß die biblische Wahrheit aus dem allgemeinen Verstehenszusammenhang auszuwandern droht. Mag die hermeneutica sacra auf den ersten Blick wie ein Schutz der biblischen Wahrheit vor dem Zugriff des profanen Verstehens erscheinen, so erweist sich ein solcher Schutz recht bald als ungünstig. Und zwar wirkt er sich ungünstig aus sowohl für die biblische Wahrheit als auch für das profane Verstehen. Ungünstig für die biblische Wahrheit ist jener Schutz, weil er zugleich eine gewisse Isolation derselben mit sich bringt. Die durch ein besonderes geistliches Verstehen geschützte biblische Wahrheit droht wirkungslos zu werden, weil sie gar nicht mehr auf das profane Verstehen einwirken kann. Auf das profane Verstehen könnte die biblische Wahrheit nur einwirken, wenn sie ihm zugänglich wäre. Eine an Deutlichkeit nichts zu wünschen übrig lassende Illustration dieses Sachverhalts sieht man in dem Vorgang, wie die aufklärerische Vernunft die protestantisch-orthodoxen Glaubenswahrheiten ohne weiteres links liegen lassen konnte. Ungünstig ist jener Schutz andererseits aber auch für das profane Verstehen, weil er das profane Verstehen um die von der biblischen Wahrheit ausgehenden Impulse betrügt und es sich selbst überläßt. Weil die biblische Wahrheit einer geistlichen Vernunft vorbehalten wird, wird die weltliche Vernunft um das gebracht, was sie von der biblischen

Wahrheit *Vernünftiges* lernen könnte. Illustration dieses Sachverhalts ist ebenfalls die neuzeitliche Vernunft, welche nicht nur Gottes Schöpfung in die Welt des Menschen verwandelte, sondern auch den Umgang mit dieser Welt auf eine Weise profanierte, deren Folgen uns erst in diesen Tagen bewußt werden. Beide genannten Fehlentwicklungen machen gewiß deutlich, wie problematisch die Unterscheidung von hermeneutica sacra und hermeneutica profana ist.

Trotz ihrer Problematik ist jedoch auch ihr Wahrheitsmoment nicht außer acht zu lassen. Das Wahrheitsmoment jener Unterscheidung besteht wohl darin, daß die biblische Wahrheit nicht ohne Folgen für das Verstehen schlechthin sein kann. Wenn es zutrifft, daß das neutestamentliche Wort sowohl Gott als auch den Menschen und die Welt auf eine neue Weise zu verstehen gibt, so kann dies auch für das Verstehen des neutestamentlichen Wortes nicht ohne Folgen sein. Das Verstandene bringt einen Wandel des Verstehens selbst mit sich. Dies bedeutet allerdings nicht, daß das neugewordene Verstehen schon die Voraussetzung für ein sachgemäßes Verstehen des Neuen Testaments wäre. Die hermeneutica sacra kann nicht Verstehensvoraussetzung des Neuen Testaments sein, so wahr der Glaube eine *Folge* des neutestamentlichen Wortes und also *nicht dessen Voraussetzung* ist. Wohl aber kann es geschehen, daß die hermeneutica profana, das profane Verstehen, angesichts dessen, was das mit profanen Mitteln verstandene Wort des Neuen Testaments zu sagen hat, in eine gewisse Kehre kommt. Es kann geschehen, daß das profane Verstehen durch die neutestamentlichen Texte geheiligt wird, vorausgesetzt allerdings, es schließe sich nicht ab in seiner Profanität. Die Heiligung des profanen Verstehens als *Folge* des Umgangs mit dem Neuen Testament, dies scheint das Wahrheitsmoment jener Unterscheidung von hermeneutica sacra und hermeneutica profana zu sein. Was aber wäre ein geheiligtes Verstehen? Wäre dies vielleicht eine Erkenntnis, die in der Welt die Schöpfungsmacht Gottes nicht übersieht? Und wäre ein solches Verstehen nicht vernünftiger als das, welches zur Entheiligung aller Welt führte? Die oben angezeigte Gefahr, welche in der Unterscheidung beider Verstehensweisen liegt, ist schon in der Aufklärung von weitsichtigen Theologen erkannt worden. Die Unterscheidung von hermeneutica sacra und profana ist deshalb schon vom 18. Jahrhundert aufgegeben worden – Gott sei Dank! möchte man sagen, trotz mancher zweifelhafter Folgen dieses Schrittes.

Während der Begriff der Hermeneutik im 18. Jahrhundert noch in vieler Hinsicht ungenau und mehrdeutig verwendet wurde, wurde er von *Schleiermacher* erstmals einer strikten Klärung entgegengeführt. Dies ging freilich nicht ohne eine Beschränkung vonstatten. Schleiermacher beschränkte den Begriff der Hermeneutik streng auf die Kunst des Verstehens. Er bestimmte Hermeneutik als «Kunstlehre des Verstehens», die «von der einfachen Tatsache des Verstehens ausgehend aus der Natur der Sprache und aus den Grundbedingungen des Verhältnisses zwischen dem Redenden und dem Vernehmenden ihre Regeln in geschlossenem Zusammenhang entwickelt» ([3], 244). Bemerkenswert an dieser Definition ist ein Doppeltes: *erstens* ist für diese «Kunstlehre des Verstehens» die Natur der Sprache der Ausgangspunkt. Von der hermeneutischen Funktion der Sprache war schon die Rede. Eben diese ist im Blick, wenn Schleiermacher die Natur der Sprache zum Ausgangspunkt seiner Hermeneutik macht. Die Kunstlehre des Verstehens beruht genau deshalb auf der Natur der Sprache, weil das Verstehen wesentlich auf der Sprache beruht. *Zweitens* ist an Schleiermachers Definition bemerkenswert, daß er das Verhältnis zwischen dem Redenden und dem Vernehmenden auf seine Grundbedingungen befragt und diese Grundbedingungen – zusammen mit der Natur der Sprache – zum Ausgangspunkt für seine Verstehenslehre macht. Sache der Hermeneutik ist es also gerade nicht, das Verhältnis zwischen Redendem und Vernehmendem zu verändern oder zu beeinflussen, ihre Sache ist es vielmehr, unter den Grundbedingungen des gegebenen Verhältnisses dem Verstehen den Weg zu bereiten. Sache der Hermeneutik ist nicht etwa, den Redenden dem Verstehenden *anzunähern*. Ihre Sache ist es, in gebührender Würdigung der *faktischen* Nähe oder Distanz eine Beziehung möglich zu machen zwischen Redendem und Vernehmendem. Auf das Neue Testament angewendet heißt das: Die Hermeneutik hat zum Ziel, zwischen diesem antiken Text und dem neuzeitlichen Menschen so zu vermitteln, daß dieser Mensch jenen Text verstehen kann. Dabei kann sie die Differenz, welche zwischen der Situation des neuzeitlichen Menschen und derjenigen des Neuen Testamentes besteht, weder verleugnen noch darf sie sie aus den Augen verlieren: die Grundbedingungen des Verhältnisses von Redendem und Hörendem sind mit ihrer jeweiligen Situation gegeben. Diese Situation ist von keiner Hermeneutik antastbar.

Schleiermacher hatte in bahnbrechender Weise einen strengen Begriff der *allgemeinen* Hermeneutik entwickelt. Seine Konzeption wurde aufgenommen und zugleich noch einmal präzisiert durch *Wilhelm Dilthey* ([3], 244). Nach Dilthey ist Hermeneutik die «Kunstlehre des Verstehens schriftlich fixierter Lebensäußerungen» (ebenda). Mit dem Begriff der *Schriftlichkeit,* der hier in die Definition eingeführt wurde, nahm Dilthey ein Problem von größerer Tragweite in den Blick. Bei Dilthey selbst spielte freilich die Schriftlichkeit der Lebensäußerungen nur insofern eine grundlegende Rolle, als *fixierte* Lebensäußerungen «einen festen Bestand» haben und «unabhängig (sind) von den besonderen subjektiven Bedingungen ihrer erstmaligen Erfassung» «eine immer wiederkehrende Beschäftigung mit ihnen und eine Berichtigung der früheren Ergebnisse» erlauben ([5], 210). «Das Moment der Schriftlichkeit» hatte für seine Definition zunächst bloß einen pragmatischen Wert, weil seine hermeneutische Bemühung *faktisch* mehrheitlich den schriftlichen Zeugnissen des

Lebens galt. In der Folgezeit sollte sich freilich zeigen, daß die Schriftlichkeit der Lebensäußerungen von erheblicher Bedeutung war. Auf dieses Problem werden wir zurückkommen müssen. Für den Moment mag ein knapper Hinweis genügen. Während die mündliche Rede ihre Eindeutigkeit und ihren Sinn ausschließlich in dem Augenblick hat, in welchem sie ergeht, während also die mündliche Rede dann verstanden wird, wenn sie im Augenblick ihres Geschehens aufgesucht und auf die Personen des Redenden und des Vernehmenden streng bezogen wird, kommt einem schriftlichen Text so etwas wie eine Unabhängigkeit vom Augenblick seiner Entstehung zu. Ein schriftlicher Text ist eben durch seine Schriftlichkeit unabhängig geworden vom ursprünglichen Verfasser und von seinem ursprünglichen Zuhörer. Das Moment der Schriftlichkeit wird bei Dilthey nur in den Blick genommen hinsichtlich der Unabhängigkeit einer Lebensäußerung von ihrer erstmaligen *Erfassung,* nicht aber hinsichtlich der Unabhängigkeit von den ursprünglichen Produktionsbedingungen. In seiner Verstehenslehre spielt gerade der *psychologische Nachvollzug* jenes produktiven Aktes eine große Rolle, in welchem das Werk durch seinen Autor geschaffen wurde. Daraus folgt: Die Hermeneutik beruht wesentlich auf dem Rückgang zur Ursprungssituation des Werkes. Damit hat dessen Schriftlichkeit jedoch keinen *sachlich* bedeutenden Stellenwert. Demgegenüber erlaubt es die Schriftlichkeit eines Werkes, daß dieses in ganz andere Situationen zu stehen kommen kann, als dies in der Ursprungssituation der Fall war. Als ein neutestamentliches Beispiel mag ein Jesuswort aus der matthäischen Aussendungsrede dienen: «Siehe, ich sende euch wie Schafe mitten unter die Wölfe. Seid darum klug wie die Schlangen und ohne Falsch wie Tauben» (Mt 10,16). Dieses Jesuswort hatte in der ursprünglichen Aussendungssituation einen ganz konkreten, durch die besonderen Umstände des Wirkens Jesu und seiner Jünger geprägten Sinn. Es hatte, kurz gesagt, die Wehrlosigkeit der von Jesus ausgesandten Boten oder der Wandermissionare der matthäischen Gemeinde im Blick. Es sagt ihnen Leiden und Verfolgung voraus, bedingt durch die Ablehnung ihrer Botschaft. Durch die Verschriftlichung erhält dieses Jesuswort aber die Möglichkeit, sowohl als Morgenlosung von einem – sagen wir einmal – christlichen Geschäftsmann des neuzeitlichen Abendlandes gelesen als auch von einem Untergrundchristen der Sowjetunion in die Wand seiner Zelle in der Psychiatrischen Klinik gekritzelt zu werden. Es ist evident, daß das genannte Jesuswort in den beiden und vielen anderen denkbaren Fällen Sinngehalte aus sich entläßt, die ohne seine Verschriftlichung niemals möglich wären. Soviel als erste Annäherung an das Moment der Schriftlichkeit und dessen hermeneutische Tragweite.

Dilthey selbst scheint diese Linie nicht verfolgt zu haben. Ihn interessierte viel eher die universale Bedeutung des hermeneutischen Vorgehens selbst. In der Kunst des Verstehens sah Dilthey ein Charakteristikum der geisteswissenschaftlichen Tätigkeit überhaupt. Das Verstehen unterscheidet die geisteswissenschaftliche Tätigkeit von der naturwissenschaftlichen. Während es Sache der Geisteswissenschaften ist, Lebensäußerungen aller Art zu *verstehen,* sind die Naturwissenschaften wesentlich mit dem *Erklären* beschäftigt, namentlich mit der Erklärung natürlicher Erscheinungen mittels der physikalischen Gesetze. Diese wissenschaftstheoretische Auswertung des hermeneutischen Ansatzes ist aus heutiger Sicht problematisch. Auf die mit den Phänomenen Erklären und Verstehen gegebene Problematik wird in einem späteren Abschnitt näher eingegangen werden (vgl. unten Abschnitt 2.4). Wesentlich an der wissenschaftstheoretischen Auswertung ist vorderhand bloß die universale Bedeutung, die der hermeneutische Vorgang im Konzept Diltheys erhält. Tatsächlich ist Dilthey in der Erweiterung des Sprachgebrauchs recht weit gegangen. Wenn er unter Hermeneutik die Interpretation des Lebens, der Welt oder des Menschen überhaupt versteht, überschreitet er sogar seinen eigenen Definitionsversuch. Was einst als Technik des Verstehens schriftlicher Äußerungen entworfen worden war, ist jetzt zu einem umfassenden philosophischen Verfahren geworden. Diese Entwicklung setzt sich bei Martin Heidegger fort, wenn er unter Hermeneutik die «Phänomenologie des Daseins» verstehen will (vgl. [3], 244). Hermeneutik ist jene Bemühung, die der Analyse des Daseins gilt. Hermeneutik ist der Entwurf einer existentialen Ontologie. Also bezeichnet der Begriff nicht mehr die methodologische Reflexion über den Umgang mit Texten, sondern er meint nun so etwas wie philosophische Fundamentalontologie.

Was diese knappen Bemerkungen zur Begriffsgeschichte gezeigt haben, läßt sich wie folgt *zusammenfassen*: Die an der Schwelle der Neuzeit entstandene Hermeneutik ist in zunehmendem Maße auf die *Wahrheitsfrage* jener Texte bezogen, deren Auslegung sie reflektieren will. Sie entfernte sich – zu Recht – immer mehr von der hermeneutischen Kunst Platons, welche rein der Auslegung gilt und in Sachen Wahrheit keine Urteilskompetenz hat. In der Konsequenz der Entscheidung, die Differenzierung in hermeneutica sacra und hermeneutica profana aufzugeben, ist die Hermeneutik auch im Bereich der Theologie zu einer immer umfassenderen Wissenschaft geworden. Die Hermeneutik ist zu einer allgemeinen Verstehenslehre geworden, einer Verstehenslehre, die für alle Lebensäußerungen des menschlichen Geistes gleichermaßen gilt. Mehr noch: in der Neuzeit ist die Hermeneutik zu einer Verstehenslehre geworden, welche alle Phänomene, mit denen sie sich beschäftigt, *per definitionem* als Lebensäußerungen des *menschlichen* Geistes ansieht. Es dürfte ohne weiteres einleuchten, daß in dieser neuzeitlichen Konzeption von Hermeneutik vielfältige Probleme verborgen sind. Was bedeutet es beispielsweise für eine theologische Hermeneutik, daß hermeneutisch gesehen alle Lebensäußerungen als Äußerungen des *menschlichen* Geistes gelten? Wie kann – in Respektierung dieser Verfaßtheit des Verstehens – vom Geist Gottes sinnvoll die Rede sein?

1.3 Was heißt neutestamentliche Hermeneutik?

Wenn es zutrifft, daß die Hermeneutik eine allgemeine Verstehenslehre darstellt, dann ist der Ausdruck «neutestamentliche Hermeneutik» zumindest erklärungsbedürftig. Was kann der Ausdruck «neutestamentliche Hermeneutik» meinen, wenn er die Allgemeinheit der Hermeneutik respektieren will?

Darauf gibt es eine Antwort, die schnell zur Hand ist: Eine Hermeneutik kann eben darum neutestamentlich genannt werden, weil sie sich mit dem Verstehen des Neuen Testaments beschäftigt. Diese Antwort setzt voraus, daß eine neutestamentliche Hermeneutik sich in nichts von der allgemeinen Hermeneutik unterscheidet als in ihrem Gegenstand. Die folgenden Überlegungen werden jedoch zeigen, daß diese Bestimmung unzureichend ist. Der Begriff der neutestamentlichen Hermeneutik meint mehr als bloß eine Anzeige des besonderen Gegenstandes, der nach den Prinzipien einer allgemeinen Verstehenslehre bearbeitet werden soll. Darüber könnte man sich wohl einigen. Aber zu sagen, was denn dieses «Mehr» genau sei, begegnet großen Schwierigkeiten. Was soll denn die neutestamentliche Hermeneutik mehr sein als allgemeine Hermeneutik, wenn sie nicht doch wieder zu einer hermeneutica sacra werden will? Und dies kann sie nicht wollen. Denn die Möglichkeit einer hermeneutica sacra ist sowohl aus logischen als auch aus theologischen Gründen ausgeschlossen. Das Neue Testament muß dem profanen Verstehen zugänglich sein, wenn anders es nicht darauf verzichten will, in der Profanität seine Botschaft zu sagen. Deshalb muß eine neutestamentliche Hermeneutik die Verstehensbedingungen derer, die als Vernehmende angesprochen sind, unbedingt respektieren. Und das heißt: Auch die neutestamentliche Hermeneutik muß allgemein zugänglich sein, muß den allgemeinen Gepflogenheiten vernünftigen Denkens erschwinglich sein. Und dennoch will die neutestamentliche Hermeneutik darüber hinausgehen. Wie kann dies geschehen?

Auszugehen ist von der Einsicht, daß die neutestamentlichen Texte selbst eine hermeneutische Funktion haben. Sie geben uns Gott, den Menschen und die Welt in neuer Weise – besser: wahrhaftig – zu verstehen. Deshalb kann der Gegenstandsbezug nicht ohne hermeneutische Folgen bleiben. Die Kunstlehre des Verstehens wird sich doch betreffen lassen von dem, was ihr Gegenstand zu verstehen gibt. Das Verstehen selbst wird doch nicht unberührt bleiben von seinem Gegenstand: wenn das Neue Testament selbst hermeneutisch ist, wird eine neutestamentliche Hermeneutik nicht bloß ihrem Gegenstand, sondern auch ihrem Verfahren nach neutestamentlich sein – immer vorausgesetzt, sie sei in der Lage, von ihrem Gegenstand auch etwas zu lernen. Dies muß nicht etwa zu einer hermeneutica sacra führen, denn die Heiligkeit des Verstehens ist ja nicht *Voraussetzung* des Umgangs mit dem Neuen Testament. Wohl aber hat die Bereitschaft, daß die neutestamentliche Hermeneutik sich betreffen läßt von dem, was das Neue Testament zu verstehen gibt, einige Folgen im Blick auf das *Verfahren* der Hermeneutik.

Erstens: Eine neutestamentliche Hermeneutik kann nicht unter Absehung vom Neuen Testament selbst entworfen werden, etwa im Rekurs auf eine allgemeine Hermeneutik philosophischer oder politischer Prägung. Eine solche Hermeneutik würde schon in ihrer Entstehung die Beziehung abbrechen zu dem, wozu sie ja gerade ein Verhältnis stiften will. Der Entwurf einer neutestamentlichen Hermeneutik hat vielmehr zu geschehen in enger Tuchfühlung mit der Auslegung neutestamentlicher Texte, damit ihr hermeneutisches Potential auch für die Kunstlehre des Verstehens genutzt werden kann. Diese Forderung läßt sich übrigens leicht in der Schleiermacherschen Definition unterbringen, wonach ja die Hermeneutik nicht bloß auf den Verstehensbedingungen des Vernehmenden, sondern auch auf denen des Redenden aufzubauen hat. Das heißt: Eine neutestamentliche Hermeneutik muß entworfen werden mit Bedacht auf das, was das Wort des Neuen Testaments zu verstehen gibt. Freilich kann dies keinesfalls heißen, es werde gleichsam eine biblizistische Hermeneutik entworfen. Denn sowenig der Redende außer acht gelassen werden darf, sowenig kann die Hermeneutik die Situation des Vernehmenden ausblenden. Eine unter dem Diktat der neutestamentlichen Texte entworfene Verstehenslehre würde den heutigen Leser dazu zwingen, zu den Verstehensbedingungen der neutestamentlichen Zeit zurückzukehren. Dies ist – einmal ganz abgesehen von der prinzipiellen Unmöglichkeit eines solchen Verfahrens – keinesfalls wünschenswert, da auf diese Weise der Kontakt des Lesers zu seiner eigenen Situation abgebrochen würde. Eine biblizistische Hermeneutik treibt einen Keil zwischen den Menschen und seine faktische Lage. So hält sie ihn – im Namen Gottes! – zur Weltflucht an. Das ist nicht Ziel der neutestamentlichen Hermeneutik.

Aus dem eben Gesagten ergibt sich die *zweite* hermeneutische Verfahrensregel: Die neutestamentliche Hermeneutik kann nicht unter Absehung von den heutigen Verstehensbedingungen entworfen werden. Es ist allerdings die Frage, wie denn diese gegenwärtigen Verstehensbedingungen definiert werden sollen. In dieser Sache wird die neutestamentliche Hermeneutik gut beraten sein, wenn sie sich ins Gespräch mit der allgemeinen Hermeneutik begibt; widerspiegelt doch die allgemeine Hermeneutik weitgehend die Bedingungen gegenwärtigen Verstehens. Ertragreich für die Erkenntnis solcher Bedingungen ist es auch, sich mit den Axiomen der Auslegungsmethoden zu beschäftigen. In jeder methodischen Bearbeitung eines beliebigen Gegenstands ist auch ein gutes Stück weit impliziert, unter welchen Bedingungen der bearbeitete Gegenstand zum Verstehen kommt. In jeder Methode sind die Verstehensbedingungen derer aufbewahrt, die sie entwickelt haben und anwenden. Im Falle der neutestamentlichen Hermeneutik wird es also vonnöten sein, die sogenannte historisch-kritische Methode auf ihre Verstehensvoraussetzungen und also auf ihr hermeneutisches Potential hin zu befragen. Wenn auch das Gespräch mit der allgemeinen Hermeneutik und die Analyse der Auslegungsmethoden dazu führen, daß die heutigen Verstehensbedingungen für die neutestamentliche Hermeneutik maßgebend werden, so bedeutet dies dennoch nicht, daß sich die neutestamentliche Hermeneutik unter das Diktat zeitgenössischer Verstehensbedingungen zu begeben habe. So wenig sie biblizistisch zu entwerfen ist, so wenig ist es angebracht, daß sie modernistisch entworfen wird, ganz so, als ob die gegenwärtigen Verstehensweisen absolute Geltung beanspruchen könnten und das Maß aller Dinge wären. Es gilt viel mehr, das, was der Redende zu verstehen gibt, für unser eigenes Verstehen fruchtbar zu machen. Eine solchermaßen entworfene Hermeneutik wird niemals in dem Sinne allgemein sein können, als sie die allgemeinen Verstehensbedingungen einer Zeit uneingeschränkt teilt und also eine allgemein anerkannte und allgemein vorausgesetzte Hermeneutik ist. Eine solche Hermeneutik wird deshalb nicht so erzwingbar sein, wie die Anerkenntnis allgemeiner Vernunftprinzipien erzwingbar ist. Auf der andern Seite aber wird eine solche Hermeneutik auch nicht in dem Sinne speziell sein können, als sie von den Einsichten der allgemeinen Hermeneutik unbetroffen und durch das profane Verstehen nicht kritisierbar ist. Sie wird nicht willkürlich sein, so wie etwa dogmatistische Annahmen willkürlich sind. Eine im oben angegebenen Sinne entworfene neutestamentliche Hermeneutik wird vielmehr zwar den Anspruch erheben dürfen, *allgemein verständlich* zu sein, ohne gleichzeitig leugnen zu müssen, daß sie *als Verstehenslehre* von den höchst speziellen Verstehensweisen des Neuen Testaments betroffen ist und zu profitieren weiß. Wenn ihr dies gelingt – was vielleicht selten der Fall ist –, so wird sie weder biblizistisch noch modernistisch sein. Sie wird vielmehr zeitgemäß sein in dem Sinne, als sie dazu anleitet, die Schätze des Neuen Testaments für unsere Zeit zu heben. Wenn sie solches vermag, könnte sie sogar einen wesentlichen Beitrag zur allgemeinen Beförderung des Verstehens leisten. Sie wäre dann nicht nur nehmend, sondern auch gebend auf die allgemeine Hermeneutik bezogen. Denn es könnten von ihr Impulse für das allgemeine Verstehen ausgehen.

Schließlich muß auf eine *dritte Verfahrensregel* hingewiesen werden. Ausgehend einerseits von der Definition Schleiermachers, der die Natur der Sprache zum hermeneutischen Ausgangspunkt machte, anderseits von der am Wort *hermēneuein* gemachten Beobachtung zur hermeneutischen Funktion der Sprache als solcher, wird die neutestamentliche Hermeneutik sich intensiv zu beschäftigen haben mit dem Phänomen der Sprache. Nicht nur ist der Sprachgebrauch einer bestimmten Zeit aufschlußreich für Verstehensweisen und Grundannahmen derselben über die Wirklichkeit, nicht nur ist die Sprache das, was Verstehen überhaupt ermöglicht, insbesondere Verstehen derer, die tot sind und ihr Wort nicht mehr an uns richten können, sondern das Neue Testament verweist darüber hinaus an die fundamentale Bedeutung der Sprache, wenn es sein Evangelium ausdrücklich als *Wort* Gottes verstanden wissen will. Das Neue Testament nimmt Gott *ganz* als Wort wahr und verweist insofern unüberbietbar auf die entscheidende Funktion der Sprache. Auch hier stellt sich jedoch das Grundproblem, das schon in der ersten und zweiten Verfahrensregel zu Gesicht kam: die Orientierung der Sprache soll nicht gleichsam biblizistisch sein, indem das neutestamentliche Wortverständnis zum absolut maßgebenden und zur Voraussetzung jeder Hermeneutik gemacht wird. Die Orientierung an der Sprache soll andererseits auch nicht modernistisch sein, indem das jeweils herrschende Sprachverständnis zum einzig wahren gemacht und damit indirekt zum heimlichen Kanon der neutestamentlichen Aussagen erklärt wird. Die neutestamentliche Hermeneutik wird sorgfältig auf den Sprachgebrauch des Neuen Testaments und der Gegenwart zu achten haben, damit sie die hermeneutische Funktion der Sprache im Spannungsfeld zwischen Gegenwart und Neuem Testament freilegen und zum Zuge bringen kann.

1.4 Hermeneutik und Methodenlehre

Bis weit in die Neuzeit herein war es üblich, unter Hermeneutik so etwas wie eine Methodenlehre zu verstehen, also eine kritische Reflexion der in der Auslegung des Neuen und des Alten Testaments zur Anwendung kommenden Methoden. Es dürfte aus den soeben gemachten Bemerkungen zum hermeneutischen Potential der Methoden hervorgehen, daß die neutestamentliche Hermeneutik nach wie vor eine kritische Reflexion der Auslegungsmethoden einschließt. Insofern ist also die traditionelle Definition der Hermeneutik durchaus im Recht.

Allerdings bedarf sie einer erheblichen Ausweitung, die erst durch die neuzeitliche Situation notwendig geworden ist. Denn es kennzeichnet die neuzeitliche Situation der Auslegung des Neuen Testaments, daß in ihr Methoden sich durchgesetzt haben, welche den eigentlichen Gegenstand des Neuen Testaments methodisch auszuschließen scheinen. Gemeint ist jetzt der ganz einfache Sachverhalt, daß die historisch-kritische Methode *methodisch gesehen* atheistisch ist (und dies mit Recht!), obwohl sie sich mit Gegenständen befaßt, die ihrem Selbstverständnis nach alles andere als atheistisch sind. Je entschlossener die Auslegungsmethoden alle Lebensäußerungen als Erscheinung menschlichen Lebens und menschlichen Geistes begriffen, desto größer wurde das Dilemma, in das sie angesichts theologischer Texte und Phänomene kamen. Gerade diese Entwicklung der Auslegungsmethoden hat zu einer ungeahnten *Verschärfung des hermeneutischen Problems* geführt. Das für die Neuzeit kennzeichnende hermeneutische Problem entstand genau dadurch, daß profane Erkenntnismethoden auf theologische Texte angewendet wurden. Die methodische Bearbeitung der Texte drohte diese zum Schweigen zu bringen, statt ihr Licht auf den Scheffel zu stellen.

Darin wird in besonders deutlicher Weise eine Gefahr ansichtig, die fortan zu einem Hauptarbeitsgebiet der Hermeneutik werden sollte: die Gefahr nämlich, daß biblische Texte im Vollzug ihrer wissenschaftlichen Auslegung rückgängig gemacht werden. Die Hermeneutik kann sich nicht mehr damit begnügen, eine technisch orientierte Reflexion der Auslegungsmethoden zu sein, sondern sie hat sich dem Verstehensproblem in aller Weite zu stellen, dem Verstehensproblem nämlich, das entsteht, wenn zugleich die säkulare Verstehensmethode und die theologische Intention der Texte respektiert werden sollen. Die theologische Intention der neutestamentlichen Texte respektieren heißt, diese Texte in einem differenzierten Sinne als Wort Gottes verstehen. Nun ist ja die Aussage, eine bestimmte Sammlung von Texten enthalte das Wort Gottes, alles andere als selbstverständlich. Sie ist vielmehr mit größten Mißverständnissen behaftet. Sollen nun trotzdem diese Texte in ihrer Eigenschaft als Wort Gottes respektiert werden, so ergibt sich von selbst die Aufgabe, über den genauen Sinn jener Aussage vom Wort Gottes Rechenschaft abzulegen. Neutestamentliche Hermeneutik ist in dieser Hinsicht *«Lehre vom Worte Gottes»* ([2], 338), und zwar Lehre vom Worte Gottes, wie es sich in den Texten selbst zu erkennen gibt. Eine solche Lehre vom Wort Gottes ist darauf bedacht, in Anlehnung an die neutestamentlichen Texte dem Ausdruck «Wort Gottes» seine Mißverständlichkeit zu nehmen. Darum kann Hermeneutik nicht bloß technisch orientierte Methodenlehre sein, sondern muß sich dem inneren Verstehensproblem der Texte stellen. Und das innere Verstehensproblem dieser Texte besteht genau darin, zu fragen, in welchem Sinne sie Wort Gottes sind.

Entsteht also auf der einen Seite die konkrete Aufgabe neutestamentlicher Hermeneutik dadurch, daß die theologische Intention der Texte zu respektieren ist, so ergibt sich diese Aufgabe auf der anderen Seite daraus, daß die Weltlichkeit des Verstehens – ausgedrückt in der Säkularität der Auslegungsmethoden – gewahrt und respektiert werden soll. Unter der Weltlichkeit dieser Verstehensmethoden ist hier ganz schlicht zu verstehen, daß durch ihre Axiomatik ausgeschlossen ist, Gott als einen weltlich wirksamen *Faktor* vorauszusetzen. Die historisch-kritische Methode stellt die neutestamentlichen Texte in den Zusammenhang menschlicher Textproduktion, um sie in diesem Zusammenhang als weltliche Texte zu erklären. Bei dieser Erklärung macht sie keinerlei metaphysische Voraussetzungen, etwa in dem Sinne, daß die Entstehung gewisser Aussagen nur mit dem Diktat des heiligen Geistes oder mit dem direkten Eingreifen Gottes erklärt werden kann. Es scheint, daß die historisch-kritische Methode in der gegenwärtigen Theologie und Kirche viel eher als eine großangelegte Verstehensstörung denn als eine Verstehenshilfe empfunden wird. Dies ergibt sich nicht nur aus den mannigfaltigen Angriffen auf sie bis hin zur Verkündigung ihres Endes. Es ergibt sich auch aus den zunehmenden Versuchen, zu sogenannt alternativen Methoden zu greifen. Auf diese Methoden wird zurückzukommen sein. Die gegenwärtig wachsende Zuwendung zu ihnen soll vorderhand als Signal verstanden werden, als Signal für die offenbar verbreitete Empfindung, die historisch-kritische Methode führe viel eher von den Texten weg als an sie heran.

In diesem Zusammenhang legt sich der Hermeneutik die Aufgabe nahe, die vermeintlichen oder tatsächlichen Verstehensstörungen zu beheben, sofern diese in den Erkenntnismethoden der Theologie ihre Ursache haben. Diese Seite der hermeneutischen Aufgabe ist am ehesten mit dem verwandt, was traditionellerweise unter Hermeneutik verstanden wurde: die Behebung von methodisch bedingten Verstehensstörungen geschieht vornehmlich so, daß die Erkenntnismethoden einer Grundlagenreflexion unterzogen werden. Die erwähnte Empfindung, es handle sich bei der historisch-kritischen Methode um eine Verstehensstörung, beruht aller Wahrscheinlichkeit nach eben auf ihrem säkularen Charakter. Als störend wird empfunden, daß Gott keine Voraussetzung sein kann. Hermeneutische Bemühung bedeutet hier, die genaue Reichweite einer solchen Methode zu bestimmen.

Ein knappes Beispiel soll dies erläutern. Wenn es als störend empfunden wird, daß die historisch-kritische Methode Gott nicht als einen Faktor des weltlichen Geschehens voraussetzt, so stellt sich die Frage, ob diese Empfindung nicht ihrerseits auf einem Mißverständnis beruhe. Und zwar auf dem Mißverständnis, daß eine Methode, die Gott nicht als Faktor voraussetzt, zugleich die theologische Dimension ihrer Gegenstände *ausschließt.* Umgekehrt formuliert: Das Unbehagen gegenüber dem historisch-kritischen Verstehen scheint erzeugt zu sein von der Befürchtung, die theologische Dimension könne nur berücksichtigt werden, wenn Gott als geschichtlicher Faktor gelten gelassen würde. Eine hermeneutische Bemühung muß die Gründe solcher Mißverständnisse aufzuhellen versuchen. Sie muß in einem methodologisch orientierten Arbeitsgang abklären, inwiefern der Anwender der Methode aus der Tatsache, daß Gott kein Faktor des Weltgeschehens ist, schließt, es sei überhaupt unmöglich, das Wort Gott sinnvoll zu gebrauchen. Es ist eine Sache, auf die Voraussetzung einer Arbeitshypothese Gott zu verzichten, und es ist eine andere Sache, aus diesem Verzicht den Ausschluß Gottes aus den Texten abzuleiten. Es ist eines, die Texte in ihrem Zusammenhang mit dem Weltlichen zu sehen, und es ist ein anderes, diese Texte ausschließlich auf ihre weltliche Dimension zu beschränken.

Solche Überlegungen hat die hermeneutische Bemühung in methodologischer Hinsicht zu machen. Ihre Überlegungen werden freilich sogleich umfassender: – um beim angeführten Beispiel zu bleiben – es muß überlegt werden, was die Säkularität der Erkenntnismethoden *inhaltlich* für die Möglichkeit christlicher Rede von Gott bedeutet. Wenn ich im Vollzug des Textverstehens darauf verzichte, Gott als einen Faktor vorauszusetzen, dann dürfte es unsinnig sein, diese Voraussetzung zu einem späteren Zeitpunkt dennoch wieder einzuführen, ganz so, als ob die methodisch kontrollierte Erkenntnis gar keine *theologische Relevanz* besäße. Diesen Fehler vermeidend, muß ich mir darüber Rechenschaft ablegen, was es angesichts eines methodisch vorausgesetzten lückenlosen Weltzusammenhangs heißt, im Blick auf bestimmte Texte oder bestimmte Geschehnisse von Gott zu reden. Diese Seite der hermeneutischen Bemühung bleibt nicht ohne wesentliche Folgen im Blick auf das Verstehen dessen, was unter den Bedingungen unserer Zeit Gott genannt zu werden verdient. Diese Seite der hermeneutischen Bemühungen hat also fundamental theologischen Charakter.

Dieser kurze Überlegungsgang zum Verhältnis von Hermeneutik und Methodenlehre hat deutlich gemacht, daß zwar der methodologische Aspekt der hermeneutischen Aufgabe nach wie vor festzuhalten ist, daß aber gerade das Ernstnehmen dieses methodologischen Aspekts notwendig zu einer Ausweitung der Aufgabe auf die inneren Verstehensprobleme führt.

1.5 Die Gabe der Übersetzung

Zum Abschluß dieses ersten Abschnittes über den Begriff der neutestamentlichen Hermeneutik soll unsere Aufmerksamkeit einem neutestamentlichen Text gelten. Das Wort *hermēneuein* kommt in einem ebenso bezeichnenden wie interessanten neutestamentlichen Zusammenhang vor: im Zusammenhang mit der korinthischen Zungenrede nämlich, von welcher Paulus feststellt, sie sei auf die Gabe der *hermēneia,* der Übersetzung, angewiesen. Angeleitet von diesen paulinischen Überlegungen soll der Begriff der neutestamentlichen Hermeneutik noch einmal zusammenfassend und pointiert bedacht werden.

1.5.1 Die Gestalt der Übersetzungsgabe

In einem ersten Überlegungsgang werde ich die Gestalt der *hermēneia* zu umreißen versuchen, wie sie in den beiden Kapiteln 1Kor 12 und 14 in Erscheinung tritt. Allgemein läßt sich festhalten, daß die Übersetzung zu den Gnadengaben zählt: sie findet sich neben anderen Gnadengaben wie etwa prophetische Rede, Unterscheidung der Geister oder Zungenrede als ein Moment der Entfaltung kirchlichen Lebens in Korinth (1 Kor 12,10). Auffallenderweise ist die *hermēneia* ganz eng auf die Zungenrede bezogen (vgl. auch 1 Kor 12,30, wo das Übersetzen wiederum auf das Zungenreden folgt): offenbar ist die Zungenrede das einzige Geistphänomen, das einer Übersetzung bedarf. Dies ist insofern nicht verwunderlich, als die Zungenrede ja ein ekstatisches Lallen war, ein Ausstoßen von unverständlichen Lauten. Trotzdem hat der Glossolale nach der Meinung des Paulus etwas zu sagen. Deshalb muß der hermeneutisch Begabte einspringen, um die unverständlichen Laute zu übersetzen.

Wenn die Zungenrede nach der Meinung des Paulus einer Übersetzung bedarf, so heißt dies nicht bloß, daß sie unverständliche Rede gewesen sei. Es heißt vielmehr auch – und dies vergißt man leicht –, daß nach der Meinung des Paulus die Zungenredner durchaus eine Aussage zu machen hatten. Der Glossolale hat etwas zu sagen, auch wenn er nicht verstanden wird. Und was er sagt, wird durch die Kunst der Übersetzung bekannt gemacht.

Wir können also davon ausgehen, daß die Glossolalie ein ekstatisches Reden ohne ersichtlichen Sinn war und diese ekstatische Rede einer Übersetzung bedurfte. Die Frage ist nun: Was kann Paulus konkret unter dem Vorgang der «Übersetzung» verstanden haben? Darüber gibt 1 Kor 14 Auskunft.

Man erhält diese Auskunft freilich nur auf einem gewissen Umweg. Das Hauptthema des 14. Kapitels ist nämlich nicht die Gabe der Übersetzung, sondern vielmehr das Verhältnis von Zungenrede und prophetischer Rede. Paulus läßt keinen Zweifel darüber offen, daß die *prophetische Rede der Zungenrede überlegen ist.* Nachdem er die eindeutige Überlegenheit des prophetischen Redens dargestellt hat, kommt er auf den praktischen Umgang mit der Zungenrede zu sprechen. Es liegt ihm nämlich völlig fern, aus der Überlegenheit der Prophetie etwa zu schließen, die Zungenrede sei gänzlich aus dem Gottesdienst zu verbannen. Wohl aber verlangt Paulus, daß in Zungen nur dann geredet werden soll, wenn zugleich ein Übersetzer zugegen sei. «Wenn jemand in himmlischer Sprache redet, gut! Aber nur zwei oder höchstens drei und einer nach dem anderen, und einer soll es übersetzen. Doch wenn keiner da ist, der es übersetzen kann, so soll er in der Gemeindeversammlung schweigen und nur zu sich selbst und zu Gott reden» (14,27f). Daraus ergibt sich: Die Gabe der Übersetzung hat ihren Ort, wo es um die Überführung der Zungenrede in Prophetie geht. Sie ist nicht einfach Übersetzung in einem technischen Sinne. Die *hermēneia* verwandelt das ekstatische Lallen in prophetisches Wort. Das ist der eigentliche Rahmen dieser Gnadengabe. Wer ihre konkrete Gestalt näher kennenlernen will, muß sie an diesem Ort aufsuchen. Aus dieser Ortsangabe ergibt sich, was unter Übersetzung zu verstehen ist. Diesem Problem gelten die folgenden Überlegungen:

1. Schon ganz zu Beginn des 14. Kapitels weist Paulus auf einen bedeutsamen Unterschied zwischen Glossolalie und prophetischer Rede hin: «Denn wer in himmlischer Sprache redet, der spricht nicht zu Menschen,

sondern zu Gott; denn niemand versteht ihn, er redet im Geist Gottes Geheimnisse» (14,2). Den Zungenredner hört niemand, und deshalb spricht er mysteriös. Darum spricht er gar nicht zu den Menschen, sondern zu Gott (der alles versteht). Eben hier kommt die Gabe der Übersetzung zu Hilfe. Der hermeneutisch Begabte nämlich interpretiert das Zungenreden so, daß es nicht mehr bloß an die Adresse Gottes ergeht, sondern für die Menschen hörbar, verstehbar ist. Das heißt: Aus der Zungenrede, aus der die menschlichen Partner übergehenden Rede *wird verständliche, die Menschen ansprechende Sprache.* Und dies geschieht ganz einfach dadurch, daß der hermeneutisch Begabte den gestaltlosen Lauten der Zungenredner eine erkennbare Gestalt gibt, die Gestalt der bekannten Sprache nämlich. Deshalb kann man dann sagen: Der Hermeneut bringt zur Sprache, was der Glossolale sprachlos sagt. Das Zur-Sprache-Bringen ist selbst schon ein hermeneutischer Vorgang. Wem es gegeben ist, die ekstatischen Laute der Zungenrede in prophetisches Wort zu übersetzen, der macht aus jenem stummen Ding eine vielsagende Erscheinung. Er gibt die Zungenrede zu verstehen, indem er sie zur Sprache bringt.

Zu überlegen wäre, ob dies nicht für den hermeneutischen Vorgang allgemein richtungweisend sein könnte. Dem ekstatischen Lallen gleichen die hilflosen Gebärden derer, die keine Macht haben, sich zu Worte zu melden. Angesichts solcher Sprachlosigkeit entsteht die hermeneutische Aufgabe, hilflose Gebärden der Menschen zum Reden zu bringen, freilich so, daß der Übersetzer nicht sich selbst an die Stelle der Sprachlosen setzt, sondern daß er ausspricht, was sie nicht zu sagen vermögen.

2. Ein weiterer Aspekt der hermeneutischen Aufgabe kommt zu Gesicht, wenn der folgende paulinische Gedankengang betrachtet wird: «Darum: Wer in einer himmlischen Sprache redet, der bete darum, daß er sie auch übersetzen kann. Wenn ich nämlich in einer himmlischen Sprache bete, so spricht nur mein Geist in mir das Gebet; mein Verstand aber hat nichts davon» («mein Verstand ist unfruchtbar», wie es wörtlich heißt; 1 Kor 14,13f). Mit dem Geist muß hier der göttliche Geist gemeint sein, ein Geist, der dem Menschen eigentlich fremd ist. Das Göttliche muß gemeint sein, das in ihn hineinkommt. Warum ist der Verstand unfruchtbar dabei? Er ist unfruchtbar, weil er nicht in Aktion treten kann. Warum kann er nicht tätig werden? Weil die Zungenrede durch meinen Geist ausgeführt wird, der jedoch nicht in der Reichweite des Verstandes ist. Was bedeutet es, wenn der Verstand unfruchtbar bleibt? Es bedeutet, daß der göttliche Geist gar nicht in den Menschen eingeht, daß er gleichsam unverrichteter Dinge im Gebet zu Gott zurückkehrt. Glossolalisch im Geist beten und dabei den Verstand nicht zum Zug kommen lassen ist dasselbe, wie wenn Christus nicht im Fleisch gekommen wäre.

Die Zungenrede ist zwar eine Wirkung des Geistes, sie ist jedoch nicht in der Reichweite des Verstandes. Also betrügt sich der Mensch um die

Früchte seines Verstandes, es sei denn, er könne die Geistwirkung übersetzen. Was sind die Früchte des Verstandes? Dazu Paulus: «Doch in der Gemeindeversammlung will ich lieber nur fünf Worte in verständlicher Sprache reden, um auch andere zu unterweisen, als zehntausend in himmlischer Sprache» (1 Kor 14,19). Die verständigen Worte sind dem Verstand anderer Menschen zugänglich. Deshalb können sie die Sprache vernünftig beurteilen, um daraus zu lernen. Der göttliche Geist ist wirkungslos, wenn er nicht in verständliche Sprache gefaßt wird. Denn der Verstand ist es, durch den der Geist Eingang findet in den Menschen. Der Verstand ist es, wo Gottes Fleischwerdung sich wiederholt. Gottes Fleischwerdung wiederholt sich, wenn vom Geist des Fleischgewordenen *gelernt* wird.

Die Aufgabe der Hermeneutik besteht demnach darin, die Wirkung des göttlichen Geistes in verständliche Sprache zu übersetzen. Anders gesagt: sie besteht darin, die Geisterfahrungen in die Reichweite der Vernunft zu bringen. Die Hermeneutik sorgt dafür, daß der Verstand eben dort ins Spiel kommen kann, wo der Mensch von der Macht religiöser Erfahrungen überwältigt zu werden droht. Sie sorgt dafür, daß der Verstand Früchte trägt, indem der Mensch vom Geist Gottes berührt statt überwältigt wird. Man könnte auch sagen: Die Hermeneutik sorgt für die Fleischwerdung der göttlichen Geisterfahrung.

3. Ein drittes Charakteristikum der hermeneutischen Gabe kommt in 1 Kor 14,23–25, wiederum innerhalb einer Gegenüberstellung von Glossolalie und Prophetie, zur Sprache. Paulus sagt: «Wenn sich nun die ganze Gemeinde versammelt hat und alle in Zungen reden, es kommen aber Uneingeweihte oder Ungläubige herein, werden sie dann nicht sagen: Ihr seid verrückt? Wenn dagegen alle prophetisch reden, und es kommt ein Nicht-Glaubender oder Uneingeweihter herein, so wird er von allen in seinem Gewissen getroffen, von allen geprüft. Und das Verborgene seines Herzens wird offenbar ...». Im Unterschied zur Glossolalie ist die prophetische Rede eine Sprache, die auch den Nicht-Glaubenden und Uneingeweihten, den Außenseiter, den *idiōtēs,* trifft. Warum trifft sie ihn so? Sie trifft ihn, weil sie ganz auf seine Situation eingeht, weil sie seine Situation wahrhaftig aufdeckt, so daß das Verborgene seines Herzens offenbar wird. Die prophetische Rede sagt das treffende Wort. Und darin kommt sie jener Unbetroffenheit zuvor, in welcher der Außenstehende Verrücktheit konstatiert. Verrücktheit kann sowohl anerkennend als auch verurteilend konstatiert werden. Beeindruckt von den spektakulären Erscheinungen der Ekstase kann der Außenstehende mit einem Unterton der Bewunderung sagen: «Ihr seid ja verrückt!» Angewidert vom wilden Treiben der Zungenredner kann er aber auch ihre Verrücktheit verurteilen. In beiden Fällen kommt es jedoch nicht zu eigentlicher Betroffenheit: die Bewunderung ist ebenso distanziert wie die Verurteilung, weil die Zungenrede gar nicht auf die Situation des Außenstehenden eingeht.

Wir sagten schon, die hermeneutische Aufgabe sei es, Glossolalie in prophetisches Wort überzuführen. In unserem jetzigen Zusammenhang bedeutet dies: Die hermeneutische Aufgabe ist es, das ekstatische Spektakel in ein treffendes Wort umzumünzen. Und zwar in ein Wort, das auch den Außenstehenden, der mit dem Sprachgebrauch der Eingeweihten alles andere als vertraut ist, zu treffen vermag. Der hermeneutischen Gabe ist es anvertraut, die geistliche Sprache gegenüber dem Nicht-Glaubenden und dem Außenseiter so zu verantworten, daß diese davon betroffen werden in ihrem Gewissen. Hier ist überdeutlich, daß es sich dabei um eine Gnadengabe handeln muß, um eine Tätigkeit, deren Gelingen keineswegs in den Händen des Hermeneuten und schon gar nicht in der Macht methodischer Kniffe liegt. Ein Wort von Gott so zu sagen, daß es den gottlosen Menschen zu treffen vermag, ist gewiß ein Ereignis der Gnade eben desselben Gottes.

Im Vorhergehenden versuchten wir anhand der Gabe der Übersetzung zu klären, welche konkrete Gestalt das hermeneutische Tun habe. Dabei kann das folgende festgehalten werden: Die hermeneutische Tätigkeit in der korinthischen Gemeinde besteht erstens darin, dem sprachlosen Phänomen der ekstatischen Zungenrede Sprache zu verleihen und es auf diese Weise hörbar und also verstehbar zu machen. Sie besteht zweitens darin, den göttlichen Geist, von dem der Mensch ergriffen sein kann, dem Verstand zugänglich zu machen, damit dieser Verstand seine Früchte tragen kann: ein verständiges Urteil, die Bereitschaft, etwas zu lernen. Die hermeneutische Tätigkeit besteht schließlich darin, religiöse Erfahrung und wohl auch religiöse Sprache zu verwandeln in ein Wort, das den Außenstehenden in seinem Innersten betrifft.

1.5.2 Die Bedeutung der hermēneia

In diesem zweiten Überlegungsgang versuchen wir darzustellen, welchen Stellenwert Paulus der Übersetzungsgabe zubilligt. Wir werden auf diese Weise ihren Bedeutungsumfang oder ihre Tragweite etwas näher betrachten können. Wieder gehen wir aus von der Beobachtung, daß die Übersetzungsgabe angemessen erfaßt ist, wenn sie als Überführung der Zungenrede in prophetisches Wort gesehen wird.

1. In 1 Kor 12 rechnet Paulus die *hermēneia* zu den Gnadengaben, den *charismata*. Ihre Bedeutung ist also elementar dadurch zum Ausdruck gebracht, daß sie ein Charisma ist. Schon in dieser Wortwahl ist eine Verschiebung eingetreten im Vergleich zum Sprachgebrauch der Korinther: sie hätten wohl lieber von Geistesgaben gesprochen in diesem Zusammenhang. Wenn Paulus dagegen die Geistesgaben zu Gnadengaben werden läßt, so verbirgt sich darin ein Interpretationsvorgang von größter Tragweite. Er kann jetzt nur in wenigen Bemerkungen angedeu-

tet werden. Mit dem Ausdruck Charisma stellt Paulus eine enge Beziehung her zwischen den korinthischen Geistwirkungen wie Glossolalie, Prophetie oder eben auch Übersetzungsgabe einerseits und der Gnade andererseits. Paulus signalisiert damit, daß alle diese Fähigkeiten als Auswirkung der Gnade zu verstehen sind. Was ist die Gnade? Das Wort meint weniger eine Eigenschaft Gottes als vielmehr seine Gnaden*tat*. Diese wird durch Christus verkörpert. Die Bezeichnung Charisma bindet die Fähigkeiten eng an ihren Quell, an Christus. Nach korinthischem Verständnis waren diese Fähigkeiten eben geistliche Fähigkeiten, eigenständige Besitztümer des Glaubenden, gleichsam religiöses Vermögen im Privatbesitz. Diese Eigenständigkeit spricht Paulus ihnen ab, wenn er sie Charismen nennt: so bindet er sie an Christus, ihren Geber, zurück. Durch diese Rückbindung der Gabe an ihren Geber verliert die Gabe ihre eigenständige Autorität. Sie kann fortan nicht mehr als selbstredendes Argument ausgespielt werden. Damit ist die Macht des Spektakulären gebrochen, gebrochen ist aber auch die alles entscheidende Autorität religiöser Empfindung. Die religiöse Empfindung oder die geistliche Fähigkeit kann fortan nicht mehr unkritisch betrachtet werden. Jede Geisterfahrung und Geistäußerung hat sich fortan daran messen zu lassen, inwieweit ihr Geber in ihr gegenwärtig wird, beziehungsweise inwieweit sie dem Geist des Christus Raum gibt oder einem Ungeist. Der «Geist Gottes», der heilige Geist, ist danach zu beurteilen, ob in ihm die Herrschaft Jesu oder aber die Herrschaft anderer Herren zum Ausdruck kommt. Wenn ein Geist, eine Fähigkeit oder Begabung, die Maßgeblichkeit des Jesus antastet, ist er nicht der heilige Geist, mag er sich noch so «christlich» gebärden.

Auf die Gabe der Hermeneutik bezogen heißt das, daß auch sie ihre Unabhängigkeit verliert. Auch die Tätigkeit des Übersetzens ist daran zu messen, inwiefern sie dem Geist des Gebers Raum läßt. Auch die Tätigkeit des Übersetzens kann nichts anderes wollen als sich einordnen in jenes Geschehen, das mit dem Stichwort «Gnade» angedeutet wird. Auf diese Weise findet auch die Gabe der Hermeneutik ihr Kriterium, was sowohl auf ihre konkrete Gestalt als auch auf ihren Stellenwert sich auswirkt. Der hermeneutischen Tätigkeit kann es um nichts anderes gehen als um die Betroffenheit des Menschen, genauer: um die Betroffenheit des Menschen von Christus. Darin besteht die völlige Wert*un*freiheit der neutestamentlichen Hermeneutik: sie bringt den Menschen nicht mit irgendetwas in Beziehung, sondern mit Christus. Dabei geht es allerdings um die schlechthin fundamentale Beziehung, die Menschen haben, um ihre Beziehung zum wahren Leben nämlich.

2. In 1 Kor 14,5 koppelt Paulus die Gabe der Übersetzung direkt mit der Prophetie. Er sagt: «Ich möchte wohl, ihr alle könntet in himmlischen Sprachen reden; aber noch lieber, ihr könntet alle als Propheten reden. Denn wer als Prophet spricht, ist größer als der, der in himmlischen

Sprachen reden kann, es sei denn, daß er sie auch zu übersetzen versteht ...». Hier wird zunächst ein eindeutiges Werturteil ausgesprochen: die prophetische Rede ist besser als die Zungenrede. Dieses Werturteil gilt allerdings nur unter der Bedingung, daß die Zungenrede nicht übersetzt wird. Wird sie dagegen übersetzt, so fällt ihre Minderwertigkeit dahin. Daraus ergibt sich, daß die Übersetzungsgabe dasselbe zu bewirken vermag, was prophetische Rede tut. Sie teilt deshalb auch den Wert, den Paulus der prophetischen Rede zumißt.

Die Frage ist jetzt, aus welchem Grunde die prophetische Rede (und dann auch die Übersetzungsgabe) eine solche Überlegenheit hat. Paulus begründet diese Überlegenheit einerseits damit, daß die prophetische Rede dem Aufbau der Gemeinde diene (der *oikodomē*). Prophetie und Übersetzungsgabe sind wertvoll, weil sie konstruktives Reden sind. Darauf wird gleich einzugehen sein. Vorher jedoch wenden wir uns einer Reihe von Beispielen zu, mit denen Paulus die Überlegenheit, die charakteristischen Vorzüge der prophetischen Rede gegenüber der Zungenrede herausarbeitet (1 Kor 14,7–11). Paulus vergleicht die Zungenrede mit einem Flöten- oder Zithernspiel, dessen Töne nicht unterscheidbar sind (V. 7). Es mag große Empfindungen auslösen, verstehen aber kann man es nicht. Die *hermēneia* hat hier die Aufgabe, dem formlosen Flötenspiel die Gestalt von Ordnung und Rhythmus zu verleihen. Paulus vergleicht die Glossolalie weiter mit einem undeutlichen Trompetenspiel, das niemanden dazu bewegt, sich zum Kampf zu rüsten (V. 8). Jedermann hört die Trompete zwar, aber niemand bewegt sich, weil die Trompete nichts sagt. Dasselbe gilt von der Zungenrede, bei welcher man – wie Paulus sagt – in die Luft spricht. In die Luft spricht man, weil der Sinn beim Hörer nicht ankommen kann. Aufgabe der *hermēneia* ist es, das unverständliche Gerede zum bewegenden Wort zu machen. Besonders interessant ist das letzte Beispiel, eine Bemerkung zur Sprache: So viele Sprachen gibt es, und dennoch ist keine unter ihnen gestaltlos, unverstehbar. Und Paulus fährt fort: Wenn ich aber die Bedeutung der Sprache (die *dynamis* der Sprache) nicht sehe, werde ich dem Sprechenden ein *barbaros* sein (das heißt einer, der durch Sprache nicht ansprechbar ist) und der Sprecher wird für mich ein *barbaros* sein. Wenn die *dynamis* der Sprache nicht erkenntlich ist, herrscht Barbarei zwischen Mensch und Mensch. Das heißt: Die Macht der Sprache ist die Überwindung der Barbarei. Unter Barbarei ist jetzt nicht das zu verstehen, was wir gewöhnlich darunter verstehen. Wir haben hier einen Satz vor uns, welcher von dem Wort *barbaros* einen ganz ursprünglichen Gebrauch macht. Was *barbaros* ursprünglich meint, wird aus dem folgenden Beispiel ersichtlich. Aristophanes spricht an einer Stelle über den Wiedehopf, welcher den andern Vögeln beigebracht habe, die Menschensprache zu verstehen. Der Wiedehopf sagt dies so: «Ich nämlich habe ihnen (das ist den übrigen Vögeln), die vordem *barbaroi* waren, die Sprache beigebracht»([52], 279 Anm. 43).

Die Vögel waren genau in dem Sinne Barbaren, als sie kein Verhältnis hatten zu den Menschen, bevor sie sprechen konnten. Wenn die Macht der Sprache darin besteht, daß sie die Barbarei zwischen Menschen überwindet, dann ist dies also die Überwindung der Verhältnislosigkeit zwischen Mensch und Mensch. Barbarei meint hier die völlige Geschiedenheit, die völlige Verhältnislosigkeit, die dadurch entsteht, daß einer für den andern keine Sprache hat. Die Macht der Sprache ist es, die Verhältnislosigkeit zwischen Mensch und Mensch zu überwinden. Dies kann aber nur die verständliche Sprache der Prophetie oder dann die übersetzte Glossolalie, die in vernünftige Rede verwandelte Empfindung.

Die Gabe der *hermēneia* ist demnach dazu da, die Verhältnislosigkeit in der Gemeinde zu überwinden. Das macht ihre Überlegenheit gegenüber der Zungenrede aus. Denn der Geber hat die Gabe gegeben, damit der Tod nicht mehr herrsche. Dies ist das Ziel seines Lebens und insofern das Gepräge seines Geistes. Dazu ist er auf die Welt gekommen. Der Tod aber herrscht in der Verhältnislosigkeit, in der Barbarei. Eben deshalb ist die *hermēneia* als Überwinderin der Verhältnislosigkeit der Zungenrede überlegen. Das Werturteil geschieht nach Maßgabe dessen, ob die Gnadengabe der Gnadentat entspricht oder nicht. Danach bemißt sich auch ihre Bedeutung. Und das Reden – wäre es auch noch so machtvoll –, das des Gebers Überwindung von Verhältnislosigkeit nicht fortsetzt, ist, wenn auch nicht macht-, so doch bedeutungslos.

3. Eine dritte Beobachtung zum Stellenwert der *hermēneia* betrifft das Verhältnis zum Außenstehenden. Am glossolalischen Gebet kritisiert Paulus, es verwehre dem Uneingeweihten, sein Amen dazu sprechen zu können. Denn dieser versteht ja das Gebet nicht (1 Kor 14,16). Für Paulus ist es offensichtlich klar, daß der *idiōtēs,* der interessierte Gast, der nicht mit dem Reden und Denken der Gemeinde vertraut ist, sein Amen mit Bedacht sprechen können muß. Und an der Stelle des Außenstehenden sind alle, die das glossolalische Beten nicht übersetzen können. So wertvoll die Glossolalie in religiöser Hinsicht auch sein mag, sie bedarf der Übersetzung, damit der Außenseiter ein *verstehendes Ja* sagen kann. Die *hermēneia* sorgt demnach für den Einbezug der Außenseiter; sie ermöglicht ihnen ein verstehendes Ja. Ganz ähnlich lautet die Aussage in 1 Kor 14,23–25, von der bereits die Rede war. Hier geht es darum, daß der Randsiedler nicht sagen muß: Ihr seid verrückt. Er soll sich nicht durch die Konstatierung der Verrücktheit um das betrügen müssen, was ihm die übersetzte Glossolalie oder die prophetische Rede zu sagen hat. Wenn er in verständlicher Sprache angesprochen wird, wird er keine Verrücktheit konstatieren müssen, sondern er wird auf sein Angesicht fallen und bekennen: Gott ist wahrhaftig unter euch (1 Kor 14,25). Sache der *hermēneia* ist es, den Außenseiter so in seiner Erfahrung und in seinem Herzen zu treffen, daß er von der Gottesgegenwart in diesem Gottesdienst überzeugt sein kann.

Ich glaube kaum, daß dieser Stellenwert der Hermeneutik noch überbietbar ist. Was kann die Kunst der Übersetzung besseres wollen, als den Menschen mit der Gottesgegenwart bekannt zu machen? Ihre Sache ist nicht nur, die Verhältnislosigkeit zwischen Mensch und Mensch zu überwinden, sondern auch die Beziehungslosigkeit zwischen Mensch und Gott (eben: die Gottlosigkeit). Ihre Bemühung ist es, den Außenseiter und sogar den Gottlosen in ein Verhältnis zu Gott zu bringen. Diese Hinwendung zum Außenstehenden ist ebenso eindrücklich wie erstaunlich: keine Rede von Forderungen an den *idiōtēs,* er müsse zuerst von seinen distanzierten Denkweisen Abstand nehmen, um sich der Sprachwelt der Gemeinde anzupassen. Keine Rede auch davon, daß er, das «Weltkind», einfach sich selbst überlassen bliebe. Nein, gerade ihm gilt die entschiedene hermeneutische Bemühung.

Paulus gibt der *hermēneia* (und der Prophetie) diesen Stellenwert, weil er die offene Sprache, die Zugänge eröffnende Sprache, weit über den Insiderjargon stellt. Allzu häufig gebrauchen Gruppen ihre Sprache gerade nicht zum Einbezug, sondern vielmehr zum Ausschluß der interessierten Gäste. Eine solche Insider-Sprache verdient nach Paulus den Namen Sprache nicht. Denn sie errichtet Barrieren, macht den *idiōtēs* zum Idioten, statt ihn einzubeziehen in das Gesagte.

Auch in dieser Bewertung der *hermēneia* wirkt sich aus, daß Paulus sie unter die Gnadengaben zählt. Als Gnadengabe hat sie jenem Akt der Gnade zu entsprechen, der den Namen Christus trägt: sie hat der Überwindung der Gottlosigkeit durch Gott zu entsprechen, und deshalb bemüht sie sich um das verstehende Ja des Gottlosen. Sie hat dem Brückenschlag über den Abgrund der Sünde zu entsprechen, und deshalb kann sie den Außenstehenden niemals distanzieren von der Gottesgegenwart in der Gemeinde. In der Gnadengabe ist die Gnade selbst gegenwärtig, indem der Geber der Gabe maßgebend ist.

4. Wir richten unseren Blick von diesen Einzelbeobachtungen weg auf das zugrundeliegende Ganze. Dabei werden wir sogleich aufmerksam auf den Begriff der *oikodomē,* der Auferbauung. Paulus mißt alle Fähigkeiten und Erscheinungen daran, ob sie dem Aufbau der Gemeinde dienen. In diesem Zusammenhang ist gerade die *hermēneia* besonders wichtig. Denn unter Auferbauung kann jetzt nicht mehr ein Gruppenegoismus mit religiöser Note verstanden werden. Auferbauung ist durch die erwähnten Einzelbeobachtungen hinreichend bestimmt: *oikodomē* ist nichts anderes als die Überwindung der Barbarei zwischen Mensch und Mensch, nichts anderes als die Aufhebung der Verhältnislosigkeit zwischen Mensch und Mensch, Auferbauung ist nichts anderes als der intensive Einbezug des interessierten Gastes, nichts anderes schließlich als die Überwindung der unendlichen Distanz zwischen Mensch und Gott. In diesem Sinne ist auch die hermeneutische Tätigkeit aufbauend, und auf die Auferbauung kommt alles an.

Freilich ist der Gedanke der *oikodomē* noch nicht die tiefste Ebene, die sich bei Paulus erreichen läßt. Das 14. Kapitel trägt nämlich eine vielsagende Überschrift. *Diōkete tēn agapēn,* bleibt der Liebe auf der Spur! (14,1). Darauf kommt alles an. Prophetie und *hermēneia* dienen der Auferbauung. Die Auferbauung aber ist geboten, weil die Liebe sie gebietet. Insofern ist die Liebe das eigentliche Kriterium aller Fähigkeiten und Erfahrungen, sei es der Zungenrede, sei es der Übersetzung. Wenn die Übersetzungsgabe sich nicht von der Liebe leiten ließe, könnte sie nicht mehr Gnadengabe heißen.

An diesem kleinen Beispiel wird ersichtlich, wo die Bedeutung der *hermēneia* ihren Ort hat. Sie ist alles andere als eine neutrale Technik. Sie muß ihre Fragestellungen beträchtlich ausweiten, um dorthin zu gelangen, wo es um die wahrhaftigen Verstehensprobleme geht. Eben dahin, wo zur Debatte steht, ob und inwiefern die Liebe das einzig Wahre sei. Und dabei ist es die Aufgabe der Hermeneutik, die Liebe als das einzig Wahre so zur Debatte zu stellen, daß auch Ungeliebte und Lieblose einbezogen werden. Die Hermeneutik ist der Anwalt der Außenstehenden. Dies kann sie nur sein, wenn sie die Sprache der Liebe spricht. Was die Sprache der Liebe ist, kann nicht in einem Wort gesagt werden. Jedenfalls kennzeichnet es die Sprache der Liebe, daß sie dem verstehenden Ja des Außenseiters Raum gewährt, indem sie das Verborgene seines Herzens offenbar werden läßt.

Zur Bedeutung der *hermēneia* halten wir also fest: Sie ist ein Charisma und insofern dem Kriterium des Gebers unterstellt. Sie überwindet die Verhältnislosigkeit zwischen Mensch und Mensch. Sie kümmert sich um den *idiōtēs* und den Nicht-Glaubenden, indem sie ihnen Zugang zur Gottesgegenwart verschafft. Schließlich dient sie der Auferbauung der Gemeinde, indem sie die Gemeinde auf die Spur der Liebe bringt.

1.5.3 Die Übersetzung der Zungenrede

In einem ersten Überlegungsgang fragten wir, welche konkrete Gestalt die Übersetzungsgabe im 1 Kor hat. In einem zweiten Überlegungsgang, der soeben abgeschlossen wurde, fragten wir nach dem Stellenwert der *hermēneia,* also nach ihrer Funktion und ihrem Selbstverständnis im Rahmen der christlichen Gemeinde. In diesem dritten und letzten Gedankengang wenden wir unsere Aufmerksamkeit dem Umgang des Paulus mit dem Phänomen Zungenrede zu. Es läßt sich ja nicht verkennen, daß Paulus in diesen Kapiteln so etwas wie eine Hermeneutik der Zungenrede vollzieht, das heißt: eine Übersetzung des Phänomens selbst, abgesehen von glossolalischen Einzelaussagen. Die hermeneutische Leistung des Paulus besteht darin, daß er die Zungenrede sachgemäß zu verstehen gibt. Er bringt das Phänomen als solches zum Sprechen, beziehungsweise er verhilft einer religiösen Empfindung zur Sprache. Ihn dabei zu beobachten, ist für eine neutestamentliche Hermeneutik außerordentlich lehrreich.

1. Die schon erwähnten Beobachtungen zum Verhältnis von Zungenrede und prophetischem Wort könnten den Eindruck erweckt haben, als verachte Paulus geradezu die ekstatischen Erfahrungen. Dies ist freilich keineswegs der Fall. An mehreren Stellen des ersten Korintherbriefs respektiert Paulus ausdrücklich den religiösen Wert der Zungenrede. Es darf ja auch nicht vergessen werden, daß er sie keineswegs aus dem Verein der Charismen ausschließt. Wenn Paulus in den angesprochenen Abschnitten zuweilen recht kritisch mit der Glossolalie umgeht, dann geschieht dies nicht zur Verachtung dieser Gabe, sondern vielmehr zu ihrer angemessenen Würdigung. Wer in Zungen redet, redet zu Gott (1 Kor 14,2), er baut sich selbst auf (14,4), er macht für sich eine wichtige Erfahrung. Dagegen hat auch Paulus nichts einzuwenden. Einzuwenden hat er vielmehr etwas gegen die selbstverständliche Autorität einer solchen Erfahrung. Daß die ekstatischen Phänomene in Korinth eine so hohe Wertschätzung genossen, beruht eben darauf, daß diese Gemeinde in der Erbauung des Selbst, in der religiösen Erfahrung des einzelnen, in dem spektakulären Erlebnis der Geistesgegenwart die höchste Form religiösen Lebens sah. Deshalb war für die Korinther alles Nötige gesagt, wenn einer in Zungen zu reden vermochte. Für Paulus ist dies eine Fehleinschätzung. Und solcher Fehleinschätzung gilt seine Kritik. Er stellt ganz deutlich heraus, daß das ekstatische Phänomen als solches überhaupt nichts zu sagen vermag, weil es gar nicht kommunikativ ist. Es mag dem andern noch so viel Eindruck machen, es mag ihm Bewunderung abnötigen oder ihn verwundert sich abwenden lassen, es spricht dennoch nicht zu ihm, weil es sich nicht, in verständigen Worten, an die Vernunft des Menschen wendet. Paulus wehrt sich also dagegen, etwas für vielsagend auszugeben, was in Wahrheit erst mittels verständlicher Sprache zum Reden gebracht werden muß. Zum Reden muß es gebracht werden, weil für Paulus nicht die Erbauung des Selbst, sondern vielmehr die Erbauung der Gemeinde den Inbegriff der Geistesgegenwart darstellt. Wo die Gnadentat Christi maßgebend ist, da geht es nicht mehr um die Findung des Selbst im überwältigenden Erlebnis, sondern *um die Findung des Gastes, des Gottlosen sogar, im verständigen Wort.* Der Geber dieser Gnadengabe steht ja für die göttliche Findung des Außenseiters und des Gottlosen. Deshalb muß einer Gabe umso größerer Wert zukommen, je mehr sie im Interesse der Überwindung von Verhältnislosigkeit steht.

Dies ist ein eigentliches hermeneutisches Prinzip, ein Leitfaden nämlich, anhand dessen Paulus die Fähigkeiten und Erscheinungen in der korinthischen Gemeinde zum Verstehen bringen kann. Anhand dieses hermeneutischen Prinzips stellt Paulus die Glossolalie an den Ort, wo sie hingehört und auch ihr Recht hat: in den Zusammenhang der Selbstfindung nämlich, die jedoch zugunsten der Findung des Gastes überholt werden soll. An diesem hermeneutischen Vorgehen des Paulus kann man sehen, wie sehr Hermeneutik eine umfassende Auslegungsbemühung ist, wie sehr sie auch auf Prinzipien angewiesen ist, die weit über das bloß Formale hinausgehen.

2. Einer hermeneutischen Leistung von besonderer Eindrücklichkeit begegnen wir zu Beginn des 12. Kapitels dieses Briefes. Hier setzt sich Paulus allgemein mit den Geistesgaben auseinander. Er sagt ein grundsätzliches Wort zu eben jenen Erfahrungen ekstatischer Art, die in Korinth eine so große Bedeutung erlangt hatten. «Was nun aber die Geistesgaben betrifft, Brüder, so will ich euch nicht in Unkenntnis lassen. Ihr wißt: Als ihr noch Heiden wart, trieb es euch mit unwiderstehlicher Gewalt fort zu den stummen Götzen» (1 Kor 12,1f). Damit die jetzt so hoch geschätzten Geistesgaben richtig beurteilt werden können, verweist Paulus die Gemeinde an ihre einstige heidnische Erfahrung. Wichtig daran ist zunächst die Erfahrung des Mitgerissen-Werdens. Dieses ist den Korinthern schon aus ihrer heidnischen Vergangenheit gut bekannt. Paulus erinnert daran, um der gegenwärtigen Ekstase den Anstrich des besonders Christlichen zu nehmen. Die Übermacht der Geist-Empfindungen besagt noch nichts über ihre Echtheit, über ihre Herkunft aus dem *heiligen* Geist. Aus der Unwiderstehlichkeit des Mitgerissen-Werdens läßt sich überhaupt nichts ableiten im Blick auf die Wahrhaftigkeit dieser vermeintlichen Gotteserfahrung. Dieselbe unwiderstehliche Anziehungskraft übten auch die heidnischen Götzen aus, die – darin sind sich Paulus und die Gemeinde einig – als Gottesbilder überhaupt nicht mehr in Frage kommen. Indem Paulus an einstige heidnische Erfahrungen erinnert, bringt er die Mehrdeutigkeit ekstatischer Phänomene in dieser christlichen Gemeinde ans Licht. Das Mitreißende ist kein untrügliches Indiz des Christlichen; das Hinreißende mag sich noch so sehr des Menschen bemächtigen, es ist kein Zeichen für die Gegenwart des Geistes Christi. Mitreißend waren schon die Götzen, mitzureißen ist demnach kein eindeutiges Erkennungszeichen des wahren Gottes. Gerade angesichts reichhaltiger Geisterfahrung, der man oft zuschreibt, alle Überlegungen überflüssig zu machen, stellt Paulus deutlich heraus: Die Geisterfahrung ist auf die Unterscheidung der Geister dringend angewiesen. *Gerade der ekstatischen, vermeintlich unwiderlegbaren Erfahrung muß mittels Reflexion ihre Unwiderstehlichkeit genommen werden.*

Paulus nennt die Götzen ausdrücklich sprachlose, stumme Götzen. Vielleicht hat diese Bezeichnung kein allzu großes Gewicht, weil sie traditionell und formelhaft ist. Jeder damalige Jude könnte die Götzen sprachlos nennen. Allerdings ist es meines Erachtens doch erlaubt, die Frage aufzuwerfen, ob Paulus nicht einen bewußten Zusammenhang sieht zwischen der Stummheit und der Unwiderstehlichkeit dieser Götzen. Vielleicht will er einen Zusammenhang zu Bewußtsein bringen zwischen der

Sprachlosigkeit dieser Bilder und dem Mitgerissen-Werden von ihnen. Könnte es nicht sein, daß die unwiderstehliche Gewalt dieser Bilder gerade auf ihrer Wortlosigkeit beruht? Die stummen Bilder geben niemals Antwort, sie überlassen den Fragenden sich selbst. Kann ich nicht gerade dann die größte Macht ausüben, wenn ich dem anderen das Wort verweigere? Die Bilder sind stumme Mächte, weil zu ihnen kein Verhältnis möglich ist. Sie geben weder Zustimmung noch äußern sie Widerspruch, und eben diese Schweigsamkeit macht sie unwiderstehlich. Sie verweigern die Gnade der Sprache.

So war die Erfahrung der Korinther in der Zeit, als sie noch Heiden waren. Paulus dagegen setzt sich immer wieder dafür ein, daß die sprachlose Empfindung zur Sprache gebracht werde, insbesondere die sprachlose Zungenrede. Die unfaßbare Ekstase soll in faßbare Worte gefaßt werden, wenn sie überhaupt einen Sinn und eine Bedeutung haben will. Denn der Außenstehende muß Gelegenheit zu einem verstehenden Ja erhalten. Man dürfte wohl im Sinne des Paulus ergänzen: Er soll auch die Möglichkeit haben, ein verstehendes Nein auszusprechen. Diese Möglichkeit aber hat er erst dann, wenn die Gabe der *hermēneia* zum Zug gekommen ist. Sie übersetzt die sprachlose Zungenrede in vernünftige Sprache.

Wenn nicht alles täuscht, nimmt Paulus hier Abschied von der *Unwiderstehlichkeit wortloser Götzen,* um sich hinzuwenden zur *Widerstehlichkeit des göttlichen Wortes.* Wenn nicht alles täuscht, nimmt Paulus hier Abschied von der mitreißenden Ekstase, um sich dem klaren und vernünftigen Reden und Denken zuzuwenden. Dieses erst eröffnet dem menschlichen Ja, dem verstehenden Ja, einen Raum und vermag gleichermaßen das Nein als menschliche Möglichkeit zu respektieren. Mit der Eindeutigkeit spektakulärer Empfindungen wird häufig genug operiert. Paulus vergleicht diese Eindeutigkeit mit der Unwiderstehlichkeit der stummen Bilder. Seine hermeneutische Leistung kommt einem Bildersturm gleich. Bildersturm aber heißt für ihn, die Götzen zum Reden zu bringen, die angeblich alles entscheidende Empfindung dem deutenden Wort und damit der vernünftigen Reflexion zu unterziehen.

An diesem kleinen und gewiß unbedeutenden Beispiel erkennen wir etwas vom hermeneutischen Ansatz des Paulus. Alle Erfahrungen sind auszulegen im Kontext des Christus, in welchem sie neu zum Reden kommen. Die Geister sind zu unterscheiden nach Maßgabe jener Widerstehlichkeit, wie sie dem göttlichen Wort zukommt. Die Widerstehlichkeit dieses Wortes Gottes gibt der menschlichen Antwort einen ungezwungenen Raum und bringt also die Freiheit der Antwort mit sich. Dieser hermeneutische Ansatz des Paulus ist ein Reflex dessen, daß Gottes Sohn in die Hände der Menschen ausgeliefert worden ist, oder daß es dem menschlichen Wort gegeben ist, Gottes Wort zu sagen.

1.6 Zusammenfassung: Der Begriff der neutestamentlichen Hermeneutik

Die anhand der Etymologie, der Geschichte der Hermeneutik und der Gabe der *herměneia* gemachten Beobachtungen können wie folgt zusammengefaßt werden.

1. Es kann allgemein als Geschäft der Hermeneutik gelten, Verhältnisse zu schaffen, wo keine sind, Beziehungen zu klären, wo sie gestört sind, zur Sprache kommen zu lassen, was nach Sprache verlangt. Es ist das Geschäft der neutestamentlichen Hermeneutik, die Verhältnislosigkeit zwischen dem Neuen Testament und dem neuzeitlichen Menschen zu überwinden. Diese spezielle Hermeneutik erreicht darin ihren besonders neutestamentlichen Charakter, daß sie sich um den Einbezug des Außenseiters, des interessierten Gastes und insbesondere auch des Feindes bemüht. Die neutestamentliche Hermeneutik hat die Aufgabe, der Barbarei zwischen uns und dem Neuen Testament ein Ende zu setzen. Sie orientiert sich am Geschehen der Feindesliebe Gottes, welches im Neuen Testament Christus heißt (vgl. Röm 5,10).

2. Es ist die Aufgabe neutestamentlicher Hermeneutik, das Unverständliche in verständlicher Sprache auszusprechen. Es so zur Sprache zu bringen, daß der menschliche Verstand in Kraft gesetzt wird, statt daß er unfruchtbar bleibt. Dieser hermeneutischen Tätigkeit eignet so etwas wie ein – recht verstandener – emanzipatorischer Grundzug: die stummen Götzen sollen ihre Unwiderstehlichkeit verlieren, wenn sie zum Reden gebracht werden. Die mit fragloser Autorität versehenen Empfindungen (oder Erfahrungen) sollen besprochen und auf diese Weise einer Relativierung unterzogen werden. Die Gefahr liegt gar nicht so fern, daß auch das Neue Testament ein in dieser Weise stummer Götze werden kann, fraglos hingenommen in seiner kein Gespräch erlaubenden Autorität oder aber ebenso fraglos weggeschoben in seiner vermeintlichen Antiquiertheit. Die Aufgabe der hermeneutischen Bemühung um das Neue Testament ist es, das widerstehliche Wort Gottes im Neuen Testament zu entdecken, um es dem jetzigen Leser gleichzeitig als Gottes Wort *und* als widerstehlich verstehbar zu machen. Dabei gilt es, Abschied zu nehmen von der Fiktion, als ob das Wort Gottes an seiner Unwiderstehlichkeit zu erkennen wäre. Mitreißend ist vielmehr jenes Wort, das sich des Menschen bemächtigt, mitreißend ist jenes Wort, das den Menschen auf sich selbst zurückwirft, indem es ihm alles zu tun und zu sagen überläßt. Dieses gesetzliche, eigentlich *nichtssagende* Wort hat nicht Gott gesprochen. In solcher Rede meldet sich die Allmacht des Menschen zu Wort statt der Liebe Gottes, die im widerstehlichen Wort dem Angesprochenen Raum läßt.

Es liegt offen zutage, daß eine so bestimmte Hermeneutik einen intensiven Bezug zur Sprache hat. Aus dem verantwortungsvollen Gebrauch der

Sprache resultiert Verstehen. Der rechte Gebrauch der Sprache ist demnach ebenso ein hermeneutisches Thema, wie er selbst eine hermeneutische Funktion hat.

3. Der Begriff der neutestamentlichen Hermeneutik läßt sich nicht bestimmen, ohne daß auf den engen Zusammenhang zwischen Hermeneutik und Wahrheitsfrage hingewiesen wird. Die Hermeneutik als Kunst des Verstehens beziehungsweise als Auslegung des Menschlichen lebt gleichsam davon, daß für sie die Wahrheitsfrage beantwortet ist, auch wenn sie jene Antwort ständig für revisionsbedürftig hält.

Die neutestamentlichen Texte beziehen, wie das analysierte Beispiel in 1 Kor 12 und 14 gezeigt hat, ihre auslegende Kraft aus dem Christusbezug. Sie legen den Menschen, die Welt und Gott im Lichte Christi aus. Von einer neutestamentlichen Hermeneutik, die sich an das Neue Testament hält, kann man insofern niemals sagen, sie sei voraussetzungslos. Sie ist nicht ableitbar aus einer allgemeinen Lehre des Verstehens. Die neutestamentliche Hermeneutik ist eben darin neutestamentlich, daß sie ihre eigene Verstehensbemühung unternimmt in Betroffenheit davon, wie das Neue Testament Verstehen vollzieht. Im Vollzug der Verstehensbemühung um das Neue Testament wird das Verstehen selbst beeinflußt. Dies bedeutet so etwas wie eine Unterbrechung des Selbstverständlichen und macht aus der Hermeneutik eine neutestamentliche Verstehenslehre.

Auch wenn von der neutestamentlichen Hermeneutik gilt, daß sie nicht voraussetzungslos sein kann, so verwehrt ihr dies nicht, Anspruch auf allgemeine Verständlichkeit zu erheben. Dieser Anspruch läßt sich allerdings nur erheben, wenn die neutestamentliche Verstehenslehre alles tut für den Einbezug des interessierten Gastes, das heißt: wenn sie alles tut, ihre höchst besondere Weise des Verstehens darzustellen und transparent zu machen für das allgemeine Verstehen.

4. Die neutestamentliche Hermeneutik bemüht sich um das Verhältnis der beiden Beziehungsgrößen «Neues Testament» und «neuzeitlicher Mensch». Sie soll ihre Arbeit weder biblizistisch noch modernistisch tun. Nicht biblizistisch verfahren bedeutet konkret, daß die neutestamentliche Hermeneutik keine Verstehensvoraussetzungen macht außer denen, die für die Vernunft in ihrer jetzigen Verfassung gelten. Biblizistisch würde eine Hermeneutik verfahren, welche die neutestamentliche Sicht- und Verstehensweise dem neuzeitlichen Menschen zumuten würde, noch bevor dieser sich auf das Verstehen des Neuen Testaments eingelassen hat. Dies läuft auf eine voreilige Beschränkung des Denkens hinaus; eine Beschränkung, die vorgenommen wird, noch bevor das Denken stattfinden konnte. Ein Denken, das so zustandekommt, wird die Beschränktheit nie mehr los. Die neutestamentliche Hermeneutik verfährt auf der anderen Seite auch nicht modernistisch, sofern sie nämlich den Erkenntnisgegenstand, das Neue Testament, nicht auf die Verstehensvoraussetzungen des neuzeitlichen Menschen festlegt. Modernistisch würde sie verfahren,

wenn sie die moderne Verstehensweise zum Kanon des Verstehens überhaupt machen würde und sich demzufolge von den Texten gar nichts sagen lassen könnte, was ihr Verstehen als solches betrifft. Vom Beispiel der Zungenrede ausgehend: biblizistische Hermeneutik behauptet in einem willkürlichen Definitionsakt, das, was dem neuzeitlichen Menschen als Zungenrede vorkommen mag, sei in Wirklichkeit ein vielsagendes Wort. Modernistische Hermeneutik dagegen verurteilt die neutestamentlichen Texte insofern zum Schweigen, als sie sie auf den Anschein der nichts sagenden Zungenrede behaftet. Gegenüber diesen beiden Verfahrensweisen versucht die neutestamentliche Hermeneutik, die Texte unter den Verstehensbedingungen des interessierten Gastes oder gar des Gottlosen zum Sprechen zu bringen. Dies entspricht dem Vorgang der Übersetzung, welche Zungenrede zum treffenden Wort macht.

5. Wie man an der paulinischen Hinwendung zum widerstehlichen Wort Gottes erkennen kann, ist die neutestamentliche Hermeneutik ständig begleitet von der Aufgabe, über die Sprache selbst nachzudenken. Es ist ja nicht so, daß das Wort Gottes sich von der gewöhnlichen Sprache isolieren ließe. Das Wort Gottes begegnet vielmehr inmitten der Wörter unserer Sprache. Deshalb wird sich die neutestamentliche Hermeneutik nicht zuletzt um des Wortes Gottes willen beteiligen an dem Bestreben, von den Wörtern unserer Sprache einen sinnvollen Gebrauch zu machen. Der sinnvolle Sprachgebrauch geschieht keineswegs etwa von selbst. Wer hätte noch nie erfahren, wie sehr beispielsweise die Macht der Sprache in die Irre führen oder der Repression dienen kann, und sei es gar die Macht der Sprache, welche dort zum Ausdruck kommt, wo der Sprache Ohnmächtigkeit nachgesagt wird. Der sinnvolle Sprachgebrauch stellt sich nicht von selbst ein, ihn zu erreichen setzt eine intensive Bemühung um die Sprache voraus. Daran beteiligt sich die neutestamentliche Wissenschaft, indem sie auf die Differenz zwischen dem Wort Gottes und der Sprache der Welt aufmerksam macht. Im Sinne einer vorläufigen Vermutung im Anschluß an 1 Kor 14 können wir feststellen, daß das Wort Gottes eben dort zum Reden kommt, wo das reine Wort gesprochen wird, ein Wort, das dem Angesprochenen einen Daseinsraum gibt, ihm ein verstehendes Ja ermöglicht und ihm zugleich das verstehende Nein als Möglichkeit offen hält. Dieses reine Wort ist das, was Sprache der Liebe genannt werden könnte.

Wenn die neutestamentliche Hermeneutik dem Gebrauch der Sprache eine besondere Aufmerksamkeit schenkt, befindet sie sich freilich in einer erheblichen Spannung zur Sprachverachtung der gegenwärtigen Zeit. Diese Sprachverachtung äußert sich insbesondere darin, daß man der Sprache keine Macht zutrauen mag und sich statt dessen auf Taten verlassen will. Diese Sprachverachtung gehört nicht weniger zu den Verstehensbedingungen des gegenwärtigen Menschen als sein sonstiges Weltbild.

6. Schließlich ist der Aspekt der Methodenreflexion anzuführen. Die

neutestamentliche Hermeneutik fragt nach der *Reichweite* der Erkenntnismethoden, um der verblendeten methodologischen Selbstüberschätzung ebenso gegenzusteuern wie dem blinden Kampf gegen das kontrollierte Denken im Bereich der Schriftauslegung. Die neutestamentliche Hermeneutik fragt nach der *Angemessenheit* unseres methodischen Instrumentariums, und zwar ebensosehr nach der Angemessenheit gegenüber den Texten des Neuen Testaments (was uns einigermaßen geläufig ist) wie nach der Angemessenheit gegenüber den gegenwärtigen Verstehensbedingungen. Gesetzt den Fall beispielsweise, das geschichtliche Denken wäre gänzlich aus unserem Wahrnehmungsverhalten verschwunden, müßte die Angemessenheit der sogenannten historisch-kritischen Methode einer genaueren Überprüfung unterzogen werden. Dabei könnte sich freilich auch herausstellen, daß das gegenwärtige Wahrnehmungsverhalten verkümmert ist und einer Erweiterung um die historische Dimension bedarf. Abgesehen von diesem bisher noch hypothetischen Fall beschäftigt sich die Methodenreflexion im Rahmen der neutestamentlichen Hermeneutik mit der Aufgabe, zu vermitteln zwischen der Säkularität der Erkenntnismethoden und der Heiligkeit des zur Frage stehenden göttlichen Wortes.

2. Rahmenbedingungen neutestamentlicher Hermeneutik

In dem nun folgenden Abschnitt sollen wichtige Rahmenbedingungen der neutestamentlichen Hermeneutik zusammengestellt werden. Unter den Rahmenbedingungen verstehen wir konstitutive Merkmale, welche die Beziehung zwischen Redendem (Neues Testament) und Vernehmendem (neuzeitlicher Mensch) bestimmen. Diese Merkmale sind zusammengefaßt in dem, was wir heutiges Menschen- und Weltverständnis nennen. Dieses Konglomerat an globalen Aussagen über Mensch und Welt bestimmt wesentlich mit, welches Verhältnis gegenwärtig zum Neuen Testament überhaupt möglich ist. Wer also die Rahmenbedingungen neutestamentlicher Hermeneutik angeben will, muß sich einlassen auf eine Skizze des gegenwärtigen Menschen- und Weltverständnisses – eine Aufgabe, die mit großen Schwierigkeiten belastet ist. Sie muß dennoch angepackt werden.
Von entscheidender Bedeutung für unser Verhältnis zum Neuen Testament ist zweifellos das sogenannte wissenschaftliche Weltverständnis, das man vielleicht besser das naturwissenschaftliche Weltverständnis nennt. Allem Anschein nach liegen hier auch die größten Differenzen zum Neuen Testament vor. Diese Differenzen sind markiert mit dem Stichwort «mythologisches Weltbild», mit welchem der fast qualitative Abstand des Neuen Testaments zu den Heutigen zum Ausdruck gebracht wird. Die große Bedeutung des weltanschaulichen Aspekts läßt es als sinnvoll erscheinen, ihm den ersten Unterabschnitt zu widmen.

2.1 Mythologisches und wissenschaftliches Weltverständnis

Die Frage nach dem Verhältnis von mythologischem und wissenschaftlichem Weltverständnis ist in unserem Jahrhundert durch *Rudolf Bultmann* gestellt und beantwortet worden. Sein Hauptakzent lag sinnvollerweise darauf, welche theologischen Konsequenzen sich aus dem Schritt vom mythologischen zum wissenschaftlichen Weltbild ergeben. Wenn wir im folgenden Bultmanns Fragen nachdenken, so tun wir dies nicht, um den bedeutenden Theologen zu ehren, sondern wir tun dies, weil seine Fragen nach wie vor die unseren sind. Deshalb erscheint es sinnvoll, beim Nachdenken über Mythos und Wissenschaft Rudolf Bultmanns Ausführungen stets im Auge zu behalten.
Der vorliegende Unterabschnitt ist wie folgt aufgebaut. Am Anfang steht eine Skizze des mythologischen Weltbilds des Neuen Testaments. Dazu gehört auch ein Versuch, den Sinn des Wortes «mythologisch» in diesem Zusammenhang genauer zu bestimmen. In einem zweiten Teil geht es dann um eine Erfassung des wissenschaftlichen Weltbilds, soweit dieses für das Reden von Gott ausschlaggebend ist. Im dritten Teil schließlich soll etwas gesagt werden zum Verhältnis von mythologischem und wissen-

schaftlichem Denken, soweit das Verhältnis für das hermeneutische Problem der Auslegung von Belang ist.

2.1.1 Das mythologische Weltbild des Neuen Testamentes

Bultmann beginnt seinen Entmythologisierungsaufsatz mit der lapidaren Feststellung: *«Das Weltbild des Neuen Testaments ist ein mythisches»* ([6],15). In der Tat kann der mythische Charakter der Weltvorstellung, wie sie in neutestamentlicher Zeit Allgemeingut war, auch im Neuen Testament an vielen Stellen beobachtet werden. So heißt es etwa im Philipperhymnus: «Und wo der Name Jesu ausgerufen wird, da sollen sich die Knie beugen aller himmlischen, irdischen und unterirdischen Mächte» (Phil 2,10). Dieser Aussage zugrunde liegt ohne Zweifel die damalige Vorstellung, daß das All in drei Stockwerke eingeteilt sei. Im obersten, himmlischen Stockwerk wohnen Gott und die Engel (und dann auch Christus). Das mittlere, irdische Stockwerk hat als Wohnstätte der Menschen und der Tiere zu gelten. Im untersten Stockwerk, der Unterwelt, schließlich haben die bösen Mächte, die Dämonen und der Satan selbst ihre Bleibe. Dieses dreistöckige Weltbild, das bekanntlich von der Tellerförmigkeit der Erde ausgeht, war in neutestamentlicher Zeit weitherum maßgebend. Der Entstehungsgeschichte des Neuen Testaments ist es zu verdanken, daß die alttestamentlichen und frühjüdischen Einflüsse eine größere Rolle spielten als die griechisch-hellenistischen. Jedoch bestehen keine *grundsätzlichen* Unterschiede zwischen dem alttestamentlich-jüdischen und dem hellenistischen Weltbild, wenn auch im einzelnen unterschiedliche Ausprägungen festzustellen sind.

In den Rahmen dieses Weltbildes gehört denn auch, was Lukas in seiner Himmelfahrtsgeschichte erzählt. «Und nach diesen Worten wurde er vor ihren Augen emporgehoben, bis eine Wolke ihn ihren Augen entzog. Und als sie noch dastanden und ihm nachblickten, wie er zum Himmel auffuhr, siehe, da standen zwei Männer bei ihnen, blendend weiß gekleidet, und sagten: ‹Ihr Leute aus Galiläa, was steht ihr da und schaut gen Himmel? Dieser Jesus, der von euch weg in den Himmel aufgenommen worden ist, wird genauso wieder herabkommen, wie ihr ihn jetzt habt gen Himmel fahren sehen›» (Apg 1,9–11). Dieses Beispiel zeigt, wie Lukas unter Voraussetzung des Weltbildes von der Erhöhung des Christus erzählt. Unter Erhöhung versteht Lukas ganz gegenständlich die Versetzung Jesu in das obere Stockwerk, in die Welt Gottes, von wo er wiederkommen wird, auf dieselbe erstaunliche Weise, wie er gegangen war.

Das Beispiel zeigt jedoch noch etwas zweites: es wirft ein Licht auf die Vorstellungen über das mittlere, das irdische Stockwerk. Obwohl nämlich die Engel ihre Wohnstatt in dem überirdischen Raum haben, treten sie auch im Bereich der Irdischen auf. Es ist ja geradezu ihr Wesen, im Irdischen aufzutreten, denn sie sind Boten aus der himmlischen Welt. Der irdische Raum, der Wohnort der Menschen, ist also nicht allein von Menschen bevölkert. Die himmlische Welt greift ein in die irdische, sei dies mit einer Botschaft, ausgerichtet durch die Engel, sei dies mit einer Naturkatastrophe zur Bestrafung frevlerischen Wandels, sei dies in Gestalt der fürsorgenden Hand Gottes selbst, der die Sperlinge ebenso speist, wie er die Lilien auf dem Felde kleidet. Die Sphäre des Irdischen ist gleichsam durchlässig. Sie ist durchsetzt von mannigfaltigen Eingriffen der himmlischen Welt oder Gottes selbst. Indes, nicht nur der Himmel meldet sich zu Wort; auch die Unterwelt, der Wohnort der Dämonen und des Teufels, weiß ihre Macht auf die Erde auszudehnen. In 1 Kor 5,5 gibt Paulus den Korinthern den Rat, den notorischen Blutschänder in ihrer Mitte dem Satan zu übergeben, das heißt, ihn in seinem leiblichen Dasein zu vernichten, damit am Ende der Zeit wenigstens sein Geist gerettet werden könne. Böses Tun, böses Ergehen und schwere Krankheit wurden oft den Dämonen angelastet; der Geisterglaube findet sich bis hinein in Schichten mit großer Bildung: nach Mk 3,22ff liefern die Schriftgelehrten eine dämonologische Erklärung des Auftretens Jesu. «Er hat den Beelzebul», sagen sie, und: «Mit dem Oberhaupt der Teufel im Bunde, treibt er die Teufel aus.» Zwar widerspricht Jesus mit aller Vehemenz dieser dämonologischen Sicht, aber er läßt damit die Welt der Dämonen nicht hinter sich. Sein Protest gegen eine dämonologische Erklärung seines Wirkens geschieht unter der Voraussetzung, daß es Dämonen und Dämonisches *gibt.*

Soweit ist die Sache also klar und eindeutig: den Aussagen der neutestamentlichen Autoren und Personen liegt ein Weltbild zugrunde, das die Welt in drei Stockwerke eingeteilt sieht. Dabei steht das mittlere, die Erde, im Einflußbereich sowohl des Himmels als auch der Unterwelt. Dieses Weltbild ist für das Neue Testament aus dem einfachen Grunde maßgebend, weil es damaliges Allgemeingut war. Auf dieselbe Weise können heutige Texte etwa das kopernikanische Weltbild voraussetzen, weil dieses zum Allgemeinwissen gehört. Für die Art und Weise, wie das Neue Testament auf seine weltanschaulichen Voraussetzungen bezogen ist, sind nun zwei Dinge besonders bemerkenswert.

Erstens: Das Neue Testament macht das Weltbild nirgends zum ausdrücklichen Thema. Es geht den neutestamentlichen Autoren an keiner Stelle darum, das allgemein vorausgesetzte Weltbild etwa durch ein theologisch angemesseneres, ein christliches zu ersetzen. Daraus ergibt sich mit Notwendigkeit der Schluß, daß das Weltbild kein *theologisches* Thema war. Deshalb muß man sich fragen, unter welchen Bedingungen es heute zu einem theologischen Thema werden kann. Wie konnte es geschehen, daß etwa die Gegenständlichkeit der Himmelfahrtsgeschichte zum Anlaß eines theologischen Streites wurde? Wurde da nicht das Weltbild für die Botschaft ausgegeben? Wie dem auch sei, die neutestamentliche Botschaft beschäftigte sich nicht mit dem Weltbild selbst. Sie ist dem Weltbild gegenüber indifferent. Angewendet auf das Beispiel der dämonologischen Interpretation der Schriftgelehrten, heißt das: Das Neue Testament interessiert sich nicht dafür, ob die Annahme, es gebe Dämonen, theologisch angemessen sei oder nicht. Es interessiert sich statt dessen umso mehr dafür, ob Jesus als Erscheinung des Dämonischen oder aber als Verkörperung Gottes zu verstehen sei. Das ist die entscheidende Frage; und diese ist entscheidend, gebe es nun Dämonen oder nicht.

Zweitens: Bemerkenswert ist ferner, daß das Neue Testament seine Gewichte sehr ungleichmäßig verteilt. Im Unterschied zu vergleichbaren Texten aus jüdischem oder hellenistischem Milieu ist das Neue Testament ausgesprochen karg in der Beschreibung der himmlischen und der unterirdischen Welt. Wenn wir nach der konkreten Vorstellung von der Unterwelt als einem Ort der Dämonen, der Toten und der Qual fragen, läßt uns das Neue Testament fast völlig im Stich (wichtigste Ausnahme: die matthäische Wendung vom Ort, wo Heulen und Zähneklappern ist, z. B. Mt 13,42). Im Blick auf die himmlische Welt ist es etwas großzügiger. Freilich fällt auf, daß das Neue Testament häufig offensichtliche *Bilder* verwendet, um den «Himmel» zur Sprache zu bringen. Als Beispiel mag Jesu Vorstellung von der Gottesherrschaft als einem riesigen, fröhlichen Festmahl dienen. Dieser Verzicht auf anschauliche Schilderung von Überwelt und Unterwelt ist gepaart mit einer Konzentration auf die irdische Welt. Die irdische Welt ist der entscheidende Ort, wo sowohl die Präsenz Gottes als auch des Satans zur Vollendung kommt. Es wird noch die Frage sein, wie dieser auffällige Sachverhalt zu interpretieren ist. Vorderhand kann im Sinne einer Vermutung gesagt werden: Die neutestamentliche Botschaft von der Menschwerdung Gottes beziehungsweise von der restlosen Präsenz des Himmels auf der Erde mag ein Grund dafür sein, wieso weder der phantastische Aufschwung in den Himmel noch der furchterregende Niedergang zur Hölle ein breitangelegtes Thema werden kann. Eine ähnliche Konzentration läßt sich bei den Exorzismen der Synoptiker beobachten. Während es zeitgenössisch üblich war, Geisteraustreibungen auch im Blick auf bestimmte Örtlichkeiten und Zeiten durchzuführen (Orte und Zeiten bedurften der Reinigung vom Dämonischen!), findet sich von Jesus keine einzige solche Geschichte. Von Jesus werden zwar viele Exorzismen erzählt, immer aber geht es um die Heilung von *Menschen.* Daraus muß man schließen, daß neutestamentlich nur der Mensch der Ort ist, wo der Kampf zwischen Gott und Dämon ausgefochten werden muß. Könnte diese Konzentration etwas zu tun haben mit der Botschaft von der Menschwerdung Gottes? Was über das Bild der äußeren Welt zu sagen war, ließe sich in gleicher Weise auch für das Bild vom Menschen geltend machen. Der Mensch gilt als ein Wesen, das offen ist gegenüber den Einflüssen des Göttlichen, aber ebenso offen auch gegenüber den Verführungen des Bösen. Der Mensch kann von Dämonen besessen oder vom göttlichen Geist beseelt sein. Auch hier also haben wir die beiden Bereiche des Nicht-Irdischen, welche sich im irdischen Menschen zu Worte melden und ihre Macht geltend machen. In diesem Zusammenhang ist von einem mythologischen Menschenbild zu sprechen.

Im genau gleichen Sinne mythologisch ist das, was das Neue Testament als Geschichte betrachtet. Freilich sind die Aussagen zum Geschichtsbild recht spärlich. Dennoch lassen sie sich etwa wie folgt zusammenfassen. Die Geschichte der Menschheit, in ganz besonderer Weise aber die Geschichte des Volkes Israel, ist nicht einfach ein weltlich ablaufender Prozeß, eine Entwicklung, sei diese nun durchschaubar oder nicht. Die Geschichte ist vielmehr ein Geschehen, das im tiefsten Grunde von Gott selbst gelenkt und entsprechend dem Verhalten des menschlichen Partners zu einem guten oder bösen Gang geleitet wird. Der gegenwärtige Aeon, diese Weltzeit, die Gesamtheit der diesseitigen Geschichte, steht unter der Herrschaft der Archonten, der Herrscher dieser Welt. Diese Herrscher werden sowohl als mythische Mächte des Bösen vorgestellt als auch in den konkreten weltlichen Herrschern wahrgenommen. Die Mehrdeutigkeit des Wortes Archonten ist der beste Beleg für den mythologischen Charakter des neutestamentlichen Weltbildes. Denn gerade in der Mehrdeutigkeit zeigt sich, daß die weltlichen Herrscher durchaus dämonische (aber dann auch göttliche) Repräsentanten einer nicht-irdischen Welt sind. Dem gegenwärtigen Aeon verbleibt nur noch eine kurze Zeit, bis er von Gott in einer kosmischen Katastrophe unvorstellbaren Ausmaßes beendet wird, um einem neuen Aeon, der kommenden Zeit Gottes Platz zu machen. Das Ende dieser Weltzeit wird markiert durch die Parusie, die Wiederkunft des zum Himmel gefahrenen Christus. Wenn er wiederkommt, werden sich die Gräber auftun und die Toten aller Zeiten werden hervortreten vor seinen Richterstuhl, um ihr endgültiges Geschick aus seiner Hand entgegenzunehmen.

Unversehens sind wir jetzt vom Geschichtsbild hinübergeschritten zur Eschatologie, zum Bild von den letzten Dingen. Dies ist alles andere als zufällig, war doch die neutestamentliche Geschichtsvorstellung weitgehend eine endzeitliche. Endzeitlich in dem Sinne, daß man die Geschichte an ihr Ende gekommen wähnte. Schon wurden die Wehen der Endzeit verspürt, schon wurden die Zeichen der Zeit gesehen, nur noch eine kleine Spanne des Leidens ist durchzustehen bis zum endgültigen Durchbruch der göttlichen Herrlichkeit oder der göttlichen Gerechtigkeit. Gewiß muß man sagen, daß solche Vorstellungen von Geschichte und Eschatologie nur an wenigen Stellen zum Thema gemacht werden. Dennoch wurden die damals üblichen Bilder von Geschichte und Endzeit vom Neuen Testament weitgehend übernommen, ohne daß es zu entscheidenden *weltanschaulichen* Korrekturen gekommen wäre. Allerdings ist zu bemerken, daß das Neue Testament hinsichtlich der Geschichtsauffassung weit selbständigere Wege geht als dies bei der Kosmologie (beim kosmologischen Weltbild) zu beobachten war. Das mag damit zusammenhängen, daß das Geschichtsbild viel stärker betroffen war von dem grundlegenden Ereignis, daß nämlich Gott selbst in der Person eines geschichtlichen Menschen zur Welt gekommen war und sich deshalb intensiv auf die Geschichte der Menschen eingelassen hatte. Dennoch gilt, daß am prinzipiell mythologischen Charakter des Geschichtsbildes nichts geändert wurde. Stellt man den mythischen Charakter des neutestamentlichen Welt-, Menschen- und Geschichtsbildes in Rechnung, so verwundert es nicht, daß das Neue Testament auch seine *Botschaft* in mythologischer Sprache ausdrückt. Bultmann hält fest: *«Dem mythischen Weltbild entspricht die Darstellung des Heilsgeschehens»,* das in «mythologischer Sprache» verkündigt wird ([6], 15). Ein mythisches Geschichtsverständnis scheint zugrundezuliegen, wenn Paulus von der Erfüllung der Zeiten spricht (Gal 4,4). Ein mythisches Weltverständnis scheint zugrundezuliegen, wenn die christliche Gemeinde vom Gottessohn spricht, einem ewig seienden, präexistenten Wesen, das auf Erden als Mensch erscheint, weil es seine Göttlichkeit nicht für ein Privateigentum hält (Phil 2,6ff). Mythisches Denken scheint zugrundezuliegen, wenn von dem Kreuzestod Jesu als einem kosmisch wirksamen Ereignis der Sühne gesprochen wird, einem Ereignis, das nicht bloß den Tod der Glaubenden aus der Welt schafft, sondern auch die himmlischen, irdischen und unterirdischen Mächte entmächtigt. Dasselbe gilt von der Erhöhung Jesu zur Rechten Gottes, von seiner Wiederkunft und seinem Gericht. Bezeichnend an dieser mythologischen Botschaft des Neuen Testamentes ist, daß sie ausschließlich dazu dient, die wahre Bedeutung des Menschen Jesus von Nazareth zum Ausdruck zu bringen. Sie dient dazu, das *unter uns Geschehene* ins rechte Licht zu stellen. Mythologisch ist die Botschaft des Neuen Testaments also dort, wo es um den *Horizont* des Christusgeschehens geht. Dies ist außerordentlich bemerkenswert, ändert jedoch nichts am grundsätzlich mythologischen Denken und Sprechen der neutestamentlichen Autoren.

Die Beispiele, die jetzt aufgeführt worden sind, versetzen uns in die Lage, den Sinn des Wortes «mythologisch» etwas genauer zu erfassen. Ein Merkmal des Mythologischen ist sicher, daß über den Bereich der irdischen Erfahrungswelt hinausgegangen wird. Die Mythologie spricht über die Unterwelt und die Überwelt mit einer gewissen Unbekümmertheit, ganz so, als ob diese Bereiche der menschlichen Sprache ebenso leicht zugänglich wären wie das Irdische. Der Mythos «redet vom Unweltlichen weltlich, von den Göttern menschlich» ([6], 22). Allerdings ist mit dieser Fassung des Begriffs «mythologisch» das Charakteristische am Neuen Testament noch nicht erreicht. Wäre das Neue Testament bloß insofern mythologisch, als es neben dem Irdischen auch noch das Göttliche und das Satanische zum Thema machte, so bestünde hier ein leicht zu lösendes hermeneutisches Problem. Es müßte dann einfach das mythologische

Reden gestrichen werden, um das Neue Testament dem heutigen unmythologisch denkenden Menschen nahe zu bringen. Das Neue Testament aber redet auch in dem Sinne mythologisch, als es die beiden außerirdischen Sphären zum *Verständnis der irdischen Welt* heranzieht, ja daß es die Rede vom Überweltlichen und Unterweltlichen zum unersetzlichen Bestandteil seiner Welt- und Menschensicht macht. Die Welt, der Mensch und die Geschichte erscheinen als ein Geschehen, das zwar unter unseren Augen stattfindet, das aber durchsetzt ist mit mythischen Komponenten, gleich einer Kette, die da und dort ein goldenes Glied aufweist. Es wäre keine Kette mehr, wollte man die goldenen Glieder entfernen. Darin liegt das Charakteristische am neutestamentlichen Weltbild: es sieht das Irdische durchsetzt mit dem Über- und dem Unterirdischen. Auf die Spitze getrieben wird dies im Falle der irdischen Person Jesus von Nazareth. Manchmal kommt es einem vor, als ob das mythologische Verständnis dieser irdischen Person vollends überhandnähme. Der Irdische droht gänzlich im Mythischen zu verschwinden; seine Gestalt ist vom Horizont kaum mehr unterscheidbar. Das ist der Grenzfall der neutestamentlichen Mythologie. Und genau dieser Grenzfall wird uns den Versuch ermöglichen, das Problem der Mythologie einer Lösung näherzubringen. Doch davon später (vgl. unten Abschnitt 3.7 S. 405ff.).

2.1.2 Das wissenschaftliche Weltbild der Gegenwart

Nachdem wir das mythologische Denken des Neuen Testaments knapp skizziert haben, wenden wir uns dem wissenschaftlichen Weltbild der Gegenwart zu. Da dieses sehr schwierig zu erfassen ist – die Zeitgenossen sind sich ja keineswegs im klaren darüber, wie unsere Welt wirklich zu beschreiben sei –, kann es sich im folgenden nur um Andeutungen handeln. Trotzdem muß der Versuch gewagt werden, so etwas wie ein grundlegendes Weltverständnis der Gegenwart wenigstens in ein paar Strichen zu zeichnen.

In einer kleinen Schrift über den von Bernoulli herausgegebenen Sammelband «Christentum und Kultur», in welchem kleinere Beiträge des Basler Kirchengeschichtlers Franz Overbeck zusammengestellt sind, schreibt Karl Barth, es sei dies ein Buch, das ein Plädoyer gegen die *Selbstverständlichkeit* Theologe zu sein darstelle. Auch wenn Barth einen ganz anderen theologischen Ansatz hat, ist er weit davon entfernt, dem kirchen- und christentumskritischen Denken Franz Overbecks einfach zu mißtrauen. Im Gegenteil, Barth legt das Plädoyer Overbecks an jedermanns Herz. Overbecks Buch könne dem Theologen nicht genug empfohlen werden, eben weil es «den verständigen Leser von allen Fleischtöpfen Ägyptens hinweg in die Wüste ruft, an einen Ort ihn hindrängt, ... wo er weder erwerben noch besitzen, noch schmausen, noch austeilen, sondern nur noch hungern und dürsten, suchen, bitten und anklopfen kann ...» ([7], 4). Die Fleischtöpfe Ägyptens stehen hier für die Selbstverständlichkeit, Theologe zu sein in einer Welt, wo es doch alles andere als selbstverständlich sein sollte. Wie lautet Overbecks Ruf in die Wüste? Overbeck wies in aller Schärfe auf die Weltlichkeit der Welt hin. Die Weltlichkeit der Welt stammt nach Overbeck gerade nicht aus der Verachtung gegenüber letzten Fragen. Die Weltlichkeit der Welt rührt nicht etwa daher, daß niemand sich um Anfang und Ende des Menschen und der Welt kümmert. Sie verdankt ihr Entstehen gerade der Tatsache, daß die letzten Fragen im Bewußtsein des Menschen sind. Ob wir es wollen oder nicht, wir haben eine Vorstellung und eine Ahnung von den «letzten Dingen», von dem Uranfang alles Seins und ebenso von seinem Ende. Aber gerade durch das Wissen von diesen letzten Dingen wird alles, was nicht zu ihnen gehört, zur Welt schlechthin. Gerade durch das Wissen um Uranfang und Weltende wird die Geschichte zwischen Anfang und Ende zu einer weltlichen Geschichte. Wenn etwas geschichtlich werden kann, ist es definitionsgemäß auch von dieser Welt. Overbeck folgert daraus: Für das Verstehen der Geschichte spielt das Theologische keine Rolle. Das theologische Denken beschäftigt sich mit letzten Dingen. Diese letzten Dinge aber sind – durch den Geist der Neuzeit – an den Uranfang und das endgültige Ende verwiesen. Darum verliert das Theologische seinen Weltbezug. *Um die Welt zu begreifen,* so folgert Barth, *vermeiden wir den leisesten Duft von Theologie* ([7], 6 vgl. [54], 5).

Dies ist der Ruf in die Wüste, den Overbeck nach dem Verständnis Barths an die Adresse der selbstverständlichen Theologen richtet. Die Weltlichkeit der Welt hindert den Theologen daran, selbstverständlich Theologie zu treiben. Was macht die Weltlichkeit der Welt aus? Die Welt ist genau insofern weltlich, als theologische Elemente zum Begreifen ihrer selbst überflüssig sind. Die theologischen Elemente sind überflüssig, weil die Welt sich aus sich selbst begreifen läßt.

Daß die Welt sich aus sich selbst begreifen lasse, ist auch das grundlegende Merkmal des naturwissenschaftlichen Weltverständnisses: ganz gleich, wie die kosmologischen Theorien jeweils aussehen mögen, sie alle gehen aus von einer Welt, die restlos aus sich selbst verstehbar ist. Daran ändern auch die etlichen Rätsel nichts, die die Welt uns noch aufgibt. Diese sind eben – wie schon das Wort kundgibt – Rätsel, die ihrer Auflösung zwar noch warten, aber die per definitionem früher oder später eine natürliche Erklärung finden werden. Hier ist eine Klammerbemerkung zum gegenwärtigen Sprachgebrauch angebracht: Die Klarheit dieses theoretischen Konzepts wird oft dadurch verschleiert, daß gerade auch in naturwissenschaftlichen Büchern vom Geheimnis die Rede ist statt vom Rätsel. Der Ausdruck «die Geheimnisse des Meeres» meint eigentlich die (vorderhand noch ungelösten) Rätsel, die das Meer als bislang wenig erforschter Bereich nach wie vor aufgibt. Diese sprachliche Unsorgfältigkeit hat ernste Folgen. Denn auf diese Weise entsteht der Eindruck, als ob «Geheimnis» bloß ein anderes Wort für «Rätsel» sei. Dabei ist doch das Geheimnis beispielsweise eines Menschen selbst dann unangetastet, wenn ich alle Rätsel über ihn gelöst habe. Je besser ich ihn kenne, desto besser werde ich seines *Geheimnisses* gewahr. Dazu wird später noch mehr zu sagen sein.

Kehren wir zu unserem Gedankengang zurück: an der wissenschaftlichen Voraussetzung, daß die Welt ganz und ausschließlich aus sich selbst zu verstehen sei, ändert auch das Vorhandensein von Rätseln nichts. Rätsel sind ja nichts anderes als Vorposten der wissenschaftlichen Erklärungsmacht, zudem ein wesentliches Movens für die Anstrengung wissenschaftlicher Erklärung.

Die gerade aus dem *Bewußtsein* der letzten Dinge entstehende Weltlichkeit der Welt verunmöglicht es nach Barth, selbstverständlich Theologie zu treiben. Der selbstverständliche Theologe nimmt von seinen theologischen Sätzen an, sie seien zum Verstehen der Welt unverzichtbar. Seine Sätze seien notwendig, weil ihre Abwesenheit Lücken im Verständnis des Weltlichen hinterließe. Der selbstverständliche Theologe des naturwissenschaftlichen Zeitalters wird deshalb das Rätsel als den Ort seiner Theologie angeben müssen. Denn nur im Rätsel eröffnet sich ihm die Möglichkeit, notwendige Sätze zu sagen. Am Ort des Rätsels Theologie treiben zu müssen ist der Preis, den der selbstverständliche Theologe für die vermeintliche Notwendigkeit seiner Sätze bezahlt. Die Notwendigkeit ist freilich, wenn man sie genau betrachtet, eine bloß weltliche Notwendigkeit, weil sie auf den Lücken der weltlichen Erkenntnis beruht. Gerade die Art der Notwendigkeit theologischer Sätze zeugt also noch einmal von der Weltlichkeit der Welt. Denn selbst die Notwendigkeit theologischer Sätze wird ja «ohne den leisesten Duft von Theologie» festgestellt. Die theologischen Sätze leben von den Lücken weltlicher Erkenntnis. Indem sich der selbstverständliche Theologe auf diese Lücken einläßt, verschafft er sich eine Heimat in der Welt, eine Heimat allerdings, deren Wesen es ist, ständig zu schrumpfen. Sie schrumpft, weil das Rätselhafte definitionsgemäß durch das wissenschaftliche Erklären immer mehr zum Verschwinden gebracht wird.

Weil Barth die Warnung Overbecks ernst nimmt, sieht er das Ende der Selbstverständlichkeit theologischen Redens gekommen. Es ist Zeit geworden für die Auswanderung aus der weltlichen Heimat. Theologische Existenz unter den Bedingungen der lückenlosen Weltlichkeit ist für Barth vergleichbar mit dem, was Jesus zum Ausdruck bringt in seinem Wort von den Füchsen, die Gruben haben, und den Vögeln, die Nester haben, und vom Menschensohn, der nicht hat, wo er sein Haupt hinlegen kann (Mt 8,19). Will er seiner Sache treu bleiben, so muß der Theologe die Verwegenheit haben, abzulassen von den Fleischtöpfen Ägyptens, muß die Verwegenheit haben, seiner *weltlichen* Heimat den Rücken zu

kehren. Gewiß, er geht hinaus in die Wüste. Aber dort wird er nicht allein sein. Er wird erwartet von einem, der schon in der Wüste ist und den Weg zum Garten Eden kennt.
Man könnte nun einwenden, die im wissenschaftlichen Denken postulierte Weltlichkeit der Welt gehöre gar nicht zu den Verstehensbedingungen des neuzeitlichen Menschen. Das wissenschaftliche Weltbild sei ja eine theoretische Sache, welche nur einer gewissen Elite überhaupt plausibel sei. Zur Untermauerung dieser These könnte man sogar Untersuchungen anführen, welche die große Differenz zwischen wissenschaftlichem und alltäglichem Denken und Wahrnehmen belegen. Gilt diese Differenz auch im Blick auf die Weltlichkeit der Welt? Mit genau diesem Problem beschäftigt sich Rudolf Bultmann im Zusammenhang seiner Entmythologisierungsforderung. Dazu ein vielbeachteter und auch vielverschrieener Satz Bultmanns: «Man kann nicht elektrisches Licht und Radioapparat benutzen, in Krankheitsfällen moderne medizinische und klinische Mittel in Anspruch nehmen und gleichzeitig an die Geister- und Wunderwelt des Neuen Testamentes glauben.» ([6], 18). Sofort ist zuzugeben, daß dieser Satz in seiner beinahe provozierenden Einfachheit nicht gerade glücklich gewählt ist. Zu viele Einwände sind dem Leser gleich zur Hand. Besonders in unserem nachgerade technologiefeindlichen Milieu würde man sofort die Reduktion des Weltbildproblems auf Licht und Radioapparat als technologische Blindheit verurteilen, um sogleich darauf hinzuweisen, man sehe ja, wohin uns das Technologische gebracht habe. Und man könnte sofort den Finger auf den Unsinn der heutigen Spitzenmedizin legen, die doch nichts anderes sei, als ein Auswuchs unseres verkehrten Weltbewußtseins, dem es ja bloß auf die quantitative Ausdehnung des Lebens ankomme.
Darüber wäre manches zu sagen. Im Augenblick interessiert jedoch an dem Satz Bultmanns etwas anderes: er zeigt mit aller Deutlichkeit, wo das naturwissenschaftliche Weltbild seinen *alltäglichen Ort* hat. Das Weltbild wird gar nicht auf dem Wege theoretischer Reflexion maßgebend, gar nicht aufgrund des intensiven geistigen Bemühens um ein angemessenes Bild von der gegenwärtigen Welt. Das Weltbild erhält seine Maßgeblichkeit vielmehr durch das Alltagsverhalten des Menschen. Das Alltagsverhalten, wie es ohne große Theorien und Reflexionen geschieht, ist es, welches gänzlich auf dem naturwissenschaftlichen Weltbild beruht. Jeder Mensch verläßt sich selbstverständlich darauf, daß die Lampe angeht, wenn er den Lichtschalter kippt, es sei denn, die Lampe sei defekt. Einen Defekt wahrzunehmen wiederum beruht auf demselben Weltbild. Denn nur wer von der Geschlossenheit der Bedingungskette des Weltlichen überzeugt ist, wird aus der Tatsache, daß das Kippen des Schalters die Lampe nicht zum Brennen bringt, auf einen Defekt schließen.
Das Alltagsverhalten beruht in völlig selbstverständlicher Weise auf der Vorstellung, alles in der Welt habe seinen *natürlichen* Grund und keine

Ursache könne ohne Wirkung sein. Eben deshalb erwirbt sich der neuzeitliche Mensch sein Weltbild gleichsam unbewußt. Daß er es auf diese Weise – alltagspraktisch – erwirbt, gibt dem Weltbild eine Maßgeblichkeit, die theoretisch gewonnenen Erkenntnissen niemals zukommen könnte. Welch prägende Kraft alltägliches Verhalten hat, kann man auch daran erkennen, daß es bisher nicht gelungen ist, das allgemeine Bewußtsein auf jenes Niveau zu bringen, welches die theoretisch-wissenschaftliche Beschäftigung mit dem Weltbild gewonnen hat. Es ist bisher nicht gelungen, das allgemeine Bewußtsein von der Unsachgemäßheit des mechanistischen beziehungsweise vorrelativistischen Weltbilds zu überzeugen. Dies hat einen ganz einfachen Grund. Das relativistische Weltbild kommt deshalb nicht ins Bewußtsein, weil es durch das Alltagsverhalten nicht erworben wird. Es wird durch das Alltagsverhalten nicht erworben, weil es in dem bestimmten Bereich, wo alltägliche Verrichtungen stattfinden, auch gar keine Relevanz hat. Welche Relevanz könnte beispielsweise die Zeitdilatation haben, wenn sie doch nur bei Teilchen meßbar ist, die annähernd Lichtgeschwindigkeit haben? Wie könnte der Zusammenhang von Bewegung und Zeitablauf in das allgemeine Weltbild eingehen, wenn er bestenfalls bei einem langen Flug zum Mond meßtechnisch wahrnehmbar ist?

Das Fazit ist also eindeutig: Das Weltbild des neuzeitlichen Menschen entsteht vermittels seines alltäglichen Verhaltens, in dem er die Welt selbstverständlich als einen lückenlosen Zusammenhang von im Prinzip erklärbaren Größen voraussetzt. Die Maßgeblichkeit dieser Weltvorstellung ist unantastbar, weil sie unabdingbare Voraussetzung des normalen Lebens ist. Diesen Sachverhalt spricht Bultmann mit seinem provokativen Satz an. Das Weltbild kann nicht einfach beliebig verändert werden, etwa im Namen des «Glaubens» an neutestamentliche Aussagen. Denn das Weltbild entsteht *faktisch* auf eine Art und Weise, die es der Beliebigkeit entzieht. Aus der Weise seines Entstehens ergibt sich, daß das Weltbild *notwendig* zur Situation des Menschen gehört. Das Weltbild, die Weltvorstellung, ist nicht eine Sache der Entscheidung (es könnte niemals eine Abstimmung über eine solche Frage geben), sondern sie gehört zur Situation, in welcher sich der Mensch vorfindet. Man mag dies bedauern oder nicht. Jedenfalls bedeutet es für das hermeneutische Problem, daß die *Vorstellung einer ganz aus sich selbst verstehbaren Welt* zu den Verstehensbedingungen des heutigen Lesers gehört. Daß die Welt ohne den leisesten Duft von Theologie begriffen werden *kann*, kennzeichnet die Situation des gegenwärtigen Menschen. Dies gilt ganz unabhängig von der Frage, ob der Mensch über seine Verstehensbedingungen Bescheid weiß. Diese Verstehensbedingung ist unbedingt zu respektieren, wenn die Rede von Gott den Menschen überhaupt als Rede von Gott in seiner Situation treffen will. Eine Theologie, die dies nicht respektiert, entfremdet den Menschen gegenüber seiner Situation. Sie treibt einen Keil zwischen das alltägliche Verhalten und den sonntäglichen Glauben, dergestalt daß das alltägliche Verhalten von dem

sonntäglichen Glauben auch gar nicht mehr erreicht werden kann. Und damit wird das alltägliche Verhalten gottlos in dem Maße, wie der sonntägliche Glaube weltfremd ist.
Bultmann – das sei kurz angemerkt – stellt die Geschlossenheit des Weltlichen auch im Blick auf den Menschen fest. Auch der Mensch – so sagt er – versteht sich gegenwärtig als ein Wesen, das ohne theologische Sätze hinreichend erklärt werden kann. Der Mensch kann durchaus mit der Evolutionstheorie Bescheid geben über seine Herkunft, er kann mit den Mitteln einer weltlichen Psychologie Auskunft geben über seine Handlungsweisen und Verfehlungen, er kann mit den Mitteln einer weltlichen Soziologie Auskunft geben über die Entstehung und den Verlauf menschlicher Gemeinschaft. Nach Bultmann macht es keinen Unterschied, ob der Mensch sich nun – idealistisch – als geistbestimmtes Individuum oder – naturalistisch – als gänzlich abhängiges Naturwesen versteht ([6], 18f). Wesentlich an seinem Selbstverständnis ist, daß der Mensch durchaus ohne die Annahme übernatürlicher Faktoren auskommt. Eben dies schließt, auch im Blick auf die Anthropologie, die Selbstverständlichkeit aus, Theologe zu sein. Es gibt keine Heimat im Weltlichen, auch nicht auf dem Wege des religiösen Innenraums, den man beim Menschen postulieren mag. Denn auch der religiöse Innenraum des Menschen kann als Produktion seines eigenen Geistes oder gar als Produkt seiner ökonomischen Außenwelt begriffen werden. Es gibt nur den Gang in die Wüste, den Versuch, mit Verwegenheit Theologie zu treiben.
Vor dem zunehmenden Hang, die naturwissenschaftliche Verfaßtheit unseres Denkens bezweifeln zu wollen, kann nicht genug gewarnt werden. Gewiß gibt es Gläubige, die einen Prozeß gegen die Evolutionstheorie anstrengen (1913, USA). Gewiß gibt es Künstler, unter deren Händen die Welt wieder zu einem mythischen Raum wird. Gewiß gibt es «Radikale», welche in dem Zurück zum einfachen Leben der naturwissenschaftlichen Technologie die Stirn bieten wollen. All dies gibt es, und all dies ändert dennoch nichts daran, daß das naturwissenschaftliche Weltbild das einzig maßgebliche ist. Dazu ein Wort Carl Friedrich von Weizsäckers, der feststellt, «daß sich die mathematische Naturwissenschaft von Jahrhundert zu Jahrhundert immer mehr als der harte Kern der Kultur des neuzeitlichen Europa erweist» ([8], 93). Wohlgemerkt, die Rede ist hier vom harten Kern der *Kultur,* nicht etwa bloß der Technologie oder sonstiger Weltbemächtigung. Weizsäcker spricht vom harten Kern, um die Widerstandfähigkeit dieses Denkens herauszustreichen. «Der harte Kern – das heißt nicht das bewußt gepflegte höchste Ideal; ... Der harte Kern – das heißt aber das widerstandsfähigste Produkt dieser Kultur, ihr ständig wachsendes Stahlskelett» (ebenda). Über das naturwissenschaftliche Weltverständnis ließe sich manches sagen. Für unseren Gedankengang reicht es vollkommen aus, auf die in diesem Weltbild vorausgesetzte Weltlichkeit der Welt hinzuweisen, auf die vorausgesetzte lückenlose

Verstehbarkeit der Wirklichkeit ohne theologische Sätze. Diese Weltlichkeit der Welt steht in scharfem Gegensatz zur Durchlässigkeit des mittleren Stockwerks, wie es im Weltbild des Neuen Testaments festgestellt worden war.

Festzustellen ist also, daß es hier um eine nicht aufhebbare Verschiedenheit des Denkens geht, die den heutigen Leser vom Neuen Testament trennt. Daraus ergibt sich die Frage, wie mit dieser Verschiedenheit angemessen umzugehen sei. Wird – wie in unserem hermeneutischen Verfahren postuliert worden ist – diese Verschiedenheit respektiert, dann stellt sich das hermeneutische Problem wie folgt dar. Worin besteht die Wahrheit des neutestamentlichen Redens von Gott, wenn sie gegenwärtig nicht im Horizont des mythischen Denkens aussagbar ist? Anders gesagt: Wie kann unter Voraussetzung der lückenlosen Weltlichkeit der Welt so von Gott gesprochen werden, daß dieses Wort als ein wahrhaftiges, ein Wahrheit mit sich bringendes, dem gegenwärtigen Menschen verständlich ist? Kann das neutestamentliche Reden von Gott überhaupt verständlich sein, ohne sich selbst entfremdet zu werden? Ist es so sehr in seinen mythischen Horizont eingelassen, daß es verloren geht, wenn dieser Horizont verschwindet? Es ist evident, daß diese Fragen – wenn überhaupt – nicht im Rahmen dieser Vorrede beantwortet werden können. Es sind dies vielmehr Fragen, die die Hermeneutik als ganzes Unternehmen ständig begleiten, weil sie zu den Verstehensbedingungen der Gegenwart und insofern zu den Rahmenbedingungen der Hermeneutik gehören.

Immerhin sollen schon jetzt einige mögliche Antworten in aller Kürze genannt werden, die in der Neuzeit gegeben worden sind. Wenn Gott nicht mehr in den Lücken des weltlichen Wissens angesiedelt werden kann, dann könnte er dennoch dort anzutreffen sein, wo das Wissen über die Welt seine höchste Stufe erreicht hat. Gotteserkenntnis könnte dann heißen, daß das Denken sich so weit wie möglich vom Vorhandenen entfernt, daß die rationale Abstraktion von den weltlichen Dingen so weit getrieben wird, bis man zu einem letzten und höchsten Sein kommt, das von der Weltlichkeit des Geschaffenen gar nicht mehr angreifbar ist, weil es in unerreichbare Ferne entschwunden ist. Die Rede von Gott würde sich dann im Raum der letzten Dinge (wie Overbeck sagte) ansiedeln, dort, wo es um den Macher des geschlossenen Weltsystems geht. Diesem Denken kommt der christliche Schöpfungsglaube auf den ersten Blick entgegen. Die Rede von Gott als dem Ursprung eines ganz aus sich selbst verständlichen Weltsystems würde – so sagen ihre Vertreter – nicht betroffen von dem neuzeitlichen Weltbild. Es scheint mir, daß solche Gottesvorstellungen, obwohl sie nun schon mindestens zweihundert Jahre in der Welt sind, gegenwärtig weit häufiger anzutreffen sind, als man vermutet. Es muß doch etwas sein, so kann man hören, das über allem ist, es muß doch etwas sein, was zur Existenz unserer Welt überhaupt geführt hat. Dieses Etwas ist dann Gott.

Es läßt sich wohl nicht bezweifeln, daß eine solche Gottesvorstellung sich ohne weiteres mit der neuzeitlichen Weltauffassung verträgt. So weit, so gut. Störend an dieser Gottesvorstellung ist zunächst, daß sie hermeneutisch wertlos ist. Hermeneutisch wertlos ist sie, insofern es keine Möglichkeit gibt, das neutestamentliche Wort von Gott auf ihrem Hintergrund verständlich werden zu lassen. Die Vorstellung von dem über allem stehenden Etwas läßt es rein durch ihre Entstehung nicht zu, daß verständlich von der Fleischwerdung Gottes gesprochen werden kann. Denn ihre Entstehung verdankt sie ja der Tatsache, daß der Bereich des Fleisches gar nicht mehr in Zusammenhang gebracht werden konnte mit Gott. Wie kann im Horizont einer solchen Vorstellung verständlich von Fleischwerdung des Wortes Gottes gesprochen werden? Der Preis, den ein solches Reden für seine Verträglichkeit mit dem Geist der Neuzeit bezahlt, ist also seine hermeneutische Wertlosigkeit. Eine solche Gottesvorstellung kann nur die Unsachgemäßheit des Neuen Testaments an den Tag bringen. Und insofern erweist sich die Gottesvorstellung als modernistisch. Modernistische Denkweisen aber sind laut unseren hermeneutischen Verfahrensregeln unbrauchbar.

Es sei hingewiesen auf eine bedenkliche Kehrseite jener Denkweise, die ganz abgesehen von ihrer hermeneutischen Wertlosigkeit besteht. Die Kehrseite der völlig abstrakten Gottesvorstellung ist, daß sie weltlich belanglos ist. «Quae supra nos, nihil ad nos» ([9], 203–217); was über uns ist, geht uns nichts an. Ihre Belanglosigkeit zeigte sich in der Geschichte des neuzeitlichen Denkens darin, daß die abstrakte Gottesvorstellung mit stringenter Notwendigkeit zu ihrer eigenen Vernichtung, zum Atheismus, führte. In der abstrakten Gottesvorstellung bildet sich der latente Todestrieb des einsamen menschlichen Subjekts ab, welches jene Gottesvorstellung erzeugt. Das «von den Gnaden seiner Untergebenen» existierende «höchste Wesen», das über uns ist, drohte von vornherein in der Belanglosigkeit zu versinken – darin das «Schicksal der europäischen Monarchen» in der Neuzeit teilend ([10], 262). Es wäre überdies zu fragen, ob nicht zugleich mit der Belanglosigkeit Gottes auch die Gott losgewordene Welt in der Belanglosigkeit versinkt, freilich in einer Belanglosigkeit, welche die konkrete Gestalt eines übersteigerten Wichtignehmens angenommen hat. Ganz abgesehen jetzt von dieser auch für die *Weltlichkeit* der Welt und des Menschen bedenklichen Aussicht, kommt für eine neutestamentliche Hermeneutik die eben beschriebene Gottesvorstellung als hermeneutischer Ausweg nicht in Frage.

Angesichts der Lückenlosigkeit der Welt könnte der Versuch gemacht werden, Gott in der geistig-seelischen Person des Menschen einen Ort zuzuweisen. Es läßt sich zumindest nicht leugnen, daß Gott – wenn auch vielleicht nur in der Gestalt eines narzißtischen Wunschtraums – im Innern des Menschen vorkommt. Etwas weniger zurückhaltend noch könnte man sagen, Gott sei in so etwas wie dem inneren Erleben des

Menschen erfahrbar. Innere Erlebnisse von unwiderstehlicher Kraft wären der Grund, auch unter den Bedingungen der Neuzeit von Gott zu reden. Unter dem Einfluß solcher Rede verbindet sich mit dem Wort Gott die Vorstellung von einer geistigen Kraft, welche zwar in der äußeren Welt nicht wahrnehmbar, aber dafür dem inneren Leben umso zugänglicher ist. Im Blick auf das Neue Testament ließe sich eine solche Vorstellung durchaus anwenden. Große Teile der Theologie des 19. Jahrhunderts haben Gott im inneren Erleben Jesu, in seinem Gottesbewußtsein, angesiedelt und sich so mit dem Geist der Zeit einigermaßen arrangiert. Allerdings bloß einigermaßen, denn dieses Konzept verlangte, daß das Gottesbewußtsein Jesu sich einer natürlichen Betrachtungsweise entzog. Der Konflikt mit den säkularen Humanwissenschaften war von vornherein angelegt. Denn es ist ihre *methodische* Disposition, auch das Gottesbewußtsein Jesu oder Pauli natürlich zu erklären. Überdies konnte das Konzept das neutestamentliche Reden von Gott bloß teilweise erschließen: zur Not konnte man es über den Geniebegriff etwa für Jesus oder Paulus festhalten. Der Glaube aber an das entscheidende Handeln Gottes in Jesus, und zwar nicht einfach in seinem Innern, sondern in seiner ganzen leibhaftigen Erscheinung, blieb unvereinbar mit der Lokalisierung Gottes im inneren Erleben des Menschen. Aus dem Glauben *an* Jesus mußte mit Notwendigkeit der Glaube *wie* Jesus werden. Verhängnisvoll an diesem hermeneutischen Gesamtkonzept sollte auch werden, daß Gott als geistige Kraft des menschlichen Innenlebens eine völlige Privatisierung erfuhr. Die Öffentlichkeit des Religiösen, die öffentliche Rechenschaft über den christlichen Glauben hatte in diesem Zusammenhang keinen Stellenwert mehr: Religion wird zur Privatsache schlechthin, privater noch als das Privateigentum. Man könnte sich fragen, ob in dieser Verinnerlichung Gottes dieselben Kräfte am Werk sind, die den neuzeitlichen Menschen dazu bringen, im Verbrauch aller Dinge sich alles einzuverleiben. Folgenschwer ist ferner, daß das so gefaßte Religiöse seine Diskutabilität und Verständlichkeit verliert. Gründend in der unwiderstehlichen Macht inneren Erlebens, ist es prinzipiell nur dem Einzelnen, der es erlebt, zugänglich. Es kann nicht Gegenstand theologischer Reflexion oder öffentlicher Verantwortung werden. Im Gegenteil: die Übermacht des inneren Erlebens wird geradezu als Gegenautorität gegen die Vernunft theologischen Diskurses ausgespielt. Und was machen die, die zu solchem Erleben nicht fähig sind? Sollen ihnen etwa die Segnungen des Gottesglaubens versagt bleiben? Was machen die interessierten Gäste? Werden sie nach Hause entlassen in der Meinung, bei den Christen müsse es sich um Verrückte handeln? Schon diese knappe Problemanzeige hat hoffentlich deutlich gemacht, daß der Weg, Gott im Innern des Menschen einen Ort zuzuweisen, für die neutestamentliche Hermeneutik nicht gangbar sein kann.

Es sei schließlich ein dritter, oft begangener Weg angedeutet. Wenn Gott auch aus der Welt geschafft wird durch die lückenlose Weltlichkeit der Welt, dann besteht immerhin noch die Möglichkeit, ihm einen Ort in der *Zukunft* zuzuweisen. Diese Möglichkeit profitiert von einer eigenartigen Sache, von der Asymmetrie der Zeit. Die Asymmetrie der Zeit besteht darin, daß die Zukunft in jedem Punkt der Gegenwart gleichermaßen offen ist, während über die Vergangenheit bis zu einem gewissen Grade bereits entschieden ist. Über die Zukunft kann demnach gesprochen werden, ohne daß ein beweiskräftiges Argument beigebracht werden müßte. Deshalb scheint es möglich zu sein, Gott einen Ort in der Zukunft zuzuweisen, einen Ort am Ende der Zeit. Gott hat seinen Ort in der Gottesherrschaft, in der utopischen Ferne jener Zeit, in der er ungehindert herrschen wird. Nun wäre aber der so lokalisierte Gott wiederum in der Gefahr, belanglos zu werden, sofern er im Bereich der letzten Dinge, eben der letzten Zeit, verbliebe. Um dies zu vermeiden, kann die oben genannte Zukunftsvorstellung ergänzt werden durch eine andere Vorstellung, wonach Gott zwar in der Zukunft seinen Ort hat, aber als *Leitidee* der Weltverbesserung zugleich in die jeweilige Gegenwart hereinreicht. Gott ist auf diese Weise zwar nicht persönlich gegenwärtig, aber immerhin als die verborgene Kraft, das heimliche Motiv unseres die Welt im Sinne des Gottesreiches verbessernden Handelns. Man könnte sogar sagen: Gott ist das wirklich effiziente Motiv, das uns zur Weltverbesserung bringt. Gott gewinnt in diesem Falle seinen Ort in unserer Welt dadurch, daß er als Urheber unserer guten Taten namhaft gemacht werden kann. Man könnte dies einen Tatbeweis Gottes nennen.

Nun trifft es gewiß zu, daß die Neuzeit für einen Tatbeweis Gottes äußerst empfänglich ist. Die Tat scheint ja überhaupt das zu sein, wovon man alles erwartet und sich erhofft. Wie sollte sie da kein Verständnis haben für einen göttlichen Tatbeweis? Freilich, den Tätern des Göttlichen wird viel zugemutet: ihre Taten sollen jene Reinheit haben, jene göttliche Reinheit, welche den gewöhnlichen Sterblichen nicht erschwinglich ist. An die Stelle der verloren gegangenen Heiligkeit Gottes tritt die Heiligkeit des übermenschlichen Tuns. Wer die Augen aufmacht, wird der repressiven Effekte gewahr, welche von jener Zumutung ausgehen. Die einen werden überhaupt davon abgehalten, auf diese tätige Weise einen Gottesbeweis anzutreten. Erschrocken über die geforderte Reinheit verfallen sie in Resignation. Die andern werden durch die mangelhafte Reinheit ihrer Taten zu umso größeren angespornt. Sie verkrampfen sich im ständigen Tätigsein zugunsten Gottes. Zu diesem Problem des Tatbeweises Gottes wäre noch sehr vieles zu sagen. Dies muß Berufeneren überlassen bleiben.

Festzustellen ist jetzt im Blick auf die neutestamentliche Hermeneutik, daß dieses Übersetzungskonzept seinen Dienst aus dem ganz einfachen Grunde versagt, weil das Neue Testament von der Idee eines Tatbeweises Gottes nicht beseelt ist. Es spricht vom *Ereignis* Gottes, dann allerdings auch von den sich aus diesem Ereignis ergebenden Taten, aber zuerst immer von dem *Ereignis* der Weltlichkeit Gottes, die den Namen Jesus Christus trägt. Wenn nicht zwingende Gründe vorliegen, wollen wir den Ausweg nicht wählen, diese Rede vom Ereignis Gottes zusammen mit dem Weltbild in die nicht mehr akzeptable Mythologie zu verweisen.

2.1.3 Vom Neuen Testament zum neuzeitlichen Menschen

Wir waren davon ausgegangen, daß das eigentliche Problem des mythologischen Weltbilds in der Durchlässigkeit des Irdischen für das Göttliche ebenso wie für das Dämonische besteht. Im mythologischen Weltbild des Neuen Testaments konnte Gott ohne weiteres ein Ort *in* der Welt zugewiesen werden. Dies ist uns verwehrt dadurch, daß die Vorstellung von der Geschlossenheit und Undurchdringlichkeit der Welt zu unserer Situation gehört. Damit stellt sich die Frage, wie angesichts der Weltlichkeit der Welt das Wort Gott sinnvoll zu gebrauchen sei. Drei Versuche haben wir skizziert und als hermeneutisch unangemessen erkannt. Damit stehen wir vor dem Problem, wie der Graben zwischen dem Neuen Testament und dem neuzeitlichen Menschen überwunden werden kann.
Rudolf Bultmann, der das Problem der Mythologie in aller Schärfe aufgeworfen hat, bemühte sich Zeit seines Lebens um dessen Lösung. Sie soll jetzt – wenn auch bloß in ein paar Andeutungen – noch zu Worte kommen. Bultmann selbst wehrt sich vehement dagegen, daß das Problem der Mythologie einfach auf dem Wege der Reduktion gelöst wird. Er will jenen Rotstift gerade nicht zur Hand nehmen, dessen er immer wieder bezichtigt wurde. Er will nicht einfach alle unserem Zeit- und Weltverständnis unangenehmen Mythologeme streichen, um so ein einigermaßen passables Neues Testament zu erhalten. Die Streichung ist schon deshalb unmöglich, weil *alle* neutestamentlichen Aussagen von *einer* Vorstellungsweise geprägt sind, genauso wie alle unsere Aussagen geprägt sind von der neuzeitlichen Vorstellungsweise. Deshalb ist es unmöglich, einige Aussagen – weil zu mythologisch – auszusondern, während andere vom erwähnten Rotstift unberührt bleiben. Die Reduktion der neutestamentlichen Botschaft hieße für Bultmann, daß sie vollends zerstört würde. Eine Reduktion ist ferner deshalb unmöglich, weil sich gar keine vernünftige Grenze dieses Verfahrens angeben ließe. Sollte etwa mit Reduktion dann aufgehört werden, wenn der Geschmack der Neuzeit nicht mehr verletzt würde? Nach Bultmann bekäme die Gegenwart auf diese Weise eine unerträgliche Autorität.
Unmöglich ist für Bultmann des weiteren, daß das Weltbild des Neuen Testaments dem neuzeitlichen Menschen *als Glaubensgegenstand* zugemutet wird. Unmöglich deshalb, weil das Weltbild gar nicht Sache einer menschlichen Entscheidung sein kann. Das Weltbild gehört zur Situation,

in welcher sich der Mensch vorfindet. Gewiß unterliegt eine solche Situation auch menschlichen Einflüssen, aber in dem Falle des Weltbilds ist – wie wir vorhin schon gesehen haben – das alltägliche Verhalten für die Maßgeblichkeit verantwortlich. Wer also für den christlichen Glauben ein Weltbild zur Bedingung macht, das nicht unserer Situation entspricht, verurteilt damit den Glauben dazu, ein sektorielles Dasein zu führen. Er verurteilt – obwohl er sich als defensor fidei verstehen mag – den Glauben zu einem Winkeldasein. Dem neuzeitlichen Menschen das mythologische Weltbild des Neuen Testaments zuzumuten ist jedoch nicht nur unmöglich, sondern auch unsinnig. Unsinnig deshalb, weil das Weltbild für das Neue Testament gar nicht spezifisch ist. Es gehört gar nicht zur Botschaft des Neuen Testaments. Es ist einfach das Weltbild einer vorwissenschaftlichen Zeit.

Den entscheidenden Grund jedoch für die Unmöglichkeit der genannten Zumutung haben wir noch nicht genannt. Er liegt für Bultmann in dem neutestamentlichen Glaubensbegriff. Wer vom heutigen Menschen verlangt, in dem Spezialfall Christus an ein Weltbild zu glauben, das er nicht mehr hat, verlangt damit für den Fall des Glaubens die Suspendierung der Vernunft. Er verlangt ein «sacrificium intellectus» ([6], 17). Nicht, daß damit zu viel vom Menschen verlangt wäre! Im Gegenteil: zu wenig! Der Glaube ist – neutestamentlich gesehen – die dankbare Antwort des Menschen auf die göttliche Wohltat der Liebe. Und zwar ist er die Antwort des ganzen Menschen, einschließlich seiner Vernunft und seines Verstandes. Der Glaube ist kein blindes und willkürliches Ja zur Wohltat Gottes, er ist ein verstehendes Ja, ein Ja mit offenen Augen. Und eben deshalb verlangt die Verkündigung zu wenig, wenn sie vom Menschen bloß einen Willkürakt, den blinden Entschluß verlangt, auszusteigen aus seiner Zeit. Die Verkündigung des Neuen Testaments erhebt Anspruch auf den ganzen Menschen, und eben deshalb kann sie niemals ein sacrificium intellectus verlangen. Entgegen der landläufigen Meinung, wonach der Glaube dort seinen Anfang nehme, wo das Wissen zu Ende sei, müßte im Sinne Bultmanns gesagt werden, daß, wo der Glaube beginnt, das vernünftige Denken erst recht in Kraft gesetzt wird. Ähnliches konnte schon bei der paulinischen Interpretation der *hermēneia* beobachtet werden. Dazu kommt noch, daß nach neutestamentlicher Auffassung der Glaube nicht ein *Werk* des Menschen ist, eine Tat, welche ihren Ursprung in der subjektiven Handlungsvollmacht des Menschen hat. Der Glaube ist die *Wahrnehmung* Gottes in der Person Jesu Christi, und als solcher ist er keine Tat des Menschen, sondern die Tat dessen, der sich wahrnehmen läßt. Der Glaube ist ebensowenig das Werk des Menschen, wie das Lachen nach einem Witz das Werk des Lachenden ist. Der Glaube wird – recht verstanden – dem Menschen gleichsam zugespielt. Gewiß ist der gegenwärtige Mensch von seiner eigenen Handlungsmacht dermaßen in Bann geschlagen, daß er versucht ist, einen nicht als Werk gedachten

Glauben schon ins Reich der Mythologie zu verweisen. Dieser menschliche Wahn ist jedoch nicht zu verwechseln mit dem Weltbild. Denn es lassen sich auch unter Voraussetzung des neuzeitlichen Weltbildes viele Phänomene entdecken, die klar und deutlich machen, wie sehr der Mensch vom Empfangen (und nicht vom Tun) lebt. Würde der Glaube auf die genannte Weise zum Werk gemacht, wäre wohl die stärkste Bastion gegen den Wahn der Werke gefallen. Es wäre deshalb theologisch fatal, wollte man den Glauben verwechseln mit einem sacrificium intellectus, das man jederzeit von einem Menschen verlangen kann. Damit würde man auch den Glauben zu niedrig einschätzen.
Weil Bultmann also weder den Weg der Reduktion noch den Weg der Repristination gehen will, entscheidet er sich für den dritten Weg: für die Entmythologisierung des Neuen Testaments. Was heißt Entmythologisierung? Zunächst kann man sagen: Entmythologisierung ist der Versuch, die mythologisch gestaltete Wahrheit des Neuen Testaments in die Gestalt neuzeitlichen Denkens zu übersetzen. An diese Übersetzung stellt Bultmann die Forderung, daß dabei die ursprüngliche Wahrheit unangetastet bleiben müsse. Gerade weil Bultmann einer Reduktion auf das Akzeptable ebenso wenig zutrauen mag wie einer den Glauben zum Werk entwürdigenden Repristination der Botschaft, fordert er ihre Entmythologisierung. Deutlich ist, daß es dabei um nichts anderes als um die Bewahrung der Botschaft geht. Das ist das Pathos des Bultmannschen Entmythologisierungsprogramms; allen seinen theologischen und religiösen Kritikern sei dies ins Stammbuch geschrieben. Das Programm der Entmythologisierung hat nur einem Zweck zu dienen: der Erhaltung der Würde, die die neutestamentliche Verkündigung und demzufolge auch der Glaube an ihrem Ursprung hatten.
Die Forderung der Entmythologisierung setzt freilich voraus, daß die Wahrheit des Neuen Testaments *unabhängig* von ihrer weltbildlichen Gestaltung sei. Es ist dies eine Voraussetzung, die nicht ohne weiteres gemacht werden kann. Für Bultmann kann erst die Durchführung der Entmythologisierung zeigen, ob diese Voraussetzung als gegeben zu betrachten war. Das bedeutet: Es läßt sich nicht theoretisch entscheiden, ob mit dem Weltbild die Botschaft selbst verloren geht oder nicht. Diese Entscheidung kann nur im Vollzug der Übersetzung getroffen werden. Erst im Vorgang der Entmythologisierung kann sich zeigen, ob mit dem Mythischen auch die Wahrheit des Neuen Testaments verabschiedet wird.
Dem korrekten Verständnis der Entmythologisierung kommt man näher, wenn man sich die Eigenart des Mythos vor Augen hält: Nach Bultmann redet der Mythos vom Unweltlichen weltlich, von den Göttern menschlich ([6], 22). Das heißt: Der Mythos tut so, als ob es sich mit Göttern verhielte wie mit gewöhnlichen Menschen, als ob das Unweltliche dem Weltlichen gleichgestellt sei. Allerdings gilt es zu beachten, was dieser Mythos *sagen* will. Er will die *Situation des Menschen* in der Welt zum

Ausdruck bringen, er will also *nicht ein Bild der Welt* entwerfen. Dadurch freilich, daß der Mythos vom Unweltlichen weltlich redet, stellt sich die Gefahr ein, daß der Mythos nicht mehr mythisch, sondern weltlich verstanden wird. Weltlich wird er dann verstanden, wenn seine Aussagen gleichsam für bare Münze genommen werden (wenn also beispielsweise eine mythische Aussage über den Ursprung alles Seins in der Schöpfermacht Gottes verwechselt wird mit einer Aussage, die ein Bild vom Anfang der Welt entwirft). «Der eigentliche Sinn des Mythos ist nicht der, ein objektives Weltbild zu geben» ([6], 22). Das in der neuzeitlichen Theologie so virulente Problem des Mythischen beruht also letztlich darauf, daß der Mythos mißverstanden wird, nämlich daß der Mythos mit den kosmologischen Aussagen der Wissenschaft verwechselt wird. Erst dadurch konnte es geschehen, daß Evolutionstheorie und Schöpfungsglaube in einen Konflikt gerieten, wie er um die Jahrhundertwende ausgetragen wurde. Doppelt irreführend ist er, weil er den Streit auf eine Ebene verlegte, wo er gar nicht stattzufinden hat, und zugleich den Blick trübte für den *notwendigen* Konflikt zwischen Evolutionstheorie und christlichem Schöpfungsglauben.

Nach Bultmann ist der Mythos schon von Hause aus nicht kosmologisch, sondern anthropologisch zu interpretieren. Er spricht seine Wahrheit als Wahrheit über die Situation des Menschen in der Welt aus, nicht über die Welt, wie sie objektiv vorhanden ist. Im Mythos kommt ein bestimmtes Existenzverständnis zur Sprache. Deshalb ist der Mythos *existential zu interpretieren*. Das heißt also: Die existentiale Interpretation ist nicht etwas, was zur Entmythologisierung in einem späteren Stadium dazukäme, sondern die *Entmythologisierung findet konkret statt als existentiale Interpretation*. Bemerkenswert scheint mir zu sein, daß die Forderung der existentialen Interpretation sich nicht aufgrund des Neuen Testaments, sondern schon aufgrund des Mythos ergibt. Existentiale Interpretation ergibt sich also aus dem Wesen des Mythos – und nicht etwa daraus, daß das Neue Testament einen bestimmten Umgang mit dem Mythischen pflegt. Daraus folgt: Existentiale Interpretation setzt voraus, daß hinsichtlich des hermeneutischen Problems keine Differenz zwischen dem Mythos und dem Neuen Testament besteht. Was hier also zum Programm einer neutestamentlichen Hermeneutik gemacht wurde, wurde nicht am Neuen Testament, sondern am Mythos gewonnen. Dies scheint mir nicht unbedenklich zu sein (vgl. unten S. 405ff.).

Die Entmythologisierung des Neuen Testaments vollzieht sich konkret so, daß das in mythologischer Sprache ausgedrückte Selbstverständnis des Menschen herausgearbeitet und dann als Frage an den heutigen Menschen gerichtet wird. Das Selbstverständnis der neutestamentlichen Zeugen hat als solches die Gestalt einer Entscheidungsfrage. Dazu ein abgekürztes und deshalb mißverständliches Beispiel: Dem heutigen Menschen wird vom Neuen Testament die Frage gestellt, ob er sich selbst als

Produkt seiner eigenen Möglichkeiten verstehen will, ob er also – paulinisch gesprochen – eine Existenz *kata sarka,* gemäß den Möglichkeiten des Fleisches, führen will, oder aber ob er sich als Geschöpf des ihn liebenden Gottes verstehen will, der ihn befreit von seiner Fixierung auf seine eigene Handlungsmacht. Das ist prinzipiell die Entscheidungsfrage der neutestamentlichen Botschaft. Diese Frage ist nach Bultmann nicht abhängig von den weltbildlichen Gegebenheiten. Sie kann sowohl im mythologischen als auch im naturwissenschaftlichen Weltbild gleichermaßen gestellt werden.

Auf Bultmanns Versuch, mit dem Problem des Mythos umzugehen, kann jetzt nicht weiter eingetreten werden. Zusammenfassend will ich das folgende festhalten: Gleichgültig wie man sich zur Lösung Bultmanns stellen mag, sie ist eine im wahren Sinne des Wortes hermeneutische Lösung. Denn sie läßt sowohl dem Redenden wie dem Vernehmenden Recht geschehen. Sie respektiert die Situation des neuzeitlichen Menschen gleichermaßen wie die Botschaft des Neuen Testaments. Auch an diese Lösung werden im Verlauf dieser Arbeit kritische Fragen zu richten sein. Dennoch ist sie richtungweisend. Sie unternimmt es, angesichts der Lückenlosigkeit der Welt von Gott so zu sprechen, daß er weder belanglos wird noch im Weltlichen untergeht. Sie ist richtungweisend darin, daß sie die Heiligkeit Gottes inmitten der Profanität der Welt zur Sprache bringt, oder vielleicht müßte man sogar sagen: zugunsten der Profanität der Welt.

2.2 Die Weltlichkeit der Methode und die Heiligkeit des Gegenstandes

Das neuzeitliche Weltbild, wonach die Welt ganz aus sich selbst verstehbar ist, hat sein Gegenstück in den Erkenntnismethoden philologischer und historischer Art. Die Weltlichkeit der Welt ist gleichsam in die Theologie eingegangen, weil die Theologie sich entschieden hat für die historische Methode, welche einen «methodischen Atheismus» (oder besser wohl: eine methodische Absehung von allem, was nicht weltlich ist) pflegt. Eine solche methodologische Situation mußte in der Theologie Probleme erzeugen. Man könnte wohl mit Recht sagen, daß die Theologie seit der Entwicklung des historischen Denkens stets geprägt war von der Spannung zwischen der Weltlichkeit der Methode und der Heiligkeit ihres Gegenstandes. Die beherrschende Stellung dieses Problems macht es notwendig, daß auch im Rahmen einer neutestamentlichen Hermeneutik darüber nachgedacht wird. Dies soll jetzt geschehen in lockerem Anschluß an *Gerhard Ebelings* Aufsatz zur Bedeutung der historisch-kritischen Methode ([11]). Im vorliegenden Abschnitt konzentrieren wir uns auf einige wenige Aspekte. In einem ersten Überlegungsgang beschreiben wir die Weltlichkeit der historischen Methode; in einem zweiten geht es um ihre theologische Bedeutung hinsichtlich der Möglichkeit, sinnvoll von Gott zu reden; schließlich wenden wir unsere Aufmerksamkeit der hermeneutischen Leistung zu, welche durch die Anwendung des historischkritischen Denkens erbracht wird.

2.2.1 Die Weltlichkeit historischer Erkenntnis

Einsetzen wollen wir bei der Feststellung, daß die historisch-kritische Methode keinesfalls eine bloß technische, gegenüber dem zu bearbeitenden Gegenstand invariante Angelegenheit ist. Dazu Ebeling: «Es führt nur zur Verschleierung der Problemlage, wenn man die historisch-kritische Methode für eine rein formale, voraussetzungslose wissenschaftliche Technik hält, deren Anwendung auf die historischen Gegenstände im Bereich der Theologie keine Konflikte hervorruft und das Gefüge der Dogmatik nicht antastet» ([11], 28). Daß diese Methode mit charakteristischen Voraussetzungen arbeitet, ist gleichzeitig der Ursprung *ihrer Problematik* für die Theologie *und* ihrer *hermeneutischen Qualität.* Es ist insofern der Ursprung ihrer Problematik, als sie weithin im Wahn von Voraussetzungslosigkeit angewendet wird. Dies verdunkelt die unverzichtbare Unterscheidung zwischen methodisch bedingten Ergebnissen und solchen, die tatsächlich durch den Gegenstand hervorgebracht werden. Darin liegt also die Problematik dessen, daß diese Methode nicht voraussetzungslos ist. Ihre Vorzüge hingegen liegen darin, daß sie schon als Methode im Bereich der Theologie Konflikte hervorruft und die Dogmatik keineswegs unberührt läßt. Weil sie ganz bestimmte Voraussetzungen hat, behelligt sie das theologische Denken und Reden. Und eben dies macht ihre theologische Relevanz aus und zugleich ihr hermeneutisches Potential.

Wie aber sehen diese Voraussetzungen aus? Es wäre verfehlt anzunehmen, diese Methode sei nichts anderes als eine gewisse Verfeinerung und Intensivierung des historischen Fragens, wie es zu allen Zeiten der Kirchen- und Theologiegeschichte mehr oder weniger intensiv getrieben worden war. Historisch-kritische Methode muß verstanden werden als ein Bruch mit dem ihr vorangegangenen historischen Denken. Sie ist, wie Ebeling herausstreicht, «hervorgewachsen aus dem geistesgeschichtlichen Umbruch der Neuzeit» ([11], 29). Was ist ihr charakteristischer Unterschied, ihr Moment der Diskontinuität? Die Antwort lautet: Sie ist – im Unterschied zu den historischen Untersuchungen vorneuzeitlicher Art – *wesentlich* verbunden mit *Sachkritik.* Was bedeutet hier Sachkritik? Sachkritik bedeutet, daß die historisch-kritische Erkenntnis dem Wirklichkeitsverständnis der bearbeiteten Quellen gegenüber kritisch ist. Sie schreibt diesem vergangenen Wirklichkeitsverständnis keine Autorität mehr zu. Sie ist in dem Sinne sachkritisch, als sie ihr eigenes neuzeitliches

Wirklichkeitsverständnis zum kritischen Maßstab der aus den Quellen gewonnenen Aussagen macht. Das heißt: Im *Vollzug* historisch-kritischer Erkenntnis ist das neuzeitliche Wirklichkeitsverständnis mit zur Stelle, und zwar als sachkritisch maßgebliche Instanz. Es ist schon oft darauf hingewiesen worden, daß damit eine gewisse Gefahr gegeben sei, unkritisch gegenüber dem Geist der Zeit zu sein. Gewiß, diese Gefahr läßt sich nicht völlig vermeiden. Sie ist das Risiko, das um der hermeneutischen Leistung dieser Methode willen getragen werden muß. Die hermeneutische Leistung liegt – wie wir sogleich sehen werden – genau darin beschlossen, daß der Geist der Neuzeit einen maßgeblichen Stellenwert in der historisch-kritischen Methode hat. Zuerst soll jedoch in knappen Strichen das Wesentliche an diesem Geist herausgearbeitet werden. Zur Frage steht also das, was die Neuzeit von allen früheren Zeiten unterscheidet, genauer: von der «vorausgehenden abendländischen Geschichte». Dazu noch einmal Gerhard Ebeling: «In der Neuzeit hat der christliche Glaube die Selbstverständlichkeit eingebüßt, mit der er mehr als ein Jahrtausend lang in der abendländischen Geschichte gegolten hatte» ([11], 30). Was meint Selbstverständlichkeit? Vorneuzeitlich war der christliche Glaube insofern selbstverständlich, als sein Wirklichkeitsverständnis fraglose Autorität besaß. Nicht bloß einzelne religiöse Vorstellungen waren generell akzeptiert, sondern auch das allgemeine Bild der Welt befand sich im Einklang mit dem christlichen Glauben. Das Neue Testament, soweit es gelesen wurde, befand sich in selbstverständlicher Geltung. Nun hat der christliche Glaube – so lautet die Analyse von Ebeling – in der Neuzeit seine Selbstverständlichkeit eingebüßt. Wie kam es dazu?

Das war bedingt durch einen Umbruch in der neuzeitlichen Autoritätsauffassung: selbstverständliche Geltung besaß jetzt nur noch, «was der Mensch als solcher mit seinen rationalen und empirischen Fähigkeiten erkennen, einsehen, begründen, kontrollieren kann» ([11], 30). Daran ist freilich nicht in erster Linie das rationalistische Moment wichtig. Vielmehr ist der entscheidende Umbruch darin zu sehen, daß *das Gegenwärtige,* das gegenwärtig Erfahrene und das gegenwärtig Gedachte *einen grundsätzlichen Vorrang an Geltung gegenüber dem Vergangenen* erhält. Dieser Vorrang gälte auch dann, wenn das Gegenwärtige nicht rational, sondern – sagen wir einmal – emotional definiert würde. Die allgemeine und selbstverständliche Gültigkeit einer Aussage oder einer vergangenen Erkenntnis muß sich zuallererst daran legitimieren, was die gegenwärtige Vernunft und Erfahrung erkennen können. Sofern der christliche Glaube sich auf die Heilige Schrift als Wahrheitsautorität beruft, wird er von diesem Umbruch entscheidend getroffen. Seine Wahrheit ist nicht länger selbstverständlich. Mit diesem Verlust der Selbstverständlichkeit wird freilich erneut sichtbar, was zuweilen aus den Augen verloren wurde. Es wird erneut sichtbar die Differenz zwischen dem weltlichen, dem natürlichen Denken und der Sichtweise des Glaubens. Die Selbstverständlichkeit des Glaubens hatte den Blick für diese Differenz nicht gerade zu schärfen vermocht. Dies also ist die eine Seite des genannten Umbruchs: Der christliche Glaube verliert seine Selbstverständlichkeit, weil nur das gegenwärtig Gedachte und Erfahrene überhaupt Anspruch auf allgemeine Geltung haben kann.

Damit hängt jedoch ein zweites zusammen, das als die Kehrseite des ersten begriffen werden kann. Wenn das rationale Denken und die empirische Erkenntnis selbstverständliche Autorität begründeten, dann mußte sich früher oder später ein neues Konglomerat von Selbstverständlichkeiten bilden. Es entstand das neuzeitliche Weltbild. Kennzeichnend an diesem Weltbild war nun, daß die Welt allein aus sich selbst verstehbar sei, daß sie ein geschlossenes Ganzes bilde, welches mit Hilfe der Vernunft und dem wissenschaftlichen Experiment hinreichend und angemessen zu beschreiben sei. Diese neue Selbstverständlichkeit führte dazu, daß alle metaphysischen Aussagen ihre selbstverständliche Geltung verloren. Nicht daß keine metaphysischen Aussagen mehr gemacht werden konnten. Auch in der Neuzeit kann man durchaus von der Unsterblichkeit der Seele und dem göttlichen Urheber des Universums sprechen. Aber die metaphysischen Aussagen waren alle problematisch geworden. Sie kamen unter Legitimationsdruck und konnten nur noch so legitimiert werden, daß sie sich *weltlich* als berechtigt erwiesen. Die metaphysischen Aussagen gelangten so unter die Herrschaft der Vernunft: sie konnten bestenfalls *Postulate der Vernunft* sein, nicht aber der Wahrnehmung des Seienden entspringen. Daraus ergibt sich für das Weltbild: Aus dem Verstehen des Weltlichen, beziehungsweise aus der Welterklärung werden die metaphysischen Aussagen ausgeschlossen. Sie sind nicht mehr notwendig. Damit hängt aufs engste zusammen, daß die Wissenschaft und auch das soziale Leben eine – wie Ebeling sagt – «relative Autonomie» erhielten. Unter der relativen Autonomie muß hier einfach verstanden werden, daß es zur Begründung der Wissenschaft wie auch zur Gestaltung des sozialen Lebens keiner absoluten Autoritäten bedarf. Die Wissenschaft und das soziale Leben brauchen nicht mehr auf metaphysischen Grundlagen zu ruhen. Diese neuen Selbstverständlichkeiten sind das, was man später unter dem Begriff der Säkularität zusammengefaßt hat. Es entstand eine Welt, in welcher Gott nicht notwendig ist.

Es hat in der Neuzeit nicht an Klagen über diese Verdrängung Gottes aus dem Bereich des Notwendigen gefehlt. Der christliche Glaube sah sich um seine Autorität gebracht, als er aus dem Bereich des Selbstverständlichen verbannt wurde. Die Reaktion darauf war nicht selten eine Verurteilung der Neuzeit. Sie wurde das Zeitalter der vollendeten Sündhaftigkeit genannt. Bis in unsere Tage hinein findet die Klage über die Säkularität der Welt ihre Vertreter. Nicht nur im christlichen Bereich übrigens suchen manche das Heil in der Entsäkularisierung, versuchen manche, die religiösen Wahrheiten wiederum als weltliche Selbstverständlichkeiten zurückzugewinnen. Daß dies mit Gewalttätigkeit verbunden ist, zeigen die rollenden Köpfe solcher angeblichen Revolutionen deutlich. (Freilich muß man auch sehen, daß im säkularen Bereich, in Staat und Gesellschaft, genau dieselben Versuche gemacht werden, aus dem Weltlichen das Absolute zu machen. Und auch hier ist der Staat gewalttätig, und auch hier rollen die Köpfe.)

Im Gegenzug zu den Versuchen, die Säkularität der Welt rückgängig zu machen, und zwar angeblich im Interesse des christlichen Glaubens rückgängig zu machen, muß die *Frage nach den Chancen der Säkularität* gestellt werden. Es muß die Frage gestellt werden, ob denn der Umbruch der Neuzeit überhaupt zum Schaden des christlichen Glaubens geschehen sei. Blickt man etwa auf den Ursprung des christlichen Glaubens, so muß man füglich bezweifeln, ob er jemals eine Selbstverständlichkeit hätte werden dürfen. Die Wahrnehmung Gottes auf dem Gesicht des gekreuzigten Jesus kann – wenn es mit rechten Dingen zugeht – niemals eine Selbstverständlichkeit werden, so wenig wie sie an ihrem Ursprung eine Selbstverständlichkeit war. Daraus müßte doch geschlossen werden, daß der Umbruch zur Säkularität dem Glauben alles andere als abträglich sein konnte. Es müßte der christliche Glaube so etwas wie Dankbarkeit – zwar nicht gegenüber der aufklärerischen Vernunft, wohl aber gegenüber dem Schöpfer dieser Vernunft – empfinden, daß er aus dem Bereich des Selbstverständlichen entlassen wurde. Dadurch erhielt er die Gelegenheit, sich wieder auf seine Unverwechselbarkeit zu besinnen. Der christliche Glaube glaubt eben nicht einfach, was sowieso jedermann sagt. Wenn er dies jemals tun sollte, wäre es um ihn schlecht bestellt. Es soll jetzt nicht einfach behauptet werden, dies habe der christliche Glaube im Zeitalter seiner Selbstverständlichkeit getan; immerhin trägt der Umbruch der Neuzeit wesentlich dazu bei, der Versuchung zu widerstehen, welche in der fraglosen Geltung liegt.

Widerstanden werden muß dieser Versuchung auch im Interesse des gegenwärtigen Menschen. Wenn er statt mit dem christlichen Glauben mit Selbstverständlichkeiten konfrontiert wird, ist es um die Freiheit seiner Entscheidung geschehen. Gegenüber Selbstverständlichkeiten kann sich niemand entscheiden. Sie sind fraglos in Geltung und jedermann hat sich ihnen zu unterziehen. Der christliche Glaube dagegen *begründet* gerade darin die Freiheit der menschlichen Entscheidung, daß er eine echte Frage an den Menschen richtet. Es wäre ja eine abstrakte Vorstellung zu meinen, die Entscheidungsfreiheit existiere unabhängig von den Entscheidungsfragen. Die Freiheit, von der der christliche Glaube spricht, ist keine absolute, autonomistische Freiheit, sondern die Freiheit zu leben, die Freiheit, ja zu sagen zum Lebendigen. Diese Freiheit *entsteht,* wenn echte Fragen gestellt werden. Eine Frage ist dann echt, wenn ihre Antwort *wesentlich* problematisch ist. Mit solchen Fragen wird die Freiheit der menschlichen Entscheidung allererst geschaffen. Es wird also etwas geschaffen, was die Wahrheit des Menschseins ausmacht. Nicht zuletzt deshalb hat der christliche Glaube und haben insbesondere die Theologen als solche, die über ihn nachdenken, jenem Versuch zu widerstehen, aus der Denkmüdigkeit mancher Zeitgenossen oder aus ihrem Autoritätsbedürfnis Kapital zu schlagen. Hier fallen das Interesse des Menschen und das Interesse des christlichen Glaubens zusammen. Der Glaube schlägt kein Kapital aus Regressionserscheinungen, weil er weder im Regreß noch im Progreß Selbstverständlichkeit gewinnen will.

Was wir bisher allgemein als neuzeitlichen Umbruch in seinem Verhältnis zum christlichen Glauben betrachtet haben, erhält seine besondere Konkretheit im Verhältnis der historisch-kritischen Methode zum Neuen Testament als der Urkunde des Glaubens. Es wurde schon darauf hingewiesen, daß die historisch-kritische Methode maßgeblich vom Geist der Neuzeit geprägt ist. Deshalb gilt: Im Bereich der neutestamentlichen Exegese markiert das historisch-kritische Denken den Umbruch der Neuzeit. Es ist deshalb nicht verwunderlich, daß der Streit um die Sachgemäßheit neuzeitlichen Denkens mit besonderer Vehemenz als Streit um die Berechtigung der historisch-kritischen Methode in der Theologie geführt wird. Der Zusammenhang zwischen dem Geist der Neuzeit und der historisch-kritischen Methode soll in den folgenden paar Punkten dargestellt werden.

1. Ebeling weist darauf hin, daß die historisch-kritische Methode durch den Geist der Neuzeit überhaupt möglich wurde. Im Blick auf das Geschichtliche in einer radikalen Weise kritisch zu denken wurde erst möglich, als die Vergangenheit ihrer selbstverständlichen Geltung verlustig gegangen war. Sie ging dieser Geltung verlustig, weil sie ihre metaphysische Legitimation verlor. Durch den Verlust der metaphysischen Legitimation wurde das Geschichtliche ein *bloß* Geschichtliches, wurde aus dem Unbedingten ein bloß Zeitbedingtes. Das Zeitbedingte aber ist kritisierbar. Es bleibt dem neuzeitlichen Subjekt überlassen, das jeweilige Recht des Zeitbedingten zu bemessen. Daraus ergibt sich ein kritischer Umgang mit Quellen und Geschichtsdarstellungen, insbesondere ein kritischer Umgang mit der Darstellung der Geschichte Jesu im Neuen Testament. Die Frage nach Zuverlässigkeit und Echtheit der neutestamentlichen Schriften ist fortan eine wissenschaftliche Frage geworden, die nicht einfach mit einem Sprung in den Glauben aus der Welt geschafft werden kann. Der Glaube ist fortan bezogen auf die Ergebnisse der historischen Kritik, wenn er nicht auf diesem Gebiet einen Regreß hinter die prinzipielle Weltlichkeit auch des biblischen Worts machen will. Halten wir als erstes also fest: Die historisch-kritische Methode steht insofern mit dem Geist der Neuzeit in Zusammenhang, als sie ihm ihre Entstehung verdankt.

2. Es ist zu vermuten, daß die Methode von dem, was ihre Entstehung

bedingte, auch *inhaltlich geprägt* wurde. In der Tat verlangt die historisch-kritische Denkweise, daß die Quellen nach Maßgabe des neuzeitlichen Denkens *kritisiert* werden. Das heißt, daß die neuen Selbstverständlichkeiten nicht nur auf das gegenwärtige, sondern auch auf das vergangene Geschehen angewendet werden. Wenn sich in einer Quelle Äußerungen finden, die nicht das neuzeitliche Weltbild zur Voraussetzung haben, nimmt der Historiker eine sachkritische Operation vor. Er betrachtet eine solche Äußerung als unzutreffend, gerade weil er um die geschichtliche Bedingtheit des vorneuzeitlichen Weltbilds weiß. Wenn zum Beispiel in einer synoptischen Erzählung gesagt wird, der Geist Gottes sei wie eine Taube auf Jesus herniedergefahren und es habe eine göttliche Stimme aus dem Himmel gesprochen, so kann der Historiker dieser Aussage *aus methodischen Gründen* einen historischen Wahrheitswert nicht zuerkennen. Er muß ihr mißtrauen, weil er von der methodischen Voraussetzung ausgeht, daß auch die Taufe Jesu ein weltlich verstehbarer Vorgang sei. Es kennzeichnet das neuzeitliche Weltbild, daß das Übernatürliche und das Überhistorische in den Bereich des Problematischen gerückt ist. Deshalb kann der Historiker nicht umhin, den Tatsachengehalt der Überlieferung kritisch zu prüfen. Er kann nicht «Aussagen als selbstverständlich gültig übernehmen, die metaphysische Wesen im Sinne des vorneuzeitlichen Weltbildes als innerweltliche und innergeschichtliche Faktoren einführen» ([11], 34). So ergibt sich aus methodischen Gründen die Unmöglichkeit, eine Heilsgeschichte etwa tatsächlich aufzufassen. Aus methodischen Gründen verbietet sich die Unterscheidung von Heilsgeschichte und Weltgeschichte. Denn die Einheit der Weltgeschichte ist ein Produkt des methodischen Zugangs; deshalb wurde auch die Kirchengeschichte nun weltlich geschrieben und deshalb wurde auch die Weltgeschichte gedacht ohne die (beispielsweise zielgerichteten) übernatürlichen Faktoren. Es ergibt sich methodisch die Notwendigkeit, Gott als geschichtlichen Faktor auszuschließen. Das bedeutet nichts anderes, als die Aufhebung der Notwendigkeit Gottes. Die Aufhebung einer Notwendigkeit freilich, die Gott bloß im Rahmen *weltlicher* Selbstverständlichkeiten hatte.

Für den Bereich der Theologie, in welchem die historisch-kritische Methode manchen Protagonisten fand, wurden die Erkenntnisbedingungen dieses Denkens auf den Begriff gebracht von *Ernst Troeltsch*. In einem Aufsatz über das Verhältnis von historischer und dogmatischer Methode ([12]) beschreibt er die historische Methode mit drei grundlegenden Prinzipien, welche bis auf den heutigen Tag ihre Geltung haben. Diese Prinzipien historischer Erkenntnis stellen so etwas wie die Wahrnehmungsbedingungen der Gegenwart dar und führen ihren Zusammenhang mit dem Umbruch der Neuzeit klar vor Augen. Das *erste* Prinzip historischer Arbeit ist nach Troeltsch dasjenige der *Kritik*. Gemäß dem Prinzip der Kritik hat der Historiker davon Abstand zu nehmen, der

Vergangenheit eine unbefragte Geltung zuzuschreiben. Die Urteile historischer Forschung können deshalb niemals absolute sein. Sie sind sämtlich Wahrscheinlichkeitsurteile. Es ist ohne weiteres einzusehen, daß dies den christlichen Glauben stark betreffen mußte: er fand sich in die Lage versetzt, auf ein Geschehen sich zu beziehen, dem nur unterschiedliche Grade von Wahrscheinlichkeit zukamen. Das Prinzip der Kritik ergibt sich direkt aus dem Geist der Neuzeit, welcher ja dem gegenwärtigen Denken und Erfahren das Urteil über die Wahrheit auch des Geschichtlichen zutraute. Das *zweite* Prinzip historischer Arbeit lautet nach Troeltsch, daß alle geschichtlichen Geschehnisse nach Maßgabe der eigenen Erfahrung oder der als sicher bezeugten Erfahrung anderer zu beurteilen und zu erkennen seien. Dieses Prinzip der *Analogie* erfordert, daß der Vergleich zur grundlegenden Arbeitsweise historischer Forschung wird. Das Geschehen einer Revolution kann erkannt und beschrieben werden, weil und sofern es in der Erfahrung der Menschen Analogien zu diesem bestimmten Geschehen gibt. In diesem methodischen Prinzip erkennen wir wieder, wie eindeutig die Neuzeit den Akzent auf das Gegenwärtige setzte, den Akzent auf den Vorrang gegenwärtiger Erfahrung und Erkenntnis. Mit dem Prinzip der Analogie aufs engste verbunden ist schließlich das *dritte* methodische Prinzip, das der *Korrelation.* Es besagt, daß der methodischen Erforschung des Geschichtlichen das Axiom zugrundeliegt, wonach alle geschichtlichen Erscheinungen mit jeweils zu benennenden anderen Erscheinungen verbunden, eben *korreliert* sind. Das Prinzip der Korrelation setzt die Geschichte als einen lückenlosen Zusammenhang von Ereignissen voraus, innerhalb dessen die Einführung metaphysischer Faktoren überflüssig wird. Das Prinzip der Korrelation sichert demnach die prinzipielle Säkularität der Geschichte. Sie wiederholt für den Bereich der Geschichte, was für denjenigen der Natur bereits selbstverständlich geworden war: auch die Geschichte ist – wie die Natur – als lückenloser Zusammenhang korrelierter Ereignisse zu verstehen. Fassen wir die Leistung Troeltschs zu einer knappen Formel zusammen: hier ist die Weltlichkeit der Geschichte als methodische Voraussetzung aller historischen Erkenntnis klar herausgestellt und begründet.

2.2.2 Die theologische Bedeutung des historischen Denkens

Wir wenden uns nun dem zweiten Schritt des Gedankengangs zu: dem Problem der *theologischen* Relevanz der historisch-kritischen Denkweise. Auszugehen ist von der historischen Tatsache, daß das historische Denken gerade auch in der Theologie und von Theologen mit Entschiedenheit vorangetrieben wurde, ungeachtet aller schweren Konflikte, die es erzeugte. Deshalb fragen wir uns, in welchem Sinne die Theologie sich auf das historische Denken angewiesen wußte. Das große Engagement vieler

Theologen für die Entwicklung der historischen Erkenntnis deutet darauf hin, daß diese für die Theologie eine zentrale Bedeutung hat. Auf den ersten Blick könnte es jedoch scheinen, daß der Fortschritt historischer Methoden das religiöse Reden nur marginal zu berühren braucht. Gewöhnlich geht man davon aus, daß die religiösen Wahrheiten vom Wechsel des Geschichtlichen nicht oder nur marginal betroffen sind. Historische Untersuchungen erbringen normalerweise zwar eine Erhellung der Umstände, unter denen ein System religiöser Wahrheiten entstanden ist. Jene Umstände mögen historisch interessant sein, sie tragen aber nichts zu den religiösen Wahrheiten selbst bei. Die Wahrheiten sind von ihren Ursprungsbedingungen unberührt. Die historische Dimension – so stellt man sich vor – spielt bei religiösen Wahrheiten dieselbe Rolle wie etwa bei mathematischen Theoremen. Es ist zwar interessant zu wissen, unter welchen Bedingungen die Grundsätze der Trigonometrie entwickelt wurden, aber dieses geschichtliche Wissen betrifft die Richtigkeit oder Falschheit der Sätze selbst nicht. Faßt man den christlichen Glauben als ein System solcher religiöser Wahrheiten auf, dann ist das theologische Reden durch historische Erkenntnisse nur sehr beschränkt betroffen. Wäre der christliche Glaube beispielsweise eine Ansammlung bestimmter wahrer Sätze über Gott und die Unsterblichkeit der Menschenseele, so handelte es sich hierbei um völlig eigenständige Lehrsätze. Ihre Wahrheit wäre unabhängig von den Geschehnissen, die sie auf die Welt begleitet haben. Wäre der christliche Glaube mit einer solchen Lehre gleichzusetzen, wäre die historische Erforschung seiner Herkunft *zwar historisch, nicht aber theologisch interessant*.

Wir wissen, daß der christliche Glaube sich in diesem Punkt ganz wesentlich von einem System religiöser Lehrsätze unterscheidet. Der christliche Glaube hat ein ganz intimes Verhältnis zum Geschichtlichen. Und dieser intensive Geschichtsbezug verdankt sich gleichsam dem Herzstück des Glaubens. Der christliche Glaube schreibt ja den *Ursprungsereignissen*, dem Leben und Lehren, dem Sterben und Auferstehen Jesu *Offenbarungscharakter* zu. Das mit Jesus Christus benannte Geschehen hat absolute Maßgeblichkeit, ist dem Glauben vorgeordnete Norm. Das «Einmal» der Geschichte Jesu wird als ein Geschehen erzählt, welches die Dimension eines «Ein-für-alle-Mal» hat. Oder theologisch ausgedrückt: Dem historischen Geschehen um Jesus Christus wird eschatologische, endgültige Qualität zugeschrieben. Absolut an diesem Geschehen ist nicht, daß es einige zeitlos gültige Erkenntnisse aus sich entlassen hat. Absolut ist vielmehr das Geschehen selbst, es wird als für alle Welt entscheidendes Geschehen bekannt: «Also hat Gott die Welt geliebt, daß er seinen eingeborenen Sohn gab, damit alle, die an ihn glauben, nicht verloren gehen, sondern das wahre Leben haben» (Joh 3,16). So sagt es das Johannesevangelium. Dasselbe sagen auf vielerlei Weise die andern Schriften des Neuen Testaments. Sie bezeichnen die Geschichte Jesu als eine nicht mehr überbietbare heilige Geschichte, als eine Geschichte, welche Gott nicht nur gelenkt und gesteuert hat, sondern in welcher er vielmehr selbst zur Welt gekommen ist. Es ist diese Konzeption der heiligen Geschichte, welche für die Entstehung einer heiligen Schrift im Grunde verantwortlich ist. Der endgültigen Bedeutung jenes einmaligen Geschehens entspricht es, wenn die Rede von jenem einmaligen Geschehen einem kritischen Maßstab unterstellt wird. Diesen kritischen Maßstab hat die Kirche des zweiten Jahrhunderts anzulegen begonnen, als sie die verschiedenen Bücher, die jenes Geschehen beschrieben, auf ihre Kanonizität hin betrachtete und auch auszuscheiden bereit war, was der Wahrheit jenes Geschehens nicht zu entsprechen schien.

Diese sicher sehr verkürzte Darstellung des christlichen Glaubens hinsichtlich seines Ursprungs macht immerhin deutlich, wie intim sein Verhältnis zur Geschichte ist. Die Urteile historischer Erkenntnis betreffen den Glauben *direkt*. Seine Aussagen können keinen sozusagen sturmfreien Raum beanspruchen. An einem krassen Beispiel gezeigt: Es hätte für die Wahrheit des christlichen Glaubens außerordentliche Konsequenzen, wenn Jesus statt am Kreuz auf einem gewöhnlichen Krankenlager gestorben wäre. Daraus ergibt sich, daß die historischen Urteile über das Ursprungsgeschehen für die Theologie unmittelbar relevant sind. Daraus ergibt sich weiter, daß die Theologie durch die jeweilige Verfassung und den Erkenntnisstand der Geschichtswissenschaft stark betroffen ist. Im Falle der historisch-kritischen Methode heißt das, daß die Säkularität derselben für das Reden von Gott nicht ohne Folgen sein kann. Seit der Entstehung der historisch-kritischen Methode wurde und wird vorwiegend der negative Aspekt dieses Verhältnisses aufgezeigt und zumeist angeprangert. Der historischen Methode wird vorgeworfen, sie verhindere ein Reden von Gott, und ihrer Herrschaft müsse deshalb im Rahmen der Theologie ein Ende gemacht werden. Es soll hier nicht bestritten werden, daß die historisch-kritische Denkweise Auswüchse aus sich entlassen hat, die weder vernünftig noch kritisch geheißen zu werden verdienen. Wer diese Auswüchse anprangert, mag im Recht sein, auch wenn er dabei leicht vergißt, welche Auswüchse auch schon dem vorkritischen Denken anzulasten sind.

Es ist meines Erachtens unklug, das Problem der historischen Methode isoliert zu betrachten. Sie muß vielmehr eingereiht werden in die Tendenz, die Welt lückenlos weltlich zu verstehen, eine Tendenz, welche die Neuzeit sowohl theoretisch als auch praktisch (Alltagsverhalten!) kennzeichnet. Läßt man sich darauf ein, so muß doch auch die Frage nach den *positiven* Folgen des historischen Denkens gestellt werden. Was bedeutet es für die christliche Theologie, wenn die Wahrnehmung Gottes in Jesus von Nazareth keine methodologische Selbstverständlichkeit ist? Was bedeutet es für die christliche Theologie, wenn die historische Wissenschaft die ganze Geschichte als lückenlos weltlich verständlich zu erkennen gibt? Es kann jedenfalls auch bedeuten, daß der Glaube zu einer größeren Reinheit geführt wird, als wenn er bloß Selbstverständlichkeiten glaubt. Was ist der Glaube? Der Glaube ist bestimmt nicht jenes Versatzstück, das die Lücken des Wissens auszufüllen hat. Der Glaube hat seinen Bestand nicht davon, daß er vom Wissen absieht, und auch nicht davon, daß das Wissen in einer Sache überhaupt abwesend ist. Vielmehr hat der christliche Glaube seinen Bestand *angesichts* des Wissens, das in unserer Welt existiert. Ist er doch weder Konkurrent noch Ersatz des Wissens, sondern eine bestimmte Art des *Umgangs mit Wissen.* Auf das Neue Testament angewendet heißt das: der Glaube nimmt auf dem Angesicht des gekreuzigten Christus Gottes Würde wahr (vgl. 2Kor 4,6), und zwar auch dann, wenn der Historiker möglicherweise bloß das verzerrte Gesicht eines gescheiterten Träumers zu sehen bereit ist. Der Glaube sieht auf dem Gesicht des Gekreuzigten, was zu sehen keinesfalls notwendig ist. Was der Glaube sieht, ist nicht zwingend. In ihm vollzieht sich vielmehr jene Freiheit, zu der Gott seine Söhne und Töchter befreit hat. Der Weltlichkeit neuzeitlicher Erkenntnismethoden ist es zu verdanken, daß die Aussagen des Glaubens ihre erkenntnistheoretische Selbstverständlichkeit verloren haben. Die Säkularität der Erkenntnismethoden erinnert den Glauben insofern an seine *Freiheit zu glauben,* ohne sich weltliche Selbstverständlichkeiten zunutze machen zu müssen. In diesem Sinne bedeutet die Säkularität der theologischen Methoden eine ständige Erinnerung des Glaubens an sein eigentliches Wesen.

Allerdings hat der intensive Geschichtsbezug des Glaubens auch andere Seiten. Durch ihn verschärft sich das hermeneutische Problem erheblich. Weil der Glaube in dem Christusgeschehen das schlechthin maßgebliche, alles entscheidende, endgültige Geschehen sieht, stellt sich mit umso größerer Vehemenz die Frage, wie denn der Mensch zu jenem Geschehen ein Verhältnis haben könne. Eines ist von vornherein klar: Es ist unmöglich, jenes Geschehen selbst zu erleben, denn das Vergangene ist für immer der Erlebbarkeit entzogen. Wenn also ein unmittelbares Verhältnis verwehrt ist zu jenem entscheidenden Geschehen, dann bleibt nur die Möglichkeit, ein mittelbares Verhältnis dazu zu haben. Man könnte beispielsweise das Vergangene auf seinen sittlichen Anspruch hin befragen, um es in eine Sittenlehre zu übertragen. Man könnte fragen, welches gute Handeln im Christusgeschehen vorgelebt wurde; dies wäre nachzuahmen. Damit wäre dem Heutigen möglich, auf dem Wege der christlichen Werke ein Verhältnis zu dem Offenbarungsgeschehen zu erhalten. Durch die Reproduktion des vorgelebten Guten gewinnt der Heutige ein (mittelbares) Verhältnis zu dieser Vergangenheit: das Verhältnis der Imitation nämlich. Man könnte aber auch die Schriften, welche von jenem Geschehen zeugen, auf die ewigen Wahrheiten hin abhorchen, auf die Wahrheiten, welche ja dem Wechsel des Geschichtlichen nicht unterworfen sind. Zu zeitlosen Wahrheiten gewinne ich insofern ein Verhältnis, als sie nicht vergangen sein können. Das so gewonnene Verhältnis zum genannten endgültigen Geschehen gilt jedoch nicht diesem selbst, sondern vielmehr den daraus abgeleiteten Wahrheiten: wir nennen dies ein Verhältnis der Abstraktion.

Es gäbe wohl manchen solchen Weg, indes zeigen die beiden angeführten Beispiele, daß Wege dieser Art gar nicht zu jenem Geschehen führen können. Es ist ja ein Geschehen zu unseren Gunsten, das nicht in erster Linie tätige Folgen zeitigen will, und es ist *als Geschehen* unsere Rettung. Jeder Versuch, daraus allgemeine Wahrheiten zu abstrahieren, ist auch eine Abstraktion vom Moment des Rettenden, welches in der Konkretheit jenes Geschehens liegt. Die Ungangbarkeit dieser Wege macht besonders deutlich, inwiefern der Geschichtsbezug des Glaubens das hermeneutische Problem zuspitzt. Die Zuspitzung hat eine allgemeine und eine spezielle Seite: Allgemein besteht das hermeneutische Problem darin, daß es als Problem der Vergegenwärtigung vergangenen Geschehens erscheint. Was kann vergangenes Geschehen einer jeweiligen Zeit bedeuten? Und zwar als vergangenes Geschehen, nicht als Gelegenheit zur Imitation oder Abstraktion? Diese Frage wird in der Durchführung der Hermeneutik anzupacken sein. Die spezielle Seite ist: Einmal vorausgesetzt, es könne das Geschichtliche eine Gegenwartsbedeutung haben, wie verhält sich dazu die Aussage (des Glaubens), wonach jenes bestimmte Geschehen für jede Gegenwart *schlechthin* entscheidend sei? Wie verträgt es sich mit der Gleichgültigkeit alles Geschichtlichen, wenn ein bestimmtes Geschehen als endgültig geglaubt wird? Kann sich der Glaube überhaupt verständlich machen im Horizont der Gleichgültigkeit alles Geschehens? Auch diese Frage wird in der Durchführung zu bearbeiten sein.

Vorderhand kann gesagt werden, daß die Gegenwärtigkeit des Vergangenen in unserem Fall allein durch das Wort gegeben ist. Jenes endgültige Geschehen wird allein in der Kunde von ihm gegenwärtig. Gewiß könnte man auch sagen, das Vergangene sei in seinen Wirkungen gegenwärtig. Das Christusgeschehen also sei präsent in der Existenz der Kirche. Endgültiges Geschehen jedoch kann niemals durch seine Wirkungen vergegenwärtigt werden. Die christliche Kirche beispielsweise ist eine Institution, welche unter den Bedingungen des Vorläufigen existiert. Deshalb ist sie nicht in der Lage, das Endgültige zu wiederholen. Sie wäre bei einem solchen Versuch hoffnungslos überfordert. Auch wenn das Christusgeschehen unbestreitbar seine Nachwirkungen hatte, so kann es durch diese dennoch nicht übersetzt werden. Die geschichtlichen Folgen jenes Geschehens unterliegen wiederum der Gleichgültigkeit des Geschichtlichen und können aus diesem Grunde keine hermeneutische Funktion ausüben. Es gibt tatsächlich nur eine Brücke: das Wort, das von jenem Geschehen erzählt, das Wort, das jenes Geschehen auslegt und daran erinnert. In unseren Augen ist dies wohl eine machtlose, schwache

Art, wie jenes endgültige Geschehen gegenwärtig wird. Vielleicht würde man sich wünschen, daß jenes Geschehen machtvoller auf die Gegenwart einwirkte.

Ebeling weist schließlich darauf hin, daß das Christentum seinerseits eine geschichtliche Größe sei und daß deshalb die Vergegenwärtigung selbst ein geschichtliches Phänomen sei. Das Christentum ist stets wieder in einer neuen geschichtlichen Situation, in der es sich an dem Ursprungsgeschehen zu orientieren hat. Daraus ergibt sich, daß auch die Art, wie das Ursprungsgeschehen maßgebend wird, immer wieder verschieden ist. Welches ist der Stil des Denkens, der sowohl die ständige Orientierung am Christusgeschehen erlaubt als auch berücksichtigt, daß der Vorgang der Orientierung seinerseits dem geschichtlichen Wandel unterworfen ist? Für Ebeling ist «in der Kategorie der Auslegung ... die Geschichtlichkeit der Vergegenwärtigung des Offenbarungsgeschehens strukturell erfaßt» ([11], 24f). Auslegung meint hier die je und je neu zu vollziehende Konfrontation mit dem Wort Gottes. Wenn die Vergegenwärtigung selbst dem geschichtlichen Wandel unterliegt, dann müssen in verschiedenen Situationen verschiedene Methoden der Auslegung gebildet werden. Die Auslegung erweist sich als der Stil des Denkens, der im Christentum hermeneutisch angemessen ist. Denn die Auslegung erlaubt, das Ursprungsgeschehen in die jeweilige Situation einzubringen; und sie erlaubt überdies, diesen Vorgang auf je verschiedene Weise durchzuführen.

Die Einsicht in diesen Sachverhalt fällt nicht so leicht, wie man auf den ersten Blick vermuten könnte. Sie ist alles andere als selbstverständlich, wie der folgende Gedankengang zeigt. Häufig begegnet man dem Einwand, die historisch-kritische Methode könne eben deshalb nicht maßgeblich sein, weil sonst ja die früheren Christengenerationen, die sie nicht kannten, keinen Zugang zur Wahrheit gehabt hätten. Als Argument gegen eine bestimmte Auslegungsmethode wird also vorgebracht, daß diese nicht während der *ganzen* christlichen Geschichte im Gebrauch gewesen sei. Dieses Argument beruht auf dem Irrtum, daß der Auslegungsvorgang dem geschichtlichen Wandel nicht unterliege. Dies widerspricht der Einsicht in die Geschichtlichkeit des christlichen Glaubens.

Allerdings muß man auch sehen, daß die historisch-kritische Methode in diesem Lichte gesehen die absolute Gültigkeit verliert, die ihr von manchen Vertretern zugeschrieben wird. Auch die historisch-kritische Methode ist eine geschichtlich wandelbare Spielform des Auslegungsvorgangs. Es kann also die Frage nach ihrer Sachgemäßheit bloß lauten: Ist sie der gegenwärtigen Situation der Christenheit angemessen oder nicht? Ist sie die gegenwärtig angemessene Spielform des Auslegungsvorgangs? Diese Frage hängt zusammen mit dem Problem des hermeneutischen Potentials dieser Methode. Unser dritter Gedankengang gilt der Frage, welche Übersetzungsleistungen rein dadurch erbracht werden, daß die Texte historisch-kritisch angegangen werden.

2.2.3 Die hermeneutische Leistung der Auslegungsmethode

Zur Zeit seiner Entstehung hatte das historisch-kritische Denken sein hermeneutisches Potential darin, daß es eine ins Methodische transformierte Gestalt des neuzeitlichen Denkens war. Es trug zum Verstehen der Bibel eben deshalb bei, weil es die zeitgenössischen Verstehensbedingungen gleichsam methodologisch repräsentierte. Dadurch geschah etwas Wichtiges: Die neuzeitliche Denkweise wurde in ihrer methodischen Anwendung auf biblische Texte mit der Sprache des christlichen Glaubens konfrontiert.

Und wie mag es sich heute verhalten? Muß man heute feststellen, die historisch-kritische Methode unterscheide sich *wesentlich* von den allgemeinen Verstehensweisen? Man halte sich noch einmal die Prinzipien von Troeltsch vor Augen. Kann man wirklich bestreiten, daß diese Prinzipien uns auch beim Lesen eines Zeitungsartikels leiten? Mir scheint, die Vorstellung, daß die Geschichte als lückenloses Ganzes zu verstehen sei, kennzeichne auch unser Geschichtsbild. Also müßte das hermeneutische Potential der historischen Methode eigentlich auch zum Zuge kommen können. Die hermeneutische Leistung der historischen Methode besteht einfach darin, daß bei ihrer Anwendung das vernünftige Denken konfrontiert wird mit der heiligen Schrift.

Mir scheint, diese Konfrontation wirke sich nach wie vor günstig aus: günstig sowohl für die heilige Schrift als auch für das vernünftige Denken. Das Neue Testament erhält auf diese Weise ja die Gelegenheit, auch das vernünftige Denken anzusprechen. Und nicht nur das; es wird darüber hinaus auch an manchen Punkten ins rechte Licht gerückt: besonders das allgemeine Vorurteil, wonach das Neue Testament auf das sacrificium intellectus des Heutigen aus sei, wird als solches herausgestellt und damit unwirksam gemacht. Vorurteile sind ja in dem Moment unwirksam, wo sie als Vorurteile anerkannt werden. Die heilige Schrift verträgt es viel besser, mit dem vernünftigen Denken konfrontiert zu werden, als viele Hüter ihrer Heiligkeit – aber auch viele ihrer Verächter! – sich träumen lassen.

Andererseits kommt die genannte Konfrontation auch dem vernünftigen Denken durchaus entgegen und zugute. Denn in ihr wird das kritische Denken, das wir uns angewöhnt haben und auf das wir uns auch etwas einbilden, auf eine Weise der Kritik unterzogen, die noch einmal neue Dimensionen erkennen läßt. Es wird das kritische Denken beispielsweise mit der Frage konfrontiert, ob es sich *auch etwas sagen lassen könne.* Das Neue Testament enthält mehrheitlich Texte, die zusprechen wollen. Dadurch wird das kritische Denken von selbst vor die Frage gestellt, ob es klug sei, sich alles selbst zu sagen. Es wird das kritische Denken mit der Frage konfrontiert, ob es sich vielleicht da und dort wie ein absoluter Herrscher über Leben und Tod gebärde. Viele solche und ähnliche

Fragen erinnern das kritische Denken daran, nicht bloß kritisch, sondern auch selbstkritisch zu sein. Natürlich ergäbe sich aus dem Moment des Kritischen auch das Selbstkritische. Aber die Erfahrung zeigt, daß gerade auch das vernünftige Denken nicht davor gefeit ist, dogmatistisch zu werden. Dogmatismus, Beanspruchung absoluter Macht über die Wirklichkeit, gibt es nicht bloß im Rahmen religiösen Denkens. Dogmatismus gibt es ebenso im Rahmen vernünftigen Denkens wie auch im Rahmen politischen Handelns. Wird das Neue Testament nun mit denselben erkenntnistheoretischen Bedingungen angegangen, wie sie auch für das vernünftige Denken und die Beurteilung politischen Handelns maßgebend sind, so erbringt die Beschäftigung mit dem Neuen Testament eine Steigerung selbstkritischer Vernunft. Und die so gewonnene Selbstkritik wirkt sich unmittelbar aus auf den Dogmatismus vernünftigen Denkens und politischen Handelns. Daraus folgt: Die Beschäftigung mit dem Neuen Testament ist, gerade wenn sie nicht mit politischen Absichten geschieht, immer politisch relevant.

Gewiß, wer mit den Instrumenten des historisch-kritischen Denkens an die biblischen Texte herangeht, distanziert sich *methodisch* vom Absolutheitsanspruch der Schrift. Dadurch distanziert er sich aber auch davon, aus jener Absolutheit eine Selbstverständlichkeit zu machen. Zu sagen, daß in der Liebe das einzig Wahre sei, kann niemals zur Selbstverständlichkeit werden. Wenn das historisch-kritische Denken sich methodisch vom Absolutheitsanspruch solcher Aussagen distanziert, legt es den Weg frei zu der Erkenntnis, daß solche Aussagen nicht schon im Kopf der kühlen Rechner verabsolutiert werden können, sondern erst im Herzen engagierter menschlicher Geschöpfe. Die methodische Distanzierung vom Absolutheitsanspruch der biblischen Texte bringt nicht etwa deren Harmlosigkeit zutage, sondern vielmehr den wahrhaften Ernst der zur Frage stehenden Entscheidung. Solange die absolute Maßgeblichkeit biblischer Texte *methodisch* vorausgesetzt würde, gewinnt sie bloß das Niveau der durch ein bestimmtes Weltbild erzeugten Selbstverständlichkeit. Daher erhalten gar nicht die Texte selbst die Möglichkeit, absolut entscheidend zu werden, absolut entscheidend durch *das, was sie zu sagen haben* (und nicht aufgrund dessen, daß sie in einer heiligen Schrift stehen). Die Absolutheit der biblischen Wahrheit wird dadurch nicht geschmälert, sondern gesteigert. Darin liegt ein wichtiges hermeneutisches Potential des historisch-kritischen Denkens.

Umgekehrt kann man beobachten, wie jene methodische Distanzierung zugleich den kühlen Rechner aus seiner distanzierten Haltung herauszulocken vermag. Gerade die Erkenntnis, daß die Absolutheit der Schrift vernünftigerweise keine Selbstverständlichkeit ist, macht ihn aufmerksam auf eine Dimension, die ungleich viel ernster ist als jene des kühlen Rechnens. Sie macht ihn aufmerksam auf das Moment existentieller Betroffenheit; auf eine Dimension also, die ihm viel näher auf den Leib rückt als die Produkte der Berechnung. Also wird er dazu verlockt, dem kühlen Rechnen den letzten Ernst nicht mehr zuzutrauen und nicht mehr aufzubürden. Es verlockt ihn zur Distanz vom kühlen Rechnen, versetzt ihn an den Ort des leidenschaftlichen Glaubens. Auch darin liegt ein beträchtliches hermeneutisches Potential der historisch-kritischen Methode.

2.2.4 Zusammenfassung

1. Die historisch-kritische Methode ist eine Denkweise, welche den Geist der Neuzeit in sich trägt und ihn deshalb in das theologische Denken einbringt. Die Neuzeit ist dadurch gekennzeichnet, daß in ihr die Welt und die Geschichte säkular geworden sind, wenigstens methodisch gesehen säkular. Das historisch-kritische Denken zerstörte die Selbstverständlichkeit, mit welcher die Bibel ihre Autorität besaß. Sie legt insofern die wahrhaftigen Entscheidungsfragen frei, welche durch die Texte gestellt werden. Es ist die Chance der historisch-kritischen Methode, den christlichen Glauben an die Freiheit von Selbstverständlichkeiten zu erinnern; eine Freiheit, an die er sich gern erinnern läßt.
2. Die theologische Relevanz des historischen Denkens ergibt sich daraus, daß der christliche Glaube ein bestimmtes Geschehen in Raum und Zeit für das schlechthin endgültige Geschehen hält. Er sieht auf dem Gesicht des Gekreuzigten die Herrlichkeit Gottes. Deshalb ist sein Geschichtsbezug fundamental. Deshalb ist er von den Ergebnissen historischer Forschung unmittelbar betroffen.
3. Das hermeneutische Potential der historisch-kritischen Methode besteht darin, daß im Vollzuge ihrer Anwendung der neuzeitliche Geist Gelegenheit erhält, mit dem Geist der Bibel in Konfrontation zu geraten.

2.3 Die Sünde im Verstehen

Wenn im folgenden ein ausdrücklich theologischer Begriff für die Beschreibung neuzeitlicher Verstehensbedingungen verwendet wird, so bedarf dieses Verfahren einer kurzen Erklärung. Man könnte sich ja auf den Standpunkt stellen, im Rahmen der Vorrede zur Hermeneutik hätten theologische Begriffe nichts zu suchen. Sie gehörten vielmehr in die Durchführung der Hermeneutik. Diesen Standpunkt teilt die vorliegende neutestamentliche Hermeneutik nicht. Neutestamentlich ist sie ja nicht bloß dadurch, daß sie auf das Neue Testament angewendet wird. Neutestamentlich ist sie insbesondere dadurch, daß sie das hermeneutische Potential des Neuen Testaments zu nutzen sucht. Das, was das Neue Testament zu verstehen gibt, spielt deshalb schon in der Vorrede eine maßgebliche Rolle. Dies geschieht zu Recht, weil auch die Verstehensbedingungen deutungsbedürftig sind. Es ist nicht selbstverständlich, was diese Verstehensbedingungen sind und wie sie zu beurteilen sind. Darum wird im folgenden das neutestamentliche Sündenverständnis beigezogen, um unsere gegenwärtigen Verstehensbedingungen genauer anzusehen.

Es ist offenkundig und soll auch nicht verschwiegen werden, daß damit ein nicht voraussetzungsloses Verfahren gewählt wird. Mancher mag in der Vorrede eine rein phänomenologische Analyse für erforderlich halten, um den Anspruch der Voraussetzungslosigkeit erheben zu können. Ich halte dies für ein Täuschungsmanöver, nicht bloß in der theologischen Hermeneutik. Auch die rein phänomenologische Analyse macht Voraussetzungen, über deren Sachgemäßheit allererst zu diskutieren wäre. Die entscheidende Frage ist gar nicht, ob Voraussetzungen gemacht werden, sondern vielmehr, welche Voraussetzungen angemessen sind. Diese Frage muß auch im vorliegenden Falle theologischer Voraussetzungen gestellt werden. Sie kann gestellt werden, wenn die theologischen Voraussetzungen offengelegt werden. Um eben dieser Offenlegung willen verwende ich das neutestamentliche Sündenverständnis zur genaueren Erfassung unserer Verstehensbedingungen. Damit soll die Frage nach der Angemessenheit von Voraussetzungen provoziert werden. Beantwortet wird diese Frage freilich nicht durch allgemeine wissenschaftstheoretische Erwägungen. Beantwortet wird diese Frage dadurch, daß unsere Erfahrungen getroffen werden. Jede Art des Denkens wird sich daran messen lassen müssen, in welchem Ausmaß sie die konkrete Erfahrung des Menschen trifft. Über die Angemessenheit einer bestimmten Denkweise kann erst entschieden werden, wenn sie zum Zuge gekommen ist. Richtigkeit oder Falschheit ihrer Voraussetzungen läßt sich erst an den Ergebnissen erkennen, daran, ob diese Ergebnisse die menschliche Erfahrung sachgemäß und unbeschränkt zur Sprache zu bringen und zu deuten vermögen.

Obgleich die konkrete Erfahrung das eigentliche Kriterium ist, soll hier der *Zirkelcharakter* des gewählten Verfahrens ausdrücklich angezeigt werden. Um die Sünde zur Analyse neuzeitlichen Verstehens beizuziehen, muß sie allererst selbst zum Verstehen gekommen sein. Eben dieses Verstehen möglich zu machen, ist jedoch die Aufgabe der neutestamentlichen Hermeneutik. Die Verwendung der Sünde als einer hermeneutischen Kategorie setzt ihrerseits schon eine Hermeneutik voraus. Daran kann man besonders schön erkennen, daß jede Hermeneutik auf dem zuvorkommenden Ereignis des Verstehens beruht. Dieser Zirkelcharakter braucht niemanden zu stören, er ist – wenn er ins Bewußtsein erhoben wird – weder gefährlich noch irreführend.

Soweit die knappen Bemerkungen zur Verfahrensreflexion. Gefragt werden soll in diesem Abschnitt, inwiefern die neuzeitlichen Verstehensbedingungen gestaltet sind durch das, was das Neue Testament die Sünde des Menschen nennt. Das Verstehen selbst also soll gedeutet werden im

Licht des neutestamentlichen Sündenverständnisses. Unsere Überlegungen teilen sich in zwei Abschnitte: zuerst wird das neutestamentliche Sündenverständnis skizziert, soweit es für das Problem des Verstehens relevant ist; hernach soll versucht werden, das Verstehen in diesem Licht zu betrachten.

2.3.1 «Sünde»

Einen ersten Hinweis auf das Phänomen der Sünde erhält man, wenn man der Wortbedeutung von *hamartanein* Aufmerksamkeit schenkt ([13]). Schon im griechisch-hellenistischen Bereich meinte das Wort so etwas wie «daneben gehen», «daneben treffen», «nicht treffen», «verfehlen». Interessanterweise kann dieses Verfehlen, Fehlgehen auch vom Intellektuellen gesagt werden: Gegensatz zum *hamartōlos* ist der *sophos*; dem Weisen wird der Irrende, der in seiner Erkenntnis Fehlgehende gegenübergestellt. Das Erkennen ist immer folgenreich für das Handeln. Wer in der Erkenntnis fehlgeht, tut immer auch Unrecht. Darum meint *hamartanein* dann auch das Unrecht-Tun. In der Septuaginta, an dem Ort also, wo griechisches Denken mit dem hebräischen in enge Berührung kommt, wird dann der sogenannte religiöse Begriff von *hamartanein* entwickelt: er dient jetzt als Übersetzung des hebräischen *hātā* (fehlgehen [auf einem Wege]). Wer auf einem Wege fehlgeht, bzw. auf einem falschen Wege geht, verfehlt sein Ziel. Er kommt nicht an, wo er ankommen will. *Er vergeht sich,* nicht nur an Gott als dem Ziel aller Ziele, er vergeht sich auch an seinen Weggenossen, und er vergeht sich an sich selbst. Kurz: Er sündigt. Das sündige Dasein ist also das verfehlte Dasein, das Dasein, das sich selbst verfehlt. Indem der Mensch sich vergeht an Gott, an den Menschen und an sich selbst, verfehlt er sich selbst, verfehlt er die Menschen und ebenso auch Gott. Aus dieser kurzen Betrachtung des Sprachgebrauchs ergibt sich also der Hinweis, daß mit der Sünde das *verkehrte* Dasein gemeint ist. Sünde hat demnach zwar auch eine Tätigkeitsdimension, sofern das verkehrte Dasein sich immer auch tätlich vergeht, aber die Tätigkeitsdimension ist keineswegs der Ort, wo die Sünde erschöpfend gegenwärtig wird. Sünde läßt sich nicht reduzieren auf den Tataspekt. Sie ist nicht bloß Untat. Sünde meint vielmehr eine grundsätzliche Verkehrtheit des Seins selbst, die Kopf, Herz und Hand betrifft. Die Frage ist jetzt, worin denn die Verkehrtheit des ganzen Daseins besteht, die den Namen Sünde überhaupt verdient.

Einen Schritt näher kommen wir der Antwort, wenn wir den bemerkenswerten Gebrauch des Wortes «sündigen» im Gleichnis vom verlorenen Sohn beachten. Dort sagt der heimkehrende Sohn zu seinem Vater: «Vater, ich habe gesündigt gegen den Himmel und gegen dich – ich bin nicht mehr wert, dein Sohn zu heißen» (Lk 15,21). Inwiefern hat er gesündigt? Man greift zu kurz, wenn man seine Sünde einfach in seinem Weggang von Zuhause erblickt, ganz so, als ob die Selbständigkeit des Sohnes als solche schon ein Vergehen wäre. Man greift ebenfalls zu kurz, wenn man im Verprassen des Vermögens seine Sünde sieht, ganz so, als ob die Verschleuderung von Eigentum als solche schon böse wäre. Solche Kurzschlüsse mögen im Interesse einer patriarchalischen oder das Eigentum vergötternden Ideologie ganz nützlich sein. Sie treffen dennoch nicht, was hier mit dem Sündigen gemeint sein muß.

Zu beachten ist, in welchem Zeitpunkt der Sohn eigentlich zur Erkenntnis seiner Sünde kommt. Als er sein Vermögen verschleudert und seiner religiösen Reinheit verlustig gegangen und ins Angesicht des Hungertodes geraten ist, da steigt in ihm die Erkenntnis der Verfehlung auf: «Wieviele Tagelöhner meines Vaters haben Brot im Überfluß», spricht er, «ich aber komme hier vor Hunger um! Ich will mich aufmachen und zu meinem Vater gehen und zu ihm sagen: Vater, ich habe gesündigt gegen den Himmel und gegen dich. Ich bin es nicht mehr wert, dein Sohn zu heißen; stelle mich wie einen deiner Tagelöhner» (Lk 15,17–19). So spricht der verlorene Sohn im Angesicht des Todes. Worin besteht das Verfehlte, worin besteht die Sünde seines Daseins? Gewiß nicht einfach in seiner Selbständigkeit; gewiß nicht in seiner seltsamen Auffassung von Eigentum. Das Verfehlte seines Daseins besteht darin, daß er seine *Verbindung zum Vaterhaus* zerstört. Er verpraßt sein Vermögen, nicht wissend, daß dies seine *Lebensgrundlage* ist. Eine Lebensgrundlage, die er vom Vater bekommen hat. Der Verlust seiner Lebensgrundlage treibt ihn in die Arme eines heidnischen Herren: Säue hütend verbringt er seine trostlosen Tage, religiös unrein und unmöglich geworden. Auch seine religiöse Reinheit – ein weiteres Verbindungsglied zum Vater – hat er nun verloren.

Gewiß, all dies ist letztlich bedingt durch sein Weggehen aus dem Vaterhause. Nicht schon dieses ist verfehlt. Verfehlt ist vielmehr, daß er wegwirft, was ihn mit dem Vater verbindet. Daß er das Vermögen verpraßt, steht hier für seine Emanzipation vom Vater. Aus seiner Selbständigkeit ist etwas anderes geworden: Abwendung, Emanzipation von den Lebensgrundlagen, die ihm sein Vater – da er nun einmal sein Vater *ist* – bereitgestellt hatte. Die Selbständigkeit ist hier verkehrt in Beziehungslosigkeit, in Einsamkeit. Dabei könnte es doch Ausdruck seiner Selbständigkeit sein, sich die Güter aus dem Vaterhaus zugutekommen zu lassen, statt sie wegzuwerfen. Selbständigkeit könnte es doch sein, wenn er der beziehungsreiche Sohn bliebe, statt sich der Beziehungslosigkeit in die Arme zu werfen – was ihn ja in die Nähe des Todes und also gerade nicht des Lebens bringt. Sünde wird in diesem Gleichnis erzählerisch dargestellt als ein Versuch, den Vater loszuwerden. Offenbar kann dieser Sohn den Vater nicht als Gewährer von Leben annehmen. Offenbar versteht er Selbständigkeit als Unabhängigkeit. Und in der Tat, den

Vater ist er losgeworden. Das sieht man schon daran, daß er ihn gar nicht mehr als Vater in Anspruch zu nehmen wagt. Vater, stell mich wie einen deiner Tagelöhner! Dies ist seine Verfehlung: als Sohn ist er ausgezogen, als Tagelöhner bloß wagt er noch zurückzukehren.

Was zeigt sich in dieser erzählerischen Darstellung der Sünde? Die Sünde erscheint als jene Verkehrtheit des Daseins, welche in der Distanz zu der eigenen Lebensgrundlage besteht. Der verlorene Sohn distanziert sich von seiner Lebensgrundlage, er distanziert sich von der Verbindung mit seinem Vaterhause. Er schneidet sich selbst vom Leben ab. Dies erkennt er, als er im Angesicht des Hungertodes ins vernünftige Denken kommt. Dies malt die Geschichte geradezu handgreiflich vor Augen.

Nun steht ja der Vater im Gleichnis nicht etwa bloß für die Väter dieser Welt. Er steht nicht etwa bloß für die weltliche Herkunft. Vielmehr steht er für den himmlischen Vater, er steht für die elementarste Lebensgrundlage. Von dieser sich zu distanzieren, ist das eigentliche Wesen der Sünde. In der Abstandnahme vom himmlischen Vater findet die Sünde ihre eigentliche Zuspitzung. Gewiß wird diese Distanz dort konkret, wo es um die Zerstörung der weltlichen Lebensgrundlagen geht. Was hat die Zerstörung weltlicher Lebensgrundlagen (man könnte sagen: der Verbrauch der Ressourcen) zu tun mit der Abstandnahme vom himmlischen Vater? Die Zerstörung der Ressourcen setzt in dem Moment ein, wo diese nicht mehr als Gaben, als Verbindungsstück zum himmlischen Vater, sondern als Privatbesitz betrachtet werden. Und die Zerstörung nimmt in dem Moment absurde Ausmaße an, wo der Abstand zum Leben austeilenden Vater – und also zum Leben selbst – so groß geworden ist, daß der *Verbrauch* der Güter dieser Welt das Leben erbringen muß. In der Sünde distanziert sich der Mensch so von Gott, daß er aus den weltlichen Lebensgrundlagen den Geber ausschließt, der in ihnen gegenwärtig sein will. Deshalb werden sie zu bloßem Material, beliebig zerstörbar und beliebig konsumierbar. Die Sünde, so fassen wir zusammen, erscheint in unserem Gleichnis als Distanz vom himmlischen Vater und eben so als Verlust der Beziehung zum weltlichen Vater und seinen Wohltaten. Gerade dieses Jesusgleichnis läßt deutlich erkennen, daß in der Abstandnahme vom himmlischen Vater auch die Distanzierung des Sohnes von sich selbst beschlossen liegt. In Wahrheit ist er ein Sohn, in Wirklichkeit betrachtet er sich als Tagelöhner. Er ist uneins geworden mit sich selbst.

Einer ähnlichen Vorstellung von Sünde begegnen wir, wenn wir beobachten, wie Jesus die Sünde des Menschen zu überwinden sucht. Überwindung der Sünde kann bei Jesus konkret heißen Aufnahme des Sünders in die Tischgemeinschaft. Am Tisch Jesu *in* der weltlichen Tischgemeinschaft erfährt er die Rückführung in die Gemeinschaft mit Gott. Dasselbe ließe sich von Krankenheilungen sagen, welche den Kranken der Gemeinschaft der Lebenden zurückgeben und ihn so seiner neugeschaffenen

Gemeinschaft mit Gott gewiß machen. Dasselbe ließe sich auch vom Streit Jesu sagen, der festgefahrene Denkweisen zu überwinden und die menschliche Distanziertheit vom Leben und insofern von Gott rückgängig zu machen sucht. Sünde, so kann man also im Blick auf die Jesusverkündigung sagen, ist verkehrtes Dasein, sofern es von Gott distanziertes, von Gott abgekehrtes Dasein ist. Es ist ein *vergangenes* Dasein.

Der Begriff der Sünde wurde dann besonders durch Paulus einer tiefgehenden theologischen Reflexion unterzogen. Zu beachten ist von allem Anfang an, daß Sünde für ihn nicht etwa ein Resultat pessimistischer Weltbetrachtung ist. Gewiß, Paulus geht aus von der Universalität der Sünde: wir sind allzumal Sünder (Röm 3,23). Für Paulus heißt dies jedoch nicht einfach «nobody is perfect». Nobody is perfect, das wäre eine pessimistisch-tröstliche Generalaussage über ein menschliches Defizit, wie es angesichts von Vollkommenheitsvorstellungen festgestellt werden kann und muß. Auf diese harmlose Weise ist die Erkenntnis von der Universalität der Sünde für Paulus nicht zustandegekommen. Sie ist statt dessen zustandegekommen angesichts der göttlichen Überwindung der Sünde, wie Paulus sie im Kreuzesgeschehen wahrnehmen konnte. Paulus wird der ungeheuren Distanz des Menschen zu Gott erst gewahr, als er die Überwindung jener Distanz durch Gott vor Augen hat. Gottes Tat der Versöhnung geschah, als wir noch Gottes Feinde waren (Röm 5,10, vgl. 5,6.8). Die Tiefe der Feindschaft ist erst zu ermessen, wenn sie überwunden ist. Die Einsicht in die menschliche Feindschaft gegen Gott entspringt nicht der Selbstbeobachtung, sie ist nicht ein anderer Ausdruck für menschliche Unvollkommenheit. Diese Einsicht entspringt statt dessen, ubi et quando visum est Deo, wo immer es zur Wahrnehmung der göttlichen Überwindung menschlicher Feindschaft gekommen ist. Nobody is perfect wäre eine verhängnisvolle Verharmlosung jenes feindlichen Wesens der Sünde.

Wenn Paulus das Wesen der Sünde als Feindschaft gegen Gott deutet, befindet er sich in Übereinstimmung mit dem, was wir schon in der Jesusüberlieferung angetroffen haben. Paulus führt nun diesen Hang zur Distanz, diese Feindschaft gegen Gott, zurück auf die *sarx,* das Fleisch. Freilich ist eine solche Aussage gegenwärtig großen Missverständissen ausgesetzt. Sie wird sofort verstanden als allgemeine Fleisch- und Leibfeindlichkeit, um dann als antiquiert und sowieso überholt ausgegeben zu werden. Ganz abgesehen davon, daß es sich hierbei um ein Mißverständnis handelt, muß vor einer Selbsttäuschung in puncto Leibfeindlichkeit gewarnt werden. Es könnte sehr wohl sein, daß die gegenwärtige Vergötterung des Körperlichen bloß eine Wiederholung vergangener Leibfeindlichkeit wäre, das gleiche Gesicht tragend, die alten Züge mit neuer Schminke zugedeckt. Dies nur als Warnung vor einer Selbsttäuschung. Paulus selbst geht es bei der Rückführung der Sünde auf das Fleisch um alles andere als um Leibfeindlichkeit.

Paulus hat vielmehr entdeckt, daß die konkrete Gestalt der Sünde etwas zu tun hat mit den Zielen des Fleisches. Was ist das Fleisch? Das Fleisch ist der Mensch in seiner natürlichen, weltlichen Gegebenheit. Das Fleisch ist aber auch der ganze Bereich des Irdisch-Natürlichen. Was sind die Ziele des Fleisches? Der natürliche Mensch ist darauf aus, seiner natürlichen Weltlichkeit alles zuzutrauen, in ihr die einzige und ausschließliche Realität wahrzunehmen. Er ist darauf aus, sich selbst genug zu sein. Der Mensch ist darauf aus, die Herstellung seines Lebens in der Reichweite seiner natürlichen Möglichkeiten anzusiedeln. Das ist das *phronēma tēs sarkos,* von dem Paulus in Röm 8,7 spricht: das Streben des Fleisches ist feindlich gegen Gott. Man könnte auch sagen: das sich selbst alles zutrauende Fleisch befindet sich im Streit mit Gott, dem Schöpfer seiner Weltlichkeit. Es ist auf einem verfehlten Weg, eben auf dem Weg der Sünde. Es distanziert sich von Gott, sofern es sich auf seine eigenen Möglichkeiten zurückzieht. Es traut Gott nichts mehr zu, weil es sich selbst alles zutraut. Diese Verfassung des Fleisches nennt Paulus auch Selbstsucht, nicht zu verstehen als moralisches Defizit – oder gar als Krankheit – mancher Menschen, sondern zu verstehen als seinsmäßige Fixiertheit des Menschen auf sich selbst.

Paulus hat mit großer Deutlichkeit die Universalität der Sünde auch dort namhaft gemacht, wo es nicht um die Schwäche, sondern um die Stärke des Menschen geht. Paulus hat auch die menschliche Perfektion als Sünde zu interpretieren gewußt. Er verhandelt dies in der Kategorie der Rechtfertigung aufgrund der Werke des Gesetzes. Die Werke des Gesetzes stehen hier für die Tatmächtigkeit des Menschen; sie sind weltlich gesehen gerade nicht als Defizit anzusprechen. Paulus erkennt die Wirklichkeit der Sünde in den Werken des Gesetzes, sofern diese Werke der Selbstrechtfertigung des Sünders dienen. Sie sind die von der Welt aus am wenigsten angreifbare Gestalt der Selbstsucht. Die Welt mag noch so wenig halten von Gott, sie zieht dennoch den Hut vor jenen Gottesfürchtigen, deren Werke imposant sind. Die Welt mag noch so wenig halten von der christlichen Kirche, sie verharrt dennoch in respektvoller Bewunderung, wenn die Kirche tatkräftig ist und keine Schwächen zeigt. Daraus wird ersichtlich: Jene Selbstsucht, die die Gestalt kraftvoller Taten hat, ist weltlich nicht angreifbar, weil sie selbst das Wesen der Welt reproduziert. Diese Stärke – es soll damit keineswegs die Stärke überhaupt diffamiert werden – ist die gefährlichste Erscheinungsform der Sünde. Den Blick auf sie verstellt sich, wer unter Sünde ein harmloses «nobody is perfect» versteht. Wer seinen Werken zutraut, daß sie seine Sünde zu überwinden vermögen, täuscht sich darüber hinweg, daß seine Sünde schon überwunden ist. Eben so distanziert er sich von dem rechtfertigenden Gott. Indem er sein Leben seinen Werken zur Herstellung überläßt, distanziert er sich vom Geber des Lebens. Die Sünde, die Selbstverfehlung des Menschen kleidet sich hier in das Gewand der Selbstverwirklichung (wie wir heute wohl sagen würden). Paulus deckt also gerade an der menschlichen *Tatmächtigkeit* die Wirklichkeit der Sünde auf. Er widerspricht damit einer weitverbreiteten Ansicht, nämlich der Ansicht, als ob die Sünde bloß in der menschlichen Unfähigkeit, Perfektes zu tun, hause.

Schon die Jesusüberlieferung läßt durchblicken, daß der Sünder sich von seiner Lebensgrundlage distanziert und sich so vom Leben selbst abschneidet. Dies wird auch durch die paulinische Theologie bestätigt. Um nur eine Stelle zu nennen: Der Sünde Sold ist der Tod (Röm 6,23). Gemeint ist: Die Sünde zahlt, wenn es ans Zahlen geht, mit dem Tod. Entgegen der geläufigen Auffassung, diese Stelle erkläre die Wirklichkeit des Todes mit Hilfe der Sünde, muß festgehalten werden: hier erklärt Paulus *die Sünde*; und dies tut er mit Hilfe des Todes. Er macht deutlich, wohin die Verkehrtheit solchen Daseins führt: es verfehlt Gott und trifft statt dessen den Tod. Eben darum verfehlt es auch sich selbst. Solches Dasein vergeht sich an sich selbst, weil es seine Wirklichkeit stets nur als Möglichkeit vor sich sehen kann. In dem Vorgang der Selbstverwirklichung, welcher das wahre Selbst zur bloßen Möglichkeit degradiert, ist das Dasein vom Tode gezeichnet, auch wenn es ständig den Tatbeweis seines Lebens erbringt. Eben dies faßt Paulus ins Auge, wenn er vom Tod als dem Sold der Sünde spricht. Wohlverstanden: Paulus geht es nicht um die Herleitung der Sünde, nicht um eine theoretische Erklärung ihrer Existenz. Sein Reden von der Sünde hat vielmehr zum Ziel, die konkrete Erfahrung des Menschen angemessen zur Sprache zu bringen. Und er gibt mit dem Hinweis auf Adam als den, durch den die Sünde in die Welt gekommen ist, zu verstehen, daß der Hang zur Distanzierung von Gott offenbar etwas ist, womit ich mich in der Welt vorfinde. Obwohl dieser Hang zugleich im konkreten Ich jedes Menschen anzutreffen ist, ist er nicht ausschließlich als Handlungsresultat des Einzelnen zu begreifen. Darum hält Paulus in *einem* Satz beides zusammen: Durch einen Menschen ist die Sünde in die Welt gekommen und hat Universalität erreicht, *weil alle* gesündigt haben (Röm 5,12). Der Hang zur Distanz ist bedingt durch das Streben allen Fleisches nach Gottesfeindschaft, durch die universale Macht der Sünde. Und wer könnte nicht die Erfahrung machen, daß er zur unbegreiflichen Distanzierung von Gott Zuflucht nimmt? Wer könnte nicht die Erfahrung machen, daß er unbegreiflicherweise sein Leben zu reproduzieren sucht? Wer könnte nicht die Erfahrung machen, daß er die Schöpfung Gottes in weltliches Material verkehrt, um sie für seine Selbstdarstellung oder Selbstverwirklichung zu benutzen? Eben diese Erfahrungen verweisen auf die Wirklichkeit der Sünde, ebenso wie sie von den neutestamentlichen Aussagen *als* Sünde gedeutet werden.

2.3.2 Sünde und Verstehensbedingungen

In diesem zweiten Abschnitt gilt es zu fragen, inwiefern auch der Verstehensvorgang geprägt wird durch das, was wir im letzten Abschnitt als Sünde zu begreifen versuchten. Freilich befinden wir uns diesbezüglich in einer besonders mißlichen Lage. Denn es ist – wie wir gesehen haben – gerade das Wesen der Sünde, daß sie sich verstellt. Sie stellt sich anders dar als sie ist. Die todbringende Distanzierung von der Grundlage des Lebens hat sich zu allen Zeiten als lebenspendende Freundschaft zum Lebendigen zu verkleiden gewußt. Deshalb ist auch mit Widerständen zu rechnen, wenn die Wirklichkeit der Sünde in den Verstehensbedingungen der Neuzeit aufgedeckt werden soll.
Auf diesen Sachverhalt weist schon Bultmann hin, wenn er darauf aufmerksam macht, wie stark sich der Mythologieverdacht gerade bei der Sünde einstellt. Bultmann stellt fest: «Der Mensch ist in seiner radikalen Eigenmächtigkeit also blind gegen die Sünde, und eben darin zeigt sich seine radikale Verfallenheit. Ihm muß deshalb die Rede von der Sünde als mythologische Rede erscheinen» ([6], 38). Was heißt in diesem Zusammenhang mythologisch? Mit Bultmann müßte man antworten: Mythologisch erscheint dem Menschen die Rede von der Sünde, weil die Sünde in ihr objektiviert wird, weil sie als Verhängnis des Menschen erscheint, so daß er das Schuldhafte an seiner Sündigkeit nicht erkennen kann. Für Bultmann ist also die Grenze zwischen dem Mythologischen und dem Unmythologischen dort gezogen, wo es um den Übergang vom bloßen Verhängnis zur Schuld des Menschen geht. Die Frage ist jetzt, was den Menschen daran hindert, seine Sünde als schuldhaftes Verhalten zu verstehen. Bultmann gibt darauf die folgende Antwort: Sünde ist zu definieren als Eigenmächtigkeit des Menschen, als seine Verfallenheit an das Selbst. Der Sünder betrachtet diese Definition der Sünde insofern als mythologisch, als er die Verfallenheit an das Selbst nicht radikal genug denken will. Gewiß weiß der Sünder von seiner Verfallenheit, indes betrachtet er die Verfallenheit als eine Verfassung des Daseins, der er sich entziehen kann, wenn er sie einmal durchschaut hat. Das heißt: Der Sünder nimmt sein Selbst von dieser Verfallenheit aus. Er traut ihm ohne weiteres zu, den Schritt von der verfallenen Existenz zum gelungenen Leben selbst tun zu können. Ohne Zweifel weiß auch der Sünder, daß er seine eigentliche Bestimmung immer wieder verfehlt, daß sein Leben immer wieder vom Mißlingen bedroht ist. Aber er ist der Meinung, daß das Wissen um seine Eigentlichkeit ihn ihrer schon mächtig mache. Er geht davon aus, daß das Selbst das Defizit des Lebens in dem Moment beheben kann, wo es dieses erkannt hat. Also noch einmal: Der Sünder geht davon aus, daß das Selbst des Menschen von der Verfallenheit ausgenommen ist. Eben diese Annahme treibt ihn dazu, ständig Selbstrettungsversuche zu unternehmen.

Und dieselbe Annahme, daß sein Selbst von der Verfallenheit ausgenommen sei, bringt ihn dazu, die mißlungenen Selbstrettungsversuche auf eine bestimmte Weise zu interpretieren. Er interpretiert sie nämlich ganz und gar nicht als Hinweise für die Verfallenheit *des Selbst,* sondern als Appelle für erneute Versuche, zur Eigentlichkeit vorzudringen. Ganz anders sah Paulus dies in Röm 7. Das Mißlingen ist für ihn das Signal für die *vollendete* Herrschaft der Sünde über mich (vgl. Röm 7,16f). Vom Mißlingen läßt sich das Selbst nur zu größeren Krafttaten anregen, statt daß es sich zur Selbstbesinnung rufen ließe.

Es ist offensichtlich, daß dieses Selbstverständnis des Sünders weltweit verbreitet ist, verbreitet auch in der weltweiten Kirche. Und dennoch gilt neutestamentlich gesehen gerade dieses Selbstverständnis als die pièce de résistance *der Sünde*: die Sünde des Menschen erreicht dort ihre höchste Macht, wo sie dem Menschen suggeriert, sie sei durch seine Eigenmacht überwindbar. So bringt sie ihn dazu, sich sogar im Kampf mit der Sünde noch auf sich selbst zurückzuziehen. Der Wahn der Sünde ist am Werk, wo der Mensch sein Selbst von der Verfallenheit ausnimmt. Und weil er sein Selbst von der Verfallenheit ausnimmt, betrachtet er die neutestamentliche Rede von der Sünde als Mythologie. Gerade der selbstsichere Kampf gegen die Verfallenheit soll eine Erscheinungsform der Sünde sein? Niemals kann der Sünder so etwas vernehmen.

Nun ist es jedoch keineswegs damit getan, gegen den Verdacht, die Rede von der Sünde sei Mythologie, theoretisch und argumentativ antreten zu wollen. Denn eine solche theoretische Beseitigung des Verdachts muß dem vernünftigen Selbst des Menschen immer noch zu viel zutrauen. Sie muß ihm zutrauen, daß die Sünde sich nicht auch auf seine theoretische Einsichtsfähigkeit erstreckt. Zu der Erkenntnis, daß die Rede von der Sünde keine mythologische, sondern eine meine Existenz im Tiefsten treffende Rede ist, kann es nur kommen, wo die Befreiung des Selbst konkret geschieht. Wo geschieht die Befreiung des Selbst von der Sünde konkret? Mit Paulus wäre zu antworten: sie geschieht dort, wo die Liebestat Christi mich trifft. Wo ich ihr begegne als einer Tat, die mir zugute kommt. Mit Bultmann wäre zu antworten: «In dem Augenblick erscheint die Rede von der Sünde nicht mehr als mythologisch, da dem Menschen Gottes Liebe begegnet als die ihn umfaßende und tragende Macht, die ihn gerade auch in seiner Eigenmächtigkeit und Verfallenheit trägt, d.h. die ihn als den gelten läßt, der er nicht ist, und das heißt: die ihn von sich selbst, so wie er ist, befreit» ([6], 38). Zu beachten ist unbedingt, daß hier von einem Geschehen die Rede ist. Nicht durch theoretisches Räsonnieren, nicht durch vernünftige Selbstbetrachtung, sondern durch ein Geschehen wird es dem Selbst gegeben, sich neu zu verstehen als ein der Sünde verfallenes Selbst. Was ist dieses Geschehen? Gewiß, die erste Antwort muß lauten: das Geschehen, das mit dem Namen «Jesus Christus» verbunden ist. Aber eine weitere Antwort muß lauten: das Geschehen, welches Evangelium heißt, welches als Wort von jenem Christusgeschehen bis heute ergeht. Das Wort des Evangeliums gibt dem Christusgeschehen eine Eindeutigkeit, die es von sich aus niemals hatte. Inwiefern ist das Wort ein Geschehen? Es ist ein Geschehen, sofern es das vergangene Christusereignis als ein mir geltendes, als ein mir zugute kommendes Ereignis zur Sprache bringt. Es vergegenwärtigt jenes vergangene Geschehen als Geschehen pro me, als auch um meinetwillen geschehenes. Wichtig für den Augenblick ist nur, daß der Unterschied zwischen dem theoretischen Beschluß und dem faktischen Geschehen deutlich ist. Das Wesen eines theoretischen Beschlusses ist es, daß er – auch wenn er vielleicht anhand eines konkreten Geschehens entstanden sein mag – sich von diesem Geschehen sozusagen emanzipiert. Der theoretische Beschluß hat zum Ziel, auch ohne das konkrete Geschehen wahr zu sein. Denn er zieht eine Lehre aus dem Geschehen, die fortan auf eigenen Füßen zu stehen vermag. Das auslösende Geschehen mag zwar als Beispiel für die Lehre gelten, die aus ihm gezogen wurde. Es ist jedoch als Beispiel auswechselbar, jederzeit ersetzbar durch Beispiele anderer Provenienz. Das Wort des Evangeliums jedoch ist keine Lehre, die aus dem Christusgeschehen gezogen wurde. Es vergegenwärtigt jenes Geschehen selbst an mir, es ist insofern die Wiederholung jenes Geschehens an mir. Und nur als ein solches Geschehen kann es den Sünder wohltuend treffen. Denn wenn der Sünder aus der Selbstbezogenheit befreit werden soll, muß er angerührt werden vom Fremden. Fremd und widerständig ist ihm das Christusgeschehen, während die Lehre daraus wohl nichts anderes ist als ein erneuter Versuch, auch dieses Geschehen noch mir einzuverleiben und es also zu verzehren.

Wichtig ist ferner, genau hinzuhören auf das, was nach Bultmann mit dem Sünder geschieht: «... die ihn gerade auch in seiner Eigenmächtigkeit und Verfallenheit trägt, d.h. ihn als den gelten läßt, der er *nicht* ist». Man hätte wohl eher erwartet, daß Gott den Sünder als den gelten läßt, der er *ist.* Bultmann macht jedoch mit Bedacht die gegenteilige Aussage. Es kennzeichnet das Geschehen der Liebe Gottes, daß es den Sünder als das gelten läßt, was er nicht ist. Was ist der Sünder nicht? Er ist eben nicht der heilige, er ist eben nicht der Gott nahe, sondern der von Gott distanzierte, der unheilige Mensch. Das Wort Gottes heiligt ihn, versetzt ihn in die Nähe, rechtfertigt den Sünder. Eben darum läßt es ihn als das gelten, was er nicht ist. Freilich ist dies nicht so einfach, wie es jetzt vom Geschehen der Liebe aus erscheinen mag. Denn das Wort von der Liebe kann den Sünder ja erst als den geliebten Menschen gelten lassen, wenn er auf jenes Wort acht hat. Nun ist es aber das Wesen des Sünders, daß er von der Nicht-Verfallenheit seines Selbst überzeugt und also davon eingenommen ist, daß er auf ein solches Wort nicht angewiesen ist.

Hier stehen wir wohl an der Schwelle zum tiefgründigen Geheimnis Gottes: das faktische Sein des Sünders müßte es eigentlich unmöglich machen, daß er das Wort der Liebe gelten lassen kann. Zugleich ist ja das

Wort der Liebe ein widerstehliches Wort, ein Wort, das den Sünder nicht zu überwältigen vermag. Es ist ein Wort, das von seiner Machtlosigkeit und Widerstehlichkeit geradezu lebt. Es *kann* sich dem Sünder gar nicht aufdrängen. Und dennoch weiß jedes Kind, daß es faktisch Sünder gibt, die auf jenes Wort der Liebe zu hören vermögen, damit sie fortan als das gelten, was sie nicht sind: als wider alles Erwarten geliebte Sünder. Es scheint nicht sinnvoll, dieses Geheimnis jetzt lüften zu wollen. Daß hier ein Geheimnis ist, ändert ja nichts an der Erfahrungswirklichkeit von Sünde *und* Liebe. Deshalb schließen wir unseren einleitenden Gedankengang ab: wer das Phänomen der Sünde in den neuzeitlichen Verstehensbedingungen namhaft machen will, muß mit erheblichen Schwierigkeiten rechnen. Denn es kennzeichnet den Sünder, daß er die Rede von seiner Sünde als mythologische Rede betrachtet. Damit täuscht er sich über seine Selbstverfallenheit hinweg, in welcher er sein Selbst von aller Verfallenheit ausgenommen wissen will. Eben dieses Selbstverständnis jedoch ist – im Lichte des Neuen Testaments besehen – eine Erscheinungsform der universalen Macht der Sünde.

Mit der eben skizzierten Problematisierung im Bewußtsein wenden wir uns nun dem *Versuch zu, Erscheinungsformen der Sünde in den neuzeitlichen Verstehensbedingungen* aufzudecken. Dabei gilt es freilich, von vornherein zu beachten, daß das Phänomen der Sünde seine Existenz keineswegs etwa erst der Neuzeit verdankt. Die Sünde ist eine Macht, die das Verstehen zur Zeit des Paulus ebenso prägte, wie sie es in unseren Tagen tut. Deshalb soll jetzt keinesfalls der Eindruck entstehen, als ob die Sünde erst in der Neuzeit aufgetreten und mit ihr identisch geworden sei. Die Sünde ist – trivial zu sagen – eine universale Größe. Es kann jetzt lediglich darum gehen, ihr neuzeitliches *Gesicht* etwas genauer in Augenschein zu nehmen.

Wort Gottes in der Neuzeit

Ich beginne an einem Punkt, der zunächst wenig aussichtsreich zu sein scheint. Das Phänomen der Sünde soll jetzt anhand der neuzeitlichen Vorstellung vom *Wort Gottes* etwas deutlicher in den Blick kommen. Ausgangspunkt der kurzen Überlegung ist, so erstaunlich dies auf den ersten Blick sein mag, die Vorstellung von der Verbalinspiration der Bibel. Diese hatte in der altprotestantischen Orthodoxie eine ungeahnte Blüte erlebt. Sie hat zum Ziel, die Bibel als Wort Gottes kenntlich zu machen. Es soll das Neue Testament beispielsweise davor geschützt werden, bloßes Menschenwort zu sein.

Was geschieht eigentlich, wenn eine solche Lehre von der Verbalinspiration aufgestellt wird? Hinsichtlich der Bibel findet damit eine Distanzierung des Gotteswortes vom Menschenwort statt. Das Gotteswort kann ja deshalb in der Bibel gesehen werden, weil es unter Ausschluß des Menschlichen zustandegekommen ist. Die Pointe der Verbalinspiration ist, daß das menschliche Denken, das menschliche Reden ausgeschlossen wird, damit Gott selbst (durch das Diktat des heiligen Geistes) zum Reden komme. Die Verbalinspiration hat zum Ziel, das Gotteswort zu sichern als ein Wort, das ganz anders ist und geschieden ist vom menschlichen Wort. Es ist nichts als konsequent, wenn sich diese Distanzierung des Gottesworts vom Menschenwort in der Bibel wiederholt als Distanzierung der Bibel als dem Buch der Bücher von den Büchern dieser Welt. Gerade die Lehre von der Verbalinspiration brachte die Bibel *als Ganzes* in eine qualitative Distanz zu den Büchern dieser Welt: die Bücher der Welt sind Menschenwort, zustandegekommen auf natürliche Weise, das Buch der Bücher ist Gottes Wort, herabgekommen mit Hilfe des heiligen Geistes auf übernatürliche Weise.

Gewiß ist diese Distanzierung vorgenommen worden um des Wortes Gottes und seiner eigentümlichen Würde willen. Gewiß ist diese Distanzierung geschehen zum Schutz des Gotteswortes vor der Verwechslung mit dem Menschenwort. Das Wort Gottes sollte Abstand gewinnen zum menschlichen Wort. Allerdings hat sich nachträglich herausgestellt, daß in jener Distanzierung eine große Gefahr lauerte. Die Distanzierung trug den Keim der Weltferne des Gotteswortes in sich. In ihr lauerte die Gefahr, daß das Gotteswort – in seinem unendlichen Abstand zur Welt – weltlich belanglos werden könnte. Ein erster Schritt auf dem Wege zur Belanglosigkeit ist getan worden, als angesichts des Gotteswortes der Bibel eine *hermeneutica sacra* gefordert wurde. Davon wurde im Abschnitt über den Begriff der neutestamentlichen Hermeneutik schon gesprochen. Die Distanzierung im Interesse des Gotteswortes konnte leicht umschlagen zu einer menschlichen Distanznahme vom Gotteswort. War das Gotteswort einmal ausgegrenzt aus den menschlichen Wörtern, konnte es sehr wohl auch ausgeschlossen werden von dem, was belangreich ist. Und jetzt war erst recht die Gelegenheit gekommen für das Menschenwort, sich selbst als Gotteswort auszugeben. Das Gotteswort wurde so weit in den Himmel hinauf erhöht, daß man sich ungestört dem Menschenwort allein anvertrauen konnte. Eben dieser Vorgang ist gemeint, wenn wir von der Säkularisierung der Sprache sprechen. Gott ist zwar nach wie vor ein Wort unserer Sprache, aber ein Wort, das «nicht mehr recht dazu zu gehören scheint» ([14], 82). Es kommt einem nur schwer über die Lippen, und oft stellt sich Betretenheit ein, wenn einer Gott sagt. Auch diese Erfahrung läßt sich begreifen als Folge jener Distanzierung des menschlichen und des göttlichen Wortes. Die Sprache schirmt sich ab gegen alles, was sie in ihrer Weltlichkeit stören könnte. Und also ist das Menschenwort auf dem besten Wege, zum einzig maßgeblichen Wort zu werden. Es ist auf dem Wege, sich selbst als Gotteswort darzureichen.

Man könnte nun sagen, daß die Lehre von der Verbalinspiration ja der Vergangenheit angehöre und darum auch keine gefährlichen Wirkungen mehr zeitigen könne. Eine solche Feststellung ist meines Erachtens ein billiger, weil auf einer Täuschung beruhender Trost. Denn es muß immerhin beachtet werden, daß die Konfrontation mit der Menschlichkeit des Bibelwortes bis auf den heutigen Tag manche Menschen in Schrecken versetzt. Dies läßt sich sehr schön beobachten in neutestamentlichen Anfängerseminaren. Da kommt es immer wieder zu heftigen Auseinandersetzungen, wenn das Bibelwort in methodischer Hinsicht als Menschenwort behandelt wird. Solche Auseinandersetzungen haben ihre Ursache im Erschrecken darüber, daß das Gotteswort vermeintlich jedes Schutzes beraubt wird, wenn es wie ein menschliches Wort bearbeitet wird. In solchem Erschrecken ist jene Distanzierung des Gotteswortes quicklebendig, die die Lehre der Verbalinspiration vorgenommen hatte. Allerdings könnte man einwenden, solche Verhaltensweisen seien atypisch, da sie mehr oder weniger auf Theologiestudenten beschränkt seien. Dies mag durchaus zutreffen. Wer einen Hinweis auf die Aktualität der Inspirationslehre sucht, müßte nicht nur das Erschrecken in neutestamentlichen Anfängerseminaren in den Blick nehmen. Es könnte ja sein, daß zu diesem (atypischen) Erschrecken ein (typisches) Gegenstück existiert. Typisch ist gegenwärtig, wie pauschal die Sonderstellung der Bibel *bestritten* wird. Die Bibel sei keinesfalls Gottes Wort, was man an ihren zahlreichen Widersprüchen leicht erkennen könne. Eine solche Aussage wiederholt nur die Lehre von der Verbalinspiration mit umgekehrtem Vorzeichen. Mit dem Urteil, die Bibel sei ein Märchenbuch, halten sich viele den Anspruch dieser Texte vom Leib. Wer meint, damit sei alles Nötige zur Autorität der Bibel gesagt, wiederholt nichts anderes als die Lehre von der Verbalinspiration, und zwar in Gestalt ihrer dogmatistischen Bestreitung. Denn in beiden genannten Fällen geschieht die Erniedrigung des Bibelwortes auf der Grundlage der Verbalinspiration, welche einst die Widerspruchsfreiheit und Übermenschlichkeit des Bibelworts zu sichern versucht hatte. Die Erniedrigung zeigt dieselben Züge wie die Erhöhung.

Man mag sich jetzt fragen, was denn dies alles mit dem Phänomen der Sünde zu tun habe. Und es müßte wohl Erstaunen hervorrufen, wollte einer die Inspirationslehre als Ausgeburt der Sünde bezeichnen. So einfach ist es in der Tat nicht. Wohl aber soll die Distanzierung des Menschenworts vom Gotteswort, so sehr die Vielgestaltigkeit ihrer Erscheinungsformen zu beachten ist, mit Hilfe der theologischen Kategorie der Sünde interpretiert werden. Wir hatten in der knappen Skizze des neutestamentlichen Sündenverständnisses gesagt, daß die Sünde wesentlich Distanzierung des Menschen von Gott ist. Diese Distanzierung des Menschen von Gott erscheint hier in der Gestalt, daß das göttliche Wort vom menschlichen Wort distanziert wird. So schneidet sich das menschliche Wort ab von den Segnungen, die ihm vom Gotteswort zugedacht wären. Es schneidet sich ab auch von der kritischen Läuterung, welche das in menschlicher Sprache ergehende Gotteswort für das Menschenwort bedeuten könnte. Daß der Mensch sich vom Gotteswort distanziert, kann geradezu in das Gewand höchster Bescheidenheit gekleidet sein. Es kann als Bescheidung erscheinen, wenn der Mensch die Reichweite seiner Sprache auf das Weltliche begrenzt. Mit dieser Begrenzung der Reichweite hängt es zusammen, daß in der neuzeitlichen Sprachkritik das Wort Gott in Verdacht kommt, sinnlos zu sein. Wenn schon das Wort «Gott» unter Sinnlosigkeitsverdacht gerät, muß dies umso mehr für das «Wort Gottes» gelten. Sinnlos sei es – so sagen manche Sprachanalytiker – weil es in der weltlichen Sprache nicht verifizierbar sei.

Man muß sich darüber im klaren sein, daß dieser Sinnlosigkeitsverdacht wiederum auf der ehemaligen Distanzierung des göttlichen Wortes vom menschlichen beruht. Denn nicht verifizierbar ist das göttliche Wort, weil unter ihm ein Wort vorgestellt wird, das mit weltlichem Reden schlicht nichts zu tun haben könne. Unter dem Gotteswort wird ein Wort vorgestellt, das ganz anderen Gesetzen unterliegt als das menschliche Wort. Die sprachanalytische These beruht von vornherein auf der Annahme, das göttliche Wort sei jedenfalls kein weltliches Wort. Es ist dies eine Annahme, die sich zwar auf die neuzeitlichen Aussagen zum Gotteswort berufen kann (inklusive der Lehre von der Verbalinspiration), die aber das Bekenntnis von der Fleischwerdung des Gotteswortes einfach links liegen läßt. Die Fleischwerdung des Gotteswortes wird übergangen, weil die Distanz zwischen Menschenwort und Gotteswort nicht aufgegeben wird. Eben darin wirkt sich die Sünde aus, deren Wesen es ist, an der Distanz des Menschen zu Gott festzuhalten. Die Sünde rückt Gott in die Ferne, indem sie alle Zeichen seiner Nähe tilgt, beziehungsweise sie unter Sinnlosigkeitsverdacht stellt.

Nun gibt es ja in der Neuzeit durchaus eine Rede vom Wort Gottes, die sich vor dem Forum der Vernunft nicht zu schämen braucht. Diese Rede vom Wort Gottes soll jetzt an einem kleinen Beispiel erläutert werden. *Immanuel Kant* kommt in seiner «Kritik der reinen Vernunft» auf das Wort Gottes zu sprechen. Allerdings heißt es an der Stelle nicht Wort Gottes, sondern Gebot Gottes. Bekanntlich zielt Kants Kritik der reinen Vernunft darauf, die Reichweite der menschlichen Vernunft im Bereich der synthetischen Urteile a priori zu beschränken auf die Erkenntnis *möglicher Erfahrung.* Mit dieser Beschränkung der Reichweite der Vernunft waren viele Themen der bisherigen Philosophie aus dem Bereich des Erkennbaren ausgeschlossen, etwa das Dasein Gottes, die Lehre vom Ganzen der Welt, die Unsterblichkeit der Seele. Die traditionelle Metaphysik fällt dieser kritischen Begrenzung menschlicher Vernunfttätigkeit zum Opfer. Die Vernunfterkenntnis wird beschränkt auf die empirische Wirklichkeit. Es ist ohne weiteres einzusehen, daß dieser Beschränkung auch die vernünftige Erkenntnis des Wortes Gottes zum Opfer fallen mußte. Allerdings nur unter der Voraussetzung, daß das Wort Gottes eine metaphysische Größe ist. Diese Voraussetzung trifft nach Kant zu ([15], 847–852). Also ist das Wort Gottes kein Gegenstand der Erfahrung. Also ist es der Vernunfterkenntnis unzugänglich.

Wenn Kant demgegenüber trotzdem von den Geboten Gottes sinnvoll reden kann, hat dies seinen Grund in seiner Vorstellung von der reinen Vernunft. Gewiß, auf dem Felde der Erkenntnis ist sie beschränkt, immerhin kann sie als *reine* Vernunft jedoch auf dem Felde der Moral etwas ausrichten. Auf diesem Felde hat die reine Vernunft sogar als allein maßgeblich zu gelten, da sich der Begriff des höchsten Guts aus der Erfahrung nicht ableiten läßt. Dennoch ist dieser Begriff des höchsten Guts notwendige Voraussetzung aller Moral. In diesem Zusammenhang nun kommt Kant auf die Gebote Gottes zu sprechen, indem er das Verhältnis von reiner Vernunft und den Geboten Gottes bestimmt. «Wir werden, so weit praktische Vernunft uns zu führen das Recht hat, Handlungen nicht darum für verbindlich halten, weil sie Gebote Gottes sind, sondern sie darum als göttliche Gebote ansehen, weil wir dazu innerlich verbunden sind» ([15], 827f).

Von den vielen interessanten Aspekten dieses Satzes soll jetzt nur ein einziger herausgegriffen werden. Der letzte Zweck des *reinen* Vernunftgebrauchs ist zu entscheiden, was zu tun sei. Weil alles Tun auf die Glückseligkeit gerichtet ist, die dennoch empirisch nie zur Erfahrung kommt, erfordert der praktische Gebrauch der Vernunft, daß es einen höchsten Regierer und eine künftige Welt gebe: in der künftigen Welt teilt der Regierer der menschlichen Praxis die Glückseligkeit zu, die ihr (aufgrund ihrer moralischen Qualität) zukommt. Insofern ist die Annahme, daß ein Gott sei, *praktisch* notwendig. Entsprechend der praktischen Notwendigkeit des Gottesbegriffs hat das Wort Gottes die Gestalt des *Gebots*: wenn Gott spricht, *gebietet* er; er erläßt rein moralische Gesetze, die das Tun und Lassen eines vernünftigen Wesens bestimmen ([15], 817). Daraus ergibt sich: die moralische Begründung der Notwendigkeit Gottes bringt die Verwandlung von Gottes Wort in Gottes Gebot notwendig mit sich. Denn nur als Gebot ist Gotteswort überhaupt denkbar.

Dazu paßt, wie nach Kant die Verbindlichkeit der Gebote Gottes zu bestimmen ist. Verbindlich sind sie nicht etwa deshalb, weil sie Gottes Gebote sind. Verbindlich sind ja nur die Postulate der reinen Vernunft. Deshalb muß sich ein Gebot allererst als Postulat der reinen Vernunft ausweisen, damit ihm die Würde des göttlichen Gebotes zuerkannt werden kann. Göttlich wird ein Gebot dadurch, daß die reine Vernunft es postuliert. Etwas überspitzt muß man dann sagen: Die reine Vernunft wird zur Schöpferin der göttlichen Gebote. Bemerkenswert an diesem Kantischen Gedankengang ist jetzt, daß das Wort Gottes eine ausgesprochen neuzeitliche Ausprägung erhält. Wort Gottes ist dort anzutreffen, wo die reine Vernunft spricht. Rein ist die Vernunft, wenn sie gänzlich befreit ist von sinnlichen Irrungen. Rein ist die Vernunft, wenn sie – unbehelligt von sinnlicher Wahrnehmung – vollkommen auf sich selbst gestellt ist. Erst in der Ferne von allem Sinnlich-Konkreten kommt es also zu so etwas wie einem Wort Gottes. Und wer sagt der reinen Vernunft ein solches Wort, das sie als Wort Gottes erkennen kann? Antwort: *nur sie selbst* kann sich ein solches Wort sagen. Wort Gottes entsteht unter Ausschluß aller Erfahrung. Es entsteht, wenn die Vernunft ausschließlich auf sich selbst angewiesen ist.

In diesem Begriff des Wortes Gottes kann man – wenn man ihn theologisch interpretiert – eine Erscheinungsform der Sünde sehen. Denn es ist nichts anderes als ein Akt höchster Distanznahme zu Gott, wenn die Vernunft sich auch sein Wort noch selbst sagen zu müssen zutraut. Gewiß ist es möglich, diese Distanzierung der Vernunft vom göttlichen Wort als eine Befreiung aus selbstverschuldeter Unmündigkeit zu verstehen. Man müßte sich indes fragen, ob diese Befreiung ihren Namen verdient. Wozu ist die reine Vernunft befreit, wenn sie sich zur Schöpferin des Gotteswortes macht? Sie ist dazu befreit, sich selbst alles sagen zu können, und eben dies bedeutet auch ihren Zwang, sich selbst alles sagen zu müssen. Die Befreiung von der Externität des Gottesworts hat zur Kehrseite den Zwang zum ständigen Selbstgespräch. Selbstgespräche aber sind ein Zeichen dafür, daß der Mensch einsam geworden ist. Der Zwang zum Selbstgespräch steht demnach auch für die Einsamkeit der Vernunft, welche sich selbst um das Wort Gottes gebracht hat, indem sie es ihren eigenen Gesetzen unterwarf.

Auch dies kann als Distanzierung des Gotteswortes vom Menschenwort verstanden werden: denn das Gotteswort entsteht genau dort, wo die Vernunft auf keinerlei Menschenwort mehr angewiesen ist. Es entsteht, wo sie bloß noch auf sich selbst hören muß. Auf diese Weise wird das Gotteswort abstrakt gedacht. Es wird distanziert von der sinnlichen Erfahrung. Der Lebensbezug wird ihm überhaupt abgesprochen, es sei denn jener Bezug auf das Leben, der in der praktischen Verwirklichung der vernünftigen Postulate besteht. Das einsame Ich des vernünftigen Wesens ist damit in eine Lage gekommen, wo es das Wort Gottes nur noch in die Tat umsetzen kann, wenn es etwas für seinen Lebensbezug tun will. Indem die Vernunft den Lebensbezug des Wortes Gottes in der praktischen Tätigkeit sieht, hat sie den wahren Lebensbezug des Wortes Gottes vernichtet, weil sie das Wort Gottes von seiner Fleischwerdung distanziert. Wer die Entstehung des Wortes Gottes in die reine Vernunfttätigkeit verlegt, abstrahiert von der Inkarnation und insofern von der Wahrnehmungsdimension. Theologisch gesprochen ist das Wort Gottes auf diesem Wege zum reinen Gesetz geworden. Das Gesetz ist ein Wort, das zu tun und nur zu tun ist. Das Evangelium dagegen ist ein Wort, das

wahrzunehmen und nur wahrzunehmen ist. Eben darin zeigt sich der Sünder, daß er jedes Wort als Gesetz verstehen muß, als Gesetz, das ihn zur Überwindung seiner Selbstverfallenheit antreiben sollte und ihn dennoch nur umso tiefer in die Selbstbezogenheit führt.
Eine neutestamentliche Hermeneutik wird an diese Distanzierung des Gotteswortes vom Menschenwort denken müssen, wenn sie ein angemessenes Verhältnis zum Gotteswort im Neuen Testament ermöglichen will. Die Frage wird sein, wie der neuzeitlichen Selbstverschlossenheit hinsichtlich des Gotteswortes zu begegnen ist. Als Möglichkeit ist von vornherein auszuschließen, daß der neuzeitlichen Vernunft *theoretisch* nachgewiesen wird, ihr Weg des Selbstgesprächs sei ein Irrweg. Daß ein solcher theoretischer Nachweis mißlingen muß, hat gerade Kant mit absoluter Klarheit nachgewiesen. Die Distanzierung des Menschenworts vom Gotteswort kann man nicht theoretisch rückgängig machen. Man bringt das Gotteswort nicht dadurch in die Nähe zum Menschen, daß man dessen Nähe theoretisch nachweist. Dies muß dem neuzeitlichen Denken als Mythologie erscheinen, die es weit von sich weisen kann. Vielversprechend wäre dagegen der Versuch, die Verschlossenheit des Menschen durch ein klärendes Gotteswort selbst zu unterlaufen. Die Nähe des Gotteswortes zum Menschenwort muß vollzogen werden. Wie wird sie vollzogen? Zunächst kann man in einer Kurzformel sagen: indem das weltliche Wort Jesu Christi als göttliches Wort zur Sprache gebracht wird. Diese Kurzformel bedarf weiterer Überlegungen.

Zum Selbstverständnis der Neuzeit

Was sich ansatzweise schon an der neuzeitlichen Vorstellung vom Wort Gottes erkennen ließ, ist im folgenden auf das Grundsätzliche auszudehnen. Zu fragen ist jetzt, inwiefern das Selbstverständnis der Neuzeit überhaupt einer Interpretation zugänglich ist, die vom theologischen Begriff der Sünde ausgeht. Schon die Selbstbezeichnung unserer Zeit läßt ja tief blicken. Denn als Neuzeit versteht sie sich insofern, als sie eine prinzipielle Neuheit gegenüber allen vergangenen Zeiten in Anspruch nehmen will. Gewiß könnte der Ausdruck Neuzeit rein chronologisch gemeint sein, als Anzeige der jüngsten, am nächsten zur Gegenwart befindlichen Zeit. Wer indessen das Pathos wahrnimmt, mit welchem sich die Neuzeit etwa vom Mittelalter absetzt, wird nicht umhin können, den Ausdruck Neuzeit als inhaltliche Selbstqualifizierung zu verstehen, und zwar als Selbstqualifizierung mit erheblichen Ansprüchen. Bekanntlich hatte das Wort «neu» in der biblischen Überlieferung einen ganz bestimmten Sinn: es meinte nicht bloß die Ablösung des Alten durch etwas, was in diesem Alten noch nicht enthalten ist. Das sieht man schon daran, daß das Neue Testament ja nicht deshalb Neues Testament heißt, weil es über das

Alte hinausginge. Wenn das Neue Testament so bezeichnet wird, so geschieht dies in bewußter Anlehnung an die hebräische Bibel, welche ja selbst von einem Neuen Bund sprach. Die Unterscheidung von alt und neu vollzieht sich in der biblischen Überlieferung als Unterscheidung von menschlicher Wirklichkeit und göttlicher Wahrheit. Dem alten, von den Menschen gebrochenen Bund wird ein neuer, von Gott aufgerichteter und dauerhafter Bund gegenübergestellt (Jer 31,31ff). Das alte steinerne Herz des Menschen wird herausgerissen und durch ein neues fleischernes ersetzt werden; ein fleischernes Herz, das von selbst nach den Geboten des Herrn wandeln wird (Ez 11,19f). Dem alten Buchstaben, der unter das Gesetz versklavt, wird ein neuer Geist gegenübergestellt, in welchem Gott in seiner ganzen Reinheit gegenwärtig sein wird (vgl. 2 Kor 3). Die theologische Qualität also, die mit dem Wort «neu» ins Auge gefaßt wird, ist die vollendete Gottgewirktheit des Neuen. «Neu ist das Neue darin, daß es im Unterschied zum Alten von Gott unmittelbar ins Werk gesetzt wird, daß also nicht mehr der Mensch, sondern Gott wirkt» ([16], 153). In diesem Zusammenhang muß es zumindest auffällig sein, wenn sich die Neuzeit mit unentwegtem Pathos als neue Zeit bezeichnet. Sie kann und will damit wohl nicht meinen, daß sie selbst als von Gott gewirkte Zeit zu verstehen sei. Wohl aber kann und wird sie meinen, daß ihre eigene Neuheit an die Stelle der von Gott gewirkten Neuheit getreten sei. In ihrer eigenen Neuheit sieht sie das ersetzt, was einst von Gott erwartet wurde. In dieser Selbstqualifikation haben wir also das erste Moment einer neuzeitlichen Distanzierung von den Wirkungen Gottes vor uns. Diese Distanzierung geschieht konkret so, daß man der *Wirklichkeit Gottes* mißtraut und an ihre Stelle die (möglicherweise gottgemäße) *Wirksamkeit des menschlichen Subjekts* setzt. Von der Wirklichkeit Gottes distanziert man sich, indem man Gott praktisch verwirklicht. Die Rettungsmacht, die einst Gott zugeschrieben werden konnte, wird von der neuen Zeit selbst beansprucht. Sie versteht sich selbst als rettende, als den Menschen vor einstiger Unmenschlichkeit errettende Zeit. Was erst jetzt an der Selbstbezeichnung der Neuzeit in den Blick genommen wurde, bestimmt in elementarer Weise das gegenwärtige Verstehen. Seine universalen Auswirkungen auf die Verfassung, in der das Verstehenkönnen gegenwärtig ist, kommen zum Vorschein, wenn wir uns noch einmal Ebelings Skizze vergegenwärtigen. Ebeling kennzeichnet den Umbruch, der für die Neuzeit grundlegend war, mit dem folgenden (bereits zitierten) Satz: «Selbstverständliche Allgemeingültigkeit besitzt jetzt nur noch, was der Mensch als solcher mit seinen rationalen und empirischen Fähigkeiten erkennen, einsehen, begründen und kontrollieren kann» ([11], 30). Gültigkeit besitzt, was der Gegenwart des Menschen erschwinglich und zugänglich ist. Damit erhält die Gegenwart einen prinzipiellen Vorrang gegenüber aller Vergangenheit. Was an Vergangenheit überliefert ist, muß erst an den Kriterien des Gegenwärtigen gemessen werden. In Betracht kommen kann das Überlieferte, wenn es durch ein rationales oder empirisches Urteil der Gegenwart bestätigt wird.

Dieser Umbruch ist bekannt unter dem Begriff der Aufklärung, die ihre gültige Definition in einem Satz Immanuel Kants gefunden hat: «*Aufklärung ist der Ausgang des Menschen aus seiner selbstverschuldeten Unmündigkeit. Unmündigkeit* ist das Unvermögen, sich seines Verstandes ohne Leitung eines anderen zu bedienen. *Selbstverschuldet* ist diese Unmündigkeit, wenn die Ursache derselben nicht am Mangel des Verstandes, sondern der Entschließung und des Muthes liegt, sich seiner ohne Leitung eines andern zu bedienen. *Sapere aude*! Habe Muth dich deines *eigenen* Verstandes zu bedienen! ist also der Wahlspruch der Aufklärung» ([17], 246). Aufklärung versteht sich selbst, wie die Definition Kants deutlich macht, als emanzipatorischen Prozeß, als Wagnis, den eigenen Verstand zu brauchen, statt in Abhängigkeit von Autoritäten zu denken. Die aufklärerische Vernunft traut sich selbst zu, die Wahrheit über Gott, Welt und Mensch finden zu können (vgl. [18], 703). Ausgang aus selbstverschuldeter Unmündigkeit heißt, daß die Vernunft ihr Vertrauen auf sich selbst finde. Findet sie dies, wird sie ihrer Fähigkeit gewahr, ohne Leitung eines andern zur Wahrheit über Gott, Mensch und Welt zu kommen. Auf unser spezielles Problem angewendet heißt das: Die Vernunft traut sich zu, ohne Leitung eines anderen die Gebote Gottes zu erkennen. Sie traut sich zu, auf dem Wege des Selbstgesprächs mit Gott ins Gespräch zu kommen. Die Vernunft orientiert sich an sich selbst, selbst wenn es um die Orientierung an Gott geht.

Am Ausdruck «ohne Leitung eines anderen», wie er mehrfach in dem zitierten Text von Kant vorkommt, kann man ablesen, worin die *Stoßrichtung* des neuzeitlichen Umbruchs besteht. Aufklärung ist der Schritt des Menschen von der Heteronomie zur Autonomie, der Schritt von der Fremdbestimmung zur Selbstbestimmung. Wer die Geschichte der modernen Staatenbildung verfolgt, wird auch dort der aufklärerischen Stoßrichtung gewahr. Die Aufklärung ist eben der Vorgang jener Autonomie. Sie ist der Vollzug der vernünftigen Selbstbestimmung. Deshalb gilt, daß die Aufklärung einen emanzipatorischen Grundzug hat. Wer im Zusammenhang dieses Grundzugs auch das Phänomen Sünde thematisiert, kann leicht den Eindruck erwecken, als sei dieses emanzipatorische Element die neuzeitliche Erscheinungsform der Sünde. Man begegnet denn auch nicht selten der Behauptung, die Aufklärung habe als neuzeitlicher Sündenfall zu gelten. Solche Behauptungen werden nicht zuletzt mit Blick auf den emanzipatorischen Grundzug der Aufklärung ausgesprochen. Einer genaueren Analyse hält eine solche Abqualifizierung allerdings nicht stand. Denn nicht schon die Autonomie des Menschen als solche muß die Erscheinungsform der Sünde sein. Nicht schon die Emanzipation als solche verschließt den Menschen in sich selbst. Vielmehr kommt es auf die konkrete Gestalt von Autonomie und Emanzipation an.

Bei genauerem Hinsehen zeigt sich nämlich, daß der Prozeß der Aufklärung weithin im Emanzipatorischen stecken geblieben ist. Es ist die

Selbstbestimmung gleichsam unentschlossen gedacht worden, sofern sie beschränkt wurde auf die *Ablehnung der Fremdbestimmung.* Und erst in dieser Unentschlossenheit der Aufklärung kommt das in den Blick, was sich theologisch als Sünde interpretieren läßt. Es ist das Selbstmißverständnis der Vernunft, daß sie ihre Selbständigkeit gleichsetzt mit der Forderung, sich selbst alles sagen zu müssen. Als Sünde läßt es sich interpretieren, wenn das vernünftige Gespräch mit den anderen verkehrt wird in ein vernunftimmanentes Selbstgespräch. Wenn die Vernunft – um ihrer Reinheit willen! – sich distanziert von dem sie umgebenden und ihr zuvorkommenden Leben. Die Vernunft glaubt, erst dann bei sich selbst zu sein, wenn sie vollkommen losgelöst ist von den anderen.
Im Blick auf die Frage nach Gott heißt das: die Vernunft ist bloß halbherzig autonom, wenn sie sich keinesfalls etwas sagen läßt von den mannigfaltigen Spuren vernommenen Gottesworts in der Überlieferung. Wenn sie die Tradition bloß als eine Instanz versteht, gegen die man sich durchsetzen muß (vgl. [16], 2). Auf diese Weise verkehrt sie ihre Autonomie in eine Autokratie, eine Autokratie, welche sich in nichts unterscheidet von der Theokratie, die sich die Alten ausgedacht haben mögen. Die Vernunft wird solipsistisch, sie wird selbstbezogen, oder – theologisch gesprochen – in sich selbst verschlossen, wenn sie die Emanzipation halbherzig betreibt. Hatte die Vernunft in früheren Zeiten einen auf sich selbst bezogenen, in sich selbst ruhenden Gott denken zu müssen gemeint, so ist sie jetzt selbst an seine Stelle getreten. Im Vollzug von Aufklärung als Emanzipation von den anderen beziehungsweise von dem zuvorkommenden Gedachten, wird das vernünftige Ich im wahrsten Sinne des Wortes abstrakt. Abstrakt nämlich von den Lebensgrundlagen, in welche die Vernunft und das Ich des Menschen eingelassen sind. Zu diesen Lebensgrundlagen gehören nicht nur die Lebensmittel, welche das Ich zur Selbsterhaltung täglich braucht, sondern auch die Gedanken, die zuvor gedacht, die Kunstwerke, die zuvor geschaffen, die Lieder, die zuvor gedichtet worden sind. Den in sich ruhenden Gott hat die Vernunft sich einverleibt, indem sie den Gottesgedanken nur noch als Produkt *reinen* Denkens zuließ, als Produkt eines Denkens also, das gänzlich abgewandert ist von der sinnlichen Wahrnehmung. Deshalb ist es nur konsequent, wenn sie den Gottesgedanken nicht mehr in Zusammenhang bringen kann mit der sinnlichen Wahrnehmung, mit den Lebensmitteln also, den fremden Gedanken, Kunstwerken und Liedern.
Doch nicht nur das: weil das neuzeitliche Ich auf Emanzipation von seinen Lebensgrundlagen fixiert ist, wird es selbst abstrakt. Es glaubt, sich ständig behaupten zu müssen gegen das, was ihm vorausgeht; es faßt die Lebensbedingungen auf als Bedingtheiten, die zu überwinden sind. Weil das Ich sich selbst vom Leben abstrahiert, kommt es wie von selbst in die Lage, wo es das Leben selbst produzieren muß. Man kann dies an der technischen Produktion des neuzeitlichen Menschen ebenso verfolgen wie

an dem vielfältigen Bestreben, auch den Menschen selbst den Produktionsleistungen vernünftigen Denkens anheimzustellen. Man vergleiche etwa die Vorstellung, daß das Kleinkind eine tabula rasa sei, welche dann von der Umwelt und der elterlichen Erziehung beschrieben werden kann.
Die selbstverordnete Abstraktion des Ichs gibt sich ferner zu erkennen in dem Versuch, auch die Sprache den produktiven Interessen zu unterstellen. Dabei wird die Sprache weitgehend funktionalisiert; sie wird umgestaltet zum Instrument der Informationsvermittlung. Die Sprache, auf die das Denken einst angewiesen sein konnte, wird jetzt kritisch reduziert zum Instrument, mit welchem sich das Denken bloß noch veröffentlicht. Interessant ist, daß man unter Sprachbegabung nur die Fähigkeit zu sprechen (nicht oder äußerst selten die Fähigkeit zu hören) versteht. Ist die Sprache einmal funktionalisiert zum Verständigungsmittel, kann sie jederzeit auch umfunktioniert werden zum Manipulationsmittel, womit politische Ideologie ebenso verbreitet wird wie wirtschaftliche Macht. Mit dem Anspruch, Sprachkritik zu betreiben, vollzieht das Ich eine Reinigung der Sprache, und eben so abstrahiert es sich auch noch von dieser Bedingung seines Lebens.
Das schönste Beispiel der abstrahierenden Tendenz erkennt man aber in dem, was als eines der höchsten Güter der Neuzeit gilt, in der Freiheit. Der neuzeitliche Freiheitsbegriff ist dadurch charakterisiert, daß er Freiheit versteht als Emanzipation von Bedingungen. Freiheit vollzieht sich als Kampf gegen das Bedingende, sei dies der menschliche Körper, welcher in der Selbstbeherrschung möglichst zu überwinden ist, sei es die Person anderer Menschen, welche als Grenzen der Freiheit möglichst weit wegzuschieben sind. Die neuzeitlich konzipierte Freiheit vollzieht sich als ständiger Kampf gegen das Bedingtsein. Wahres Menschsein wird identifiziert mit der Unabhängigkeit von allen Bedingungen. Freilich ließe sich diese Freiheitsidee viel weiter zurückverfolgen. Hier wäre zu erinnern an den stoischen Freiheitsbegriff oder an die libertates des Mittelalters, die Privilegien darstellen, welche ihren Träger ausnehmen von den Bedingungen, denen andere unterliegen. (Dieselbe Bewegung ließe sich auch an der Staatenbildung aufzeigen, welche die Souveränität des Einzelstaates zum Ziel hat, und zwar die Souveränität verstanden als Unabhängigkeit. Man könnte sich einmal die Frage stellen, ob der Ausbeutungseffekt der gegenwärtigen Weltwirtschaftsordnung nicht etwas zu tun habe mit dem neuzeitlichen Begriff von Souveränität.) Das vernünftige Ich – so kann man zusammenfassend sagen – kommt zur Verwirklichung seiner selbst erst, wenn es unabhängig geworden ist im Sinne der Unbedingtheit.
Eben dieses Streben des Ichs ist – wie schon angetönt wurde – ein bloß halbherziger Vollzug der Aufklärung. Halbherzig ist er deshalb, weil das Ich von der Tradition und den Lebensbedingungen *negativ abhängig* bleibt. Es versteht seine Unabhängigkeit bloß als ein sich Absetzen von dem, wodurch es bedingt ist. Es kann deshalb sein Bedingtsein nur als

Beschränkung und Einengung seines eigentlichen Lebens verstehen. Nun war es von jeher ein Kennzeichen des Sünders, daß er nach unbedingtem Sein verlangt. Er will sein wie Gott, beziehungsweise wie er sich Gott vorstellt: der Allwissende, der Allmächtige, der Unbedingte (vgl. Gen 3). Doch genau dieser ständige Kampf gegen das Bedingtsein ist ein Kampf mit tödlichem Ausgang. Tödlich erst einmal darin, daß der Kampf auf jeden Fall verloren wird: spätestens im biologischen Tod erkennt das Ich seine Bedingtheit unbedingt. Weil es unter Leben immer Unbedingtheit verstanden hatte, kann es nun seine Bedingtheit ausschließlich *negativ* bewerten. Der Tod wird zur vernichtenden Macht, obwohl er eigentlich nur das Leben beendet. Tödlich ist der Kampf aber auch, sofern er das Ich in die Abstraktion führt, in die einsame Abgeschnittenheit vom Leben. Das abstrakte Ich ist, so sehr es sich dem Leben zugewendet wähnt, schon vom Tode gezeichnet in seiner Einsamkeit. Tödlich ist dieser Kampf gegen das Bedingtsein schließlich, weil er vielen anderen den Tod bringt, einen Tod, der als Preis für die Reproduktion des Lebens zu bezahlen ist. Dies alles sind Erfahrungsaspekte des theologischen Satzes, daß die Sünde, wenn es ans Zahlen geht, mit dem Tod bezahlt (Röm 6,23).

Wir sagten, eben diese Halbherzigkeit der Aufklärung sei das, was man als Erscheinungsform der Sünde interpretieren kann. Eben diese Halbherzigkeit ist es auch, welche die Verstehensbedingungen des neuzeitlichen Menschen prägt: er kann weder der Sprache noch der Überlieferung zutrauen, daß sie ihm etwas zu sagen haben. Er kann sich auch in seinen höchsten Dingen nur selbst sagen, was er für maßgeblich zu halten hat. Gerade wenn diese Verfassung des neuzeitlichen Subjekts als Erscheinungsform der Sünde gesehen wird, so sollte damit genügend vor der Verharmlosung gewarnt sein. Es ist beispielsweise eine Verharmlosung, wenn man einfach einen Rückgang in die einstige Eingelassenheit herbeizuführen versucht, und zwar herbeizuführen versucht, indem man wiederum an die Handlungsmacht des Ichs appelliert. Der Rückgang in die voraufklärerische Geborgenheit ist ja nicht davor gefeit, wiederum nur eine Tat des emanzipierten Ichs zu sein. Auch der Regreß kann eine emanzipatorische Tat sein, was faktisch zu einer Verdoppelung der Abstraktion des Ichs führt. Wenn das Ich sich zutraut, aus eigenen Kräften dorthin zu kommen, wo sein Ausgang an selbstverschuldeter Unmündigkeit noch ungeschehen war, dann ist dies erst recht eine Abstraktion von den Lebensbedingungen.

Wenn schon etwas getan werden müßte, dann wäre dies der Fortschritt von der emanzipatorischen Fixiertheit. Es ließe sich ein solcher Fortschritt ja durchaus mit dem Emanzipationsbegriff vereinbaren. Denn die Emanzipation ist doch dort noch nicht zu ihrer Eigentlichkeit gekommen, wo sie erst ein Kampf gegen das Bedingtsein ist. Das Ich ist doch dort noch nicht frei, wo es seine Freiheit erst als die Unabhängigkeit von allem vollzieht. Die Vernunft ist doch dort noch nicht wahrhaftig aufgeklärt, wo sie sich

alles Maßgebliche selbst sagen will. Emanzipation kann doch nicht einfach Selbstgespräch in jeder Hinsicht heißen. Emanzipation kommt doch erst dort zu ihrer Wahrheit, wo das Ich sich seine Bedingtheit wiederum gefallen lassen kann. Wohlverstanden: gefallen lassen kann, nicht aufzwingen lassen muß. Freiheit ist doch erst dort wahrhaftig gegeben, wo sie als die Freiheit erscheint, angewiesen zu sein auf den anderen und das andere. Aufklärung ist doch wohl erst dort wahrhaftig, wo die Vernunft sich wieder etwas sagen lassen kann von dem, was vorher gedacht und gesagt worden ist. So etwa müßte man die entschlossene Aufklärung der halbherzigen Fixiertheit auf das Emanzipatorische entgegensetzen. Dieser Fortschritt wäre wohl so etwas wie Aufklärung der Aufklärung.
Allerdings ist auch dieser Fortschritt nicht der Eigenmacht des Ichs zuzutrauen, so wahr die halbherzige Emanzipation eine Erscheinungsform der Sünde ist. Das Wesen der Sünde ist es, daß sie nicht durch Kraftakte aus der Welt geschafft werden kann. Wie aber wird die Sünde aus der Welt geschafft? Sie wird dort übergangen, wo Gott kommt. Sie wird nicht aus der Welt geschafft, aber sie wird übergangen. Theologisch heißt dieser Vorgang «Vergebung der Sünde». Genau dort wird sie übergangen, wo *Gott selbst* die Distanz, welche der Mensch in seiner Selbstbezogenheit aufrichtet, überwindet. Wie geschieht dies? Wie überwindet Gott das menschliche Selbstgespräch? Man braucht jetzt keine spektakulären metaphysischen Ereignisse zu beschwören, um die Überwindung des menschlichen Selbstgesprächs durch Gott anzuzeigen. Vielmehr überwindet er dieses, indem er den Menschen anspricht. Er richtet sein Wort inmitten der menschlichen Wörter an den Menschen, um dessen Selbstgespräch zu unterbrechen. Was sagt denn dieses Wort zum Menschen? Das läßt sich nicht allgemein sagen. Aber es läßt sich vielleicht auf einen Nenner bringen, der etwa so heißen könnte: Das an den Menschen gerichtete göttliche Wort erinnert daran, daß die Lebensgrundlagen eine Wohltat sind. Insofern ist nicht nur das Bibelwort, sondern gerade auch die Lebenserfahrung eine verhaltene Erinnerung an das, was eigentlich Freiheit des Ichs zu heißen verdient. Gerade diese Lebenserfahrung, sofern sie nicht von instrumentalisierter Sprache überspielt wird, ist auch ein Wort Gottes an uns. Und es ist die vornehme Aufgabe der Dichter, diesem Wort Gottes zur Sprache zu verhelfen. Aber eben, die Lebenserfahrung wird allzuoft in unseren Wörtern und noch mehr in unserem zum Abstrakten eilenden Denken erstickt.

An diese Lebenserfahrung verweist uns das neutestamentliche Wort auf mannigfache Weise. Wenn es zu einer wahrhaftigen Erfahrung des Lebens als einer göttlichen Wohltat kommt, dann ist das Wort Gottes an unser Ohr gedrungen, das Wort Gottes, das Fleisch geworden und unter uns zu sehen war. Es ist kein Zufall, daß gerade die Begegnung mit dem Fleischgewordenen für viele Menschen zu einer Lebenserfahrung schlechthin geworden ist und immer noch wird. Daraus kann man ersehen, daß Gottes Wort *in* unseren Wörtern erscheint, daß der Unbedingte sich den Bedingungen unserer Welt unterzieht, und daß damit der Hang zur subjektiven Unbedingtheit von Gott selbst hintergangen wird. Darin sehen wir den Umgang Gottes mit unserer Sünde, daß er unser Selbstgespräch von sich aus überwindet.

Die im Selbstgespräch befangene Vernunft ist wohl die fundamentale Bedingung der Neuzeit, unter der das Neue Testament zum Verstehen kommen muß. Wir haben im vorigen Abschnitt darauf hingewiesen, daß diese Erscheinungsform der Sünde nicht vom tätigen Subjekt aus der Welt geschafft werden kann. Die Frage ist jetzt, wie denn das Neue Testament mit dieser Verstehensbedingung umgeht. Im Sinne einer Vorschau auf die Durchführung der Hermeneutik kann man sagen: Manche neutestamentliche Texte machen die Selbstverschlossenheit des Menschen zur Verständnisbedingung dessen, was sie ihm zu sagen haben. Auf diese Weise beziehen sie die Selbstverschlossenheit ein in ihr ansprechendes Wort. Auf diese Weise tun sie das, was man Vergebung der Sünde nennen könnte. Sie machen das Selbstgespräch des Menschen zum Gesprächsgegenstand, sie machen das Selbstgespräch zur Verständnisbedingung dessen, was sie als Wort Gottes zu verstehen geben. Demzufolge wäre es falsch, wollte man die Selbstverschlossenheit des Menschen als eine dem Neuen Testament unangemessene Verstehensbedingung ausschließen. Es wäre verfehlt, wollte man an den Menschen zuerst die Bedingung der Offenheit stellen, bevor man ihn mit neutestamentlichen Texten konfrontiert. Das wäre nicht nur menschlich gesehen eine Unmöglichkeit (Verstehensbedingungen unterliegen nicht dem subjektiven Entscheid), sondern auch neutestamentlich gesehen ein Unsinn. Die Befreiung des Menschen aus seinem Selbstgespräch soll möglichst den Texten selbst überlassen werden.

Dies ist eine fundamentale Verfahrensregel neutestamentlicher Hermeneutik: gerade die Einsicht in die Sündhaftigkeit des Verstehensvorgangs einerseits und die Einsicht in die Eigenart der neutestamentlichen Texte andererseits muß jede Hermeneutik davon Abstand nehmen lassen, dem Menschen die Offenheitsbedingung als Voraussetzung zu stellen. Die Aufforderung, wenigstens offen zu sein gegenüber religiösen Texten, überfordert den im Selbstgepräch befindlichen Menschen so lange, bis an ihre Stelle der *Vorgang der Öffnung* tritt, wie ihn neutestamentliche Texte zu erzeugen vermögen. Das hermeneutisch angemessene Verfahren ist es also, wenn mit der Auslegung der Texte und mit nichts sonst begonnen wird. Weder Offenheit noch Einverständnis kann zum voraus gefordert werden. Der faktische Zustand des weltlichen Verstehens ist die einzige Verständnisbedingung. Er wird unter *den Händen der Texte* zur praeparatio evangelica, wenn man sie nur reden läßt.

2.4 Erklären und Verstehen

«Das Erklären unterscheidet sich vom Verstehen schon im Wesen, obwohl auch Erklären ein erstes Verstehen voraussetzt. Worin besteht dieser *Wesens*unterschied zwischen Erklären und Verstehen?» ([19], 23). Nach Ernst Fuchs bezeichnet diese Frage das hermeneutische Problem ersten Ranges. Neuzeitlich wurde diese Frage vor allem in der Intention aufgeworfen, zwischen Verstehen und Erklären eine strenge Scheidung durchzuführen. Dies ist nicht unser Interesse. Uns geht es vielmehr um die angemessene *Zuordnung* von Erklären und Verstehen. Doch gerade im Zuge dieses Interesses kommt es darauf an, die Frage nach dem *Wesens*unterschied zu stellen.

«Das kann ich mir gut erklären», sagt man, oder auch: «Das kann ich gut verstehen». Wie unterscheiden sich diese Wendungen im Bereich des Alltagssprachlichen? Welche Rolle spielt die Erklärung im Prozeß des Verstehens? Was bedeutet das Verstehen für die Tätigkeit des Erklärens? Noch anders gefragt: Was kann gemeint sein, wenn ich das Wort erklären brauche? Vielleicht ist ja auch das Erklären gar keine eindeutige Sache. Und vermutlich wird es beim Verstehen nicht anders sein. Wenn das Verhältnis von Erklären und Verstehen das hermeneutische Problem ersten Ranges darstellt, wird es sinnvoll sein, ihm einige Überlegungen zu widmen. Dies tut der vorliegende Abschnitt. Ich habe das folgende Vorgehen gewählt: Anhand einiger Beispiele aus der neueren hermeneutischen Diskussion will ich versuchen, dem Verhältnis von Erklären und Verstehen etwas auf die Spur zu kommen. Die Beispiele sind unter dem Gesichtspunkt ausgewählt worden, daß sie jeweils eine ganz pointierte Verhältnisbestimmung von Erklären und Verstehen beinhalten.

2.4.1 Erklärende Naturwissenschaft – verstehende Geisteswissenschaft?

Den Ausgangspunkt nehmen unsere Überlegungen bei einer Verhältnisbestimmung, die von ausgesprochen weittragender Bedeutung gewesen ist. Gemeint ist die Unterscheidung zwischen den *erklärenden* Naturwissenschaften und den *verstehenden* Geisteswissenschaften, vorgenommen durch *Wilhelm Dilthey*.

Natur- und Geisteswissenschaften unterscheiden sich nicht primär dadurch, daß sie auf verschiedene Gegenstände gerichtet sind (So ist beispielsweise der Mensch beiden Wissenschaftssorten gleichermaßen zugänglich). Sie unterscheiden sich vielmehr durch die Art, wie sie mit ihrem Gegenstand umgehen: geht es seitens der Naturwissenschaften darum, die Gegenstände zu erklären, so geht es seitens der Geisteswissenschaften um das Verstehen ([20], 79–88; [21]). Angesichts unseres Sprachgebrauchs erscheint diese Unterscheidung etwas willkürlich. Man kann sie jedoch historisch erklären: Im 19. Jahrhundert war eine Tendenz festzustellen, die naturwissenschaftlichen Erkenntnismethoden und Axiome auf sämtliche Gebiete der wissenschaftlichen Tätigkeit auszudehnen. Der naturwissenschaftliche Umgang mit den Phänomenen drohte universal zu werden. Als Beispiele dafür seien etwa die naturalistische Geschichtsbetrachtung und die mechanistische Psychologie genannt. Die naturalistische Geschichtsbetrachtung sieht in der Geschichte ein nach dem Vorbild des Naturgeschehens erfaßbares Geschehen, das man im Rekurs auf allgemeine Gesetze (ähnlich etwa den Naturgesetzen) erklären kann. Die mechanistische Psychologie betrachtet die Seelenvorgänge des Menschen als ein nach bestimmten Gesetzen der Materie ablaufendes Geschehen, das aufgrund dieser Gesetze ebenfalls erklärt werden kann. (Bekanntlich hat es Sigmund Freud erhebliche Mühe gekostet, sich von diesen Erkenntnisvoraussetzungen zu lösen). Im Gegenzug gegen die Tendenz zum universalen Erklären nach dem Vorbild der damaligen Naturwissenschaft hat nun Dilthey den Versuch unternommen, die Eigenständigkeit der dann so genannten Geisteswissenschaft wissenschaftstheoretisch aufzuweisen. Kennzeichen der Naturwissenschaft ist denn auch das Erklären, während die Geisteswissenschaft als Tätigkeit des Verstehens definiert wird.

Charakteristisch für den *Vorgang des Erklärens* ist es, daß der Gegenstand in möglichst kleine Einheiten aufgeteilt wird, um auf diese Weise analysiert und über seine Einzelteile in den Griff genommen zu werden. Beispielhaft für dieses Aufteilen ist die Erklärung aller vorkommenden Materialien auf der Basis des Periodensystems der Elemente. Kennzeichnend für die so gestaltete Tätigkeit des Erklärens ist es ferner, daß alle Erscheinungen im Rekurs auf Gesetzmäßigkeiten beschrieben werden, die zu erklären vermögen, warum eine Erscheinung so und nicht anders ist. Beispielsweise gilt eine chemische Reaktion dann und nur dann als erklärt, wenn die Bedingungen angegeben werden können, unter denen die Reaktion jedesmal gleich verläuft. Beim Rekurs auf allgemeine Gesetzmäßigkeiten handelt es sich um die Kausalerklärung. Das ist zwar bloß *eine* mögliche Gestalt von Erklärung, aber sie nimmt in den naturwissenschaftlichen Erklärungsvorgängen in der Tat die beherrschende Stellung ein. Die Kausalerklärung erklärt, warum etwas so kommen mußte, wie es gekommen ist (zum Beispiel: warum ein Stein, wenn er losgelassen wurde, zu Boden fiel). Ein drittes Charakteristikum des Erklärens ist es schließlich, daß eine möglichst weitgehende Ausschaltung des Erkenntnissubjekts angestrebt wird. Eine taugliche Erklärung hat den Charakter der *Intersubjektivität,* das heißt: Sie ist von jedem vernünftigen Subjekt einsehbar und kann von diesem jederzeit bestätigt werden. Wir haben uns angewöhnt, in diesem Zusammenhang von objektiven Erklärungen zu sprechen, von Erklärungen also, die ausschließlich durch das Objekt gerechtfertigt sind.

Wir vergegenwärtigen uns diese knappe Skizze der Erklärung am Beispiel des naturwissenschaftlich wohl bedeutsamsten Vorgangs, demjenigen des *Experiments.* Das Experiment verfährt insofern analytisch, als es möglichst nur einen bestimmten Aspekt oder Sektor eines Vorgangs zu isolieren sucht, um diesen einen Sektor besser beherrschen zu können. Das Experiment spaltet einen komplexen Vorgang in seine Einzelsektoren auf, um diese (wenn alles gut geht) wieder zu einem Ganzen zusammenzufügen. Das Experiment hat ferner zum Ziel, die bei einem Vorgang maßgeblichen allgemeinen Gesetzmäßigkeiten aufzudecken, um so etwas wie eine Notwendigkeit des ganzen Ablaufs postulieren zu können. Das Experiment dient also weitgehend der Kausalerklärung eines Vorgangs. Schließlich ist es für das Experiment wesentlich, daß es die subjektiven Momente in der Erkenntnis ausschließt. Ein Experiment gilt nur dann als solches, wenn es von jedermann und zu beliebiger Zeit wiederholt werden kann und zu den gleichen Ergebnissen führt. Man pflegt freilich in diesem Zusammenhang auf den subjektiven Charakter der experimentellen Erkenntnis hinzuweisen. Subjektiv ist die experimentelle Erkenntnis, weil sie der Natur bestimmte Antworten abverlangt, indem sie ihr bestimmte Fragen und nur diese stellt. Gewiß ist dies eine Einschränkung der Objektivität. Von absolut objektiver Erkenntnis kann man nicht mehr sprechen, wenn die experimentelle Anordnung dem Gegenstand gewissermaßen vorschreibt, was er von sich offenbaren kann. Allerdings kann das Experiment nicht vorschnell für den subjektiven Chrakter aller Erkenntnisse in Anspruch genommen werden. Denn die Subjektivität gilt hier bloß im Blick auf die Menschheit als ganze, im Blick auf die Vernunft des Menschen als erkenntnisgewinnendes Mittel. Subjektiv gefärbt sind experimentelle Ergebnisse aber gerade nicht in dem eigentlichen Sinn von Subjektivität: sie schalten das gerade aus, was das *Einzel*subjekt des Menschen an Erkenntnisleistung und Projektion dem Gegenstand auflädt.

Es liegt Dilthey völlig fern, die naturwissenschaftliche Tätigkeit des Erklärens zu desavouieren. Es geht ihm lediglich darum, den Anspruch ihrer allgemeinen Anwendbarkeit zurückzuweisen. Er will die Naturwissenschaft begrenzen auf – eben die Natur. Das heißt für Dilthey: Die Naturwissenschaft beschreibt und erklärt das Äußere, das, was er dann auch als «Kulisse des Lebens» bezeichnen kann (vgl. [22], 20f. Anm 15). Der Beschreibung und Erklärung zugänglich ist nach Dilthey die unverständliche Kulisse des Lebens, das Äußere, während das Leben selbst, und zwar das Leben verstanden als Äußerung des Innern, des Geistes, Gegenstand der Geisteswissenschaft ist. Das Leben als Ausdruck des Geistes verlangt danach, verstanden zu werden. Eben deshalb sind die Geisteswissenschaften wesentlich hermeneutische, am Verstehen statt am Erklären orientierte Wissenschaften. Voraussetzung dafür, daß Verstehen überhaupt möglich ist, ist die prinzipielle Gleichartigkeit des Geistes, die Gleichartigkeit einerseits des Geistes, der sich in den Erkenntnisgegenständen der Geisteswissenschaft ausdrückt, und andererseits des Geistes, welcher Subjekt des Verstehens ist. Im Unterschied zum Erklären ist das Verstehen nicht auf die Atomisierung der Phänomene aus, es intendiert vielmehr, sie als ganze zu verstehen. Die Lebensäußerungen des Geistes sollen von innen her verstanden werden. Die Hermeneutik als Wissenschaft vom Verstehen hat zur Aufgabe, diesen Verstehensvorgang methodisch zu regeln. Mit dem naturwissenschaftlichen Bemühen um Objektivität ist Dilthey grundsätzlich einverstanden, will er doch auch im Feld der Geisteswissenschaft eine Objektivität des Verstehens erreichen. Allerdings bedeutet für ihn Objektivität des Verstehens etwas anderes als für die Naturwissenschaft. Objektivität wird gerade nicht durch möglichst distanzierte Betrachtungsweise erreicht, sondern im Gegenteil: sie wird erreicht, indem das erkennende Subjekt sich möglichst dem zu erkennenden Objekt annähert. Was dies heißt, kann man sich am Phänomen des geschichtlichen Verstehens vergegenwärtigen. Zur Objektivität des Verstehens von vergangenen Lebensäußerungen kommt es, wenn der Verstehende sich ganz in die Situation des Objekts versetzt. Will er einen Autor der Vergangenheit verstehen, so muß er mit dem Autor leben lernen, er muß seine Gedankenwelt in sich aufnehmen, er muß so tun, als ob er mit dem Autor gleichzeitig wäre. Man könnte dies ein «inneres Verstehen» nennen, welches darin besteht, daß eine Nachbildung des fremden Lebens im Subjekt des Erkennenden bewerkstelligt wird. Im Unterschied zum experimentellen Erkennen der Naturwissenschaft hat es der Geisteswissenschaftler mit jeweiligen Individualitäten zu tun. Während das Experiment vom Einzelphänomen abstrahiert, um es erklären zu können, können die individuellen Lebensäußerungen des Geistes gerade nicht mehr verstanden werden, wenn von ihrer Individualität abgesehen wird. Wie verhält sich dazu die alte Einsicht, daß das Individuum als Individuum nicht erkennbar ist (individuum est ineffabile)? Was begründet die Möglichkeit, daß es inmitten aller Erklärungen zum Verstehen kommt? In allem geschichtlich-persönlichen Leben äußert sich dasselbe Leben; in allem Einzelnen wohnt derselbe gleichartige Geist. Dank diesem hermeneutischen Kontinuum kann es dazu kommen, daß das Einzelne verstanden wird, ohne seiner Individualität beraubt zu werden.

Die wissenschaftsorganisatorische Unterscheidung von Erklären und Verstehen ist, obwohl sie gegenwärtig noch immer die äußere Gestaltung der Universitäten bestimmt (die Aufteilung in natur- und geisteswissenschaftliche Fakultäten), nicht von großer Evidenz. Sie ist denn auch in neuester Zeit heftig bestritten worden, und zwar auch von solchen, die nicht wieder zur alten These von der Einheitswissenschaft zurückkehren wollten. Der hauptsächliche Einwand lautet: Die von Dilthey vorgenommene Unterscheidung von Erklären und Verstehen als Unterscheidung von Wissenschaftssorten ist nicht adäquat, weil sich Verstehen und Erklären nicht auseinanderreißen lassen. Schon der alltagssprachliche Umgang mit bei-

den Wörtern könnte ein Hinweis sein für die Unmöglichkeit eines solchen Unterfangens.
Da wäre zuerst einmal darauf hinzuweisen, daß auch die naturwissenschaftliche Tätigkeit nicht zustande kommen kann, ohne daß sie im Rahmen einer Verständigung über Sinn und Wert des ganzen Unternehmens geschieht. Daran ändert auch die Tatsache nichts, daß die naturwissenschaftliche Tätigkeit – wenigstens bis vor kurzem – ihren Sinn und Wert *selbstverständlich* zu haben schien. Gerade die objektivierende Weltbetrachtung und Weltbemächtigung ist direkt angewiesen auf die Reflexion eines Sinnhorizonts, in welchem sie stattfinden kann. Da ohne solche Reflexion ein unreflektierter Sinnhorizont einfach angenommen und als Rahmen vorausgesetzt wird, kommt der geisteswissenschaftlichen Tätigkeit des Verstehens und der Verständigung auch in den Erklärungswissenschaften eine große Bedeutung zu. Die gegenwärtige Trennung in naturwissenschaftliche und geisteswissenschaftliche Tätigkeiten leistet dem unreflektierten Übernehmen von Sinnhorizonten ebenso großen Vorschub, wie sie der unwirschen, geisteswissenschaftlich sich gebärdenden Technologie- und Wissenschaftsfeindlichkeit Tür und Tor öffnet. Es gilt also: Gerade die ausschließlich am Erklären orientierte Tätigkeit der Naturwissenschaft schließt eine um Verstehen bemühte geisteswissenschaftliche Tätigkeit ein. Andererseits findet sich in jeder konkreten geisteswissenschaftlichen Arbeit ein gutes Maß an Erklärungstätigkeit. Auch eine an den Lebensäußerungen des Geistes orientierte Verstehensbemühung des Geschichtlichen wird gut daran tun, das Erklärbare zu erklären und es als Erklärtes zu verstehen versuchen. Der Geist ist ja elementar auf das Äußere bezogen, es ist ihm nicht möglich, sich ohne Kulisse zu inszenieren. Und Kulissen sind ja, nach Dilthey, dem Erklären zugänglich. Auch wenn es darum geht, ein Einzelphänomen zu verstehen, erscheint es sinnvoll, daß man sich zuerst über das verständigt, was sich objektiv (im Sinne von intersubjektiv) darüber sagen läßt.
Neben dieser wesentlich kritischen Abgrenzung zu den wissenschaftsorganisatorischen Ausführungen Diltheys wurde seine Betonung des Verstehens zu Recht positiv gewürdigt. So haben etwa Bultmann und Gadamer diesen Impuls aufgenommen und je für die neutestamentliche beziehungsweise die philosophische Hermeneutik fruchtbar gemacht. Wichtig am Verstehensvorgang ist der Einbezug des Erkenntnissubjekts: es gibt kein Verstehen, wenn das Subjekt sich nicht aufs Spiel zu setzen vermag. Das Subjekt muß sich im Verstehen dem Anspruch der Sache stellen. Es kann sich nicht davon distanzieren, zum Verstandenen sich so oder anders zu verhalten. Insbesondere Gadamer hat diesen Einbezug des Subjekts in den Vordergrund gestellt. Wo Verstehen sich wahrhaftig ereignet, da muß die Sache (bei Dilthey: die Lebensäußerung des Geistes) anspruchsvoll werden. Sie stellt mich vor die Wahrheitsfrage. Sie drängt nach einer normativen Anwendung auf mein eigenes Dasein. Gadamer verbindet

also die Wahrheitsfrage unlösbar mit dem Verstehen selbst. Es kann kein Verstehen geben, das nicht die Wahrheitsfrage wahrnimmt und eine wenn auch vorläufige existentielle Antwort auf sie gibt. Verstehen findet statt, wenn das Ich des Verstehenden intensiv einbezogen ist in den Wahrnehmungsvorgang.

Diese Sicht Gadamers wird in gewisser Weise durch den alltäglichen Sprachgebrauch bestätigt. Wenn ich zu jemandem sage, ich könne ihn gut verstehen, dann bedeutet dies, daß *ich selbst mich* in einer bestimmten Weise *zu ihm* verhalte. Meistens bedeutet es, daß ich mit ihm im Einverständnis bin. Weil das Ich des Verstehenden einbezogen ist, spielt dieses Ich dann auch eine Rolle für den andern. Er wird meistens froh sein darüber, daß ich ihn verstehen kann. Indessen spielt das Ich nicht nur deshalb eine Rolle, weil es Verstehen darstellt. Sondern für den andern spielt es auch eine Rolle, *wer* ihn versteht. Schließlich ist es ebensowenig gleichgültig, ob ich es ihm sage oder nicht. Am alltäglichen Phänomen des Verstehens wird also deutlich, inwiefern der Verstehende, der Verstandene und das Verstehen selbst aufeinander bezogen sind: der Verstehende verhält sich existentiell zum Verstandenen, der Verstandene ebenso zum Verstehenden; dieses Verhältnis findet statt im Ereignis des Verstehens; es geschieht, wenn Verstehen zur Sprache gebracht wird.

Demgegenüber meine ich nicht dasselbe, wenn ich von einer Sache sage, ich könne sie mir gut erklären. Gewiß ist auch hier mein Ich nicht einfach unbeteiligt, aber der Akzent liegt dennoch deutlich auf der Objektivierung. Wenn ich mir eine Sache oder einen Vorgang gut erklären kann, dann trete ich nicht mit ihr oder ihm in Beziehung. Es geht mir vielmehr darum, die Sache selbst einzuordnen in den Zusammenhang meines Wissens. Sie wird eingebracht in den Zusammenhang meines Erklärungswissens.

Dieser kleine Exkurs in den Alltagssprachgebrauch mag illustrieren, was Gadamer mit dem Einbezug des Ichs meint. Verstehen bedeutet für ihn, daß zur Wahrnehmung einer Sache ihre Applikation auf meine jeweilige praktische Lebenssituation kommt. Verstehen heißt eine Sache in ihrem Anspruch an mich herankommen lassen und in eigener Verantwortung ihren Anspruch in meinem Leben zur Geltung bringen. Gadamer illustriert diesen Sachverhalt an einem interessanten Beispiel: Verstehen im eigentlichen Sinne des Wortes geschieht, wo sich der Verstehende zu dem Text verhält wie der Richter zu einem Gesetz. Es ist die Sache des Richters, das Gesetz zwar in seiner eigenen Intention wahrzunehmen, es aber dennoch in erneuter Verantwortung zur Geltung zu bringen. Der Richter steht letztlich ein für die Geltung seiner Auslegung des Gesetzes. In eben dieser Rolle sieht Gadamer den Verstehenden oder den, der einen Text interpretiert: er soll sich nicht mit einem Dolmetscher verwechseln, wenn er doch die Rolle des Richters zu spielen hat.

Es ist die Frage, ob Wahrnehmung und Applikation auf so enge Weise zu verbinden sind. Ist es zumutbar, daß bei jedem Verstehensvorgang die Wahrheitsfrage unmittelbar zur Debatte steht? Kann das Engagement des Verstehenden nicht auch dazu führen, daß dadurch sein Verstehen verdorben wird? Es wäre immerhin denkbar, daß es legitime Formen der distanzierten Betrachtungsweise gibt. Und zwar legitim darin, daß sie sowohl dem Verstehenden als auch dem Text selbst zugute kommen. Es wäre immerhin denkbar, daß die ständige Vergegenwärtigung der Wahrheitsfrage manches übersehen läßt, was ein Text zu sagen hat. Es ist denkbar, daß das applikative Verstehen dem Text zuwenig Gelegenheit läßt, *auch seine Nicht-Anwendbarkeit* zur Geltung zu bringen. Andererseits kann das Ich durch das ständig andrängende Anliegen des Textes so bedrängt werden, daß es geradezu am Verstehen gehindert wird. Traditionen zum Beispiel, zu denen man zuwenig Abstand hat, können das Verstehen insofern behindern, als sie eine Tendenz zur Bemächtigung haben. Solche Traditionen können beispielsweise repräsentiert sein durch die Vergangenheit, die ein jeder Mensch hat. Sie bedrängen den Verstehenden so, daß dieser den Raum zur eigenen Verantwortlichkeit nicht mehr hat. Es steht zu vermuten, daß eine methodisch kontrollierte Distanzierung vom Text durchaus im Sinne einer verantwortlichen Applikation liegt.

Distanzierung ist aber allemal durch das Moment des Erklärens erreichbar: durch das Erklären, das den Text in seinem eigenen Zusammenhang und seiner eigenen Intention zu würdigen versucht. Die Erklärung bringt eine gewisse Objektivierung von Traditionen und Texten mit sich. Auch hier sind wir also wiederum auf das Ineinander von Verstehen und Erklären gestoßen. So richtig und unverzichtbar Gadamers Hinweis auf das unlösbare Verhältnis zwischen Verstehen und lebenspraktischer Applikation ist, so sehr muß die ideologische Gefahr einerseits und die Gefahr der schlichten Übernahme des Textes andererseits gesehen werden. Immerhin läßt sich an der These Gadamers lernen, daß Verstehen ohne den Einbezug des Ichs nicht denkbar ist, daß es also Verstehen in einem objektiven Sinne gar nicht gibt. Man könnte vielleicht sagen, daß ein Text dann verstanden ist, wenn ich sein Wort als ein Wort an mich vernommen habe; und zwar als ein Wort, das meine Gegenwart betreffen und erhellen will. Zum Verstehen ist es gekommen, wenn der Text *mich* auslegt.

2.4.2 Die Frage nach dem Grund des Verstehens

An diesem Punkt setzt Bultmann ein. Auch er übernimmt im wesentlichen die Ansicht Diltheys über Erklären und Verstehen. Auch er betrachtet die existentielle Begegnung mit dem Text als eine unverzichtbare Struktur des Verstehens. Allerdings übt er an einem interessanten Detail Kritik an der Auffassung Diltheys. Bultmann weist darauf hin, daß

Dilthey alle Texte als Lebensäußerungen des Geistes, als Gestalten des geschichtlich-persönlichen Lebens versteht ([23], 216). Nun ist es aber offensichtlich, daß dies nicht die einzige Verstehensmöglichkeit ist. «Vielmehr wird der Vorgang des Verstehens verschieden sein, je nachdem wie das Woraufhin der Interpretation bestimmt ist» (ebenda). Zu beachten ist, daß das Woraufhin der Interpretation so etwas wie ein subjektives Moment ist, indem es sich nicht einfach aus der Art der Texte ergibt. Und dennoch bestimmt das Woraufhin der Interpretation die Sache des Textes mit. Dies soll an einem aktuellen Beispiel erläutert werden. Es gibt neuerdings eine «sozialgeschichtliche Interpretation» biblischer Texte. Etwas vereinfacht gesagt, fragt die sozialgeschichtliche Interpretation nach den sozialen Implikationen und Folgen solcher Texte. Dies ist das Woraufhin solchen Verstehens. Beispielsweise wird etwa die Praxis Jesu, am Sabbat in provokativer Weise Heilungen durchzuführen (vgl. Mk 3,1–6), sozialgeschichtlich interpretiert als das gesetzeskritische Engagement Jesu für die Armen und Leidenden. Nicht der Sabbat sei das Thema dieser Texte, sondern vielmehr die Armut und das Leiden. Die unaufschiebbare Beseitigung von Armut und Leiden werde von Jesus dadurch zum Ausdruck gebracht, daß er deswegen ohne weiteres den Sabbat zu brechen bereit sei. Auf die Problematik solcher sozialgeschichtlicher Interpretationen ist jetzt nicht näher einzugehen. Immerhin sieht man dabei sehr schön, wie das Woraufhin des Fragens zugleich die Sache des Textes mitbestimmt. Im Vollzug sozialgeschichtlicher Interpretation ist aus der Gesetzesauslegung (die vormals als Sache des Textes galt) die Dringlichkeit, Armut und Leiden zu beseitigen, geworden. Und es leuchtet sofort ein, daß die Frage nach dem angemessenen Woraufhin zu einer Grundfrage des sachgemäßen Verstehens wird. Ferner sieht man an diesem Beispiel, wie das Woraufhin dem geschichtlichen Wandel unterworfen ist. Dies ist letztlich dafür verantwortlich, daß das Verstehen immer neue Ergebnisse zeitigt.

Zurück zu Bultmann. Bultmanns Beobachtung zum Woraufhin der Interpretation bringt ein Problem ans Licht: das Problem nämlich, unter welchen Bedingungen überhaupt eine Kommunikation zwischen Text und Ausleger oder zwischen Autor und Rezipient zustande kommen kann. Bekanntlich hatte Dilthey diese Frage mit dem Hinweis auf die prinzipielle Gleichartigkeit des menschlichen Geistes beantworten können. Für Dilthey war dann die Frage nach den individuellen Lebensäußerungen die einzige sachgemäße Frage an jeden Text, der verstanden werden soll. Bultmann dagegen hat die wichtige Rolle erkannt, die das Woraufhin spielt. Ihm kommt es nun darauf an, an die Stelle der sozusagen psychologischen Begründung der Kommunikation (also: Diltheys Gleichartigkeit des Geistes) eine geschichtliche zu setzen, das heißt eine Begründung, die es zur Begegnung des Lesers mit dem Text selbst (und nicht mit dem dahinter vermuteten Geist des Autors) kommen läßt. Zu diesem Zweck rekurriert Bultmann auf die Sache des Textes: die Sache des Textes ist etwa sein Thema, sein Anliegen, das, was er zur Sprache bringt. Wer die Sache eines Textes verstehen will, muß ihn nicht notwendig als Lebensäußerung des menschlichen Geistes verstehen.

Bultmann wird offensichtlich von einem bestimmten Interesse geleitet. Er will davon loskommen, daß sämtliche Texte – auch die religiösen – auf dem Wege des Verstehens zu Äußerungen des menschlichen Geistes werden. Um dies zu vermeiden, wird die Sache des Textes in den Vordergrund gerückt. Und diese Sache ist grundsätzlich nicht abhängig von den psychologischen und historischen Produktionsbedingungen. Wie aber kann unter diesen neuen Umständen Kommunikation zustandekommen? Für Bultmann ist die Antwort verblüffend einfach: *«Voraussetzung des Verstehens (ist) das Lebensverhältnis des Interpreten zu der Sache ..., die im Text – direkt oder indirekt – zu Worte kommt»* ([23], 217). Verstehensvoraussetzung ist also, daß die Sache des Textes in meinem Leben eine Rolle spielt, so wie sie im Leben derer eine Rolle spielte, die den Text produziert haben. Verstehensvoraussetzung ist, daß ein Verhältnis zu einer Sache schon mit dem Lebensvorgang selbst gegeben ist. Biblische Texte zum Beispiel legen Zeugnis davon ab, daß die Fleischwerdung des Gotteswortes im Leben ihrer Produzenten eine Rolle gespielt hat. Mein Verstehen hängt davon ab, inwiefern ich zu jener Sache ein Lebensverhältnis habe. Kann man aber sagen, daß ich ein Lebensverhältnis zur Menschwerdung Gottes habe? Diese Frage will ich jetzt nicht beantworten, sie soll lediglich anzeigen, wo der Bultmannsche Ansatz seinerseits problematisch wird. Bultmanns Antwort lautet: Gewiß kann der Mensch zu einem Ereignis wie der Menschwerdung Gottes kein Lebensverhältnis haben, aber das heißt nicht, daß er das Wort von dem Ereignis nicht verstehen kann. Denn der Mensch hat ein Wissen *von Gott,* und zwar ein Wissen in der Gestalt der *Frage* nach Gott. «Im menschlichen Dasein ist ein existentielles Wissen um Gott lebendig als die Frage nach ‹Glück›, nach ‹Heil›, nach dem Sinn von Welt und Geschichte, als die Frage nach der Eigentlichkeit des je eigenen Seins» ([23], 232). So weit die Antwort Bultmanns, die für den Moment nicht weiter bedacht werden soll. Wichtig an der Bultmannschen Kritik Diltheys ist für unseren gegenwärtigen Überlegungsgang, daß Bultmann die *Sache des Textes* in den Vordergrund rückte. Zum Verstehen kommt es, wenn die Sache des Textes mir die Sache meines Lebens zu erschließen beginnt. Gewiß hat nicht jeder Text eine solche Sache. Deshalb muß auch nicht jeder Text so ausgelegt werden. Gegenstand eines Verstehensvorgangs im eigentlichen Sinne aber sind jene Texte, die mir mein eigenes Leben erschließen. Bultmann drückt dies so aus: Sie erschließen das Sein in seinen Möglichkeiten. Genauer: Sie erschließen dieses Sein *beim Verstehenden.* Er lernt jene Möglichkeiten als Möglichkeiten seines eigenen Seins kennen. Bultmann denkt namentlich an Texte aus Dichtung und Kunst. Solche Texte

erfordern ein Verstehen im tiefsten Sinne des Wortes und machen es zugleich möglich.
Freilich gilt es jetzt, sich an das Woraufhin der Interpretation zu erinnern, das eine die Sache des Textes mitbestimmende Macht darstellt. Dieser mitbestimmenden Macht ist es zu verdanken, daß der Text nicht selbstverständlich zum Verstehen kommen kann. Ich kann auch Werke der Dichtung oder Texte aus der Philosophie so lesen, daß ich sie als Quellen für eine geschichtliche Darstellung betrachte. Ich kann einen Text von Goethe daraufhin befragen, ob er mein Wissen über das Zeitalter der Klassik zu vermehren vermag. Ich kann einen Text von Heidegger daraufhin befragen, ob er in die Epoche der existentialen Philosophie des zwanzigsten Jahrhunderts paßt. In solchen Fällen kommt es nicht eigentlich zum Verstehen des Textes, weil mein Lebensverhältnis zur Sache – mein Vorverständnis also – des Textes gleichsam suspendiert oder überhaupt ausgeschlossen wird. Die Interpretation eines dichterischen Textes muß selbst von der Frage nach den Geheimnissen des Lebens bewegt sein, wenn sie zum Geheimnis seiner Sache vordringen will. Die Interpretation eines philosophischen Textes muß selbst von der Frage nach Wahrheit bewegt sein, wenn sie den Text wahrhaftig verstehen will.
Daran kann man einerseits erkennen, daß das Woraufhin der Interpretation nicht einfach beliebig ist. Es muß sich auch am Anliegen des Textes legitimieren. Dennoch ist andererseits ja das Anliegen des Textes, seine Sache, erst deutlich, wenn er sachgemäß interpretiert ist. Eine sachgemäße Interpretation wiederum setzt ein angemessenes Woraufhin voraus. Genau darin liegt der unüberwindbare Zirkelcharakter des Verstehens. Der Zirkelcharakter ist dafür verantwortlich, daß Texte bisweilen gegen ihr eigentliches Anliegen interpretiert werden. Der Zirkelcharakter des Verstehens erlaubt es, willentlich etwas anderes als die Sache des Textes auszugeben. Wenn dies geschieht, bringt sich der Interpret allerdings um die Wohltaten, die vom Text ausgehen könnten. Im Falle vergangener Texte ist besonders anschaulich, worin ihre Machtlosigkeit gegenüber unseren Interessen besteht. Sie können sich gegen das Woraufhin, mit dem wir sie befragen, nicht wehren. Es dürfte deshalb eine vornehme Pflicht gerade des praktizierenden Theologen sein, die Texte gegen die Vielfalt sachfremder Interessen, die vom gegenwärtigen Zeitgeist an sie herangetragen werden, in Schutz zu nehmen. Man könnte vielleicht die Aufgabe der Predigt so bestimmen, daß in ihr die Sache des Textes zum Zuge gebracht werden soll, und zwar auch dann, wenn unser Woraufhin diese Sache gar nicht in den Blick nehmen will. Und es besteht ausreichend Grund zur Hoffnung, daß dieses Bemühen die Wohltaten entdeckt, die von den Texten auszugehen vermögen. Es ist deshalb ein Bemühen, das sich lohnt.
Es bleibt die Frage zu klären, inwiefern denn ein solches Bemühen überhaupt Aussicht auf Erfolg hat. Man könnte angesichts des schon

genannten Zirkelcharakters des Verstehens eine schlechte Prognose stellen müssen. *Paul Ricœur* hat darauf aufmerksam gemacht, daß diese schlechte Prognose möglicherweise auf einer verkehrten Differenzierung beruht. Er kritisiert in diesem Zusammenhang die Gegenüberstellung von Erklären und Verstehen, sofern sich diese Gegenüberstellung verbindet mit der Gegenüberstellung von erklärender Objektivierung und existentiellem Verstehen. Wenn das existentielle Verstehen in diesem Maße gegen die objektivierende Erklärung ausgespielt wird, wie dies in den hermeneutischen Ansätzen von Bultmann und Gadamer der Fall ist, verschwindet – so Ricœur – die Objektivität des Textes aus dem Vorgang des Verstehens ([24], 193). Ricœur wendet sich deshalb dagegen, daß man das Moment des Objektiven aus dem Verstehensvorgang ausschließt. Zur Begründung seines Anliegens kann Ricœur darauf hinweisen, daß in den faktischen exegetischen Arbeiten Bultmanns durchaus so etwas wie eine Objektivität des Textes herausgearbeitet wird. Bultmanns Johannesauslegung befinde sich viel näher beim phänomenologischen Ansatz Husserls als bei der Verstehenshermeneutik von Dilthey. Es mag jetzt dahingestellt bleiben, ob dieses Urteil hinsichtlich der philosophiegeschichtlichen Einordnung zu Recht besteht. Richtig ist jedoch die Beobachtung Ricœurs, daß eine Inkonzinnität zwischen dem theoretischen Ansatz Bultmanns und seiner faktischen Auslegung von Texten besteht. In der Tat kommen im Johanneskommentar die Texte selbst zu einer eigenständigen Geltung. Herausgearbeitet wird die Sache, die sie zu Wort bringen, und zwar auch unabhängig von dem Woraufhin, unter welchem sie betrachtet werden. Es wäre unklug, wollte man dieses objektive Moment nicht zum Verstehensvorgang selbst zählen. Um dem Ineinander von Objektivität des Textes und existentiellem Verstehen Rechnung zu tragen, schlägt Ricœur die folgende Unterscheidung vor: Es soll unterschieden werden zwischen dem Sinn des Textes einerseits und seiner Bedeutung andererseits. Unter dem Sinn eines Textes soll das verstanden werden, was er von sich aus, also gleichsam in seiner Gegenständlichkeit zu sagen hat. Unter der Bedeutung dagegen soll verstanden werden, daß der Sinn des Textes durch den Leser übernommen wird. Ricœur kommt es nicht darauf an, die existentielle Anwendung des Sinns nun aus dem Verstehensprozeß auszuschließen. Allerdings betont er völlig mit Recht, daß die Erhebung des Sinns, die Erhebung der Sachaussage eines Textes in ihrer Unabhängigkeit vom Verstehenden, eine unverzichtbare exegetische Aufgabe darstellt. Ricœur sagt: «Selbst wenn es wahr ist, daß der Text seinen Sinn erst in der persönlichen Aneignung, in der ‹geschichtlichen› Entscheidung vollendet ..., so ist doch diese Aneignung lediglich der letzte Schritt, die letzte Stufe zu einem Verständnis, das sich zuvor in einem andern Sinn entäußert hat» ([24], 194).

Ricœur hat erkannt, daß die existentielle Aneignung auch eine Gefahr für den Text bedeutet: er könnte zu schnell vereinnahmt werden von dem

Willen des verstehenden Subjekts, sich selbst und seine Möglichkeiten in allen Texten wiederzufinden. Deshalb muß im Anschluß an Ricœur eine grundlegende Aufgabe exegetisch-historischer Arbeit ins Zentrum gestellt werden. Diese Aufgabe hat die Exegese gerade im Rahmen des *Verstehensvorgangs* (und nicht etwa bloß im Vorfeld desselben) zu erfüllen. Die exegetische Methodik ist ihrem Selbstverständnis und ihrer Genese nach nichts anderes als ein Versuch, die Texte vor allzu schneller existentieller Aneignung zu schützen. Die exegetische Methodik ist der Versuch, die Fremdheit und Eigenständigkeit eines Textes zu respektieren. Gerade der Respekt vor dieser Fremdheit ist alles andere als selbstverständlich. Selbstverständlich ist vielmehr die direkte Ausbeutung der Texte durch das neuzeitliche Subjekt. Die durch die Exegese hergestellte Verfremdung der biblischen Texte ist eine notwendige Bedingung dafür, daß sie uns überhaupt etwas zu sagen haben. Dies gilt freilich nur, wenn die Texte uns im strengen Sinne etwas sagen sollen, statt daß wir uns von ihnen einfach *auch* sagen lassen, was wir schon immer gewußt haben. (Der gewöhnliche Sprachgebrauch ist in dieser Sache etwas trügerisch: meistens bezeichnet man solche Texte als aktuell, als in unsere Zeit hereinsprechend, die bloß zu sagen scheinen, was sowieso alle Welt sagt.)

Das Beharren auf dem exegetisch zu erhebenden Sinn des Textes ist meines Erachtens von großer praktischer Tragweite. Es läßt sich ohne weiteres beobachten, daß kirchliche Stellungnahmen und insbesondere Predigten in dem Maße banal werden, als sie nicht auf solider historischer Arbeit beruhen. Man kann geradezu eine Gleichung aufstellen: je intensiver ein Ausleger sich mit dem objektiven Sinn der Texte (historisch-exegetisch) beschäftigt, desto griffiger und vielsagender werden seine Auslegungsversuche. Der Respekt vor dem *Sinn* der Texte bewahrt ihn nämlich davor, ihre *Bedeutung* mit dem Geist der Zeit zu verwechseln. Überflüssig zu betonen, daß es für Ricœur keineswegs einen Widerspruch zwischen dem Objektiven und dem Existentiellen gibt. Im Gegenteil: «die Objektivität des Textes, verstanden als Inhalt, Gehalt und Forderung des Sinns, setzt den existentiellen Aneignungsprozeß in Bewegung» ([24], 195). Schließlich kann ich mir ja nicht etwas aneignen, das mir gar nie fremd geworden ist. Oder anders gesagt: ich kann keinen Menschen verstehen, dessen Externität ich nicht allererst würdigen gelernt habe.

Auf unsere Ausgangsfrage, ob denn eine kritische Reflexion des Woraufhin überhaupt möglich sei, kann man also antworten: Die Legitimität einer bestimmten Verstehensweise, die Legitimität eines bestimmten Woraufhins der Interpretation, muß ausgewiesen werden angesichts des objektiven Sinns der Texte. Die existentielle Aneignung ist in keiner Weise willkürlich; sie hat sich messen zu lassen am Maßstab des Textsinns. Gewiß wird eine existentielle Aneignung immer über das hinausgehen, was als Sinn des Textes feststellbar ist. Und gewiß ist der Sinn nicht einfach in dem Sinne objektiv feststellbar, als er von den methodischen

Verfahren nicht beeinflußt würde (dies ist übrigens auch bei der ganzen objektiven Naturerklärung der Fall). Aber die Bedeutung des Textes wird seinen Sinn niemals hinter sich lassen dürfen, ganz so, als hätte sich die existentielle Aneignung nicht um den objektiven Sinn des Textes zu kümmern. In der Externität dieses Sinns widerspiegelt sich nämlich nichts anderes als die Externität des Gotteswortes selbst. Wenigstens im Bereich der christlichen Theologie, welche immerhin von der Fleischwerdung des Gotteswortes ausgeht, sollte das Interesse an der Externität des Gotteswortes selbstverständlich bleiben.

2.4.3 Immunisierung gegen Texte

In der Analyse des Verhältnisses von Verstehen und Erklären sind wir bisher bis zu dem Punkt gekommen, wo eine gegenseitige Absonderung von Verstehen und Erklärung als unzweckmäßig erscheint. So gewiß zwischen der Bedeutung und dem Sinn des Textes unterschieden werden muß, so gewiß muß zwischen der objektivierenden Erklärung und der existentiellen Aneignung unterschieden werden. Beide Tätigkeiten befinden sich jedoch innerhalb *eines* unteilbaren *Verstehensvorgangs.* Daraus ergibt sich: ein Verstehen ohne die Dimension des Erklärens kann es nicht geben. Dies mag noch einmal am Beispiel alltagspraktischer Vorgänge verdeutlicht werden: wenn ich mir erklären kann, warum ein Mensch so und nicht anders handelt, werde ich ihn wohl besser verstehen können. Die Erklärung steht auch hier im Gesamtzusammenhang des Verstehens (gerade auch dann, wenn sie die Fremdheit einer Verhaltensweise zum Ausdruck bringt, bewahrt sie vor *vermeintlichem* Verstehen).
In der Analyse des Verstehensproblems werden wir noch einen Schritt weiter gehen. Als Beispiel und Ausgangspunkt für den folgenden Gedankengang dient eine Überlegung, welche *Karl Barth* im Vorwort zur zweiten Auflage seines Römerbriefkommentars anstellt. Barth setzt sich dort an einer Stelle auseinander mit dem Vorwurf einiger Rezensenten, die ihn einen «abgesagten Feind der *historischen Kritik*» nennen ([25], 109). Barth gibt ohne weiteres zu, daß er Kritik an den historisch-kritischen Kommentaren zum Römerbrief geübt habe. Allerdings ergänzt er sogleich, daß diese Kritik sich gleichermaßen gegen die sogenannt positiven Kommentare richte. Offensichtlich kann also nicht das historisch-kritische Denken als solches Gegenstand der Kritik sein. Barth sagt dies so: «Aber nicht die historische Kritik mache ich ihnen zum Vorwurf, ..., sondern ihr Stehenbleiben bei einer Erklärung des Textes, die ich keine Erklärung nennen kann, sondern nur den ersten primitiven Versuch einer solchen ...» (ebenda). Was ist der primitive Versuch einer Erklärung? Es ist die historisch-kritische Feststellung dessen, was da steht. Es ist der Versuch, das was Griechisch dasteht, irgendwie adäquat nachzu-

sprechen auf Deutsch. Eben diese historische Erklärung, deren Recht Barth nicht bestreitet, kann er nicht Erklärung im eigentlichen Wortsinn nennen. Eine Erklärung liegt erst dort vor, wo der Schritt vom Nach*sprechen* zum Nach*denken* getan wird. Und in dieser Hinsicht ist Barth unzufrieden mit den historisch-kritischen *und* mit den positiven Kommentaren. Er gerät immer wieder in «Erstaunen über die Bescheidenheit ihrer Ansprüche», sobald er ihre «Versuche, zu eigentlichem *Verstehen* und *Erklären* vorzudringen», betrachtet ([25], 110). Am Rande sei bemerkt, daß Barth hier Erklären und Verstehen beinahe synonym verwendet: er beansprucht für die Erklärung, was Dilthey etwa dem Verstehen zugeordnet hätte. Hier zeigt sich noch einmal, daß jener Unterscheidung Diltheys eine gewisse Willkürlichkeit anhaftete.
Die Frage ist jetzt, worin genau Barths Kritik an den vorangehenden Kommentaren besteht. Er erinnert an Luther und Calvin, um sie als Beispiele für entschlossenes Nachdenken anzuführen. Barth erinnert an die Energie, die etwa Calvin aufwendet, «seinen Text, nachdem auch er gewissenhaft festgestellt, „was da steht", *nach* zu denken, d. h. sich solange mit ihm auseinander zu setzen, bis die Mauer zwischen dem 1. und 16. Jahrhundert *transparent* wird, bis Paulus dort *redet* und der Mensch des 16. Jahrhunderts hier *hört,* bis das Gespräch zwischen Urkunde und Leser ganz auf die *Sache* (...) konzentriert ist» (ebenda). Diese Gewissenhaftigkeit des Nachdenkens, der sachintensiven Interpretation, vermißt Barth sowohl bei den positiven als auch den historisch-kritischen Kommentaren. Was tun sie statt dessen? Sie sind «schnell bereit, (Paulus) mittelst einiger weniger denn doch etwas zu banaler Kategorien des eigenen religiösen Denkens (Gefühl, Erlebnis, Gewissen, Überzeugung etwa) da und dort durchaus schon verstanden und erklärt zu *haben* ...» ([25], 111). Dies ist die eine Seite der Barthschen Kritik: er wendet sich dagegen, daß man sich zu schnell mit ein paar handlichen Kategorien über den sachlichen Anspruch des Paulustextes hinwegtäuscht. Barth wendet sich hier kritisch gegen den Versuch, Paulus in die paar idealistisch-religiösen Kategorien der Gegenwart einzuordnen, um sich dann einzubilden, ihn erklärt zu haben. Barth wendet sich andererseits gegen die Praxis der Exegeten, «sich ... mit einem kühnen Tellssprung aus dem paulinischen Schiff zu retten und die Verantwortlichkeit für den Sinn des Textes der ‹Persönlichkeit› des Paulus, dem angeblich das Unglaubliche erklärenden ‹Damaskuserlebnis›, dem Spätjudentum, dem Hellenismus, der Antike überhaupt und einigen anderen Halbgöttern zu überlassen» (ebenda). Diese andere Seite seiner Kritik ist grundsätzlich dieselbe wie die schon genannte. Es ist die Kritik an der historischen Einordnung der paulinischen Sachaussagen. Nach der Meinung Barths dispensiert man sich auf diese Weise von der wirklichen Auseinandersetzung. Man entzieht sich dem Anspruch der Texte, wenn man sie historisch einordnet. Die *historische* Einordnung

ist dabei nur eine Abwandlung der Einordnung in die *gegenwärtigen* Banalitäten.

Was Barth an der Erklärung also kritisiert, ist ihr Ausweichen gegenüber dem Sachanliegen der Texte. Dieses Ausweichen geschieht konkret so, daß die Texte eingeordnet beziehungsweise abgeleitet werden. Abgeleitet aus historischen Bedingungsfaktoren wie Damaskuserlebnis und dergleichen, eingeordnet in die protestantische Gewissensreligion des 19. Jahrhunderts. Und eben in diesem Punkt sind die positiven Exegeten nicht besser dran; bloß ist ihr Ausweichen etwas besser verschleiert als bei den Liberalen, wenn sie die Texte schnell in einem «positiven» dogmatischen Lehrsystem verschwinden lassen.

Barth entdeckt hier eine Bedeutungsnuance am Wort Erklären, der große Aufmerksamkeit zu schenken ist. Es läßt sich in der Tat feststellen, daß unter einer Erklärung nicht selten die Einordnung eines Phänomens in den Zusammenhang des Bekannten verstanden wird. Gewiß kommt keine Erklärung vollständig ohne diese Einordnung und Ableitung aus. Sofern sie sich aber darauf beschränkt, beraubt sie die Phänomene ihrer Eigenständigkeit und distanziert sich dadurch von der Auseinandersetzung mit ihnen. Die Erklärung dient in einem solchen Falle dazu, den Ausleger selbst zu schützen gegen den Anspruch der Texte. Sie erlaubt ihm, sich selbst zu drücken angesichts der Provokation, welche durch die Sache des Textes gegeben ist. Unter der Erklärung im eigentlichen Sinne jedoch möchte Barth etwas anderes verstehen: «Bis zu dem Punkt muß ich als Verstehender vorstoßen, wo ich nahezu nur noch vor dem Rätsel der *Sache,* nahezu nicht mehr vor dem Rätsel der *Urkunde* als solcher stehe, wo ich es also nahezu vergesse, daß ich nicht der Autor bin, wo ich ihn nahezu so gut verstanden habe, daß ich ihn in meinem Namen reden lassen und selber in seinem Namen reden kann» ([25], 112). Dies ist das Ziel jeder Erklärung, auch jeder historischen Erklärung, der Texte. Und diese Erklärung will Barth als kritische Erklärung, als die Sache des Textes abwägende Erklärung, gelten lassen. Der Ausleger kann sich nie endgültig davon distanzieren, daß er und niemand sonst für die Interpretation einzustehen hat. Eben diesen Dispens sucht der Ausleger durch die Einordnung zu erreichen, sei es durch die Einordnung in gegenwärtige Allgemeinplätze, sei es durch die Einordnung in den Bedingungszusammenhang des Geschichtlichen. Aber Tellssprünge dienen nicht dem Verstehen, wie man sich am ursprünglichen Sprung Tells leicht klarmachen kann.

Was mit dieser Einordnung lebenspraktisch auf dem Spiel stehen könnte, möchte ich an dem folgenden Beispiel erklären: Anläßlich von Gesprächen mit einer Trauerfamilie kann man nicht selten feststellen, daß die Hinterbliebenen eigenartig auf die Schuldfrage fixiert sind. Es werden Ursachen für den Tod des Verstorbenen gesucht. Es wird nach einer Erklärung gesucht, die seinen Tod einzuordnen vermöchte. Vielleicht ist diese Suche nach Kausalerklärungen unausweichlich für die Hinterbliebenen. Vielleicht schützen sie sich so vor der Übermacht des Schmerzes, der sie mit diesem Tod trifft. Vielleicht schützen sie sich so gegen die Provokation, die nicht nur der Tod eines nahestehenden Menschen, sondern in diesem auch der Tod überhaupt darstellt. Es mag also gewiß seinen Wert haben, wenn auf erklärende Weise mit dem Todesfall umgegangen wird. Dennoch kann man nicht sagen, hier sei der Tod schon verstanden worden. Den auf die Frage nach Schuld und Ursachen Fixierten steht der Weg des Verstehens erst noch bevor. Was ist das für ein Weg? Es ist der Weg der Trauer, der Trauer um das, was der Tod ihnen genommen hat. Es ist gewiß ein trauriger Weg, der hier um des Verstehens willen zu gehen ist. Aber er ist ein Weg, auf welchem die Hinterbliebenen den Tod erst eigentlich an sich herankommen lassen. Ein Weg, auf welchem sie sich betroffen wissen und sich der Provokation des Todes aussetzen müssen. Ist es denn überhaupt eine menschliche Möglichkeit, sich dem Tod auszusetzen? Ich weiß es nicht. Jedenfalls ist der Weg der Trauer ein Weg, den niemand allein gehen müssen sollte. Er sollte angewiesen sein können auf andere, die mit ihm gehen. Er sollte angewiesen sein können auf Trauergebärden und Trauersprache, die ihm den Weg in gewisser Weise zu bereiten vermögen. Dieses Beispiel sollte verdeutlichen, welchen Wesensunterschied man sich denken könnte zwischen dem Erklären und dem Verstehen. Zugleich zeigt es, daß nicht nur Texte, sondern auch das Leben als solches der Problematik von Erklären und Verstehen ausgesetzt ist. Dies gibt der neutestamentlichen Hermeneutik einen weiten Horizont.

2.4.4 Verstehendes Erklären?

Der letzte Abschnitt zeigte, daß schon Barth die frühere Gegenüberstellung von Erklären und Verstehen aufgegeben hatte, weil er dem Erklären bedeutend mehr zutraute als Dilthey. Im vorliegenden Überlegungsgang wollen wir uns einer bestimmten Art von Erklären zuwenden, die den Barthschen Ansatz noch etwas weiterzuführen vermag. Ausgangspunkt ist die folgende Wendung: «Das kann man nur historisch erklären.» *Hermann Lübbe* hat sich dieser Wendung angenommen und an ihr Interessantes gezeigt ([26]). Auf ein oder zwei Aspekte soll im folgenden näher eingegangen werden. Lübbe geht es primär um das Phänomen der *historischen Erklärung*. Das Phänomen der historischen Erklärung ist für die neutestamentliche Hermeneutik insofern von hervorragender Bedeutung, als das Neue Testament als Ganzes so etwas wie eine historische Erklärung des christlichen Glaubens darstellt. Es lohnt sich deshalb, diesem Phänomen Aufmerksamkeit zu schenken.
Man kommt der historischen Erklärung auf die Spur, wenn man sich

einmal fragt, wo und in welchen Fällen eine solche Erklärung notwendig sei. Hermann Lübbe bringt dazu ein Beispiel aus der deutschen Hochschulplanung. Im Jahre 1967, als in der Schweiz eine Phase entschiedener Hochschulplanung eingeleitet wurde, taten sich Erziehungsdirektoren aus Schweizer Kantonen zusammen, um miteinander nach Bochum zu reisen. In Bochum, einer erst in Erstellung befindlichen Universität, wollten sie sich beraten lassen und sich informieren über nordrhein-westfälische Hochschulgründungen. Dabei erfuhren sie unter anderem, daß an den beiden unweit voneinander gelegenen Universitäten Bochum und Dortmund je eine Abteilung für Maschinenbau und Elektrotechnik errichtet werden sollte. Die Schweizer Herren fragten, ob denn eine solche Schaffung von Doppelkapazitäten notwendig sei, insbesondere angesichts der Nähe beider Standorte. So fragten die Schweizer Herren, und sie erhielten die Antwort, daß eine solche Schaffung von Doppelkapazitäten *nicht* notwendig sei. Man kann sich gut vorstellen, daß die Schweizer Erziehungsdirektoren, die bekanntlich ein gutes Verhältnis zum unbedingt Notwendigen haben, über diese Antwort erstaunt waren. Sie verlangten alsogleich nach einer Erklärung. Und eben diese Erklärung mußte eine historische Erklärung sein. Da war zu erzählen davon, wie es gekommen sei, daß solche Überkapazitäten entstanden. Die historische Erklärung ist im einzelnen jetzt nicht vorzutragen. Sie enthielt jedenfalls viele Hinweise auf geschichtlich Gewachsenes und Berichte von politischen Entscheidungen.

Uns beschäftigt jetzt bloß die Frage, warum denn in diesem Falle eine historische Erklärung notwendig war. Die Antwort muß lauten: Sie war notwendig, weil es keine andere Erklärung für den genannten erstaunlichen Sachverhalt gab. Welche andere Erklärung hätte es geben können? Antwort: eine vernünftige Erklärung in dem Sinne, daß die Zweckmäßigkeit der Doppelkapazitäten auf einer höheren Ebene der Vernunft erwiesen worden wäre. Dies war jedoch in dem gegebenen Falle unmöglich. Eben deshalb war eine historische Erklärung notwendig. Wir halten fest: Eine historische Erklärung ist dann notwendig, wenn bestimmte auf menschliche Handlungen zurückgehende Gegebenheiten nicht rational sind, wenn sie also nicht dem entsprechen, was man vernünftigerweise erwarten würde. Die «historische Erklärung er-/klärt, was handlungsrational nicht erklärbar und in diesem Sinne nicht ‹rationalisierbar› ist» ([26], 38f).

Das Phänomen der historischen Erklärung ist äußerst vielschichtig. Wir greifen das für unseren Zusammenhang Wichtigste heraus. Wir gehen aus von der folgenden These: *Die historische Erklärung ist eine Form von Erklärung, die unmittelbar auf das Verstehen bezogen ist.* Diese These gilt es jetzt etwas zu erläutern. Zunächst: die historische Erklärung wurde fällig, weil die Schweizer Herren verstehen wollten. Sie wollten ein bestimmtes Verhältnis (Einverständnis oder Ablehnung) zu ihren deutschen Kollegen finden. Die historische Erklärung brachte ihnen die Lage dadurch zum Verständnis, daß sie das Gebiet der Handlungsrationalität verließ. Handlungsrational läßt sich die genannte Überkapazität keinesfalls erklären. Wollte man sie auf der Ebene der Handlungsrationalität verstehen, müßte man sie mißverstehen. Denn man könnte sie auf der Ebene der Handlungsrationalität nur so verstehen, daß man die Irrationalität der deutschen Politiker und Bildungsplaner voraussetzte. Oder im Klartext: Will man auf der Ebene der Rationalität verstehen, so muß man sagen, die deutschen Politiker und Bildungsplaner seien dumm. Und hierbei handelt es sich zweifellos um ein Mißverständnis, wie jedes Kind weiß.

Dieses Beispiel zeigt also: Die historische Erklärung entzieht ein Phänomen dem Zusammenhang der Zweckrationalität. In dieser Eigenschaft erinnert die historische Erklärung daran, daß es Kontingenz gibt, Phänomene, die aus zufälligen Gründen so sind, wie sie sind. Und auf diese Weise entzieht die historische Erklärung die Phänomene unserem am Begriff der Zweckrationalität orientierten Verstehen. Sie entzieht die Phänomene der rationalen Vereinnahmung. Sie macht darauf aufmerksam, daß manches in der Welt nicht handlungsrational deduzierbar und also nicht der Einordnung in einen Zweckzusammenhang zugänglich ist. Daraus ergibt sich: Die historische Erklärung erinnert an die Kontingenz des Seienden. Insofern steht sie im Dienste der Würdigung eben jener Kontingenz. In diesem Sinne gilt von der Erklärung, daß sie *unmittelbar* im Dienste des Verstehens steht. Verstehen heißt in diesem Zusammenhang, die Dinge für sich selbst sprechen lassen. Die Dinge so sein lassen, wie sie aufgrund ihres Gewordenseins eben sind, sie kontingent sein lassen.

Ähnliches ließe sich erkennen im Blick auf die Funktionalisierung der Phänomene. Die gegenwärtige Zeit scheint eine besondere Neigung zu haben, immer mehr Dinge bloß noch unter funktionalen Gesichtspunkten wahrzunehmen. Ehre gebührt dem, was in unserer Gesellschaft eine akzeptierte Funktion hat. Läßt sich diese Funktion nicht namhaft machen, so ist auch die Existenzberechtigung in Frage gestellt. (Man könnte sich fragen, ob die Funktionalisierung aller Lebensphänomene nicht das Ihre beigetragen hat zu der heute als Problem empfundenen Situation der Alten in unserer Gesellschaft.) In diesen Sog des Funktionalen droht auch die Kirche oder der christliche Glaube zu geraten. Existenzberechtigung wird der Kirche bloß insofern zuerkannt, als sie eine gesellschaftlich wichtige Funktion ausübt. Und auch kirchliche Funktionäre haben sich in der unlängst geführten Abstimmungskampagne über Kirche und Staat merkwürdig beeilt, die Funktionalität der Kirche aufzuweisen, angefangen bei der Angewiesenheit des Staates auf eine kritische Instanz bis hin zu dem Erweis, daß kirchlich ermöglichtes Ponyreiten die Lebensqualität bestimmt hebe.

Gegenüber der Funktionalisierung der Phänomene macht die historische Erklärung darauf aufmerksam, daß diese Gegebenheiten viel mehr sind, als was sich aus ihrer Funktion entnehmen läßt. Unmittelbare Evidenz besteht dort, wo es um Menschen geht. Wer wollte nicht zugeben, daß die Reduktion der Menschen auf ihr Funktionieren (etwa als Käufer, als Produzenten, als Bürger) ein fatales Mißverständnis sei! Gewiß kommt es erst dann (möglicherweise) zum Verstehen, wenn uns jemand seine Geschichte zu erzählen beginnt. Daraus läßt sich ersehen: die Funktionalisierung erweist sich angesichts der historischen Erklärung als ein Mißverständnis. Auch hier kann man also erkennen, wie unmittelbar das Erklären auf das Verstehen bezogen ist. Gewiß hat beispielsweise der christliche Glaube auch eine Funktion, vielleicht nicht gerade eine momentan als wichtig erkannte Funktion. Aber er überschreitet seine Funktionalität qualitativ, weil er – ein großes Wort sei einmal gewagt – ausschließlich um der Wahrheit Gottes willen in der Welt ist. Eben dies kann man herausfinden, wenn man auf die Urkunde zurückgreift, welche den christlichen Glauben historisch erklärt. Das Neue Testament als historische Erklärung des christlichen Glaubens entzieht eben diesen Glauben der Funktionalisierung. Es entzieht ihn auf diese Weise der Beheimatung in den Notwendigkeiten der Gesellschaft. Es schützt ihn aber gleichzeitig davor, aus funktionalen Gründen obsolet zu werden und seine Existenzberechtigung zu verlieren. Die historische Erklärung macht aufmerksam auf die Kontingenz des Seienden, auch auf die Kontingenz des christlichen Glaubens, eine Kontingenz, die es beim Verstehen zu würdigen gilt.

Man kann dies auf eine Formel bringen: Diese Art von Erklärung entzieht die Phänomene dem Zugriff einer vereinnahmenden Applikation. Dabei stellt sich ganz beiläufig eine meines Erachtens interessante Entdeckung ein. Es geht offenbar nicht an, die einordnende, objektivierende Erklärung dem existenziellen, subjektiven Verstehen gegenüberzustellen, ganz so als sei bloß die Stufe der Erklärung einmal zu überwinden, damit sich das Verstehen und also die Würdigung von selbst einstelle. Die am Beispiel der historischen Erklärung zu machende Entdeckung ist, daß auch das Verstehen in seiner applikativen Tendenz eine Vereinnahmung, eine Entwürdigung des zu Verstehenden sein kann. Bei jedem Verstehensvorgang liegt die Übertragung auf der Lauer. Die Frage ist, wie der Widerstand der Phänomene gegen den Übertragungszugriff gestärkt werden kann. Angewendet auf unser Beispiel: Es steht zu vermuten, daß die historische Erklärung so etwas wie ein Anwalt der Phänomene gegen den Zugriff des funktionalen Mißverstehens darstellt. Insofern ist sie ein methodischer Umgang mit der Tatsache, daß Übertragung den Verstehensvorgang ständig begleitet. Die historische Erklärung macht deutlich, daß es Dinge gibt, die nicht in der Applikation ihre höchste Existenzweise und Existenzberechtigung erreichen. Sie macht deutlich, daß es Dinge in der Welt gibt, die um ihrer selbst willen interessant sind. Dazu gehören nicht nur die Dinge der Welt, sondern in qualitativ gesteigertem Maße auch Gott selbst. Was nichts anderes heißt, als daß der christliche Glaube der Funktionalisierung entzogen ist.

Fassen wir den vorliegenden Gedankengang zusammen. Am Beispiel der historischen Erklärung kann man sehen, daß einerseits Erklären und Verstehen aufeinander bezogen sind, und daß andererseits nicht nur zwischen Erklären und Verstehen zu unterscheiden ist. Zu unterscheiden ist vielmehr sowohl zwischen Erklären und Erklären als auch zwischen Verstehen und Verstehen. Die Unterscheidung zwischen Erklären und Erklären hat zu fragen, inwiefern eine bestimmte Erklärung bloß der Einordnung der Phänomene in einen übergeordneten rationalen Zusammenhang dient. In diesem Sinne muß davor gewarnt werden, daß die kausale Erklärung, die ihr unbestreitbares Recht auch hat, universalisiert wird. Wird sie universalisiert, so verliert der Mensch die Kontingenz des Seienden und damit auch seines eigenen Seins aus dem Blick. Dazu ein Wort von *Ludwig Wittgenstein:* «Das Verführerische der kausalen Betrachtungsweise ist, daß sie einen dazu führt zu sagen: ‹Natürlich, – so mußte es geschehen.› Während man denken sollte: *so* und auf viele andere Weise kann es geschehen sein» ([27], 76, aus dem Jahre 1940). Die kausale Betrachtungsweise verführt dazu, die Zufälligkeit des Geschehens zu übersehen. Sie verführt dazu, alles und jedes einem höheren Zusammenhang einzuordnen, einem höheren Zusammenhang selbstverständlich, den das erkennende Subjekt konstituiert. Die Unterscheidung von Erklärung und Erklärung zieht demnach einen kritischen Umgang mit dem Erklärungsvorgang nach sich. Es gibt Erklärungsvorgänge, die im Dienste des übergeordneten Zusammenhangs stehen und insofern das Phänomen selbst zum Verschwinden bringen. Gegen diese ist kritisch vorzugehen zugunsten jener Erklärungen, welche an der Externität der Dinge, an der Objektivität im guten Sinne des Wortes interessiert sind.

Andererseits konnte die Entdeckung gemacht werden, daß auch die Unterscheidung zwischen Verstehen und Verstehen notwendig ist. Denn auch das Verstehen hat die Tendenz, die Dinge sich selbst einzuverleiben. Auch die Applikation ist nicht davor gefeit, das existentielle Verhältnis zu den Phänomenen und den Texten zu zerstören. Es gibt ja auch ein Verstehen, das den Texten (und den Menschen) immer ins Wort fällt, noch bevor sie ausreden können. Eben dieses Verstehen bringt die Externität des zu Verstehenden zum Verschwinden, und damit verhindert es, daß mich das zu Verstehende überhaupt ansprechen kann. Dies kann man sich klar machen am Beispiel von Suizid*versuchen.* Gerade dies sind Handlungen, die im höchsten Maße ansprechenden Charakter haben: sie sind Hilferufe, eine ganz übersteigerte Art, die Umwelt auf ihre Gesprächsbereitschaft anzusprechen. Nun gibt es ja verschiedene Möglichkeiten, das Phänomen des Suizids zu verstehen. Weit verbreitet ist etwa die Medizinalisierung des Suizids, die Ableitung des Suizids aus medizinisch-psychologischen Gegebenheiten. Wer indessen den Suizid in diesem Sinne als eine Krankheit versteht, kann sich nur schwer noch ansprechen lassen von der faktischen Externität des Suizids selbst. Er wird den darin ausgesprochenen Hilferuf leicht überhören. Allerdings ist der Suizidversuch ein Hilferuf, der es den Adressaten außerordentlich schwer macht, sich davon ansprechen zu lassen. Denn er ist ja ein Appell an die Lebensgemeinschaft in der Gestalt ihrer Aufkündigung. Der Hilferuf stellt den Anspruch: Sei wie Gott, der Tote lebendig macht! Einem solchen Anspruch kann kein Mensch entsprechen. Insofern kann man auch die Abwehrstrategien verstehen, die angesichts des Suizidversuchs angewendet werden. Dies soll jetzt nicht weiter ausgeführt werden; es dient als Veranschaulichung dessen, worum es bei der Unterscheidung von Verstehen und Verstehen geht. Es geht um die Unterscheidung von vereinnahmendem und eben so verharmlosendem Verstehen einerseits und einem Verstehen andererseits, das die Externität des zu Verstehenden zu würdigen weiß. Und eben in dieser Unterscheidung zeigt sich noch einmal, wie eng Verstehen und Erklären aufeinander bezogen sind: will ich im Verstehen die Externität des zu Verstehenden würdigen, so bin ich just auf den objektivierenden Erklärungsvorgang angewiesen, der das Externe als Externes und Kontingentes überhaupt zum Zuge bringt.

2.4.5 Verstehen als Lebensvorgang

Wir richten unsere Aufmerksamkeit auf einen Aspekt des Verstehens, der von *Ernst Fuchs* in den Vordergrund gestellt worden ist. Fuchs wählt das Beispiel des Feuers, um auf den Unterschied von Verstehen und Erklären aufmerksam zu machen. «Wer das Feuer *erklären* will, der mag das heute chemisch, physikalisch, soziologisch tun, indem er den Vorgang analysiert, der gegeben ist, sobald etwas brennt» ([19], 17). Eine solche Analyse des Feuers hat im besten Falle eine *Theorie des Feuers* zum Ergebnis. Eine Theorie ist die Zusammenfassung aller Bedingungen, unter denen der Vorgang des Feuers geschehen kann. Eine Theorie ist, wie Fuchs sagt, eine Erklärung: «sie erklärt die ‹Wirklichkeit›, in welcher sich das Feuer unterbringen läßt» (ebenda). Man könnte vielleicht sagen: eine Theorie betrachtet das Feuer unter Absehung davon, daß es brennt. Eine Erklärung dieser Art ist insofern theoretisch, als sie von dem Ereignis des brennenden Feuers abstrahiert.

Das alltägliche Leben freilich erfordert nicht einen solchen theoretischen Umgang. In Klammern sei bemerkt: theoretisch ist dieser Umgang nicht etwa dadurch, daß dabei gedacht wird. Theoretisch ist er vielmehr durch die Art des Denkens, die ihn beherrscht: durch eine Art des Denkens, die vom Vorgang des Feuers absieht. Der Alltag, sagten wir, erlaubt keinen theoretischen Umgang mit dem Feuer. Hier wird es in erster Linie nötig, daß das Feuer sozusagen gezähmt wird, daß es in den Dienst genommen, beherrscht und bewacht wird. Mit Fuchs kann man sagen: «Im Alltag muß man sich also auf so etwas wie Feuer *verstehen*» (ebenda). Fuchs will dem Verstehen eine bestimmte Richtung geben: er will das Verstehen begreifen als ein *Sich-Verstehen-auf*.

Er entdeckt damit, daß ein wahrhaftiges Verstehen niemals eine theoretische Angelegenheit sein kann, sondern daß wahrhaftiges Verstehen sowohl ein Umgang mit dem Phänomen ist als auch auf der Erfahrung mit dem Phänomen selbst beruht. Wer sich auf Feuer versteht, hat mit dem Feuer so viele Erfahrungen gemacht, daß er es nun zu nutzen weiß. Er versteht es, sich die Segnungen des Feuers zukommen zu lassen. Daraus ergibt sich freilich, daß er das Feuer nicht mehr betrachten kann unter Absehung davon, daß es brennt. Eine solche Betrachtungsweise würde ihn am Verstehen hindern, weil sie ihn wegführte von der Erfahrungsdimension. Gewiß wird, wer sich auf das Feuer versteht, sich einigermaßen erklären können, unter welchen Bedingungen es theoretisch zustandekommt. Aber dieses Theoretische ist beim Sich-Verstehen-auf Nebensache geworden: «Ausschlaggebend sind die Erfahrungen, die beim Ereignis unmittelbar gemacht werden» (ebenda). Dazu, daß in dieser Sache die Erfahrungen wichtiger sind als alle Erklärungen, bringt Fuchs eine – wie er sagt – «hübsche Analogie»: «Ein Vater erklärt seinem Sohn, wie der Mensch entsteht (wie Kinder auf die Welt kommen). Als es soweit ist, fragt der Junge den in Schweiß geratenen Papa: und die Zwillinge, Vater?» ([19], 18).

Die Erklärung sucht sich den Vorgang oder den Aspekt selbst aus, der erklärt werden soll. Sie teilt den zu erklärenden Gegenstand in seine Komponenten auf, um ihn erklärenderweise wieder zusammenzufügen. Das Verstehen dagegen lebt im Umgang mit den Dingen selbst und zwar im Umgang mit ihrer ganzen Wirksamkeit, weil es letzlich ein Sich-Verstehen auf sie ist. Was bedeutet dies für die neutestamentliche Hermeneutik? Sie kann jedenfalls nicht in dem Sinne Erklärung sein wollen, als sie gleichsam eine Theorie der neutestamentlichen Botschaft entwirft. Die neutestamentliche Botschaft ist – sofern sie Wort Gottes sein will – nicht erklärbar. Man kann nicht eine Theorie darüber bilden, die davon abstrahiert, daß – bildhaft gesagt – Gott spricht. Nicht selten wird dort zu solchen theoretischen Erklärungen gegriffen, wo ein Erfahrungsdefizit mit dem biblischen Wort vorliegt. Sie haben dann die Aufgabe, jenes Erfahrungsdefizit zu kompensieren. Man tut gut daran, sich die Warnung von Fuchs zu Herzen zu nehmen: mit dem neutestamentlichen Wort muß man konkrete Erfahrungen machen, gewiß nicht immer angenehme, aber immerhin Erfahrungen, die einem eine Ahnung davon geben könnten, was Wort Gottes sein möchte. Die angebliche Nicht-Aktualität, die häufig im Blick auf das Neue Testament festgestellt und als leiser Vorwurf an die Adresse der Theologen gerichtet wird, beruht auf einem Defizit an

Erfahrungen mit diesem Text. Angesichts eines solchen Vorwurfs ist es unsinnig, die Aktualität theoretisch erweisen zu wollen. Dem genannten Vorwurf ist nicht dadurch zu begegnen, daß von der ergangenen Botschaft theoretisch abstrahiert wird. Denn eine Theorie darüber, daß Gottes Wort aktuell sein *kann,* ersetzt nicht seine faktische Aktualität. Ein solcher Vorwurf kann die Theologen und überhaupt alle Menschen guten Willens nur dazu anhalten, den Umgang mit dem neutestamentlichen Wort noch intensiver zu pflegen und vielleicht da und dort eine Erfahrung mit jenem Wort zu ermöglichen. Die neutestamentliche Hermeneutik ist also bloß insofern theoretisch, als sie alle Kräfte der Vernunft zusammennimmt, um die Einsicht in den Sachverhalt herzustellen, daß Verstehen im Blick auf das Neue Testament und im Blick auf das Leben eben heißen muß: sich verstehen auf, umgehen können mit den Texten, damit sie sich auswirken können, wie das Feuer sich auswirkt bei denen, die sich darauf verstehen.

Damit keine Mißverständnisse aufkommen: Ein solcher Umgang mit dem Neuen Testament wird auch manches zu erklären haben. Er wird manches wissenschaftlich erklären wollen. Aber eben: Das Erklären geschieht nicht anstelle des Verstehens, es geschieht vielmehr im Rahmen des Verstehens. Das Erklären ist jene Tätigkeit im Rahmen des Verstehensvorgangs, welche methodisch kontrollierbar und auch jederzeit methodisch erzeugbar ist. Eine Erklärung kann erzeugen, wer über die rechten methodischen Voraussetzungen verfügt. Und es kann kein Zweifel sein, daß eine solche Erklärung – etwa über den historischen Zusammenhang eines Textes – dem Verstehen entgegenkommt. Allerdings bleibt das Verstehen selbst dem methodischen Zugriff unerreichbar. Ich kann nicht sagen, wann es zum Sich-Verstehen-auf kommen muß. Es gibt – wie Fuchs sagt – «die Stunde des Verstehens», die nicht jederzeit gekommen ist.

2.4.6 Verstehen – nach dem Fleisch?

Im Sinne einer Zusammenfassung des ganzen Abschnitts vergegenwärtigen wir uns die Problematik von Erklären und Verstehen anhand einer paulinischen Aussage. «Darum kennen wir von jetzt an (*apo tou nyn*) niemanden mehr nach dem Fleisch; auch wenn wir Christus nach dem Fleisch gekannt haben, verstehen wir ihn jetzt nicht mehr so» (2 Kor 5,16). Entgegen anderslautenden Thesen, welche ein Desinteresse des Paulus am historischen Jesus feststellen wollen, ist zunächst einmal festzuhalten, daß es Paulus hier gar nicht um das Problem des historischen Jesus geht. Vielmehr geht es ihm um die angemessene *Erkenntnisweise* zunächst des Christus und dann überhaupt aller Menschen. Diese Feststellung läßt sich schon dadurch eindeutig belegen, daß bei Paulus der historische Jesus so

etwas wie «*ho Christos en sarki*» heissen müsste. Da dies nicht der Fall ist, muß das *kata sarka* eine Bestimmung der Erkenntnisweise sein. Das *kata sarka* charakterisiert das *gignōskein* und nichts sonst.
Nach dieser grammatikalischen Erklärung können wir uns dem Sinn des Textes zuwenden. Mit der sachgemäßen Erkenntnisweise hat Paulus das angemessene Verstehen Christi und dann überhaupt der Menschen im Blick. Das angemessene Verstehen wird negativ bestimmt: angemessen könnte jedenfalls nicht sein, den Christus nach dem Fleisch zu kennen. Was heißt hier «nach dem Fleisch»? Es heißt ganz einfach, den Christus im Rahmen des weltlichen Wirklichkeitszusammenhangs zu verstehen. Oder anders gesagt: Christus nach dem Fleisch kennen heißt Jesus auf seine irdisch-weltliche Erscheinungsweise reduzieren, ihn mit den Augen der Welt sehen. Was heißt «mit den Augen der Welt sehen»? Die Antwort ist wiederum einfach: es heißt einerseits, Jesus mit den Augen des Gesetzes sehen, also Jesus so verstehen, wie ihn das Gesetz definiert (Gal 3,13). Es heißt andererseits, ihn in den Rahmen der weltlichen Weisheit stellen, einer Weisheit, welche dem Höchsten die Ehre gibt. In diesem Rahmen müßte Jesus verstanden werden als Inbegriff der *mōria,* der unsäglichen Torheit. Wer den Gekreuzigten als Verfluchten beziehungsweise als Torheit versteht, versteht ihn nach dem Fleisch. Nun kann man wohl sagen, daß diese Verstehensweisen das Gepräge des Erklärens tragen. Sie ordnen Jesus in die irdische Wirklichkeit ein, um ihn in diesem Rahmen zu erklären: den Tod am Kreuz als Folge seiner Blasphemie, die Torheit dieses Sterbens als sicheres Zeichen für die Gottferne dieses Menschen. Zur Erklärung werden bestimmte Definitionssysteme herangezogen: die Definitionsmacht des Gesetzes auf der einen Seite, die Definitionsmacht der Weisheit auf der andern Seite.
Eine solche Erkenntnis will Paulus als unsachgemäß darstellen. Wie kommt er darauf? Der Kontext gibt Antwort: dort kommt die Auferwekkung Jesu zur Sprache (vgl. 2 Kor 5,15). Das Verstehen nach dem Fleisch ist «von nun an», das heißt von der Auferweckung an, nicht mehr am Platz. Ja, das Bekenntnis zum Auferstandenen ist im Grunde nichts anderes als der Abschied von der Erkenntnis nach dem Fleisch. Jetzt ist eine neue Verstehensweise am Platz: sie müßte im Sinne der paulinischen Theologie wohl *kata pneuma,* nach dem Geist, genannt werden. Er sagt es hier nicht ausdrücklich so. Wodurch zeichnet sich diese Erkenntnisweise aus? Man könnte etwas bildhaft antworten: Sie sieht Jesus, den Gekreuzigten, nicht mehr mit den Augen des Gesetzes oder der Weisheit, sondern vielmehr mit den Augen Gottes. Mit den Augen Gottes gesehen muß Christus verstanden werden als der Sohn Gottes, als der Inbegriff der Gottesgegenwart in der Welt. Wohlgemerkt: Er bleibt auch jetzt der Gekreuzigte. Seine weltliche Wirklichkeit wird nicht übergangen. Wohl aber geht das neue Verstehen über sie hinaus, indem sie die Wahrheit Gottes *in* dieser Wirklichkeit sieht. Dazu ein Beispiel: In Wirklichkeit ist

der Gekreuzigte der am Gesetz der Welt gescheiterte Mensch, der sich auf die Liebe verließ, die nicht von dieser Welt ist, und eben deshalb an der Welt scheitern mußte. In Wahrheit dagegen ist der Gekreuzigte die konkrete Gestalt, welche die Macht Gottes in der Welt hat, und eben deshalb ist am Kreuz nicht er, sondern das Machtdenken der Welt, das Gesetz der Welt, gescheitert.

Müßte man nicht sagen, daß sich in dieser Unterscheidung von Wirklichkeit und Wahrheit die Unterscheidung von Erklären und Verstehen auf eine noch einmal überraschende Weise anmeldet? Müßte man nicht sagen, daß angesichts dieses Entwurfs von Verstehen, angesichts des Kennens gemäß dem Geist, das ganze weltliche Erkennen, ob es sich nun als *Erklären oder Verstehen* vollzieht, in den Bereich des Erklärens versetzt wird? Auch wenn beispielsweise Dilthey die Texte (geisteswissenschaftlich) als Äußerungen des menschlichen Geistes ausdrücklich dem Verstehen zuordnet, so ist auch dieses Verstehen immer noch ein Verstehen im Horizont der Welt. Und deshalb kommt es «von nun an» in den Zusammenhang des Erklärens, welches die Phänomene der Welt (völlig zu Recht!) in den Zusammenhang des weltlichen Seins stellt. Müßte man dann nicht sagen, daß das wahrhaftige Verstehen Christi erst dort beginnt, wo er mit den Augen Gottes gesehen wird? Gewiß, eben diese Sicht ist ja nicht einfach selbstverständlich und eindeutig. Und ebenso gewiß ist, daß in dieser Auffassung die Bezogenheit von Verstehen und Erklären erst recht evident ist. Das Verstehen in diesem Sinne ist eben deshalb auf das Erklären angewiesen, weil es die Wahrheit Gottes nicht an der Wirklichkeit der Welt vorbei wahrnehmen kann. Die Wirklichkeit der Welt wird im neuen Verstehen nicht übergangen, und eben deshalb kommt das Verstehen ohne Erklären nicht aus. Allerdings wird daran zugleich deutlich, wie sehr auch das Erklären seinerseits auf dieses Verstehen angewiesen ist. Erklärungen tragen die Tendenz in sich, die Dinge *ausschließlich kata sarka,* im Horizont weltlicher Wirklichkeit, zu verstehen. Erklärungen – namentlich in der Neuzeit – neigen dazu, die Dimension des *kata pneuma,* des Wahrnehmens mit den Augen Gottes, von den weltlichen Dingen auszuschließen. Wenn dies geschieht, wird das Weltliche (das zweifellos weltlich erklärt werden kann) auf bloß Weltliches reduziert. Dann wird das Weltliche in sich selbst zum Abschluß gebracht. Und daraus folgt, daß auch das Erklären selbst in sich verstrickt oder auf sich beschränkt ist. Es wäre dem Verstehen im Horizont Gottes verschlossen und damit auch als Erklären pervertiert.

Konnte man also sagen, der Schritt vom Erklären zum Verstehen sei erst dort wahrhaftig getan, wo der gekreuzigte Jesus als die wahre Gestalt der Anwesenheit Gottes in der Welt verstanden wird? Nach Paulus wäre dies eine bloß halbrichtige, weil unvollständige Antwort. Denn zusammen mit dem Verstehen *Christi kata pneuma* geht das Verstehen *aller Menschen kata pneuma.* Mit den Augen Gottes gesehen ist Christus der Sohn

Gottes, und mit denselben Augen gesehen sind die Menschen seine Schwestern und Brüder, oder – fast blasphemisch mutet es an – Gottes Töchter und Söhne. Und es wäre eine bloß halbherzige Erkenntnis, wollte sie nur Christus mit den Augen Gottes verstehen. Der Christus ist erst dort wahrhaftig gemäß dem Geist Gottes verstanden, wo auch die Menschen und die Welt gemäß dem Geist Gottes verstanden werden können. Anders formuliert: Christus ist erst dort mit den Augen Gottes wahrhaftig gesehen worden, wo auch die geringsten seiner Brüder mit Gottes Augen gesehen werden. Es ist dies eine Sichtweise, welche den Zusammenhang des Erklärens durchaus respektiert. Sie wird sich nicht davon distanzieren wollen, auch – sagen wir – psychologische Erklärungen gelten zu lassen, wo es um das Verstehen anderer Menschen geht. Aber diese Sichtweise wird in ihrem Verstehen über das in der Welt Wirkliche hinausgehen, sie wird das ganze weltliche Verstehen in den Bereich der Erklärung verweisen, um das auf diese Weise Erklärte neu zu verstehen: auf diese Weise wird die alte Welt unter den Augen Gottes zu einer neuen Kreatur. Gewiß nicht in Wirklichkeit, gewiß nicht in vorfindlicher Weise, aber doch in Wahrheit, gesehen im Lichte des göttlichen Wortes. Wenn es zu dieser Art von Verstehen kommt – und es kommt dazu, wenn die Stunde des Verstehens da ist –, dann wird dadurch der geschlossene Zusammenhang des weltlichen Verstehens aufgebrochen. Es wird damit auch die Selbstverschlossenheit des Sehens mit den Augen der Welt unterbrochen, und es findet eine *theologische* Unterscheidung statt zwischen Erklären und Verstehen. Dadurch wird das Erklären in den Bereich verwiesen, wo es sinnvoll erscheint: dorthin nämlich, wo es um die Wirklichkeit des Menschen und der Welt geht. Das Erklären wird erstreckt auf sämtliche Weisen, die Welt innerweltlich zu verstehen, und zugleich wird es begrenzt, weil es davon abgehalten wird, den Menschen und die Welt auf ihre Weltlichkeit zu reduzieren. Und nun erst erscheint der Mensch als Freigelassener und die Welt als Kreatur.

2.4.7 Über das Verstehen hinaus …

Im vorliegenden Abschnitt wurde der Versuch gemacht, dem Problem von Erklären und Verstehen auf verschiedene Weise näher zu kommen. Erst jetzt, gleichsam nach durchwanderter Nacht, kann es zur Frage kommen, ob es eine Wahrnehmung gibt, die noch einmal jenseits der besprochenen Polarität von Erklären und Verstehen liegt. Zu dieser Frage gibt wiederum ein paulinischer Text Anlaß. Ihr wird dieser letzte Überlegungsgang gewidmet sein.

Zunächst halten wir uns jedoch die Ergebnisse der bisherigen Überlegungen zusammenfassend vor Augen. Der Ausgangspunkt war Diltheys Unterscheidung von objektivierendem, eine Sache in Teilaspekte aufteilendem, sie quantifizierendem Erklären einerseits und dem auf einzelne Lebensäußerungen des Geistes ganzheitlich gerichteten Verstehen andererseits, das seine höchste Objektivität genau dort erreicht, wo das verstehende Subjekt sich der Sache größtmöglich angenähert hat. Diltheys Trennung hatte sich sowohl wissenschaftstheoretisch als auch alltagspraktisch als undurchführbar erwiesen: Verstehen und Erklären sind immer aufeinander bezogene Tätigkeiten.

Hatte Dilthey den Grund des Verstehens noch in der Gleichartigkeit des in allen Äußerungen und auch im Erkennenden vorkommenden Geistes gesehen, so sind wir durch Bultmann auf das Lebensverhältnis zur Sache gestoßen, welches jedem Verstehen vorausgeht und es ermöglicht. Damit ist auch das Fremde in den Horizont des Verstehbaren gerückt. In gewisser Weise ist die Tätigkeit des Erklärens die Hüterin des Fremden. Denn sie wahrt die Gegenständlichkeit und Externität dessen, was dem vereinnahmenden Zugriff des Verstehens zum Opfer zu fallen droht. Dadurch wird die Tätigkeit des Erklärens für das Verstehen selbst bedeutsam: wenn Verstehen heißt, eine existentielle Beziehung einzugehen, dann ist die Externität die lebenswichtige Voraussetzung allen Verstehens, es sei denn, das Verstehen benütze das Äußere nur, um sich auf sich selbst zu beziehen. Allerdings, so konnten wir im dritten Überlegungsgang beobachten, kann die Tätigkeit des Erklärens auch so etwas wie eine Immunisierung des Subjekts zur Folge haben. Diese Immunisierung erfolgt durch Einordnung der Texte in banale gegenwärtige Sinnsysteme oder auch in historische Zusammenhänge (was einer Versteinerung der Texte gleichkommt). Dadurch erfolgt jedoch eine weitreichende Immunisierung gegenüber dem Anspruch der Sache, der im Lebendigen an den Menschen herantritt.

Befanden wir uns schon hier auf der Schwelle, wo eine Unterscheidung von Erklären und Erklären sich abzeichnete, so wurde dies im nächsten Überlegungsgang vollends unumgänglich. Es gibt offensichtlich Erklärungen, die unmittelbar im Interesse des Verstehens stehen, während andere das Verstehen geradezu verunmöglichen. Im Interesse des Verstehens stehen solche Erklärungen, die dem Einzelphänomen verpflichtet sind (statt dieses bloß als Beispiel für einen allgemeinen Zusammenhang zu verwenden). Solche Erklärungen bringen die Phänomene nicht zum Verschwinden, weil sie der Kontingenz (und also der Weltlichkeit) verpflichtet sind, über die der menschliche Geist sich stets – auch im nachmetaphysischen Zeitalter – zu erheben trachtet.

Ernst Fuchs' Hinweis folgend wurden wir dann auf das Verstehen als Lebensvorgang aufmerksam: Im Unterschied zum Erklären, das faktisch oft theoretisch vorgeht und also von der Wirksamkeit der Dinge abstrahiert, ist das Verstehen ein Sich-Verstehen-auf, ein Lebensvorgang, der auf Erfahrung mit den Dingen beruht und selbst eine bestimmte Weise des Umgangs mit ihnen ist. Wäre das die Antwort auf die Frage, worin denn der Wesensunterschied zwischen Erklären und Verstehen bestehe?

Im letzten Gedankengang stießen wir auf einen *theologisch* zu formulierenden Unterschied beider Tätigkeiten. Das Erklären ist dadurch gekennzeichnet, daß es die Dinge in den Horizont des Weltlichen einordnet (ohne sie freilich in diesen Horizont einzuschließen), während das Verstehen, das «von nun an» gilt, die Welt und die Menschen in den Horizont Gottes versetzt. Das Erklären ist – theologisch gesehen – im Falle seiner höchsten Kultivierung der Wirklichkeit verpflichtet, während das Verstehen «dem Geiste Gottes nach» der Wahrheit gilt.

Und erst jetzt kann sich die Frage stellen, ob damit der Wahrnehmungsvorgang in seiner ganzen Tragweite erfaßt ist. Anlaß zu dieser Frage gibt ein paulinisches Gegensatzpaar in 1 Kor 8,1b–3: «Doch die Erkenntnis bläht auf – die Liebe aber baut auf. Wenn nun jemand meint, etwas (als Gegenstand) erkannt zu haben, so hat er noch nicht erkannt, wie man erkennen müßte. Wenn aber einer Gott liebt, der ist von ihm erkannt.» In die Augen sticht der Gegensatz zwischen der Erkenntnis, sei diese nun mehr dem Erklären oder dem Verstehen zugeneigt, die das Ich aufbläht, und der Liebe, welche dem Aufbau sinnvoller menschlicher Gemeinschaft dient. Man könnte sich zunächst vorstellen, hier seien gar keine Wahrnehmungsphänomene, sondern vielmehr sittliche Verhaltensweisen angesprochen. Dies ist jedoch nicht der Fall. Paulus spricht von einer Erkenntnis, in welcher das Subjekt sich selbst etwas vormacht: es macht sich größer, so wie ein Frosch sich größer macht, wenn er sich aufbläht. Beides, das Erklären wie auch das Verstehen, können das Ich über die Dinge erheben, können es aus der Angewiesenheit auf das Fremde entlassen. Der Verstehende neigt dazu, einen Standpunkt über den Dingen einzunehmen, indem er die Dinge zu Gegenständen seines Verstehens und Erklärens macht. Mit dieser Art von Erkenntnis setzt sich der Mensch dorthin, wo er einst Gott vermutete. Das macht die Aufgeblasenheit aus, deren Kehrseite allerdings die Einsamkeit und Gottverlassenheit des Subjekts ist.

Dieser die Welt und die Menschen zu Gegenständen machenden Erkenntnis hält Paulus vor Augen, daß sie noch gar nicht zu sich selbst gekommen sei. Wer so (gegenständlich) erkennt, ist noch nicht beim eigentlichen Erkennen angekommen. Was aber ist dieses eigentliche Erkennen? Paulus unterbricht die sachliche Logik und kommt unverhofft auf die Liebe zu sprechen: Wenn einer Gott liebt ...; nun würde man freilich erwarten, daß der Satz folgendermaßen weitergeht: der erkennt erst im eigentlichen Sinne. Auch hier liegt aber ein erneuter Bruch vor: Wenn einer Gott liebt, so ist er von Gott erkannt. Die Liebe dient hier dazu, eine entscheidende Kehre im Wahrnehmungsvorgang anzuzeigen. Während die Erkenntnis die Dinge zu Gegenständen macht und sie also dem Subjekt vom Leibe hält, läßt die Liebe zu Gott Gott herankommen an das Subjekt. Gott lieben heißt, Gott Gott sein lassen. Man könnte auch sagen: Gott Subjekt sein lassen. Gott Subjekt sein lassen aber heißt: Gott an mir tun lassen, was er getan hat. Mit den Worten des Paulus gesagt: mich von Gott erkannt sein lassen. Von der Erkenntnis zur Liebe geht es offensichtlich um die Kehre von dem Subjekt, das in der Wahrnehmung sich die Dinge vom Leibe hält, zu dem andern Subjekt, das – zunächst Gott und dann auch alle andern Dinge – an sich selbst zur Wirkung kommen läßt. Die Liebe ist jene Wahrnehmungsform, welche die Dinge sein läßt, welche die Dinge für mich dasein läßt, genauso wie sie Gott dasein läßt als einen, der mich verstanden hat in dem Sinne, daß er sich mit mir im Einverständnis befindet.

Wäre dies jene Kehre, die noch jenseits der Polarität von Verstehen und Erklären liegt? Wäre das Verstehen erst dann zu sich selbst gekommen, wenn es nicht bloß das Subjekt in ein Verhältnis zum Objekt versetzt, sondern wenn es darüberhinaus das Objekt am Subjekt wirksam werden läßt? Im Falle der neutestamentlichen Texte ist diese Kehre von großer Tragweite: sofern das Verstehen neutestamentlicher Texte bloß meint, daß ich als neuzeitliches Subjekt mich in einem gewissen Einverständnis mit diesen Texten befinde und mit ihnen Erfahrungen zu machen suche, ist das Verstehen noch nicht, was es wahrhaftig sein könnte. Wahrhaftig wird es erst, wo es in Liebe umschlägt, wo es nämlich dazu kommt, daß ich *mir* die Sache der Texte zugute halten kann. Man könnte auch sagen: wo es dazu kommt, daß die Texte den *mich* verstehenden, *mich* anerkennenden Gott an mich herantragen. Erkenntnis bringt zwar das Subjekt groß heraus, indem sie ihm einen Standpunkt über den Dingen ermöglicht. Aber sie führt dazu, daß Verstehen und Erklären selbst zu Rettungsmächten werden müssen, weil das Subjekt auf sich selbst angewiesen bleibt. Die Erkenntnis und insofern die Tätigkeit des Subjekts werden soteriologisch. Die Liebe dagegen läßt das Externe für das Subjekt dasein; sie *ist* die Angewiesenheit des Verstehenden auf das Verstandene. Sie sucht das Rettende dort, wo es zu finden ist: im Externen, im Fremden. Sie läßt das Subjekt ein in die rettende Wirksamkeit des Äußeren und bringt eben deshalb das Subjekt größer heraus als es die Erkenntnis tut. Wäre dies die Kehre, die Erklären und Verstehen gleichermaßen betrifft?

2.5 Das Vorverständnis des Evangeliums

Dieser letzte Abschnitt unserer ausführlichen Vorrede ist dem Vorverständnis gewidmet. Er beschäftigt sich mit diesem Phänomen, weil es von fundamentaler hermeneutischer Bedeutung ist. Es bezeichnet genau den Punkt, wo der sogenannte natürliche Mensch und das Evangelium zusammenkommen. Vielleicht könnte man auch sagen: Der hermeneutische Grundbegriff des Vorverständnisses zielt darauf, *anzugeben, woran das Evangelium anknüpft.* Auf welche Vorgaben kann es sich stützen, wenn es den Menschen mit dem Wort Gottes konfrontieren will? Für die neutestamentliche Hermeneutik bedeutet dies, daß das Vorverständnis so etwas wie den Berührungspunkt darstellt zwischen dem neuzeitlichen Leser und *diesen* antiken Texten. Es ist nicht überraschend, daß dieser Begriff in der Hermeneutik Bultmanns eine wichtige Rolle spielt. Unsere Überlegungen gehen deshalb aus von den hermeneutischen Einsichten Bultmanns, um dann fortzuschreiten zu einer kritischen Weiterführung dessen, was Bultmann das Vorverständnis nannte.

2.5.1 Ausschluß von Mißverständnissen

In einem ersten Überlegungsgang gilt es, den mißverständlichen Gebrauch des Begriffs Vorverständnis aufzudecken. Ein Blick in die theologische Literatur zeigt, daß sich unter Theologen neuerdings ein bestimmter Sprachgebrauch eingebürgert hat (dieser Mißbrauch ist freilich nicht auf die Theologen beschränkt, ist aber in der Theologie besonders störend). Man braucht das Wort «Vorverständnis», um damit eine *unsachgemäße Einstellung* zu bezeichnen. Das sei ja erst das Vorverständnis, kann man etwa sagen, oder: es gelte endlich, das neuzeitliche Vorverständnis abzulegen. In diesem Sprachgebrauch rückt das Vorverständnis in die Nähe dessen, was gewöhnlich *Vorurteil* heißt. Wäre das Vorverständnis ein Vorurteil, könnte es dem Verstehen nur hinderlich sein. Damit aber sind wir weit von dem weggekommen, was Bultmann selbst mit diesem hermeneutischen Grundbegriff meinte. Der neuerdings um sich greifende Sprachgebrauch beruht auf einem fundamentalen Mißverständnis. Nun hat freilich Bultmann schon weit größeres Unrecht erleiden müssen als den mißverständlichen Gebrauch eines seiner Begriffe. Ginge es nur um *sein* Recht, könnte die Sache auf sich beruhen bleiben. Im mißverständlichen Gebrauch seines Begriffes zeigt sich aber eine hermeneutische Unsorgfältigkeit mit fatalen Folgen. Deshalb wird jetzt kurz erinnert an das, was für Bultmann der Begriff des Vorverständnisses bedeutete, um diesen abzuheben gegen den Mißbrauch.

Vom Vorurteil unterscheidet sich das Vorverständnis bekanntlich gleich in zweifacher Hinsicht. *Zum ersten*: Das Vorurteil ist dem Verstehensvorgang hinderlich. Die Erfahrung lehrt, daß Vorurteile gerade nicht auf das Verstehen einer Sache aus sind, sondern vielmehr das Ende jeder Verstehensbemühung anzeigen. Ein Vorurteil dokumentiert, daß man gar nicht mehr verstehen will. Man kann sich dies klarmachen etwa an der Wirkung, die das Vorurteil auf das Verhältnis von Schweizern zu italienischen Gastarbeitern hat. Während also das Vorurteil dem Verstehen im Wege steht, verhält es sich beim Vorverständnis umgekehrt: das Verstehen ist geradezu angewiesen darauf, daß ein Vorverständnis da ist. Nach Bultmann gilt dann, daß «jede Interpretation notwendig von einem gewissen *Vorverständnis* der in Rede oder in Frage stehenden Sache getragen ist» ([23], 227). Das Vorverständnis *trägt* also das Verstehen; es ist das Sachinteresse des Verstehenden. Es ist das Motiv dafür, daß er sich auf die Sache des Textes überhaupt einläßt. Zu betonen ist also nicht nur das Vorläufige, sondern auch das Verstehen, das im Vorverständnis aufbewahrt ist. Das Vorverständnis meint ein Verstehen vor dem Verstehen, ein Wissen um die Sache, die in einem Text verhandelt wird. Gewiß kann ein solches Vorverständnis vorläufig und korrekturbedürftig sein. Aber auch als korrekturbedürftiges bleibt es eine notwendige Voraussetzung des Verstehens. Weil es *strukturell* dem Verstehen gleich ist, behindert es dieses gerade nicht. Also: Das Vorverständnis ermöglicht überhaupt Verstehen, während das Vorurteil als Wahn des Verstandenhabens dem Verstehen im Wege steht.

Zweitens: Vom Vorurteil unterscheidet sich das Vorverständnis noch in einer andern, ungleich viel wichtigeren Hinsicht. Das Vorurteil ist ja so etwas wie eine falsche *Meinung*. Wenn ich dieses oder jenes *denke* über Dinge, kann dies ein Vorurteil sein; beispielsweise wenn ich denke, alle Deutschen seien rücksichtslos. Daraus erkennt man: das Vorurteil hat wesentlich einen theoretischen Charakter; es abstrahiert davon, wie die Phänomene sich faktisch ereignen. Ein Vorurteil kommt genau dadurch zustande, daß ich kein Verhältnis zum Beurteilten beziehungsweise keine Erfahrung mit den beurteilten Dingen habe. Wer denkt, alle Deutschen seien rücksichtslos, hat eben keine Erfahrungen mit ihnen, beziehungsweise er hat eine einzelne, mit Exemplaren aller Nationen zu machende Erfahrung verabsolutiert, womit er das Gebiet der Erfahrung wiederum hinter sich gelassen hat. Durch Erfahrung könnte sein Vorurteil überwunden werden. Ganz im Unterschied zum Vorurteil, welches von der Verhältnislosigkeit zu den Dingen lebt, ist das Vorverständnis gerade dadurch gekennzeichnet, daß es ein *Lebensverhältnis zur Sache* darstellt. Mit dem Vorverständnis sind genau jene Erfahrungen mit einer Sache gemeint, die meinem Verstehen vorausgehen. Diese vorausgehenden Erfahrungen machen das Verstehen überhaupt möglich. Bultmann verwendet in diesem Zusammenhang das Beispiel der Liebe und Freundschaft. Einen Liebesroman verstehe ich nur, sofern ich aus meinem eigenen Leben die Liebe kenne. «Ich verstehe ... einen Roman nur, weil ich aus dem eigenen Leben weiß, was zum Beispiel Liebe und Freundschaft, was Familie und Beruf ist usw. Eben daher ist manche Literatur manchen Menschen je nach Alter oder Bildung verschlossen» ([23], 219). Wer also ein Lebensverhältnis zur Liebe hat, das heißt: wer mit der Liebe Erfahrungen gemacht hat – das mögen durchaus auch schmerzliche Erfahrungen sein –, der wird verstehen können, welche Sache in einem Liebesroman verhandelt wird. Er hat ein *Lebensverhältnis* zur Sache des Liebesromans.

Das Lebensverhältnis zur Sache eröffnet mir den Zugang zu ihr. Das Vorverständnis schafft das, was Bultmann das «Woraufhin des Verstehens» nennt. An vergangenen Texten kann ich sehr verschiedenartige Interessen haben: ich kann sie beispielsweise sozialpsychologisch oder auch ästhetisch oder auch aus Interesse am Dasein in seiner geschichtlichen Vielfalt und Äußerung lesen. All diese Verstehenshinsichten laufen unter dem Woraufhin des Verstehens. Ich kann schließlich vergangene Texte auch daraufhin lesen, was sie zur Frage nach dem menschlichen Sein sagen, und zwar gestellt als Frage nach meinem eigenen Sein. Wenn ich – besonders philosophische und religiöse – Texte unter dem Gesichtspunkt lese, was sie mir als Selbstverständnis eröffnen, dann ist diese Leseweise bedingt durch mein Vorverständnis.

Es könnte jemand auf den Gedanken kommen, das Verstehen sei erst dort zu seiner Reinheit gekommen, wo dieses mein Vorverständnis keine Rolle mehr spiele. Das wäre ein objektivistischer Irrtum. Verstehen gibt es nicht ohne das Engagement des Subjekts. Wo dieses Engagement eliminiert wird, wo also das Vorverständnis ausgeschaltet wird, kommt es überhaupt nicht mehr im eigentlichen Sinne des Wortes zum Verstehen. Denn das Lebensverhältnis zur Sache trägt das Verstehen. Deshalb kommt es nach Bultmann darauf an, das Vorverständnis nicht zu eliminieren, sondern es ins «Bewußtsein zu erheben, es im Verstehen des Textes kritisch zu prüfen, es aufs Spiel zu setzen»; in der Befragung des Textes soll das Subjekt sich selbst in Frage stellen lassen, damit der Anspruch des Textes vernommen werden kann ([23], 228). So viel zur Richtigstellung des objektivistischen Irrtums.

Allerdings stellt sich die Frage, wie weit das Vorverständnis sich überhaupt korrigieren lassen muß. Ein Beispiel: Wenn das Vorverständnis ein *Lebensverhältnis zur Sache* darstellt, dann wäre es jedenfalls höchst problematisch, wenn der Vorgang des Verstehens die Lebendigkeit dieses Verhältnisses ersterben ließe. Wenn zum Beispiel die Auslegungsweise biblischer Texte zu ihrer Theoretisierung führen würde, sodaß das Subjekt im Vorgang des Verstehens fortschreiten würde von einem Lebensverhältnis zur Sache zu einer theoretischen Bewältigung dieser Sache, dann würde ja das Vorverständnis *zum Schaden* des Verstehens korrigiert. Mit der Theoretisierung ist also eine jener Grenzen gegeben, hinter welcher eine Korrektur des Vorverständnisses nicht mehr in Frage kommt.

Zum Unterschied zwischen Vorurteil und Vorverständnis halten wir also fest: Erstens ist das Vorverständnis gerade nicht hinderlich für den Verstehensvorgang, sondern es trägt ihn; zweitens stellt das Vorverständnis in schroffem Gegensatz zum Vorurteil ein lebensmäßiges, erfahrungsmäßiges Involviertsein des Menschen in die Sache des Textes dar. Dieses Lebensverhältnis sorgt dafür, daß der Mensch sich dem Anspruch der Sache nicht entziehen *will.*

2.5.2 Ein Vorverständnis Gottes?

Bisher war vom Vorverständnis allgemein die Rede. Nun muß gefragt werden, inwiefern es im Blick auf Gott überhaupt ein Vorverständnis geben könne. Wenn Gott das Thema des Evangeliums ist, dann kann man nur sinnvoll von einem Vorverständnis des Evangeliums reden, wenn es auch ein Vorverständnis von Gott gibt. Dazu noch einmal Bultmann: «Die Sache, von der die Hl. Schrift, zumal das Neue Testament, redet, ist das Handeln Gottes, von dem es schlechterdings kein Vorverständnis geben kann» ([23], 231), da ja der Gottesbezug des Menschen keineswegs natürlich ist. Dieser Gottesbezug wird durch Gott selbst allererst hergestellt, und zwar im Akt der Offenbarung. Aktuelle Ereignisse *als solche* entziehen sich dem Vorverständnis; erst recht entzieht sich das Handeln Gottes dem menschlichen Vorverständnis. Zu einem Ereignis kann ich nicht ein voraufgehendes Lebensverhältnis haben; vor seinem Eintreten kann ich überhaupt nichts von ihm wissen. Weil Gottes Sein Ereignisgestalt hat, kann kein Mensch ein Vorverständnis von Gottes Offenbarung haben. So weit ist die Sache nach Bultmann klar. Freilich ist damit noch nicht alles gesagt.

In einer gewissen Weise nämlich kann der Mensch auch von Ereignissen ein Vorverständnis haben, wenn auch nicht von ihnen als Akten, so doch von ihrer Möglichkeit. Um Ereignisse zu verstehen, muß der Mensch «ein Vorverständnis von den geschichtlichen Möglichkeiten haben, innerhalb derer diese Ereignisse ihre Bedeutsamkeit und damit ihren Charakter als geschichtliche Ereignisse gewinnen» ([23], 231). Ereignisse als Akte kann ich verstehen, wenn ich ein Vorverständnis ihrer Möglichkeit habe. Das heißt: Die Berichte über das Handeln Gottes kann ich verstehen, wenn ich ein Vorverständnis von dem habe, was Handeln Gottes heißen kann. Ein Lebensverhältnis zum Handeln Gottes kann ich dann haben, wenn ich weiß, wer Gott ist. Eben davon, so könnte man jetzt einwenden, könne der Mensch schlechthin nichts wissen. Solchen Einwänden würde Bultmann antworten, «daß *der Mensch sehr wohl wissen kann, wer Gott ist, nämlich in der Frage nach ihm*» ([23], 232). Ganz deutlich ist, daß dieses Vorverständnis sich auf den *potentiellen* (nicht den aktuellen) Gott bezieht. Die Frage wird aber sein müssen, ob – gesetzt den Fall, das Vorverständnis von dem potentiellen Gott sei gegeben – es einen Weg des Verstehens von der Möglichkeit zur Aktualität Gottes überhaupt gibt. Doch zunächst zurück zu Bultmanns Überlegungen. In diesem Zusammenhang rekurriert er auf den berühmten Satz Augustins: «Tu nos fecisti ad te, et cor nostrum inquietum est, donec requiescat in te» ([28], I, 1). Nach Bultmann ist das Vorverständnis Gottes gegeben in dieser Unruhe des Herzens. Das menschliche Dasein ist beunruhigt von der Frage nach dem Glück, nach dem Heil, nach dem Sinn von Welt und Geschichte. Diese beunruhigten Fragen sind in Wahrheit die Gottesfrage. In diesen beunruhigten Fragen weiß der Mensch, wer Gott ist. Deshalb markieren sie das Vorverständnis Gottes. Bultmann geht jedoch noch einen Schritt weiter, wenn er sagt: «*Das existenzielle Wissen um Gott* ist, wo es ins Bewußtsein tritt, *in irgendeiner* Ausgelegtheit da» ([23], 232). Biblisch zum Beispiel begegnet dieses Wissen in der Frage des Menschen nach der Seligkeit (vgl. den reichen Jüngling Mk 10,17–27). «Was muß ich tun, damit ich selig werde?» Das ist Wissen von Gott in einer bestimmten Ausgelegtheit. Soll nun das Vorverständnis des neuzeitlichen Menschen entdeckt werden, so muß die Frage nach Gott in ihrer neuzeitlichen Ausgelegtheit aufgespürt werden. Die Gottesfrage stellt sich immer als eine existentielle Frage. Daraus folgt dann: Die sachgemäße *Ausgelegtheit der menschlichen Existenz* ist das Vorverständnis des Evangeliums. Mit der Auslegung der Existenz beschäftigt sich die philosophische Bemühung um die Analyse des Daseins. Bekanntlich bedeutete für Bultmann die existenzphilosophische Analyse des Daseins die sachgemäße Auslegung existenziellen Wissens um Gott. Die Bedeutung der Existenzphilosophie für die Theologie Bultmanns wird einem hier mit einem Schlage bewußt und auch verständlich.

An diese Konzeption könnten jetzt viele Fragen gerichtet werden. Namentlich etwa die Frage, ob denn das existenzielle Wissen um Gott gleichsam wertfrei zu erheben sei, beziehungsweise ob eine Analyse des Daseins so tun könne, als ob Gottes Wort noch nicht gesprochen wäre. Gibt es das existenzielle Wissen um Gott überhaupt als reine Frage, unberührt von der schon erfolgten Offenbarung Gottes? Auf diese und ähnliche Fragen will ich jetzt nicht eingehen. Sie sind auch schon diskutiert worden. Statt dessen will ich mich konzentrieren auf ein einziges Grundproblem dieses Ansatzes. Ich konzentriere mich auf den Stellenwert, den die *Frage* in diesem hermeneutischen Ansatz hat.

2.5.3 Zur Reichweite des Fragens

Zunächst wiederhole ich: Das existenzielle Wissen um Gott hat die Gestalt der Frage nach Gott. Dieses existenzielle Wissen ist das (notwendige) Vorverständnis der Offenbarung Gottes. Es ist das Lebensverhältnis zur Sache des Evangeliums. Daraus folgt: Aus der Frage nach Gott ergibt sich das Woraufhin des Verstehens. Das existenzielle Wissen um Gott in der Gestalt der Frage sorgt für eine sachgemäße Auslegung der Texte und also dafür, daß die Texte überhaupt zum Verstehen kommen können. Nun ist aber die Frage nach Gott nichts anderes als die Frage nach der Wahrheit des Daseins, nach seinem Sinn und seinem Heil. In der Frage nach dem Sinn des Daseins erscheint das Dasein selbst als fraglich. Daraus folgt wiederum: Das Vorverständnis des Evangeliums ist faktisch gegeben in der Fraglichkeit der menschlichen Existenz. Das bedeutet: Die Fraglichkeit des Daseins ist unabdingbare Voraussetzung dessen, daß es zum Verstehen des Evangeliums kommen kann.

Problematisch an diesem Ansatz ist zunächst, daß er eine gewisse Versuchung mit sich bringt. Die Versuchung nämlich, ein allenfalls fehlendes Vorverständnis auf dem Wege der Verunsicherung allererst herzustellen. Es ist die Versuchung, sozusagen als Vorrede zur Verkündigung erst einmal die radikale Fraglichkeit der Adressaten aufzudecken. Könnte da nicht der Eindruck entstehen, von Gott müsse um der menschlichen Fraglichkeit willen die Rede sein? Ist da nicht die Gefahr gegeben, daß die Sache eines Textes von vornherein als *Antwort* auf die menschliche Fraglichkeit erscheint? Gottes Wort wird durch dieses hermeneutische Verfahren unversehens in die Antwortposition versetzt. Und schließlich: was ist mit denen, die ihre Existenz nicht als radikal fraglich verstehen können? Muß diesen Adressaten zuerst die Fraglichkeit auch ihres Daseins bewußt gemacht werden? Es könnte demgegenüber doch sein, daß die Kategorie der Fraglichkeit den Ort der Rede von Gott gar nicht sachgemäß bezeichnet. Es könnte wohl sein, daß Gott sich jenseits (oder besser: diesseits) von Fraglichkeit und Ruhe zu Worte meldet. Alle diese Bedenken sind nicht als Bedenken gegen Bultmanns Position gemünzt. Denn bei Bultmann sind viele Gefahren gesehen und bekämpft. Die Bedenken gelten vielmehr den Folgen dieses hermeneutischen Konzepts in der Praxis der Verkündigung und des Religionsunterrichts. In dieser Hinsicht muß unsere selbstkritische Frage doch lauten: Wieviel trauen wir in unserer Praxis der Verunsicherung zu? Für politische Agitatoren mag die Verunsicherung ein probates Mittel dazu sein, sich selbst als Versicherer zu inszenieren und auf diese Weise eine getreue Anhängerschaft um sich zu scharen. Die Verunsicherung ist jedoch niemals eine praeparatio evangelica.

In einem weiteren Überlegungsgang gilt es, von der Problematik der Fraglichkeit fortzuschreiten zur grundlegenderen Problematik des Vorverständnisses selbst: In welcher Weise ist das Vorverständnis auf die Sache des Textes bezogen? Wir werden dieses Problem auf einem kleinen Umweg angehen. Zunächst ist zu erinnern an Luthers Prinzip der Schriftauslegung: sacra scriptura sui ipsius interpres. Dieses Prinzip bedeutet vorderhand ganz einfach, daß man die Schrift ihre eigene Sache sagen läßt, ohne ihr dabei ständig ins Wort zu fallen. Wie fällt man der scriptura ins Wort? Gleich, wie man einem Menschen ins Wort fällt; indem man mit eigenen Meinungen und Postulaten dreinfährt, noch bevor die Schrift aussprechen konnte, was sie zu sagen hat. In solchem Dreinfahren herrscht der sensus proprius (der Eigensinn) des Auslegers über den sensus scripturae (Sinn der Schrift) oder den spiritus scripturae (Geist der Schrift). So kommt es nicht zur Auslegung der Schrift, sondern zur Projektion des Auslegers in die Texte.

Sachgemäß wird die Schriftauslegung, wenn sie der folgenden Regel folgt:

Der sensus proprius des Auslegers muß schweigen, damit der sensus scripturae reden kann. Nota bene: schweigen, nicht fragen! Wie kommt es dazu? Es kommt dazu, wenn der Ausleger alle seine Meinungen, alle seine Denkvoraussetzungen und ideologischen Interessen ins Bewußtsein erhebt, sie als *seinen* Sinn erkennen lernt, damit er sie nicht etwa verwechsle mit dem sensus scripturae. Man wäre jetzt versucht, den hier angesprochenen sensus proprius einfach gleichzusetzen mit dem Vorverständnis. Dies wäre falsch. Denn Bultmann spricht mit dem Vorverständnis gerade nicht irgendwelche Meinungen des Auslegers an, sondern sein *Lebens*verhältnis zur *Sache.* Es kann jedoch gerade der sensus proprius sein, zu meinen, Ziel der Auslegung sei *nicht die Sache* des Textes, sondern seine Produktionsbedingungen, also das Meinen des Autors, seine soziale und psychische Konstellation. «Es ist ein Mißverständnis der Hermeneutik, das selbst auf dem Boden eines historisch-psychologischen Verständnisses von Interpretation erwachsen ist, wenn man den Autor als Objekt des Interpreten ansetzt.» ([29], 81). Davon sind gerade gegenwärtige Ausleger recht häufig betroffen. Demgegenüber richtet das Vorverständnis, als Lebensverhältnis zur Sache, den Ausleger entschieden auf die *Sache* des Textes und gerade nicht auf die Meinung des Autors (oder seinen Glauben!). Das Vorverständnis ist deshalb ein wichtiges Moment in dem Versuch, die Schrift selbst reden zu lassen.

So sehr das Vorverständnis gerade im Interesse des Verstehens steht, so wenig kann man sich dispensieren von der Frage nach dem *angemessenen* Vorverständnis. Gewiß ist das Vorverständnis nicht eine subjektive Angelegenheit in dem Sinne, daß es eine subjektive Meinung eines Auslegers von der Fraglichkeit der Existenz gäbe. Die radikale Fraglichkeit des Daseins ist eine Ausgelegtheit der Existenz mit hoher Objektivität, sofern es für unser Jahrhundert wohl typisch ist, die Grunderfahrung von der Fraglichkeit der Existenz zu machen. Allerdings wäre mit Luther darauf hinzuweisen, daß auch der sensus proprius des Auslegers nicht seine subjektive Angelegenheit sein muß. So war für Luther die ganze exegetische Konvention der Scholastik eben ein solcher sensus proprius, der den Geist der Schrift zum Schweigen verurteilte. Der Eigensinn des Auslegers kann als Geist einer ganzen Zeit den Anschein völliger Objektivität erhalten. Und dann kann eine im Namen dieser Objektivität durchgeführte Schriftauslegung verwandelt werden in eine die Texte nur noch als Sprechanlaß benützende erbauliche Widerspiegelung des Eigensinns. (Erbaulich braucht bekanntlich gar nicht zu heißen, daß der biblische Geist in einer kein Wässerlein trübenden Harmlosigkeit daherkommt. Erbaulich kann gerade auch die fulminante Predigt des Gesetzes sein, welche den Menschen insofern «erbaut», als sie ihn – im Modus des Negativen – dennoch auf seine Handlungsmacht zurückverweist und ihm also bestätigt, was er sich zutrauen möchte.) «Der Subjektivismus wird nicht dadurch aufgehoben, daß er die Gestalt des Gemeingeistes annimmt und sich als objektiver Geist einer Institution oder Gesellschaft darstellt» ([29], 65).

Diesem Hinweis von Walter Mostert folgend will ich die Frage nach der Angemessenheit des Vorverständnisses stellen. Zwar kann nicht daran gerüttelt werden, daß die Fraglichkeit des Daseins eine Grunderfahrung der Gegenwart ist. Aber die Allgemeinheit dieser Erfahrung garantiert noch nicht dafür, daß wir es hier mit dem *angemessenen* Vorverständnis des Evangeliums zu tun haben. Denn was allgemein ist, kann durchaus auch der sensus proprius sein, der Subjektivismus in der Gestalt des objektiven Geistes. Charakteristisch für das Vorverständnis ist vielmehr, daß es ein Lebensverhältnis zur *Sache* darstellt. Auf dieser Basis ist die Frage nach dem *angemessenen* Vorverständnis durchaus legitim als Frage nach jenem elementaren Lebensvorgang, in welchem der Mensch mit dem Evangelium in Berührung kommt.

Allerdings: wer Zweifel daran anmeldet, ob die Grunderfahrung der Fraglichkeit das angemessene Vorverständnis sein könne, der muß sich die Frage gefallen lassen, wo denn er das angemessene Vorverständnis erblicke. Zur Beantwortung dieser Frage gilt es, Ausschau zu halten nach anderen Grunderfahrungen, die als Vorverständnis für das Handeln Gottes namhaft gemacht werden könnten. Die Frage muß also lauten: In welcher *Grunderfahrung (gegenwärtigen) Menschseins* erblicken wir das *Lebensverhältnis zur Sache* des Evangeliums?

Von vornherein ist festzuhalten: an der Existenzbezogenheit des Redens von Gott soll hier nicht gerüttelt werden. Jede Rede von Gott, die nicht zugleich Rede von dem betroffenen Menschen ist, ist entweder Ideologie oder Beschwörung. Nicht daran soll also gerüttelt werden, wohl aber daran, daß es ausgerechnet die *Fraglichkeit* der menschlichen Existenz ist, in deren Horizont das Handeln Gottes ausgelegt wird. Fraglichkeit läßt immer auf ein Defizit schließen. Und es ist nicht ausgemacht, daß Gott auf ein menschliches Defizit angewiesen ist, um zur Sprache kommen zu können. Daß Gott nur im Horizont menschlicher Fraglichkeit relevant wird, könnte gerade der Eigensinn unserer Zeit sein, ein Subjektivismus, der zugunsten des sensus scripturae aufgedeckt und zum Schweigen gebracht werden muß. Unser sensus proprius könnte sein, daß wir Gott im Horizont eines menschlichen Defizits ansiedeln. Dann lautet die Frage: Haben wir denn *in diesem Defizit* ein *Lebensverhältnis* zur Sache des Evangeliums? Noch einmal sei betont. Die Frage lautet nicht, ob ein solches Defizit, wie die Fraglichkeit der Existenz, vorhanden sei. Die Frage lautet vielmehr, ob in dieser defizitären Grunderfahrung das Lebensverhältnis zur Sache des Evangeliums zu erkennen sei. Hier ist der Punkt, wo eine kritische Anfrage an die Bultmannsche Bestimmung des Vorverständnisses angezeigt erscheint.

Um diese Anfrage noch schärfer zu konturieren, soll eine Überlegung von

Ernst Fuchs einbezogen werden. In seiner ersten Hermeneutik stellt sich Fuchs die Frage, wie es überhaupt zur *Gottesfrage* komme. Seine Antwort lautet: «Im Anfang *war* das Wort. ... Mißlingt es, so entsteht die Frage nach Gott» ([30], 70). Was heißt das? Wenn das Wort, das von der Liebestat Gottes an uns spricht oder das von der Rechtfertigung unseres Sünderseins redet, mißlingt, dann entsteht erst die Frage nach Gott. Oder etwas pointierter gesagt: Wenn das Wort vom *Handeln* Gottes mißlingt, entsteht die Frage nach der *Existenz* Gottes. Wenn es dem deutenden Wort nicht gelingt, uns unserer Sinnhaftigkeit gewiß zu machen, dann erst entsteht die Frage nach dem Sinn des Daseins. Also: Die Gottesfrage entsteht aus dem Mißlingen des Gotteswortes. Dazu lassen sich viele Entsprechungen in der Lebenserfahrung finden. Denn genauso stellt sich die Frage nach der Existenz der Liebe erst angesichts der mißlungenen Liebe. Die gelingende Liebe kommt der Frage nach der Liebe zuvor, weil das Geschehen der Liebe die Frage nach ihrer Existenz überflüssig macht. Damit sind wir meines Erachtens auf dem tiefsten Grund der zur Debatte stehenden Sache angekommen. Kann das *Wort vom Handeln Gottes* überhaupt verstanden werden im Horizont der *Frage nach seiner Existenz*? Ist die Frage nach der Existenz Gottes nicht schon eine Frage, die dem Tun Gottes sozusagen den Weg abschneidet? Anders – anthropologisch – gesagt: Ist die *Frage* nach der Wahrheit unseres Daseins überhaupt der Horizont, in welchem unsere Existenz zur Wahrheit gebracht werden kann? Ist die Frage nach der möglichen Existenz von Liebe überhaupt der Ort, an welchem die Liebe noch Ereignis werden kann? Wenn beispielsweise Witze im Horizont der Frage nach der möglichen Existenz von Humor verhandelt werden, wie können sie da noch den Humor zum Ereignis werden lassen, indem sie den Zuhörer zum Lachen bringen?

2.5.4 Ein angemessenes Vorverständnis?

Wie gesagt: Es kann keinesfalls darum gehen, die neuzeitliche Erfahrung von der Fraglichkeit des Daseins zu verabschieden. Und es kann ebensowenig darum gehen, den neutestamentlichen Texten einfach eine bessere Ausgangsposition zu konstruieren, ganz so, als ob die existentielle Situation der menschlichen Konstruktivität zugänglich wäre. Wohl aber muß es darum gehen, nach einer Grunderfahrung des Daseins zu fragen, die als angemessenes Vorverständnis der neutestamentlichen Texte namhaft zu machen ist.

Für einen Augenblick halten wir uns an ein neutestamentliches Beispiel: das Gleichnis vom vielerlei Acker (Mk 4,3–9). Dieses Gleichnis hat eine Rahmung, die uns einen Fingerzeig auf das Vorverständnis geben kann. Es wird eingeleitet mit der Aufforderung «Hört!», und es wird beendet mit dem Ruf «Wer Ohren hat zu hören, der höre!» Diese Rahmung formuliert jene Bedingung, unter der das im Gleichnis Gesagte *zum Verstehen* kommt. Diese Bedingung ist das Hören. Das Hören gilt zunächst in einem ganz vordergründigen Sinne dem Gleichnis: es kann nur sagen, was es zu sagen hat, wenn es auch gehört wird. Allerdings führt das Gleichnis den Hörer sogleich in die Hintergründigkeit des Hörens ein. Das Gleichnis, welches vom Geschick des Samens auf vielerlei Arten von Böden erzählt, bearbeitet auch *inhaltlich* das Thema des Hörens. Das Aufnehmen oder Nicht-aufnehmen des Samens ist eine Metapher für das Hören von Worten.

Auffällig ist nun, *wie* das Gleichnis das Thema des Hörens bearbeitet. Inhaltlich gesehen deutet die breite Schilderung des Mißerfolgs (der in Wirklichkeit relativ klein ist) darauf hin, daß das Gleichnis sich mit der Situation verlorengegangener Hörfähigkeit beschäftigt. Erzählerisch steht im Vordergrund der harte, festgetretene Boden, der im Zuge vieler Erfahrungen die Rezeptivität verloren hat, oder der oberflächliche Boden, der dem Gehörten gar keine Zeit zum Starkwerden gibt, oder schließlich der von der Übermacht erstickender Vorstellungen und Konventionen besessene Boden, der dem Gehörten keine Chance zu wachsen läßt. Dieser breiten Schilderung des Mißerfolgs stellt das Gleichnis eine äußerst knappe Schilderung des Erfolgs gegenüber, der geradezu überwältigende Ausmaße erreicht. So bringt das Gleichnis, eingehend auf den Mißerfolg, der aller Welt zuerst in die Augen sticht, den überwältigenden Erfolg des Hörens zur Sprache. Es will seinen Hörer des Hörens gewiß machen. So überholt es die verlorengegangene Rezeptivität. Bemerkenswert im höchsten Maße ist, daß das Gleichnis gerade nicht zu einer theoretischen Erklärung ausholt, die den Wert des Hörens herausarbeiten würde. Vielmehr kleidet das Gleichnis die Vergewisserung des Hörens in die Gestalt einer spannenden Geschichte, welche den Hörer zum Hören geleitet. Das bedeutet also: Das Gleichnis bearbeitet die verlorengegangene Rezeptivität nicht theoretisch, sondern so, daß *es etwas zu hören gibt.* Der Mensch wird als Hörer genau dadurch erschaffen, daß er etwas zu hören bekommt.

Was in diesem Gleichnis als Vorverständnis des Evangeliums erscheint, kann auch in vielen anderen neutestamentlichen Texten wiedergefunden werden. Man könnte doch sagen: Die neutestamentlichen Texte sind in ihrer großen Mehrheit darauf aus, unseren Glauben zu finden. Was ist der Glaube? Der Glaube ist dort, wo der Mensch sich das gute Wort Jesu als Wort Gottes gefallen und gesagt sein läßt. Wie entsteht der Glaube? Er entsteht eben dadurch, daß der Mensch jenes Wort hört. «Also: Der Glaube (kommt) aus dem Hören, das Hören aber (kommt) durch das Wort Christi (zustande)», so sagt es bekanntlich Paulus in Röm 10,17. Man könnte diese Aussage vielleicht noch etwas zuspitzen: der Glaube besteht überhaupt im Hören. Er hört im Menschenwort der Bibel das Wort Gottes, er nimmt in der Erscheinung Jesu die Fleischwerdung Gottes wahr. Deshalb fordert auch der Gleichniserzähler Jesus zu jenem Hören ausdrücklich auf, das er im Gleichnis ermöglichen will.

Wenn daran etwas Richtiges ist, dann erheben sich starke Zweifel dagegen, daß die Fraglichkeit des Daseins als Vorverständnis des Evangeliums namhaft gemacht wird. Ist die Fraglichkeit des Daseins nicht zu sehr orientiert am Subjekt des Menschen? Muß er dann die Texte nicht doch zu sehr als Antwort auf *seine* Fragen verstehen, und also nicht als ein Wort, das auch die Fraglichkeit noch hinter sich läßt? Wenn der Glaube aus dem Wort Christi kommt, dann knüpft er an das Hörenkönnen und nicht an die Fraglichkeit an. Wenn es also um das Vorverständnis geht, muß auf die menschliche Grunderfahrung des Hörens verwiesen werden, auf die Sprachbegabung des Menschen. Die Sprachbegabung des Menschen bedeutet ja zunächst gerade nicht seine Fähigkeit zu sprechen, sondern vielmehr die Fähigkeit zu hören. Schon ein Säugling oder Kleinkind führt einem das vor Augen: noch lange bevor es mit dem Sprechen beginnt, kann es sehr gut verstehen, was zu ihm gesagt wird (oder manchmal peinlicherweise, was über es gesagt wird). Jedermann kann sich an seiner eigenen Biographie klar machen, wie sehr er aus dem Hören lebt. Dies wird gerade dort augenfällig, wo das an das Kind gerichtete Wort größtenteils mißlungen ist; daran kann es möglicherweise ein Leben lang zu tragen haben. An diese Grunderfahrung des Hörenkönnens, aus welchem das Dasein seine Lebendigkeit hat, gilt es zu erinnern, wenn es um das angemessene Vorverständnis geht.

Demgegenüber ist der Mensch in seiner Fraglichkeit immer schon auf Antworten aus, auf Antworten, die immer noch das Gepräge seiner Fraglichkeit tragen. Die Fraglichkeit aber entsteht ja dort, wo das gewißmachende Wort mißlungen ist. Kann die Folge des mißlungenen Wortes wiederum Vorverständnis desselben Wortes sein? Ich meine nicht. Hat etwa Jesus mit seinen Gleichnissen oder erst recht mit seinen Streitgesprächen an die Fraglichkeit des Menschseins angeknüpft? Das dürfte schwierig zu behaupten sein. Denn Gleichnisse und Streitgespräche machen das Dasein in einer Weise allererst fraglich, die es sich vorher nicht erträumen konnte. Sie machen es fraglich auf eine nicht defizitäre, sondern eine heilsame Weise. Gerade das Gehörte stellt den Hörer fundamental in Frage, indem es ihm die Rettungslosigkeit seiner Tatmacht vor Augen führt. Das Evangelium stellt die Werke des Gesetzes fundamental in Frage. Es erzeugt eine Fraglichkeit, die qualitativ über die erfahrene Fraglichkeit des Daseins hinausgeht. Die aus dem Hören entstehende Fraglichkeit ist indessen schon auf die Rettung eingestellt. Deshalb macht Jesus immer wieder darauf aufmerksam, daß es auf das Hören ankommt: Wer Ohren hat zu hören, der höre! Und wer hätte keine Ohren zu hören?

Freilich geschieht es nur allzu oft, daß die Fähigkeit zum Hören verloren ist oder pervertiert wird. Aus der weisen Erkenntnis, daß ein rechter Hörer des Wortes immer auch dessen Täter ist, ist die momentan eingängige Meinung geworden, das Tun des Wortes habe an die Stelle des Hörens zu treten. Diese Perversion des Hörens geht davon aus, daß es auch im Gottesbezug des Menschen um das Tun gehe. Und der Gottesfürchtige bildet sich ein, von der Selbstverwirklichung des Gottlosen unterscheide ihn wesentlich, daß er der Gottesverwirklichung nach Maßgabe des Gesetzes verpflichtet sei. Der Glaubende bildet sich ein, der Schritt von der eigennützigen zur gottesvergegenwärtigenden Praxis sei der entscheidende Schritt vom Unglauben zum Glauben. Das aber ist eine Perversion des Gottesbezuges, welche – so rechtschaffen und imponierend sie sich geben mag – das Gepräge der alten Selbstverwirklichung nach wie vor hat. Diese Perversion spricht schon das genannte Jesusgleichnis vom vielerlei Acker an, indem es den unermeßlichen Ertrag des Hörens vor Augen führt: während das Wort Gottes erstickt wird, wo allerlei feindliche Aktivität ihm ins Wort fällt, trägt es überreiche Frucht, wo es ganz und ausschließlich gehört wird.

Die Perversion des Hörenkönnens kann auch die Gestalt des Selbstgesprächs annehmen. Wer immer nur auf sich selbst hört, kann sich nichts sagen lassen von dem Wort, das ihm von außen entgegen kommt. Das Selbstgespräch ist der sprachliche Reflex dessen, daß der Mensch sich auf sich selbst zurückgezogen hat. Das Selbstgespräch liegt im Grunde am Endpunkt jener Linie, die vorgezeichnet ist durch das autonome Menschenbild, wie es für die Neuzeit und nicht zuletzt den politischen Liberalismus kennzeichnend ist (in Klammern möchte ich bemerken: Es wäre einmal zu überlegen, welche Verbindungslinien es gibt zwischen dem liberalen Menschenbild und den geworfenen Pflastersteinen und dem verweigerten Gespräch in den sogenannten Zürcher Unruhen).

Die Unfähigkeit zu hören drückt sich nicht nur im Selbstgespräch, sondern auch in einem bestimmten Sprachverständnis aus: daß der Mensch ein Wesen ist, das die Sprache hat, wird in erster Linie ausgelegt auf das Sprechen, nicht auf das Hören des Menschen. Wenn Aristoteles vom Menschen sagt, ihn unterscheide von allen Lebewesen dies, daß er das Wort habe, so muß damit nicht bloß gemeint sein, er habe die Macht zu sprechen, sondern das Wort hat der Mensch auch als ein ihm geltendes, ihn ansprechendes Wort. Man könnte wohl von einer Befangenheit des Menschen im Sprechen reden, um die Perversion des Hörens auszudrükken. Sie ist eine *Beschränktheit* auf das Sprechen. Es gilt, ihn aus dieser Selbstbezogenheit herauszuführen. Eben dies tut beispielsweise das genannte Gleichnis, indem es eine spannende Geschichte erzählt und so den Zuhörer ablenkt von seiner Fixierung auf das Sprechen. Das Evangelium führt den Menschen zur Lebendigkeit, indem es ihm Hören möglich macht. Man sieht: Das Evangelium, das nichts anderes ist als das Wort, das mich lebendig macht, kommt genau dort mit der Lebenswirklichkeit des Menschen zusammen, wo es um das Hören geht. Das Evangelium ist auf das Hören angewiesen; das Leben des Menschen lebt aus dem Hören. Demnach muß die Grunderfahrung des Hörenkönnens das angemessene Vorverständnis sein, nämlich das Lebensverhältnis zur Sache des Evangeliums.

Schließlich gilt es, noch einen Schritt weiterzudenken. Es gibt ja verschiedene Weisen, wie das Wort dem Menschen gilt. Sie sind mehr oder weniger angelegt auf das Hören. Da wäre beispielsweise die Aussagefunktion der Sprache zu nennen. In ihr geht es um die Abbildung eines Sachverhalts. Sie ist eine Rede, die zwar auch gehört wird, deren Aussage aber dann überprüft werden kann anhand des Wissens und der Erfahrung des Hörers. In diesem Prozeß der Überprüfung eignet sich der Hörer die Aussage an. Auf das Hören ist er dann nicht mehr angewiesen, denn das Gesagte kann er jetzt unabhängig vom Sagen aufrecht erhalten. Auch wenn die Aussage durchaus auf das Hören abzielt, so tut sie dies dennoch in einem gleichsam entbehrlichen Sinne.

Demgegenüber gibt es einen Sprachgebrauch, der in viel innigerer Weise auf das Hören bezogen ist. Gemeint ist jetzt die performative Sprache, die Sprache, die zuspricht. Sie verweist nicht auf Sachverhalte außer ihr, auf die der Zuhörer das Gesagte stützen könnte. Was sie sagt, besteht vielmehr im Akt des Sagens selbst. Bekanntestes Beispiel solchen Sprechens ist die Beschimpfung: wenn ich jemanden einen Esel nenne, so existiert diese Zusage nur im Akt des Sagens selbst. Das heißt: sie kommt nicht ohne den Zuhörer aus. (Was man auch daran erkennen kann, daß es höchst unbefriedigend ist, die Faust im Sack machen zu müssen, ohne den Gemeinten direkt beschimpfen zu können.) Ein in diesem Sinne performativer Sprachgebrauch liegt auch bei der Mitleidsbezeugung vor: sie existiert nur im Akt des Sagens und sie kommt nur zum Ziel, wenn sie gehört wird. Was bedeutet es in diesem Zusammenhang, daß solche Mitleidsbezeugung unter uns zur Formel geworden ist, zur Kondolenzformel?

Häufig werden gerade die neutestamentlichen Texte so gelesen, als ob sie von der Sprache im Sinne der Aussagefunktion Gebrauch machen würden. Dann lassen sich Lehren aus ihnen ziehen, die gleichsam eigenständig sind. Es steht jedoch zu vermuten, daß die neutestamentlichen Texte grundsätzlich die Struktur der Zusage haben, daß sie also *unüberholbar* auf das Gehörtwerden angewiesen sind. Wenn dies zutrifft, dann ist die Grunderfahrung des Hörens in der Tat jenes Lebensverhältnis, das den Menschen unmittelbar mit der Sache des Evangeliums in Beziehung bringt. Mit einer Formel von Ernst Fuchs gesagt: es gilt nicht nur, die Fraglichkeit des Menschen zu entdecken, sondern vielmehr die Sprachlichkeit der Existenz in Erinnerung zu rufen ([31], 286). Was ist die Sprachlichkeit der Existenz? Das ist die Verfassung des Daseins, dem Sprache gilt, dem Sprache zuvorkommt, um ihm einen Ort des Seins anzuweisen. Die Sprachlichkeit der Existenz bedeutet, daß der Mensch nicht mit sich anfängt, sondern sich umgeben von Zusagen vorfindet. Diese braucht er nicht schon als Antwort auf seine Fraglichkeit zu verstehen, sie sind da, bevor er sich selbst fraglich wird. Diese Zusagen hintergehen die Fraglichkeit des Daseins. In den Genuß dieser Zusagen kann der Mensch jedoch nur kommen, wenn er zu hören versteht, beziehungsweise wenn er *in seinem Hörenkönnen* das Vorverständnis des Evangeliums erblickt. Man sollte sich hüten vor dem kurzschlüssigen Verfahren, das Hören als einen bloß technischen Vorgang der Aufnahme von Wörtern zu begreifen. Hören steht hier für jede Gestalt des Empfangens; es stellt die Lebensform der Rezeptivität überhaupt dar. Auf diese elementare Ebene dürfte Paulus in Röm 5,12–21 anspielen. Er beschäftigt sich mit der Frage, inwiefern das Kommen der Sünde in die Welt sich unterscheide vom Kommen der Gnade. Die Sünde griff auf alle Welt über, «weil wir alle sündigten» (5,12), weil wir mit Adam in demselben Handlungszusammenhang stehen. Die Sünde spricht den Menschen darauf an, handelnd, aktiv das Leben zu gewinnen. Ihre Wirkung ist universal, weil jeder an dieser Aktivität teilhat. Nicht so die Gnade. Ihre Wirkung ist zwar ebenfalls universal, jedoch nicht in der Gestalt der aktiven Wiederholung, sondern in der Gestalt des Empfangens: Während in der aktiven Wiederholung der Verfehlung Adams der Tod an die Macht kommt, kommen die, welche den Überfluß der Gnade und des Geschenks annehmen, durch ihre (gegebene) Lebendigkeit selbst zur Herrschaft – durch den einen Jesus Christus (5,17). Der qualitative Schritt von der Sünde zur Gnade besteht demnach darin, die aktive Selbstherstellung der Lebendigkeit aufzugeben zugunsten jener Lebendigkeit, die der Mensch im Annehmen des ihm gegebenen Lebens wahrnimmt.

2.5.5 Zur Tragweite des Hörens

Wenigstens ein paar Andeutungen sollen gemacht werden zu der Tragweite dieses anders bestimmten Vorverständnisses. Wer Texte nicht mehr im Horizont der Fraglichkeit, sondern vielmehr im Blick auf das Hörenkönnen auslegt, wird einige Konsequenzen zu ziehen haben.

Er wird sich *erstens* bewußt machen müssen, daß er keinen Anknüpfungspunkt mehr hat. Die Zusage knüpft an nichts an bei mir, so wie die Liebeserklärung an nichts anknüpft als an das Hören selbst. Allerdings ist er dann auch dem Zwang enthoben, die Fraglichkeit des Daseins allererst aufzudecken. Er muß nicht ein Defizit schaffen, bevor das Evangelium zur Sprache kommen kann. Ferner ist er davon entlastet, das menschliche Umgetriebensein als verkappte Gottesfrage deklarieren zu müssen. Denn wäre die Gottesfrage vorhanden, zeugte sie bloß vom mißlungenen Wort. Deshalb wäre es sowieso besser, erneut an nichts anzuknüpfen und von

Gott ausschließlich um seiner selbst willen zu reden. Freilich wird ein solches Reden von Gott auch auf die Gottesfrage eingehen oder auf die Fraglichkeit des Daseins. Es wird aber nicht so darauf eingehen, daß es die Gottesfrage beantwortet oder Antworten auf die Grundfragen des Menschseins gibt, sondern vielmehr so, daß es die Fraglichkeit selbst unterläuft. Die gelingende Liebeserklärung antwortet nicht auf die Frage nach der Existenz von Liebe, sondern sie macht diese Frage überflüssig.
Wer Texte im Horizont des Hörens auslegt, wird *zweitens* auf jeden Versuch verzichten müssen, seine Rede notwendig erscheinen zu lassen. Gottes Wort kommt stets ungefragt in die Welt, wie man leicht an dem Bezug des Glaubens auf die zufällige Geschichte Jesu erkennen kann. Gottes Wort kommt ungefragt zur Sprache, und es gilt für den Theologen, die Ungefragtheit an seinem eigenen Leibe auszuhalten und durchzuhalten. Denn jeder Versuch, die Notwendigkeit des Gotteswortes zu erweisen, müßte vorwegnehmen, was das Gotteswort erst zu sagen hat. Erwiesen würde damit nur die Notwendigkeit des Begründungsverfahrens und seiner Prämissen, das Gotteswort selbst würde aber vernichtet. Es mag eine nicht eben komfortable Position sein, ein ungefragtes Wort zu verkündigen. Immerhin geschieht dies dennoch zugunsten der Angesprochenen: denn nur das ungefragte Wort vermag die Notwendigkeiten des Daseins hinter sich zu lassen, oder – wie Paulus wohl sagen würde – vom Gesetz der Sünde und des Todes zu befreien.
Wer das Evangelium nicht mehr im Horizont der Fraglichkeit des Daseins auslegt, muß es *drittens* riskieren können, daß seine Auslegung das Dasein in einer ungeahnten Weise fraglich *macht*. Daß eine Fraglichkeit entsteht, die durch keine Antwort mehr zu befriedigen ist, die aber – wenn das Wort gelingt – mit den Augen Gottes zu betrachten und auszuhalten ist.
Wer das Evangelium im Horizont des Hörens auslegt, muß schließlich *viertens* den Erfahrungsbezug nicht länger in der Fraglichkeit und Zerbrechlichkeit des Menschseins suchen. Die Erfahrung, die das Evangelium ausspricht, ist im Grunde jene Erfahrung, daß das menschliche Dasein aus dem Hörenkönnen lebt. Hörenkönnen bedeutet hier ganz umfassend das Wahrnehmen, das Nehmen, die menschliche Rezeptivität. Diese Erfahrung gilt es in der mannigfaltigen Ausgelegtheit aufzudecken, sie gilt es neu zu entdecken auch in der Gestalt mannigfaltiger Perversion. Denn der existentielle Bezug zu Gott besteht genau im Hörenkönnen, so wahr das Gottesreich vornehmlich den Kindern gehört (Mk 10,15).
Daraus folgt: Die Auslegung des Neuen Testamentes hat den Menschen nicht in die Entscheidungsposition zu bringen, nicht dorthin, wo er wie Herakles am Scheidewege steht. Die Auslegung hat ihn vielmehr aufmerksam zu machen auf das ihm zuvorkommende Wort, beziehungsweise auf das sein Dasein tragende Wort, das er nicht durch seine Entscheidung gleichsam einzuholen hat. Es mag in der Welt so zugehen, daß ich ständig in der Entscheidung zwischen Gut und Böse stehe, daß ich umgeben bin

und geprägt von der Symmetrie der Mächte, die mich bestimmen wollen. Das Gotteswort dagegen weist mich in das bereits Gewährte ein, und meine Entscheidung kann höchstens sein, das Gewährte von mir zu weisen. Wer vom Gotteswort getroffen wird, muß sich ebenso wenig entscheiden wie Paulus vor Damaskus. Hier liegt eine wichtige Asymmetrie. Dieser Asymmetrie trägt jener Schritt Rechnung, der von der Fraglichkeit der Existenz zu ihrer Sprachlichkeit, zu ihrem Eingelassen-Sein in Sprache führt.

Es mag jetzt die Frage auftauchen, wie denn überhaupt das Reden von Gott einen Ort erhalten könne. Wenn nicht einmal mehr die Fraglichkeit des Daseins den Ort der neutestamentlichen Rede von Gott angibt, wo soll dieser denn sonst sein? Mit dem Ort meine ich jetzt einfach den Anlaß, von Gott zu sprechen. Die Frage ist wohl mehr als berechtigt. Man könnte versuchen, die folgende Antwort zu geben: Wenn das Hörenkönnen angemessenes Vorverständnis des Evangeliums ist, dann dürfte dieses Hörenkönnen gerade auch auf die schon gesprochene Sprache zu beziehen sein. Und in dieser schon gesprochenen Sprache kommt Gott einfach vor. Weil das so ist – und zwar abgesehen jetzt von der Sachgemäßheit jenes Sprachgebrauchs – hat das Reden von Gott einen sinnvollen Ort. Der Ort ist ihm von der gesprochenen Sprache zugewiesen. Und damit ist er auf eine kaum überbietbare Weise existentiell, so wahr das Dasein eminent auf die schon gesprochene Sprache angewiesen ist.

Neutestamentliche Hermeneutik

In der ausführlichen Vorrede haben wir versucht, einerseits den Begriff der neutestamentlichen Hermeneutik zu klären und andererseits die Verstehensbedingungen zu skizzieren, die für das Neue Testament gegenwärtig gelten. Im folgenden Hauptteil wird es darum gehen, die Hermeneutik *neutestamentlich* durchzuführen im Sinne dessen, was im Abschnitt 1 gesagt worden ist. Die Durchführung wird also – noch viel stärker als es die Vorrede war – darum bemüht sein, das hermeneutische Potential der neutestamentlichen Texte zum Zuge zu bringen.
Andererseits sind in der Durchführung die neuzeitlichen Verstehensbedingungen unbedingt zu respektieren. Auf einen knappen Nenner gebracht gehören folgende Momente zu den gegenwärtigen Verstehensbedingungen: (a) die Welt ist als geschlossener Zusammenhang verstehbar; (b) auch das Verstehen selbst beruht auf dem Zusammenhang des Weltlichen (historisch-kritische Methode!); (c) das Subjekt neigt zum abstrakten Selbstgespräch, wenn es um die höchsten Wahrheiten geht; (d) das gegenwärtige Denken hat einen Hang zum Theoretischen, der die Verbindung mit dem Gegebenen ständig bedroht. In einem ersten Hauptabschnitt werden wir den Versuch machen, das Potential der neutestamentlichen Gleichnisse hermeneutisch zu nutzen. Es mag zunächst willkürlich erscheinen, wenn eine solche Form ausgewählt und einfach zu einer grundsätzlich entscheidenden Redeweise gemacht wird. Die folgenden Ausführungen werden aber – hoffentlich – klar machen, daß in den Gleichnissen Jesu eine *Grundform* des biblischen Redens von Gott zur Stelle ist. Besonders wenn man berücksichtigt, daß die Gleichnisrede Jesu nichts anderes ist als *metaphorische Rede,* wird die Auswahl gerade dieser Sprachform plausibel: bei der metaphorischen Rede handelt es sich – wie zu zeigen sein wird – um eine Grundform des biblischen und insbesondere des neutestamentlichen Redens von Gott. Deshalb soll dieser erste Abschnitt der metaphorischen Sprache gewidmet sein. Die entscheidenen Merkmale metaphorischer Sprache werden anhand der Gleichnisrede Jesu herausgearbeitet (es empfiehlt sich gerade im Sprachtheoretischen das streng induktive Verfahren).

1. Metaphorische Sprache

Die aristotelische Sprachtheorie, die bis heute weite Verbreitung findet, hat ein klares Konzept des metaphorischen Redens. Das metaphorische Reden gehört in jenen Bereich, welcher üblicherweise bildhaftes Reden genannt wird. Das bildhafte Reden ist – wenigstens nach der Auffassung traditioneller Sprachtheorie – ein rhetorisches Phänomen. Die Rhetorik beschäftigt sich theoretisch mit dem Vorgang, daß eine bestimmte Wahrheit in öffentlicher Rede verantwortet wird. Die Rhetorik ist die Theorie der öffentlichen Verantwortung von Wahrheit. Die Rhetorik entscheidet freilich nicht über Wahrheit und Lüge, sie kümmert sich um die Bedürfnisse des Angeredeten. Sie fragt welche Mittel es gibt, um dem Angeredeten die Wahrheit am wirkungsvollsten beizubringen. Im Zusammenhang eben dieses rhetorischen Bemühens hat die bildhafte Sprache ihren Ort: sie ist eine *um des Hörers willen* erlaubte Abweichung von der begrifflichen Sprache. Bildhafte Rede ist um des Hörers willen ausgeschmückte Sprache. Sie soll ihm das Begreifen der Wahrheit leichter machen. Nach der Auffassung traditioneller Sprachtheorie wird das bildhafte Reden als uneigentlicher Sprachgebrauch definiert, während das begriffliche Reden den eigentlichen Sprachgebrauch darstellt. Eigentliche Sprache wird dort gesprochen, wo es um die *Erkenntnis* und um die Definition von Wahrheit geht. Uneigentliche Sprache dagegen *kann* dort gesprochen werden, wo es um eine Gefälligkeit dem Hörer gegenüber geht. Eigentliche Sprache hat es primär mit der Wahrheit zu tun, uneigentliche dagegen primär mit dem Hörer.

Angewendet auf die Metapher heißt das: Die metaphorische Rede ist *erlaubt,* wo es um Ausschmückung und Beiwerk geht, während die begriffliche Rede *vonnöten* ist, wenn es um die Wahrheit selbst geht. Ein alter dogmatischer Grundsatz lautet denn auch: theologia parabolica non est argumentativa; aus der bildhaften (gleichnishaften) Theologie lassen sich keine dogmatisch valenten Argumente gewinnen. Oder umgekehrt: Anständige Theologie ist nicht gleichnishaft, sondern begrifflich. Sie ist nicht am Bild orientiert, sondern am Begriff. Wenn nun in der folgenden hermeneutischen Grundlegung gerade die metaphorische Sprache zur Grundform des neutestamentlichen Redens von Gott gemacht wird, so verlangt dies wenigstens eine knappe sprachanalytische Rechtfertigung.

1.1 Sprachtheoretische Vorbemerkung

Die folgende sprachtheoretische Vorbemerkung soll eine auf das Wesen der Sprache rekurrierende Rechenschaftsablage darüber darstellen, was es bedeutet, wenn die metaphorische Rede zur Grundform christlichen Redens von Gott erklärt wird. Deshalb werden im folgenden einige Bemerkungen gemacht zum Spannungsfeld von Sprache, Wirklichkeit und Wahrheit. Dabei wird zunächst bewußt Abstand genommen von theologisch begründeten Sprachanschauungen. Denn es gilt ja, auch innerhalb des weltlichen Sprachgebrauchs jene Grunderfahrungen und Verstehensbedingungen aufzudecken, von welchen aus der Schritt zur Sprache des Glaubens möglich ist.

1.1.1 Herkömmliche Sprachtheorie

Eben habe ich darauf hingewiesen, daß die Metapher nach traditionellem Verständnis zu den uneigentlichen Redeweisen gehört. Als uneigentliche Redeweise ist sie eine Sprache, welche die Wirklichkeit nicht einfach abbildet. Sie ist eine – wenn auch aus rhetorischen Gründen erlaubte – Abweichung von der an der Wirklichkeit orientierten Sprache, nämlich von der begrifflichen Sprache. Eberhard Jüngel macht (im Anschluß an H. Blumenberg) auf den philosophischen Hintergrund dieses sprachtheoretischen Urteils aufmerksam. Ausgangspunkt für ein solches Urteil ist die in der antiken Philosophie herrschende Annahme, daß das Sein selbst mit dem Begriff übereinstimme. Der Logos, das Wort, war prinzipiell dem Ganzen des Seienden gewachsen. Kosmos und Logos waren also *Korrelate* ([32], 111). Was folgt daraus? Die begriffliche, die logische Sprache ist grundsätzlich imstande, den Kosmos, die Welt, hinreichend und erschöpfend zur Sprache zu bringen. Man kann auch sagen: Die begriffliche Sprache spricht über den Kosmos wahrheitsgemäß. Nach der genannten philosophischen Annahme befinden sich Wirklichkeit, Wahrheit und begriffliche Sprache also im Einklang. Denn das Wahrheitskriterium, das an die begriffliche Sprache angewendet werden muß, lautet: adaequatio intellectus ad rem. Sofern aber die begriffliche Sprache ein Korrelat des Kosmos darstellt und diesem also adäquat ist, *muß* die wahre Rede über den Kosmos ausschließlich begrifflich sein.

Wenn daneben dennoch Ausschmückungen erlaubt sind, so sagen diese – beispielsweise metaphorischen – Ausschmückungen nichts Neues über die Wirklichkeit. Sie sagen bestenfalls dasselbe, was die begriffliche Rede sagt. Die metaphorischen Ausschmückungen haben lediglich als Übersetzung der begrifflichen Rede in eine dem Hörer gefällige und eingängige Sprache zu gelten. Dies ist jedoch noch zu wenig gesagt. Nicht nur sagen die Metaphern nichts Neues über die Wirklichkeit, sondern sie stehen dauernd in Gefahr, das Wirkliche zu verfälschen. Sie stehen prinzipiell unter dem Verdacht zu lügen. Um sich von diesem Verdacht zu befreien, müssen sie sich einer logischen Kontrolle unterziehen. Konkret vollzieht sich diese Kontrolle so, daß die Metaphern zurückübersetzt werden in begriffliche Sprache. In dieser Form können sie dann auf ihre adaequatio ad rem überprüft werden. «Die Metapher läßt sich somit übersetzen, indem man einfach den durch sie substituierten wörtlichen Ausdruck wieder an die Stelle des bildlichen setzt» ([33], 285).

Beachtet man den philosophischen Hintergrund der traditionellen Auffassung von bildhafter Rede, so fällt besonders auf, wie stark die genannten Grundannahmen auch in der Gegenwart maßgebend sind. Es gibt auch gegenwärtig immer noch philosophische Kritik, welche in der begrifflichen Sprache die einzig legitime Rede sehen will, wenn es um Wahrheit geht. So trifft man zum Beispiel die Feststellung, daß metaphorisches Reden aus einem anständigen philosophischen Diskurs möglichst zu eliminieren sei. Metaphorische Rede bringe die Gefahr der Selbsttäuschung und der Aufschneiderei mit sich. Sie sei Verführung durch Sprache. Metaphorische Rede führe dazu, daß zu viel gesagt werde.

Die Priorität, die man der begrifflichen Sprache einräumt, ist gekoppelt mit einer bestimmten Auffassung über die charakteristische Funktion von Sprache überhaupt. Sprache hat grundsätzlich die Funktion, das Wirkliche abzubilden. Bildet sie das Wirkliche wirklichkeitsgetreu ab, so spricht sie Wahrheit aus. In dieser sprachphilosophischen Theorie ist die Sprache so etwas wie ein Medium, ein Mittel, womit man sich über das Wirkliche (dazu gehört auch das Gedachte und Geträumte) verständigen kann. Diese Sprachauffassung schreibt konsequenterweise der Aussagefunktion den größten Wert zu. Sie gilt als *die* sprachliche Funktion schlechthin. Das beinhaltet das Postulat, sämtliche Sprachbewegungen seien reduzierbar auf Aussagesätze. Der Aussagesatz ist genau der Satz, welcher überhaupt an die Wahrheit herankommen kann. Erst an Aussagesätze kann die Wahrheitsfrage sachgemäß gestellt werden. Denn der Aussagesatz spricht über das Wirkliche. Sein Verifikationskriterium ist also die Übereinstimmung mit dem Wirklichen. Wahrheitskriterium ist, ob das, was gesagt wird, auch der Fall ist, oder – wie die Alten sagten – ob das Gesagte übereinstimmt mit der Sache selbst.

Verbunden mit der eben genannten Sprachauffassung ist eine Tendenz zur Sprachkritik. Dabei wird die Sprache einem kritischen Reinigungsprozeß unterzogen: er hat zum Ziel, eine größtmögliche Eindeutigkeit des Sprachgebrauchs herbeizuführen. Eindeutigkeit heißt, daß ein Wort genau eine Bedeutung hat und nur in dieser Bedeutung verwendet wird. Mit der Aussagefunktion der Sprache ist eine Tendenz zum eindeutigen, zum univoken Sprachgebrauch verbunden. Dieser Sprachgebrauch erreicht beispielsweise in den verschiedenen Wissenschaftssprachen die wohl höchste Blüte. Die Tendenz zum univoken Sprachgebrauch ist darin begründet, daß nach herrschender Meinung dieser Sprachgebrauch die höchste Stufe von Verbindlichkeit hat. Der Prozeß der kritischen Sprachreinigung ist einer aktiven Schleife zu vergleichen: je mehr er vonstatten geht, desto mehr legitimiert er sich und macht er sich unentbehrlich. Denn wer sich darauf einläßt, in der Aussagefunktion die höchste Funktion der Sprache zu sehen, muß vermittels der kritischen Reinigung die Sprache immer mehr in die Rolle drängen, bloß noch Abbild des Wirklichen zu sein. Die Sprache erscheint je länger je mehr bloß noch in ihrer Abbildungsfunktion. Im Entscheid für die Priorität der Aussagefunktion

der Sprache liegt es also beschlossen, daß die Sprache immer stärker zum Sekundärphänomen des Wirklichen gemacht wird. Gerade durch die kritische Reinigung wird die Sprache zum Zweitrangigen.
Es wäre wohl nie zu einer derart einseitigen Einschätzung der Sprache gekommen, wären nicht starke geistesgeschichtliche Kräfte am Werk gewesen. Es hätte nie zu einer derartigen Beschränkung der Sprache auf das Begriffliche kommen können, hätte die europäische Philosophie nicht so entschieden Partei ergriffen für die reine Rationalität der Wahrheitserkenntnis. Schon Descartes und erst recht dann die europäische Aufklärung befreiten (wohl in eigentümlicher und ungewollter Aufnahme eines Grundzugs des scholastischen Denkens) die Vernunft von ihrer Angewiesenheit auf Sprache, das heißt, sie schrieben der Vernunft die Erkenntnis des Wahren abseits von der Sprache zu. Dementsprechend blieb der Sprache die Funktion übrig, die vernünftig erkannte Wahrheit zu veröffentlichen. Die Sprache – und das zeigt sich erst recht, wenn sie auf ihre Aussagefunktion festgelegt wird – wird zum Instrument, dessen sich die Vernunft bedient, um öffentlich zu werden. Die Sprache wird zum Instrument der Abbildung. Instrumentellen Gebrauch aber läßt nur die begriffliche Sprache zu, welche in ihrer Univozität ein Abbild der rationalen Erkenntnis ist. Deshalb muß die Sprachkritik sich gegen alles richten, was der Instrumentalität der Sprache widerstrebt. Begreiflicherweise sind der vernünftigen Sprachkritik vorab die Bilder ein großes Ärgernis.
Dazu zwei schlaglichtartige Aussagen philosophischer Herkunft, die ohne weiteres vervielfacht werden könnten. John Locke: «Wir müssen zugeben, daß die ganze Redekunst, all die künstliche und *figürliche Anwendung des Wortes,* welche die Beredsamkeit erfunden hat, zu nichts weiter dient, als *unrichtige Vorstellungen* zu erwecken, die Leidenschaften zu erregen, *dadurch* das Urteil zu mißleiten, und so in der Tat eine *vollkommene Betrügerei* sei» (Untersuchungen über den menschlichen Verstand, III,10.34 bei [34], 13). Dieser Satz spricht eine deutliche Sprache. Weil die richtigen Vorstellungen empirische und rationale sind, welche durch das Instrument der Sprache ausgedrückt werden, muß jede figürliche Redeweise ausgeschlossen werden aus dem philosophischen Erkenntnisprozeß. Denn figürliche oder bildhafte Rede macht von der Sprache offensichtlich keinen univoken Gebrauch. Sie kann dem Empirischen oder dem Rationalen geradezu widersprechen. Überdies spricht die figürliche Sprache die Leidenschaften des Menschen an, die emotionalen Dimensionen, wie wir wohl sagen würden, und eben dieses Ansprechen des Emotionalen verdirbt das rechte Urteil. Denn ein rechtes Urteil kann nur unter den Bedingungen der Leidenschaftslosigkeit zustandekommen. Man fühlt sich wohl zu Recht erinnert an das stoische Weisheitsideal der *ataraxia,* der Leidenschaftslosigkeit. Nur der Leidenschaftslose urteilt unbestechlich. Eben um dieses unbestechlichen Urteils willen muß die Sprache von ihrer Bildhaftigkeit gereinigt werden, ansonsten sie nur eine «vollkommene Betrügerei» ist.

Ganz ähnlich – vielleicht noch eine Spur abweisender – tönt es bei Immanuel Kant: «Die redenden Künste sind Beredtsamkeit und Dichtkunst. Beredtsamkeit ist die Kunst, ein *Geschäft des Verstandes als ein freies Spiel der Einbildungskraft zu betreiben* ... Der Redner also kündigt ein Geschäft an und führt es so aus, *als ob es bloß Spiel mit Ideen sei,* um die Zuhörer zu unterhalten» (Kritik der Urteilskraft, bei [34], 13). Kant billigt der bildhaften Rede immerhin Unterhaltungscharakter zu. Aber damit wird sie zugleich philosophisch disqualifiziert.

Fassen wir zusammen: Die Priorität der Aussagefunktion der Sprache hängt damit zusammen, daß sie instrumentell gesehen wird. Sie ist das Instrument, das Wirkliche abzubilden. Wahrheitskriterium ist die adaequatio ad rem, beziehungsweise die Frage, ob der Fall sei, was gesagt wird. Größtmögliche Wahrheit und damit höchste Verbindlichkeit erhält die begriffliche, die univok verwendete Sprache, die für jede Sache genau einen und nur einen Begriff verwendet. Diese Vorstellung von Wahrhaftigkeit oder Verbindlichkeit der Sprache zwingt dazu, die Sprache von dem Bildhaften kritisch zu reinigen, beziehungsweise das Bildhafte in den Bereich der Unterhaltung zu verweisen, wo es zwar um den Hörer gehen mag, aber nicht um die Sache. Die bildhafte Rede ist Ausschmückung, sie ist gleichsam didaktisch bedingt. Jedenfalls ist es nicht die Sache selbst, die bildhafte Sprache verlangt.

1.1.2 Tiefendimension der Sprache

Nun handelt es sich bei dieser Vorstellung von Sprache um eine Theorie von Sprache, welche vom faktischen Sprechvorgang absieht. Es wird in dieser Theorie eine Wirklichkeit entworfen, in welcher dann so etwas wie Sprache stattfinden kann. Deshalb orientiert sich diese Theorie denn auch nicht an dem faktischen Sprachgebrauch. Würde sie das nämlich tun, könnte sie nicht so ohne weiteres die begriffliche zur einzig sachgemäßen Sprache erheben.

Eine Sprachtheorie, welche von dem faktischen Sprachgeschehen ausgehen will, wird recht bald auf den Sachverhalt stoßen, daß sich die Sprache nicht auf ihre Aussagefunktion reduzieren läßt. Schon im alltäglichen Sprachgebrauch ist ohne weiteres deutlich, daß neben der Aussagefunktion (Beispiel: «Heute ist kaltes Wetter.») die *Anredefunktion* der Sprache eine große Rolle spielt: «Komm zu Tisch! Warum kannst du nicht verstehen, daß ich so denke? Wenn du so weiter machst, wirst du bald keine Farbstifte mehr haben.» Gewiß wäre es theoretisch denkbar, alle genannten Beispiele in Aussagesätze umzuformen. Eine solche Umformung hätte jedoch zur Folge, daß vom faktischen Akt des Sprechens abstrahiert werden müßte. Wenn der Befehl «Komm zu Tisch!» umgeformt wird in den Aussagesatz «Er befahl, man solle zu Tisch kommen», so ist damit die Ebene vollziehenden Sprechens verlassen und der Sprachgebrauch ist deskriptiv und in dem genannten Sinne abstrakt geworden. Aussagesätze erlauben der Sprache nicht mehr, den Adressaten anzureden. Der Hörer eines Aussagesatzes kommt in diesem selbst nicht vor. Er gehört nicht so zum Satz, wie der Hörer zu einer Anrede gehört. In Aussagesätzen wird der Hörer oder Leser *entbehrlich* (wiewohl er auch nicht ausgeschlossen wird). Schon der alltägliche Sprachgebrauch verweist uns also an die Anredefunktion der Sprache, welche offensichtlich ein anderes Sprachverständnis notwendig macht als das vorhin skizzierte.

Wenn wir von hier aus einen Blick werfen auf die poetische Sprache, so können wir das an der Alltagssprache Beobachtete leicht bestätigt finden. Denn die Sprache der Dichtung unterscheidet sich ganz wesentlich von der begrifflichen Sprache der Wissenschaft. Die poetische Sprache ist fundamental bildhafte Sprache. Damit verbindet sich – wohl kaum zufällig – der Anredecharakter der dichterischen Sprache. Der Anredecharakter mag vielleicht nicht mehr derselbe sein, wie er in der alltäglichen Sprache zu beobachten ist. Dennoch ist es überdeutlich: Der Anredecharakter der dichterischen Sprache besteht in erster Linie darin, daß sie nicht bloß das Wirkliche abbildet, sondern uns zum Wirklichen etwas zu verstehen geben will. Gerade an der dichterischen Sprache kann man beobachten, daß es der Sprache nicht bloß um die Nachahmung des Wirklichen, sondern auch um die Schaffung neuer Wirklichkeiten geht.

> «Ihr Leute von hier. Ihr seid die Zuständigen. Ihr seid weder unheimlich noch ungeheuer, sondern unfaßbar und unerschöpflich. Laßt euch nicht mehr einreden, wir wären die Lebensunfähigen und Fruchtlosen einer End- oder Spätzeit. Weist mit Entrüstung zurück das Geleier von den Nachgeborenen. Wir sind die Ebenbürtigen. Wir hier sind so nah am Ursprung wie je, und jeder von uns ist bestimmt zum Welteroberer. Soll die Zeit des Lebens nicht die Episode des Triumphs sein? Ja, die Zeit unseres Daseins soll unsre triumphale Episode sein!» ([35], 102).

Dieser kleine Ausschnitt aus der Rede eines neuzeitlichen Engels in Peter Handkes Stück «Über die Dörfer» ist ein sprechendes Beispiel für den Anredecharakter dichterischer Sprache. In diesen Zeilen erfolgt so etwas wie Zuspruch: die Angeredeten werden einer bestimmten Wahrheit zugewiesen, die in ihrer Wirklichkeit nicht einfach der Fall ist. Hier, im Theater, kommt die poetische Sprache wohl zu ihrer größten Reinheit: im Theater wird neue Wirklichkeit geschaffen, und zwar eine Wirklichkeit, die ohne den Zuschauer nicht auskommt. Der Zuschauer wird in unserem Falle vertreten durch Figuren auf der Bühne, welche die Adressaten dieses Zuspruchs aus Engelsmund sind. Und im Rahmen dieser Rede erhalten selbst die Aussagesätze ansprechenden Charakter. Die Sprache ist, weil sie ganz poetisch, Wirklichkeit erschaffend geworden ist, ganz ansprechend geworden.

Ein wesentliches Merkmal dichterischer Sprache ist ihre Bildhaftigkeit.

Wer bildhaft spricht, suspendiert für einen Augenblick das Begriffliche. Er suspendiert im Sprechen den Wirklichkeitsbezug der Sprache. Er tut dies jedoch nicht, um zu lügen, sondern um auf einer tieferen Ebene den suspendierten Wirklichkeitsbezug wieder herzustellen. Die bildhafte Sprache gibt etwas zu verstehen über das Wirkliche, indem sie von der bloßen Reproduktion des Wirklichen abweicht. Es ist offensichtlich, daß angesichts der dichterischen Sprache das Wahrheitskriterium der adaequatio ad rem (der Übereinstimmung mit der Sache) nicht so einfach angewendet werden kann. Wir vergegenwärtigen uns dies an einem weiteren Beispiel dichterischer Sprache. In einem Gedicht von Baudelaire ([55], 38, deutsche Übersetzung bei [34], 29) heißt es:

> «Die Natur ist ein Tempel, in dem lebende Säulen
> manchmal undeutliche Worte erklingen lassen;
> darin schreitet der Mensch durch einen Wald von Symbolen,
> Symbolen, die ihn mit vertrauten Blicken erspähen.»

Dieses Gedicht ist auf doppelte Weise interessant. Es ist erstens ein sprachlicher Akt, in welchem die Korrelation zwischen Wirklichkeit und Sprache entschieden überstiegen wird. Dies erkennt man schon daran, daß von der Sprache kein aequivoker Gebrauch gemacht wird. Die Natur ist kein Tempel, sowenig Dinge und Erscheinungen in ihr lebende Säulen sind. Obwohl die Sprache hier rein grammatikalisch die Form von Aussagesätzen hat, wird sie dennoch nicht in ihrer Aussagefunktion gebraucht. Denn die Sprache dient hier keineswegs dazu, das Wirkliche abzubilden. Man könnte viel eher sagen, in diesem Gedicht werde die wirkliche Natur von neuem geschaffen. Ihre Wirklichkeit wird suspendiert, damit so etwas wie ihre Wahrheit zur Sprache kommen kann. So viel zunächst zu einer interessanten Seite dieses Gedichts.

Die andere interessante Seite besteht darin, daß dieses Gedicht inhaltlich aussagt, was es formal, im Sprachgebrauch, vollzieht. Das Gedicht bringt, indem es bildhaft redet, die Natur zum Sprechen, und zugleich sagt es inhaltlich etwas über die sprechende Natur. Das Gedicht spricht über die Natur, welche für den Menschen zu einem Tempel wird, worin er lebende Säulen erkennt. Diese lebenden Säulen sind die Erscheinungen und Regungen der Natur, welche den Menschen ansprechen wollen, manchmal undeutlich («de confuses paroles») zwar, aber dennoch nicht unverständlich. Auch wenn sie undeutlich sind, steht ihr Anredecharakter eindeutig fest, was durch die Wortwahl Baudelaires belegt wird («paroles» sind *ansprechende* Worte). Der Dichter schaut in die Natur hinein, und er erkennt in ihr eine Wahrheit. Man könnte fast sagen, er erkenne in ihr die Transzendenz des Seins. Als in solcher Weise sehender Mensch schreitet er durch einen Wald von Symbolen, die ihn – wie Baudelaire sagt – «mit vertrauten Blicken erspähen». Die Symbole erspähen den Menschen, nicht umgekehrt. Die Symbole werden zu Sichtweisen, mit denen der Mensch sich selbst erspäht. Der durch diesen Wald schreitende Mensch tut den Schritt von dort, wo er Erkenntnissubjekt ist, dorthin, wo er Erkenntnisobjekt ist. Gerade indem er die «Bäume» wahrnimmt, wird er seinerseits wahrgenommen von den Symbolen, die ihn mit vertrauten Blicken erspähen. Sie sind mit dem Menschlichen vertraut, sie schauen den Menschen an, um ihm einen heimatlichen Ort zu gewähren. Die natürliche Wirklichkeit wird – wenn sie auf diese Weise zur Sprache kommt – zur Botschaft der Wahrheit an den Menschen. Die Aussagefunktion der Sprache wird ausgewechselt durch ihre Anredefunktion. Baudelaire vereinigt in diesem Gedicht gleich beides. Er macht von der Sprache einen Gebrauch, der weit über ihre Abbildungsfunktion hinausgeht. Und eben dieser Sprachgebrauch dient dazu, die Wirklichkeit der Natur auf das hin abzuhören, was sie an Wahrheit zu verstehen geben will.

Es ist offensichtlich, daß das Wahrheitskriterium der Übereinstimmung mit der Sache (der Wirklichkeit) einer solchen Sprache gegenüber unsinnig ist. Man kann angesichts dieses Gedichts nicht einmal fragen, ob auch der Fall sei, was hier gesagt werde. Dennoch wäre es wohl unklug, wollte man die Wahrheitsfrage überhaupt suspendieren, wenn es um dichterische Sprache geht. Aber wie soll man sie stellen? Könnte man vielleicht sagen, daß Baudelaire in seinem Gedicht aussprechen will, was die Natur wahrhaftig sei? Daß die Natur in Wahrheit ein Tempel sei, ein Wald von Symbolen, die uns etwas zu verstehen geben? Könnte man dann weiter sagen, daß die Wirklichkeit dadurch zu ihrer Wahrheit kommt, daß sie etwas zu sagen hat? Dann wäre es die Sprache, die das Wirkliche wahrhaft sein läßt, indem die Sprache ausspricht, was das Wirkliche *sagt.* Dann wäre zu folgern: in der Sprache kommt die Wirklichkeit zu ihrer Wahrheit. Das Wahre an der Wirklichkeit ist also nicht, daß sie gleichsam gegenständlich vorliegt. Das Wahre an der Wirklichkeit ist also nicht, daß sie den Menschen mit Schweigen umstellt. Das Wahre an ihr ist, daß sie etwas zu sagen hat, oder einfacher: *daß sie etwas bedeutet.* Die Sprache entdeckt die Botschaft des Wirklichen und so läßt sie das Wirkliche selbst erst wahrhaft wirklich sein. Also müßte man sagen, daß sie dem Wirklichen immer schon voraus ist. Wie müßte dann die Wahrheitsfrage lauten? Gibt es vielleicht bloß die Evidenz, die das Wahre vom Falschen unterscheiden läßt? Wir werden bei der Metapherproblematik auf die Wahrheitsfrage zurückkommen müssen.

Offensichtlich ist jedenfalls bei dem Gedicht von Baudelaire, daß die Sprache nicht bloß über die Wirklichkeit spricht, sondern vielmehr die Wirklichkeit zur Anrede an das Ich werden läßt. Der Mensch wird gleichsam in die Wirklichkeit einbezogen, wenn die Sprache mehr sagt als das, was der Fall ist. Einbezogen in diese Rede ist aber nicht nur das Ich des *Hörenden,* sondern ebensosehr das Ich des *Sprechenden.* Das Ich Baudelaires hat zu verantworten, was es als Wahrheit über die Wirklichkeit sagt. Baudelaire *sieht* die Natur als Tempel und er spricht seine Leser darauf an, daß die Natur ein Tempel sei. Möglich wird dieses Sehen und

Ansprechen durch die Sprache selbst, welche das wegweisende Wort bereithält. Durch die Sprache kann das Ich Augen bekommen zu sehen, ebenso wie es Ohren bekommen kann zu hören. Die Sprache kommt ebenso jenem Ich zuvor, das sehen will, wie sie jenem Ich zuvorkommt, das hören will. Sie ist so etwas wie die Lebensgrundlage der Wahrnehmung. Die Sprache hat demnach nicht bloß den Vorrang vor der Wirklichkeit, die sie zur Sprache bringt, sondern ebenso hat sie den Vorrang vor dem Ich, das erst durch sie zum Sehen und zum Hören des Wirklichen kommt. Daraus folgt: Die Sprache hat in ihrem Grunde *Anredefunktion, nicht Aussagefunktion.*

Die ursprüngliche Funktion der Sprache ist es, das Ich anzureden, es anzusprechen auf die Wahrheit der Wirklichkeit. Eben dies wäre eine Theorie der Sprache, welche nicht vom Sprachvorgang selbst abstrahiert. Eben dies wäre ein Verstehen von Sprache, das zugleich ein Sich-Verstehen auf Sprache ist. Neuere sprachtheoretische Überlegungen führen deshalb zu einer Fundamentalunterscheidung der Sprachvorgänge, in welcher es um die Frage nach dem elementaren Sprachvorgang geht. Fundamental zu unterscheiden sind der Sprachvorgang des Beweisens, des Ableitens, des Sprechens über Sachverhalte einerseits und der Sprachvorgang des Weisens, des Erhellens andererseits. Die erste Art des Sprechens stellt die rationale, die begriffliche Sprache dar. Die zweite Art des Sprechens erkennen wir in der bildhaften, in der unmittelbar an Erfahrung orientierten Sprache. Der apodiktischen, beweisenden Sprache wird gegenübergestellt die semantische, weisende Sprache. «Wenn das Wesen des Wortes im Deuten und im Weisen besteht, wenn weiterhin aber die Rede, welche das Ursprüngliche, das Erste ausdrückt, *rein semantisch* sein muß, da durch sie der hermeneutische Prozeß überhaupt erst möglich wird, wie sollen wir rein terminologisch die beiden ganz verschiedenen Arten von Sprachen unterscheiden? Die Struktur der beiden Sprachen ist, wie mehrmals gesagt, wesentlich verschieden; die rationale Sprache: dialektisch, vermittelnd und beweisend, d. h. apodiktisch; die semantische Sprache: unvermittelt, unbeweisbar, erhellend, rein weisend» ([34], 66f). Es scheint unzweifelhaft zu sein, daß diese zweite, die weisende Sprache eine größere Nähe zum Ursprünglichen hat. Dies könnte man leicht zeigen, indem man auf die Prämissen der beweisenden Sprache aufmerksam macht, welche ihrerseits der weisenden Sprache angehören. Man könnte leicht zeigen, daß die apodiktische Sprache auf der semantischen Sprache beruht.

Wir fassen zusammen: Wird der faktische Vorgang des Sprechens in Rechnung gestellt, kann die Sprache nicht mehr auf ihre Abbildungsfunktion reduziert werden. Gerade der konkrete Sprachvorgang zeigt, daß die Instrumentalisierung der Sprache eine Verkehrung ihrer selbst darstellt. Durch die Instrumentalisierung legt das Ich die Sprache als etwas Sekundäres fest. Es macht die Sprache zum Instrument in seinen Händen.

Damit aber täuscht es sich darüber hinweg, daß es seinerseits allererst auf Sprache angewiesen ist, wenn es die Bedeutung des Wirklichen erkennen will. Daraus folgt: Mit der Reduktion auf das Instrumentelle schneidet sich das Ich von den Wohltaten ab, die ihm von der Sprache zugedacht sind. Dies ist insofern ein paradoxer Vorgang, als das Ich sich die Sprache zunutze zu machen wähnt, wenn es sie instrumentell verwendet. Während in der Vorstellung von der Instrumentalität der Sprache die Wahrheitsfrage mit der Frage zusammenfällt, ob auch der Fall sei, was da gesagt wird, kann eine nicht-instrumentalisierte Sprache nicht einfach das Wirkliche mit dem Wahren identifizieren. Wird die Sprache nicht nur apodiktisch sondern auch semantisch verstanden, dann spricht sie der Wirklichkeit ihre Wahrheit allererst zu. Die Sprache hat also – etwas unscharf gesagt – eine Eigenständigkeit im Zusammenhang von Wirklichkeit und Wahrheit. Sie sagt mehr über das Wirkliche, als dieses in Wirklichkeit ist, und dennoch sagt sie nicht einfach Unwahres, sondern sie sagt, was das Wirkliche als Wahrheit zu verstehen gibt. Sobald die Sprache nicht mehr bloß Sekundärphänomen des Wirklichen ist, sondern zu einer gewissen Eigenständigkeit gelangt, entsteht überraschenderweise auch die Eigenständigkeit des Ichs, welches seine Rede zu verantworten hat. Wer sagt, die Natur sei die Natur, hat nichts zu verantworten, weil er das Wirkliche auf seine Wirklichkeit reduziert. Wer dagegen sagt, die Natur sei der Tempel des Menschen, hat seine Rede zu verantworten, weil er am Wirklichen eine Wahrheit entdeckt, die nicht einfach selbstverständlich ist. Man könnte diesen Sachverhalt noch anders ausdrücken: Gerade beim instrumentellen Gebrauch der Sprache verschwindet merkwürdigerweise das Ich, denn gerade in der abbildenden Sprache spielt das Ich des Sprechers keine Rolle. Das kann man leicht an der Art und Weise erkennen, wie die Wahrheitsfrage gestellt wird: Ist es der Fall? Umgekehrt erscheint die Selbständigkeit des Ich gerade dort, wo es den zuvorkommenden Charakter der Sprache für sich gelten läßt. Die weisende Sprache bezieht das Ich entschieden ein in den Sprachvorgang, sei es, daß das Ich sich von der weisenden Sprache ansprechen läßt, sei es, daß das Ich die Weisung der Sprache selbst ausspricht und verantwortet. Die semantische Sprache bringt das Ich zum Vorschein, indem sie ihm etwas zu Verstehen gibt, die apodiktische Sprache bringt das Ich zum Verschwinden, weil es das Ich aus der Wahrheitsfrage entfernt.

Die an der dichterischen Sprache entdeckte Unterscheidung von apodiktischem und semantischem Sprachvorgang verweist schließlich noch auf eine weitere, recht grundlegende Unterscheidung. Während die apodiktische, instrumentelle Sprache eine ist, welche gleichsam auf das Sprechen hindrängt, drängt die semantische, den Verstehensvorgang ermöglichende Sprache darauf, daß sie *gehört wird.* Die apodiktische Sprache ist primär das Instrument des sprechenden Ichs, während die semantische Sprache *das hörende Ich* in Erscheinung treten läßt. Wenn es zutrifft, daß die semantische Sprache eine größere Ursprünglichkeit hat als die apodiktische, dann offenbart die semantische Sprache auch das Wesen des Wortes ursprünglicher. Das Wesen der Sprache ist in ihrem Ursprung die Anrede. Luther hat dies in einem höchst bemerkenswerten Satz wie folgt ausgedrückt: «Natura enim verbi est audiri» (Das Wesen [nämlich] des Wortes ist es, gehört zu werden. Zitiert nach [29], 76 Anm. 38). Das Wesen der Sprache ist es, daß sie gehört wird, so wahr das Wesen des Verstehens darin besteht, daß der Mensch sich etwas sagen läßt (vgl. 1 Kor 8,1b–3 und oben 2.4.7). Das Verstehen im Rahmen der instrumentellen Sprache mag ein intellektueller Beschluß des Ichs über etwas sein, Verstehen im Rahmen der weisenden Sprache beruht immer wesentlich auf dem Hören. Die weisende Sprache selbst ist es also, die das Ich aus dem Selbstgespräch aufwecken will.

1.1.3 Die Wirkung des Wortes

In den vorhergehenden Überlegungen haben wir anhand der dichterischen Sprache zu zeigen versucht, daß die Abbildungsfunktion keineswegs die einzige und schon gar nicht die ursprüngliche Funktion der Sprache ist. Wir haben gezeigt, daß die Sprache nicht bloß Verstandenes ausdrückt, sondern selbst etwas zu verstehen geben will. Wir haben gezeigt, daß die wahrhaftige Natur der Sprache nicht das Sprechen, sondern das Gehört-Werden ist. Eben dies – so behaupten wir – kommt zur Erkenntnis, wenn eine Sprachtheorie nicht vom faktischen Sprachvorgang abstrahiert. Wir haben ferner gezeigt, daß die Sprache sehr wohl über das Wirkliche hinausgehen kann, in der Absicht, Wahres darüber zu verstehen zu geben. Wenn jedoch die Sprache über das Wirkliche hinausgeht, um dessen Wahrheit zum Ausdruck zu bringen, dann entfällt die Priorität der begrifflichen Sprache. Denn die Priorität der begrifflichen Sprache beruht ja darauf, daß das Gesagte bloß ein Abbild des Wirklichen sei, daß der Logos ein Korrelat des Kosmos sei. Nimmt man im Unterschied dazu an, der Sprache komme nicht nur eine mimetische, sondern auch eine poetische Funktion zu, nimmt man also an, es gehe beim Sprechen nicht bloß um einen reproduktiven, sondern auch um einen produktiven Umgang mit dem Wirklichen, dann fällt der Anspruch der begrifflichen Sprache auf logische und ontologische Priorität dahin. Die Sprachauffassung der neuzeitlichen Philosophie, wie sie sich in den beiden Zitaten von Locke und Kant gezeigt hat, müßte aufs schärfste kritisiert werden. Diese Kritik ist jetzt nicht zu leisten. Ihr Anliegen ist bei den Philosophen gut aufgehoben.

Wohl aber kann jetzt festgehalten werden, daß mit der Priorität der begrifflichen Sprache vor der bildhaften zugleich auch die niedrige Einschätzung der metaphorischen Rede dahinfällt. Wenn die eigentliche

Sprache nicht mehr größeren Wahrheitswert beanspruchen kann als die uneigentliche, dann geht es nicht mehr an, die bildhaften Redeweisen in den Bereich der Rhetorik zu verweisen, in jenen Bereich also, wo es bloß um das Spiel der freien Einbildungskraft oder die Unterhaltung des Zuhörers geht. Gewiß wäre im Gegensatz zu vielen Vertretern des Ernstes auf den Wert des Spiels hinzuweisen. Es wäre zu sagen, daß Spiel eben nicht bloßes Spiel ist. Dennoch muß die Kritik auf einer tieferen Ebene ansetzen: der Widerspruch dagegen, daß die bildhafte oder metaphorische Rede in den Bereich des Uneigentlichen verwiesen wird, hat zu geschehen mit dem Ziel, den eigentlichen Grund metaphorischer Rede aufzudecken. Denn eine Rechtfertigung des Spiels stünde in der Gefahr, wiederum den Ernst zur Rechtfertigungsgrundlage zu machen. Demgegenüber ist zu argumentieren von der Basis aus, welche am Ursprung metaphorischer Rede steht. Weist man sie der Rhetorik zu (unter Beibehaltung der erkenntnistheoretischen Einordnung des Rhetorischen), so können bildhafte und metaphorische Redeweisen ihren Grund von vornherein nur im Zuhörer haben. Sie sind von vornherein didaktisch bedingt. Versteht man dagegen das bildhafte Reden als eine eigentümliche Form eigentlicher Rede, dann wird erst der Blick frei dafür, daß bildhafte Rede auch um der Sache willen notwendig sein kann, die da angesagt wird. Erst dann wird der Blick frei dafür, daß metaphorische Rede nicht von vornherein bloß eine gefällige Einkleidung einer logischen Wahrheit zu sein braucht, sondern daß sie ebensogut eine Form der Rede sein kann, die *durch die Wahrheit selbst erfordert* wird. Und erst an dem Punkt wird es möglich, die Folgen metaphorischer Rede nicht nur für den Hörer, sondern auch für die Wahrheit selbst zu bedenken. Was die metaphorische Gestalt der Rede für die in ihr angesagte Wahrheit bedeutet, wird im folgenden Abschnitt zu bedenken sein. Dies geschieht anhand eines herausragenden Beispiels metaphorischer Rede im Neuen Testament anhand der Gleichnisse Jesu.

Bevor wir freilich darauf eintreten können, müssen wir uns mit einem gängigen *Verdacht* gegen die Anredefunktion der Sprache auseinandersetzen. Wer heutzutage sagt, die Sprache sei ihrem eigentlichen Wesen nach auf das Hören angelegt, nicht auf das Sprechen, setzt sich dem Verdacht aus, einen Regreß in das Zeitalter der Sprachmagie zu vollziehen. Diesem Verdacht soll jetzt widersprochen werden. Zunächst vergegenwärtigen wir uns den Nährboden, auf welchem der genannte Verdacht gedeiht, und zwar so gut gedeiht, daß er jederzeit gegen das Ernstnehmen von Sprache vorgebracht wird. Der Nährboden dieses Verdachts ist genau jene Instrumentalisierung der Sprache, von der wir schon gesprochen haben. Zunächst mag es zwar etwas paradox erscheinen, aber dennoch beruht die Vorstellung, daß die Sprache selbst nichts bewirken könne, auf der Vorstellung, sie sei ein bloßes Instrument des Ichs. Die Sprache als Werkzeug ist dazu da, die Sachverhalte und Gedanken des Ichs zu veröffentlichen. Sie spielt keine andere Rolle als die eines Mediums. Ihr Gebrauch gilt eben dann als *sachgemäß*, wenn sie möglichst *keine eigenen* Wirkungen mehr ausübt, das heißt, wenn sie ganz Instrument der Veröffentlichung ist. Die Skepsis gegenüber der bildhaften Sprache, welche durch den Einbezug der menschlichen Leidenschaften das wahre Urteil verdirbt, beruht genau auf der Zielvorstellung, daß die Sprache möglichst wenig – im Idealfall nichts – zu bewirken habe. Diese Zielvorstellung geht dann über in eine Sicht von der Sprache selbst: aus dem Wunsch, sie auf ein bloßes Medium zu reduzieren, wird der Gedanke, sie sei nichts anderes als ein bloßes Medium. Und auf dem Boden dieses Gedankens wächst der Verdacht, daß in das Zeitalter der Sprachmagie zurückfalle, wer der Sprache mehr zutraue als das Bewirken von nichts.

Man kann diesem Verdacht nicht einfach dadurch widersprechen, daß man an die Sprachmacht des Evangeliums verweist. Eben diese Sprachmacht will jener Verdacht ja treffen und sie als etwas ausweisen, das bloß im Rahmen des magischen Sprachverständnisses überhaupt zum Zuge kommen kann. Deshalb ist der Umgang mit diesem Verdacht von großer hermeneutischer Tragweite. Zunächst muß man schon an die Wirksamkeit gegenwärtigen Sprechens erinnern, um der Vorstellung von der Wirkungslosigkeit der Sprache entgegenzutreten. Es gäbe jetzt sehr viele Möglichkeiten, Phänomene der Wirksamkeit der Sprache zu nennen und vorzuführen. Ich will eines herausgreifen, das in jüngster Zeit auch philosophische Aufmerksamkeit gefunden hat. Als Beispiel wirkungsvollen Redens nehmen wir den sogenannten Sprechakt, wie er von dem analytischen Philosophen *John Austin* entdeckt und reflektiert wurde. Bezeichnend ist allein schon die Überschrift jenes Büchleins, in welchem Austins Entdeckung im Jahre 1962 erstmals veröffentlicht wurde: «How to do things with words» (Wie man mit Worten Dinge tut: [36]). Das Büchlein geht zurück auf eine Vorlesungsreihe Austins mit demselben Titel, welche im Jahre 1955 stattfand. Schon in den Jahren zuvor hatte Austin verschiedene Vorlesungen in Oxford dem Problem von Wort und Tat gewidmet. Austins Entdeckung läßt sich auf eine knappe Formel bringen: der Gegensatz von Wort und Tat ist kein prinzipieller. Auch mit Worten können Taten vollbracht werden. Man kann dies sprachtheoretisch ausdrücken: die beschreibende (oder wie wir sagten: abbildende) Funktion der Sprache ist lange nicht ihre einzige und schon gar nicht die wesentliche. Die Sprache hat durchaus die Macht, nicht bloß abzubilden, sondern auch zu bilden, nicht bloß zu beschreiben, sondern auch Wirklichkeit zu schaffen. Austin ging dabei aus von dem alltäglichen Sprachgebrauch, in welchem solche bildenden, Wirklichkeit stiftenden Sprachvorgänge recht häufig vorkommen.

Wir können im folgenden nicht auf die Sprechakttheorie Austins in ihrer ganzen Tragweite und auch in ihrer differenzierten Problematik eingehen. Die Sprechakttheorie wird in unserem Zusammenhang ja nur als Beispiel

dafür genommen, die Herrschaft der Abbildungsfunktion der Sprache zu durchbrechen. Eben dies war auch das primäre Anliegen Austins: er wollte die Täuschung herausstellen, die in der Annahme, Sprache sei wesentlich Beschreiben (Abbilden), liegt (die «descriptive fallacy»). Ihm ging es um die Untersuchung von Sätzen, welche nicht auf die beschreibende Funktion der Sprache reduzierbar sind. Austin befand eine ganze Reihe von Aussagen, welche mit dem Wort «tun» viel besser beschreibbar waren als mit dem Wort «aussagen». Austin selbst schätzt seine Entdekkung als einen Teil der jüngsten Entwicklung ein, welche die Kritik an der traditionellen Philosophie durchgemacht hat. Zu überlegen, inwiefern «by saying or in saying something we are doing something», ist ein heikles Thema. «This topic is one development – there are many others – in the recent movement towards questioning an age-old assumption in philosophy – the assumption that to say something ... is always and simply to state something» ([36], 12). Austin schätzt demnach die philosophische Tragweite seines Unternehmens recht hoch ein. Es wird eine beträchtliche Umwälzung des sprachtheoretischen Denkens davon ausgehen müssen. Wenn Sprechen ein Akt ist, dann ist die Sprache nicht allein Mimesis, sondern auch Poiesis. Und wenn die Sprache auch Poiesis sein kann, stellt sich das Problem der bildhaften Sprache ganz neu.
Austin selbst ist zunächst nicht an diesem Problem interessiert. Er bringt andere Beispiele für das, was er dann auch performatives Reden nennen kann. Ich wähle eines aus: Die britische Königin – eine Flasche Champagner loslassend – sagt: «I name this ship *Queen Elizabeth*» (vgl. [36], 5). Wir haben es hier mit einem typischen Beispiel performativen Redens zu tun. Der Begriff «performativ» leitet sich her von «to perform», etwas durchführen, etwas vollbringen, etwas darstellen (vgl. performance bei Hifi-Anlagen). Das Beispiel erfüllt die zwei Bedingungen, die Austin an die performative Sprache stellt: Erstens ist sie nicht beschreibend, berichtend oder feststellend. Die Aussage ist also weder wahr noch falsch (im Sinne der Übereinstimmung mit der Sache oder des Der-Fall-Seins). Zweitens ist die Äußerung des Satzes selbst die Handlung (oder wenigstens ein Teil der Handlung). Diese Handlung würde normalerweise nicht beschrieben als «Sagen von etwas». Die Taufe des Schiffs ist tatsächlich eine Äußerung, welche man nicht einfach als Sagen beschreibt. Ebenso offensichtlich ist es, daß das Aussprechen selbst den Akt der Schiffstaufe vollzieht. Wir könnten uns ein anderes Beispiel eines Sprechakts denken, der dieselben Bedingungen erfüllt: «Ich verspreche dir, morgen zu kommen». Auch diese Äußerung läßt sich nicht an den Kriterien von «Der-Fall-Sein» messen. Auch diese Äußerung tut etwas eben dadurch, daß sie geäußert wird. Das Versprechen besteht selbst in der Äußerung. Das Versprechen selbst kann auf keine andere Weise vollzogen werden als dadurch, daß es geäußert wird. Es ist ein Sprechakt.
Ausgehend von diesen Beispielen könnte der Gedanke aufkommen, es

ließe sich für den performativen Akt eine bestimmte grammatikalische Ausdrucksform angeben. Austin hat diesem Problem große Aufmerksamkeit geschenkt, freilich mit negativem Ergebnis. Er kam zum Schluß, daß es keine eindeutigen grammatikalischen Merkmale gibt, welche eine performative Aussage von einer andern sprachlichen Äußerung unterscheiden könnten. Diese Fragestellung erscheint zunächst als ein marginales Definitionsproblem. Auf den zweiten Blick freilich wird die grundlegende Bedeutung dieses Sachverhalts einsichtig. Denn wenn es keine eindeutigen grammatikalischen Merkmale für eine Performation gibt, dann besteht die Möglichkeit, prinzipiell jede Aussage als performativ zu verstehen. Diese Möglichkeit wurde von Austin ausdrücklich in Betracht gezogen und sogar in bejahendem Sinne beantwortet. Austin stellte fest, daß auch konstatierende Sprache durchaus performative Elemente enthält. Das bedeutet, daß also auch bloße Aussagesätze durchaus nicht einfach das Wirkliche reproduzieren müssen. Damit hat Austin eine beträchtliche Ausweitung des Sprechaktbegriffs vollzogen. Diese Ausweitung ermöglicht es, *jedes* Sprechen als einen Sprechakt zu verstehen, in welchem eine ganz bestimmte Wirklichkeit auch konstituiert und nicht bloß reproduziert wird. Diese Ausweitung ermöglicht es, auch einen Aussagesatz unter dem Aspekt des Performativen zu würdigen, das heißt, ihn daraufhin zu betrachten, was er als Wahrheit über das Wirkliche zu verstehen gibt. Wird ein Aussagesatz unter dem Aspekt des Performativen gewürdigt, so kann die Wahrheitsfrage an ihn nicht mehr bloß lauten, ob auch der Fall sei, was er sage. In gewisser Hinsicht ist eben der Fall, was er sagt, genau *weil* er es sagt. Dies läßt sich am Beispiel der Schiffstaufe, welche in die Gestalt des Aussagesatzes gekleidet ist, ohne weiteres erkennen: das Schiff wird getauft eben genau dadurch, daß die Königin sagt, daß sie es taufe. Es wäre wohl ein merkwürdiges Unterfangen, wollte man alle diese Sprachvorgänge der Sprachmagie zuweisen, um nur den konstatierenden Sprechweisen überhaupt Realitäts- und Wahrheitswert zuzubilligen. Das wäre genau die deskriptive Täuschung, die Austin als Illusion herausstellen wollte.

Die eben genannte Ausweitung des Sprechaktbegriffs hat indessen noch eine Kehrseite. Wenn zwischen performativem und konstatierendem Reden nicht sauber geschieden werden kann, dann ist deutlich, daß auch das performative Reden nicht ohne das Element des konstatierenden auskommt. Für das Gelingen performativer Aussagen gibt es Bedingungen, zu denen auch dies gehört, daß einige Dinge der Fall sind. Es muß – um beim Beispiel der englischen Königin zu bleiben – der Fall sein, daß überhaupt ein Schiff da ist, das sie taufen kann; es müssen auch Konventionen vorhanden sein, innerhalb derer ihr Sprechakt überhaupt ein Sprechakt sein kann. Wäre die Konvention der Schiffstaufe unbekannt, würde ihr Sprechakt gründlich mißlingen. Austin selbst gibt eine ganze Reihe von Bedingungen an, welche für das Glücken eines Sprechakts erfüllt sein müssen. Es ist hier nicht der Ort, diese Bedingungen im einzelnen aufzuzählen und zu besprechen. Interessant ist immerhin, daß Austin von dem «Glücken» (der «happiness») der Sprechakte spricht, nicht etwa von ihrer Wahrheit. Auch dies macht deutlich, wie sehr die Sprechakte eben als Ereignisse, als Taten zu sehen sind, die nicht wahr oder falsch sind, sondern die glücken oder eben mißglücken.

Wann kann man von einem Sprechakt sagen, er sei geglückt? Die Antwort ist zunächst einfach: Er ist genau dann geglückt, wenn er wirksam geworden ist. Dies gilt von der Schiffstaufe ebenso wie von dem Versprechen: geglückt sind diese Sprechakte, wenn das Schiff getauft ist beziehungsweise wenn der Angesprochene sich auf das Versprechen verläßt. Austin untersucht verschiedene Aspekte an den Sprechakten, die das Gelingen noch etwas genauer erfassen lassen. Nach Austin besteht jeder Sprechakt aus drei wesentlichen Aspekten. Er hat erstens einen phonetischen Aspekt (das heißt, er muß ausgesprochen werden). Austin nennt diesen Aspekt den lokutionären Aspekt (locutionary). Der Sprechakt hat zweitens einen Absichtsaspekt, das heißt, der Sprechende will etwas mit ihm bewirken, er will ein Versprechen abgeben, er will eine Warnung aussprechen usw. Austin nennt diesen Aspekt den illokutionären (illocutionary), das heißt den das Phonetische übersteigenden, weil nicht aus dem Phonetischen ableitbaren Aspekt. Schließlich hat der Sprechakt einen dritten Aspekt, nämlich einen Wirkungsaspekt oder pragmatischen Aspekt. Der Sprechakt ist auf Wirkung aus; zu ihm gehört es wesentlich, daß der Angesprochene das Versprechen ernst nimmt, daß er sich nach der Warnung richtet, daß er sich also die sprachliche Tat gefallen läßt. Austin nennt diesen Aspekt den perlokutionären (perlocutionary), sofern er über das Sprechen des Sprechaktes hinausreicht bis hin zu Reaktion des Angesprochenen.

Ein Sprechakt ist erst dann geglückt, wenn er in allen drei genannten Hinsichten geglückt ist. Es ist offensichtlich, daß damit das Glücken eines Sprechakts der Handlungsmacht des Sprechenden entzogen ist. Zum geglückten Sprechakt gehört eine bestimmte kommunikative Situation ebenso wie die dem Sprechenden nicht verfügbare Reaktion des Angesprochenen. Am Beispiel des Sprechaktes kann man deshalb schön erkennen, wie sehr gerade die Taten der menschlichen Handlungsmacht entzogen sein können, ohne dadurch den Tatcharakter selbst zu verlieren. Indem der Sprechakt gleichsam von der Angewiesenheit des Sprechers auf den Hörer (und umgekehrt) lebt, ist er ein Phänomen, an welchem die Lebensgrundlage menschlichen Seins vor Augen tritt. Während die deskriptive Illusion davon ausgeht, als ob die Aussage selbst *zwischen* Hörer und Sprecher träte, und also beide als einsame Subjekte, *un*verbunden durch das, was unter ihnen gesagt wird, herausstellt, zeigt der Sprechakt, wie sehr menschliches Sein erst in der Angewiesenheit auf den andern entsteht. Der Sprechakt hält beide beieinander, den Sprecher, der handelt, ebenso wie den Hörer, der «erleidet». Wie dem auch sei: geglückt ist ein Sprechakt, wenn das Ich des Sprechenden und das Du des Angesprochenen zur Übereinstimmung gekommen sind beziehungsweise wenn die Sprachtat ihre Wirkungen zeitigen konnte. Gerade an dieser Untersuchung über die «happiness» von Sprechakten erkennt man noch einmal, wie ungeeignet das Adaequationskriterium für ein angemessenes Wahrheitsurteil wäre. In den Sprechakten erscheint eine Wahrheit, welche gar nicht erfaßbar ist mit den Kategorien «der Fall sein» oder «nicht der Fall sein». Daraus folgt: Es gibt einen Gebrauch der Sprache, welcher dem herrschenden Wahrheitskriterium nicht erschwinglich ist.

Der Sprechakt ist weder wahr noch falsch, ohne dadurch sinnlos zu werden. Eben dieser Verdacht der Sinnlosigkeit war immer wieder gegenüber solchen Aussagen erhoben worden, welche vom empirischen Verifikationskriterium nicht erfaßt werden konnten. Die Entdeckung Austins machte eine gehörige Revision dieser Gewohnheit notwendig. Was selbstverständlich nicht heißt, daß dadurch die Wahrheitsfrage überflüssig geworden sei. Die Revision der empiristischen Gewohnheiten bedeutet lediglich, daß die Wahrheitsfrage sich auf einer anderen Ebene stellt. Dies ermöglicht es, an den Sätzen religiöser Sprache eine ganz andere Würde (aber auch: Unwürde) zu entdecken, als dies im empirischen Sprachmodell der Fall gewesen war.

Schließlich soll unsere Aufmerksamkeit einem weiteren Moment des Sprechakts gelten, das für die theologische Hermeneutik von Bedeutung ist. Erinnern wir uns noch einmal an das Beispiel der Schiffstaufe. Die britische Königin sagt: «Ich taufe dieses Schiff ‹Queen Elizabeth›.» Damit dieser Sprechakt überhaupt glücken kann, kommt es nicht unwesentlich auf die Identität des Ichs an, das da spricht. Wäre es statt der britischen Königin ein Werftarbeiter, so könnte dieser Sprechakt nicht glücken. Oder allgemeiner gesagt: Die Person, die einen Sprechakt vollzieht, muß für den betreffenden Vollzug *geeignet* sein. Sie muß in der Lage sein, eine solche sprachliche Tat auch zu tun.

Freilich ist diese Eignung nicht bloß gegeben durch die subjektive Identität, in unserem Falle durch die Identität der Königin. Die Eignung, diesen oder jenen Sprechakt zu vollziehen, wird einer Person auch *zugeschrieben,* und zwar zugeschrieben von den Angesprochenen. Daraus ergibt sich: Die Angesprochenen werden selbst auf eine bestimmte Weise produktiv, damit ein Sprechakt überhaupt zustandekommt. Ein Machtwort kann nur sprechen, wer erstens Macht hat und wem zweitens die Macht auch zugeschrieben wird, welche in jenem Wort zum Ausdruck kommt. Im Phänomen der Eignung fallen also die Identität des Ichs und die Produktivität der Angeredeten zusammen. Man kann sich die Relevanz dieser Entdeckung einmal klarmachen, wenn man sich überlegt, was es bedeutet, Jesu Wort als Gottes Wort zu verstehen. Wer ist Jesus, daß er Gottes Wort an uns zu tun wagt, und wer sind wir, daß wir es wagen, die

Macht Gottes Jesus zuzuschreiben? Mit dieser Frage soll nur angedeutet werden, welche Dimensionen dieses Moment des Sprechaktes eröffnet. Wichtig für den Augenblick ist, daß der Sprechakt es eben nicht erlaubt, das Ich des Sprechenden zum Verschwinden zu bringen. Und zugleich mit dem Hervortreten des Ichs wird den Angeredeten eine Aktivität zuerkannt, welche ihnen von der konstatierenden oder abbildenden Sprache dauernd abgesprochen wird. So gut wie der Sprechende in der deskriptiven Sprache verschwindet, so gut bringt diese Sprache auch den Hörer zum Verschwinden. Es ist dies also eine Sprache, welche ständig gegen ihr ursprüngliches Wesen vorgeht, dagegen nämlich, ein Ich und ein Du zusammenzubringen.
Damit lassen wir es jetzt genug sein von der Sprechakttheorie. Sie war ja nur ein Beispiel dafür, daß die Annahme, die Sprache sei in ihrem Wesen abbildend reproduktiv, eine Illusion ist. Diese Illusion konnte nur deshalb entstehen, weil man sprachtheoretisch von dem konkreten Vorgang des Sprechens abstrahierte. Diese Abstraktion wurde von der Sprechakttheorie gerade nicht gemacht. Und dabei kam zum Vorschein, daß die Sprechakttheorie – merkwürdigerweise – gerade die Erkenntnis Luthers bestätigt: natura enim verbi est audiri.

1.1.4 Zwei neutestamentliche Anwendungsfälle

Als Abschluß dieser sprachtheoretischen Vorbemerkung versuche ich, ihre hermeneutische Tragweite an zwei neutestamentlichen Fällen zu erläutern. Dabei soll jetzt nicht mehr die Sprechakttheorie allein im Vordergrund stehen. An den folgenden Beispielen soll vielmehr gezeigt werden, inwiefern die Sprache des Neuen Testaments *fundamental Anredefunktion* hat. Das *erste Beispiel* stammt aus der Feldrede des Lukasevangeliums. Es ist die erste Seligpreisung (Lk 6,20b): «Selig ihr Armen – denn euch gehört das Reich Gottes!» Für unseren Zusammenhang interessieren die folgenden Beobachtungen.
1. Interessant ist bereits die äußere Form: «Selig ihr Armen». Es ist wahrscheinlich, daß diese Form gegenüber derjenigen bei Matthäus ursprünglich ist. Matthäus sagt: «Selig sind die Armen ...». Matthäus gebraucht also die Aussageform im Unterschied zu Lukas, der die Form der Anrede an die Armen beibehalten hat. Die sprachliche Gestalt der Seligpreisung der Armen bei Lukas gibt die ursprüngliche Situation dieser Seligpreisung besser wieder. Es ist Jesus, welcher die Armen anspricht, um sie selig zu heißen. Ganz abgesehen davon, ob dieses historische Urteil zutrifft, ist die Form bei Lukas besser geeignet, den eigentlichen Charakter eines solchen Sprachvorgangs zum Ausdruck zu bringen. Man verweist demgegenüber nicht selten auf Formparallelen der jüdischen und hellenistischen Umwelt, welche den sekundären Charakter der lukani-

schen Fassung belegen sollen. Das Argument lautet: wenn schon die ganze Umwelt die Seligpreisungen in der dritten Person formuliert, wird auch Jesus sie ursprünglich in der dritten Person formuliert haben. Erst Lukas hätte dann eine explizite Anrede aus ihnen gemacht. Dieses Urteil beruht auf einem höchst problematischen Schlußverfahren. Denn es stellt gar nicht in Rechnung, daß sich möglicherweise auch in der Form die charakteristische Differenz der Seligpreisung Jesu verbirgt.

Wie wäre denn diese Anredeform zu interpretieren? Dazu einige Beispiele anderer Seligpreisungen. Äußerlich recht nahe kommt die Seligpreisung in Ps 1,1: «Wohl dem Manne (oder: glücklich der Mann), der nicht wandelt im Rate der Gottlosen, noch tritt auf den Weg der Sünder, noch sitzt im Kreise der Spötter.» Es springt sofort in die Augen, daß hier der *Wandel* des Menschen für sein Glück aufkommt. Es handelt sich darum, dem Menschen den wahren *Weg zum Glück* zu weisen, den er verfehlen könnte, wenn er sich wohler fühlt im Kreise der Spötter als auf dem Weg der Gerechten. Und in der Tat: von einem Wandel in den Wegen Gottes kann allerdings *ausgesagt* werden, er berge das wahre Glück. In der Seligpreisung der Armen dagegen geht es nicht um einen Wandel; es geht vielmehr um ihre Situation. Und in dieser Situation besteht ihre Seligkeit in gar nichts anderem als darin, daß es ihnen zugesprochen wird.

Ein weiteres Beispiel aus dem weisheitlichen Denken. Hier sind Seligpreisungen am häufigsten anzutreffen. So heißt es in Sir 25,9: «Glücklich der, welcher Einsicht findet ... (und als Begründung dafür), denn groß ist der, der Weisheit findet.» Es ist klar, daß eine solche Feststellung über das Glück des Weisen die Gestalt eines Aussagesatzes und nicht der Anrede haben muß. Denn es handelt sich ja um den Sachverhalt, daß der Weise – wo immer und wann immer er lebe – glücklich zu preisen ist. Es handelt sich um die Preisung einer Qualität oder eines bestimmten Lebenswandels. Ganz anders dagegen die Seligpreisung der Armen: sie haben nichts vorzuweisen, außer daß sie arm sind.

Im Unterschied zu den genannten Beispielen geht der Makarismus Jesu nicht von einer glücklichen Lage aus, in welcher der Angeredete sich befindet. Er preist weder einen Wandel noch eine Lebenseinstellung noch eine Fertigkeit, welche Glück mit sich bringt. Die Lage der Armen ist keineswegs glücksverdächtig. Sie ist vielmehr aussichtslos. Deshalb ist es nicht die Lage selbst, die ihr Glück zu erklären vermag. Wenn Jesus den Armen Glück zuspricht, wenn er den Armen gleichsam gratuliert, dann knüpft er mit dieser Gratulation an nichts an. Es gibt nichts an der Lage der Armen, das als Anknüpfungspunkt für ihre Seligpreisung gelten kann. Worin besteht überhaupt das Glück der Armen? Es besteht einzig darin, daß Jesus ihnen die Seligkeit zuspricht. Es besteht einzig in der Anrede, in welcher Jesus sie zu den Seligen versetzt. Eben deshalb ist diese Seligpreisung alles andere als eine Selbstverständlichkeit. Sie würde darum völlig falsch, wollte man sie in einen Aussagesatz umwandeln. Die Proklamation des Glücks für die Armen ist eben keine Umwertung aller Werte, keine theoretische Umkehrung des Weltlichen, wodurch dann die Reichen arm und die Armen reich würden. Die Proklamation des Glücks für die Armen ist nichts anderes als ein Zuspruch an sie. Würde man von ihrem Anredecharakter abstrahieren, müßte einem der Satz wie ein theoretischer Beschluß über die Armen vorkommen. Und mit theoretischen Beschlüssen wird wohl kaum jemandem Glück zugesprochen.

2. Wir sagten, daß das Glück dieser Armen in nichts anderem bestehe, als daß Jesus es ihnen zuspricht. Diese Aussage ist jetzt zu präzisieren. Es gibt ja in dieser Seligpreisung so etwas wie eine Begründung. Sie lautet: «denn euch ist (= gehört) die Gottesherrschaft». Vielleicht könnte man paraphrasieren: denn euch ist die Gottesherrschaft zugedacht, euch kommt sie zu. Nun ist ja die Gottesherrschaft keine vorfindliche Größe; sie ist gemäß den zeitgenössischen Vorstellungen die endzeitliche Herrschaft Gottes. Sie ist die neue Zeit, welche Gottes vollendete Offenbarung bringen wird. Die Begründung des Glücks liegt in der Zukunft, genauer: in der Zukunft Gottes. Jesus bringt die jetzige Situation der Armen zusammen mit der göttlichen Zukunft. Er erschließt ihre Situation für Gottes Reich.

Fast unwillkürlich taucht unter uns der Verdacht auf, es handle sich hierbei um eine Vertröstung der Armen auf den St. Nimmerleinstag. Wer das Glück der Armen mit der Zukunft begründet, steht unter dem Verdacht, ihr gegenwärtiges Unglück zu überspielen. Nun ist aber die Zukünftigkeit der Gottesherrschaft nicht so platt gedacht bei Jesus. Die Pointe seines Lebens und seiner Verkündigung bestand ja nicht in der Vertröstung der Menschen auf die Gottesherrschaft, sondern genau im Gegenteil: in der *Vergegenwärtigung* der Gottesherrschaft. Jesus brachte mit seinem Tun und Reden die Gegenwart in die Reichweite der Zukunft Gottes. Er machte im Jetzt die Zukunft Gottes konkret. In diesem Zusammenhang ist auch die Seligpreisung der Armen zu verstehen. Im Kommen Jesu verdichtete sich die Zeit selbst, so daß Gegenwart und Zukunft unmittelbar aufeinander bezogen wurden. Deshalb bricht in diesem Zuspruch die Zukunft Gottes in die jetzige Lage der Armen ein. Wer dies eine Vertröstung nennen wollte, müßte immerhin zugeben, daß er die Seligpreisung von ihrem Sprecher trennt. Der hier glücklich preist, ist kein anderer als der Bringer der Gottesherrschaft. Der hier glücklich preist, vertröstet niemanden aufs Jenseits. Denn er bringt das Jenseits nirgendwo anders als im Diesseits zum Zuge. Der Zuspruch an die Armen ist vom Sprecher nicht ablösbar.

Freilich muß auch gesehen werden: Die Armen müssen sich nicht von jedem sagen lassen, sie seien glücklich zu preisen. Nicht jeder ist geeignet, ihre Situation der Armut mit dem Glück in Verbindung zu bringen. Wohl aber ist dieser geeignet: dieser Mensch, der ihre Situation teilt, der wie sie keinen Platz hat, sein Haupt hinzulegen. Wohl aber ist dieser Bringer der Gottesherrschaft geeignet, die Lage der Armen für den Reichtum Gottes aufzuschließen. Worin besteht der Reichtum Gottes? Der Reichtum Gottes besteht darin, daß er im Überfluß zu geben bereit ist. Der Reichtum Gottes besteht nicht im Haben, sondern im Geben, nicht im Besitzen, sondern im Austeilen. Wo aber der Gott zur Herrschaft kommt, dessen Reichtum im Geben besteht, sind die Armen in der Tat glücklich zu preisen. Denn sie können nichts anderes als nehmen. Gewiß besteht der Reichtum Gottes nicht bloß in den geistlichen Gaben, so wenig die Armen mit einem geistlichen Wort abzuspeisen sind. Die Mittellosigkeit der Armen ist in jeder Hinsicht konkret zu denken. Im Zuspruch wird diese Mittellosigkeit aufgeschlossen für den Reichtum Gottes. Denn die Mittellosigkeit des Menschen und der Reichtum Gottes passen zusammen, weil die eine zum Nehmen und der andere zum Geben bestimmt. Eben dieses Nehmen und Geben ereignet sich nirgends sonst als im Zuspruch des Glücks, wie er in der verdichteten Zeit aus dem Mund Jesu ergeht.

Man könnte sich ja den Reichtum Gottes ganz anders vorstellen, etwa als Reichtum, den Gott hat. Die Armut, die nichts hat, paßte dann freilich nicht zu solchem Reichtum: man kann doch nicht mittellos vor den alles Habenden treten. Gesegnet ist, wer nicht mit leeren Händen vor Gott treten muß, so könnte die Seligpreisung angesichts des Reichtums Gottes ebensogut gelautet haben. Daß sie anders lautet, macht den Menschen in seiner Mittellosigkeit aufgeschlossen für den Reichtum Gottes. Daß sie anders lautet, verbindet die Lage des Menschen mit Gott, nicht seinen Wandel und nicht seine Vorzüge.

Daß die Armut in jeder Hinsicht konkret gedacht werden muß, kann man gerade an der matthäischen Fassung erkennen: er macht aus den «Armen» die «Armen im Geiste». Matthäus dehnt damit die Armut ausdrücklich auf den Geist aus, auf die geistige Statur des Menschen, Matthäus denkt also auf seine Weise die Mittellosigkeit des Menschen radikal. Dennoch trifft ihn gerade in neueren Arbeiten nicht selten der Vorwurf, er habe die konkrete Seligpreisung der Armen spiritualisiert. Gemeint ist: er habe sie ins Geistige und somit ins Abstrakte und beinahe Nichtige aufgehoben. Der Vorwurf gegenüber Matthäus ist ausgesprochen kurzsichtig. Die Spiritualisierung kann nur dort Anlaß zu einem Vorwurf sein, wo eine einseitige Anthropologie herrscht; einseitig darin, daß sie das Körperliche zum einzig Maßgeblichen macht. Es ist dies ein Materialismus ganz versteckter Art, der hier im Namen der Armen zu sprechen vorgibt. Materialismus darin, daß er den Ernst der geistlichen Armut völlig verkennt. Ist denn die Armut im Geiste, die völlige innere Mittellosigkeit, das vielleicht auch psychologisch beschreibbare Am-Ende-Sein, ist denn diese Armut etwa weniger ernst als die physische? Wer diese Armut verharmlost, hat noch lange nicht ernst gemacht mit der biblischen Antropologie, welche den Menschen – wie vor allem die paulinischen Überlegungen zeigen – ganzheitlich denkt, als Einheit von Fleisch, Geist und Seele. Es ist deshalb in hohem Maße bedenklich, daß ausgerechnet Theologen munter predigen, nur materielle Armut sei konkret.

Die «Spiritualisierung» des Matthäus hat sicher ihre Klippen. Aber es müßte doch auch einem Materialisten einleuchten, daß ein überwältigender Teil jener Armut, die seiner Ansicht nach als einzige konkret ist, eben durch geistliche Mittellosigkeit erzeugt wird. Die Proklamation des Glücks für die Armen betrifft den ganzen Menschen, sie umfaßt seine körperliche, materielle Armut, wie auch seine geistige, transmaterielle Mittellosigkeit. Die Proklamation des Glücks geht auf beide Weisen der Mittellosigkeit ein, um eben dadurch den Armen *und* den Reichen zu helfen. Dem Armen, daß er zu Lebensmitteln kommt, dem Reichen, daß er seinen Reichtum nicht länger im Besitzen sieht, sondern im Austeilen. Wie dem auch sei: die Proklamation des Glücks der Armen knüpft an nichts an. Sie knüpft an die menschliche Mittellosigkeit an, um sie zu verknüpfen mit dem Überfluß Gottes. Und weil diese Zusage an nichts anknüpft, ist sie selbst ein Ereignis des göttlichen Reichtums, welcher im Geben und nicht im Haben besteht.

3. Es ist kurz darauf einzugehen, daß die Seligpreisungen nicht selten verstanden werden als verkleidete Lebensregeln. Wenn der Mann selig gepriesen wird, der auf dem Wege Gottes wandelt, so kann dies durchaus eine in das Gewand einer Seligpreisung gekleidete Mahnung sein. Könnte man nicht auch die Seligpreisung der Armen als Ermahnung verstehen, arm zu werden? Gerade zeitgenössische Parallelen könnten ein solches Verständnis durchaus nahelegen. So bestand beispielsweise in der Gruppe von Qumran geradezu ein Armutsideal; die Armut galt als eine besonders würdige Weise, vor Gott zu treten. Eben aus diesem Grund verpflichtete die Gemeinde von Qumran ihre Mitglieder zu Besitzlosigkeit. Könnte es nicht sein, daß Jesus diese Art von Armsein meinte, wenn er den Armen Glück zusprach? Die Möglichkeit ist zwar nicht von vornherein auszuschließen, sie ist aber dennoch abzulehnen.

Zunächst: Während es in Qumran – wie bei jeder Form von Armenfrömmigkeit – um eine tätig hergestellte Armut geht, spricht Jesus schlicht die Situation der Armen an. Der von ihm glücklich gepriesene Arme hat nichts zu seiner Armut beigetragen; er *ist* arm. Der Fromme von Qumran hat seine Armut herbeigeführt, um dem Willen Gottes besser entsprechen zu können. Nicht, daß gegen diese Art von Armut etwas zu sagen wäre! Falsch wird die Sache erst, wenn die Armenfrömmigkeit in die Seligpreisung Jesu eingetragen wird. Denn Jesus selbst geht es darum, keine Bedingungen an die Armen zu stellen. Er geht bedingungslos auf ihre Situation ein, indem er sie bedingungslos mit dem Reichtum Gottes verknüpft. Bei den Armen – wie auch bei den Trauernden, den Weinenden, den Verfolgten – geht es Jesus um den Mittellosen, um den, der mit leeren Händen dasteht. Wenn er sie glücklich preist, dann liegt dieses Glück gerade nicht in ihrer Situation. Ihr Glück ist ihnen völlig fremd. Eben deshalb aber können sie es nicht mehr verlieren. Weil ihnen ihr Glück völlig fremd ist, existiert es nur im Zuspruch (was heißt hier «nur»?). Hätte Jesus es etwa vermocht, die tätlich hergestellte Armut der Qumrangemeinde mit dem Reichtum Gottes zu verknüpfen? Die Antwort muß lauten: Nein. Denn der tätliche Arme ist gar nicht in der Lage, in welcher er nur noch nehmen kann. Er ist gerade als Armer nicht in der Lage jener Mittellosigkeit, mit der er dem Reichtum Gottes begegnen kann. Denn dem Reichtum Gottes begegnen kann doch – gemäß dem Jesuswort – der, welcher nur noch nehmen kann. Wer nur noch nehmen kann, ist mit dem Geben Gottes verknüpft. Der tätlich Arme jedoch kann nicht nehmen, ohne seine Qualität zu verlieren. Er ist als Armer auf den reichen Gott ausgerichtet, nicht als Empfangender auf den gebenden Gott. Eben darum darf die Seligpreisung Jesu keinesfalls in eine Predigt der Armenfrömmigkeit verwandelt werden. Dies müßte die Proklamation des Glücks zur Predigt des Gesetzes machen. Und dabei würde sich das Glück der Mittellosen unversehens in das Unglück der Habenden verkehren.

4. Es ist ohne weiteres zu erkennen, daß die Empfänger der Seligpreisung Jesu nicht bloß Statistenfunktion haben. Denn Statisten stehen da; keiner spricht sie an, keiner will von ihnen gehört werden. Die Armen als Empfänger der Proklamation des Glücks müssen selbst zu ihrem Glück beitragen. Was müssen sie beitragen? Sie müssen ihre Mittellosigkeit für ihr Glück einsetzen. Wie setzen sie ihre Mittellosigkeit für ihr Glück ein? Antwort: Sie schenken der Seligpreisung ihr Gehör. Sie hören dieses Menschen Wort. Sie glauben daran und eben so machen sie sein Wort zu einer Tat an ihnen. Sie glauben und eben so lassen sie sein Wort an ihnen tätig werden. Anders gesagt: Sie schreiben dem Sprecher jener Proklamation die höchste Würde zu. Sie sehen in seinem Spruch den Spruch Gottes. Eben so sind sie als Nehmende einbezogen in den Reichtum Gottes, welcher im Geben besteht. Eben so sind sie *in* ihrer Armut mit Gott verknüpft. Ihre Mittellosigkeit ist dadurch gegeben, daß sie sich etwas sagen lassen. Deshalb ist die Mittellosigkeit ihr Glück.

Und ich, zweitausend Jahre später, was mache ich mit der Seligpreisung der Armen? Zunächst kann man sagen, daß auch ich nur hören kann darauf. Hören heißt, diesem Wort nicht allzuschnell dreinreden, nicht allzuschnell auffahren mit den vielen Wenn und Aber, die mir als aufgeklärtem Menschen des nachchristlichen Zeitalters zur Verfügung stehen. Ich kann zunächst auch nichts anderes tun, als diesem Wort Jesu die Würde des Gotteswortes zuzuschreiben, wenn es zum Glauben an den Zuspruch gekommen ist. Erst dann kann ich mich anderes fragen. Ich kann mich zum Beispiel fragen, woran ich denn glaube, wenn ich an die

Seligpreisung der Armen glaube. Zunächst geschieht in einem solchen Glauben ganz einfach dies, daß ich meine Mittellosigkeit verstehen lerne. Ich verstehe, daß ich in meiner ganzen Mittellosigkeit mit dem Reichtum Gottes verknüpft bin. Daß mich meine Mittellosigkeit bei Gott einläßt. Daß sie sich weder zwischen mich und Gott noch zwischen mich und mein Leben stellt. Meine Mittellosigkeit ist freilich jener Armut im Geiste bedeutend näher als der materiellen Armut. Meine Mittellosigkeit besteht vielleicht *in* meinem Reichtum, Reichtum verstanden als Haben, nicht als Geben. Meine Mittellosigkeit besteht vielleicht in dem ohnmächtigen Zorn, welcher mich angesichts der Verfahrenheit der Welt packt. Meine Mittellosigkeit besteht vielleicht in der großen Gewalt, welche ich mir im Namen einer besseren Welt wünsche. Kurz: Meine Mittellosigkeit besteht vielleicht darin, daß ich meinen Reichtum nicht verschenken kann. Wenn ich meinen Reichtum verstehen lerne als Mittellosigkeit «im Geiste», dann kann meine Lage wiederum mit Gott verknüpft werden, dessen «Reichtum im Geiste» ja im Austeilen des Geistes besteht. Freilich habe ich keinen Anlaß, mich mit dem Reichtum Gottes verknüpft zu sehen, außer dem Wort Jesu vom Glück der Mittellosen.
Ich glaube jedoch, wenn ich an dieses Wort glaube, nicht nur dieses, sondern ich glaube auch an den Gott, welcher dem Armen nahe ist. Ich glaube an die Ausdehnung der Gottesnähe bis hin zu denen, die Gott ganz und gar nicht nahestehen. Der Glaube an den mit den Armen verbundenen Gott wird mich selbst so mit den Armen verbinden, daß am ehesten noch Aussicht auf Hilfe für sie ist. Dabei ist es gewiß noch am einfachsten, einem Armen Speise zu geben, obwohl schon dies in unserer Welt nicht zu funktionieren scheint. Viel schwieriger wird es, wenn ich dem persönlich Mittellosen, dem Armen im Geiste, Speise geben sollte. Was habe ich dem Nichts entgegenzusetzen, das aus seiner Verzweiflung spricht? Was habe ich, um den Abgrund zu überbrücken, der ihn in seiner Gleichgültigkeit von der Liebe Gottes trennt? Ich habe doch nichts außer dem Zuspruch Jesu an die Adresse der Mittellosen. Dem Nichts habe ich nichts entgegenzusetzen außer der Zusage Jesu, welche eben an jenes Nichts anknüpft. Das Fazit der ganzen Auslegung lautet: Das Wort Jesu ist genau eine solche Zusage, die gehört werden will, die aber auch nichts anderes als gehört werden kann. Das Wort Jesu knüpft an an die menschliche Fähigkeit zu hören. Und deshalb ist die Natur dieses Wortes das Gehört-Werden: natura enim verbi est audiri.
Das *zweite Beispiel,* an welchem die sprachtheoretischen Einsichten vertieft werden sollen, ist die Aussage der johanneischen Gemeinde, welche dem Wort absolute Maßgeblichkeit zuschrieb: «Im Anfang war das Wort» (Joh 1,1–18). Man kann im Logoslied der johanneischen Gemeinde natürlich eine Spielform allgemeiner Spekulation über das Uranfängliche sehen. Selbstverständlich kann man dieses Lied einreihen in die vielen phantasievollen Gedanken über den Ursprung, über das, worauf alles

uranfänglich zurückzuführen ist. Indessen, wer über die *archē* spricht, spricht auch darüber, worauf alles beruht. Er spricht über das Grundlegende, das absolut Maßgebliche. Man kann überdies nicht ausschließen, daß ein solcher Hymnus eine Erfahrungsdimension hat. Worin liegt aber die Erfahrungsdimension eines Hymnus, welcher die absolute Maßgeblichkeit des Wortes besingt? Vielleicht muß man noch grundsätzlicher fragen: Hat ein solcher Hymnus überhaupt eine Erfahrungsdimension? Kann man über das Uranfängliche aus Erfahrung sprechen? Nun, bei diesem Hymnus scheint dies mit einem klaren Ja beantwortet werden zu können. Denn hier ist nicht von irgend einem Wort die Rede, hier ist ja die Rede von dem fleischgewordenen Wort, das unter uns Wohnung nahm, das zu sehen und zu hören, zu fühlen und zu kreuzigen war. Von diesem Wort ist die Rede, wenn es um das absolut Grundlegende geht. Es ist demnach vorauszusetzen, daß mit diesem Fleischgewordenen Erfahrungen gemacht wurden, insbesondere auch mit dem Wort, das er zu sagen hatte.

Was für Erfahrungen mögen dies gewesen sein? Nun, nach dem Hymnus zu schließen müssen es Lebenserfahrungen gewesen sein. Der Hymnus siedelt nämlich *das Leben selbst* im Bereich dieses Wortes an: «In ihm war das Leben, und das Leben war der Menschen Licht», heißt es im Lied (Joh 1,4). Die Gemeinde singt: Im Wort war das Leben selbst niedergelegt, in diesem Wort war das Leben selbst beschlossen. Wer so etwas sagen kann, muß Lebenserfahrung haben mit jenem Wort. Ist es denn abwegig, eine solche Erfahrung zu machen? Sind wir denn so weit fortgeschritten, daß wir diese Botschaft nicht mehr verstehen können? Mehrere Selbstverständlichkeiten der Neuzeit scheinen in der Tat gegen jene Lebenserfahrung zu sprechen. Da wäre in erster Linie zu nennen das neuzeitliche Mißtrauen gegen das Wort zugunsten der Tat. Wer nicht tut, was er sagt, gilt nichts. Daran ist gewiß etwas Richtiges. Es wird aber in der gegenwärtig praktizierten Universalität völlig verkehrt, wenn schlechthin jedem Wort Mißtrauen entgegengebracht wird, das nicht von Taten abgedeckt ist. Es scheint mir, hier zeige sich ein Materialismus ganz besonderer Art: nicht eine Vergötterung von Geld und Besitz, nein, Materialismus von einer gefährlicheren Statur. Der Materialismus, daß ich meinem Tun ungleich viel mehr zutraue als dem Wort, das ich mir sagen lassen könnte. Wohlgemerkt: nicht als dem Wort, das ich sage, sondern das ich mir sagen lassen könnte. Der Materialismus, daß ich mein Leben auf meine weltlichen Möglichkeiten viel eher gründe als auf das mir geltende Wort des Lebens. Ist denn dieses Vertrauen auf das Tun überhaupt gerechtfertigt? Sind meine Taten nicht so mehrdeutig, daß sie geradezu nach einem klärenden Wort schreien? Ist denn etwa das, was mir an Tatkraft zu Gebote steht, überhaupt in der Lage, das wahre Leben ins Werk zu setzen, das heißt, die Liebe – die wahre Liebe – in die Tat umzusetzen? Und vor allem: Was in aller Welt kann ich tun, um mich selbst jener Liebe gewiß zu machen, die mein Leben wahrhaftig trägt? Und zwar trägt, wenn es nicht immer wieder aufwärts geht, sondern abwärts? Bin ich nicht in der Situation des mittellosen Hörers auf das lebensspendende Wort? Statt sie zu beklagen, sollte ich mich wohl beglückwünschen lassen: glücklich ihr Armen!

Es gibt weitere Selbstverständlichkeiten, die gegen das Leben aus dem Wort sprechen. Es scheint ja klar, daß *mein* Wort eine zweideutige Sache ist. Es gibt Worte, die ich am liebsten für nichtig erachten würde, weil sie mich kränken und betrüben. Es gibt Worte, die ich am liebsten vernichten würde, weil ich mit ihnen verletzt und beschuldigt habe. Mein Wort hat zwei Gesichter: es kann Gemeinschaft stiften ebenso wie es sie zerstören kann. Es kann Ausdruck der Liebe sein, ebenso wie es Verachtung und Haß verbreiten kann. Es kann die Wahrheit aufdecken, ebenso wie es Lügen verbreiten kann. Es kann Frieden stiften, ebenso wie es Krieg auslösen kann. Immerhin, in dieser ganzen Zweideutigkeit des menschlichen Wortes erfahre ich immer noch dessen *Wirkmächtigkeit.* Die Frage ist nur, wie zwischen dem wahren und dem falschen Wort zu unterscheiden sei. In eben dieser Frage hielt sich die johanneische Gemeinde an das fleischgewordene Wort. Sie meint damit das Wort, das im Namen Jesu Christi zu sagen ist: das Wort, das in unüberbietbarer Kürze in dem Wörtlein «Ja» ebenso zusammengefaßt ist, wie es in schier unendlicher Mannigfaltigkeit in der Welt vorkommen kann. Gemeint ist das Wort, das dem Mittellosen Dasein gewährt und den Habenden von seinem Reichtum unterscheidet. Gemeint ist das Wort, das Dasein gewährt, Dasein einräumt, ohne daß ich mir dieses Dasein allererst zu erkämpfen hätte. Man könnte es auch noch einfacher sagen: Gemeint ist das reine Wort oder eben das Wort Gottes.

Ist es denn so falsch, sich von diesem Wort das Leben zu versprechen? Ist es unserer Erfahrung so gänzlich unerreichbar, in dem Wort der Anrede das Leben selbst beschlossen zu sehen? Wissen wir denn nicht mehr, daß das Wort Gemeinschaft stiftet und so den Tod in Schranken verweist? Wissen wir denn nicht mehr, daß das Wort Jesu uns in ein Verhältnis bringt mit Gott selbst, dem Höchsten, was wir uns jemals denken konnten? Was soll denn Leben sonst sein, wenn es nicht ein Verhältnis ist, ein Verhältnis zu Gott, zu den Menschen, zu der Welt. Die johanneische Gemeinde jedenfalls hält uns dieses Wort bereit: wer Ohren hat zu hören, der höre! Und wer hätte keine Ohren zu hören!

Damit soll diese sprachtheoretische Vorbemerkung abgeschlossen sein. Sie läßt sich wie folgt zusammenfassen:

1. Eine Sprachtheorie, die nicht vom Vorgang des Sprechens abstrahiert, wird die Sprache nicht auf ihre Aussagefunktion beschränken. Die Sprache hat demnach nicht nur Abbildungsfunktion; sie ist nicht nur die Mimesis, sondern auch die Poiesis des Seienden. Eben dies kann sie jedoch nur sein, wenn man auf sie zu hören bereit ist, beziehungsweise

wenn man sich der schon gesprochenen Sprache auch anzuvertrauen wagt.

2. Eine Wirklichkeit konstituierende Sprache muß notwendig über das hinausgehen, was an Wirklichkeit bisher vorhanden ist. Sie macht von den Wörtern einen nicht-eigentlichen Gebrauch, ohne dadurch zur bloßen Rhetorik zu werden. Das metaphorische Reden als Grundform biblischer Rede von Gott ist eine solche Weise uneigentlicher Rede, die dennoch mit dem Anspruch auftritt, die Wahrheit zu sagen.

3. Die in der Sprechakttheorie entdeckten Dimensionen der Sprache sind von großer hermeneutischer Tragweite. Hier wurden Phänomene beschrieben, die von der Wirkung des Wortes Zeugnis ablegen. Sie ans Licht zu bringen, muß auch im Interesse der theologischen Hermeneutik sein. Wer zum Wort Gottes in Beziehung treten will, muß eine Ahnung haben von der Wirkung des Wortes.

4. Ein wesentlicher Teil der Verkündigung Jesu hat Anredecharakter, nicht Aussagecharakter. Am Beispiel der Seligpreisung der Armen kann man erkennen, welche verhängnisvollen Folgen es hat, die Anrede Jesu in eine Aussage über die Armen zu verkehren. Dieses anredende Wort knüpft an nichts an, weil es nichts als nur gehört werden will.

5. Die johanneische Gemeinde hat in ihrem Lied auf das Wort zum Ausdruck gebracht, inwiefern man vom Wort als dem absolut Grundlegenden sprechen kann. Auf ihm beruht das Leben selbst, sofern es als das große «Ja» nichts anderes ist als der Einspruch Gottes gegen den Tod oder das lebensspendende Argument Gottes gegen das Nichts.

1.2 Das Gleichnis (Jesu) als metaphorische Rede

Die soeben abgeschlossene sprachtheoretische Vorbemerkung versuchte deutlich zu machen, in welchem allgemeinen Horizont die Überlegungen zur metaphorischen Sprache des Neuen Testaments stehen. Das gewöhnliche Sprachverständnis mußte in dem Sinne erweitert werden, als die Sprache in ihrer semantischen beziehungsweise die Wirklichkeit zur Wahrheit bringenden Funktion in Erinnerung gerufen wurde. Im Rahmen der poetischen Funktion der Sprache spielt das bildhafte Reden und insbesondere die Metapher eine hervorragende Rolle. Es geht deshalb in dem vorliegenden Abschnitt darum, einige wesentliche Konturen der Metapher anzugeben. Diese Charakteristika des Metaphorischen sollen für die Charakterisierung der Gleichnisse Jesu fruchtbar gemacht werden. Zu jeder Eigenschaft der Metapher wird in einem zweiten Gedankengang ihre Entsprechung bei den Gleichnissen aufgesucht und dargestellt. Dabei wird sich zeigen, daß das Metaphorische anhand der Gleichnisse Jesu differenziert und verfeinert werden muß.

1.2.1 Die prädikative Funktion

Im Blick auf das gewöhnliche Verständnis der Metapher muß ihre prädikative Funktion herausgestellt werden. Gewöhnlich geht man davon aus, daß unsere Sprache bestimmte *Wörter* enthält, welche man als Metaphern zu bezeichnen pflegt (Beispiele: «Lebensabend» als Ausdruck für den letzten, beschaulichen Teil des Lebens; «Eisberg» in der Bedeutung von «ein kleiner Teil über, der größte Teil unter der [Meeres-] Oberfläche»). Diese gewöhnliche Auffassung ist insofern interessant, als sie ein bezeichnendes Mißverständnis enthält.

Im Unterschied zu dieser Auffassung, wonach also das Metaphorische auf der Ebene des Wortes spielt, wird von der neueren Sprachtheorie festgehalten, daß die Metapher grundsätzlich auf die Ebene des Satzes gehört. «Die Metapher präsentiert sich als Gegenstand einer Semantik des Satzes, noch bevor sie sich auf eine Semantik des Wortes bezieht. Nur im Zusammenhang einer Aussage ergibt die Metapher einen Sinn; sie ist ein Phänomen der Prädikation» ([33], 285). Was für ein Mißverständnis kommt zum Vorschein, wenn man die Metapher auf die Ebene des Wortes verlegt, beziehungsweise wenn man in der Metapher wesentlich einen Benennungsvorgang sieht? Es ist genau das Mißverständnis, welches durch die Meinung von der Priorität der abbildenden Sprache hervorgerufen wird. Denn wenn die abbildende Sprache Priorität hat, dann ist die Metapher eine rhetorische Figur, ein ausschmückendes Wort, mit welchem eine an sich bekannte und auch begrifflich benennbare Sache in gefälliger Weise bildhaft benannt wird. Das Wort «Lebensabend» spricht dann in gefälliger Weise aus, was der Begriff «letzte Lebensjahre» in eigentlicher Sprache benennt.

Geht man demgegenüber davon aus, daß die Metapher auf die Ebene des Satzes gehört, dann gibt sie sich als Phänomen der Prädikation zu erkennen. In der Metapher wird einem bestimmten Subjekt ein bestimmtes Prädikat zugeordnet. Das Beispiel aus dem Gedicht von Baudelaire lautete: «Die Natur ist ein Tempel.» Dieser Satz ist die Grundform einer Metapher, er enthält das Minimum dessen, was in einer metaphorischen Aussage erforderlich ist. In diesem Satz ist nicht etwa das Wort «Tempel» eine Metapher, sondern erst die Tatsache, daß hier dem Subjekt «Natur» ein Prädikat «Tempel» beigegeben wird, macht den Satz zu einer metaphorischen *Aussage*. Die Eigenart der metaphorischen Aussage ist es, daß sie zwei Sinnhorizonte zueinander in Beziehung bringt, welche in dem Satz durch zwei Wörter vertreten sind. Die Metapher «Die Natur ist ein Tempel» bringt die natürliche Welt in Zusammenhang mit dem von Menschenhand erbauten Tempel, wo man dem Göttlichen zu begegnen pflegt. Bei der metaphorischen Prädikation handelt es sich demnach nicht bloß um eine ausschmükkende Abweichung von der Wortbedeutung, sondern um eine Abweichung von der – wenn man so will – eigentlichen Bedeutung *eines Satzes*. Daraus ergibt sich, daß die Metapher die folgende *sprachliche Grundform* hat:

Subjekt – Kopula – Prädikat

Dies sind die minimalen Bestandteile einer metaphorischen Prädikation: einem Subjekt («Natur») wird mittels einer Kopula («ist») ein Prädikat («Tempel») beigegeben.

Es gilt nun, dieses Merkmal der metaphorischen Rede zu übertragen auf die Gleichnisrede Jesu. Dabei fällt es nicht schwer, Entsprechungen zu finden. Die Jesusgleichnisse sind in ihrer großen Mehrheit explizit als Gottesreichsgleichnisse gekennzeichnet. Viele Gleichnisse beginnen etwa folgendermaßen: «Die Gottesherrschaft ist wie» oder «Mit der Gottesherrschaft verhält es sich wie mit der folgenden Geschichte». Die Tatsache, daß die überwiegende Mehrheit der Gleichnisse ausdrücklich so gekennzeichnet ist, läßt den Schluß zu, die Gleichnisrede sei die charakteristische Weise, von der Gottesherrschaft zu reden. Daraus mag wiederum der Schluß berechtigt sein, daß die Gottesherrschaft überhaupt das Thema der Gleichnisse Jesu sei. Gewiß gibt es manche Gleichnisse, wo dieses Thema nicht ausdrücklich genannt ist. Aber auch dort ist deutlich, daß Jesus Gott zur Sprache bringen will. Und Gott heißt für Jesus Gott in seiner Herrschaft, beziehungsweise Gott, der in die Nähe kommt. Eben dies wird ja auch mit dem Terminus «Gottesherrschaft» zum Ausdruck gebracht. Um es also auf eine knappe Formel zu bringen: Die Gleichnisse Jesu sind insofern Gottesreichsgleichnisse, als in ihnen die Gottesherrschaft als Thema erscheint.

Daraus ergibt sich: Dem Subjekt in der Metapher entspricht die Gottesherrschaft im Gleichnis Jesu. Ist dieses Entsprechungsverhältnis einmal festgestellt, sind die anderen Entsprechungen leicht zu finden: Das Prädikat in der Metapher wird in den Gleichnissen Jesu dargestellt durch die jeweilige Erzählung oder den jeweils angesprochenen Vorgang. Das Prädikat ist also das, was man traditionell die Bildhälfte genannt hat (ein unglücklicher Ausdruck, wie noch zu zeigen sein wird). Es bleibt noch die Kopula. Sie wird in den Gleichnissen Jesu durch verschiedene Ausdrücke repräsentiert: durch «vergleichen» oder «verglichen werden», durch ein einfaches «wie», «so wie», das durch ein «ist» zu ergänzen ist. Es gibt einige Fälle, wo eine ausdrückliche Kopula überhaupt fehlt. Indes kommt es gar nicht auf das wörtliche Vorkommen einer Kopula an. Es ist ja ohnehin deutlich genug, daß die Gleichnisse der Gottesherrschaft einen bestimmten Vorgang oder eine Geschichte prädizieren wollen. Das Entsprechungsverhältnis zwischen Metapher und Gleichnis stellt sich demnach folgendermaßen dar: das Subjekt («Natur») ist nun die Gottesherrschaft, die Kopula («ist») wird durch verschiedene Ausdrücke für «gleichen» oder «gleichsein» dargestellt, das Prädikat schließlich ist die Gleichniserzählung beziehungsweise der gleichnishafte Vorgang.

Mit dieser Zuordnung der Bausteine ist eine Entscheidung von großer

Tragweite gefallen. Besonders wichtig ist der folgende Punkt. Wenn es zutrifft, daß die Gottesherrschaft die Stelle des Subjekts einnimmt, dann hat das Folgen für die Gleichnisinterpretation. Die Gleichnisse können dann nicht mehr anders als theologisch interpretiert werden. Dies mag zwar selbstverständlich scheinen, ist es jedoch ganz und gar nicht. Was heißt «ein Gleichnis theologisch interpretieren»? Das heißt ein Gleichnis darauf hin auslegen, was es *von Gott* zu verstehen gibt, beziehungsweise es daraufhin interpretieren, was es von der Gottesherrschaft offenbart. Eine solche im eigentlichen Sinne des Wortes theologische Gleichnisauslegung entspricht gar nicht etwa dem allgemeinen Konsens. Gerade neuere Ansätze tendieren dahin, die Gleichniserzählung selbst zuerst und ausschließlich existential zu interpretieren. Sie lassen die Gottesherrschaft ganz in der Gleichniserzählung aufgehen. Sie verstehen dann die Gleichniserzählung etwa als den Ruf, die Existenz nicht zu verfehlen. Durch diese existentiale Interpretation wird das Subjekt der Gleichnisse ausgelassen, beziehungsweise wird die Gottesherrschaft zu einem Gleichnis gelungenen Lebens. Die Gottesherrschaft gerät auf diese Weise in den Horizont der menschlichen Existenz. Stattdessen müßte umgekehrt die menschliche Existenz in ihrem Gelingen durchsichtig werden als die Folge dessen, daß Gottes Herrschaft in ihr zum Zuge gekommen ist. Die Gleichnisse, welche in dem oben genannten Sinne der metaphorischen Prädikation entsprechen, geben zuerst und vor allem Gott selbst zu verstehen; daß die Existenz nicht verfehlen wird, wer Gott verstanden hat, ist eigentlich eine überflüssige Aussage.

Übrig bleibt noch, etwas zum Sinn der Kopula «ist» zu sagen. Eine nähere Betrachtung der metaphorischen Prädikation ergibt, daß das Wort «sein» seinerseits in einem metaphorischen Sinne gebraucht wird. Denn die Natur ist nicht *wirklich* ein Tempel, so wenig Achill ein Löwe ist. Dennoch sind diese Prädikate durch das Hilfsverb «sein» mit den betreffenden Subjekten verbunden. Das Verb «sein» sagt in diesem Zusammenhang ein Doppeltes, das zueinander in einer erheblichen Spannung steht. Es sagt auf der einen Seite durchaus einen Zusammenhang aus: mit der Natur verhält es sich wie mit einem Tempel, mit der Gottesherrschaft verhält es sich wie mit der folgenden Geschichte. Zugleich wird gerade *durch die Herstellung des Zusammenhangs* ersichtlich, daß in dem Verbum «sein» auch ein «nicht sein» mitschwingen muß. Denn gerade durch die Aussage, daß die Natur ein Tempel ist, wird doch ersichtlich, daß sie dieses eigentlich nicht ist. Das heißt in letzter Konsequenz: Es gibt offenbar einen metaphorischen Gebrauch des Wortes «sein», welcher durch die metaphorische Prädikation bedingt ist und in welchem sich dieselbe Spannung wiederholt, die auch zwischen Subjekt und Prädikat waltet. Was ist der metaphorische Gebrauch des Wortes «sein»? Er besteht darin, daß die Kopula «ist» gleichzeitig ein wörtliches «ist nicht» und ein metaphorisches «ist wie» beziehungsweise «ist als» bedeutet. Die

Natur ist kein Tempel, sofern man das Wort «sein» eigentlich versteht, und dennoch ist die Natur als Tempel zur Sprache gebracht, sofern das Wort sein – metaphorisch – verstanden wird als «sein wie» oder «sein als».
Wenden wir diese Erkenntnis auf die Gleichnisse Jesu an, so ergibt sich daraus: die Verben für die Kopula stellen zwischen der Gottesherrschaft und einer erzählten Gleichnisgeschichte einen metaphorischen Bezug her. Die Gottesherrschaft ist wörtlich genommen nicht das, was in der erzählten Geschichte passiert; dennoch kommt die Gottesherrschaft als das Erzählte zur Sprache. Oder kürzer gesagt: Das Gleichnis schreitet von dem wörtlichen Verständnis der Gottesherrschaft fort zu dem übertragenen Verständnis, wonach die Gottesherrschaft in ihrem Dasein *als* eine weltliche Geschichte zum Ausdruck kommt. Wie die Metapher sagt, *als was* die Natur zu sehen sei, so sagt das Gleichnis, *als was* die Gottesherrschaft zu sehen sei. Die Gleichnisrede Jesu zeichnet sich dadurch aus, daß sie die Gottesherrschaft *als* eine Geschichte des alltäglichen Lebens zu verstehen gibt. Man könnte auch sagen: In der Gleichnisrede kommt die Gottesherrschaft in die Nähe des alltäglichen Lebens, ohne jedoch mit der Alltäglichkeit des Lebens einfach identifiziert zu werden.

1.2.2 Der Sinn metaphorischer Rede

Galt der erste Überlegungsgang der formalen Grundstruktur der metaphorischen Rede und ihrer Entsprechung in der Gleichnisrede Jesu, so wenden wir uns jetzt der Frage zu, unter welchen Bedingungen der Sinn metaphorischen Redens zustande kommt. Zu fragen ist nach der semantischen Qualität der Metapher. Wir knüpfen wiederum beim traditionellen Verständnis der Metapher an, welches diese zu den rhetorischen Ornamenten rechnet. Wird die Metapher als rhetorisches Ornament bezeichnet, ist sie als eine Abweichung von begrifflicher oder eigentlicher Rede verstanden, welche im Rahmen der Rhetorik erlaubt ist (aber eben *nur* im Rahmen der Rhetorik). Die Rhetorik kümmert sich um den Hörer, während die Philosophie selbst sich um die Wahrheit bemüht. Die Zuweisung der Metapher zu den rhetorischen Ornamenten läßt für solches Reden also nur eine didaktische Begründung zu. Metaphorisches Reden ist legitim, sofern es den Menschen von der Wahrheit zu überzeugen sucht beziehungsweise sofern es dem Zweck der öffentlichen Verantwortung der Wahrheit dient. Aus dieser Legitimität der Metapher ergibt sich jedoch, daß das metaphorische Reden nicht durch die Sache bedingt ist. Daraus ergibt sich wiederum, daß das metaphorische Reden ohne weiteres durch eigentlichen Sprachgebrauch ersetzbar ist. Wird also die Metapher zu den rhetorischen Ornamenten gezählt, wird sie prinzipiell für übersetzbar gehalten. Der Sache nach ist die Metapher transformierbar in eigentliche Sprache.

Soweit die traditionelle Sprachtheorie, welche das herrschende Verständnis der bildhaften Rede und insbesondere der Gleichnisrede Jesu weitgehend prägt. Eben diesem herkömmlichen Verständnis der Metapher wird in der neueren Sprachtheorie widersprochen. Der Widerspruch geht aus von einer semantischen Überlegung. Die semantische Überlegung lautet: Die Metapher hat ihren semantischen Wert dadurch, daß sie eigentlich Unvereinbares in einen Zusammenhang bringt. Die Natur ist eigentlich kein Tempel. Man könnte auch sagen: Der Sinn der Metapher, das, was sie zu sagen hat, beruht im Grunde auf einer semantischen Impertinenz, auf einem bewußten Verstoß gegen die Regeln der Semantik. Weil die Aussage der Metapher darauf beruht, daß ihr Subjekt eigentlich nicht durch die Kopula «ist» mit dem Prädikat verbunden werden dürfte, muß ihre Aussage in dem Moment verschwinden, wo die semantische Impertinenz aufgehoben oder zur Gewohnheit gemacht wird. Deshalb haben die Metaphern einerseits eine Tendenz, ihre Aussagekraft zu verlieren; sie verlieren ihre semantische Qualität, wenn sie beim Wort genommen werden. Sie werden beim Wort genommen, wenn die Differenz zwischen dem eigentlich Unvereinbaren nicht bewußt ist. Sie werden beim Wort genommen, wenn sie mit eigentlicher Rede verwechselt werden. Die Metaphern verlieren ihre Aussagekraft, wenn sie vom begrifflichen Denken vereinnahmt werden. Da die Aussage der Metapher nur darauf beruht, daß ihre semantische Impertinenz spürbar bleibt und aufrecht erhalten wird, muß der Sinn der Metaphern verloren gehen, wenn sie in eigentliche Sprache übersetzt werden. Was die metaphorische Rede sagt, kann nicht anders als metaphorisch gesagt werden. Daraus ergibt sich, daß Metaphern unübersetzbar sind. Überaus bemerkenswert daran ist ein unauffälliges Detail: Die durch die Metapher geleistete Interpretation des Seienden beruht genau darauf, daß die unsinnige Kombination zweier Bereiche verwandelt wird in einen sinnvollen Widerspruch. Man könnte auch sagen: Die Wahrheit, welche die Metapher über das Wirkliche zu sagen hat, beruht darauf, daß *die Differenz des Wirklichen zur Wahrheit* aufrecht erhalten bleibt. Die Wahrheit der Metapher lebt sozusagen vom Widerspruch im Namen des Wirklichen. Selbstverständlich kann der Metapher im Rahmen der Übereinstimmung von Kosmos und Logos keine eigenständige Wahrheit zugestanden werden. Es besteht jedoch Grund zur Annahme, daß die metaphorische Rede so etwas wie eine semantische Weise des Redens ist. Daß in ihr ein Sprachgebrauch vorliegt, der etwas über das Wirkliche zu verstehen gibt, das in Differenz zum Wirklichen besteht. Wenn dies zutrifft, kann man die Metapher nicht mehr einfach uneigentliche Rede nennen. Sie muß dann anders eingeschätzt werden. Gerade weil sie vom eigentlichen Sprachgebrauch abweicht, ist sie dennoch eine besondere Weise eigentlicher Rede. Darauf hat Eberhard Jüngel aufmerksam gemacht: «Metaphorische Rede ist weder uneigentliche noch vieldeutige Sprache, sondern eine besondere

Weise eigentlicher Rede und eine in besonderer Weise präzisierende Sprache» ([32], 153). Dasselbe ergibt sich auch aus der Erkenntnis, daß metaphorische Aussagen unübersetzbar sind: wenn es aus semantischen Gründen unmöglich ist, sie in eigentliche Sprache zu übersetzen, dann sind sie eine besondere Weise eigentlicher Sprache. Vielleicht könnte man sogar einen Schritt weiter gehen und sagen: Die Metapher ist eine eigentlichere Weise des Sprechens, so gut wie die weisende Sprache ursprünglicher spricht als die beweisende. Offensichtlich hat auch diese kurz skizzierte Eigenschaft des Metaphorischen nicht unbedeutende Konsequenzen für das Verständnis der Gleichnisrede Jesu. Zunächst verlangt sie, Abschied zu nehmen von der gewohnten Unterscheidung in eine Bild- und eine Sachhälfte. Denn diese Unterscheidung suggeriert, daß das Gleichnis so etwas wie eine bildliche Einkleidung einer Sache sei, welche durchaus auch in einem andern Gewand erscheinen könnte. Das Gleichnis ist eben nicht nur Bild einer auch ohne dieses aussagbaren Sache. Das Gleichnis sagt eben nicht bloß Wahres in bildlicher Form, sondern die Wahrheit, die es anzusagen hat, kann in keiner anderen als in dieser bildlichen Form zur Sprache kommen. In den Gleichnissen bilden Inhalt (also: Aussage, Wahrheit) und Form eine vollendete Einheit. Die Sache selbst verlangt eben diese Sprache. Die Sprachform ist der auszusagenden Sache gegenüber gar nicht invariant.

In ein paar Bemerkungen will ich jetzt die exegetische und hermeneutische Tragweite dieses Sachverhalts andeuten. Es ist in der Gleichnisauslegung unseres Jahrhunderts stark verbreitet, die Gleichnisrede Jesu aus ihren Wirkungen zu begründen. So konnte zum Beispiel der große Adolf Jülicher die Gleichnisrede Jesu didaktisch verstehen, indem er ihren Grund in der Einfachheit der Hörer sah, welche behutsam vom Einfachen zum Höheren geführt werden sollten. Die Wahrheit ist mächtiger in bildlicher Gestalt, sie ist effektiver, und deshalb kleidet Jesus seine Lehre vom gütigen Vater in das Gleichnis vom verlorenen Sohn. Dies ist eine Sicht der Gleichnisse, welche sie aus ihren Wirkungen erklärt, beziehungsweise welche zwischen ihrem *Inhalt* und ihrer *Form* keinen inneren Zusammenhang sieht. Vielleicht ist es sinnvoll, noch ein Beispiel zu nennen: Auch Joachim Jeremias, der das Standardwerk der Gleichnisauslegung verfaßt hatte, begründet die Gleichnisrede aus den Wirkungen. Für ihn sind die Gleichnisse ein *Mittel* Jesu *im Kampf gegen seine Kritiker.* Sie sind ein Mittel, die ewigen Kritiker der Freudenbotschaft eines Besseren zu belehren, und sei es gar mit dem Mittel der Gerichtsdrohung (Gerichtsgleichnisse!). Auch in dieser Konzeption gehört die Sprachform Gleichnis nicht wesentlich zum Inhalt der Freudenbotschaft. Das Gleichnishafte ist vielmehr bedingt durch den Gebrauch als Kampfmittel.

Immerhin hat auch diese Begründung aus den Wirkungen ihr entscheidendes Wahrheitsmoment. Es besteht darin, daß sie das Wirkungsvolle an den Gleichnissen ins Licht rückt. Der Widerspruch gegen eine Begründung der Gleichnisse aus ihren Wirkungen darf demnach nicht so geschehen, daß dadurch der Zug des Wirkungsvollen zum Verschwinden gebracht wird. Gewiß ist es das Wesen der Sprachform Gleichnis, wirkungsvoll zu sein. Das Gleichnis ist wesentlich auf Wirkung aus, sofern es dem Zuhörer eine Einstellung zum Gleichnisinhalt verschafft. Das Gleichnis zielt wesentlich auf das Einverständnis des Hörers. Dennoch ist die Sprachform Gleichnis nicht durch ihre Wirksamkeit begründet, sondern durch die Gottesherrschaft selbst erfordert. Die Gottesherrschaft ist eben eine Wahrheit, die auf das Herz des Hörers abzielt. Sie ist eine Wahrheit, die «an sich» gar nicht bestehen kann. Die Gottesherrschaft ist eine Wahrheit, welche wesentlich auf das Einverständnis des Hörers angewiesen ist. Die Sprachform Gleichnis entspricht dieser Wahrheit und genau deshalb ist sie auf Wirkung bedacht.

Es wäre sehr vieles zu diesem Detail zu sagen. Gerade im Blick auf die christliche Rede von Gott muß diese Entsprechung von Inhalt und Form weittragende Konsequenzen haben. Das Nachdenken darüber soll der Phantasie des Lesers anheimgestellt werden. Nur einen Punkt will ich noch herausgreifen: Wahrheits*aus*sage und Wahrheits*an*sage sind im Gleichnis Jesu eine Einheit. Daraus ergibt sich: Der Gedanke von der Eigenständigkeit der Wahrheit abgesehen vom Zuhörer, von der splendid isolation der Wahrheit, ist eine Vorstellung, die jedenfalls von der Wahrheit Gottes nicht gilt. Die Wahrheit Gottes ist konkret, das heißt, sie ist auf das Herz des Menschen abgezielt. Eben darum ist das Gleichnis, obwohl es vom eigentlichen Sprachgebrauch abweicht, eine eigentlichere Weise des Redens von Gott. Eine eigentlichere Weise darin, daß sie das menschliche Ich mit der Wahrheit Gottes verknüpft.

Die Anwendung der Metaphern-Theorie auf die Gleichnisse Jesu macht noch auf ein weiteres Merkmal derselben aufmerksam. Wie die Metapher ihre Aussagekraft verliert, wenn ihre semantische Impertinenz verloren geht, so verliert das Gleichnis seine Wirkung, wenn die Spannung zwischen der Gottesherrschaft und der erzählten Geschichte nicht mehr besteht. Die semantische Impertinenz der Gleichnisrede Jesu besteht darin, daß er eigentlich Unvereinbares miteinander in Zusammenhang bringt. Die Gottesherrschaft ist eigentlich keine weltliche Geschichte. Man könnte auch sagen: Eigentlich kann eine weltliche Geschichte nicht ein Prädikat der Gottesherrschaft sein. Dennoch macht die Gleichnisrede Jesu ihre Aussage gerade auf dem Grunde der Spannung, welche zwischen der Gottesherrschaft und der erzählten Geschichte besteht. Ihre Aussage beruht darauf, daß die Differenz zum wörtlichen Gebrauch von Subjekt und Prädikat bewußt ist. Was ist der wörtliche Gebrauch des Wortes Gottesherrschaft? Was ist die Gottesherrschaft in Wirklichkeit? In den zeitgenössischen Texten erscheint die Gottesherrschaft als eine streng jenseitige, eine rein eschatologische Größe. Die Gottesherrschaft meint eine Zeit, welche durch ganz neue Verhältnisse geprägt ist. Es ist die Zeit, in der Gott vollendet herrscht, weil er vollendet zur Offenbarung gekommen ist. In den apokalyptischen Kreisen denkt man diese Jenseitigkeit als Zukünftigkeit. Die Gottesherrschaft ist demnach schroff geschieden von der Gegenwart; sie ist eine gänzlich neue Zeit, zu welcher die Gegenwart eigentlich eine bloß negative Beziehung hat. Die Gottesherrschaft wird, wenn sie kommt, der gegenwärtigen Welt und Zeit gerade ein Ende machen. Wörtlich verstanden ist die Gottesherrschaft das ganz andere, schlechthin unvereinbar mit dem Jetzt.

Die semantische Impertinenz der Gleichnisse Jesu bewirkt nun, daß von diesem wörtlichen Verständnis Abschied genommen wird, obwohl das neue Verständnis nur bestehen kann, wenn das wörtliche in Erinnerung ist. Konkreter gesagt: Die metaphorische Prädikation einer weltlichen Geschichte zur Gottesherrschaft bringt diese streng jenseitige und sogar streng zukünftige Größe in eine eigentlich unzulässige Nähe zur Gegenwart und zu dieser Welt. Das Gleichnis knüpft gerade bei der wörtlichen Ferne der Gottesherrschaft an, um seine Aussage von der wahrhaftigen Nähe der Basileia zu machen. Und auf diese Weise bindet das Gleichnis die Ferne Gottes an seine Nähe. Eben dies ist damit gemeint, wenn von der präziseren Sprache der Metapher die Rede ist. Weil die Gleichnisrede Jesu die Gottesherrschaft in eine unvermutete Nähe bringt, ohne diese Nähe je anders als unvermutet erscheinen zu lassen, spricht es von der Gottesherrschaft präziser als die zeitgenössische begriffliche Rede es getan hatte. Das Gleichnis sagt: Die Gottesherrschaft der kommenden Zeit hat etwas zu tun damit, daß in der jetzigen Zeit Väter ihre heimgekehrten Söhne umarmen und daß verärgerte Söhne sich bitten lassen zum Fest der Bruderschaft. Dabei wird die Unvereinbarkeit von Gottesherrschaft und Welt stets gewahrt. Deshalb kann festgestellt werden: Die Gleichnisrede vergegenwärtigt die Zukunft Gottes, ohne dieser ihren strengen Zukunftsaspekt zu nehmen. Die Gleichnisrede macht also von der Sprache einen eigentlicheren Gebrauch, indem sie Gottes unvermutete Nähe zur Welt aussagt.

Die metaphorische Aussage besteht genau darin, daß die göttliche Nähe unvermutet ist. Sie macht einen sinn-widrigen Widerspruch zu einem sinnvollen Widerspruch. Demnach müßte es für die Wahrheit der Gleichnisse höchst fatal sein, würden sie in begriffliche Sprache übersetzt. Denn eine Übersetzung in begriffliche Sprache muß notwendig ihre Aussage rückgängig machen. Als Übersetzungen der Gleichnisse Jesu sind alle die Versuche anzusehen, welche das Gleichnis in eine andere Sprachform transformieren, sei es, indem sie aus ihnen allgemeine Wahrheiten ableiten, wie man es an der Schwelle zum 20. Jahrhundert gewohnt war, sei es, daß sie in die Sprache existentialer Ontologie übersetzt werden, wie es um die Mitte unseres Jahrhunderts in Hochblüte stand, sei es schließlich, daß sie in ethische und sozialethische Maximen verwandelt werden, wie es unserem gegenwärtigen Trend entspricht. In allen Fällen gilt: Die Übersetzung der Gleichnisse macht ihre eigentlichere Wahrheit rückgängig und steht deshalb in großer Gefahr, sie in eigentliche Banalitäten zu verwandeln.

Vielleicht können wir von dieser Einsicht her besser verstehen, wieso die Gleichnisse Jesu im Verlauf ihrer Überlieferung auf eine charakteristische Weise bearbeitet wurden. In der neueren Gleichnisauslegung wird immer wieder mit Bedauern festgestellt, die christliche Gemeinde habe die reinen Gleichnisse Jesu insofern verdorben, als sie sie mit allegorischen Zügen versehen habe. In der Tat trifft es zu, daß die Gemeinde mancherlei Erfahrungen in die Gleichnisse eingetragen hat. Dies gilt insbesondere für jene Gleichnisse, welche ursprünglich die Gegenwart Jesu mit der Zukunft der Gottesherrschaft unmittelbar verknüpften. Ein gutes Beispiel dafür ist etwa das Gleichnis von der selbstwachsenden Saat (Mk 4,26–29), dessen ursprüngliche Pointe wohl nur darin bestand, daß die Gewißheit der Ernte mit der jetzigen Aussaat unmittelbar verknüpft ist: so gewiß die Ernte auf die Aussaat folgt, so gewiß zieht die Nähe der Gottesherrschaft in Jesus ihre Vollendung durch Gott nach sich. In dem Augenblick freilich, wo die Gemeinde ihre eigene Zeit von der Zeit Jesu unterscheiden mußte, fühlte sie sich offenbar dazu veranlaßt, die Gleichnisse in einer gewissen Weise beim Wort zu nehmen. Sie unterschied die Jesuszeit als Zeit der Aussaat einerseits von ihrer eigenen Zeit, andererseits unterschied sie ihre Zeit als Zeit der Erwartung von der Zeit der Vollendung der Gottesherrschaft. Damit wurde diese ihre eigene Zeit, die Zeit zwischen den Zeiten, ein Gegenstand des Nachdenkens. Wie soll diese Zeit zwischen den Zeiten verstanden werden? Dies war die Frage, welche die Gemeinde gerade auch mit Hilfe der Gleichnisüberlieferung zu beantworten versuchte. Bleiben wir bei unserem Beispiel, so stellt sich die Antwort wie folgt dar: die Gegenwart der Gemeinde ist die Zeit des unbegreiflichen Wachstums, die Zeit, wo es darauf ankommt, die Saat wachsen zu lassen. Es ist die Zeit, wo der Landmann sich nicht mehr um seine Saat zu kümmern braucht. Traditionsgeschichtlich kann man zeigen, daß die Gemeinde mit großer Wahrscheinlichkeit Erzählzüge eingebracht hat, welche die Zeit zwischen Aussaat und Ernte in den Blick nehmen (ein Beispiel findet sich in [37], 104 zu Mk 4,28, vgl. auch S. 118–120). Diese zeigen, wie die Gemeinde einerseits die Dehnung der Zwischenzeit in das Gleichnis einträgt und wie sie andererseits diese Zeit als eine Zeit qualifiziert, wo man für die Gottesherrschaft und ihr Kommen nichts mehr zu tun braucht.

Gewiß kann man solche Eintragungen als allegorische Züge betrachten, denn sie sind durch die Erfahrungen der Gemeinde bedingt. Es wäre jedoch verfehlt, solche allegorischen Eintragungen als gleichnisfremd auszuschließen. Denn die Tatsache, daß die Gemeinde ihre Sichtweisen und Erfahrungen als Erzählzüge ins Gleichnis eintrug, könnte auch ihren tiefen Sinn haben. Sie könnte eine Folge davon sein, daß die Gemeinde eine Ahnung von der Unübersetzbarkeit der Gleichnisse Jesu hatte. Solche allegorischen Züge könnten ein Zeugnis dafür sein, daß die metaphorische Rede Jesu zwar eine ausgesprochene Affinität hat, Erfahrungen der Hörer deutend aufzunehmen, aber dennoch sich dem Versuch widersetzt, dass man eine theoretische Lehre daraus zieht, um dann erst im Lichte dieser Lehre die eigene Erfahrung zu betrachten. Dieser Widerstand gegen die Übersetzung in begriffliche Sprache könnte sehr wohl ein Grund dafür sein, daß die Gleichnisse allegorisch ausgelegt werden mußten. Dabei bestand zwischen der Gleichnisrede und den Erfahrungen der Hörer eine Wechselbeziehung: einerseits sprach die Gleichnisrede Jesu eine Sprache, welche den Erfahrungsbereich ausweitete und neue Erfahrungen möglich machte, andererseits führten eben diese Erfahrungen dazu, daß neue Bedeutungsaspekte an den Gleichnissen entdeckt wurden. Diese Verschlungenheit von Gleichnisrede und Erfahrung kommt eben darin zum Ausdruck, daß die Gleichnisse «allegorisch» interpretiert werden.

Nun gibt es sicher auch Fälle, wo ein Gleichnis in einen theoretischen Satz umgestaltet, also transformiert wurde. Aber eine genauere Betrachtung dieser Fälle würde namentlich auch ihre Problematik an den Tag bringen. Wir vergegenwärtigen uns dies an einem Beispiel: Im Anschluß an das Gleichnis von den Arbeitern im Weinberg bringt Matthäus einen begrifflichen Satz, in welchem er offensichtlich das Fazit der erzählten Parabel sieht. «So werden die Ersten die Letzten und die Letzten die Ersten sein» (Mt 20,16). Ganz abgesehen davon, daß dieser begriffliche Satz die Aussage des Gleichnisses selbst gar nicht erreicht (dort werden alle zu Ersten gemacht durch die unberechenbare Güte des Hausherrn), verliert das Gleichnis durch die Transformation in diesen Satz seinen spezifischen Charakter. Das Gleichnis ist, wie man unschwer zeigen könnte, das Ereignis der Güte Gottes, das Ereignis des alle zu Ersten machenden Gottes. Es macht beim Zuhörer die Güte Gottes zum Ereignis, ganz im Gegensatz zu dem theoretischen Satz, welcher nichts anderes als eine Umkehrung der weltlichen Zustände erhoffen läßt. An diesem Beispiel kann man die Problematik solcher Transformationen meines Erachtens mit hinreichender Deutlichkeit erkennen. Beide genannten Fälle, die «Allegorisierung» ebenso wie die «Theoretisierung», sind nicht nur für den Umgang mit der Gleichnisrede relevant. Ihnen lassen sich hermeneutische Anweisungen für den Umgang mit allen neutestamentlichen Texten entnehmen.

1.2.3 Die Stiftung von Zusammenhängen

Nachdem wir uns im letzten Abschnitt mit der semantischen Qualität des metaphorischen Redens beschäftigten, wenden wir uns jetzt dem Problem des Zusammenhangs von Subjekt und Prädikat zu. Wir sagten schon, daß Subjekt und Prädikat eigentlich unvereinbar seien und dennoch in einen sinnvollen Zusammenhang gebracht würden. Man könnte nun die Frage stellen, worauf denn dieser Zusammenhang beruhe. Würde man diese Frage an die antike Rhetorik stellen, so würde man sofort auf das Stichwort der «Ähnlichkeit» stoßen. Die Herstellung des Zusammenhangs zwischen Subjekt und Prädikat ist nicht etwa der phantastischen Willkür zuzutrauen. Subjekt und Prädikat sind vielmehr gemäß dem Entsprechenden miteinander in Zusammenhang zu bringen. Anders gesagt: Die Metapher muß analogisch gebildet werden. Dem Subjekt Achill kann nur insofern das Prädikat Löwe zugeordnet werden, als Achill eine gewisse Ähnlichkeit mit dem Löwen aufweist. Deshalb ist es nicht jedermanns Sache, Metaphern zu entdecken. Wie man der literarischen Produktion des Menschen ausreichend entnehmen kann, gibt es auch viele verunglückte Metaphern. Unter welchen Umständen mißglückt eine Metapher? Sie kann jedenfalls aus dem Grunde mißglücken, daß sie nicht analogisch gebildet wurde. Sie kann mißglücken, weil sie nichts Ähnliches zu entdecken gibt zwischen Subjekt und Prädikat. Man könnte in diesem Zusammenhang von einer gewaltsamen Metapher sprechen.

Schon Aristoteles hatte auf das Phänomen der Entsprechung hingewiesen. Metaphern müssen stimmen, und sie stimmen eben dann, wenn sie eine Entsprechung zum Ausdruck bringen. Diese Überlegungen des Aristoteles bringen Eberhard Jüngel auf den Gedanken, die Stimmigkeit sei möglicherweise so etwas wie ein Wahrheitskriterium der Metapher. Denn das Glücken einer Metapher meint wohl nichts anderes, als daß sie Wahrheit ausspricht, Wahrheit mit sich bringt. Um zu glücken, muß die Metapher jedoch eine Stimmigkeit aufweisen. Sie muß das Entsprechende aussprechen, das zwischen dem Subjekt und dem Prädikat waltet. Die Metapher ist mithin gleichsam eine Abbildung dessen, was als Entsprechung in der Welt waltet. «Jede glückende Metapher müßte eigentlich etwas aufblitzen lassen von der Entsprechung, die die Welt im Innersten zusammenhält» ([32], 126). Gemäß der traditionellen Sprachtheorie kommt es der Metapher also darauf an, Zusammenhänge analogisch zu entdecken, Entsprechungen im Seienden aufzuspüren.

Auch die neuere Sprachtheorie betrachtet die Entsprechung oder die Ähnlichkeit als ein konstitutives Merkmal metaphorischer Rede. Freilich traut sie der Metapher nicht bloß *die Abbildung,* sondern vielmehr *die Herstellung von Entsprechungen* zu. Die Metapher geht auch in der Herstellung von Entsprechungen über das hinaus, was in Wirklichkeit zu sagen ist.

Genau dadurch, daß sie gleichsam in einem berechneten Irrtum Dinge miteinander in Zusammenhang bringt, die eigentlich unvereinbar sind, stiftet die Metapher Ähnlichkeit viel mehr noch als daß sie Ähnlichkeit bloß feststellt. Man könnte auch sagen: Die Metapher *erschließt* Ähnlichkeit. Sie erschließt einen Zusammenhang, der bis anhin unbemerkt geblieben war. In dieser Erschließung zeigt sich der *hermeneutische Charakter* dieser Sprachform besonders eindrücklich: hermeneutisch ist sie eben darin, daß sie Verhältnisse schafft und Zusammenhänge erschließt, wo Verhältnislosigkeit und Widerspruch die Wirklichkeit war. Zwischen der Natur und einem Tempel bestand keine Beziehung, bis eine Metapher die Natur als Tempel sehen ließ und die Entsprechung zwischen dem Tempel und der Natur erschloß. Das Interessante an dieser Erschließungsfunktion ist schließlich, daß die metaphorische Prädikation sowohl das Subjekt als auch das Prädikat neu zu verstehen gibt. Die genannte Metapher sagt über die Natur mehr, als diese in Wirklichkeit ist, wenn sie sie als Gotteshaus bezeichnet. Andererseits sagt sie über den Tempel mehr, als dieser in Wirklichkeit ist, wenn sie seine Mauern niederreißt und ihn über die ganze Erde ausgedehnt sein läßt. Die Metapher erschließt die eigentliche Bedeutung von Subjekt und Prädikat auf eine neue, überraschende Weise. Eben darin besteht ihre Qualität, daß sie eine semantische Innovation darstellt, ein Bedeutungsgewinn, welcher recht eigentlich auch ein Weltgewinn ist. Die semantische Innovation der Metapher erschließt Entsprechungen, und eben darin entdeckt sie, was die Welt in ihrem Innersten zusammenhält. In diesem Sprachgewinn der Metapher gewinnt auch die Welt an Bedeutung oder – wie man auch sagen könnte – gewinnt auch die Welt an Wahrheit.

Man kann diese dritte Eigenschaft der metaphorischen Sprache wie folgt zusammenfassen: Ihr Werk ist es, einstmals Fernes einander nahe zu bringen. Ihr Werk ist es, einstmals Distanziertes in das Verhältnis der Nähe zu versetzen. Die Metapher beschäftigt sich mit der Aufhebung von Distanz. Und eben hier sind wir an einem Punkt, wo ihre Affinität zum theologischen Reden geradezu mit Händen zu greifen ist. Die Metapher ist in einem auch theologischen Wortsinne *hermeneutische Sprache*.

Zunächst geht es jedoch darum, die skizzierten Beobachtungen auf die Gleichnisrede Jesu anzuwenden. Auch hier muß davon ausgegangen werden, daß die schon erwähnte Ähnlichkeit oder Entsprechung zwischen der Gottesherrschaft auf der einen Seite und weltlichen Geschichten auf der andern Seite eher gestiftet als abgebildet ist. Es handelt sich um Entsprechungen zwischen der Gottesherrschaft und der Welt, welche gänzlich auf das Konto eines Stifters gehen, auf das Konto des Stifters Jesus (und wenn es einen berechtigten Gebrauch des Wortes Stifter im Zusammenhang mit Jesus gibt, dann ist dies weder beim Allerwelts-Religionsstifter noch beim Kirchenstifter der Fall, sondern eben beim Stifter der unvermuteten Nähe Gottes zur Welt). Der Stifter dieser Zusammenhänge hat seine Stiftung zu verantworten, und aus diesem

Grund bleiben die Zusammenhänge stets auf diesen ihren Stifter bezogen. Der Zusammenhang zwischen der Gottesherrschaft und der Welt ist keine religiöse Weltformel, sondern ein Ereignis, eine wortgestaltige Tat ihres Stifters. Die Nähe der Gottesherrschaft zur Welt ist kein zeitinvarianter Lehrsatz, sondern sie wird beim *Sagen* dieser Gleichnisse (und anderer Worte) *Ereignis.* Dies wird bei der gleich anschließend zu bedenkenden Wahrheitsfrage wiederum in Rechnung zu stellen sein.
So wie wir bei der Metapher schon beobachteten, daß sowohl das Subjekt als auch das Prädikat in einem neuen Licht erscheint, ist dies auch bei dem Subjekt «Gottesherrschaft» und dem Prädikat «erzählte Welt» in den Gleichnissen der Fall. Die semantische Innovation der Gleichnisse besteht genau darin, daß sie die Gottesherrschaft, diese transzendente und eschatologische Größe, in eine intime Nähe zur gewöhnlichen Alltagswelt versetzen. Die semantische Neuerung besteht darin, daß die Gottesherrschaft näher kommt, oder ganz einfach: daß sich die Gottesherrschaft im Jetzt *ereignet.* Zieht man dabei in Betracht, daß zwischen Form und Inhalt der Gleichnisse nicht zu unterscheiden ist, daß also die Wahrheit der Gleichnisse wesentlich die Form hat, welche Fernes in die Nähe bringt, so muß man sagen: Im Gleichnis erscheint die Gottesherrschaft als Ereignis der Nähe Gottes zur Welt, beziehungsweise das Gleichnis entdeckt das *Wesen der Gottesherrschaft.* Was ist das Wesen der Gottesherrschaft? Antwort: Ihr Wesen ist es, nahe und gerade dadurch dem Menschen ein befreiendes Ereignis zu sein. Ein Befreiungsereignis insofern, als die Nähe der Gottesherrschaft den Menschen ablenkt von sich und ihn eben so auch sich selbst näher bringt.
Der etwas harmlos klingende Satz, daß die Gleichnisse die Gottesherrschaft wesentlich zu verstehen geben, ist nicht leicht zu begreifen. Normalerweise denkt man sich Dinge wie Gottesherrschaft oder Gott als eine Art für sich existierender Größen, die dann in einem bestimmten Augenblick auch noch etwas tun. In unserem Falle: Man denkt sich die Gottesherrschaft als eine für sich existierende künftige Zeit, die im Augenblick des Gleichnisses in unsere Nähe kommt, also an uns tätig wird. Dieses Denkmodell ist unangemessen, wenn man von der *wesentlichen* Offenbarung der Gottesherrschaft im Gleichnis ausgehen will. Denn wenn die Nähe (besser: das Ereignis des Nahekommens) das Wesen der Gottesherrschaft ist, dann ist sie in diesem Ereignis restlos gegenwärtig. Dann ist sie in dem Gleichnis Jesu vollendet da. Die Gottesherrschaft ist demnach nicht als eine Substanz vorzustellen, mit der in einem bestimmten Augenblick (auch noch) etwas geschieht. Sie hat vielmehr ihre Substanz in der Näherung: sie ist im Ereignis, wo sie der Welt nahe kommt, *restlos* gegenwärtig. Anders gesagt: Die Gottesherrschaft ist ganz aus ihren Wirkungen zu begreifen.
Dadurch, daß die Gottesherrschaft im Gleichnis in eine intime Nähe zu einer weltlichen Geschichte kommt, wird sie *kosmomorph* verstanden. Sie

wird weltlich verstanden; sie gewinnt weltliche Konkretheit. Vielleicht könnte man sogar sagen: Sie geht in die Weltlichkeit ein. Es scheint dies ein ähnlicher Vorgang zu sein, wie er einige Zeit später im Blick auf Jesus von Nazareth überhaupt formuliert worden ist: Jesus von Nazareth ist ja verstanden worden als der zur Welt gekommene Gott. Das kosmomorphe Verständnis der Gottesherrschaft steht in großer Entsprechung zur christologischen Aussage von der Fleischwerdung des Gotteswortes. Deshalb gilt von der metaphorischen Rede, daß sie eine ausgesprochen inkarnatorische Sprachform ist. Die Gleichnisrede bringt die Gottesherrschaft zur Welt, weil sie sie einer weltlichen Geschichte einbildet. Man könnte ferner vermuten: Das kosmomorphe Verständnis der Gottesherrschaft durch Jesus hat wohl nicht wenig beigetragen zu dem unerhörten Gedanken, daß Gott selbst in einem Augenblick der Geschichte in die Welt eingegangen ist. Auf eine knappe Formel gebracht: Das Gleichnis, welches die Gottesherrschaft *kosmomorph* versteht, macht die Welt, und zwar die weltlich verstandene Welt, zur Verständnisbedingung des Reiches Gottes. Anders gesagt: Es bindet das Verstehen der Gottesherrschaft an das Verstehen der Welt. Es schafft damit ein Verhältnis der Nähe unter den ehemals Distanzierten.

Freilich ist damit erst die halbe Sache gesagt. Das Gleichnis gibt nämlich nicht nur die Gottesherrschaft neu zu verstehen, sondern gleichermaßen auch das Prädikat, die erzählte Welt. Denn es sagt auch über das Alltagsgeschehen mehr, als dieses in Wirklichkeit ist. In Wirklichkeit ist das Alltagsgeschehen kein Prädikat der Gottesherrschaft. Die Welt besteht darauf, daß Weltliches nur dem Weltlichen prädiziert werden kann. Eben darin zeigt sich die Verschlossenheit der Welt in sich selbst. Dadurch daß im Gleichnis das weltliche Geschehen auf die Gottesherrschaft «übertragen» wird, wird nicht nur die Gottesherrschaft kosmomorph, sondern auch die Welt *theomorph* verstanden. Das weltliche Geschehen erhält sozusagen eine göttliche Gestalt. Vielleicht muß man es bescheidener sagen: Das Weltgeschehen wird vom Gleichnis zum Sprechen gebracht, indem es in seiner Bedeutsamkeit auf Gott hin entdeckt wird. Etwas von diesem theomorphen Verstehen des Weltlichen erscheint in der Gleichniserzählung selbst wieder und zwar dort, wo die Welt nicht mehr einfach als Natur, sondern als Gottes gute Schöpfung zur Sprache kommt. Die Erde bringt auf eine Weise selbst Frucht hervor, wie dies in Wirklichkeit nicht der Fall ist, nämlich ohne daß der Mensch im Schweiße seines Angesichts für das Gedeihen der Frucht arbeiten müßte, wie er dies seit dem Sündenfall gewohnt ist (Mk 4,26–29).

Der theomorphe Charakter der erzählten Welt erscheint aber auch dort, wo der Mensch sich im Gleichnis nicht verhält wie der Sünder, der in seiner Distanziertheit stets nach Gott greift und sich dennoch nur das Nichts holt, sondern wo er sich verhält wie Gottes Ebenbild: der Vater tut, was ihm die Liebe eingibt, der Hausherr verhält sich gemäß dem, was ihm die Güte als selbstverständlich erscheinen läßt (Lk 15,11ff; Mt 20,1ff). In ihrer theomorphen Erscheinungsform ist die Welt das, was sie wahrhaftig sein könnte. Hier wird die Möglichkeit der Welt zur Bestimmung ihrer Wirklichkeit, auch wenn stets bewußt bleibt, daß die Möglichkeit immer unwirklich sein wird. Das Gleichnis versteht die Welt theomorph und nimmt auf diese Weise Partei für die Möglichkeit. Gewiß kommt man einem solchen Verfahren nicht bei, wenn man es als unrealistisch bezeichnet. Wer sagt denn, daß die Möglichkeiten der Welt und des Menschen immer bloß von ihrer Wirklichkeit regiert werden müssen? Es wäre immerhin denkbar, daß ich – wenn ich mich ganz auf das Mögliche einstelle – dadurch auch dem Wirklichen viel näher komme. Wie dem auch sei, die Gleichnisse nehmen für die Möglichkeit Partei und haben aus eben diesem Grund einen *fiktionalen Grundzug.* Ihre Fiktionalität ist ein Fingerzeig auf das theomorphe Verständnis der Welt. Deshalb muß es für das Gleichnis besonders fatal sein, wenn es einer realistischen Interpretation unterzogen wird. Gerade die fiktionalen, die verrückten Züge lassen etwas davon ahnen, was das Gleichnis uns über das Weltliche zu sagen hat, und sei dies über das Verhalten von weltlichen Vätern oder weltlichen Hausherren.

In den zwei vorhergehenden Gedankengängen haben wir die semantische Innovation des Metaphorischen hinsichtlich der Gottesherrschaft und der erzählten Welt in den Blick genommen. Damit ist jedoch die semantische Neuerung der Metapher noch nicht hinreichend beschrieben. Denn die semantische Innovation bezieht sich ebenso wie auf das Subjekt und das Prädikat auch auf die *Kopula.* Ich hatte schon darauf hingewiesen, daß in dem Wort «ist» ebenfalls ein metaphorischer Prozeß sich abspielt, indem nämlich das «ist» zugleich ein eigentliches «ist nicht» und ein metaphorisches «ist als» bedeutet. Auch dies soll noch auf die Gleichnisrede übertragen werden. Dort besagt es das folgende: in derselben Kopula, in welcher die intime Nähe der Gottesherrschaft zur Welt hergestellt wird, in eben dieser Kopula wird auch ihre Differenz zur Welt festgestellt. Denn so sehr die Kopula die Gottesherrschaft in ihrem Sein als das Geschehen des Alltags zu verstehen gibt, so sehr wahrt diese Kopula die Tatsache, daß die Gottesherrschaft nicht wie die Welt und ihr Lauf ist. Das heißt: In dem metaphorischen Sinn der Kopula fallen die Nähe und die Differenz der Gottesherrschaft zusammen. Daraus ergibt sich: an der Nähe der Gottesherrschaft wird ihre Differenz zur Welt erst sichtbar. Oder anders gesagt: die Gottesherrschaft unterscheidet sich von der Welt genau auf diese Weise, daß sie in ihre Nähe kommt. Gewöhnlich denken wir uns den Unterschied zwischen der Gottesherrschaft und der Welt als Ferne, als Distanznahme (was sich gerade in der apokalyptischen Vorstellung zeigt, wonach die Gottesherrschaft – wenn sie kommt – der Welt ein Ende setzt). Daß die Gottesherrschaft sich im Vollzug der *Näherung* von der Welt unterscheidet, bringt ihre bleibende Differenz zur Welt vollendet zum Ausdruck. Während die Welt Differenzen so ausdrückt, daß sie sich abwendet, geschieht die Differenz der Gottesherrschaft so, daß sie auf die Welt eingeht. Oder theologisch gesagt: Gott unterscheidet sich in der Gestalt *der Gemeinschaft* vom Menschen. Gottes Göttlichkeit hat die konkrete Gestalt seiner Menschlichkeit.

1.2.4 Die Frage nach dem Wahrheitskriterium

Schon mehrfach ist angeklungen, daß die Wahrheitsfrage zu einem interessanten Problem wird, wenn man sich nicht auf die Abbildungsfunktion der Sprache festlegen lassen will. Denn wenn die Sprache auch die Funktion hat, mit der Weltwirklichkeit produktiv statt bloß reproduktiv umzugehen, dann ist von vornherein klar, daß die Übereinstimmung mit der Wirklichkeit kein ausreichendes Wahrheitskriterium mehr sein kann. Es gäbe nun verschiedene Möglichkeiten, die Wahrheitsfrage auszuweiten. Namentlich sind in der neueren Philosophie Modelle entwickelt worden, die über das Adäquationskriterium hinausgehen. Da es uns jedoch vorderhand um die Gleichnisrede geht, wollen wir zunächst bei der speziell der metaphorischen Rede geltenden Wahrheitsfrage bleiben. Wenn die metaphorische Rede eine Grundform theologischen Redens ist, dann dürften die folgenden Überlegungen auch für die theologische Wahrheitsfrage aufschlußreich sein.
Insbesondere der eben abgeschlossene Abschnitt über die Rolle der Entsprechung im metaphorischen Prozeß hat die Wahrheitsfrage unüberhörbar anklingen lassen. Wenn von einer Metapher gesagt wird, daß sie dann geglückt sei, wenn sie etwas von der Entsprechung aufblitzen läßt, die die Welt im Innersten zusammenhält, wenn also diese Stimmigkeit der Metapher als Ausweis ihres Glückens zu gelten hat, dann sind wir damit der Wahrheitsfrage sehr nahe gekommen. Es wurde schon darauf hingewiesen, daß die Wahrheit einer Metapher darin bestehen könnte, daß sie den innersten Zusammenhang der Welt zum Vorschein zu bringen vermag. Schon im Blick auf die gewöhnliche Metapher scheint diese Art, die Wahrheitsfrage zu beantworten, etwas ungenau und unverbindlich. Dennoch kann man wohl nicht darüber hinauskommen.
Während es bei den analogisch gebildeten Metaphern noch relativ simpel ist, ihre Wahrheit einzusehen, ist dies bei den poetischen Metaphern erheblich schwieriger. Wenn ich weiß, wer Achill gewesen ist, und wenn ich überdies weiß, was ein Löwe ist, dann kann ich verstehen, unter welchen Bedingungen die Metapher «Achill ist ein Löwe» wahr ist. Die Metapher sagt dann Wahrheit, wenn sie die Wirklichkeit trifft, obwohl sie über die Wirklichkeit hinausgeht. Und ein Urteil über dieses Treffen kann ich mir bilden, wenn ich sowohl mit Achill als auch mit dem Löwen einigermaßen vertraut bin. Wie aber soll ich mit solchen Metaphern

verfahren, die gar nicht auf einer *vorhandenen* Entsprechung beruhen, etwa mit der Aussage also, daß die Natur ein Tempel sei? Gewiß kann auch hier gefragt werden, inwiefern diese Metapher trifft. Die Antwort wird jedoch gar nicht einfach sein. Natürlich muß ich wissen, was die Natur ist und was man sich unter einem Tempel vorzustellen hat, wenn ich die Aussage «die Natur ist ein Tempel» verstehen und wahrnehmen will. Vielleicht bleibt auch hier nichts anderes übrig, als auf so etwas wie «Stimmigkeit» zu rekurrieren, wenn es um die Wahrheitsfrage geht. Die Stimmigkeit auch dieser Metapher beruht darauf, daß sie sagt, was die Welt in ihrem Innersten zusammenhält. Allerdings kann man sich damit wohl nicht zufrieden geben.

Vielleicht muß man sich fragen, inwiefern eine solche Metapher meine Erfahrung mit der Welt angemessen zum Ausdruck bringt. Und vielleicht muß dann von diesem ihrem Deutungsgehalt der Erfahrung aus die Wahrheitsfrage beantwortet werden. Auch auf diesem Wege komme ich freilich nicht zu einem sauberen Wahrheitskriterium etwa nach dem Muster der Übereinstimmung.

Immerhin machen gerade diese Schwierigkeiten noch einmal deutlich, wie sehr die Metapher der Anredefunktion der Sprache zuzuordnen ist. Fast unwillkürlich wurde vorhin gesagt, es gelte, die Metapher *wahrzunehmen.* Genau dies ist in einem pointierten Sinne der Fall. Das Ich des Hörers ist angesprochen. Die Wahrheitsfrage läßt sich gar nicht unter Absehung vom Ich, und zwar genauer unter Absehung von der Produktivität des Angesprochenen beantworten. Er muß die Metapher *wahr-nehmen,* ein Vorgang, in welchem Rezeptivität und Produktivität des Angesprochenen zusammenfallen. Unter Wahrnehmung muß einerseits der Vorgang des Hörens oder des Aufnehmens verstanden werden, andererseits bedeutet dasselbe Wort jedoch auch den Vorgang des Zuschreibens von Wahrheit. Im Aufnehmen ereignet sich das Zuschreiben. Im Sehen sehe ich etwas *als* etwas. Indem ich eine Metapher wahrnehme, nehme ich unter Umständen ihre Aussage für wahr hin. Eben dieses «unter Umständen» zeigt an, daß zur Beurteilung des Wahrheitsgehalts so etwas wie die Stimmigkeit oder die Nähe zu dem, was die Welt im Innersten zusammenhält, herangezogen werden muß.

Hier sind wir genau an dem Punkt angekommen, wo sich eine Unterscheidung zwischen der gewöhnlichen und der theologischen Metapher aufdrängt. Freilich kommt es darauf an, die Sache der theologischen Metapher genau zu bestimmen. Denn solange man die theologische Metapher ausschließlich als eine Hervorbringung des menschlichen Geistes betrachtet (was sie unter bestimmtem Gesichtswinkel natürlich ist), so lange stellt sich das Problem der Unterscheidung zwischen theologischer und gewöhnlicher Metapher freilich nicht. Wird die theologische Metapher daraufhin betrachtet, daß in ihr der menschliche Geist sich äußert, so besteht zwischen ihr und der gewöhnlichen Metapher kein Unterschied,

es sei denn in ihrem konkreten Inhalt. Konzentriert man sich freilich auf die Sache der theologischen Metapher statt auf ihre Entstehungsbedingungen, so kommt der fundamentale Unterschied zur gewöhnlichen Metapher zu Gesicht. Denn während die gewöhnliche Metapher sagt, was die Welt im Innersten zusammenhält, sagt die (christlich) theologische Metapher, *was die Welt und Gott im Innersten zusammenhält.* Und für diese Entsprechung kann die vorhin genannte Stimmigkeit noch weniger Wahrheitskriterium sein als für die gewöhnliche Metapher.
Wie aber soll hier an die Wahrheitsfrage herangegangen werden? So weit wie möglich bleiben wir auf dem Boden der allgemeinen Metapherntheorie. Und daraus ergibt sich zunächst, daß ich mit Gott vertraut werden muß, wenn ich eine Metapher wie etwa «Gott ist ein Vater» verstehen und wahrnehmen will. Wie werde ich mit Gott vertraut gemacht? Die Antwort muß zunächst – etwas enttäuschend – lauten: wiederum durch theologische Metaphern. Die Vertrautheit mit Gott kann nicht anders als in metaphorischer Sprache hergestellt werden, wenn zugleich mit seiner Vertrautheit immer auch seine Differenz, seine Fremdheit, seine Verborgenheit ausgesagt werden soll. Gerade dieses Ineinander von Offenbarsein und Verborgenheit verbietet den eigentlichen Sprachgebrauch. Deshalb scheint es, wir seien in der bekannten Situation dessen, der sich an seinem eigenen Schopf zum Sumpf herausziehen will. Aus dieser Situation kann nur herauskommen, wer eine Voraussetzung zu machen gewillt ist. Die Voraussetzung lautet: Gott hat sich selbst schon bekannt gemacht. Wo hat Gott selbst sich bekannt gemacht? Antwort: Er hat sich bekannt gemacht, indem er zur Welt gekommen ist. Oder angemessener – weil aus der Perspektive dessen, der im Sumpf steht – formuliert: Gott ist bekannt geworden dadurch, daß das Leben, Reden und Sterben Jesu auf ihn übertragbar geworden ist. Daß das Leben und das Sterben Jesu auf Gott übertragbar geworden ist, ist eine sprachliche Folge dessen, was einige Leute mit der Auferweckung des Gekreuzigten zum Ausdruck brachten. Präziser gesagt: Die Übertragung des Sterbens Jesu auf das Leben Gottes ist *eine* konkrete Gestalt österlicher Theologie. Das Ereignis Gottes in der Welt, welches jene ersten Zeugen als Auferstehung eines Gekreuzigten wahrnahmen, ermöglichte und erforderte die Bildung einer hochinteressanten theologischen Metapher: «Jesus ist Christus» oder «Jesus ist Gott in Person». In dieser Metapher geschieht nichts anderes als die Übertragung des Lebens und Sterbens Jesu auf Gott. Der fundamentale Charakter dieses sprachlichen Vorgangs rechtfertigt es, die Aussage «Jesus ist Christus» als *die* theologische Metapher zu bezeichnen, beziehungsweise sie die theologische «Grundmetapher» zu nennen ([32], 152). Stellt man in Rechnung, daß denen, die im Sumpf stehen, die Position des Erhabenen verwehrt ist, und stellt man überdies in Rechnung, daß die genannte theologische Grundmetapher sich nicht dem Ingenium eines menschlichen Subjekts, sondern der als Geschichte Gottes in der Welt wahrgenomme-

nen Geschichte Jesu Christi verdankt, so scheint ein Rekurs auf die Grundmetapher das einzig Redliche zu sein, wenn es um die Beantwortung der Wahrheitsfrage geht. Wahr ist eine theologische Metapher dann, wenn sie der Grundmetapher «Jesus ist Christus» entspricht. In dieser Entsprechung wiederholt die theologische Metapher jene Grundmetapher, und sie wiederholt zugleich die Einsicht, daß sie sich selbst dem Ereignis Gottes in der Welt verdankt.

Eine verwegene Art, Theologie zu treiben, darf sich nicht über die Gebote der Redlichkeit hinwegsetzen. Will sie Theologie in der Wüste treiben, so darf sie auch die theologischen Wahrheitsfragen nicht auf weltliche Selbstverständlichkeiten abstützen. Ihre Verwegenheit besteht vielmehr darin, daß sie über ihre Voraussetzungen redlich Auskunft gibt: über das Ereignis Gottes in der Welt, welches sie zu ihrem Ausgangspunkt hat. Dieses Ereignis macht allerdings keineswegs ein theologisches Verständnis notwendig. Die Verwegenheit dieser Art von Theologie besteht genau darin, daß sie theologisch zu verstehen wagt, was auch ganz und gar weltlich verstanden werden kann. Eben darin erscheint die Heimatlosigkeit dieser Theologie, eine Heimatlosigkeit freilich, die die Theologie aufs tiefste mit der Welt verbindet. Aber mehr davon später. Einer Theologie, die nicht den Standpunkt des Erhabenen beansprucht, steht es wohl an, jene Grundmetapher als Wahrheitskriterium ihres metaphorischen Redens anzuerkennen. Dadurch verzichtet sie darauf, ihrer Wahrheit eine Unwiderstehlichkeit zu geben, welche nur den knechtenden Wahrheiten eigen ist.

Was hier als Wahrheitskriterium der theologischen Metapher schlechthin erkannt worden ist, soll nun in knappen Strichen auf die Gleichnisrede Jesu angewendet werden. Die Gleichnisse Jesu kommen dann zum Verständnis, wenn sowohl das Subjekt als auch das Prädikat dem Hörer vertraut ist. Mit dem Prädikat wird er vertraut gemacht, indem ihm die Welt erzählenderweise nahegebracht wird. Er wird vom Gleichnis auf vielerlei Weise daran erinnert, wie es in der Welt faktisch zugeht. Wie aber soll der Hörer mit der Gottesherrschaft vertraut werden? Die Antwort versteht sich fast von selbst, wenn man – wie oben schon gefordert wurde – die Gleichnisse nicht vom ursprünglichen Sprecher abstrahiert. Denn es war der Sinn des Redens und Tuns Jesu, eben die Gottesherrschaft am Hörer zum Ereignis werden zu lassen. Wie könnte jemand vertrauter werden mit der Gottesherrschaft als dadurch, daß sie an ihm selbst vollzogen wird?

Will man also die Gleichnisse von der Gottesherrschaft verstehen, so muß man nicht nur die Welt kennen, sondern muß sich auch an das Tun und Reden Jesu erinnern: man muß sich erzählen lassen von seinem Ruf in die Nachfolge, mit welchem er die Gerufenen von der Vergangenheit befreit, auf die zurückzublicken die Gottesherrschaft verbietet. Man muß sich erzählen lassen von der Tischgemeinschaft Jesu mit Zöllnern und Sündern oder Pharisäern, womit Jesus genau jene Distanz zu überwinden sucht, welche der Mensch in seiner Gerechtigkeit oder in seiner Verwerflichkeit aufrichtet zwischen sich und Gott. Es ist dieselbe Distanz, welche von der Gottesherrschaft wesentlich überwunden wird. Oder man muß sich schließlich erzählen lassen von dem Streit Jesu um die Menschlichkeit des Menschen, welchen er im Namen Gottes führte, um die Verirrten an die Heiligkeit ihres eigenen Menschseins zu erinnern. Es ist dies genau dieselbe Heiligkeit, welche die Gottesherrschaft als theomorphe Gestalt des Weltlichen offenbart. Will man also den Wahrheitsgehalt der Gottesreichsgleichnisse erahnen, so muß man sich der Existenz Jesu zuwenden, welche eben dem Vollzug der Gottesherrschaft galt. So kann man mit der Gottesherrschaft vertraut werden.

Welche Rolle spielen die Gleichnisse in diesem Rahmen? Die Gleichnisse dienen dazu, das Verhalten Jesu mit Rekurs auf die Nähe Gottes zu erklären. Sie sind in dem Sinne der Kommentar des Verhaltens Jesu, als sie dieses Verhalten als Vollzug der Gottesherrschaft transparent werden lassen. Sie sagen beispielsweise, daß sich in der Suche *Jesu* nach den Sündern die Suche des *heiligen Gottes selbst* ereignet. Sie sagen, daß sich im Ruf Jesu der Ruf Gottes ereignet. Insofern sind die Gleichnisse prinzipiell verbunden mit dem Dasein Jesu, sie sind von ihrem ursprünglichen Sprecher nicht ablösbar. Anders gesagt: Ihre Anredefunktion behalten sie nur, wenn sie als Anrede jenes bestimmten Menschen an seine Zuhörer und dann auch an uns verstanden werden. Dieser Sachverhalt macht es unmöglich, aus den Gleichnissen Allerweltswahrheiten zu machen. Und was von den Gleichnissen gilt, dürfte wohl von der ganzen Verkündigung Jesu und dann überhaupt vom ganzen Evangelium gelten: sie sind dem Augenblick verhaftet, einem Augenblick freilich, welcher zum absolut entscheidenden Augenblick werden sollte.

Was bedeutet diese unlösbare Verbundenheit der Gleichnisse mit ihrem ursprünglichen Sprecher hinsichtlich der Wahrheitsfrage? Gewiß muß man sagen, daß die von der Gleichnisrede hergestellte Nähe der Gottesherrschaft davon lebt, daß Gott in der Person des Jesus von Nazareth wahrhaftig zur Welt gekommen ist. Daß Gott in der Person des Jesus von Nazareth wahrhaftig zur Welt gekommen ist, ist eine christologische Aussage. Daraus folgt: Die Wahrheit der Gleichnisse lebt davon, daß das christologische Bekenntnis wahr ist. Einfacher: Die Wahrheit der Gleichnisse ist christologisch. Gewiß muß man sehen, daß die Gleichnisse eine hervorragende Erscheinung dessen sind, daß Jesus von Nazareth sich selbst theologisch verstand. Eine Erscheinung dessen, daß Jesus sich selbst mit Rekurs auf Gott erklären mußte. Daß nun das Wahrheitskriterium dieser so hervorragenden *theologischen* Redeweise *christologisch* ist, ist nur dem oberflächlichen Betrachter ein Widerspruch. Die theologische Selbsterklärung Jesu hat nicht unerheblich dazu beigetragen, daß es zu einer erklärten Christologie der Gemeinde kam. Denn nur auf dem Wege einer erklärten Christologie konnte die Gemeinde den theologischen Charakter der Existenz Jesu festhalten. Daraus folgt: Der Schritt von der Theologie zur Christologie war ein notwendiger Schritt. Daraus folgt wiederum: Dieser Schritt ist gerade auch im Blick auf die Gleichnisse Jesu notwendig. Sie können als hervorragende theologische Redeweise nur beibehalten werden, indem sie christologisch interpretiert werden. Auf eben diese Weise trägt die christliche Gemeinde dem Sachverhalt Rechnung, daß die Wahrheit der Gleichnisse an den Augenblick gebunden ist, in welchem sie in Erscheinung traten. In der christologischen Interpretation gab die Gemeinde dem ursprünglichen Erzähler Raum, der jetzt so sehr zur Wahrheit des Gleichnisses gehört, daß er selbst in diesem vorkommen muß.

Es ist denn auch nicht verwunderlich, daß manche Gleichnisse sogenannte allegorische Züge tragen, die metaphorisch auf den Christus verweisen. Diese allegorischen Züge legen Zeugnis dafür ab, daß die Wahrheit des Gleichnisses an jenem Christus hängt, daß beispielsweise die göttliche Suche des Verlorenen christologisch und nirgends sonst konkret ist oder daß die göttliche Überwindung der Distanz, welche der Mensch in seiner eigenen Gerechtigkeit aufrichtet, nirgends als in Christus als dem Ende dieser Gerechtigkeit geschieht. Es ist schließlich auch nicht verwunderlich, wenn in der Überlieferung der Gemeinde die Gleichnisse unversehens nicht mehr die Gottesherrschaft aussprechen, sondern sagen, wer Jesus Christus ist. War nicht Jesus Christus die Gottesherrschaft in Person? Jesus Christus wird jetzt zum Senfkorn, das mit Gewißheit zu einem riesigen Baum heranwächst, in dessen Zweigen alle Völker der Welt wohnen können (Mk 4,30–32). Die Gleichnisse als einstige Ansagen der Gottesherrschaft werden jetzt zu Deutungen des Jesus Christus, welcher die Gottesherrschaft in Person darstellt. Sie verknüpfen die Ohnmacht des persönlichen Daseins Jesu mit der Macht des ewigen Gottes. Sie erschließen in der senfkornartigen Machtlosigkeit seines Einsatzes für die Liebe die gewaltige Zukunft, die Gott der Liebe gegeben hat.

Was hier für die Gleichnisse Jesu gesagt wird, muß aller Wahrscheinlichkeit nach überhaupt für die Verkündigung Jesu gelten: ihre Wahrheit läßt sich nicht anders als christologisch begründen, sie läßt sich auf keine allgemeinere Basis stellen als auf diesen geschichtlichen Augenblick, in welchem ein paar Menschen den schlechthin entscheidenden Augenblick der Weltzeit wahrgenommen haben. Und in Verwegenheit Theologie treiben heißt eben nichts anderes, als gestützt auf jenen geschichtlichen Augenblick Theologie treiben; wohl im Bewußtsein habend, daß die Wahrheit dieser Theologie sich zwar nicht über alle Wahrheiten erhebt, sondern vielmehr alle hohen Wahrheiten unterläuft und eben so als Wahrheit den Menschen frei macht.

1.3 Gott als ein ansprechendes Wort

Im Sinne einer Zwischenbemerkung ist daran zu erinnern, daß die Gleichnisrede Jesu hier dargestellt wird als eine Grundform christlicher Rede von Gott überhaupt. Das hermeneutische Potential der Gleichnisrede beziehungsweise der metaphorischen Rede von Gott ist meines Erachtens so groß, daß sie überhaupt für jede christliche Rede von Gott wegweisend ist. In unserer jetzigen Darstellung handelt es sich also nicht bloß um eine spezielle Betrachtung, neben die beliebige andere treten könnten. Es handelt sich vielmehr darum, daß anhand der Konzentration auf dieses Einzelphänomen die ganze Weite der neutestamentlichen Rede von Gott hermeneutisch reflektiert wird.
Bevor wir an den folgenden Überlegungsgang herangehen, welcher Gott als ein ansprechendes Wort herausstellen wird, bedarf es für einen Augenblick einer Rückbesinnung auf die rhetorische Einordnung der Metapher. Schon die traditionelle Sprachtheorie hatte bekanntlich die Metapher als hervorragendes Mittel des Rhetors eingeschätzt. Auch wenn wir die Einordnung der Metapher in den Bereich der Rhetorik einer grundlegenden Kritik unterzogen haben, werden wir das Wahrheitsmoment jener Einordnung dennoch nicht außer acht lassen. Die rhetorische Einordnung legt immerhin Zeugnis dafür ab, daß die Metapher eine von Haus aus *ansprechende* Sprachform ist. Dem Rhetor geht es wesentlich um das Ansprechen seiner Hörer. Und um dieses Ansprechens willen ist er befugt, metaphorisch zu reden. Gewiß ist die Metapher in der neueren Sprachtheorie von einem einstigen rhetorischen Ornament zu einem Grundvorgang von Sprache überhaupt avanciert. Dadurch ist sie jedoch ihres ansprechenden Grundzugs nicht beraubt worden, im Gegenteil, im ansprechenden Grundzug des Metaphorischen entdeckte man allererst einen Grundzug der Sprache als solcher. Die Sprache selbst ist ansprechend, sofern sie nicht bloß instrumentell gebraucht wird.
Im Blick auf die Gleichnisrede Jesu gilt dann: Da die Gleichnisse die der Gottesherrschaft entsprechende Sprachform sind, wird an ihnen erkenntlich, daß die ansprechende Sprache von der anzusagenden Sache her gefordert wird. Das Gleichnis als metaphorische Rede von Gott macht deutlich, daß im Blick auf diese Wahrheit die Warheits*aus*sage mit der Wahrheits*an*sage identisch ist. Wahrheits*aus*sage existiert nur in der Gestalt der Wahrheits*an*sage, an die Menschen gerichtet. Die ansprechende Sprache offenbart – sofern sie eben die der Sache einzig angemessene Sprache ist – den ansprechenden Charakter der Sache selbst. Die Sache selbst zielt direkt auf das Ich des Menschen. Die Sache selbst ist unvollständig ohne den Einbezug des angesprochenen Ichs. Eben deshalb verlangt sie den Gebrauch von ansprechenden Sprachformen. Man kann sich diese scheinbare Selbstverständlichkeit nicht deutlich genug vor Augen halten. Nur allzu oft wird im Rahmen religiöser Rede eine Sprache

gesprochen, welche den Menschen gerade nicht als Angeredeten sein läßt, sondern welche definitorisch über ihn zu verfügen trachtet: Du elender Mensch, wer bist du denn, daß du mit Gott ins Gespräch kommen könntest ...? Dies ist nicht selten der Grundton jener Rede, welche im Namen Gottes geschieht. Nur allzu oft läßt religiöse Rede den Menschen nicht als Angeredeten sein, weil sie ihn bloß als Beanspruchten gelten lassen kann: Wie unwürdig bist du, Mensch! Heilige dich, streng dich an, bevor du Gott unter die Augen trittst ...! Dies ist nicht selten die Form, wie der Mensch im Namen Gottes angeredet wird.

Die Gleichnisse Jesu sprechen eine andere Sprache, weil ihre Sache eine andere Sprache erfordert. Man könnte die Gleichnisse verstehen als einen Vollzug Gottes am Menschen, als ein Wort, in welchem sich Gott am Hörenden ereignet. Eben als ein solcher Vollzug Gottes am Menschen machen die Gleichnisse unüberhörbar, daß Gott ein ansprechendes Wort ist. Sie machen unüberhörbar, daß von Gott nur so die Rede sein kann, daß dabei der Mensch als ein Angesprochener zur Sprache kommt. Eben dies zeigt sich darin, daß der eigentlichere Sprachgebrauch der Gleichnisse direkt auf das Ich des Menschen zielt. Gott – ein ansprechendes Wort? Dieser Ausdruck ist in der vorliegenden Kürze mißverständlich. Er soll im Folgenden einer gewissen Klärung entgegengeführt werden.

1.3.1 Mehrdimensionalität

Wer auch nur einen oberflächlichen Blick auf die Gleichnisse und ihre Art des Sprechens tut, entdeckt sogleich die *Mehrdimensionalität* ihres ansprechenden Charakters. Schon an ihrer Bildhaftigkeit wird klar: Die Gleichnisse sprechen die Leidenschaften des Menschen an. Leidenschaftlich mag er protestieren gegen die Ungerechtigkeit dessen, der alle zu Ersten macht (Mt 20,1–15). Leidenschaftlich mag er sich freuen mit jenem Glücklichen, welcher unversehens einen Schatz im Acker entdeckt hat (Mt 13,44). Leidenschaftlich mag er sich ärgern über die Gerechtigkeit jenes Sohnes, welcher von dem Fest der Liebe abgehalten wird (Lk 15,11–32). Die Gleichnisse sprechen indessen nicht nur die Leidenschaften des Menschen an, sondern auch seine Einbildungskraft: sie inszenieren vor seinem inneren Auge ein Geschehen, das er nicht ohne weiteres aus seiner alltäglichen Erfahrung kennt. Sie sprechen seine Einbildung an, indem sie ihm das Verrückte als das einzig Vernünftige erscheinen lassen. Soll man darin einen Betrug sehen, wenn dies zugunsten des Menschen geschieht? Nicht nur Leidenschaften und Einbildungskraft, sondern auch die Vernunft, die Rationalität wird angesprochen. Im Gleichnis wird vernünftig argumentiert; es gibt den Zuhörern zu denken. «Was wird nun der Herr des Weinbergs tun?» (Mk 12,9) Das ist ein Beispiel für die Nachdenklichkeit, welche von der Gleichnisrede erzeugt wird. Schließlich muß man sehen, daß die Gleichnisse neben den Leidenschaften, der Einbildungskraft und der Vernunft auch den Willen des Menschen ansprechen. Sie tun alles, damit der Mensch dem Verlorenen nachgehen *will* (Mt 18,12–14; Lk 15,3–7), damit er die Schuld zwischen sich und dem Mitmenschen vergangen sein lassen *will* (Mt 18,23–35), damit er die Söhne und Töchter des Vaters als Brüder und Schwestern behandeln *will* (Lk 15,11–32).

Was ergibt sich aus dieser Mehrdimensionalität des Ansprechens? In ihr zeigt sich, daß das Gleichnis den Menschen *ganzheitlich* anspricht. Es läßt ihn ganz sein im Vollzug des Ansprechens. Vielleicht müßte man sagen, daß das Gleichnis dadurch, daß es den Menschen vielfältig anspricht, dessen Ganzheit allererst erstehen läßt. Darin ist die Gleichnisrede wegweisend für jede Rede von Gott. Wahrhaftige Rede von Gott erschafft die Ganzheit des Menschen. Darin unterscheidet sie sich beispielsweise von jener intellektualistischen Sprache, welche den Intellekt des Menschen isoliert, indem sie nur ihn anspricht. Dadurch wird der Mensch intellektualisiert. Er verliert die Beziehung zum Ganzen des Lebens und kann dann durch diese Sprache zu lebensfremden oder gar lebensfeindlichen Aktionen angestiftet werden. Wer das Intellektuelle isoliert anspricht, entzieht den Leidenschaften und dem Willen ihren vernünftigen Partner, genauso wie der, der das Leidenschaftliche isoliert anspricht, dem kühlen Kopf die Wärme des Herzens entzieht. Genau dies vermeidet das Gleichnis, indem es Leidenschaften, Einbildungskraft, Vernunft und Willen gleichermaßen anspricht, besser noch: die verschiedenen Aspekte des Menschen in eine Beziehung zueinander bringt.

Gewiß setzt sich die Rede von Gott dadurch dem Verdacht aus, das sachliche Urteil des Menschen zu verderben. Allerdings muß sie sich von diesem Verdacht nicht einfach in die Ecke treiben lassen. Denn das Gerücht von der Verderbnis des Urteils kraft der Leidenschaften herrscht nur dort, wo das Ideal des kühlen Rechners herrscht. Der kühle Rechner wird nur jenes Urteil als sachlich gelten lassen, welches frei von leidenschaftlichem Engagement ist. Gewiß wird er auf diese Weise viele verderblichen Leidenschaften aus den Urteilen ausschließen können. Er wird viele Urteile von leidenschaftlicher Willkür reinigen können. Immerhin ist jedoch auch das folgende zu bedenken: Mit den verderblichen Leidenschaften schließt der kühle Rechner eben nicht bloß diese aus, sondern auch den leidenschaftlichen Einsatz Gottes für die unwichtigsten seiner Geschöpfe. Kein kühler Rechner läßt neunundneunzig Schafe in der Wüste zurück, um dem einen verlorenen nachzugehen. Er riskiert einen mindestens 30%igen Verlust. Solches Verhalten ist vielmehr bestimmt von der Leidenschaft der Liebe, welche Gott heißt. Er schließt ferner den jeder kühlen Überlegung spottenden leidenschaftlichen Einsatz Gottes für die Überwindung der menschlichen Sünde aus. Er schließt die leidenschaftliche Freude Gottes über den wiedergefundenen Distanzierten aus.

Nicht nur dies aber schließt der kühle Rechner aus. Er schließt ebenso aus, daß der angesprochene Mensch sich von jenem leidenschaftlichen Einsatz Gottes anstecken läßt, um auf ebenso leidenschaftliche Weise für die Schwachen und Unvernünftigen Partei zu ergreifen. Wer kühl rechnet, wird die leidenschaftliche Liebe Gottes im besten Falle einen schönen Gedanken nennen, anstecken läßt er sich jedoch nicht davon. Man könnte das Ganze auf eine knappe Formel bringen: Wo das Gerücht von der Verderbnis des Urteils durch die Leidenschaften herrscht, da wird das Berechenbare auf den Thron gehoben, während das Unberechenbare hinabgestürzt wird. Da wird die berechnende Gerechtigkeit als das einzig Vernünftige ausgegeben, während die unberechenbare Liebe zum Verschwinden gebracht wird, obwohl sie – recht betrachtet – das Vernünftigere wäre.

Wenn das Gleichnis auch die Einbildungskraft des Menschen anspricht, so traut es dieser Kraft gewiß mehr zu, als dies nicht zuletzt mancher Eingebildete zugesteht. Dem Gleichnis kommt es in der Tat auf die Einbildung Gottes an. Es bildet den gnädigen Gott dem Menschen ein, der – von nun an Gottes Bild im Herzen tragend – daran geht, die Welt und seine eigenen Verhältnisse dementsprechend zu ordnen. Auf dem Hintergrund dieses Zutrauens zur menschlichen Einbildungskraft erweist sich die neuzeitliche Alternative von projiziertem Gott einerseits und wahrem Gott andererseits als vollkommen schief. Der wahre Gott unterscheidet sich nicht dadurch vom projizierten Gott, daß er nicht in der menschlichen Einbildung anzutreffen wäre. Vielmehr unterscheidet sich die Einbildung des wahren Gottes von der Projektion des menschlichen Wesens in den Himmel dadurch, daß die Einbildung des wahren Gottes vom Wort Jesu von Nazareth – wie überhaupt von jedem Wort Gottes – ausgeht, während die Projektion eine Einbildung des homo incurvatus in se ist. Der projektive Gott entsteht gerade *nicht* dadurch, daß der Mensch sich vom Wort Gottes ansprechen läßt. In der Projektion ist der Mensch gerade nicht auf das Außen gerichtet, sondern auf das Innen. Der projizierte Gott entsteht in der Einsamkeit des menschlichen Selbstgesprächs und eben deshalb wird der Mensch, wenn er sich Gott solchermaßen einbildet, zum eingebildeten Menschen. Das Gleichnis meint demgegenüber jene Weise der Einbildung, welche im Hören auf das Wort Gottes geschieht, und welche den Menschen zum wahrhaft gebildeten Menschen macht.

Wenn das Gleichnis den Menschen auf seine Vernünftigkeit hin anspricht, so traut es der Vernunft wohl mehr zu, als diese sich selbst bisweilen zugetraut hat. Es entwirft eine Vernünftigkeit, die aus dem Vernommenen lebt und deshalb den Charakter des Vernehmens hat. Die Vernunft kommt im *Nach*denken zum Zuge, indem sie das Vernommene zu vielen Dingen und auch zu mir selbst in Beziehung bringt. Indem das Gleichnis zu denken *gibt,* unterläuft es die Tendenz der Vernunft, in der Einsamkeit des reinen Denkens zu verharren. Indem es ihr ein Wort sagt, welches zu bedenken ist, unterläuft es ihre Tendenz, sich alles selbst zu sagen. Die Vernunft ersteht neu in der Angewiesenheit auf das, was zu hören ist. Sie nimmt Abschied von der Bezogenheit auf sich selbst. Die Vernunft traut sich das reine Denken zu, das Gleichnis dagegen bedeutet die Zumutung des reineren Denkens.

Wenn das Gleichnis schließlich den Menschen auch auf seinen Willen anspricht, so macht es damit deutlich, daß im Zusammenhang mit Gott immer auch von Taten die Rede sein muß. Es gibt kein Wort Gottes, das nicht auch meinen Willen zum neuen Tun anzusprechen vorhätte. Denn der Mensch existiert immer schon als Tätiger, und es wäre fatal, wollte man diese seine Daseinsdimension vom ansprechenden Wort Gottes ausschließen. Man könnte geradezu sagen, daß das Gleichnis seine *Anwendung* in der Tätigkeit des angesprochenen Menschen erfährt. Das Gleichnis zielt unmittelbar darauf ab, daß sich die göttliche Leidenschaft für das Unwichtige fortsetzt in des Menschen leidenschaftlicher Suche nach den Verlorenen.

1.3.2 Ein Moment des Spiels

Galt der erste Überlegungsgang der Mehrdimensionalität des Ansprechens und ihren anthropologischen und theologischen Folgen, so wird sich der zweite Überlegungsgang etwas näher mit der Eigenart dieses Ansprechens beschäftigen. Schon Aristoteles hatte an der Metapher geschätzt, daß sie dem Zuhörer besonders freundlich entgegenkommt. Schon er hatte darauf hingewiesen, daß die Metapher eine Sprachform sei, welche dem Angeredeten einen gehörigen Wissensgewinn in gefälliger Form darbiete. Der Angeredete erweitert sein Wissen geradezu spielend, wenn er in metaphorischer Rede belehrt wird.

Dieses Moment des Spiels ist in gleicher Weise auch charakteristisch für die Gleichnisse Jesu. Es fällt unmittelbar auf, wie entschieden sie sich auf den Spieltrieb des Menschen einstellen. Sie sind eben auch darin ansprechend, daß sie spielendes Lernen möglich machen. Sie ermöglichen eine spielende Einstellung zur Gottesherrschaft, indem sie vor den Augen des Zuhörers ein Spiel entstehen lassen, in welchem er erkennen kann, wie es mit ihm herauskommen könnte. Die Gleichnisse lassen vor den Augen des Menschen ein Theaterspiel entstehen, in welchem manche Figuren gerade auch seine Rolle spielen. Durch das Spiel geben die Gleichnisse dem Raum, was der angesprochene Mensch in Wirklichkeit ist. Sie bieten ihm die Möglichkeit, spielend auf seine eigene Rolle einzugehen, auf eine Rolle, die er mit tierischem Ernst in der Welt zu spielen pflegt. Nicht umsonst sagt man, der Mensch könne im Spiel sich selbst vergessen. Genau diese Erfahrung machen sich die Gleichnisse zunutze, um den

Menschen von sich selbst abzulenken, um ihn von sich selbst zu distanzieren im Spiel.
Das ist die Art, wie die Gleichnisse auf die Situation des homo incurvatus in se eingehen. *Sie halten nämlich die Rolle des in sich verschlossenen Menschen bereit.* Sie geben Figuren vor, die eben nicht mit der unberechenbaren Liebe Gottes rechnen wollen und sich deshalb berechnend verhalten. Sie geben Figuren vor, die sich vom Vater abwenden, sei es indem sie ihn gar nicht mehr als Vater in Anspruch nehmen wollen, sei es, indem sie um ihrer Gerechtigkeit willen sich nicht zum väterlichen Fest bewegen lassen mögen. Der in sich selbst gekehrte Mensch kommt im Spiel des Gleichnisses vor. Er steht da, um dem Zuhörer das Angebot der Identifikation zukommen zu lassen. Spielend soll er sich mit diesen in sich gekehrten Figuren identifizieren können, damit er von seiner eigenen wirklichen Verschlossenheit abgelenkt werden kann. Denn die Gleichnisse behaften den Menschen ja nicht auf seine Verschlossenheit. Sie begnügen sich nicht damit, ihn als Verschlossenen darzustellen. Sie führen ihm vielmehr vor, welche Möglichkeiten gerade dem Verschlossenen offenstehen. Das Gleichnis bezeichnet ja die Verschlossenen dennoch als Söhne des himmlischen Vaters. Es überholt nichts sonst als ihre Verschlossenheit. So umfängt die metaphorische Rede von Gott den Menschen in seiner Verschlossenheit, indem es seine Verschlossenheit ausdrücklich zur Verstehensbedingung der göttlichen Liebe macht. In diesem Umfangen wiederholt sich die Umarmung des heimgekehrten Sohnes, der sich nur noch als Tagelöhner vorstellen kann. Weil im Gleichnis Figuren erscheinen, die berechnend gerecht agieren, kann ich überhaupt verstehen, wie die unberechenbare Liebe Gottes in Wahrheit ist. Darum erinnert mich das Gleichnis daran, wer ich in Wirklichkeit bin, um mir zu sagen, wer ich in Wahrheit, das heißt in den Augen Gottes bin. Es erinnert mich an meine Verschlossenheit, um mir zu sagen, daß Gott dennoch mir gegenüber aufgeschlossen sei. Es spielt mir zu, wer ich in Wahrheit bin, indem es mir vorspielt, wer ich in Wirklichkeit *war.* Das Ganze geschieht genau deshalb im Spiel, damit das Ich des Menschen loskommt von dem Ernst seiner Lage, um durch eben dieses Loskommen den größeren Ernst seiner Situation coram Deo zu erkennen. Das Ganze geschieht im Spiel, damit der Mensch von dem tierischen Ernst seines Lebens loskomme, um das Leben mit Ernst spielen zu lernen. Es gibt nicht wenige Gleichnisse, welche dem Menschen den Ball ganz ausdrücklich zuspielen. Sie enden mit einer Frage, die er zu beantworten hat. Oder sie enden überhaupt nicht, weil erst der Zuhörer sich einen Schluß einbilden soll. Auf diese Weise geben sie dem Ich des Zuhörers Spielraum. Das ist ein Raum, wo der Hörer sich jenseits von Notwendigkeiten und auch jenseits des Beliebigen einfinden kann. Das Phänomen des offenen Schlusses zeigt deutlich, wie sehr die ansprechende Sprache das Ich wieder erstehen läßt, welches die definitorische Sprache ständig zum Verschwinden bringt.

Wenn irgendwo etwas von selbst geschieht, dann ist dies gewiß im Spiel der Fall. Im Spiel hält sich der Mensch von selbst an die Regeln, weil diese ihm als Gelegenheit zur Selbstentfaltung statt als Einschränkung seiner Möglichkeiten erscheinen. Das Spiel ist der Ort, wo manches Richtige selbstverständlich getan wird. Man könnte wohl sagen, das Spiel sei so etwas wie ein Symbol für die ungesetzliche Existenz des Menschen. Immer vorausgesetzt selbstverständlich, daß es sich nicht um ein pervertiertes, bloß den tierischen Ernst des Lebens widerspiegelndes Spiel handelt. Ungesetzlich ist die Existenz des Menschen im Spiel, weil er – bei aller Anstrengung, die er unternehmen wird und will – sich das Glück zuspielen lassen kann, weil er bei allem ernsthaften Bemühen zu gewinnen sich Gewinne geben lassen kann, die er selbst nicht erarbeitet hat. Ungesetzlich ist die Spielsituation auch darin, daß es niemandem in den Sinn käme, die Begrenzheit der spielerischen Möglichkeiten etwa als Verhinderung des Spiels zu sehen. Im Gegenteil: Die Begrenztheit wird als Ermöglichung des Spiels gesehen.

Das Gleichnis macht sich den Spieltrieb des Menschen zunutze, um dem Menschen Gott als ein auch in diesem Sinne ansprechendes Wort nahezubringen. Als ein Wort nämlich, das etwas mit sich bringt. Als ein Wort, das das Leben zur Entfaltung bringen will. Das Spiel ist der Ort, wo manches Richtige selbstverständlich getan wird. In gleicher Weise will das Gleichnis der Ort sein, wo der Mensch manches selbstverständlich Gott zu tun überläßt. Es will der Ort sein, wo der Mensch unbedenklich aus der Hand Gottes nehmen kann, ohne sich selbst alles geben zu müssen. Was gibt denn Gott im Gleichnis? Er gibt dem Menschen ein gutes Wort. Was ist ein gutes Wort? Ein gutes Wort läßt den Menschen wahr werden, und es sorgt dafür, daß der Mensch manches Wahre selbstverständlich tut. Eben darin ist das Gleichnis ein ansprechendes Wort von Gott, daß es nicht alles mir zu tun überläßt. Es vergewissert mich meiner selbst und enthebt mich von der unerfüllbaren Aufgabe, dies mit meiner eigenen Hände Arbeit zu tun. Es ist darin weit entfernt von einem leeren Wort, das alles dem Angesprochenen zu tun überläßt.

Schließlich besteht das spielerische Moment des Ansprechens auch darin, daß das Gleichnis mir so etwas wie Gottes Freude zuspielen will. Für einen Augenblick halten wir uns das Gleichnis vom verlorenen Schaf vor Augen. Wer von euch ginge nicht dem Verlorenen nach? Wer von euch hätte keine Freude, wenn er das Verlorene findet? Weil dem Zuhörer Verschiedenes verschwiegen wird, was auch noch zu sagen wäre, wird ihm die Freude Gottes am Finden zugespielt. Spielt es etwa keine Rolle, was mit den alleingelassenen Schafen passiert? Spielt es etwa keine Rolle, ob das Schaf es überhaupt verdient, gesucht und gefunden zu werden? All dies spielt keine Rolle, und zwar weil die Freude Gottes am Wiedergefundenen die Hauptrolle spielt. Auf diese Hauptrolle will mich das Gleichnis aufmerksam machen, damit ich die Freude Gottes kennenlerne. Vielleicht soll ich mich an dem Gott freuen lernen, der das Verlorene sucht, der gerade auch das von mir *verloren Gegebene* sucht. Vielleicht soll ich mich an dem Gott freuen lernen, der mich dessen vergewissert, daß das Verlorene der Suche würdig sei, ganz gleichgültig wie verkommen es gewesen sein mag. Vielleicht aber soll ich mich an dem Gott freuen lernen, der meine Wirklichkeit der Verlorenheit überwindet, weil er gerade mich selbst davon überzeugt, daß er und niemand sonst mich verloren hat.

Es ist oft von einem Vielleicht die Rede gewesen. Auch das Spiel als theologische Symbolfigur mag manchem nicht so recht passen. Man vermutet, es könnte hier gar zu unverbindlich zu und her gehen. Gewiß, das Spiel ermöglicht manches Vielleicht, das Spiel erlaubt es ohne weiteres, nicht mehr mitzuspielen. Was soll daran aber unverbindlich sein? Unverbindlich ist es wohl nur für den, der das Verbindliche mit dem Unausweichlichen verwechselt. Er verwechselt dabei Gott mit dem in der Tat unausweichlichen Tod. Das Wort Gottes ist – wie gerade die Gleichnisse hervorragend zeigen – auch darin ein ansprechendes Wort, daß es nicht mit unwiderstehlicher Gewalt über mich hereinbricht, jeden Freiraum und jedes Aber im Keime erstickend. Die Wahrheit Gottes ist eine Wahrheit von der Art, die den Widerspruch ohne weiteres zu ertragen vermag. Die Wahrheit Gottes kann es sich leisten, den angesprochenen Menschen ins Spiel zu bringen dadurch, daß sie *widerstehlich ist.* Was als Unverbindlichkeit kritisiert wird, ist in Wahrheit jener Spielraum, welcher durch das ansprechende Wort Gottes eröffnet wird. Gott unterscheidet sich eben *nicht* dadurch von den Menschen, daß sein Ernst noch ernster ist als der tierische Alltagsernst. Er unterscheidet sich *nicht* dadurch von den Menschen, daß sein Wort noch unwiderstehlicher ist als die Worte der Menschen, die ständig mit Gewaltandrohungen unterstrichen werden. Unwiderstehlich sind der Tod – und die, die ihre Herrschaft auf der Macht des Todes aufbauen. Gott unterscheidet sich von den Menschen dadurch, daß er seine Widerstehlichkeit zur Schau trägt. Eben dies tut er, wenn er in Gleichnissen spricht.

1.3.3 Der Anspruch

Während der erste Überlegungsgang der Mehrdimensionalität des Ansprechens galt und der zweite das Moment des Spielerischen in den Vordergrund rückte, muß nun noch ein dritter Überlegungsgang angeschlossen werden, der sich mit der anspruchsvollen Seite des Ansprechens beschäftigt. Es kann ohne weiteres beobachtet werden, daß das Gleichnis auch eine bestimmte Praxis des Menschen anvisiert. Es soll, wenn es wirklich ankommt, bestimmt auch praktische Folgen haben. Gott spielt mir seine Freude am Verlorenen und also auch an dem, was ich *verloren gegeben habe,* sicher auch zu, damit ich selbst mich auf die Suche nach dem Verlorenen mache.

An diesem Punkt kommt es ganz besonders auf Sorgfalt an, denn er scheint dem neuzeitlichen Menschen geradezu selbstverständlich zu sein. Daß das Wort Gottes auf Praxis zielt, ist so eingängig, daß man beinahe zu überlegen vergißt, ob das so bereitwillig Aufgenommene überhaupt noch das sei, was das Wort Gottes sagen will. Es gilt, sorgfältig auf die Zeitverhältnisse zu achten. Man kann sich dies an dem folgenden Gedankengang klar machen: Das Gleichnis spricht dem Menschen zu, wer er in Wahrheit ist. In Wahrheit ist er ein von Gott maßlos geliebtes Geschöpf. Und weil er dies ist, ist er dann auch nach dem Maß der Liebe handlungs*fähig.* Weil Gott den Menschen anspricht als das von ihm maßlos geliebte Geschöpf, kann er ihn dann auch in Anspruch nehmen, dieselbe Liebe für sein eigenes Verhalten maßgebend sein zu lassen. In dieser Weise stellt das Gleichnis durchaus einen praktischen Anspruch an den Menschen. Allerdings sind wir in der Neuzeit versucht, die Zeitverhältnisse umzukehren: Als von Gott geliebtes Geschöpf erweist sich der Mensch dadurch, daß er nach Maßgabe der Liebe handelt. Praktisch stellt er also erst dar, was er gemäß dem Gotteswort wäre. Es geht hierbei um eine praktische Selbstvergewisserung, die einen einzigen Aspekt des ansprechenden Wortes Gottes isoliert und verabsolutiert. Werden die Zeitverhältnisse auf diese Weise verkehrt, kommt es mit der Liebe ebenso verkehrt heraus. Etwas salopp könnte man sagen: Sie wird verkehrt in eine gezwungene Liebe, in eine zweckgerichtete Liebe, die nicht mehr die Ungezwungenheit der Liebe hat, die sich aus dem Wort der Liebe von selbst versteht.

Die Zeitverhältnisse, welche im Blick auf die Liebe Gottes und die der Menschen maßgebend sind, kommen sehr schön zum Ausdruck in dem Gleichnis von dem sogenannten Schalksknecht (Mt 18,23–35). Da trifft ein Knecht einen seiner Mitknechte und erinnert sich, daß dieser ihm einen Betrag von 100 Denaren schuldet. «Zahle zurück, was du mir schuldest!» befiehlt er seinem Mitknecht. Dieser, zahlungsunfähig, bittet um Aufschub. Aber der Knecht mag nicht barmherzig sein, wirft den Schuldner ins Gefängnis, bis er – nach damals üblicher Praxis – seine Schulden bezahle. Ein solches Verhalten mag etwas hart erscheinen, es ist aber, so gesehen, durchaus in Ordnung. Wer hätte nicht das Recht, von dem andern die Abzahlung seiner Schulden zu verlangen? Wer hätte nicht das Recht, seinen Forderungen Nachachtung zu verschaffen, indem er den Rechtsweg beschreitet? So geht es in der Welt zu. An diese Ordnung sind wir – im besten Falle! – auch gewohnt. Betrachtet man das Verhalten dieses Knechtes für sich, so erscheint es im Prinzip normal. Ganz anders wird die Sache durch den Kontext, in den sie die Parabel stellt. Man muß nämlich wissen, daß dieser Knecht soeben zurückkommt von dem Herrn, der mit ihm Abrechnung halten wollte über seine Schulden von 10000

Talenten. Und er, zahlungsunfähig wie er war, hatte um Aufschub gebeten. Und der Herr hatte Barmherzigkeit walten lassen und hatte seine Schulden nicht nur aufgeschoben, sondern überhaupt aufgehoben. Das ist die Vorgeschichte der zuerst erzählten Begebenheit vor dem Hause des Herrn. In diesem Kontext, versehen mit dieser Vorgeschichte, wird das Verhalten des Knechts gegenüber seinem Mitknecht unbegreiflich, widersinnig, unverhältnismäßig. Mit dieser Vorgeschichte ändert sich alles. Der Knecht ist einer, dem unermeßliche Schuld vergeben wurde. Ist es da nicht selbstverständlich, daß er die bescheidene Schuld seines Mitknechts streicht? Das denkt der Zuhörer, wenn er dieses Gleichnis hört.

Das Gleichnis bildet die *zuvorkommende* Barmherzigkeit Gottes ab, die hier unbegreiflicherweise folgenlos bleibt. Er spricht den Menschen darauf an, daß Gott ihm unermeßliche Schuld einfach erlassen hat. Eben so nimmt es den Menschen in Anspruch, nach Maßgabe dieser zuvorkommenden Barmherzigkeit auch selbst barmherzig zu sein. Es nimmt ihn jedoch nicht so in Anspruch, daß es die *Forderung* der Barmherzigkeit stellt. Es nimmt ihn vielmehr so in Anspruch, daß es die Barmherzigkeit als das nunmehr Selbstverständliche erscheinen läßt. An diesem Gleichnis ist zu sehen, wie wichtig die Zeitverhältnisse sind. Es wäre nicht die Liebe Gottes, wäre sie nicht zuvorkommend. Es wäre nicht die Geschichte von Gottes Barmherzigkeit, müßte sie nicht als unsere Vorgeschichte erzählt werden. Jesus, der Erzähler dieser Parabel, steht für den Vorsprung der Barmherzigkeit Gottes, den Vorsprung auch vor unserer Barmherzigkeit, die an Lauterkeit nicht wenig zu wünschen übrig läßt. Jesus, der Erzähler dieser Parabel, steht dafür, daß *die Geschichte Gottes mit mir* immer schon die *Vorgeschichte* meiner eigenen Geschichte mit andern Menschen ist.

Es ist unverkennbar, daß dieses und viele andere Gleichnisse einen praktischen Anspruch an den Menschen haben. Sie wollen eine Verhaltensänderung bei ihm herbeiführen. Aber es ist ebenso unverkennbar, daß dieser Anspruch ein evangelischer Anspruch ist (insofern als die Zeitverhältnisse nicht verkehrt werden). Das Evangelische an diesem Anspruch ist darin zu sehen, daß die Vorgeschichte meiner Geschichte vorausgeht. Das Ereignis der maßlosen Barmherzigkeit Gottes läßt meine Praxis der Barmherzigkeit als das Selbstverständliche erscheinen. Das Gleichnis sorgt zuerst für die Verständlichkeit Gottes, eine Verständlichkeit, die auf jeden Fall mein Selbstverständnis zuinnerst und zutiefst betrifft. Indem das Gleichnis das Ereignis der Verständlichkeit Gottes evoziert, spricht es zuerst die Einstellung des Menschen an, nicht seinen Willen.

Man könnte auch sagen: Es legt den Willen Gottes in das Herz des Menschen. Auf diese Weise wird der Anspruch Gottes so in das Herz des Menschen verlegt, daß dieser – will er dem Anspruch Gottes folgen – dem Zug seines eigenen Herzens folgen kann, um das Gute zu tun. Eine alte endzeitliche Verheißung spricht davon, daß der Wille Gottes dereinst in die Herzen der Menschen gelegt werde, so daß kein Gesetz im äußeren Sinne mehr notwendig sei (Jer 31,33). Diese endzeitliche Verheißung spricht von einer Zeit, wo die Distanz zwischen Gott und Menschen aufgehoben sein wird. Dann wird der Mensch also das Gottgemäße von selbst tun. In einer gewissen Weise bedeuten die Gleichnisse Jesu eine Erfüllung jener alten Verheißung. Sie führen zwar keine neue Zeit im äußerlichen Sinne herbei, wohl aber setzen sie alles daran, den Willen Gottes in das Herz des Menschen zu legen. Dies ist die Antwort Jesu auf jene alte Frage, ob der Mensch, wenn er vom Guten wisse, dieses auch tue. Die Antwort lautet jetzt (neu): nicht auf das Wissen des Guten kommt es an, sondern auf das Beherzigen. Und zwar nicht auf das Beherzigen von Forderungen, sondern auf das Beherzigen jenes Guten, das Gott für den Menschen getan hat und tun will. Beherzigen aber ist nicht länger ein Akt des menschlichen Subjekts, vielmehr ist das Wort Gottes der Ursprung des Beherzigens. Wenn Gott selbst beherzigt wird (nicht erst sein Gebot!), dann hat das Gute eine Chance, getan zu werden.

In diesem dritten Moment des Ansprechenden kann man also erkennen, daß das menschliche Werk als eine selbstverständliche Folge der Verständlichkeit Gottes zu gelten hat. Des Menschen Geschichte ist versehen mit der göttlichen Vorgeschichte. Das ist der evangelische Anspruch Gottes an den Menschen, ein Anspruch, der den Menschen nicht in die Fremdbestimmung führt, sondern ihn mit sich selbst identisch werden läßt. Im Tun des Guten, nicht im Nichttun, ist der Mensch bei sich selbst. Nun könnte man selbstverständlich einwenden, es geschehe vonseiten des Menschen gar nicht jenes Gute, das hier so schön und farbig beschrieben werde. Diesem Einwand habe ich nichts entgegenzusetzen. Wohl aber hätte ich einer bestimmten Konsequenz etwas entgegenzusetzen. Wenn nämlich der genannte Einwand dazu führen würde, daß aus dem evangelischen Anspruch einfach ein gesetzlicher gemacht würde, weil man sich von einem gesetzlichen Anspruch natürlicherweise mehr Erfolg verspricht, so würde ich dieser Konsequenz entgegenhalten, daß sie nicht einen Fortschritt, sondern einen Rückschritt hinter die Erkenntnisse der Gleichnisrede Jesu darstellt. Der Sachverhalt, daß der Mensch das Gute eben viel zu wenig selbstverständlich *tue,* hätte meines Erachtens seinen Grund darin, daß dem Menschen das Gute zu wenig selbstverständlich *sei.* Oder einfacher gesagt: Die mangelnde Praxis deutet auf einen mangelnden Glauben hin. Die mangelnde Praxis der Barmherzigkeit deutet darauf hin, daß ich Gottes Barmherzigkeit zu wenig beherzigt habe. Weil dem so ist, darf der Anspruch nicht ins Gesetzliche gewendet, sondern muß umso mehr evangelisch vorgetragen werden. Einen Menschen bringt man nicht dadurch zum Lachen, daß man ihm die Pistole auf die Brust setzt und ihm zu lachen befiehlt, sondern dadurch, daß man ihm einen besseren Witz erzählt als den, der ihn nicht zum Lachen zu bringen vermochte. Oder auf eine Formel gebracht: Der Anspruch Gottes ist niemals ohne sein ansprechendes Wort auszurichten.

1.3.4 Zusammenfassung

Im vorliegenden Abschnitt wurde anhand der Gleichnisrede Jesu eine grundlegende Eigenart der Rede von Gott überhaupt beschrieben. Von Gott wird nicht geredet, es sei denn in Worten, die den Menschen ansprechen. Die Wahrheit Gottes kann nicht ausgesagt werden, es sei denn sie werde dem Hörenden angesagt. Gott ist ein ansprechendes Wort. Diese Kurzformel wurde in dreifacher Hinsicht erläutert:

1. Gott ist insofern ein ansprechendes Wort, als es die Leidenschaften, die Einbildungskraft, die Vernunft und den Willen des Menschen anspricht. Anders gesagt: im Namen Gottes angesprochen wird der Mensch eine Ganzheit. Er lernt leidenschaftlich denken, damit das Gute grenzenlos geschehen kann. Er lernt, Gott sich einzubilden, damit er das Bild des lebendigen Gottes im Herzen trage und so an die Ordnung der Welt und seiner eigenen Verhältnisse gehen kann. Er lernt, mit dem Bild Gottes im Herzen tätig zu werden, damit die Einbildung Gottes sich fortsetzen kann in der Bildung menschlicher Gemeinschaft.
2. Gott ist aber auch insofern ein ansprechendes Wort, als es das Moment des Spiels bewußt in sich trägt. Es intendiert, den Menschen im Spiel von sich selbst zu distanzieren, damit dieser seine eigene Wirklichkeit hinter sich lassen kann. Das Gleichnis spielt auf die Verschlossenheit des Menschen an, um ihm die Aufgeschlossenheit Gottes für ihn nahezubringen. So bindet Gott in seiner Aufgeschlossenheit des Menschen Verschlossenheit an sich selbst. Man könnte auch anders sagen: Indem dem Menschen zugespielt wird, wer er in Wahrheit ist, wird er daran erinnert, wer er in Wirklichkeit war. Erinnert auf eine widerstehliche Weise, eine Weise der Widerstehlichkeit, in welcher Gott sich von der Unwiderstehlichkeit der Welt unterscheidet.
3. Gott ist schließlich in dem Sinn ein ansprechendes Wort, als es den Menschen in Anspruch nimmt. Allerdings nimmt es ihn nicht dafür in Anspruch, ein anderer zu werden, sondern dafür, der zu sein, der er in Wahrheit ist. Es handelt sich bei diesem Anspruch um einen ansprechenden Anspruch: Gottes Wort – und überall, wo etwas geschieht, das diesen Namen verdient, findet dies statt – ermöglicht, was es fordert. Es ist seine Art, nicht leer zu Gott zurückzukehren. Ein leeres Wort wird es erst dadurch, daß ihm nichts zugetraut werden mag. Wer ihm traut, wird dessen gewiß gemacht, daß die Vorgeschichte seiner Geschichte immer schon gegeben ist in der Geschichte der Gnade Gottes, daß die Vorgeschichte seines Lebens immer schon gegeben ist in der maßlosen Barm-

herzigkeit Gottes, wie sie sich in Jesus Christus einen Namen in der Welt gemacht hat.

Will man den Abschnitt über das Wort Gott als ansprechendes Wort auf einen Nenner bringen, so müßte man vielleicht sagen: Gott als ein mich vielfältig ansprechendes Wort überwindet gerade die Distanz zwischen mir und mir. Es überwindet die Distanz zwischen meinen kopflosen Leidenschaften und meinem herzlosen Kopf ebenso wie zwischen diesen und meiner defizitären Praxis, die stets das Gute will und doch das Böse schafft. Es überwindet die Distanz zwischen meiner faktischen Wirklichkeit und jener Wirklichkeit, die ich mir glaube zumuten zu können. Es überwindet schließlich den Hiatus zwischen meinem Sein und meinem Sollen, in dem es mich meines Seins so vergewissert, daß ich das Sollen nicht mehr mit der Seinsfrage belasten muß. Man könnte wohl sagen: Das ansprechende Wort Gottes überwindet die Distanz zwischen mir und mir, welche ich immer wieder vollziehe als Distanz zwischen meiner Wirklichkeit und dem bloß projizierten Gott. Auf diese Weise bringt es mich mir selbst näher, als ich mir in all den Versuchen, ich selbst zu werden, kommen könnte. Und eben so macht das Wort Gottes erst wahr, was ein dümmliches Sprichwort vom natürlichen Menschen behauptet: es macht erst wahr, daß ich mir selbst der Nächste bin.

1.4 Welterfahrung und Gotteserfahrung

Es ist eine natürliche Vorstellung, daß Welterfahrung und Gotteserfahrung nicht dasselbe sein können. Wenn eine Erfahrung als weltlich bedingte Erfahrung identifiziert ist, kann sie – gemäß der genannten natürlichen Vorstellung – nicht mehr als Gotteserfahrung angesprochen werden. Es leuchtet ohne weiteres ein, daß im Rahmen der neuzeitlichen Verweltlichung der Welt Gotteserfahrungen von vornherein ausgeschlossen sind. Allerdings gibt sich dieser Ausschluß der Gotteserfahrung nicht immer so deutlich als solcher zu erkennen. Der Ausschluß der Gotteserfahrung aus dem Alltag der Neuzeit erscheint recht häufig in einer interessanten Verkleidung. In der Verkleidung nämlich, daß von einer Gotteserfahrung erst dort zu sprechen sei, wo es um das schlechthin Außerordentliche geht, wo es um das geht, was den Menschen geradezu überwältigt. Und es ist wohl wahr, daß Gotteserfahrung zu allen Zeiten etwas Überwältigendes war. Das Überwältigende und Außerordentliche hat aber in der Neuzeit einen besonderen Charakter bekommen: es meint jetzt die Überwältigung der Welt selbst, es meint die Suspendierung der Weltlichkeit unserer Erfahrung.

Mit Gotteserfahrung bezeichnet man ein Geschehen, in welchem Gott das Weltliche verdrängt. Als Gotteserfahrung gilt ein Geschehen, in welchem Gott sich in unwiderstehlicher Eindeutigkeit zu Worte meldet. Unversehens wird die Gotteserfahrung zu einer Erfahrung, die bloß noch in den Lücken der Welterfahrung stattfinden kann. Unversehens wird die Gotteserfahrung zu einem Widerspruch gegen die Lückenlosigkeit der Welt. Und mithin wird die Erfahrung der Lückenlosigkeit der Welt zu einem Widerspruch gegen die Gotteserfahrung. Im Rahmen dieser natürlichen Vorstellung ist dann die Erfahrung der Lückenlosigkeit der Welt der Nährboden für Meinungen wie etwa die, daß Gott abwesend sei (Gottesfinsternis), oder die, daß Gott überhaupt nicht existiere (theoretischer Atheismus), oder die, daß Gott nur als Fraglichkeit denkbar sei (postulativer Gottesbegriff). Wenn die Gotteserfahrung in dem beschriebenen Sinne von der Welterfahrung geschieden wird, dann ist per definitionem die Gotteserfahrung entweder ganz ausgeschlossen oder auf das Sensationelle zurückgebunden. Und auch das Sensationelle kommt äußerst selten zur Erfahrung. Es bleibt angesichts dieses Erfahrungsdefizits eigentlich nichts anderes übrig, als den Gottesbegriff von der Erfahrung in das Denken zu verlegen, das heißt konkret: den Gottesbegriff nur denkbar sein zu lassen auf der Ebene höchster denkerischer Abstraktion. Eben dies aber macht es schwierig, an die Existenz Gottes zu glauben. Denn es ist schwierig, an die Existenz eines Dings zu glauben, das nicht erfahrbar ist.

Indessen muß schon die heilige Schrift des alten Bundes eine solche Vorstellung von Gotteserfahrung als recht seltsam erscheinen lassen. Denn schon diese weiß: Gott ist gar nicht bloß in dem furchtbaren Sturm und dem überwältigenden Brausen zu entdecken, sondern vielmehr auch in dem sanften Säuseln des Windes (1 Kön 19). Da haben wir schon einen ersten Fingerzeig auf die Unsachgemäßheit dessen, daß Gott mit dem Sensationellen identifiziert wird. Allerdings bedeutet dies nicht, die Gotteserfahrung sei nicht eine ganz außerordentliche Erfahrung. Das Außerordentliche an ihr besteht jedoch nicht darin, daß sie die Welt und ihr Wesen einfach außer Kraft setzt, sondern vielmehr darin, daß sie eine Überraschung bedeutet. Das Überraschende kann sich ebenso im Säuseln des Windes ereignen wie im Brausen des Sturms. Das heißt: Die Gotteserfahrung soll nicht auf das Außerordentliche im Sinne des Sensationellen eingeschränkt werden. Das bedeutet wiederum: Die Gotteserfahrung ist nicht erst in den Lücken der Welterfahrung zu suchen. Es gehört zum Außerordentlichen an der Gotteserfahrung, daß sie inmitten des Weltlichen geschehen kann, ja mehr noch, daß sie *als* Welterfahrung geschieht.
Gerade die Gleichnisse Jesu sind hervorragend geeignet darzulegen, wie überholt die Vorstellung ist, Welt- und Gotteserfahrung seien voneinander geschieden wie Feuer und Wasser. Diese *Eignung* muß ganz knapp *begründet* werden, bevor wir zur Ausführung kommen können. Bemerkenswert an den vielen Gleichniserzählungen ist, daß sie eine vollkommen weltliche Szenerie haben. In ihnen geht es her und zu, etsi deus non daretur, als ob es Gott nicht gäbe. Der Richter fürchtet weder Gott noch

Menschen. Er kann nur zur Rechtschaffung bewogen werden dadurch, daß ihm die Witwe ständig in den Ohren liegt (Lk 18,1ff). Der Sämann sät den Samen aus, großzügig auf Wege und Felsengrund, und dennoch bringt er hundertfältige Frucht. Keine Rede von einem Gott, der diesen Samen gedeihen und wachsen läßt (Mk 4,3–9). Der Weinbergpächter Bosheit wird vom Herrn mit allen weltlichen Mitteln zu überwinden versucht, und dennoch scheitert er, als sie ihm seinen Sohn umbringen. Keine Rede von einem Gott, der den berechtigten Forderungen des Weinbergbesitzers Nachachtung verschaffen würde (Mk 12,1ff). Es gibt meines Wissens einen einzigen Erzählzug, der so etwas wie eine religiöse Annahme macht. Als der verlorene Sohn beschließt, nach Hause zurückzukehren, überlegt er sich, was er seinem Vater sagen soll. Unter anderem sagt er: Vater, ich habe gesündigt gegen den Himmel und gegen dich. Aber sonst kommt in den Gleichniserzählungen eben nur vor, was wir als Welterfahrung bezeichnen würden. Sie erzählen von weltlichem Geschehen und vom weltlichen Sinnen und Trachten ihrer Handlungsträger. Und dennoch setzen die Gleichnisse die Welt mit Gott ins Verhältnis. Schon bei den Überlegungen zur Metaphorik hatten wir gesehen, daß es eine Hauptaufgabe metaphorischen Redens ist, Verbindungen herzustellen, Beziehungen zu stiften, wo ehedem Beziehungslosigkeit herrschte. Eben diese Stiftung findet nun auch im Blick auf die Beziehung Gottes zur Welterfahrung statt. Die Gleichnisse Jesu übertragen die Welt, und zwar die weltlich erfahrene Welt, auf die Gottesherrschaft. Sie bringen also die Welterfahrung in ein Verhältnis zur Gottesherrschaft. Allerdings kann man daraus noch nicht schließen, sie brächten die Welterfahrung in ein Verhältnis zur Gotteserfahrung. Denn es könnte ja sein, daß die Welterfahrung erst dort in Beziehung zu Gott träte, wo sie theoretisiert wird. Es könnte sein, daß von Gott erst dort die Rede sein könnte, wo aus der Welterfahrung eine Lehre gezogen wurde. Auf Gott schließen ließen dann die Zusammenhänge und Gesetze, welche bei geeigneter theoretischer Betrachtung der Welterfahrung zu Gesicht kämen.

Daß dem nicht so ist, kann unschwer gezeigt werden. Man erinnere sich an die charakteristische Weise, wie die Gleichnisse die Gottesherrschaft zur Sprache bringen. Gewiß nicht so, daß sie über die Gottesherrschaft belehren, sondern vielmehr so, daß sie dem Menschen seine Einstellung auf die Gottesherrschaft zuspielen. Man könnte auch sagen, das Gleichnis vollziehe die Gottesherrschaft an dem Menschen, der sich von ihm ansprechen läßt. Oder noch deutlicher: Das Gleichnis theoretisiert nicht über die Gottesherrschaft, es macht vielmehr die Gottesherrschaft zum Ereignis am Hörer. Und wenn die Gottesherrschaft zum Ereignis an mir wird, dann ist Gott an mir wirksam geworden. Was anderes wäre als Gotteserfahrung anzusprechen, wenn nicht dies, daß Gott an mir wirksam wird?

Also: Der Grundzug der Gleichnisse Jesu ist, dem Zuhörer eine Gotteserfahrung zu bereiten, und zwar indem sie die Welterfahrung vor den Augen des Zuhörers erzählerisch ausbreiten. Darin besteht die große Eignung der Gleichnisse, die Geschiedenheit von Gotteserfahrung und Welterfahrung zu überholen. Fragt man, wie Welterfahrung und Gotteserfahrung in der Gleichnisrede aufeinander bezogen seien, so erhält man einen ganzen Fächer von Antworten. Die vier wichtigsten Aspekte sollen jetzt herausgegriffen und dargestellt werden.

1.4.1 Bedingung der Gotteserfahrung

In diesem ersten Überlegungsgang soll dem Sachverhalt Rechnung getragen werden, daß die Gleichnisse Jesu in mannigfacher Weise gewöhnlichen Denkweisen und gewöhnlichen Verhaltensmustern Raum geben. In der Erzählung kommt nicht selten eine Figur vor, die so etwas wie die personifizierte Welterfahrung darstellt. Sie verhält sich oder argumentiert genau so, daß man an ihrem Verhalten oder Argumentieren Grundsätze der Welterfahrung wiedererkennen kann. Nehmen wir als Beispiel noch einmal den Schalksknecht (Mt 18,23–35). Dieser Schalksknecht stellt in seinem Verhalten genau die Grunderfahrung der Welt dar, daß jede Schuld zurückzubezahlen ist. Wer etwas nimmt, ohne es wieder zurückzugeben, schuldet es. Und zwar ganz gleichgültig, ob damit die Geldschulden der Menschen oder die Wegnahme von natürlichen Ressourcen gemeint seien. Wer etwas schuldet, muß dies zurückzahlen, sonst muß er es vielleicht ebenso teuer bezahlen wie der Mitknecht, der gefangengesetzt wurde.

Es ist eine weltliche Grunderfahrung, daß Schulden nicht einfach gestrichen werden können. In der Welt kann man zur Genüge erfahren, daß die Schuldner mit Härte und Unerbittlichkeit behandelt werden von ihren Gläubigern (ein seltsames Wort in diesem Zusammenhang!), genauso wie die Menschheit die unerbittliche Härte der Natur erfahren wird, wenn sie weiterhin so bedenkenlos auf deren Kosten lebt. Man könnte ebensogut an die Arbeiter im Weinberg denken, die ihrerseits eine solche Grunderfahrung darstellen. Auf welchem Grunde geschieht denn der Protest der Zuerstgekommenen? Er geschieht auf der Grundlage der Erfahrung, daß in der Welt niemandem etwas geschenkt wird, und daß deshalb das Prinzip des gleichen Lohns für gleiche Arbeit gelten muß. Denn wenn für die gleiche Arbeit nicht der gleiche Lohn ausbezahlt wird, dann wird manchen etwas geschenkt, was sie nicht verdienen, und dies kommt erfahrungsgemäß nicht gut heraus. (Man darf sich denn auch gar nicht vorstellen, was passieren würde, wenn die Weinbergbesitzer wirklich so wären wie der im Gleichnis. Vor fünf Uhr nachmittags sähen sie wohl keinen Arbeiter auf ihrem Grund und Boden).

Diese zwei Beispiele mögen zeigen, inwiefern die Welterfahrung in den

Gleichnissen einen Raum erhält: Figuren treten auf, die sie sozusagen darstellen, die Welterfahrung. Ähnliches ließe sich von manchem anderen Gleichnis auch sagen. Wichtig ist jetzt, wie diese personifizierte Welterfahrung auf die Gotteserfahrung bezogen wird. Wir befragen das Gleichnis vom Schalksknecht auf die genannte Beziehung. Der Geschichte von der unerbittlichen Härte des Schalksknechts wird die Vorgeschichte von der überraschenden Güte seines Gläubigers zugesellt: Da erbarmte sich der Herr jenes Knechtes, und er ließ ihn gehen, und die Schuld erließ er ihm. Dem harten Verhalten des Schalksknechts ist ein gütiges Verhalten seines Herrn zuvorgekommen, ein Verhalten, wie es in der Welt erfahrungsgemäß nicht vorkommt. Erfahrungsgemäß kommt in der Welt Unerbittlichkeit und Härte vor, nicht Barmherzigkeit. Indem der Härte die Güte vorangestellt wird, bedeutet das Gleichnis seinem Zuhörer, daß die Geschichte von der zuvorkommenden Güte Gottes auch seine Vorgeschichte sei. Es tut dies dadurch, daß es ihm das Verhalten des hartherzigen Knechts als widersinnig erscheinen läßt. Auf diese Weise macht es die Güte Gottes zum Ereignis am Hörer: nicht nur indem er selbst seine wahre Vorgeschichte kennenlernt, sondern auch indem er seine eigene Unerbittlichkeit in ihrem Widersinn verstehen, *neu* verstehen lernt. Die Gotteserfahrung, welche dieses Gleichnis vermittelt, und die Welterfahrung, welche es erzählerisch darstellt, sind nun unlösbar miteinander verbunden. Denn die Welterfahrung der Unerbittlichkeit ermöglicht überhaupt, daß die wahrhaftige Tragweite der Vorgeschichte ermessen werden kann. Die Güte ist zwar darauf aus, die Unerbittlichkeit zu überwinden, ihr gleichsam zuvorzukommen, aber dennoch kommt sie erst zum Verstehen, wenn sie auf die Welterfahrung der Unerbittlichkeit bezogen wird. Je mehr ich erfahren habe von meiner eigenen Unerbittlichkeit (die vielleicht nicht so schön offengelegt ist wie im Gleichnis), desto mehr kann ich ermessen von der Güte, die das Gleichnis mir als meine Vorgeschichte und Lebensgrundlage vorstellt. Daraus folgt, daß das Gleichnis die Welterfahrung unlösbar an die Gotteserfahrung bindet. Diese Bindung beruht darauf, daß die Welterfahrung gerade als eine überwundene immer die Verständnisbedingung der Gotteserfahrung darstellt. Oder etwas pointierter noch gesagt: Die von mir erfahrene und von Gott überwundene Welt gehört insofern zu Gott, als an ihrer Unerbittlichkeit erst die Güte Gottes ablesbar ist. Was am Gleichnis vom Schalksknecht gezeigt wurde, könnte ebenso am Gleichnis von den Arbeitern im Weinberg beobachtet werden: auch hier ist die Gerechtigkeit, die das Gleichnis zu überwinden trachtet, die Verständnisbedingung der Güte, welche der Weinbergbesitzer vollzieht. Je erfahrener ich in der berechnenden und berechenbaren Gerechtigkeit der Welt bin (was für die Welt ja durchaus eine Notwendigkeit ist), desto tieferen Einblick erhalte ich in die unberechenbare Liebe, die hier als Gotteserfahrung zu verstehen gegeben wird. Je mehr ich davon weiß, daß mir im Leben nichts geschenkt wird, desto mehr Sinn bekomme ich dafür, daß das Leben selbst geschenkt *ist*. Es ist also schon richtig zu sagen, die Gleichnisse künden von der neuen Welt Gottes, indem sie sie vergegenwärtigen. Aber es muß dazu gesagt werden, daß die alte Welt immerhin als Verständnisbedingung der neuen relevant bleibt. Eben darin erscheint der Widerstand der Gleichnisrede Jesu gegen die Weltfremdheit.

Die Bindung der Gotteserfahrung an die Welterfahrung hat im Gleichnis einen interessanten Nebeneffekt. Weil nämlich die Welterfahrung dermaßen im Horizont der Gotteserfahrung zur Sprache kommt, wird die Unterscheidung von Welt und Gott erst recht vollzogen. Denn die Welt kommt in ihrer ungeschminkten Weltlichkeit allererst zum Vorschein. Dies sieht man bei der Unerbittlichkeit des Schalksknechts ebenso deutlich wie bei der Gerechtigkeit der Zuerstgekommenen. Die weltlichen Strukturen pflegen leicht verkleidet zu werden, wenn sie als menschliche Verhaltensweisen übernommen werden. Irgendwie weiß der Mensch von seiner relativen Freiheit, das Weltgefüge in seinem Verhalten durchbrechen zu können, und deshalb läßt es ihn unbefriedigt, wenn er nichts anderes vollzieht als eben das Gefüge der Welt. Deshalb neigt er wiederum dazu, seine Unerbittlichkeit als das pädagogisch richtige Verhalten darzustellen, ganz so als geschehe sie eigentlich gar nicht zu seinen eigenen Gunsten, sondern zugunsten seiner Mitknechte. Oder er neigt dazu, als Liebe auszugeben, was nicht mehr als Gerechtigkeit ist. So rechtfertigt er seine Ressentiments ebenso wie seine zwar gerechten, aber auch nicht mehr als gerechten Sanktionen gegen die Bevorzugten. Sobald die Welterfahrung zur Verständnisbedingung der Gotteserfahrung wird, kann der Mensch die Augen aufmachen und sehen, wie die Welterfahrung in Wirklichkeit ist. Ja er wird geradezu dazu ermutigt, denn die ungeschminkte Weltlichkeit seiner Welt macht ihm Gott allererst in seiner reinen Göttlichkeit verständlich. Seinen Augen wird etwas zu sehen gegeben. Und wer hätte keine Augen zu sehen?

Darin sehen wir also den ersten Aspekt der Bezogenheit der Welterfahrung auf die Gotteserfahrung: An die Welterfahrung muß sich halten, wer die Tiefen der Gotteserfahrung durchmessen will. Und wer Gott erfahren hat, bekommt einen Blick für die unmaskierte Weltlichkeit seiner Welt.

1.4.2 Die Welterfahrung und ihre Kehrseite

Der jetzt zu besprechende zweite Aspekt ist mit dem ersten entfernt verwandt. Auf ihn aufmerksam machen soll das Gleichnis vom verlorenen Schaf. Dieses Gleichnis weist eine ganze Reihe von Bedeutungsnuancen auf. Eine davon greifen wir jetzt heraus. Das Gleichnis ist so aufgebaut, daß der Zuhörer zunächst in die Position des Hirten versetzt wird, der das Schaf verloren hat. Der Hörer soll sehen können, wie selbstverständlich

es ist, ein verlorenes Schaf zu suchen. Allerdings wird sich kein Zuhörer nehmen lassen, sich dann auch mit dem Schaf zu identifizieren. Er kann es sich gut vorstellen, anstelle des verlorenen Schafes zu stehen, das nun seinerseits von einem Hirten gesucht werden will. Warum kann er sich dies so gut vorstellen? Die Antwort lautet: weil er die Erfahrung der Verlorenheit hat. Er weiß aus Erfahrung, was es heißt, verloren zu sein. Dies mag in besonderer Weise für den neuzeitlichen Zuhörer gelten, der seine eigene Verlorenheit auf mannigfaltige Weise erfährt. Ist er nicht herausgefallen aus dem Mittelpunkt der Welt, in welchem er sich einst wähnte? Ist er nicht zu einer winzigen Partikel geworden in dem riesigen Universum, ein Zufallstreffer vielleicht oder aber auch ein Zufallsprodukt? Gewiß, eine Zeitlang hat er versucht, sich selbst weiterhin zum Mittelpunkt zu machen, indem er sich und nur sich als Maß aller Dinge verstand. Aber bald entstanden dennoch die Sinnkrisen. Und ebenso bald mußte er dennoch einsehen, daß er keineswegs das Maß aller Dinge ist. Und nun ist er, verloren im fast unendlichen Universum, mit seiner bodenlosen Unerheblichkeit konfrontiert, die ihn – wenn er noch sensibel genug ist – in Angst und Schrecken versetzt.
Es ließe sich noch manche Erfahrung aufzeigen, die als Erfahrung der Verlorenheit zu gelten hat. An genau diese Welterfahrung bindet nun das Gleichnis vom verlorenen Schaf die Gotteserfahrung, die es seine Hörer machen lassen will. Es sagt zunächst: Gewiß, du bist verloren, deine Erfahrung trügt dich nicht, aber du sagst dies ungenau. Statt zu sagen, ich bin verloren, müßtest du sagen, Gott hat mich verloren. Diese Nachricht will mir das Gleichnis zukommen lassen. Es spricht meine Welterfahrung der Verlorenheit an und nimmt ihr zugleich ihre Bodenlosigkeit. Denn von Gott verloren sein heißt eben nicht verloren gegeben sein, sondern es heißt gesucht werden. Wo ereignet sich diese Suche nach dem verlorenen Menschen? Ganz genau in solchen Nachrichten, die als Wort Gottes an unser Ohr dringen, in solchen Geschichten wie diesem Gleichnis, die unsere Verlorenheit als Gott-Verlorenheit verständlich machen.
Dies ist die Kehrseite meiner Welterfahrung. Die Welterfahrung der Verlorenheit hat zur Kehrseite, daß sie eine Erfahrung des suchenden Gottes ist. Aber immerhin, die Verlorenheit könnte ja schon so weit gehen, daß eine solche göttliche Suche für mich undenkbar geworden ist. So unerheblich komme ich mir vor, daß der Gedanke, von Gott gesucht zu werden, mir unerschwinglich ist. Auch diese Dimension der Verlorenheit berücksichtigt das Gleichnis. Es läßt mir die Suche nach dem verlorenen, unerheblichen Schaf als das Selbstverständliche erscheinen. Es stattet mich für einen Augenblick mit den Augen des suchenden Gottes aus, damit ich mich, den Verlorenen, neu kennenlerne als von Gott verloren. Die Kehrseite der Verlorenheit ist die Suche Gottes, und die Kehrseite meiner Unerheblichkeit ist die Liebe Gottes. Je tiefer ich die Verlorenheit erkenne und erfahre, desto tiefer lerne ich auch ihre Kehrseite, die

Dimensionen der Suche, kennen. Je mehr ich erfahre über meine Unerheblichkeit, desto mehr erfahre ich über das Wesen der Liebe, welche das Unerhebliche zum außerordentlich Wichtigen macht.
Gewiß, diese Gotteserfahrung kann ich nicht in demselben Sinne machen wie die Welterfahrung. Will ich sie machen, so muß ich hören können. Will ich sie machen, so muß ich meine Einbildungskraft aktiv werden lassen: ich muß mir Gott einbilden lernen. Wann lerne ich mir Gott einbilden? Antwort: wenn ich von seinem Wort getroffen bin. Wenn das Gleichnis vom verlorenen Schaf meine Einbildungskraft so ansprechen kann, daß ich mich selbst als von Gott Verlorenen kennenlerne und überdies damit einverstanden bin, daß es selbstverständlich ist, das Verlorene zu suchen, dann hat Gott Wirklichkeit, dann ist Gott wirksam. Man könnte auch sagen: Dann habe ich mit meiner Erfahrung der Verlorenheit noch einmal eine Erfahrung gemacht. Auf diese Weise kommt also die Welterfahrung zu ihrer Kehrseite. Auch daran kann man sehen, wie unrichtig es wäre zu denken, die Gotteserfahrung übergehe die Welterfahrung, wo sie doch vielmehr auf die Welterfahrung eingeht und diese in einer Tiefe erschließt, die man sich kaum träumen ließe.
Soviel vorderhand zu diesem zweiten Aspekt der Bezogenheit von Welt- und Gotteserfahrung aufeinander: die Gotteserfahrung ist eine Erfahrung *mit* der Welterfahrung und also weder gegen sie noch an ihr vorbei. Denn die Welterfahrung gibt der Gotteswahrnehmung ihre eigentliche Tiefendimension.

1.4.3 Das Geheimnis der Weltwirklichkeit

Interessanterweise gibt es auch Gleichnisse, die – indem sie das Geheimnis der *Gottes*herrschaft zu entdecken geben – auf das Geheimnis der *Welt*wirklichkeit verweisen. Besonders deutlich kann man dies an den sogenannten Wachstumsgleichnissen erkennen. Ein Sämann geht aus zu säen, und der Same fällt auf vielerlei Boden, fast erdrückt wird er von all den entgegenstehenden Kräften: den gefräßigen Vögeln, dem trügerischen Felsengrund, den überwältigenden Dornen. Aber dennoch wird er reiche Frucht tragen. Im Zeitpunkt der Ernte sind alle entgegenstehenden Kräfte unwichtig, weil unwirksam geworden. Dieses Gleichnis verweist auf das Geheimnis des Wortes von der Gottesherrschaft: sein Geheimnis ist, daß, wenn es gehört wird, es mit Gewißheit Frucht bringt. Der Mensch braucht sich um nichts mehr zu kümmern, wenn er nur darauf achtet, daß er hört. Gewiß handelt dieses Gleichnis vom Ertragreichtum des Gotteswortes, aber es verhandelt diese Frage anhand des ertragreichen Samens, der auf das Feld gesät wird. Dazu kommt, daß die Frucht in einem überreichen Maße entsteht. Sechzig- und hundertfältig tragen normalerweise die Ähren nicht. Dieser Erzählzug ist zwar fiktional, aber er entdeckt dennoch etwas von dem, was durchaus zum Geheimnis der Weltwirklichkeit gehört. Das Geheimnis der Weltwirklichkeit ist, daß sie in ihrer Wirklichkeit eben nicht einfach da ist (wie das Fremdwort «Realität» uns einreden möchte), sondern daß sie in ihrer Wirklichkeit vielmehr wirksam ist zugunsten des Lebens. Ihre Wirklichkeit besteht nicht nur darin, daß sie vorliegt, sondern auch darin, daß sie Leben gewährt. Der fiktionale Erzählzug von der überreichen Frucht, welcher im Interesse der Gottesherrschaft steht, läßt auch aufmerksam werden auf das Geheimnis der Wirklichkeit. Es wird immer wieder Leben gewährt. Das im Namen der Gottesherrschaft gesprochene Gleichnis oder das Gleichnis als Gotteswort verweist auf das Echo, das dieses Gotteswort in der Wirklichkeit der Welt hat. Oder mit Gerhard Ebeling gesagt: «Wenn auch aus Natur und Geschichte, für sich genommen, nicht Gottes Wort vernommen werden kann, so findet doch das in der Offenbarung ergangene Wort Gottes ein kräftiges Echo von Natur und Geschichte her, und zwar ein Echo, das sich mit den Stimmen, in denen die Welt von sich aus laut wird, so sehr verbindet, daß auch derjenige, der dem verkündigten Worte Gottes nicht glaubt, von dem Echo erreicht wird, das aus Natur und Geschichte zurücktönt» ([38], 291). Es ist das Geheimnis der Weltwirklichkeit, daß sie als Echo des Wortes Gottes zum Tönen kommt. Dieses Echo jedoch ist nicht selbstverständlich identifizierbar. Sein Geheimnis muß vielmehr entdeckt werden, indem es als Echo des Gotteswortes entdeckt wird. Dieses Geheimnis wird entdeckt, wenn mit einem natürlichen Vorgang die Geschichte der Gottesherrschaft erhellt und abgebildet wird, wie dies im Gleichnis vom Sämann der Fall ist. Man kann dieses Geheimnis der Wirklichkeit, das wir oben als Gewährung von Leben bezeichnet haben, noch weiter verfolgen bis hin zu jener letzten Frage, welche sich auf das ebenso gut mögliche Nichtsein der Welt richtet. Es ist die Frage, warum überhaupt Seiendes sei und nicht vielmehr nichts. Diese letzte Frage tritt in den Vordergrund, wenn der Mensch eine fruchttragende Ähre sieht, genauer: wenn er sie als Echo des Wortes Gottes sieht. Man kann sich fragen, wieso eine solche Übersteigerung nötig sei, um dem Menschen dieses Geheimnis zu erschließen. Diese Frage wäre indessen falsch gestellt. Zwar wird der Mensch auf das Geheimnis eher aufmerksam, wenn ihm mit dem Zaunpfahl gewinkt wird, aber die angesprochene Übersteigerung geschieht ja gar nicht deswegen. Sie geschieht vielmehr, weil hier das Natürliche beigezogen wird, um die Gottesherrschaft abzubilden. Wenn es um die Gottesherrschaft geht, ist keine Übertreibung zu groß, um ihre Lebensmacht zu beschreiben. Eben an dieser Überfülle der Lebensmacht, die hier als Kennzeichen der Gottesherrschaft erscheint, erkennt der Mensch das Geheimnis seiner Wirklichkeit, deren Lebensmacht er ob dem Gewohnten gar nicht mehr sehen und würdigen will. Zwar wird die Wirklichkeit um der Gottesherrschaft willen suspendiert, aber es stellt sich dabei heraus, daß diese

Suspendierung der Wirklichkeit selbst zugute kommt: sie läßt nämlich ihr Geheimnis entdecken, beziehungsweise sie läßt das sehen, was die Wirklichkeit dem Menschen über Gott zu verstehen geben will.
So weit der dritte Aspekt der Bezogenheit von Gotteserfahrung auf Welterfahrung. Die Gotteserfahrung besteht darin, daß das Geheimnis der Welterfahrung wahrgenommen wird. Wer in seiner Erfahrungswelt der Lebensmacht gewahr wird, der hat das Gepräge Gottes gesehen.

1.4.4 Das Zerbrechen der Welt

Unter diesem vierten Punkt schließlich sei darauf aufmerksam gemacht, daß die Gleichnisrede Jesu, weil sie *Gottes*erfahrung gewähren will, immer wieder die Welterfahrung zerbrechen läßt. Was ist damit gemeint? Die Gleichnisrede Jesu läßt die Eindeutigkeit weltlicher Erfahrung zerbrechen.
Man kann dies allein schon daran erkennen, daß das Gleichnis von den Wörtern einen metaphorischen Gebrauch macht. Wenn die Wörter metaphorisch gebraucht werden, gehen sie dem univoken Gebrauch verloren. Sie gehen damit der Eindeutigkeit verlustig, die sie zuvor hatten. Die Eindeutigkeit der Wörter bedeutet, daß die Welt selbst eindeutig ist. In einer auf diese Weise eindeutigen Sprache kann es geschehen, daß die Welt auf ihre Verschlossenheit in sich selbst festgelegt wird. Sie wird sprachlich darauf festgelegt, nur Welt und nichts als Welt zu sein. Wenn durch die Metapher der univoke Gebrauch verloren geht, dann geht mit ihm nicht nur ein bestimmter Sprachgebrauch unter, sondern es zerbricht darin auch eine ganze in sich verschlossene Welt. Es wird gleichsam über die Welt der Sünde und des Todes Gericht gehalten.
Dieser Vorgang läßt sich wiederum in Einzelzügen der Gleichnisse beobachten. Besonders instruktiv ist der Gebrauch des Wortes Herr, wie es in manchen Gleichnissen erscheint. Nehmen wir die Arbeiter im Weinberg (Mt 20,1–15): dieser Weinbergbesitzer ist ein Herr, wie er im Buche steht. Er beruft sich auf seine absolute Herrlichkeit, auf sein absolut freies Verfügenkönnen über das, was ihm gehört. Er ist niemandem Rechenschaft schuldig über sein Tun und Lassen. Solche Herren kennt die Welt zur Genüge. Aber nun wird gerade die Herrlichkeit dieses Herrn für etwas in Anspruch genommen, was die Welt nicht kennt, für die auf nichts und niemanden begründete Güte. Solche Güte ist völlig grundlos, weder durch die Gerechtigkeit noch die Notwendigkeit begründet. Sie kann nur von einem Herrn getan werden, dessen Wille allein als Argument genügt. Zu einer solchen Inanspruchnahme kommt es, weil dieser Herr zu einer Metapher für Gott den Herrn werden muß. Und dadurch daß «Herr» zu einer Metapher für Gott den Herrn wird, wird die weltliche Verschlossen-

heit in sich selbst aufgebrochen. Es wird der univoke Sprachgebrauch von «Herr», welcher bisher alle Herren in ihrer Eigenmächtigkeit geschützt hatte, aufgehoben. Die alte Welt der eigenmächtigen Herren zerbricht, weil die neue Welt des gütigen Herrn kommt. Zugleich mit der Eigenmacht der Herren verschwindet auch die Selbstbezogenheit der Welt. Sie kann nicht nur Weltliches bedeuten. Sie kann auch auf die Wahrheit Gottes verweisen, wenn sie richtig zum Reden gebracht wird.

Man könnte in diesem Zusammenhang beinahe von einem Zugriff auf die weltliche Sprache sprechen. Dieser Zugriff hat zur Folge, daß das weltliche Selbstverständnis nicht mehr einfach selbstverständlich ist. Wohlgemerkt: Dadurch wird ein theologisches Verständnis des Weltlichen nicht etwa notwendig gemacht. Aber wenn der univoke Sprachgebrauch aufgebrochen wird, ist damit der in sich selbst verschlossenen und auf sich selbst beschränkten Welt die Alleinherrschaft streitig gemacht. Wenn der univoke (das heißt auch: der traditionelle) Sprachgebrauch zerbricht, dann ist damit deutlich geworden, daß die Welt auch Geschöpf Gottes sein kann, ohne ihre weltliche Lückenlosigkeit preisgeben zu müssen. Das schönste Beispiel für diesen Sachverhalt ist vielleicht, daß im Gleichnis vom Sauerteig der Sauerteig offensichtlich zum Abbild der Wirkmächtigkeit der Gottesherrschaft wird (Mt 13,33). Von der Gottesherrschaft gilt, daß sie mit Gewißheit alles durchdringen und verändern wird, so wie der Sauerteig eine große Menge Mehl verändert. Interessant ist nun, daß der Sauerteig gar nicht als Bild für die Gottesherrschaft vorgesehen ist. Traditionell nämlich ist der Sauerteig Metapher für die Wirkmächtigkeit des Bösen.

Wie konnte eine solche Metapher sich einbürgern? Offenbar doch so, daß die Wirkmächtigkeit des Bösen eine so allgemeine Welterfahrung war, daß sie die Wirkmächtigkeit des Sauerteigs vollkommen an sich zog. Die Macht des Bösen wurde offensichtlich so stark erfahren, daß die wirkmächtigste Substanz, der Sauerteig, zum Vergleich herangezogen und eine stehende Metapher wurde. Was geschieht, wenn Jesus den Sauerteig unvermittelt zum Abbild der Gottesherrschaft macht? Es *könnte* geschehen, daß auch die Gottesherrschaft in den Sog des Bösen gerät. Es könnte aber auch geschehen, daß mit der Eindeutigkeit der Metapher zugleich die Eindeutigkeit der Welterfahrung zerbricht. Es könnte auch geschehen, daß einer die Welterfahrung nicht mehr als Beleg für die Übermacht des Bösen interpretiert, sondern in ihr auch die Macht des Guten sehen lernt. Und es könnte geschehen, daß er diesem Guten mehr Wirkmächtigkeit zutrauen lernt als dem Bösen, das für ihn bisher der einzige Sauerteig gewesen war. Wenn dies geschehen ist, dann ist dies schon ein Sieg des Guten, gleichsam ein Streiflicht der Neuen Welt. Auf diese Weise kann also Gotteserfahrung, die Erfahrung der Wirkmächtigkeit Gottes, eben dadurch entstehen, daß die Selbstverständlichkeit der Welterfahrung zerbricht.

Schließlich ist an diesem merkwürdigen Zugriff auf die Alltagssprache und damit auf die Alltagswelt noch ein letztes Moment in Erinnerung zu rufen. Das Gleichnis greift auf Alltagssprache und auf alltägliches Geschehen zurück, um dem Menschen die Gottesherrschaft nahe zu bringen. Damit ist jedoch mehr als das verbunden. Denn der Mensch wird so gerade im Namen der Gottesherrschaft auf seine Alltagswelt hin ausgerichtet. Die Alltagswelt der Gleichnisse erklärt sich nicht nur daraus, daß die Bilderwelt für die Gottesherrschaft eben verständlich und vertraut sein muß. Sie erklärt sich auch daraus, daß gerade die Gottesherrschaft den Menschen an die Konkretheit seines täglichen Lebens verweist. Dort steht seine Existenz auf dem Spiel, nicht in den weit entfernten Gefilden letzter Fragen, dort, in seiner konkreten Alltagswelt, wo er sich täglich aufhält, dort ist auch Gott mit seinem Wort anzutreffen. Es ist überaus bemerkenswert, daß die Alltagswelt mit einem solchen Ernst bedacht werden kann, während sie traditionellerweise bloß in der literarischen Gestalt der Satire und der Ironie vorkam ([39], 104). Weil er auf die Gottesherrschaft abgezielt ist, wird der Alltag, die Welt des Menschen, wichtig. Das Gleichnis richtet die Aufmerksamkeit des Menschen auf seine Alltagswelt, weil es ihm dort das Endgültige zeigen will. Auch an diesem Charakteristikum kann man etwas davon erkennen, was das Zerbrechen der traditionellen Welterfahrung sein kann. Daß das Endgültige im Alltäglichen begegnen könnte, wird gewöhnlich ausgeschlossen durch die natürliche Vorstellung von der sensationellen Außergewöhnlichkeit des Endgültigen. Überdies macht gerade dieser Zug zum Alltäglichen deutlich, wie eng die Verbindung ist zwischen der Sprachform Gleichnis und dem Eingehen Gottes auf die Welt. Sie macht deutlich, wie intensiv die Beziehung ist zwischen der Gleichnisrede Jesu und dem Gedanken der christlichen Gemeinde, daß Gott zur Welt gekommen sei. Fast wie ein Vorschein der Inkarnation erscheinen die Gleichnisse unter diesem Aspekt.

Als viertes Moment halten wir also fest: die Gotteserfahrung ereignet sich auch so, daß an ihr die Eindeutigkeit der Welterfahrung zerbricht. Die Verschlossenheit der Welt in sich selbst muß angesichts der metaphorischen Qualität ihrer Wörter als eine unmögliche Möglichkeit erscheinen. Mit dem Wort der unmöglichen Möglichkeit soll angedeutet werden, daß die Verschlossenheit eigentlich deplaziert ist, aber dennoch eine Möglichkeit, die nicht mit Notwendigkeit ausgeschlossen werden kann.

1.4.5 Fazit

Zum Abschluß dieses Abschnitts über Welt- und Gotteserfahrung soll das Fazit aus den vielen Einzelbeobachtungen gezogen werden, und zwar hinsichtlich der Weltlichkeit der Welt. Im Abschnitt über die Verstehensbedingungen der Neuzeit hatten wir festgehalten, daß das Charakteristikum neuzeitlichen Weltverständnisses in der Säkularität der Welt besteht. Mindestens gilt dies dort, wo die Neuzeit das Beste aus sich herausholt. Es ließen sich wahrhaftig genügend Beispiele finden, wo nicht einmal die Weltlichkeit der Welt wirklich erreicht wird, sondern wo nach wie vor Weltliches vergöttert wird, ganz so, als ob wir in den Zeiten des tiefsten Animismus lebten. Uns soll es aber nicht um dieses defizitäre, um dieses neuzeitlich-rückständige Weltverständnis gehen, so wahr denn eine defizitäre Welt nicht als Gesprächspartner des Evangeliums in Frage kommt. Wir setzen dort an, wo die Welt das Beste tut. Das ist, beim halbwegs gelungenen Versuch, sich selbst innerweltlich zu verstehen, sich selbst als kontingent und endlich zu begreifen. Wir hatten gesagt, daß diese Weltlichkeit der Welt zu den unbedingten Verstehensbedingungen der Neuzeit gehöre. Deshalb ist es unsinnig und unmöglich, die Säkularität rückgängig machen zu wollen.

Betrachtet man die Gleichnisrede Jesu als wegweisende theologische Rede, so erhält ihr hermeneutisches Potential das notwendige Gewicht. Denn ihr hermeneutisches Potential erlaubt es, angemessen mit der Weltlichkeit der Welt umzugehen, ohne dabei auf einen sinnvollen Gebrauch des Wortes Gott verzichten zu müssen. Wir haben gesehen, daß das Gleichnis *mit* der weltlichen Welt *Gott* zur Sprache bringt. Es bringt gleichzeitig Gott zur Sprache, wie es zugleich die Weltlichkeit der Welt respektiert. Was aber geschieht mit dem Weltlichen, wenn Gott im Blick auf dessen Weltlichkeit zur Sprache kommt? Das Weltliche wird um die Dimension des Geschöpflichen erweitert. Die Säkularität der Welt wird verwandelt in ihre Geschöpflichkeit. Die Geschöpflichkeit ist genau der Ausdruck für eine Weltlichkeit, die gegenüber Gott nicht verschlossen ist und dennoch nicht mehr sein oder scheinen will, als sie ist.

Es ist leicht zu erkennen, daß die Dimension der Geschöpflichkeit der Säkularität überhaupt keinen Abbruch tut. Im Gegenteil, genau genommen erfährt dadurch das Weltliche eine Steigerung. Denn im Horizont des Schöpfers erreicht die Bedingtheit eine Sinnhaftigkeit, die in der Bedingtheit selbst liegt und nicht erst darin, daß sie durch Krafttaten überwunden wird. Im Horizont des Schöpfers erhält die Zufälligkeit eine Sinnhaftigkeit, die es verhindert, daß sie den denkenden Menschen in die Verzweiflung, auch in die verzweifelte Distanzierung der Zufälligkeit, treibt. Die Kontingenz des Weltlichen ist im Horizont des Schöpfers nicht bloß ein notwendiges Übel, sondern ein Grund zum Loben und Danken. Schließlich wird die Endlichkeit im Horizont des Schöpfers zu einem Lebensraum, statt daß der Mensch ständig auf sie als Begrenzung fixiert zu sein braucht. Die Dimension der Geschöpflichkeit erschließt also die Weltlichkeit der Welt im Horizont Gottes und führt eben dadurch zu einer Steigerung der Säkularität.

Die enge Bezogenheit von Welt- und Gotteserfahrung in den Gleichnissen kann darüber hinaus lehren, Gott in der alltäglichen Weltlichkeit wahrzunehmen. Kein Geschehen ist so banal, daß es nicht erschlossen werden könnte in Richtung auf Gott. Daraus ergibt sich wiederum, daß alles Geschehen prinzipiell gleich nahe bei Gott ist. Und daraus ergibt sich – neben vielen fast unerträglichen Schwierigkeiten (man denke etwa an die Abgründe menschlicher Grausamkeit, die nicht aus dem Zusammenhang Gottes zu entlassen sind) – die fundamentale Kritik an der partiellen Identifikation Gottes mit der Welt. Das heißt: Kritisierbar wird jene Identifikation Gottes mit ganz bestimmten, auserwählten Sektoren des Weltlichen, sei dies mit der vielzitierten Erhabenheit der Natur, sei dies mit dem besonderen Reiz einer blühenden Wiese, sei dies gar mit den imposanten Fähigkeiten der Gattung homo sapiens. Es ist das Wesen metaphorischer Rede, daß sie Gott bedingungslos in die Nähe der Welt bringt, und das heißt eben auch, daß sie an den Schattenseiten der Welt Gott zum Leuchten bringen kann.

Wer mit Verwegenheit Theologie treiben will in diesem Zusammenhang, muß Gott in der Alltäglichkeit entdecken lernen. Nota bene: in einer Alltäglichkeit, die keinesfalls einer theologischen Interpretation ruft, so wenig wie die Natur danach ruft, ein Tempel Gottes geheißen zu werden. Möglich geworden ist diese theologische Interpretation dadurch, daß Gott dermaßen auf die Welt eingegangen ist, daß nichts und niemand mehr ungestört sein *muß*. Möglich wird also eine theologische Interpretation nicht durch die Verfassung der Alltagswelt. Dies muß die Interpretation stets durchblicken lassen. Sie kann nie so tun, als ob die Welt von sich aus die Rede vom schöpferischen Gott notwendig machte. Das hat auch Einfluß auf den Stil solcher theologischer Interpretation. Möglich wird sie nämlich dadurch, daß Gott selbst auf das alltägliche Leben eines Menschen so eingegangen ist, daß er nunmehr damit identifiziert werden konnte. In den Gleichnissen Jesu kommt das Eingehen Gottes auf die Welt zum Strahlen. Die Gleichnisse nehmen sprachlich vorweg, was die Kirche auf ihrem langen Weg durch die christologischen Schwierigkeiten allmählich erkannte: vere deus vere homo, beziehungsweise: verbum caro factum est.

Schon vorher ist deutlich geworden, daß die metaphorische Prädikation der Gleichnisse eine große Ähnlichkeit hat mit der Grundmetapher «Jesus ist Christus». Dies gilt gerade auch hinsichtlich der Welt in ihrem Verhältnis zu Gott. Denn in der Metapher «Jesus ist Christus» geschieht genau dasselbe Beieinander von Welt und Gott: eine weltliche Person wird auf Gott übertragen und wird nun Gott in Person. Das Spannende an der Christologie ist, daß diese göttliche Person ihrer Weltlichkeit nicht verlustig geht. Vielmehr gibt die weltliche Person gleichsam den Inhalt Gottes in Person ab. Die weltliche Person bestimmt, was da in den Himmel gefahren ist. Gerade im Blick auf die weltliche Person Jesu ist und war es alles andere als selbstverständlich, daß sie als Erscheinung Gottes interpretiert wurde. Es ist denn nichts anderes als angemessen, wenn durch die Epoche der Neuzeit die Selbstverständlichkeit dieser theologischen Interpretation Jesu aufgehoben wurde. Unwirsch wurde sie in den Bereich des Mythos verwiesen. Dadurch kann der christliche Glaube sich an etwas erinnern lassen, was er eigentlich von Anfang an hätte wissen können: Seine Art, von Gott zu reden, ist alles andere als selbstverständlich. Diese Nicht-Selbstverständlichkeit Gottes angesichts der weltlichen Welt, diese Nicht-Denknotwendigkeit Gottes ist die Kehrseite dessen, daß Gott eben nicht mehr und nicht weniger als glaubwürdig ist. Der Glaube denkt Gott nach angesichts der Nicht-Denknotwendigkeit Gottes, und eben so denkt er Gottes Glaubwürdigkeit. Der Glaube versteht Gott angesichts seiner weltlichen Nicht-Selbstverständlichkeit, und eben so versteht der Glaube die wahre Würde Gottes, die Würde, im Glauben (unter Beteiligung des Ichs) wahrgenommen zu werden.

Man mag es vielleicht bedauern, daß Gott keine Selbstverständlichkeit und keine Denk-Notwendigkeit mehr ist. Es wäre indes zu fragen, welche Wünsche sich in solchem Bedauern anmelden. Sind es die lauteren Wünsche des Glaubens an Gott oder sind es die zwielichtigen Wünsche, ein unwiderstehliches Wort zur Verfügung zu haben? Ganz abgesehen von diesen selbstkritischen Fragen muß man auch sehen lernen, was ein solcher theologischer Ansatz an Wohltaten mit sich bringt. Wer angesichts der weltlichen Person Jesus von Nazareth von Gott in Person zu sprechen hat, der sagt damit die Gegenwärtigkeit, die Äußerlichkeit, die Konkretheit Gottes an. Den in die ferne Zukunft oder in die heile Vergangenheit sich sehnenden Gottsuchern, die in diesem Sehnen sich selbst fremd werden, kann der Glaube das Wort von der Gegenwart Gottes sagen. Den in sich selbst sich vertiefenden Gottsuchern, die sich in dieser Vertiefung von dem Verbund menschlicher Gemeinschaft entfernen, kann der Glaube das Wort von der öffentlichen Äußerlichkeit Gottes sagen. Den Gott schlechthin über allem wähnenden Gottsuchern, die in diesem Wähnen erst recht selbst abstrakt werden, kann der Glaube das Wort von dem Gott sagen, der *in* allem zur Wahrnehmung kommen kann. Dieses Wort hat der Glaube angesichts der lückenlosen Weltlichkeit der Welt zu sagen, ohne daß er verleugnen muß, daß die Wahrheit Gottes konkret ist.

1.5 Jesuswort und Gotteswort

Zum Horizont der nun folgenden Überlegungen gehört, was im Abschnitt über die Sünde in den Verstehensbedingungen bereits gesagt wurde. Dort kam die Rede auf das Wort Gottes, und namentlich darauf, daß seit der Aufklärung der Mensch sich das Wort Gottes selbst sagen können will, wenn er überhaupt noch vom Wort Gottes reden will und noch nicht alles ins Menschenwort aufgehen läßt. Daraus ergab sich, daß es zum Wort Gottes bestenfalls kommen kann, wenn der Mensch in reiner Vernunfttätigkeit verharrt, abseits von allen Irrungen der Sinnlichkeit. Es ließ sich beobachten, daß die Dimension der Wahrnehmung vom Wort Gottes ausgeschlossen wurde. Und es ergab sich ebenfalls, daß auf diese Weise jedes Wort Gottes dem Menschen zum Gesetz wurde, weil es ihm nur noch als Gebot erscheinen konnte, das ihn auf seine Tatkräftigkeit anspricht.

In diesem Horizont ist nun zu verhandeln, wie sich Gotteswort und Jesuswort zueinander verhalten und welche Folgen dieses Verhältnis haben kann für die menschlichen Verhältnisse. Wir halten uns, gemäß dem grundsätzlichen Verfahren dieses Hauptteils, zunächst an die Gleichnisrede Jesu, um nachher den Blick auszuweiten auf die neutestamentlichen Vorstellungen vom Wort Gottes. Geht man zunächst von den Gleichnissen aus, so erscheint das Jesuswort als Wort *über* Gott. Das Jesuswort erreicht dort seine Reinheit, wo es Wort über Gott ist. Gewiß ist nicht zu verkennen, daß Jesus mit seinem Wort über Gott zugleich über sich selbst spricht. Aber er spricht nur über sich selbst, indem er ganz von sich selbst absieht und Gott allein Thema sein läßt. Jesus drängt sich nicht zwischen Gott und Mensch. In diesem Zusammenhang muß freilich daran erinnert werden, daß die Gleichnisrede eine besondere Rede über Gott ist. Eigenart der metaphorischen Rede ist es ja, Subjekt und Prädikat einander in die Nähe zu bringen. Deshalb ist zu präzisieren: Jesus spricht in der Weise über Gott, daß er Gott in die Nähe des Menschen versetzt. Jesus spricht so über Gott, daß er dadurch Gott selbst zum Ereignis macht an dem angesprochenen Menschen. Gott ist also kein theoretisches Thema der Gleichnisrede Jesu, sondern er kommt als Wirksamer zur Sprache.

Nun ist ja das so präzisierte Reden über Gott immer noch allerhand Mißverständnissen ausgesetzt. Man kann sich dies klarmachen am allgemeinen Phänomen des Redens über etwas. Reden über etwas ist häufig ein Verfügen über es. Man kann beispielsweise über einen andern Menschen so reden, daß dieser selbst gar nicht anwesend ist, im Gegenteil, daß er geradezu protestieren müßte, wäre er anwesend. Man kann über einen andern reden und so über ihn verfügen, indem man zum Beispiel seine Geschichte eigenmächtig erzählt. Viele Deutungswissenschaften befinden sich, verstärkt noch dadurch, daß jedermann sie anwendet, in gefährlicher Nähe zu diesem verfügenden Reden über Dinge und Menschen. Nicht nur werden Geschichten eigenmächtig und bewußt gegen den Protest der Betroffenen erzählt, sondern auch der Protest wird nicht selten noch ausgeschlachtet und als Beleg für das Rechthaben genommen. Der Protest der Betroffenen gilt als Indiz dafür, daß die eigenmächtige Deutung sie auch getroffen hat. Und damit scheint das Ziel erreicht zu sein. In solchen Fällen – vor allem in der alltäglichen Anwendung der Deutungswissenschaften – merkt jeweils der aufmerksame Beobachter, daß er über den, der deutend spricht, viel mehr erfährt als über den, der besprochen wird.

Schon die rein äußerliche Form der metaphorischen Rede Jesu zeigt, daß sie nicht in diesem Sinne verfügende Rede über Gott ist. Vielmehr läßt sie Gott Subjekt sein, was schon aus dem Sachverhalt hervorgeht, daß die Gottesherrschaft Subjekt der Gleichnisrede Jesu ist und bleibt. Die Gleichnisrede Jesu läßt Gott zur Sprache kommen. Sie läßt Gott so in die Sprache eingehen, daß nicht die Sprache über ihn, sondern er über die Sprache verfügt. Diese Weise, Gott zur Sprache kommen zu lassen, ist charakteristisch für das Reden Jesu über Gott, und es wird dann auch maßgeblich sein müssen für das Reden über den Menschen und die Welt. Doch davon später.

Was bisher über das Wort Jesu ausgeführt wurde, stand unter dem Vorzeichen eines Zunächst. *Zunächst* war es so, daß Jesus Gott zur Sprache brachte. Zunächst war er der *Verkündiger* Gottes, dann aber wurde er – wofür sämtliche Schriften des Neuen Testaments Zeugnis ablegen – zum *Verkündigten.* Wir wissen, daß die Wende vom Verkündiger zum Verkündigten bedingt ist durch jene Wende vom Tod zum Leben, welche der Glaube Auferweckung nennt. Der Zusammenhang zwischen dieser österlichen Wende und der Wende vom Verkündiger zum Verkündigten kann jetzt auf sich beruhen bleiben. Uns interessiert viel mehr der inhaltliche Aspekt am ganzen Geschehen. Zunächst war Jesus offenbar als der Mensch und Prophet Gottes verstanden worden, dessen Wort Gott in die Nähe des Menschen zu rücken verstand. Dann aber war Jesus selbst zu dem Ereignis jener göttlichen Nähe geworden. Deshalb wurde nicht einfach sein Wort über Gott weitergesagt, sondern er selbst wurde zum Wort Gottes. Das Wort Jesu *über* Gott wurde so sehr als Wort Jesu *aus* Gott verstanden, daß es identifiziert werden konnte mit dem Wort Gottes schlechthin. In dieses Wort Gottes wurden allerdings nicht bloß die ausdrücklichen Worte Jesu aufgenommen, auch die Taten und insbesondere das Geschick Jesu kamen als Wort Gottes an den Menschen zur Erfahrung. Nicht nur die Worte und Taten, sondern auch das Geschick – und sogar das Todesgeschick! – Jesu erschlossen sich selbst als Auskunft über Gott. Am konsequentesten verfährt in dieser Hinsicht das Johannesevangelium, das Jesus interpretiert im Sinne der Fleischwerdung des Wortes Gottes. In dem Reden, Tun und Sterben Jesu ist das göttliche Wort Fleisch geworden, sagt Joh 1,14, hat das göttliche Wort eine Nähe zur Welt erreicht, die nicht mehr zu überbieten ist. Das Wort Gottes ist mit Händen zu greifen, wie es denn auch den Händen der Henker ausgeliefert war. Es ist mit den Augen zu sehen, wie es denn auch dem prüfenden Blick der Feindseligen unterworfen war. Die Reinheit dieses Gotteswortes hatte zur Folge, daß Jesus zum Kriterium jedes Wortes werden konnte, das Anspruch auf göttliche Qualität erhob. Das Moment der Ausschließlichkeit in diesem

Bekenntnis der Fleischwerdung ist nicht selten mißverstanden worden. Die Ausschließlichkeit bedeutet nicht, es sei sonst nirgends das Wort Gottes laut geworden und zu vernehmen. Sie behauptet bloß, daß in allem, was wahrhaftig Gottes Wort an den Menschen gewesen sei, daß in all diesem nichts anderes als das fleischgewordene Wort wirksam gewesen sei. Die Ausschließlichkeit bedeutet, daß jetzt in unüberbotener Reinheit erschienen sei, was zu allen Zeiten den Menschen erleuchtet hatte. Wenn Jesus Christus als das reine Wort Gottes bekannt wird, so bedeutet das keineswegs, daß alles, was dem Menschen als Wort Gottes vorgekommen war, einfach durchgestrichen wäre. Aber es bedeutet, daß das zu allen Zeiten wahrgenommene Wort Gottes nichts anderes sagen kann, als was im Fleischgewordenen handgreiflich geworden ist. Es wäre wohl falsch verstandener «Pluralismus», wollte man von dieser Ausschließlichkeit Abstand nehmen, ganz so, als ob die Liebe unter Umständen auch in der Gestalt des Hasses erscheinen könnte.

Wir lassen das Problem der Ausschließlichkeit auf sich beruhen. Interessanter noch ist die Tatsache, daß von nun an ein Menschenwort zum Gefäß des Gotteswortes geworden ist. Und zwar wird nicht das menschliche Wort schlechthin, das zu allen Zeiten aus dem Munde von Menschen kommt, zum allgemeinen Träger des Gotteswortes gemacht, sondern ein bestimmtes, ein schon ergangenes Wort, das aus dem Munde des konkreten Menschen Jesus kam. Es ist nicht etwa die Theorie entstanden, daß menschliches Wort, ganz abgesehen davon, daß es ergeht, das Gotteswort zu sagen mächtig sei. Es ist vielmehr ein ganz bestimmtes Wort zum Gefäß des Gotteswortes erhoben worden. Deshalb ist das Verhältnis von Gotteswort und Menschenwort nicht mehr allgemein zu denken, sondern konkret als Verhältnis *dieses* Menschenworts zu Gott.

Was ist da geschehen? Es ist eine Alternative unterlaufen worden, die schon zur Zeit des Neuen Testaments vorhanden war, und die vor allem den Geist unserer Zeit kennzeichnet: die Alternative von Gotteswort *oder* Menschenwort. Entweder ist ein Wort als menschliches Wort identifizierbar, dann kann es nicht Gotteswort sein, *oder* aber es ist Gotteswort, dann kann es nicht mehr als menschliches Wort gelten. Unterlaufen worden ist also die Distanzierung des Gotteswortes vom Menschenwort, indem das Wort des Menschen Jesus als Gotteswort bekannt wurde. Unterlaufen worden ist also eine Alternative, mit deren Hilfe sich der Mensch zu allen Zeiten vom Gotteswort distanziert hatte. Gewiß geschah dies in früheren Zeiten *zugunsten* des Gotteswortes, angesichts dessen das menschliche Wort als hinfällig und trügerisch verblassen mußte. Aber diese Distanz zugunsten des Gotteswortes konnte sich leicht verwandeln in eine Distanz, welche sich nun gegen das Gotteswort richtete. Wenn ein Wort nur entweder Menschenwort oder Gotteswort sein kann, und wenn zugleich die menschliche Sprache nur menschliche Worte enthält, welchen Sinn kann es dann noch haben, vom Gotteswort zu reden? Es kann im besten Falle noch den Sinn haben, das Wort Gottes als eine Erfindung des menschlichen Geistes entweder auf sein Ingenium oder aber auf das Elend seines Jammertals zurückzuführen. In beiden Fällen wird das Wort Gottes entwürdigt, im einen als ein Produkt der menschlichen Phantasie, im andern als ein Produkt der unmenschlichen Zustände. Eben dieser Entwürdigung ist das Wort Gottes zuvorgekommen, indem es als Menschenwort zur Welt kam, um fortan allem Menschlichen nahe zu sein. Die Frage muß deshalb lauten: Was hat sich eigentlich abgespielt in diesem fundamentalen Vorgang der Fleischwerdung des Wortes? Was hat sich eigentlich abgespielt, als das Jesuswort zum Gotteswort gemacht wurde? Dieser Frage gelten die folgenden drei Punkte.

1.5.1 Die Zuschreibung des Gotteswortes

Für diesen ersten Punkt ist es sinnvoll, sich an die oben kurz besprochene Sprechakttheorie zu erinnern. Dort wurde darauf hingewiesen, daß ein Sprechakt nicht glücken kann, ohne daß der Zuhörer dem Sprecher die Eignung zuschreibt, einen solchen Sprechakt zu vollziehen. Der Sprechakt gelingt dann, wenn der Angesprochene den Sprecher als geeignet wahrnimmt. Eine Liebeserklärung beispielsweise kann nur dann zum Ziel kommen, wenn der Angesprochene sie *wahrnimmt,* das heißt, wenn er sie dem Sprecher abnimmt. Gerade in der Liebeserklärung zeigt sich schön, wie Sprecher und Angesprochener im Sprechakt aufeinander bezogen, ja aufeinander angewiesen sind. Ein anderes Beispiel: Eine Warnung kann mich nur warnen, wenn ich mich auch warnen lasse von dem Betreffenden. Ich muß dem betreffenden Sprecher der Warnung zutrauen, eine Situation vernünftig beurteilen zu können. Die Eignung des Sprechers, so stellen wir fest, ist nicht bloß eine Angelegenheit seiner subjektiven Identität. Die Eignung zum Sprechakt entsteht zugleich auch im Sprechakt selbst, und zwar dadurch, daß sie dem Sprechenden zugeschrieben wird. Die Eignung des Sprechers wahrzunehmen, das ist bekanntlich ein produktiver Akt des Hörers. In der Wahrnehmung der Eignung wird der Hörer produktiv, um eben so das Gehörte an sich selbst wirksam werden zu lassen.
Was für den Sprechakt gilt, hat auch für das Wort Jesu zu gelten. Wenn es als Gotteswort wahrgenommen wird, so spielt sich da ein Akt der Zuschreibung ab. Die Sprachgewalt Gottes wird auf das Wort Jesu übertragen. Darum ist dieser Vorgang niemals beschreibbar, ohne daß die Person des Hörenden elementar im Spiel ist. Das Bekenntnis, Jesu Wort sei in Wahrheit Gottes Wort, kann – entgegen der formalen grammatischen Gestalt – niemals ein Aussagesatz sein, welcher den Hörer zum Verschwinden bringt. Es muß vielmehr eine Anrede sein, welche das Ich des Angesprochenen erst recht zum Vorschein bringt. Denn dieses

Bekenntnis kommt erst zum Ziel, wenn der Hörer Jesus das Wort Gottes zutraut. Halten wir fest: Das Bekenntnis, Jesu Wort sei in Wahrheit Gottes Wort, legt Zeugnis ab von jener Zuschreibung der göttlichen Wortgewalt an das Reden, Tun und Leiden Jesu Christi. Wenn dieser Satz das Wort Jesu *als* Gottes Wort sehen läßt, muß er von seinen Sprechern verantwortet werden. Er beruht sozusagen auf denen, die ihn sagten. Er kommt aber nicht aus ohne die produktive Wahrnehmung der Hörer, die sich diesen Satz sagen lassen müssen.

Nun wäre es allerdings unvollständig, bliebe dieser Aspekt der Zuschreibung der einzig maßgebliche. Es gibt ja das Phänomen der willkürlichen Zuschreibung, einer Zuschreibung von Autorität etwa, welche sich ausschließlich der Subjektivität der Angesprochenen verdankt. Es gibt Autoritäten, die *nur* anerkannt sind, ohne daß etwas dahinter wäre. Ich habe es tatsächlich in der Hand, jeder Lüge Wahrheit zuzuschreiben (was – wie man weiß – nicht selten geschieht, vor allem bei jenen Lügen, welche mir das Blaue vom Himmel versprechen). Wäre die Zuschreibung des Gottesworts an das Dasein Jesu ein solches Produkt menschlicher Willkür, so müßte nicht weiter darüber gesprochen werden. Kein Wort darüber wäre seinen Aufwand wert. Die Wahrnehmung des Gotteswortes im Reden, Tun und Leiden Jesu Christi war aber nicht einfach aus der Luft gegriffen. Das belegen jedenfalls sämtliche Zeugen des Neuen Testaments unmißverständlich. Dazu, daß hier Gottes Wort vernommen wurde, hat das Wort Jesu nicht wenig beigetragen. Kam es doch als lebenspendendes, als Dasein ermöglichendes, als Wahrheit von Lüge unterscheidendes Wort zu Erfahrung. Zu der genannten Wahrnehmung hat jedoch nicht nur das Wort, sondern auch das Geschick Jesu Wesentliches beigetragen, indem das Todesgeschick Jesu als *der* Schritt zum Leben in den Augen Gottes erkenntlich geworden war. Ohne jetzt alle Faktoren aufzählen zu können, will ich nur dieses eine herausstreichen: Es lag durchaus auch in der konkreten Gestalt der Person mit dem Namen Jesus von Nazareth beschlossen, daß es gerade hier zur Wahrnehmung Gottes kam. Es lag durchaus auch in der Identität (in der konkreten Geschichte) jenes Jesus beschlossen, daß er zum Gott in Person gemacht wurde. Schon bei der Sprechakttheorie ließ sich ja beobachten: Im Vorgang der Wahrnehmung fallen Rezeptivität und Produktivität des Wahrnehmenden zusammen. Wer Jesu Wort als Gottes Wort wahrnimmt, ist also zugleich produktiv und rezeptiv. Produktiv darin, daß er dem Wort Jesu mehr zuschreibt, als dieses in Wirklichkeit ist, rezeptiv darin, daß er sich vom Wort Jesu in das Leben einweisen läßt, daß er sich also vom Wort Jesu genau das sagen läßt, was nur das Wort Gottes sagen kann.

Das Neue Testament nennt die Wahrnehmung des Wortes Gottes im Wort Jesu Glauben. Dabei bedeutet Glaube nicht die theoretische (oder allgemeine) Annahme, Jesu Wort sei Gottes Wort. Der Glaube ist vielmehr der existentielle Vorgang, in welchem Jesu Wort als Gottes Wort gehört wird (so wie eine Liebeserklärung darauf angewiesen ist, als Erklärung der Liebe vernommen zu werden). Der Glaube ist deshalb jene Existenzweise des Menschen, in welcher Rezeptivität und Produktivität zusammenfallen. Der Glaube kommt aus dem Hören, stellt Paulus zu Recht fest (Röm 10,17). Im Vorgang des Hörens geschieht Rezeptivität, sofern die Aufmerksamkeit ganz der Kunde gewidmet wird, und es geschieht zugleich Produktivität, sofern ich mir von dieser Kunde das Wort des Lebens sagen lasse. Man könnte daraus den folgenden Schluß ziehen: Im Glauben kommt das Wort Gottes zu seiner Wirklichkeit. Dieser Schluß muß kurz erläutert werden. Im Blick auf das Wort Gottes kann Wirklichkeit nichts anderes heißen als Wirksamkeit. Wenn ich ein Wort im Glauben als Wort Gottes wahrnehme, so bekommt dieses Wort eine ungeahnte Wirksamkeit. Wirksamkeit aber kann im Blick auf das Wort Gottes nur heißen, daß es an dem Angesprochenen wirksam wird. Es wird am Angesprochenen so wirksam, daß es ihn heil macht. Wenn einem Wort im Glauben die Qualität des Wortes Gottes zugeschrieben wird, dann wird dieses Wort dadurch zu einem Ereignis an dem, der ihm solche Qualität zuschreibt. Deshalb gilt: Der Glaube *ist* die Beteiligung des Glaubenden am Geglaubten. Darum wird das Wort Jesu, mag es noch so vergangen und noch so fremd sein, wenn es zum Wort Gottes erhoben wird, zugleich gegenwärtig in meinem Leben, wirksam an der jeweiligen Gegenwart des Glaubenden, heilsam für das konkrete und individuelle Leben des Menschen. Daraus folgt, daß der Glaube dem Wort Gottes seine Verhaftung an den Augenblick des Wortes *Jesu* nimmt, ohne ihm jedoch den Charakter des Augenblicklichen und Einmaligen abzusprechen. Der Glaube steigert die Zufälligkeit des Wortes Jesu bis dorthin, wo ihm darin das endgültige Wort Gottes zufällt. Der Glaube steigert die Zeitlichkeit des Daseins Jesu zur Endgültigkeit des fleischgewordenen Wortes Gottes. So macht der Glaube das Wort Gottes wirksam. Da aber eine Wirksamkeit des Wortes Gottes nicht denkbar ist ohne den Lebensbezug des Angesprochenen, kann man den Glauben als das erkennen, worin das Wort Gottes allererst zu seinem Ziel kommt. Der Glaube *ist der Lebensbezug des Wortes Gottes,* und das heißt: Der Glaube gehört zum Wort Gottes wie das Lachen zum Witz. In diesem nun etwas präzisierten Sinne gilt also: Im Glauben kommt das Wort Gottes zu seiner Wirklichkeit.

In diesem Zusammenhang ist zu erinnern an die Kreativität des Glaubens, wie sie Luther zum Ausdruck brachte: fides est creatrix divinitatis, non in persona (dei), sed in nobis (WA 40/I, 360,5 zitiert nach [40], 233 Anm 2). Der Glaube ist der Schöpfer der Göttlichkeit, nicht in der Person (Gottes), sondern in uns. Was hier Kreativität des Glaubens genannt wird, haben wir vorhin als Produktivität oder Akt des Zuschreibens bezeichnet (Luther kann andernorts auch vom Zuschreiben, vom tribuere der divinitas reden, vgl. [40], 243 Anm 25. Luthers Ansatz ist also mit den Mitteln der Sprechakttheorie durchaus beschreibbar). In dieser Kreativität des Glaubens muß jedoch gerade auch das Moment der höchsten Unproduktivität oder Rezeptivität festgehalten werden. Gerade der Satz Luthers gibt dazu allen Anlaß. Dem Glauben kann es niemals darum gehen, die Gottheit Gottes in der Person Gottes zu erschaffen, das heißt Gott überhaupt erst zu erfinden. Dem Glauben geht es nur um die divinitas in nobis, gleichsam um die Gottheit Gottes in ihrem Herantreten an uns. Der Glaube hat demnach eine andere Kreativität als wir gewöhnlich unter dem so beliebt gewordenen Wort verstehen. Statt der Kreativität, welche sich werktätig äußert, als Erschaffung vieler Gegenstände und Zustände, die vom Kreator Zeugnis ablegen, hat der Glaube eine Kreativität, welche ihren Gegenstand nicht erschafft. Die Kreativität des Glaubens besteht darin, daß er der Gottheit in Person Eingang verschafft in die Person seiner Geschöpfe. Er erschafft die Majestät, die Gott von sich aus hat, in uns. Oder einfacher: Er bezieht Gott auf das Leben des Menschen. Bekanntlich wird ein solcher Vorgang mit dem Stichwort der Internalisierung belegt. Man spricht dann von der Verinnerlichung Gottes, womit man nicht selten eine innerliche Vereinnahmung Gottes meint. Gott wird – so sagt man – ins Innere der Menschen verlegt, und auf diese Weise verliert er seine Göttlichkeit. Beziehen wir die Kreativität des Glaubens auf das Wort Jesu, so wird klar, wie unsinnig eine solche Überlegung ist. Gewiß, die fides creatrix verlegt das Wort Jesu in mein Inneres, indem sie es als an mich gerichtetes Wort Gottes erscheinen läßt. Was da aber in mein Inneres verlegt wird, ist alles andere als innerlich. Es ist das mit Händen zu greifende und mit Augen zu sehende Wort Gottes. Es bleibt mir gerade als ein in mein Inneres verlegtes Wort ein fremdes, ein nicht durch mich erschaffenes und mir nicht einverleibbares Wort. Die Kreativität des Glaubens besteht demnach darin, das Fremde bei mir Gast sein zu lassen, ohne Assimilationsansprüche zu stellen. Sie läßt das fremde Wort Gastrecht genießen, ohne es seiner Externität und Fremdheit zu berauben. Das bedeutet der Satz von der fides creatrix divinitatis in nobis. Und genau dies meint die johanneische Gemeinde, wenn sie sagt: Wir sahen seine Herrlichkeit, eine Herrlichkeit, wie sie im einziggeborenen Sohn vom Vater widerstrahlt. Denn dieses Sehen war ebenso eine Vereinigung von Rezeptivität und Produktivität wie der Glaube eine Vereinigung von Hören auf das Wort Gottes und Erschaffen dieses Wortes als mir geltendes Wort Gottes ist.

1.5.2 Merkmale des Gotteswortes

Was in den vorhergehenden Überlegungen als Identität von Gotteswort und Wort Jesu zur Sprache kam, wurde zunächst hinsichtlich seiner göttlichen Seite bedacht. Dieselbe Identität kann freilich auch von der

Seite des menschlichen Wortes Jesu aus in den Blick genommen werden. Wenn es legitim ist, im Wort Jesu das Wort Gottes wahrzunehmen, so bedeutet dies einerseits, daß über die göttliche Qualität eines Wortes offenbar nicht die Qualität seines Trägers entscheidet. Kriterium für die Menschlichkeit eines Wortes kann demnach nicht mehr sein, daß ein menschliches Subjekt als sein Sprecher zu gelten hat. Das erkennt man schon daran, daß menschliche Subjekte unmenschlicher Worte fähig sind. Woran aber soll das Gotteswort dann erkannt werden, wenn es nicht an der Göttlichkeit seines Sprechers erkannt werden kann? Die Antwort muß lauten: das Wort Gottes ist identifizierbar durch das, *was es sagt*. Es ist identifizierbar durch seinen Inhalt. Nur so ist es verständlich, daß das Wort eines Menschen zugleich Wort Gottes sein kann. Entscheidend ist nicht der Urheber, entscheidend ist vielmehr, ob das Wort die Wahrheit sagt oder nicht. Die Identität von Jesuswort und Gotteswort hat andererseits zur Folge, daß das Wort Gottes eine unüberbietbare Konkretheit erlangt. Niemand kann fortan mehr sagen, über das Wort Gottes könne nichts gewußt werden. Denn am Wort Jesu ist ablesbar geworden, was über das Wort Gottes zu sagen ist. Wir machen uns diese Konkretheit des Wortes Gottes zunutze, wenn wir im folgenden einige Merkmale desselben aufzuspüren versuchen.

Vollmacht

Einem *ersten Merkmal* des Gotteswortes kommen wir auf die Spur, wenn wir die Reaktion der Volksmenge auf das Wort Jesu beachten. So heißt es in Mk 1,22: «Und die Leute waren bestürzt über seine Lehre, denn er lehrte sie in Vollmacht (wörtlich: wie einer, der Vollmacht innehat) und nicht wie die Schriftgelehrten.» Die Frage ist, was mit dieser Vollmacht gemeint sei. Einen Fingerzeig gibt der Hinweis auf die Schriftgelehrten, das Gegenbeispiel zur vollmächtigen Lehre. Man könnte nun diesen Unterschied gleichsam auf die äußere Erscheinung beziehen. Den etwas unterkühlten, ihre Rede in vornehmer, fast akademischer Zurückhaltung vortragenden Schriftgelehrten, welche dementsprechend keine große Wirkung auf breite Volksmaßen ausgeübt hätten, wäre der leidenschaftliche, mit zündendem Eifer redende Jesus gegenüberzustellen, dessen vollmächtige Rede jeden überwältigte, der in ihren Bannkreis trat. Ganz abgesehen von der oberflächlichen Fragwürdigkeit dieser Überlegung hätte man auch große Mühe, sie historisch zu verifizieren. Denn weder ist der alles Volk bannende Charakter der Rede Jesu historisch gesichert, noch ist es ausgemacht, ob die Schriftgelehrten keinen Einfluß auf das Volk hatten. Überdies wäre eine solche Vorstellung von Vollmacht auf das Vordergründige beschränkt. Vollmacht aber ist etwas, was den tiefsten Grund der Lehre Jesu kennzeichnet.

Wie lehrten die Schriftgelehrten? Sie lehrten – wie schon der Name sagt – auf der Grundlage der Schrift. Sie legten die Schrift aus, um den Willen Gottes unter die Menschen zu bringen. Sie interpretierten das Gesetz, um es für den Alltag praktikabel werden zu lassen. Was sie intendierten, war so etwas wie Gottesdienst im Alltag der Welt. Ihre Autorität war die Autorität der Thora, ihre Vollmacht war die Vollmacht des in der Schrift niedergelegten Gotteswillens. Jetzt wird ersichtlich, was demgegenüber die Lehre Jesu in Vollmacht bedeutet haben mag. Seine Vollmacht erscheint genau dort, wo er sein Ich neben die ehrwürdige Autorität der Schrift stellt: Ihr habt gehört, daß zu den Alten gesagt ist, ... Ich aber sage Euch ... (Mt 5,21–48). Genau darin erscheint die Vollmacht, daß er, was er zu sagen hat, durch keine fremde Vollmacht und keine fremde Autorität abzustützen versucht. Selig die Armen, denn ihnen gehört die Gottesherrschaft. Auch darin sehen wir das, was mit Vollmacht gemeint ist. Kein Gleichnis, keine Seligpreisung, kein Streitgespräch, in welchem nicht diese eigenartige Vollmacht erschiene, mit welcher Jesus sein Wort über Gott allein mit seinem eigenen Ich verantwortete. Die Vollmacht Jesu bestand darin, daß er keine Bevollmächtigung seines Wortes suchte. Man könnte ebensogut sagen: Jesus gab sich selbst ganz an das Wort preis, das er über Gott zu sagen hatte. Alles kam darauf an, daß dieses Wort seine Wirkung nicht verfehlte, sonst mußte sich die Vollmacht verwandeln in Gotteslästerung, was in den Augen mancher Zuhörer faktisch auch der Fall war. Jesus setzte sich ganz und gar in seinem Wort aufs Spiel, darin bestand seine ohnmächtige Vollmacht. Noch einmal: Worin besteht die Vollmacht eines solchen Wortes, eines Wortes, in welchem jemand seine ganze Person aufs Spiel setzt? Die Vollmacht besteht eben *nur* in dem, was das Wort zu sagen hat. Es gibt nichts, was außerdem die Autorität dieses Wortes begründen oder stützen könnte. Die Autorität dieses Wortes entsteht einzig und allein dadurch, daß es mir etwas zu sagen hat. Es ist – in einem gesellschaftspolitischen Sprachgewand ausgedrückt – eine Autorität der Kompetenz, nicht eine Autorität der Position. Die durch Kompetenz zustandegekommene Autorität bedarf keiner Stützung durch Autoritäten institutioneller Art. Deshalb bezieht erst der eine autoritäre Position, welcher seiner Kompetenz nichts zuzutrauen vermag. Die Vollmacht des Wortes Jesu ist also darin zu sehen, daß es seine Autorität immer erst herstellt durch das, was es zu sagen hat.

Unwillkürlich stellt sich das Bedenken ein, daß ja das Wesen der christlichen Verkündigung und der Theologie eben nicht von der Art Jesu, sondern vielmehr von der Art der Schriftgelehrten sei. Das mag da und dort zutreffen. Indes, das Wissen um die Vollmacht der Rede Jesu lehrt alle christlichen Verkündiger und alle christlichen Theologen, daß sie sich auf einem Holzweg befinden, wenn sie die Vollmacht ihres Verkündigungswortes anders begründen wollen als eben durch das, was sie zu sagen haben. Es ist von keinem Menschen zu verlangen, daß er schon zum voraus die heilige Autorität biblischer Texte anerkennt. Vielmehr sind die biblischen Texte so zum Reden zu bringen, daß sie rein durch das wirken, was sie sagen. Das Problem der Schriftgelehrten ist zugleich das der christlichen Verkündiger. Kritik an den Schriftgelehrten ist deshalb notwendig Selbstkritik. Nun trifft es ja nicht zu, daß wir gleichsam von uns aus zu reden hätten (wie einst Jesus), ohne uns auf die Vollmacht Jesu zu beziehen. Wir können uns jedoch nicht so auf Jesu Wort beziehen, daß wir es als fremde Autorität für unser Wort benutzen. Unser Wort wird nicht bedeutender durch die Berufung auf das Wort Jesu. Wenn wir uns dennoch auf jenes Wort beziehen, dann nur so, daß wir uns von ihm aufmerksam machen lassen auf das, was zu sagen ist. Der Bezug schließt in sich, daß wir uns vom vollmächtigen Wort Jesu sagen lassen, in welches Wort wir unsere ganze Person legen sollen. Auch das Wort, das wir im Anschluß an Jesu vollmächtiges Wort zu sagen haben, kann keinen andern Anspruch auf Vollmacht haben außer den, der auf der Ansage von Wahrem beruht.

Wenn es sachgemäß ist, die Vollmacht der Lehre Jesu in dem eben genannten Sinne zu verstehen, dann ist es sinnvoll, in ihr die unmittelbare Nähe des Gotteswortes zu sehen. «Gotteswort (ist) ganz unmittelbar da, eingegangen und aufgegangen in dem einfachsten Menschenwort» ([41], 228). Das Wort Gottes verweist nicht mehr auf Autoritäten außer sich, gegen die der Mensch sich absetzen und sich so dem Anspruch des Wortes entziehen kann. Der Mensch ist, in dem vollmächtigen Wort Jesu, dem Wort Gottes unmittelbar ausgesetzt. Deshalb zerbricht das Gefüge von kleineren und größeren Autoritäten, das Gefüge der vielfältigen Abstufungen, mit denen das heilige Gotteswort von dem unheiligen Menschenwort getrennt zu werden pflegt. Und mit diesem Gefüge zerbricht auch die menschliche Möglichkeit, das Gotteswort so sehr in den Himmel zu heben, daß man sich hier auf der Erde nicht mehr danach zu richten braucht. Mit dem Zerbrechen dieses Gefüges mischt sich das Gotteswort ein, um den menschlichen Worten Lebensmacht einzustiften. Es ist da, unvermischt und ungetrennt, mit dem menschlichen Wort. Eben diese Einmischung ist selbst schon ein Vollzug der göttlichen Lebensmacht, weil sie den Menschen ungeschützt dem Wort des Lebens aussetzt. Ungeschützt in zweifachem Sinn: einerseits ist es selbst ungeschützt und schutzlos in die Ohren und Hände der Menschen gegeben, andererseits durchbricht es den Schutzwall, mit welchem der Mensch die Ungeschütztheit des Gotteswortes umgibt und sich so von seiner Lebensmacht isoliert. Die Einmischung des Gotteswortes, das unmittelbare Ausgesetztsein des Menschen, kommt nur zustande, weil die Vollmacht des Wortes einzig in dem besteht, was das Wort zu sagen hat. Weil das Wort schutzlos in seinen Händen ist, kann er nicht mehr disputieren über die Autoritäten, die es stützen könnten. Er kann keine Ausflüchte machen auf eine

Disputation über die Qualität dessen, der das Wort sagt, noch über die (psychologischen, soziologischen, usw.) Produktionsbedingungen dieses Wortes. Wenn er über das ungeschützte Wort disputieren will, dann ausschließlich über das, was es sagt. Wenn er aber *dieser* Vollmacht einsichtig wird, geschieht so etwas wie Zuspruch des Lebens, so etwas wie Erschaffung von Lebendigkeit. Deshalb ist es nicht verwunderlich, daß das Wort Jesu als Zuspruch des Lebens zur Erfahrung kam. Diese Erfahrung spiegelt sich in dem Bekenntnis wider, daß «in ihm (dem Wort) Leben war» (Joh 1,4).
Halten wir als erstes Merkmal des Wortes Gottes fest: es ist insofern vollmächtig, als es einzig durch das wirkt, was es zu sagen hat. Es ist insofern vollmächtig, als es reines Wort ist, ungeschützt und unbegleitet von stützenden Autoritäten. Es erweist seine Vollmacht dadurch, daß es den Menschen dem göttlichen Wort unmittelbar aussetzt und ihn so der Lebensmacht Gottes zugänglich macht.

Klärung des Lebens

Einem *zweiten Merkmal* des Gotteswortes kommen wir auf die Spur, wenn wir uns an dem orientieren, was das Wort Jesu faktisch zu sagen hatte. Allgemein kann festgestellt werden: Das Wort Jesu, insbesondere die Gleichnisrede, macht Gott verständlich. Verständlich zwar nicht in dem Sinne, daß ich Gott nun theoretisch durchschaut hätte und ihn für meine Zwecke nutzen könnte. Verständlich vielmehr in dem Sinne, daß ich Verständnis für seine Wirklichkeit aufbringe, daß ich Verständnis aufbringe für das, was er an mir wirken will. Das Wort Jesu macht Gott verständlich, indem es seine Liebe zu mir als selbstverständlich erscheinen läßt.
Als Beispiel, an dem wir uns dieses Merkmal des Gotteswortes klarmachen können, soll das Gleichnis vom verlorenen Sohn dienen (Lk 15,11–32). Im Sinne einer ersten Annäherung könnte man sagen, hier werde Gott als Vater verständlich. Freilich ist diese Annäherung unpräzis. Denn das Gleichnis legt Wert darauf, Gott in väterlicher *Aktion* zu zeigen. Eine väterliche Aktion ist es, den Sohn gehen zu lassen, falls er es wünscht, ebenso wie es väterlich ist, ihm eine Lebensgrundlage mitzugeben (vielleicht wäre der Gedanke nicht unsinnig, daß in diesem Vater das Väterliche und das Mütterliche zusammenfallen). Eine väterliche Aktion ist es, in geradezu unchristlicher Hast dem Zurückkehrenden entgegenzueilen. Während dieser seinen Vater höchstens noch als Arbeitgeber in Anspruch nehmen will, agiert der Vater dennoch als Vater: Macht ein Fest! Schnell her das Festgewand! Er war tot, nun lebt er wieder. Eine väterliche Aktion ist es schließlich, dem verärgerten Bruder zuzureden. Ein Herrscher würde ihn zum Fest zwingen. Der verärgerte Bruder verharrt in

seinem Argument, die Liebe eines Vaters könne das Gerechte nicht übersteigen. Was ist das für eine Liebe, die das Gerechte nicht hinter sich lassen kann? Jedenfalls keine väterliche Liebe. Diese verlegt sich aufs Zureden, um dem Sohn zu sagen, wozu es jetzt an der Zeit sei. Dies ist die Verständlichkeit Gottes, die ein solches Gleichnis herstellt: Es läßt Gott in seiner Aktion verständlich erscheinen. Wo aber existiert Gott in dieser seiner väterlichen Aktion? Vielleicht an manchem Ort, vielleicht in jeder väterlichen Umarmung, die von der Liebe bestimmt ist, vielleicht in jeder Gabe der Schöpfung, die des Menschen Lebensgrundlage ist, gewiß jedoch in dieser Gleichnisgeschichte, in welcher Gott aller Welt zuredet: Kommt doch zum Fest! Dafür ist es Zeit.

Die ganze Sache hat jedoch eine Kehrseite. Es ist ja nicht wahr, daß bloß die beiden Söhne verloren sind, der eine durch die Vernichtung seiner Verbindung zum Vater, der andere durch die Berechnung seiner Verbindung zum Vater. Denn auch der Vater kommt um sein Vatersein, wenn er seine Söhne verliert. Erst seine Söhne machen ihn ja zum Vater. Volkstümlicher gesagt: Seine Söhne fehlen ihm. Auch diese Verständlichkeit Gottes will das Gleichnis erzeugen: Gott der Vater ist wesentlich auf die Menschen, auf seine Söhne und Töchter angewiesen. Weil er väterlich agieren *will* (nicht etwa: muß!), macht er sich verständlich als einer, der auf die Menschen angewiesen ist. Er kann nicht zum Ziel kommen, wenn der Mensch sich seine väterliche Aktion nicht gefallen läßt. Wenn das Gleichnis gelingen soll, bedarf es der Zuhörer.

In diesem nun präzisierten Sinne ist das Wort Gottes ein Wort, das Gott verständlich macht, beziehungsweise ein Wort, in welchem Gott sich verständlich macht. Dies ist jedoch nur die göttliche Seite an diesem Vorgang. Er hat – wie bereits angeklungen ist – eine menschliche Entsprechung. Wenn das Gleichnis vom verlorenen Sohn uns Gott in väterlicher Aktion begreiflich machen will, so will es uns zugleich als Söhne und Töchter herausstellen. Es will uns *uns selbst* verständlich machen als Söhne und Töchter, beziehungsweise als Menschen wiederum in einer bestimmten Aktion: in «kindlicher» Aktion. Freilich muß das Gleichnis uns davon erzählen, daß wir uns alles andere als in kindlicher Aktion befinden. Der verlorene Sohn im Ausland agiert nicht als Sohn, sondern als Tagelöhner seines Vaters. Der verlorene Sohn zuhause agiert nicht als Sohn, sondern als Buchhalter seines Vaters. Beide haben eine verfehlte Existenz. Ihre Wirklichkeit ist nicht die Wirklichkeit von Söhnen und Töchtern, sondern eben von Verlorenen. Allerdings, und hier erscheint die Kehre, von verlorenen *Söhnen* und verlorenen Töchtern. Auch wenn sie in Wirklichkeit ihr eigenes Dasein verfehlen, werden sie von der väterlichen Aktion wieder mit ihm verbunden: das Festgewand und das Zureden sagen, wer die Söhne in Wahrheit sind. Dazu kann es kommen, weil sie eben nicht einfach Verlorene, sondern verlorene *Söhne* sind.

Etwas grundsätzlicher könnte man nun sagen, das Wort Gottes mache mir

Gott verständlich und lasse damit mich mir selbst erst wieder verständlich werden. Das Wort Gottes macht Gott auf eine Weise verständlich, daß ich dabei die Wahrheit über mich selbst erfahre. In eben diesem Vorgang findet so etwas wie eine *Klärung* des Lebens statt. Es verdient jenes Wort Gottes Wort zu heißen, das mein und meiner Brüder und Schwestern Leben in dieser Weise klärt, das mir vor Augen führt, wer ich in Wahrheit bin. Diese Klärung des Lebens könnte man ebensogut als Neuschöpfung des Lebens betrachten oder – johanneisch – als Wiedergeburt. Dies gilt in einem ganz umfassenden Sinne. Die Verlorenheit der beiden Söhne besteht im Grunde in ihrer Verhältnislosigkeit: in ihrer Verhältnislosigkeit zum Vater zunächst, dann aber auch in ihrem Mißverhältnis zu ihrem eigenen Sein (sie verhalten sich ja wie Taglöhner und Buchhalter, obwohl sie in Wahrheit Söhne sind) und schließlich erst recht in ihrer Verhältnislosigkeit zueinander. (Es ist höchst bemerkenswert, daß der gerechte Sohn seinen Bruder nicht mehr Bruder nennen kann. Dieser dein Sohn da, sagt er, als er über ihn spricht [vgl. Lk 15,30].) Die Verhältnislosigkeit im umfassenden Sinne ist ein Vorschein des Todes, sie ist der Tod inmitten des biologischen Lebens. Deshalb war der verlorene Sohn tot (Lk 15,24.32). Wenn das Gleichnis mir verständlich machen kann, wer ich in Wahrheit bin, indem es mir verständlich macht, wer Gott in Wahrheit ist, dann ist dies ein Wort, das für die Stiftung von Verhältnissen eintritt. Keine gezwungenen Verhältnisse, keine berechneten Verhältnisse, sondern Verhältnisse, die mir begreiflich sind, die ich mir gefallen lassen kann. Auf eine kurze Formel gebracht kann man sagen: Dieses Gleichnis ist insofern Gottes Wort, als es Gott in väterlicher Aktion in ein Verhältnis zu mir bringt, damit ich ein Verhältnis gewinne zu meinem Dasein als Sohn und so ein neues Verhältnis gewinne zu den andern, die in Wahrheit meine Schwestern und Brüder sind. Das zweite Merkmal des Wortes Gottes lautet also: es bringt wesentlich die Klärung des Lebens mit sich, indem es das Leben der Macht des Todes entreißt.

(Hier ist meines Erachtens eine Klammerbemerkung zu machen zu den patriarchalischen Eigenheiten dieses Gleichnisses. Es ist außer Zweifel, daß die personelle Gestaltung dieses Gleichnisses damit zusammenhängt, daß Jesus in einer Gesellschaft lebt, in der die Frauen weithin übergangen wurden. Wenn man dies sieht, dann ist es völlig klar, daß die patriarchalischen Eigenheiten dieses Gleichnisses als solche kritisiert werden müssen. Dies geschieht gegenwärtig so leichtfertig, daß man dazu niemanden besonders ermuntern muß. Was jedoch zu denken gibt, ist dies: Nicht selten geschieht eine solche Kritik so, daß sie nicht nur die patriarchalischen Eigenheiten eliminiert, sondern das ganze Wort verabschiedet, das mich hier als *Kind* des höchsten Gottes ansprechen will. Und indem diese Kritik das Lebensspendende verabschiedet, verabschiedet sie nicht bloß den Vater, sondern auch die Mutter. Und solches kann wohl in niemandes Sinne ernstlich liegen.)

Anwendbar auf diesen Zusammenhang der Klärung des Lebens ist wohl auch die Unterscheidung von Menschensatzungen und Gotteswort, wie sie schon von Jesus in kritischer Abgrenzung gegenüber den Pharisäern und Schriftgelehrten vorgenommen wurde. Jesus «sagte zu ihnen: Recht hat Jesaja mit seiner Weissagung über euch Heuchler, wie es in der Schrift heißt: Dies Volk ehrt mich mit Lippen, aber ihr Herz ist weit von mir entfernt. Doch ihr Gottesdienst ist vergeblich. Was sie lehren, sind nur Menschensatzungen. Das Gebot Gottes laßt ihr außer acht und haltet euch an die Überlieferung der Menschen» (Mk 7,6–8). Zunächst hat es den Anschein, als ob diese Unterscheidung bloß an dem Urheber des Wortes orientiert wäre. Dem von Gott (im Mosesgesetz) gesprochenen Wort wird die (in der pharisäischen Auslegung desselben erarbeitete) Menschensatzung gegenübergestellt. Dieser Eindruck ist jedoch falsch, wie das gleich anschließende Beispiel deutlich macht. Der Gegensatz von Gotteswort und Menschenwort wird exemplifiziert an der Gegenüberstellung des Gebotes der Elternehrung einerseits und der Korbanpraxis andererseits. Worum geht es hier? Zunächst betrachten wir das Gebot, die Eltern zu ehren (Mk 7,10a vgl. Ex 20,12). Hierbei steht nicht etwa die Haltung ehrfürchtiger Verehrung gegenüber Vater und Mutter zur Debatte, und schon gar nicht der widerspruchslose Gehorsam der Kinder (die viel eher dem Wunsch unväterlicher Bürger entstammt als der hebräischen Bibel). Bei der Elternehrung geht es schlicht darum, daß die Kinder sich faktisch als Kinder verhalten. So sind sie durch dieses Gebot verpflichtet, die Eltern zu speisen und zu tränken, zu kleiden und zu bedecken, ein- und auszuführen. Angesprochen sind also gerade auch die erwachsenen Kinder, welche ihre Beziehung – auch ihre materielle Beziehung – zu ihren Eltern nicht abbrechen sollen. Ehre in ihrer ganzen Geistigkeit, aber auch in ihrer ganzen Materialität ist gemeint, und zwar Ehre, die tätlich erwiesen wird. Es ist unmöglich, Vater und Mutter gleichsam von ferne zu ehren, von ferne zu verharren in dem ehrwürdigen Andenken an sie. Soviel zur Elternehrung.

Nun zur Korbanpraxis. Bei ihr handelt es sich um eine religiös-juristische Schwurformel. Mittels dieser Schwurformel war ein Sohn beispielsweise in der Lage, die Nutznießung aus seinem Vermögen dem Tempel zu weihen. Indem er sie dem Tempel zukommen ließ, entzog er die Nutznießung seinen Eltern. Faktisch war es dann noch so, daß der Sohn das zum Korban geweihte Gut gar nicht im Tempel abliefern mußte. Das ganze religiöse Verfahren wurde zur Fiktion. Es mußte nicht selten dafür herhalten, daß man sich so an unliebsamen Eltern rächte. Rache an Eltern im Namen des Tempels!

Die Korbanpraxis (und zwar ganz gleichgültig, wie sie ursprünglich gemeint war) wird von Jesus demaskiert als eine religiöse Rechtfertigung dessen, daß man sein Kindsein nicht mehr vollziehen wollte. Die Korbanpraxis läßt es zu, daß ein Sohn, der für seine Eltern nichts mehr tut, sich

religiös gerechtfertigt vorkommen kann. Eben diese Korbanpraxis bezeichnet Jesus als Aufhebung des Gotteswortes. Die Korbanpraxis verhilft der Beziehungslosigkeit zum Recht. Deshalb führt sie nicht zur Klärung des Lebens. Sie führt nicht dazu, daß der Sohn das gegenüber seinen Eltern Gebotene auch tut, im Gegenteil, sie rechtfertigt den Abbruch der Beziehungen. Sie verhilft dem Tod an die Macht, statt daß sie ins Leben einwiese, wie dies vom Wort Gottes gelten würde.
An diesem Beispiel kann man erkennen, wo Jesus mit seiner Unterscheidung von Gotteswort und Menschenwort ansetzt: Gotteswort ist dort, wo Verhältnisse gestiftet werden, wo das Leben – auch materiell – zum Zuge kommt. Menschensatzung ist dort, wo die Auslegung zur faktischen Aufhebung des Gotteswortes führt, beziehungsweise wo das Leben, in welches das Wort Gottes einweist, wieder rückgängig gemacht wird. Nach diesem Verfahren verläuft übrigens die ganze Gesetzeskritik Jesu. Der Streit darüber, ob Jesus nun das Gesetz aufgehoben habe oder nicht, ist ein Streit um des Kaisers Bart. Jesus mußte doch das Gesetz in dessen eigenem Interesse kritisieren: das Gesetz, wie es als Gotteswort gemeint war, ist die Einweisung ins Leben, das Gesetz, wie es vom Menschen faktisch gebraucht wird, ist verkehrt zur Rechtfertigung für abgebrochene Beziehungen, nicht zuletzt für die in der Berechnung abgebrochene Beziehung zum schöpferischen Sein Gottes. So viel zur Unterscheidung von Menschenwort und Gotteswort, wie sie Jesus vorgenommen hat. Wir wissen heute, daß diese Unterscheidung innerhalb des Menschenworts zu geschehen hat: jedes menschliche Wort, das das Leben liebt, verdient es, Gotteswort genannt zu werden. Und jedes Gotteswort, das im Interesse des Todes gebraucht wird, hat den Namen Gottes mißbraucht und gegen sein eigenes Wesen verstoßen.

Daseinsraum

Dieses jetzt zu nennende *dritte Merkmal* des Gotteswortes ist mit dem letztgenannten nahe verwandt. Es besteht darin, daß das Gotteswort den Menschen zur Sprache kommen läßt. Auch dieses Merkmal kann man an den Gleichnissen erkennen, es wäre aber ebenso gut an anderen Sprachformen zu zeigen. Bemerkenswert ist in unserem Zusammenhang das schon früher einmal angesprochene Phänomen der Verschränkung. Im Gleichnis verschränkt sich das Wort, das es mir sagen will, mit den Verhaltensweisen und Worten, die mich selbst kennzeichnen. Mehr noch: Diese erhalten einen Raum, wo sie in ihrer relativen Berechtigung erscheinen können. Es ist begreiflich, daß der erste Sohn sich nur noch als Taglöhner verhalten kann, ebenso wie es begreiflich ist, daß der zweite Sohn nur Buchhalter sein kann. Es ist auch begreiflich, daß die Arbeiter sich einsetzen für das Prinzip «gleicher Lohn – gleiche Arbeit». Diese Beispiele – die fast beliebig vermehrt werden können – zeigen, inwiefern der Mensch durch das Wort Gottes zur Sprache kommt. Man muß diese Aussage im strengen Sinne verstehen: zur Sprache kommt er als er selbst, als respektiertes Subjekt. Sein Verhalten und Denken bekommt ausdrücklich Raum. Es wird nicht sprachlich über ihn verfügt. Anders gesagt: Sein Dasein wird sprachlich gewürdigt, statt – wie es nicht selten der Fall ist – sprachlich ausgeschlossen.

Man muß sich vielleicht einmal vor Augen halten, was für eine Sprache sonst üblich ist. Es ist eine Sprache, mit welcher der Besprochene in den Griff genommen ist (solche Sprache nennt Fuchs ein *Sprech*ereignis, ein solches sprachliches Ereignis nämlich, in welchem sich der Griff nach dem Menschen, die Herrschaft über den Menschen vollzieht, vgl. [42], 89–91). Solche Sprechereignisse sind an der Tagesordnung. Sie zwingen den Besprochenen, das über ihn verfügte Dasein von sich zu weisen. Sie zwingen ihn, sich allererst einen Daseinsraum zu erkämpfen. Diese Sprechereignisse sind ein Ausdruck dessen, daß der Mensch des Menschen Wolf ist. Im Gegenzug dazu ist das Wort Gottes ein Sprachereignis, ein sprachlicher Vorgang, in welchem dem Dasein dessen, der hier zur Sprache kommt, Raum verschafft wird, noch bevor er sich diesen erkämpfen muß. Im Wort Gottes geschieht eine zuvorkommende Einräumung von Dasein. Und wer wollte bestreiten, daß dies nicht auch durch das lautere Menschenwort geschehen kann? Wer wollte bezweifeln, daß die Würdigung des Menschen nicht auch eine würdevolle Qualität seines eigenen Wortes ist? Gotteswort ist ins Menschenwort eingegangen, wo immer es diesem gegeben ist, auf den Griff nach dem Besprochenen zu verzichten. Dies also wäre das dritte Merkmal des Gotteswortes: es bringt mich zur Sprache, weil Gott sich darin ausspricht.

Verbindlichkeit

Das *vierte Merkmal* des Wortes Gottes will ich die Verbindlichkeit nennen. Was ist damit gemeint? Jedenfalls ist unter Verbindlichkeit des Wortes Gottes nicht das zu verstehen, was gemeinhin mit diesem Wort bezeichnet wird. Gemeinhin versteht man unter dem verbindlichen Reden ein Reden, das unbestreitbare Gültigkeit hat. Verbindlich redet einer, der zu seinen Worten steht, und das heißt: in dessen Macht es steht, seine Worte durchzusetzen. Verbindlich ist ein Wort, das erzwingbare Geltung hat, ein Wort, nach dem ich mich richten *muß,* ganz gleichgültig, ob mir dies paßt oder nicht.

Mit diesem gewöhnlichen Verständnis von Verbindlichkeit sind zwar einige Momente der Verbindlichkeit des Gotteswortes angesprochen. Es sind aber auch Züge vorhanden, die für das Gotteswort nicht gelten. Wenn wir uns noch einmal das Jesuswort vor Augen halten, so entdecken wir sogleich, daß hier einer spricht, der zu seinem Wort steht. Allerdings steht er nicht so zu seinem Wort, daß er es durchzusetzen vermag, sondern vielmehr so, daß er, worauf er sich durch sein Wort eingelassen hat, nun auch durchstehen muß. Wenn die Vollmacht seines Wortes in nichts anderem besteht, als in dem, was es zu sagen hat, dann ist Jesus ganz an sein Wort ausgeliefert. Sein Wort von der Feindesliebe beispielsweise ist insofern verbindlich, als er selbst keinen Versuch macht, den Feinden etwas anderes als Liebe entgegenzubringen. Bekanntlich hat diese Verbindlichkeit nicht wenig dazu beigetragen, daß Jesus sein Todesgeschick durchzustehen hatte.

Dieselbe Nähe und gleichzeitige Differenz läßt sich auch im Blick auf die unbestreitbare Gültigkeit feststellen. Gewiß ist das Wort Gottes, wo es von einem Menschen vernommen worden ist, für ihn unbestreitbar gültig. Gewiß ist es für ihn das schlechthin unumstößliche Wort. Zugleich aber ist zu sagen, daß die Gültigkeit dieses Wortes nicht im allgemeinen Sinne unbestreitbar ist. Im Gegenteil! Gültig ist es nicht dadurch, daß jedermann ihm unausweichlich zustimmen muß, sondern gültig ist es bloß insofern, als jemand mit ihm einverstanden ist. Gerade an der Gleichnisrede Jesu läßt sich erkennen, wie intensiv sie auf das Einverständnis des Menschen zielt. Das Gleichnis zielt auf Einverständnis, das es zwar nahelegt, aber nicht im geringsten erzwingt. Die Verbindlichkeit des Gotteswortes entsteht genau dadurch, daß der angesprochene Mensch zum Einverständnis darein bewogen wird. Dieser Aspekt der Verbindlichkeit besteht also weniger in der unbestreitbaren Gültigkeit, der sich jedermann unterziehen muß, als in der Geltung, mit der jemand einverstanden ist. Daraus folgt, daß die Verbindlichkeit des Wortes Gottes von der Verbindung lebt, die es zwischen Mensch und Gott herstellt. Während ein unbestreitbar gültiges Wort (wie etwa der Satz von Pythagoras) gerade nicht angewiesen ist auf die Verbindung zum Adressaten, entsteht die Verbindlichkeit des Gotteswortes allererst in dieser Verbindung. Bei Kant hatte es geheißen, ein Gebot sei dann als göttliches anzusehen, wenn wir ihm innerlich verbunden sind. Im Gegenzug zu diesem am menschlichen Selbstgespräch orientierten Gedanken müßte man sagen, daß die innerliche Verbundenheit des Menschen genau durch das ihn von außen treffende Gotteswort entsteht, und zwar durch das Gotteswort, das auf sein Einverständnis abzielt. Hier enthüllt sich auch der wohl tiefste Zug jeden Verstehens.

Schließlich ist das Gotteswort nicht in dem Sinne verbindlich, daß ich weiß, ich habe mich nach ihm zu richten, gleichgültig, ob es mir paßt oder nicht. Selbstverständlich wird der Mensch sich gänzlich nach dem Wort Gottes richten wollen, wenn er es vernimmt. Aber eben *wollen.* Wenn das Wort Gottes auf den Menschen trifft, ist die Frage nicht mehr, ob es ihm paßt oder nicht, sondern die Frage ist, ob er auch tun *kann,* was er nun tun *will.* Wie wir im Abschnitt über Gott als ansprechendes Wort gesehen haben, sorgt die Gleichnisrede Jesu zugleich für die Ermächtigung zu tun, was man will. Dennoch besteht unübersehbar das Faktum, daß Gottes Wort immer wieder und unbegreiflicherweise gerade nicht zum Ziel kommt. Es besteht – bildlich gesprochen – das Faktum, daß immer wieder und unbegreiflicherweise der Mensch nicht lachen will, obwohl ihm die besten Witze erzählt werden. In dieser Hinsicht liegt die Verbindlichkeit des Wortes Gottes darin, daß er sein Wort wieder und wieder an uns richtet. Allerdings ist eine bemerkenswerte Asymmetrie zu beachten. Es ist ja nicht etwa so, daß Gott mich in seinem Wort wieder und wieder vor die Wahl stellt, entweder damit einverstanden zu sein oder es abzulehnen. Das Gleichnis ist ein gutes Beispiel für die hier gemeinte Asymmetrie. Denn es macht ganz deutlich, daß ich nicht in der Situation stehe, mich entweder für oder gegen dieses Wort zu entscheiden. Denn das Gleichnis stattet mich ja für den ersten Augenblick mit den Augen Gottes einfach aus. Ehe man sich's versieht, begreift man völlig die väterlichen Aktionen. Erst beim weiteren Nachdenken melden sich vielleicht Einwände zu Wort, die – recht verstanden – wiederum zum besseren Einverständnis führen können, die aber – falsch verstanden – zum Nein gegen das Wort werden können. Es ist ja nicht so, daß ein solches Nein ausgeschlossen würde, aber es ist – recht verstanden – eine unmögliche Möglichkeit. Die angesprochene Asymmetrie besteht also genau darin, daß das Wort selbst seinen Hörer schon auf die Seite des Ja versetzt. Der erste Blick, der gewährt ist, sorgt schon für die Zweitrangigkeit der Einwände. Der Hörer hat nicht zu wählen zwischen Ja oder Nein. Vielmehr muß er Nein sagen. Er muß das Licht ablehnen, in welches er zuvorkommenderweise versetzt wurde. Dieses Ungleichgewicht widerspiegelt die Grundsituation menschlichen Lebens: das Leben kann ich mir immer nur nehmen, ich kann es mir niemals geben. Man kann diese Asymmetrie auf einen hermeneutischen Grundbegriff bringen: Das Jesuswort als Wort Gottes genommen offenbart den Menschen in seiner Sprachlichkeit, nicht aber in seiner Fraglichkeit. Denn die Sprachlichkeit des Menschen findet ihren konkreten Ausdruck darin, daß das zuvorkommende Wort die Menschen in die Situation der Wahrheit bringt statt in die Situation der Frage. Darin also besteht dieses vierte Merkmal des Wortes Gottes: es ist verbindlich, weil es den angesprochenen Menschen von vornherein in Verbindung mit Gott bringt, in eine Verbindung, die er – unmöglicherweise – wiederum abbrechen kann, eine Verbindung aber auch, in welcher der Angesprochene mit Gott und eben so mit sich selbst ins Einverständnis kommt.

Wahrhaftigkeit

Als *fünftes und letztes Merkmal* des Wortes Gottes muß schließlich seine Verbindung zur Wahrheit genannt werden. Bekanntlich kann das Wort Gottes im Neuen Testament geradezu ersetzt werden durch den Ausdruck «Wahrheit». Beispielsweise stellt Paulus in 2 Kor 4,2 der «Verfälschung des Wortes Gottes» das «Offenkundig-Machen der Wahrheit» gegenüber. Im Wort Gottes spricht sich die Wahrheit aus, deshalb ist das Wahrheit aufzeigende Wort das Wort Gottes.

Man muß sich freilich von der Vorstellung lösen, das Wort sei sozusagen wegen seiner göttlichen Herkunft als wahr anzusehen. An dieser Vorstellung ist zwar etwas Richtiges, sie führt aber zu einem autoritären Wahrheitsverständnis. Denn wäre das Wort nur als wahr zu betrachten, weil Gott als sein Sprecher gilt, so wäre die Wahrheit selbst der menschlichen Einsicht entzogen, und es könnte im Prinzip jedes Wort durch den Verweis auf Gott als Wahrheit ausgegeben werden. Wie wir alle wissen, ist dies in der Geschichte der Gattung homo sapiens nicht selten auch geschehen. Statt dessen muß das Verhältnis von göttlicher Herkunft des Wortes und seiner Wahrheit anders bestimmt werden. Anknüpfend an den sowohl griechischen als auch hebräischen Sprachgebrauch läßt sich sagen, daß mit Wahrheit zunächst nichts anderes gemeint ist als der volle, unverdeckte, tatsächliche Sachverhalt. Wer die Wahrheit sagt, legt die Dinge offen. Eben eine solche Offenlegung vollzieht das Wort Gottes. Seine Wahrheit kommt zum Verstehen, wo der Mensch sich selbst im Wort Gottes wiedererkennt, und zwar wiedererkennt in unverdeckter Tatsächlichkeit. Gewiß haben die urchristlichen Schriftsteller und Zeugen das Wort Gottes eindeutig identifiziert als das Evangelium, das heißt: als das Wort, das im Namen Jesu zu sagen war. Aber auch diese Identifizierung war nicht einfach willkürlich, ganz so als ob Jesus durch seine imposante Existenz und insbesondere durch das alles schlechthin überbietende Wunder seiner Auferstehung sich als Gott ausgewiesen hätte und sein Wort nun als Gottes Wort zu betrachten wäre. Die Wahrnehmung des Gotteswortes im Wort Jesu geschah vielmehr deshalb, weil sein Wort als wahrhaftiges Wort verstanden wurde, als ein Wort, welches das Leben zur Klärung bringt. Sein Wort wurde *erfahren* als ein Wort, das den Menschen insofern menschlich macht, als es ihn als geliebtes Geschöpf Gottes offenlegt. Und erst diese Erfahrung war es, welche zur Identifizierung des Gotteswortes im Evangelium führt. Das Gotteswort bedarf keiner vorschüssigen Autorisierung. Gerade der Wunsch nach einer solchen könnte darauf hindeuten, daß sich ein unwahrhaftiges Menschenwort als Gotteswort ausgeben will.

Müßte man also sagen, daß die neue Erfahrung des Daseins im Lichte des Gotteswortes dieses allererst identifizierbar macht, so muß freilich sofort hinzugefügt werden, daß der Mensch in seinem faktischen Existieren eine große Affinität zur Lüge hat. Nicht nur, daß er andere und sich selbst ständig belügt; indem er sich und ihnen falsche Tatsachen vorspiegelt. Die Affinität zur Lüge erhält darin eine besondere Spitze, daß man neuestens den Glauben an Gott als eine verlogene Existenzweise ausgibt. Damit gibt man sich, im ganzen Unternehmen radikale Ehrlichkeit vortäuschend, erst recht der Lüge preis. Daran kann man erkennen, daß der wahre Gegensatz zur Wahrheit Gottes nicht etwa der Irrtum ist, sondern vielmehr die Lüge.

Dies hat Paulus im Blick, wenn er von der menschlichen Verkehrung der Wahrheit Gottes in Lüge spricht. «Die Wahrheit Gottes haben sie in die Lüge verkehrt und Verehrung und Anbetung der Schöpfung erwiesen statt dem Schöpfer – hochgelobt ist er in Ewigkeit, Amen» (Röm 1,25). Hier ist zwar von dem die Rede, was das Verhalten der Heiden auszeichnet. Aber Paulus universalisiert dieses Verhalten sogleich auf die Menschen schlechthin. Die Verkehrung der Wahrheit Gottes in die Lüge wird hier konkret ausgesprochen als Verwechslung des Schöpfers mit dem Geschöpf. Die Anbetung und Verehrung gilt dem Geschöpf, statt dem Schöpfer vorbehalten zu sein. In dieser Verwechslung verbirgt sich nach Paulus die Selbstherrlichkeit des Menschen. Es ist die Selbstherrlichkeit, letzte Instanz in der Welt sein zu wollen, letzte Definitionsmacht zu besitzen über alle Welt. Mag diese Selbstherrlichkeit sich auch als *Anbetung* der Geschöpfe darstellen, diese Gebärde des Respekts vor der geschöpflichen Welt stellt sich als *Selbstanbetung* des Geschöpfs heraus. Mag diese Selbstherrlichkeit sich auch als *Selbstbeschränkung* auf das Irdische darstellen, gleichsam als bescheidene Genügsamkeit des in das Irdische eingelassenen Menschen, sie stellt sich dennoch als eine Verschlossenheit des Menschen gegenüber seinem Schöpfer heraus, den er in seiner Selbstherrlichkeit einfach nicht wahrhaben will. Selbstverständlich bedeutet die Wahrheit Gottes hier nicht einfach eine Eigenschaft, eine Aussage oder Annahme über sein «wahres Wesen». Die Wahrheit Gottes meint vielmehr seine Wirklichkeit, seine Wirksamkeit als Geber der Gaben, seine Wirksamkeit als Schöpfer der Geschöpfe, mit welchen die Menschen umgeben sind. Die Wahrheit Gottes meint also sein verbal zu denkendes Wesen, das, worin er als Gott *in Erscheinung tritt.* Diese Wahrheit verkehren die Menschen, wenn sie – umgeben von den Gaben Gottes – die Erscheinung Gottes in ihnen vernichten, indem sie – in Anbetung der Geschöpfe oder in Selbstbeschränkung auf das Weltliche – Gottes Wirklichkeit nicht wahrhaben wollen.

Nun geht es freilich bei dieser Verkehrung nicht einfach um eine theoretische Frage. Sie hat sofort und unentrinnbar lebenspraktische Folgen. Die Wahrheit Gottes hängt mit der Wahrheit menschlichen Lebens ebenso zusammen, wie die Lüge mit dessen Mißlingen. In diesem Zusammenhang offenbart sich für Paulus der Zorn Gottes. In dieser Verkehrung selbst kommt der Zorn Gottes in Erscheinung. Denn sie besteht ja darin,

daß die Menschen Gott fahren lassen in ihrer Selbstherrlichkeit oder Selbstbeschränkung. Und weil sie Gott fahren lassen, gibt er sie ihrer eigenen Selbstbeschränktheit preis. Gott überläßt sie gleichsam ihrer eigenen Verlogenheit. Das ist die Strafe, die sein Zorn über sie verhängt. Mit einem Satz des Paulus gesagt: «Darum hat Gott sie preisgegeben in den Begierden ihrer Herzen an die Unreinheit (welche darin besteht), dass durch sie selbst ihre Leiber (sie als Personen) entwürdigt (geschändet) werden» (Röm 1,24). Gemeint ist in diesem Satz der einfache Sachverhalt, daß die Abkehr von Gott, dem wahren Schöpfer, zugleich die Preisgabe an den entwürdigenden und selbstzerstörerischen Lebenswandel bedeutet. Paulus ist der Ansicht, mit der Erkenntnis Gottes verschwinde zugleich die Fähigkeit würdigen Wandels. Es ist der Zorn Gottes, welcher sich in der Preisgabe der Selbstherrlichen an ihre Selbstherrlichkeit verwirklicht, in der Preisgabe der Menschen an die Selbstsucht, welche ihre Konkretion in der Verwerflichkeit des Lebenswandels findet. Das besitzergreifende Verlangen, womit der Mensch sich alles einverleibt, entwürdigt seine eigene Person insofern, als es alles Fremde vernichtet, wodurch die Person ihrer Beziehungen beraubt und also entpersonalisiert wird. Gewöhnlich hält man *sittliche Perversion* für eine *Ursache* des göttlichen Zorns (nach dem Motto: in der sittlichen Perversion fordert der Mensch Gott in seinem Zorn heraus). Paulus dagegen betrachtet die sittliche Perversion als *Folge* des göttlichen Zorns. Der Zorn Gottes wird in der sittlichen Perversion erfahrbar. Man mag über den Gedanken lächeln, daß die fehlende Wahrnehmung Gottes von selbst zu einer sittlichen Perversion führt. Allerdings könnte das Lächeln leicht zu einem Erschrecken werden, wenn man einen Blick auf die heutige Welt richtet, in welcher im großen Stil die Geschöpfe entwürdigt werden. Vielleicht besteht eben doch ein Zusammenhang zwischen der sich als Selbstbeschränkung darstellenden Ablehnung Gottes und der selbstsüchtigen Einverleibung der jetzt zu Material gewordenen Gaben.
Eine besonders gefährliche Gestalt dessen, was Paulus mit der Lüge meinte, treffen wir in dem Argument an, gerade die jüdisch-christliche Weltsicht habe zum Verschleiß der Schöpfung geführt, und gerade die jüdisch-christliche Sittlichkeit habe zur Unreinheit der doppelten Moral getrieben. Es ist vielleicht möglich, daß solche Verhaltensweisen sich mit christlichen Etiketten versehen haben. Dies ändert jedoch nichts daran, daß sie unter das Verdikt der Verkehrung göttlicher Wahrheit in Lüge fallen. Wenn aber mit Verweis auf jene christlichen Lügen die angeblich bescheidenere Gottlosigkeit menschlicher Existenz gerechtfertigt wird, dann ist die Verkehrung göttlicher Wahrheit in Lüge erst recht wirksam geworden. Niemand wird sich wundern müssen, wenn sie wiederum den Zorn Gottes nach sich zieht in der Gestalt der Preisgabe des Menschen an seine eigene Beschränktheit.
So etwa wäre – ganz skizzenhaft und unvollständig – die Tatsache auszule-

gen, daß im Blick auf Gott nicht Wahrheit vom Irrtum, sondern vielmehr von der Lüge zu unterscheiden ist, so gut wie im Blick auf den Menschen zu unterscheiden ist zwischen guter Tat und Untat, nicht zwischen guter Tat und tragischem Unglück des Fehlverhaltens. Nun ist freilich die Wahrheit Gottes ebenso wie die Verlogenheit des Menschen noch nicht hinreichend definiert worden. Denn es könnte jetzt scheinen, als ob Gott in seiner Wahrheit und der Mensch in seiner Verlogenheit wie Zweikämpfer in einer Arena stünden und einen ewigen Kampf miteinander führten. Dem ist – wenigstens nach der Meinung des Paulus – nicht so. Denn das Wort Gottes hat auch darin seine Wahrheit, daß es die Treue Gottes zu seinen Geschöpfen ausdrückt. Und die Treue Gottes zu seinen Geschöpfen hat es an sich, daß sie die Untreue derselben überwindet, indem es diese trägt. Dies drückt Paulus ebenso mit dem Gegensatz von Wahrheit und Lüge aus. Das geht aus Röm 3 hervor, wo Paulus mit dem Problem des Vorzugs der Juden beschäftigt ist. Seiner Meinung nach besteht der Vorzug der Juden darin, daß ihnen die Worte Gottes anvertraut sind (3,2). Im Anschluß daran erhebt sich die Frage, ob dieser Vorzug dadurch vernichtet werde, daß sie dem ihnen anvertrauten Gut untreu geworden sind. Paulus beantwortet diese Frage mit einem deutlichen Nein, denn ihre Untreue vermag die Treue Gottes nicht aufzuheben (3,3). Worin besteht denn die Treue Gottes? Sie besteht darin, daß er zu seinem Wort steht. Und in der Sicht des Paulus muß dies heißen, Gott sei in der Erscheinung Jesu Christi zu seinem Wort gestanden. Er sei in Jesus Christus für sein Wort eingestanden. Nur auf diesem Hintergrund kann Paulus behaupten, Gottes Treue werde nicht durch die menschliche Untreue aufgehoben. Dies tut er in V. 4: «Möge Gott sich vielmehr als wahr erweisen, und jeder Mensch als Lügner (herausgestellt werden)». Wenn Gott sich als wahr erweist, dann heißt dies, daß er zu seinem Ja steht, eben so zu ihm steht, wie sich in Jesus Christus herausgestellt hat. Es hat sich die Treue Gottes zu seinem Ja darin herausgestellt, daß Gott selbst das menschliche Nein überwand, indem er dieses Nein an sich selbst zur Auswirkung kommen ließ. Man könnte gewiß sagen, daß darin der Schöpfer sein Recht geltend macht an seinen Geschöpfen. Man muß jedoch hinzufügen, daß der Schöpfer sein Recht so geltend macht, daß dabei die Freiheit seiner Geschöpfe nicht angetastet wird, eine Freiheit, die sie sowohl im Geltenlassen des Schöpfers als auch in der Unabhängigkeit vom Schöpfer leben können. Die Wahrheit Gottes erweist sich nicht in der apokalyptischen Überwältigung seiner Geschöpfe, so wahr sich die Lüge des Menschen als überwältigender Selbstbetrug ereignet. Gewiß weckt die Wahrheit Gottes – verstanden als Treue zu seinem Wort – die Hoffnung, daß dereinst alle Untreuen, alle unter der Macht der Lüge existierenden Menschen sich diese Treue gefallen lassen. Aber diese Hoffnung überläßt getrost Gott, was seine Sache ist. Eben deshalb verläßt sie sich nicht auf das, was zu sehen ist (vgl. Röm 8,24f). Die Hoffnung widersteht der apokalyptischen Erwartung, die nur das Sichtbare ins Unsichtbare verlängert. Die Hoffnung ist insofern geduldig, als sie es jetzt dem Wort Gottes überläßt, die Lüge des Menschen zu überwinden, und zwar einem bittenden, einem um Einverständnis bittenden Wort.

Überblickt man das ganze bisher zur Wahrheit des Wortes Gottes Gesagte, so könnte man etwa das folgende Zwischenresultat festhalten: Wenn vom Wort Gottes gesagt wird, es spreche die Wahrheit aus, dann ist damit gesagt, daß die Wahrheit Ereignisstruktur hat. Die Wahrheit Gottes ereignet sich als seine Treue zu seinen Geschöpfen. Man könnte auch anders formulieren: die Wahrheit Gottes ereignet sich als Bewahrheitung der menschlichen Existenz. Die Bewahrheitung hat die konkrete Gestalt der Überwindung der Lüge. Dies geschieht im Wort Gottes, das auf die Auslegung menschlichen Lebens aus ist. Umgekehrt ereignet sich die Verlogenheit menschlicher Existenz als Verleugnung Gottes. Dies geschieht in dem menschlichen Wort, das auf die Verneinung des lebendigen Gottes aus ist. An dieser intensiven Verschränkung kann man erkennen, wie eng die Wahrheit Gottes mit der Wahrhaftigkeit des menschlichen Lebens zusammenhängt, beziehungsweise wie sehr die Bewahrheitung des menschlichen Lebens auf das Wort Gottes angewiesen ist. Dies ist freilich nicht bloß eine Denknotwendigkeit, sondern die Seinsnotwendigkeit.

Man könnte nun sagen, dieser Zusammenhang sei seinerseits eine dogmatische Konstruktion, die es allererst als Lüge aufzudecken gelte. Man könnte sagen, daß der Mensch eben dann sich selbst betrügt, wenn er einen solchen Zusammenhang zwischen der Wahrheit seines Lebens und dem Wort Gottes annimmt. Wir haben es hier mit einer Spielform jenes Versuchs zu tun, welchen Paulus als Verkehrung der Wahrheit Gottes in die Lüge bezeichnete. Der genannte Zusammenhang hat jedoch eine Erfahrungsdimension. Der Zusammenhang von Wahrheit Gottes und Bewahrheitung menschlicher Existenz wird unmittelbar erfahrbar am Phänomen, daß die Wahrheit menschlicher Rede sichergestellt wird durch den Schwur auf das Wort Gottes. Diese Sicherstellung kann man besonders schön bei Gerichtsverhandlungen beobachten, wo ein Zeuge unter Eid genommen wird. Noch bis vor kurzem war es üblich, daß er seine Hand auf das «Wort Gottes» legte, um seine eigene Wahrhaftigkeit zu beeiden. Eine solche Sicherstellung funktioniert offensichtlich nur solange, als der betreffende Zeuge der Wahrheit Gottes innerlich verbunden ist. Er muß von seiner Verantwortung gegenüber diesem Gott innerlich völlig überzeugt sein. Andernfalls hat der Schwur keine Verbindlichkeit für ihn.

Interessant scheint mir die Frage, warum sich der Schwur auf das Wort Gottes bis in unsere Zeit halten konnte, auch in staatlichen Gerichten, welche mit christlicher Jurisdiktion *theoretisch* nichts mehr zu tun haben. Die Antwort ist meines Erachtens nicht nur in der Macht der Gewohnheit zu finden. Vielmehr ist zu vermuten, daß es zur Sicherstellung der menschlichen Wahrhaftigkeit keine andere Möglichkeit gibt als die Berufung auf die Wahrheit Gottes. Der Mensch hat offenbar die Freiheit des Wortes. Und diese Freiheit hat er als Freiheit zur Lüge und als Freiheit zur Wahrheit. Zur Feuerprobe kommt es dann, wenn es zwischen seiner Freiheit zur Wahrheit und seinen eigenen Interessen einen Konflikt gibt. Wer wird ihn dazu veranlassen, sich für die Wahrheit und gegen seine eigenen Interessen zu entscheiden? Dazu wird ihn nur der verbindlichste Glaube an die Wahrheit Gottes veranlassen können. Es gibt also keine andere Möglichkeit als den Schwur auf das Wort Gottes, um aus der menschlichen Freiheit zum verdrehten Wort die Freiheit zum wahren Wort zu machen. Auf eben dieser Freiheit aber beruhen sämtliche gerichtlichen Prozesse, wenn sie die Wahrheit über einen Sachverhalt herausfinden wollen. Von da her erklärt es sich wohl, warum der Schwur auf das Wort Gottes sich bis in unsere Tage hinein hält. Man ist freilich dazu übergegangen, die religiöse Schwurformel durch eine säkulare zu ersetzen. Man verlangt vom Zeugen, seine Wahrhaftigkeit zu geloben (bei wem? bei sich selbst?). Der säkulare Ersatz drängte sich deshalb auf, weil für manchen Zeugen das Wort Gottes keine Verbindlichkeit mehr hat und deshalb der Schwur auf das Wort Gottes keine Bindung an die Wahrheit zu erzeugen vermag. Der säkulare Ersatz ist begreiflich, nur ist er ebenso untauglich wie begreiflich. Dies belegt allein schon die Beobachtung, daß die Gelöbnisse inflationsartig anwachsen in der Alltagssprache (wie das neuerdings sehr häufig an Sätze angehängte «Ehrewort» im Zürichdeutschen). Eine solche Inflation ist kompensatorisch zur Untauglichkeit des Gelobens bei mir selbst. Wenn der Mensch im Gelöbnis auf sich selbst zurückgebunden wird, dann wird er die Freiheit zur Wahrhaftigkeit nicht finden können, wenn es wirklich darauf ankommt. Denn sich selbst verpflichtet wird er sich unweigerlich für seine eigenen Interessen entscheiden, wenn es zu einem Konflikt mit der Wahrheit kommt. Man kann zwar den Menschen auf die Tugend der Wahrhaftigkeit verpflichten. Dieser Tugend wird er jedoch spätestens abhold, wenn es ihm ans Lebendige geht. Demgegenüber ist es eben kein Zufall, daß die Blutzeugen – jetzt ganz abgesehen von ihrer subjektiven Problematik – religiös gebundene Zeugen sind.

Mit diesem Beispiel will ich gar nicht behauptet haben, der Schwur auf das Gotteswort garantiere die Wahrhaftigkeit eines Zeugen. Vielmehr sollte gezeigt werden, inwiefern die Wahrheit Gottes unmittelbar mit der menschlichen Wahrhaftigkeit zusammenhangt. Selbstverständlich wird der Zeuge dann und nur dann die Wahrheit sagen, wenn er von der Wahrheit Gottes überzeugt ist. Daran kann man immerhin erkennen, daß die Wahrheit Gottes mit der Lebensfähigkeit einer menschlichen Gemeinschaft unmittelbar zusammenhängt. Keine Gemeinschaft kann funktionieren und sinnvoll zusammenleben, wenn in ihr die Lüge, das verdrehte

Wort herrscht. Das Wort Gottes, das die Wahrhaftigkeit des menschlichen Wortes nach sich zieht, erweist sich somit unmittelbar als Wort des Lebens, als Wort nämlich, welches die Wahrhaftigkeit menschlichen Zusammenlebens nach sich zieht.

Jesus hat in der Bergpredigt diesen Sachverhalt in eigentümlicher Weise angesprochen und radikalisiert: im Verbot des Schwörens (Mt 5,33–37). Er verpflichtet die Zuhörer auf ein Ja oder Nein, alles übrige ist zu viel. Es kennzeichnet die Orientierung dieser Ethik am Endgültigen, daß die *im Vorletzten sinnvolle* Einrichtung des Eides *überhaupt abgelehnt wird.* Jesus sagt damit, daß schon die Notwendigkeit des Schwurs der menschlichen Gemeinschaft ein bedenkliches Zeugnis ausstellt. Es ist alles schon falsch, wenn das menschliche Wort mit einem Schwur auf Gott bekräftigt werden muß. Denn das beschworene Wort wird so zu einem Spezialfall, welcher die radikale Verpflichtung zur Wahrheit *aller* Worte verdeckt. Jedes Wort geschieht im Angesicht Gottes, und deshalb genügt es vollkommen, entweder ein Ja oder ein Nein zu sagen. Man hat in diesem Schwurverbot nicht selten die Verpflichtung zu radikaler Ehrlichkeit sehen wollen, ganz im Sinne der Transformation der Theologie in die Praxis, wo der Gottesbezug ersetzt wird durch eine menschliche Tugend oder ein Werk. Dies ist eindeutig eine Halbwahrheit. Denn gerade diese radikale Verpflichtung zur Ehrlichkeit lebt von der Nähe Gottes bei jedem meiner Worte, ganz gleichgültig, ob nun Gott in einem Schwur herbeigeholt wird oder nicht. Auch das Schwurverbot zeigt also auf seine Weise dieselbe enge Verbundenheit zwischen der Wahrheit Gottes und der Wahrhaftigkeit menschlicher Existenz, die wir am Phänomen des Schwörens beobachten. Nur daß es die Nähe Gottes ausdehnt über die begrenzten Fälle hinaus auf jedes menschliche Wort. Zugleich entdeckt es die unermeßliche Fähigkeit des menschlichen Wortes, Gotteswort zu sein, das heißt, es entdeckt die Vollmacht des menschlichen Wortes, die Wahrheit zu sagen. Der Mensch ist des Wortes mächtig, und eben diese Macht kann er sowohl gegen sich als auch für sich ausspielen: gegen sich, wenn er die andern und sich selbst betrügt, für sich, wenn er das Wort Gottes weitersagt, indem er im Lichte des einen Wortes Gottes sein und der andern Leben zur wahrhaftigen Klärung bringt. Deshalb gilt: Wo das Wort Gottes geschieht, da ereignet sich Wahrheit, da entsteht Leben.

Das fünfte Merkmal des Wortes Gottes läßt sich zusammenfassend wie folgt beschreiben: Das Wort Gottes bringt Wahrheit zum Zuge, es macht die Bewahrheitung menschlicher Existenz zum Ereignis, indem es sagt, worauf jeder Mensch sich verlassen kann. Worauf kann er sich verlassen? Er kann sich darauf verlassen, daß Gott in seiner Wahrheit seinem Wort treu bleibt, nämlich seinem Wort der Liebe zu seinen Geschöpfen. Und deshalb kann der Mensch nur hoffen, als Lügner herausgestellt zu werden, als Lügner, dessen Wort die eigene Ungerechtigkeit höher achtet als die Treue Gottes.

1.5.3 Die Konkretheit des Gotteswortes

Den vorliegenden Abschnitt über Gotteswort und Jesuswort bringen wir zum Abschluß, indem wir unsere Aufmerksamkeit der These von der Unerkennbarkeit des Wortes Gottes widmen. Gemäß dieser These zeichnet es das Wort Gottes aus, überhaupt nicht konkret aussagbar zu sein. Das Göttliche ist dem Weltlichen und auch der weltlichen Sprache so sehr überlegen, daß es dafür keinen adäquaten Ausdruck mehr gibt. Diese These erhob sich zu verschiedenen Zeiten, sie erhob sich jedoch immer wieder im Namen der Majestät Gottes. Sie versprach, die göttliche Majestät zu wahren, indem sie das göttliche Wort jeder menschlichen Begreifbarkeit entzog. Sie mußte alles, was an menschlichen Worten den Anspruch erhebt, Gottes Wort zu sein, zur uneigentlichen Rede machen, zu einer Rede nämlich, die die Majestät Gottes niemals erreicht. Es braucht keine besonders scharfe Brille, um zu sehen, daß die neuzeitliche *Alternative* von Gotteswort *oder* Menschenwort ein später Widerschein jener These ist, welche im Namen der göttlichen Majestät des Wortes seine Unaussprechlichkeit behauptete. Und es ist ebenfalls nicht schwer, in diesem Widerschein und in jener These die Distanzierung des Menschen vom Gotteswort zu entdecken. Die sprachliche Entfernung des Gottesworts vom Menschenwort kommt einer Vernichtung desselben gleich. Und in der Vernichtung erkennen wir des Menschen Verstoß gegen sein Leben, jenen Verstoß, den wir im Anschluß an das Neue Testament die Sünde nannten.

Wenn eine neutestamentliche Hermeneutik zur Aufgabe hat, dem Worte Gottes im Anschluß an das Neue Testament nachzudenken, dann kommt sie nicht darum herum, die Identität des menschlichen Wortes Jesu mit dem Wort Gottes zur Grundlage ihres Denkens zu machen. Sie kommt nicht darum herum, die Fleischwerdung des Gotteswortes zu ihrem Ausgangspunkt zu nehmen. Und eben deshalb kommt sie nicht darum herum, der These von der Ferne des göttlichen Wortes zu widersprechen, ganz gleichgültig, ob diese These nun ein theistisches oder ein atheistisches Gewand trage. Im Lichte der Fleischwerdung des Wortes Gottes stellt sich die Sünde als jene Bemühung heraus, welche die Menschlichkeit des Wortes Gottes nicht gelten lassen kann.

Mit genau dieser Distanzierung des Gotteswortes hatte sich schon Paulus auseinanderzusetzen. «Sag nicht in deinem Herzen: Wer wird in den Himmel hinaufsteigen? – nämlich um Christus von dort herabzuholen – oder: Wer wird in die Tiefe hinabfahren? – nämlich um Christus von den Toten heraufzuführen. Sondern was sagt sie (die Glaubensgerechtigkeit)? Nahe ist dir das Wort in deinem Munde und in deinem Herzen – nämlich das Wort des Glaubens, welches wir verkündigen» (Röm 10,6–8). Das Thema dieses Abschnitts ist es, die Gegenwart des Christus näher zu bestimmen. Christus steht für das Wort Gottes. Wie ist die Gegenwart des Wortes Gottes näher zu bestimmen? Antwort: Es ist nahe, dem Munde des Menschen und seinem Herzen. Das Wort Gottes ist aussprechbar für die menschlichen Verkündiger. Christus ist gegenwärtig in dem Wort des Glaubens, das in alle Welt ergeht. Dieses Wort von der Nähe des Gotteswortes unterbricht die menschlichen Versuche, auszuschweifen in die Höhen des Himmels, wohin sie niemals kommen werden, und niederzufahren in die Unterwelt, wohin zu gelangen sie niemals auch nur wünschen dürften. Es unterbricht die menschlichen Ausschweifungen, welche im Namen der Suche nach dem wahren Leben unumgänglich scheinen. Angesprochen wird hier der Mensch in seiner verzweifelten Suche nach dem Göttlichen, einer Suche, in welcher er seine Grenzen zu überschreiten sucht, zum Himmel aufsteigen und in die Hölle hinabfahren möchte. Kann er allen Ernstes das Göttliche im Himmel suchen, wo doch Gott in Person zur Welt gekommen ist? Kann er allen Ernstes Christus vom Himmel herabholen, wo doch dieser schon unter uns wohnte? Kann er allen Ernstes das Göttliche dem Totenreich zu entreissen suchen, wo doch Gott selbst die Herrschaft des Todes gebrochen hat? Kann er Christus allen Ernstes noch einmal dem Totenreich entreißen, wo er doch schon auferstanden ist? Das Verzweifelte an dieser Suche ist, daß sie nicht auf die *Qualität der Zeit* achtet. Der Mensch vergißt in dieser Suche, was für eine Stunde *schon geschlagen* hat, und eben so vergißt er sich selbst. Er streckt sich über sein konkretes weltliches Dasein hinaus, um das Göttliche zu suchen. Er wähnt das Göttliche in unerreichbarer Ferne, und eben so entfernt er sich auch von sich selbst. Das Verzweifelte an dieser Suche ist, daß sie das wahre Leben dort sucht, wo es schon nicht mehr ist: im Himmel, wo es uranfänglich war, oder in der Unterwelt, wo es im finsteren Augenblick des Todes war. Gewiß müßte man sagen, daß der gegenwärtige Mensch sich weniger nach dem Göttlichen ausstreckt als nach dem, was er aus sich selbst machen zu können glaubt. Er ist deshalb jedoch nicht weniger hoch in den Himmel gestiegen und nicht weniger tief in die Unterwelt gefahren als die, welche das Göttliche suchten. Die Ausgestrecktheit des Menschen bleibt sich gleich, bloß ist – vielleicht – seine Suche noch verzweifelter geworden. Denn seine Ausschweifungen verschweigen sogar, wonach er sich sehnt.

Diesen in seiner Suche nach den Extremen ausgestreckten Menschen unterbricht das Wort von der Nähe Gottes. *Wo* ist Gott nahe? Antwort: in seinem Wort. Was sagt sein Wort? Antwort: es macht seine Nähe verständlich, indem es zur Sprache bringt, was Jesus von Nazareth zu verstehen gibt. Was gibt Jesus von Nazareth zu verstehen? Antwort: daß die Zeit der verzweifelten Suche vorbei sei, daß die neue Zeit des menschlichen Gottes gekommen sei, der seinerseits den Menschen aufgesucht habe. Das suchende Ausgestrecktsein wird abgelöst durch das Finden des suchenden *Gottes*! Demnach muß man sagen, dieses Wort komme der verzweifelten Suche zuvor. Demnach ist dieses Wort von dem *gefundenen Menschen* gar nicht auf die vorangehende Suche des Menschen angewiesen. Das Wort von dem gefundenen Menschen ist ein Wort, das die verzweifelte Suche nicht zu seiner Voraussetzung hat. In diesem Sinne ist dieses Wort voraussetzungslos, weil es selbst der Suche nach ihm noch zuvorkommt. Es knüpft an nichts an, außer an die Fähigkeit zu hören. Es knüpft nicht an das Suchen an, sondern an die Fähigkeit des Menschen, sich auffinden zu lassen. Zum Glück, möchte ich sagen. Denn sonst wäre es *dem* Menschen unendlich fern, dessen Ausschweifungen verschweigen, wonach er sich in der Suche ausstreckt.

Man muß sich hüten davor, dieses Wort wiederum zu einer Hypostase von überirdischer Würde emporzustilisieren. Würde man solches unternehmen, so hätte man die Nähe des Gotteswortes wiederum vernichtet. Und man wäre erneut in der Lage, sich selbst sagen zu müssen, was das Höchste ist. Und eben so wäre man erneut an sich selbst ausgeliefert – auf Gedeih und Verderb. Statt dessen muß die irdische Menschlichkeit dieses Wortes aufrecht erhalten werden. Es ist ein Wort, das tatsächlich in der Reichweite menschlichen Sprechens liegt, und das tatsächlich im menschlichen Herzen Platz findet. Denn es ist ganz einfach jenes Wort, mit welchem Menschen auf vielerlei Weise zu verstehen versuchten, was in Jesus Christus zur Sprache gekommen ist. Und als ein solches ist es gewiß kein magisches Wort, kein Wort von überwältigender Kraft, sondern hinfällig und schutzlos wie jedes menschliche Wort. Dies ist aber bloß die Kehrseite der Nähe, in welche das Gotteswort gekommen ist.

Paulus hat diesem Gedanken der Schutzlosigkeit große Aufmerksamkeit geschenkt. Er hat erkannt, daß die Hinfälligkeit und Schwachheit seines menschlichen Wortes zum Gefäß des göttlichen Wortes werden kann. Deshalb dankt er beispielsweise im Thessalonicherbrief Gott dafür, daß die Thessalonicher sein menschliches Wort als Gotteswort aufzunehmen bereit waren. «Darum danken wir Gott unaufhörlich, daß ihr das Wort, das ihr von uns als Kunde über Gott vernommen habt, empfangen habt nicht als ein Menschenwort, sondern als Gotteswort, was es in Wahrheit auch ist, (als Wort Gottes,) das sich auswirkt in (oder: unter) euch, den Glaubenden.» (1 Thess 2,13). In diesem Satz ist das ganze Spannungsverhältnis zwischen dem menschlichen Gotteswort und dem menschlichen Menschenwort ausgedrückt. Menschliches Wort des Apostels war es, was die Thessalonicher zu hören bekamen, menschliches Wort allerdings, das von Gott kündete (eine *akoē tou theou*). Und als Gotteswort nahmen sie es auf. Insofern war es an ihnen wirksam, an ihnen und in ihnen. Nicht als ein Menschenwort haben sie es empfangen, das eben nicht zu wirken vermag, was es sagt. Paulus versteht hier unter dem Menschenwort ein Wort, das auf begleitende Bekräftigungen angewiesen ist, sei es auf eine Macht (möglicherweise auch eine Polizeimacht), die das gesagte Wort durchsetzen kann, sei es auf eine Tatkraft, mit welcher das Wort unterstrichen werden kann, oder sei es schließlich auf die Hybris der Angesprochenen, welche das Wort evoziert und dann für sich selbst nutzbar macht. In allen diesen Fällen haben wir es mit einem menschlichen Wort zu tun, das nicht als Wort tut, was es sagt, sondern dessen Wirkung in allen Fällen auf etwas außerhalb des Wortes selbst Existierendem beruht. Menschenwort zeichnet sich also an unserer Stelle dadurch aus, daß es auf Bekräftigungen angewiesen ist.

Im Kontext des paulinischen Lebens muß es besonders erstaunlich anmuten, daß Paulus gerade dieses Wort kurzerhand als Menschenwort definiert. Denn üblich war – wie insbesondere der zweite Korintherbrief zeigt – eine völlig entgegengesetzte Annahme: als Verkünder des göttlichen Wortes galt der, welcher sein Wort durch imponierende Zeichen unterstreichen konnte. Es wurde Paulus vorgeworfen, daß er keine Taten aufweise, um sein Wort auszuweisen als Gotteswort (ein Vorwurf, der auch manche gegenwärtigen Christen trifft). Paulus konnte sich auf solche Bekräftigungen nicht einlassen, weil er – wie er sagt – nicht sich selbst zu verkündigen hat, sondern Christus, den Herrn (2 Kor 4,5). Und dieser Herr ist nirgends sonst gegenwärtig als in dem machtlosen, hinfälligen Menschenwort, das keinerlei Versuche unternimmt, über seine Hinfälligkeit hinauszukommen. Zu reden war ja von der Armut Christi, die unseren Reichtum bedeutet (2 Kor 8,9). Zu reden war ja von der Ohnmacht Christi, in welcher die Macht Gottes Gestalt angenommen hat (1 Kor 1,25). Eben deshalb war alles auf das Wort zu setzen. Und eben deshalb sagten die, die unterstreichende Zeichen aufwiesen, gerade nicht das Gotteswort, sondern das Menschenwort. Sie verstellten gleichsam die Wirkung des Gotteswortes, indem sie sich mit ihren Krafttaten *nicht dahinter,* sondern *davor stellten.* Die konkrete Gestalt der Menschlichkeit Gottes ermöglichte es Paulus, zwischen dem Gott mit sich bringenden menschlichen Wort und dem Gott verdrängenden menschlichen Wort zu unterscheiden. Das eine, das Gotteswort, ist gekennzeichnet dadurch, daß es zur Sprache bringt, was von Jesus Christus zu sagen ist, das andere, das Menschenwort, ist das durch menschliche Eigenmacht bekräftigte und deshalb Gottes Macht verdrängende Wort, das eigentlich nicht Christus, sondern den Verkündiger selbst verkündigt.

Damit sind wir zum Abschluß dieses großen Spannungsbogens gekommen, der seinen Ausgang an der neuzeitlichen *Alternative* von Gotteswort *oder* Menschenwort nahm. Wir haben gesehen, daß das Gotteswort ein Verhältnis mit dem Menschenwort eingegangen ist, dergestalt, daß es seine Lebensmacht dem menschlichen Wort einstiftet. Sofern dieses ermächtigt ist, den fleischgewordenen Logos zur Sprache zu bringen, hat es die Vollmacht, Gottes Wort zu sein. Es verspielt diese Vollmacht, wenn es auf Bekräftigungen verweist, die von menschlicher Eigenmacht bereitgestellt werden. Es wird dann zum bloß menschlichen, den Menschen auf seine Eigenmacht verpflichtenden und ihn so von der Macht

Gottes ausschließenden Wort. Am Ende dieses großen Spannungsbogens sehen wir also, daß seit der Fleischwerdung des Wortes Gottes an die Stelle der Alternative ein Verhältnis getreten ist. Und es ist die Folge dieses Verhältnisses, wenn fortan die Unterscheidung von Menschenwort und Gotteswort *innerhalb* des menschlichen Wortes ansteht. *Innerhalb* des menschlichen Redens muß es sich herausstellen, ob Gott zur Sprache kommt (das heißt: ob die Wahrheit über den Menschen gesagt wird), *oder aber* ob Gott verschwiegen wird (das heißt: ob der Mensch zum Selbstbetrug angehalten wird). Mit der Näherung Gottes zum Menschenwort ist auch die menschliche Verantwortung für das menschliche Wort in eine Nähe gekommen, die uns angesichts des gegenwärtigen Umgangs mit dem menschlichen Wort geradezu bestürzend vorkommen muß.

1.6 Usurpation weltlicher Sprache

Bei der Usurpation weltlicher Sprache handelt es sich um einen Grundvorgang christlicher Rede von Gott, und zwar um einen Grundvorgang, der zutiefst mit der Menschwerdung Gottes in Zusammenhang steht. Diese Usurpation läßt sich wiederum als metaphorisches Reden begreifen, das heißt als Übertragung weltlicher Sprache auf theologische Phänomene.

Was die Usurpation weltlicher Sprache bedeutet, soll zunächst an einem exegetischen Beispiel anschaulich gemacht werden. Im 1. Korintherbrief findet sich ein Abschnitt, in welchem Paulus für sich selbst in Anspruch nimmt, *Weisheit* auszusprechen (2,6–16). Um diesen Anspruch würdigen zu können, müssen wir seinen Kontext in Erinnerung haben. Im ganzen vorangehenden Teil des Briefes (1,1–2,5) fällt auf, wie intensiv sich Paulus auseinandersetzt mit einer bestimmten Sophia-Theologie. Er findet sehr kritische Worte für die Weisheit: Gott hat die Weisheit der Welt zur Torheit gemacht (1,20). Das in den Augen der Welt Törichte hat Gott erwählt, damit er die Weisen in die Situation der Schande versetze (1,27). Nicht in der Weisheit des Wortes verkündigt Paulus (1,17), sein Wort ergeht nicht in überzeugenden Weisheitsworten (2,4). Angesichts dieser kritischen Einstellung zu allem, was Weisheit ist, stellt man mit Überraschung fest, daß Paulus nun plötzlich in 2,6 dieselbe Sophia für sich in Anspruch nimmt. In der exegetischen Forschung hat sich diese Überraschung in der These Luft gemacht, Paulus passe sich hier an seine Adressaten an, er vergesse für einen Moment seine Verkündigung, um – gleichsam als Konzession an die Korinther – ihre esoterische Sprache zu übernehmen.

Es ist gut verständlich, wie diese exegetische These zustandegekommen ist. In der Tat befinden sich im vorliegenden Abschnitt 2,6–16 eine ganze Reihe von Wörtern, die allem Anschein nach in Korinth eine große Rolle spielten: es ist die Rede von den Vollkommenen, vom Geheimnis, von Geistesgaben und Geistbegabten, schließlich von Psychikern (das ist die «mittlere» Klasse innerhalb der späteren gnostischen Aufteilung der Menschen in Sarkiker [dem Fleisch Unterworfene], Psychiker [solche die erst auf dem Weg zur Wahrheit sind] und Pneumatiker [die Besitzer der vollkommenen Erkenntnis beziehungsweise des Geistes]). In der Tat, es finden sich haufenweise Wörter, welche dem korinthischen Sprachgebrauch angehören.

Angesichts der vielen Wörter aus korinthischem Sprachgebrauch ist die exegetische These einer paulinischen Konzession an die korinthische Sophia-Theologie zwar begreiflich; sie ist aber dennoch nicht schlüssig. Schwierig ist allein schon die Annahme, Paulus könnte seine Überzeugungen suspendieren, um Konzessionen an seine Leser zu machen. Ein solches Verfahren ist uns von Paulus nicht bekannt. Schwerer wiegt jedoch, daß eine solche These gar nicht darauf achtet, was Paulus mit den korinthischen Wörtern sagt. Hier handelt es sich nämlich um eine Übernahme korinthischer Sprache, die nicht in der Absicht geschieht, Konzessionen zu machen, sondern vielmehr in der Absicht, die Wörter dem korinthischen Sprachgebrauch zu entreißen.

Aus dem Zustandekommen der genannten exegetischen These kann man lernen: Es ist als eine hermeneutische Grundregel anzusehen, daß der Sprachgebrauch eines Autors nicht gekennzeichnet ist durch das Vorkommen bestimmter Wörter. Der Sprachgebrauch eines Autors ist erst erfaßt, wenn darauf geachtet wird, was der Autor mit diesen Wörtern sagt. Der Sprachgebrauch eines Autors kann also frühestens auf der Ebene seiner Sätze lokalisiert werden, nicht schon auf der Ebene seiner Wörter. Diese generelle hermeneutische Regel ist von grundsätzlicher Relevanz für den Vergleich des Neuen Testaments mit seiner Umwelt. Seine Eigenart erhält das Neue Testament nicht dadurch, daß es andere Wörter als die Umwelt braucht (obwohl es auch dazu Beispiele gäbe: das unbedeutende Wort *agapan* etwa, das im Neuen Testament eine auffällige Häufung erfährt), sondern dadurch, daß es dieselben Wörter wie die Umwelt anders gebraucht. Diese generelle hermeneutische Regel muß im sogenannten religionsgeschichtlichen Vergleich entschieden zum Zuge gebracht werden.

In 1 Kor 2,6–16 liegt also eine Übernahme korinthischer Sprache durch Paulus vor, nicht eine Konzession gegenüber den Korinthern. Dies ist jetzt am Stichwort der Weisheit zu zeigen. Die Frage lautet: Was ist dies für eine Weisheit, die Paulus unter den Vollkommenen anzukündigen hat (V. 6)? Paulus bestimmt sie zunächst negativ, indem er sie absetzt gegenüber der Weisheit des Kosmos und gegenüber der Weisheit der Herrscher dieses Aeons (V. 6b). Wodurch kennzeichnet sich die Weisheit der Welt? Die Weisheit der Welt charakterisiert sich selbst dadurch, daß sie es als abgrundtiefe Torheit betrachtet, wenn angesichts des Gekreuzigten von der Ankunft Gottes in der Welt gesprochen wird. Die Herrscher des Aeons pflegen ja – wie man heute von ihren wirtschaftlichen Nachfahren erfahren kann – eine «Philosophie» zu haben, das heißt eine Weltanschauung, die sie sich selbst geben und die auch für ihr Verhalten maßgebend ist. Die «Philosophie» der Herrscher dieser Welt ist dadurch charakterisiert, daß sie in ihrer eigenen Macht und Stärke einen Abglanz der Macht und Stärke Gottes sehen. Von Gottes Gnaden herrschen sie, wie sie früher – etwas vieldeutig – sagten. Wer seine eigene Macht und Stärke als Abglanz der Macht und Stärke Gottes sieht, dessen «Philosophie» läßt es nicht zu, Gottes Macht und Stärke auf dem Gesicht des gekreuzigten Jesus zu gewahren. Von solcher Weisheit ist die Weisheit des Paulus scharf zu unterscheiden, geht sie doch genau davon aus, daß der gekreuzigte Christus Gottes Macht und Gottes Weisheit in dieser Welt darstellt (vgl. 1,24), allerdings nur für die Gerufenen, für die, die Augen haben zu sehen oder noch eher Ohren zu hören. Des Paulus Weisheit ist dieses von Ewigkeit her verborgene Geheimnis Gottes, das nun auf dem Gesicht des Gekreuzigten offenbar geworden ist (vgl. 2,7). Dieses Geheimnis, daß Gott in der Gestalt eines ohnmächtigen Menschen zur Welt kommen wollte, ist sämtlichen Herrschern dieses Aeons verborgen geblieben. Hätten sie es erkannt, so sagt Paulus, dann hätten sie den Herrn der Herrlichkeit nicht gekreuzigt (V. 8). Sie haben es verkannt, und ihre Verblendung hat sich genau in der Kreuzigung Jesu offenbart. Deshalb sind sie eigentlich schon vernichtet: vernichtet in dem Sinne, daß ihre «Philosophie» von Gott selbst unterlaufen worden ist. Ihre Macht und Stärke ist bodenlos geworden, wenn sie nicht mehr als Abglanz der Macht und Stärke Gottes verstanden werden kann. Das Geheimnis, die geheimnisvolle Weisheit Gottes besteht demnach also darin, daß der Herr der Herrlichkeit kein anderer als der Gekreuzigte ist. Es ist höchst bemerkenswert, daß mit «Herr der Herrlichkeit» eine traditionelle Gottesbezeichnung auf den gekreuzigten Christus übertragen wird. Damit wird die Gottesbezeichnung zu einer christologischen Aussage, beziehungsweise Gott wird fortan christologisch gedacht. Das ist die Weisheit, die Paulus der Weltweisheit und der korinthischen Weisheits-Spekulation entgegenzusetzen hat.

Zur Weisheit Gottes wird diese neue Weisheit jedoch dadurch, daß sie einen weltlichen, kontingenten Inhalt hat. Sie greift gerade nicht über das Weltliche hinaus, um Gottes Macht und Stärke zu denken. Sie kehrt vielmehr in den kontingenten Tod des Menschen Jesus ein, um in ihm der weiseren Weisheit Gottes gewahr zu werden. Das Kreuz Jesu ist der Ort, wo die weltlichen Weisheiten in die Kehre kommen. Hier werden sie zu Ende geführt. Eben diese Kehre wiederholt Paulus, wenn er das Stichwort der Weisheit für sich in Anspruch nimmt und es damit dem weltlichen Gebrauch entreißt. Dasselbe ließe sich für die andern gleichsam «besetzten» Wörter genauso zeigen: etwa für den Vollkommenen, dessen Vollkommenheit nun plötzlich – statt sein Privateigentum zu sein – zu einer potestas aliena wird. Vollkommen wird der Mensch, wenn er von der göttlichen Weisheit umfangen wird. Vollkommen wird er, wenn er das göttliche Wort der Liebe als ein Wort gelten läßt, das ihm und genau ihm gilt.

Das Kreuz, das weltliche Geschehen des Todes Jesu, ist also der Ort, wo die weltliche Weisheit in die Kehre kommt. Diese Kehre wiederholt sich in der paulinischen Usurpation des Stichworts Weisheit. Wir haben es hier mit einem sprachlichen Vorgang zu tun, der nichts anderes als die Inkarnation Gottes wiederholt. Das Kreuz Jesu, das Paulus hier im Blick hat, ist ja das äußerste Merkmal dessen, daß Gott zur Welt gekommen ist. Und es ist deshalb nicht verwunderlich, wenn Paulus genau durch dieses Merkmal dazu gezwungen wird, weltliche Sprache zu usurpieren. Gewiß, das Kreuz zwingt nicht einfach dazu, ohne die Usurpation zugleich zu ermöglichen. Daß Gott zur Welt gekommen ist, bedeutet doch, daß er in die Reichweite menschlicher Sprache eingetreten ist. Und dadurch ist zugleich die menschliche Sprache der göttlichen Wirklichkeit in einer Weise ausgesetzt, die kaum überschätzt werden kann. So gut wie Gott die Welt nicht sich selbst überlassen hat, so gut kann und darf auch die weltliche Sprache nicht sich selbst überlassen bleiben. Weil Gott im Kreuz Jesu die Weisheit der Welt unterlaufen hat, wird auch die Sprache der Welt durch das Wort vom Kreuz unterlaufen werden. Die Sprache der Welt wird aber nur dann unterlaufen, wenn das Wort vom Kreuz sich gleichsam in die Sprache der Welt hineinwagt, wenn das Wort vom Kreuz nicht in einem abgeschlossenen heiligen Bezirk liegen bleibt. Das Wort vom Kreuz wagt sich in die Sprache der Welt, wenn es ständig weltliche Wörter an sich zieht, um ihnen in seinem Rahmen eine neue Wendung zu geben. So kommt es zur Eroberung der Sprache durch Gott, einer Eroberung, die – im bezeichnenden Unterschied zu den weltlichen Eroberungen – im Interesse der Eroberten geschieht. Es mag zu den weltlichen Eigeninteressen gehören, daß die Welt in sich abgeschlossen bleiben will, und daß sie deshalb eine Sprache führt, die Weltliches und nur Weltliches bezeichnen kann. Es ist wohl das Eigeninteresse der Welt, um ihrer selbst willen interessant zu sein. Wenn Gott die Sprache der Welt so erobert, wie wir im Neuen Testament beobachten können, dann kann die Welt durchaus um ihrer selbst willen interessant bleiben. Niemand kann dazu gezwungen werden, in dem Vorgang der Kreuzigung Jesu einen Akt göttlicher Weisheit zu sehen. Aber zugleich ist die Möglichkeit wahrhaftig gegeben, solches zu sehen. Und damit ist die Gelegenheit gekommen, wo die Sprache ins Neue gewendet wird. Und die ins Neue gewendeten Wörter weltlicher Sprache entdecken auch an der Welt wiederum Seiten, welche die Welt auf neue Weise interessant werden lassen (dazu [10], 43).

Diesen Vorgang der Usurpation weltlicher Sprache hatten wir schon bei der Skizze der Gleichnistheorie angetroffen, ohne ihn dort so zu nennen. Gemeint ist der Vorgang, daß weltliche Wörter zu Metaphern für Gott werden. Wenn beispielsweise das Wort «Vater» nun nicht mehr einfach die Väter dieser Welt bezeichnet, sondern vielmehr Gott selbst in väterlicher Aktion meint, so kann dies nicht ohne Folgen für die Väter dieser Welt sein. Denn es ist nun nicht mehr ausschließlich den Vätern dieser Welt überlassen, das Wort Vater mit Inhalt zu versehen. Vielmehr ist Gott selbst ins Spiel gekommen, wenn es darum geht, zu sagen, was ein Vater tut beziehungsweise was einen Vater zum Vater macht. Das Wort Vater wird durch den metaphorischen Gebrauch dem weltlichen Sprachgebrauch entrissen. Seine weltliche Bedeutung wird für einen Augenblick suspendiert. Und in der Anwendung auf Gott wird die Bedeutung dieses Wortes gleichsam geheiligt, gleichsam in ihrer wahrhaftigen Reinheit zum Vorschein gebracht. Und die Folge ist: Fortan besteht eine Spannung zwischen dem Verhalten, welches das nun geheiligte Wort bedeutet, und dem Verhalten, welches im Sprachgebrauch der Welt mit dem Wort Vater bezeichnet wird. Dasselbe kann beobachtet werden am Beispiel des Hausherrn, der plötzlich seine Freiheit zur Güte entdeckt, wenn er überraschend seine «Herrlichkeit» *zugunsten* seiner Knechte ausspielt (vgl. Mt 20,1–15). Oder dasselbe kann beobachtet werden, wenn ein Richter – sogar einer, der weder die Menschen noch Gott fürchtet – zur Metapher für Gott wird. An diesem Richter wird entdeckt, daß seine Furchtlosigkeit und Gottlosigkeit ihn immer noch nicht daran hindern kann, der bittenden Witwe Recht zu verschaffen (vgl. Lk 18,1–8). Viele Beispiele ließen sich nennen. Nicht zuletzt ist auch die Tatsache interessant, daß eingebürgerte Metaphern ihrem weltlichen Sprachgebrauch entzogen werden. Die Metapher «Sauerteig» etwa kann überraschend die durchdringende Kraft der Gottesherrschaft meinen und nicht mehr die durchdringendere Kraft des Bösen.

Zu beachten ist, daß solche Vorgänge mehrdimensional sind. Gewöhnlich wird an ihnen nur gesehen, wie das Weltliche auf Gott übergreift, wie also Gott kosmomorph verstanden wird. Demgegenüber ist auch das Umgekehrte zu beachten: Nicht nur wird Gott kosmomorph verstanden, sondern auch die Welt wird theomorph verstanden. Und eben dies macht sie auf eine neue Weise interessant.

In diesem Zusammenhang ist ein Blick auf das Problem des Anthropomorphismus zu werfen (zum Folgenden vgl. E. Jüngel, [43]). Die Situation der Neuzeit ist geprägt durch eine ausgesprochene Feindlichkeit oder zumindest eine unverhohlene Verachtung gegenüber dem anthropomorphen Reden von Gott. Von Gott so zu reden, als ob er ein Mensch wäre, erscheint dem neuzeitlichen Menschen geradezu primitiv. In diese Situation kommt nun das Neue Testament, welches die anthropomorphe Rede von Gott unverhohlen hochachtet. Daraus ergibt sich als Grundproblem für die neuzeitliche Hermeneutik: Sie muß zugleich dem anthropomor-

phen Reden des Neuen Testamentes gerecht werden und der neuzeitlichen Situation der Anthropomorphismuskritik Rechnung tragen.
Wir stellen zuerst die Frage, welche Kräfte denn in der neuzeitlichen Anthropomorphismuskritik wirksam werden. In dieser Hinsicht gilt es vor allem zu beachten, daß die Kritik am anthropomorphen Reden über Gott nicht etwa auf die christliche Theologie oder den christlichen Glauben zurückgeht. Sie stammt vielmehr von dort, wo überhaupt die kritische Reflexion über die menschliche Rede von Gott ihren Anfang nahm. Sie stammt aus der philosophischen Theologie der Griechen. Xenophanes stellt fest, die Menschen seien im Irrtum, wenn sie von den Göttern annehmen, was sie als Menschen haben: Geburt, Gewand, Stimme, Gestalt. Statt solchen anthropomorphen Redeweisen und Vorstellungen Raum zu geben, will Xenophanes Gott mit recht redenden Mythen und reinen Worten preisen. Wie hat man sich solche reinen Worte vorzustellen? Es sind Worte, welche die absolute Größe des einen Gottes respektieren, der «unter Göttern und Menschen am grössten (ist), weder an Gestalt den Sterblichen ähnlich noch an Gedanken» ([44] 135, 21 B 23). Halten wir fest: Die Anthropomorphismuskritik geschieht im Interesse des höchsten Gottes, dessen Abstand zu den Sterblichen nur in dem reinen, nicht-anthropomorphen Wort einigermaßen respektiert werden kann. Wir haben hiermit einen Grundzug der Anthropomorphismuskritik vor Augen, der für die ganze philosophische Theologie bis hin zur neuzeitlichen Leugnung Gottes überhaupt kennzeichnend sein wird.
Jüngel weist dann auf einen prominenten Vertreter dieser Kritik hin, der den neuzeitlichen Geist ganz wesentlich mitbestimmt: auf Spinoza ([43], 501ff). Besonders instruktiv und interessant ist an dem Entwurf Spinozas, daß derselbe Philosoph eng verknüpft ist mit dem Entstehen der historisch-kritischen Hermeneutik beziehungsweise Methode. Spinoza setzt sich sehr dafür ein, daß die historia Scripturae erarbeitet wird. Die historia Scripturae ist die Zusammenstellung der geschichtlichen Ursachen und Umstände, unter denen die heilige Schrift entstanden ist. Sie hat die Aufgabe, die individuellen Begebenheiten gleichsam nachzuerzählen. Dies gilt sowohl für die Schrift wie auch für die Natur. Die «Naturgeschichte» stellt die einzelnen Begebenheiten und Ereignisse zusammen, welche in der Natur feststellbar und erfahrbar sind, genau wie die historia Scripturae zusammenstellt, was an Begebenheiten anzuführen ist, um das Entstehen und die Eigenart der heiligen Schrift zu erklären.
Allerdings ist die Aufgabe der historia in beiden Fällen eine vorläufige: die historia muß zusammengestellt werden, damit dann aus diesen Daten die Definitionen und Gesetze abgeleitet werden können. Die historia ist die notwendige Voraussetzung für die *Lehre,* die dann *more geometrico erstellt werden muß* (also: mathematisch konstruiert wird). Sowohl im Falle der Schrift wie der Natur muß von den Einzelheiten abstrahiert werden, damit der Mensch zu der verläßlichen Erkenntnis allgemeiner

Wahrheit kommt. Die historische Erkenntnis dient also, um es etwas pointiert zu sagen, gerade nicht der Wahrnehmung des unverwechselbar Individuellen. Das Individuelle muß vielmehr als *bloß* Individuelles erkannt werden, damit man leichter fortschreiten kann zur allgemeinen Wahrheit.

Zur Individualität der Schriftaussagen gehört es nun, daß sie anthropomorph sind. Dieser anthropomorphe Charakter kann erklärt werden mit Hilfe der Akkomodationsthese. Diese These lautet: Die in der Schrift als Offenbarung Gottes erzählten Ereignisse und Visionen sind der Urteilskraft und Anschauungsebene ihrer Adressaten angepaßt, akkomodiert. Wenn also – anthropomorph gesprochen – Gott sich in einzelnen Ereignissen oder wunderbaren Visionen offenbart, so paßt er sich damit dem Niveau der Menschen an, er akkomodiert seine Offenbarung dem Entwicklungsstand seiner Geschöpfe. Es ist offensichtlich, wohin ein solches Denkmodell führt. Die Wahrnehmung Gottes in konkreten Ereignissen und Visionen wird in diesem Modell von vornherein zu einer defizitären Gotteswahrnehmung. Sie ist eine – möglichst zu überwindende und in der Philosophie der Neuzeit tatsächlich überwundene – Vorstufe wahrer Gotteserkenntnis. Die historische Erforschung dieser «unterentwickelten» Gotteserkenntnis dient also dazu, ihre Unterentwicklung zur klaren Erkenntnis zu bringen. Die historische Erkenntnis dient dazu, von dem Erkannten einen möglichst entschiedenen Abschied zu nehmen. Die historia Scripturae hat deutlich zu machen, daß die Geschichten der Schrift nur einen defizienten Modus von Offenbarung darstellen. Erst die mathematische Gewißheit (das heißt die Lehre, die more geometrico demonstriert ist) verdient den Namen «Offenbarung». Hier wird also ein Offenbarungsbegriff entwickelt, dessen Grundzug nicht die Zuwendung zum Einzelphänomen, sondern die Abstraktion ist. Die mathematische Gewißheit ihrerseits kennt keine Akkomodationsprobleme, da sie auf eine der Zeit nicht unterworfene Wahrheit gerichtet ist. Von ihr kann es demnach keine historia zu erzählen geben.

Aus der Natur dieser mit dem lumen naturale erkannten Gewißheit ergibt sich, daß sie das Kriterium aller Akkomodation ist. Da sie selbst der Geschichte niemals unterworfen sein kann, ist sie die Basis, auf der die geschichtliche Relativität der akkomodierten Wahrheiten als solche erkannt und aufgehoben werden können. Will der Mensch Gott erkennen, so darf er sich keinesfalls den einzelnen Ereignissen oder individuellen Botschaften der Propheten zuwenden. Er muß sich statt dessen ganz auf seine Vernunft zurückziehen, um in mathematischer Intuition eine gänzlich gewisse Offenbarung der Wahrheit Gottes zu erkennen. Deshalb setzt die menschliche Erkenntnis jener Einzeldinge gerade nicht bei diesen ein, sondern bei Gott selbst. Ausgehend von der gewissen Wahrheit Gottes bewegt sich der menschliche Geist auf die Einzeldinge und Ereignisse zu, um an ihnen festzustellen, in welchem Maße sie als defizitär

zu gelten haben. Die Erkenntnis Gottes (und wohl auch der Welt) ist keinesfalls analytisch, sie ist im höchsten Maße intuitiv, vernunftimmanent. Die auf sich selbst zurückgezogene Vernunft gelangt zur Wahrheit Gottes, und eben so gelangt sie dann auch zu den Abstraktionen, welche angesichts der historia Scripturae notwendig sind. Insbesondere verbietet die vernünftige Gotteserkenntnis das anthropomorphe Reden von Gott, weil ein solches Reden ja nicht mit der mathematischen Intuition der Vernunft beginnt, sondern mit der Konkretheit des menschlichen Gottes.
Angesichts dieses erkenntnistheoretischen Ansatzes drängt sich unwillkürlich die Frage auf, was denn Gott und die Welt überhaupt miteinander zu tun haben. Die Frage ist scharf zu stellen, zumal ja der Exodus der Vernunft aus der Bezogenheit auf die Welt die Voraussetzung wahrer Gotteserkenntnis darstellt. Spinoza gibt auf diese Frage eine zunächst erstaunliche Antwort: Gott ist das einzig absolut Wirkliche, und deshalb ist alles, was dem Menschen wirklich erscheint, nichts anderes als eine Manifestation jener Urwirklichkeit (dazu [45], 178ff). Spinoza muß, um den Gedanken der Manifestation stringent zu denken, allerdings die Vorstellung des Schöpfergottes ablehnen. Die Welt und Gott verhalten sich nicht zueinander wie das Geschöpf zu seinem Schöpfer. Vielmehr ist die Welt insofern die Manifestation Gottes, als diese *mit Notwendigkeit* aus Gott hervorgeht. Die Wirklichkeit der Welt ergibt sich mit mathematischer Notwendigkeit aus der Wirklichkeit Gottes. Neben dieser Betonung absoluter Notwendigkeit steht – zunächst wiederum überraschend – die Aussage Spinozas, daß die endliche Welt zum unendlichen Gott keinerlei Verhältnis habe. Spinoza gibt sich alle erdenkliche Mühe, um den Gedanken der Notwendigkeit mit dem Gedanken der Verhältnislosigkeit zu vereinbaren. In diesem Zusammenhang stehen die Vorstellungen von den göttlichen Attributen oder den Modi, auf die nicht weiter einzugehen ist.
So überraschend ist die These von der Verhältnislosigkeit zwischen Welt und Gott freilich auch wieder nicht. Denn schon die schroffe Ablehnung eines göttlichen Schöpfungsakts wirft ein Licht auf jene Verhältnislosigkeit. Als Schöpfer müßte Gott ein Gegenüber zur Welt darstellen, ein Gegenüber, das schon in der Schöpfung ein Verhältnis mit seinem Geschöpf eingegangen ist, und also ein Wesen, das nie mehr ohne Verhältnis zu seinem Geschöpf denkbar ist. Aber eben – die Rede von Gott dem Schöpfer fängt nicht mit Gott an, sondern mit der Wirklichkeit der Welt, deren wortloses Zeugnis sie aufzunehmen und zu bedenken sucht. Die Rede von Gott dem Schöpfer mag anthropomorph sein. Sie ist jedenfalls eine an der historia naturae ebenso wie an der historia Scripturae orientierte Rede von Gott. Die Rede von Gott dem Schöpfer widersteht als solche schon der Abstraktion Gottes von der Welt. Sie widersteht der Verhältnislosigkeit zwischen der Welt und Gott. Gewiß, dafür ist ein Preis zu zahlen: dieser Preis ist – und das mag Spinoza besonders geärgert haben – die Notwendigkeit der Welt. Wer von Gott dem Schöpfer spricht, kann

nicht mehr von der mit absoluter Notwendigkeit aus ihm hervorgehenden Welt reden. Er muß, um die Existenz der Welt angesichts der Möglichkeit ihres Nichtseins zur Sprache zu bringen, von dem Willen Gottes reden, von einem – in den Augen Spinozas – Anthropomorphismus par excellence. Wer Gott als Schöpfer denkt, kann die Notwendigkeit der Welt (und seiner eigenen Person!) nicht mehr denken.

Spinozas Kritik am anthropomorphen Reden ist wohl charakteristisch für die gesamte Situation der Neuzeit. Auch bei andern Denkern und erst recht beim sogenannten common sense der Neuzeit verläuft die Stoßrichtung auf die Abstraktion Gottes, auf seine ständig größer werdende Distanz zu den konkreten Ereignissen und zu dem, was der sinnlichen Wahrnehmung zugänglich ist. Gott ist immer stärker ins Denken verlegt worden, statt daß er im Sehen und Hören angesiedelt würde. Mit dem Anthropomorphismus wird eben nicht bloß eine bestimmte Sprachform der Rede von Gott verabschiedet, sondern ein ganzer Ansatz der Theologie, ein Ansatz, wie er gerade biblischer Theologie unentbehrlich sein muß. Nicht zufällig beharrt der *Prolog des ersten Johannesbriefes* so sehr darauf, daß die unvordenkliche Wahrheit zu hören, zu sehen, ja mit Händen zu greifen war (1 Joh 1,1). Gewiß schreitet auch hier die Reflexion über das sinnlich Wahrnehmbare fort. Aber erstens *beginnt sie nicht* beim Unvordenklichen, sondern bei dem, was vor aller Augen ist. Und zweitens ist jeder Abschied von dem im Fleisch gekommenen Jesus (vgl. 1 Joh 4,2) Zeichen eines Geistes, der gar nicht aus Gott ist – so sehr dieser Geist gerade im Namen Gottes die Fleischwerdung des Christus geschmacklos finden wird.

Wer den Anthropomorphismus rückgängig macht, macht auch die neutestamentliche Hinwendung zu den Tagesereignissen rückgängig, sei dies die Wendung zur alltäglichen Welt der Gleichnisse, worin Gott in Erscheinung treten will, sei dies zu den Tagesereignissen des irdischen Daseins Jesu, wo Gott in Person in Erscheinung trat. Die biblische Theologie beginnt eben nicht mit Gott, wenn sie von Gott sprechen muß, sondern sie beginnt mit den Tagesereignissen, in welchen es Gott wahrzunehmen gilt. Und es stellt sich im Blick auf die Neuzeit die Frage, ob denn nicht mit der Abstraktion Gottes von der Welt zugleich der über diesen Gott sprechende oder der ihn verschweigende Mensch selbst abstrakt geworden sei. Hat nicht der Mensch auch seine Wirklichkeit und sich selbst ins Denken verlegt und so verflüchtigt? Es stellt sich die Frage, ob dieser auch noch in seinem Verschweigen Gottes eine Abstraktion vollziehende Mensch jene Verhältnislosigkeit zur Welt nicht für sich selbst wiederhole, welche wir bei Spinoza als Verhältnislosigkeit von Gott und Welt beobachten konnten. Dies soll jetzt nur als Andeutung dienen für die Tragweite jenes Vorgangs der neuzeitlichen Anthropomorphismuskritik.

Zur Konfrontation dieser neuzeitlichen Grundthese von der schlechthinnigen Übermenschlichkeit Gottes mit dem gänzlich verschiedenen Ansatz biblischer Rede von Gott kommt es bei der Christologie. Denn die

Christologie kann man begreifen als den großen und großartigen Anthropomorphismus der christlichen Rede von Gott. Darauf hatte schon Kierkegaard hingewiesen: «Man eifert so sehr gegen Anthropomorphismen und denkt nicht daran, daß Christi Geburt der größte und der bedeutungsvollste ist» (Kierkegaard, Tagebücher I, zitiert nach [43], 514 Anm 72). Christi Geburt als größter und bedeutendster Anthropomorphismus muß jeden herausfordern, der dem Gedanken von der Übermenschlichkeit und Abstraktheit Gottes nachgeben will. Es verwundert denn auch nicht, daß *Spinoza ganz und gar kein Freund der Geburt Christi war.* «Wenn übrigens einige Kirchen ... behaupten, Gott habe menschliche Natur angenommen, so habe ich ausdrücklich angemahnt, daß ich nicht weiß, was sie sagen. Ja, offen gestanden scheint mir, was sie sagen, gerade so unsinnig, als wenn jemand sagen wollte, der Kreis habe die Natur des Quadrates angenommen» (in einem Brief an Oldenburg, zitiert nach [43], 512). In der Tat: Auf dem Grund der Anthropomorphismuskritik muß die Inkarnation Gottes einem vorkommen wie die Quadratur des Kreises. Hier tritt die ganze Problematik dieser Position ungeschminkt vor Augen. Solange die bei sich selbst verweilende Vernunft definitiv und abschließend über Gott verfügt, indem sie seine Vorstellung zu mathematischer Gewißheit erhebt, solange ist sie nicht bereit, sich in die Tagesereignisse einzulassen, wenn die Rede von Gott sein soll. Solange sich die Vernunft über das Gegebene erhebt und dann sich eben auch über das von Gott Gegebene erhebt, kann sie die Menschlichkeit Gottes nur als Unsinn und Torheit verstehen. Das heißt: Sie kann die Menschlichkeit Gottes nur als einen Anthropomorphismus betrachten, mit welchem sich Gott an die unreife Stufe der damaligen Menschheit angepaßt hat. Auf diese Weise wird die Menschlichkeit Gottes zu einem Widerspruch gegen die sich auf einen Standpunkt über Gott emporschwingende Vernunft.

Es ist sehr die Frage, ob der Vernunft ein solcher Standpunkt über allen Dingen und dann auch über Gott zukommt. Wichtiger noch als diese Frage ist, ob der Mensch es sich leisten kann, auf diese Weise verhältnislos zu werden nicht nur zu Gott, sondern auch zur Wirklichkeit der Welt. Im anthropomorphen Reden von Gott widersteht der Mensch seiner Versuchung, einen Standpunkt über den Dingen einzunehmen und so zu diesen das Verhältnis zu verlieren. Es versteht sich von selbst, daß das anthropomorphe Reden nicht primär als Leistung des menschlichen Individuums zu sehen ist, sondern vielmehr als eine von der Sprache ihm zugespielte Möglichkeit, bei den Dingen der Welt anzufangen, wenn er vom höchsten Ding reden will. Die anthropomorphe Rede von Gott spielt dem Menschen auf diese Weise ein Verhältnis zu der Wirklichkeit der Welt und eben so auch zu Gott selbst zu.

Man könnte jetzt fragen, wie denn diese Sprache geschaffen worden sei. Im Blick auf das Neue Testament lautet die Antwort: Diese Sprache ist geworden. Sie verdankt sich einer historia, in welcher Gott zur Welt gekommen ist beziehungsweise in welcher Gott die menschliche Sprache erobert hat, so daß nun anthropomorph von Gott zu reden ist. Der neuzeitlichen Kritik an der anthropomorphen Rede von Gott ist entgegenzuhalten, daß die Erkenntnis jener historia das Ziel der Gotteserkenntnis ist, und daß von jener historia eben nicht mehr in der Abstraktion Abschied zu nehmen ist. Anthropomorphe Rede von Gott hat zu geschehen, damit der Mensch aufmerksam wird auf die Erscheinung Gottes inmitten des Geschichtlichen, eine Erscheinung, die nicht als Akkomodation diffamiert werden sollte. Wenn der Mensch aufmerksam wird auf die Erscheinung Gottes inmitten der Tagesereignisse, die in einer historia zu berichten sind, dann ist er aufmerksam geworden auf seine eigene Eingelassenheit in die Tagesereignisse, dann ist er versöhnt worden mit seiner eigenen Geschichtlichkeit und Vergänglichkeit, deren schönstes Indiz seine durchaus vergängliche und revidierbare Rede über Gott ist. Mit dem Anthropomorphismus steht demnach nicht bloß das Verhältnis Gottes zum Menschen auf dem Spiel, sondern ebensosehr der Verhältnisreichtum des Menschen in seiner Welt und zu seiner Welt. Anthropomorphe Rede von Gott vollzieht die göttliche Eroberung des Menschen, eine Eroberung, die ebenso zugunsten des Eroberten geschieht, wie jene Eroberung der Sprache durch Gott zu ihren eigenen Gunsten geschieht. Der Preis für den sogenannt reinen Logos, der Preis für die Ausmerzung des anthropomorphen Elements in der Theologie, ist hoch: er ist die Abstraktion des Menschen von der Welt, die Abstraktion des Menschen von Gott, und also ist er das, was Paulus eine Gestalt des göttlichen Zornes nannte, nämlich die Preisgabe des Menschen an sich selbst (Röm 1,24) beziehungsweise die Preisgabe des Menschen an das, was er als sein Selbst nur noch erkennen und anerkennen will: an seine von aller Welt abstrahierte Vernunft. Es scheint unmöglich, anzunehmen, daß der Mensch so etwas allen Ernstes wollen kann.

Nachdem das tragische Verhängnis der neuzeitlichen Kritik am anthropomorphen Reden von Gott beschrieben worden ist, muß (ganz knapp) auch das Recht dieser Kritik zu Worte kommen. Es trifft ja nicht zu, daß jeder Anthropomorphismus schon einen Gottesbezug des Menschen darstellt. Denn es leuchtet unmittelbar ein, daß es ein anthropomorphes Reden von Gott gibt, welches gar nicht Gott, sondern ausschließlich den Menschen zur Sprache bringt. Der Rede von Gott, welche seiner Menschlichkeit entspricht, steht jene andere Rede gegenüber, welche Gott vermenschlicht und also nichts anderes als eine verschleierte Rede vom Menschen darstellt. Man könnte ohne weiteres zeigen, daß in einer solchen unangemessenen Vermenschlichung Gottes der Mensch nicht nur zu Gott kein Verhältnis bekommt, weil er sich selbst auf ihn überträgt, sondern daß der so in den Himmel übertragene Mensch auch seines Verhältnisses zu sich selbst und der Welt verlustig geht. Für den Moment interessiert uns die Vermenschlichung Gottes als jenes anthropomorphe Reden, das ausdrücklich der Kritik zu unterziehen ist. Gemeint ist jenes Reden von Gott, welches etwa Feuerbach zu seiner These vom Anthropotheismus angeregt hat. Aus der angeblichen Tatsache, daß der Mensch bloß sein eigenes wahres Wesen auf Gott überträgt, zieht Feuerbach den Schluß, es sei der Mensch zum Gott zu machen: statt eines Atheismus sei ein Anthropotheismus zu schaffen, eine Religion, in welcher der Mensch dem Menschen ein Gott sei: homo homini deus. Dieser Anthropotheismus ist genau das, was wir unter dem unangemessenen Anthropomorphismus Gottes zu verstehen haben: ein Anthropomorphismus, in welchem der Mensch kein Verhältnis zu Gott hat, sondern bloß zur himmlischen Reproduktion seiner selbst. Dieser Anthropomorphismus ist jedoch nicht von dem Standpunkt der mathematischen Intuition aus zu kritisieren – eine genauere Betrachtung ergäbe vielmehr, daß er selbst auf diesem Standpunkt beruht –, sondern von dem bedeutungsvollsten und größten Anthropomorphismus, den die christliche Theologie kennt: von der Fleischwerdung Gottes aus. Die neuzeitliche Kritik am anthropomorphen Reden von Gott ist in der Tat aufzunehmen. Dabei kann es jedoch nicht darum gehen, eine Anlehnung an die neuzeitliche Abstraktion Gottes zu suchen, sondern vielmehr eine Anlehnung an die Kunde von der größeren Menschlichkeit Gottes. Die neuzeitliche Kritik ist aufzunehmen, wo es um die Vermenschlichung Gottes geht, um eine Vermenschlichung, die den Weg Gottes zur Menschlichkeit niemals erreicht und die deshalb von der Menschlichkeit Gottes immer zu gering denkt. Die menschliche Sucht zur Vermenschlichung Gottes ist zu kritisieren nicht auf dem Grunde des abstrakten Gottes, welcher einen verhältnislosen Menschen erzeugt, sondern auf dem Grunde der Menschlichkeit Gottes, wie sie in der konkreten Geschichte des Menschen Jesus von Nazareth Gestalt angenommen hat. In dieser Geschichte stellt sich heraus, daß nicht der Mensch des Menschen Gott sein muß, sondern daß der Mensch als Gottes Kind des Menschen Bruder wird. So sehr Feuerbachs These homo homini deus (der Mensch sei dem Menschen Gott) auf den Dienst der Menschen aneinander abzielt, so sehr verliert sie den Sinn für den Dienst *Gottes* an den Menschen. Damit aber entzieht sie der Liebe der Menschen untereinander ihren Nährboden. Nach dem Johannesevangelium ist der fußwaschende Jesus, in dessen Händen Gottes Hände wahrzunehmen sind (vgl. Joh 13,3), die Grundlegung der Liebe: «Wenn nun ich euch die Füße gewaschen habe, [ich] der Herr und Lehrer, so seid auch ihr es schuldig, einander die Füße zu waschen» (Joh 13,14). Der Dienst des Herrn begründet eine Schuldigkeit, die nicht mit der Notwendigkeit zu verwechseln ist. Diese Schuld kann der Mensch dem Herrn auch schuldig bleiben. Dadurch ist die Voraussetzung geschaffen für die ungezwungene Zuwendung der Liebe, die auf dem Boden des Gottesdienstes gedeiht. Insofern gilt, daß die Bewegung der Inkarnation sich fortsetzt in der Zuwendung der Menschen zueinander (vgl. die starke Betonung des «einander» in Joh 13,34).

Diese Menschlichkeit Gottes ist von vornherein der Vermenschlichung entzogen, so wahr die Geschichte des Menschen Jesus der Produktivität der menschlichen Phantasie und dem projektiven Willen des Menschen entzogen ist. Dieser bedeutungsvolle Anthropomorphismus des Neuen Testaments ist ja nicht dadurch zustande gekommen, daß der Mensch seinen Wahn von sich selbst auf Gott übertrug, sondern vielmehr dadurch, daß die konkrete Erscheinung des Menschen Jesus auf Gott zu übertragen war. Eben darin vollzieht sich die göttliche Eroberung des menschlichen Wesens, so wie sich die göttliche Eroberung der menschlichen Sprache vollzieht in der metaphorischen Übertragung weltlicher Wörter auf Gott. Und diese Eroberung erobert das anthropotheistische Wähnen, indem sie eine anthropomorphe Sprache gewährt.

1.7 Liebe im Verstehen

Dieser erste Hauptteil der neutestamentlichen Hermeneutik wird zusammengefaßt, indem die Aufmerksamkeit der Liebe zugewendet wird, die im Vorgang des Verstehens zum Ausdruck kommt. Auch hier wird die metaphorische Rede von Gott den Leitfaden abgeben. In der metaphorischen Rede kommt auf vielerlei Weise die Liebe zur Sprache, weil die metaphorische Sprache nichts anderes ist als die Sprache der Liebe. Was kennzeichnet die Sprache der Liebe? Inwiefern hat Verstehen überhaupt mit der Liebe zu tun? Was für eine Liebe begegnet denn dem Menschen in der neutestamentlichen Sprache? Welche Gestalt hat sie und wie nimmt sie Gestalt an im menschlichen Verstehensvollzug? Diese und ähnliche Fragen werden uns jetzt zu beschäftigen haben.

1. Vielleicht mag jetzt die Erwartung aufkommen, nun werde aus diesem ersten Hauptteil eine Lehre über die Liebe gezogen. Ein solches Verfahren müßte jedoch dem ganzen Ansatz der vorliegenden Hermeneutik untreu werden. Und nicht nur dies: ein solches Verfahren müßte erst recht der neutestamentlichen Sprachbewegung selbst untreu werden. Geht es doch in der Gleichnisrede Jesu – welche uns in diesem Abschnitt als hermeneutischer Leitfaden diente – keineswegs um Belehrung über eine Sache. Die Gottesherrschaft wird so zum Vollzug gebracht, daß der Mensch sich jetzt auf sie einstellen kann. Die Gottesherrschaft kommt genau darin zum Zug, daß der Mensch Gott verstehen lernt und eben so sich selbst neu verstehen lernt. Dieser Sprachbewegung müßte untreu werden, wer eine Lehre aus Sprachereignissen ziehen wollte. Deshalb kann es bei der nun folgenden Zusammenfassung nur darum gehen, hinzuweisen auf die Liebe als Ereignis. Hingewiesen werden soll auf die Liebe, welche in den Verstehensvorgängen geschieht, die das Neue Testament intendiert. Es ist freilich selbstverständlich, daß man dabei auch etwas davon erfährt, was die Liebe ist. Aber man erfährt, was die

Liebe ist, nur, indem man aufmerksam wird auf das, was die Liebe tut. Wir gehen davon aus, daß in den durch die Gleichnisrede Jesu inaugurierten Verstehensvorgängen die Liebe am Werk ist. Denn wo die Liebe am Werk ist, da ist Gott im Spiel. Und Gott ins Spiel zu bringen ist ja der springende Punkt der Gleichnisrede Jesu.

Wer sein Augenmerk auf die Liebe richten will, die im neutestamentlichen Gebrauch der Sprache am Werk ist, der wird von vornherein seine Verstehensbemühungen von der Sprache leiten lassen. Seine Bemühung ist nicht auf Verstehen von Sprache gerichtet, sondern vielmehr auf Verstehen durch Sprache. Diese Bemühung findet einen ursprünglichen Zugang zur Sprache, da es ja die ursprüngliche Funktion der Sprache ist, etwas zu verstehen zu geben. Was gibt die neutestamentliche Gleichnissprache zu verstehen? Wir hatten gesagt: Das Neue Testament gibt uns Gott zu verstehen, und eben so gibt es uns uns selbst neu zu verstehen. Dies ist die unlösbare Verbindung von Theologie und Anthropologie, beziehungsweise von Sprache und Erfahrung. (Wer immer gegen die Anthropologisierung der Theologie Stellung bezieht, der möge achthaben darauf, daß er nicht unversehens die Erfahrungsdimension aus dem Theologischen verbannt.)

Im neutestamentlichen Sinne bedeutet Verstehen zunächst etwas ganz Einfaches: Verstehen heißt zuhören können, verstehen heißt zunächst ganz einfach sich einlassen auf das, was die neutestamentliche Sprache zu verstehen gibt. Wenn das Verstehen darin geschieht, daß ich zuhören kann, darin, daß ich mir etwas sagen lassen kann, dann ist jedenfalls eines bereits deutlich: Die Gleichnisrede Jesu als Schulbeispiel neutestamentlicher Sprache *arbeitet an der Rezeptivität des Menschen.* Sie bringt den Menschen als Empfangenden zum Vorschein, sofern sie ihn statt auf seine Aktivität auf seine Rezeptivität anspricht. Ein gutes Beispiel stellt das Gleichnis vom vielerlei Acker dar (Mk 4,3–9), welches, um das Hören möglich und auf seinen Segen aufmerksam zu machen, eine Geschichte über das Hören erzählt. Die mannigfaltigen Widerstände gegen das Hören erhalten in der Erzählung einen breiten Raum, um durch die Evidenz der überreichen Frucht überwunden zu werden. Deshalb könnte man sagen: Das Gleichnis erschafft den Adressaten neu als *Hörer.* Statt ihm alle möglichen Taten abzufordern, spricht es ihn darauf an, sich den Dienst Gottes an ihm gefallen zu lassen. Die Rezeptivität kann nicht durch ein Postulat geschaffen werden, denn die Empfänglichkeit des Menschen wird nur durch das erschaffen, was ihm *gegeben* wird.

Schon in diesem reichlich formalen Sachverhalt erkennen wir ein Streiflicht der Liebe: die Liebe ist eben darin am Werk, daß der Mensch nicht auf seine Aktivität hin angesprochen wird. Die Liebe spricht ihn nicht darauf an, was er aus sich selbst allenfalls machen kann, sondern vielmehr darauf, daß er sich Gottes Werk gefallen läßt. Sie lenkt den Menschen vom Schmieden seines Glücks ab, in welchem Schmieden er sich immer wieder bloß Ketten schmiedet. Darin erkennen wir die Kreativität der Liebe: die Liebe macht alles neu, weil sie alles mit neuen Augen sehen lehrt. Die Liebe erschafft den von Gott distanzierten Menschen neu als Sohn Gottes, sie macht den Feind zum Nächsten (so die Auslegung des Liebesgebotes durch Jesus, Mt 5,43ff). In der Kreativität der Liebe aber geschieht nichts anderes als die Kreativität Gottes selbst: denn – wie das Neue Testament sagt – Gott ist Liebe (1 Joh 4,8). Gottes Sein kommt als Liebe zum Wirken, Gottes Wirklichkeit ist die Wirksamkeit der Liebe. Schon aus dieser Kreativität der Liebe könnte man lernen, daß die Liebe selbst ein Werk ist, daß sie wirkt, und daß der Mensch sich dieses Werk gefallen lassen soll. Daraus kann man überdies lernen, daß die Liebe dem menschlichen Werk nicht verfügbar ist. Sie muß sich ereignen, wo sie wirklich werden soll. In diesem Zusammenhang muß ein trügerisches Moment am alltäglichen Sprachgebrauch herausgestellt werden.

Diese erste Überlegung hatte zum Ziel, den grundlegenden Zusammenhang von Liebe und Verstehen aufzudecken: das Verstehen ist genau jener Vorgang, in welchem der Mensch nicht auf seine Aktivität, sondern auf seine Rezeptivität angesprochen wird. Das Verstehen ist mithin jener Vorgang, in welchem der Mensch sich der Wirklichkeit der Liebe aussetzt, beziehungsweise in welchem er sich der Wirklichkeit Gottes aussetzt.

2. Nun kann man sicher sagen, daß das Verstehen auch eine ganz bestimmte Einstellung des Menschen zur Wirklichkeit Gottes mit sich bringt. Wer Gott verstanden hat, der hat Gott an sich wirksam werden lassen. Wer Gott an sich wirksam werden läßt, der glaubt. Daraus folgt: Wer Gott verstehen kann, der glaubt an Gott. Es wurde schon darauf hingewiesen, daß Verstehen nicht zu verwechseln ist mit einem intellektuellen Durchschauen, in unserem Falle also mit einem intellektuellen Durchschauen der Gottesidee. Verstehen im neutestamentlichen Sinne des Wortes heißt, mit dem Dasein des Verstandenen einverstanden sein, begreifen können, warum der Verstandene so und nicht anders ist und wirkt. Wer in diesem Sinne Gott verstanden hat, der begreift, daß Gott ihn liebt. Und wer dies begreift, der glaubt an Gott.

Paulus machte darauf aufmerksam, daß der Glaube des Menschen niemals folgenlos ist: Der Glaube kommt vielmehr in der Liebe zur Auswirkung (Gal 5,6). Es wäre freilich verfehlt anzunehmen, mit der Liebe komme ein neues Element ins Spiel, ein Element, das dem Glauben eigentlich fremd sei und sich auf einer anderen Ebene befinde als der Glaube. Eine solche Disjunktion von Glaube und Liebe theoretisiert. Denn gerade der Glaube hat eine vollkommene Bindung an die Liebe: so vollkommen ist diese Bindung, daß der Glaube sich selbstverständlich als Liebe auswirkt. Denn der Glaube ist dort, wo der Mensch versteht, daß Gott ihn liebt. Der Glaube ist dort, wo die Wirklichkeit der Liebe Gottes vollkommen gegenwärtig ist. Deshalb ist der Glaube genau jenes Verstehen, das sich die Liebe Gottes gefallen läßt. Und deshalb ist es selbstverständlich, daß dieser Glaube sich in der Liebe auswirkt. Denn wenn im Glauben erkannt wird, daß die Liebe Gottes das einzig Wahre ist, wie soll dann dieser Glaube sich anders als in der Liebe auswirken können? Es gilt nun, diese selbstverständliche Hinordnung des Glaubens an die Liebe ihrerseits als Geschehen der Liebe zu begreifen. Auch das ist ganz einfach: es ist mit dem Wesen der Liebe nicht vereinbar, daß sie zum Stillstand kommt. Die Liebe ist der Gegenpol zum Tod, der sich am Stillstand zeigt. Es wäre mit dem Wesen der Liebe nicht vereinbar, daß sie als Liebe Gottes zum Menschen geschieht, ohne nicht sofort als Liebe des Menschen zum Menschen und zur Welt sich auszuwirken. Die Wirklichkeit der Liebe ist nicht anders denkbar denn als fortgesetzte, unerschöpflich weitergehende Liebe. In dem Vorgang, daß der Glaube sich in der Liebe auswirkt, ist also wiederum nichts anderes als die Liebe am Werk, die Liebe nämlich, die sich der Mensch im Glauben gefallen läßt und an der er deshalb so Gefallen findet, daß er sie weitergibt. In diesem zweiten Überlegungsgang soll der Versuch gemacht werden, das Verstehen als folgenreiches Geschehen begreiflich zu machen. Die Liebe ist eben deshalb in diesem Verstehen angesiedelt, weil es nicht ohne Folgen bleibt. Dazu die folgenden Beispiele:

a) Auf vielerlei Weise können wir feststellen, daß uns in der Gleichnisrede Jesu eine Sprache entgegentritt, welche uns Raum gewährt. Es ist eine Sprache, die einen offenen Raum bereithält für die menschliche Wirklichkeit. Dieser Raum bleibt auch offen für den in sich selbst verschlossenen Menschen, für den Menschen, der sich der Überraschung göttlicher Liebe gar nicht aussetzen will. In dieser Gewährung des Raumes, welche die Sprache Jesu und dann auch die Sprache des Neuen Testaments auszeichnet, erkennen wir nichts anderes als die Liebe, die am Werk ist. Sache der Liebe ist es, Daseinsraum offen zu halten, Raum zu gewähren, der nicht erst erkämpft werden muß. Sache der Liebe ist es, das Dasein des Menschen anzuerkennen, noch längst bevor dieser Mensch sich selbst Anerkennung verschaffen kann. Genau diese Liebe ist – wenn alles gut geht – am Werk, wo einem unmündigen Kind Daseinsraum eröffnet wird, wo sein Dasein zu einem Zeitpunkt anerkannt wird, zu dem es keinesfalls in der Lage ist, sich selbst Anerkennung zu verschaffen. Wie es die Sache der Liebe ist, Existenzrecht in zuvorkommender Weise auszuteilen, so ist es sinnvoll, eine Sprache, die dieses vollzieht, Sprache der Liebe zu nennen. In dieser Sprache der Liebe, wie Jesus sie geführt hat, ist nichts anderes am Werk als die göttliche Liebe selbst. Deshalb verdient dieses Wort Jesu Wort Gottes geheißen zu werden.

Das Verstehen zeigt sich in diesem Zusammenhang zunächst als ein Verstehen, das Gott dem Menschen entgegenbringt. Dieses Verstehen geht bis an die Grenzen des Möglichen, bezieht es doch gerade jene menschliche Haltung völliger Distanz zu Gott in sich ein. Ein Verstehen an der Grenze des Möglichen ist es, sofern es selbst der menschlichen Sünde einen Daseinsraum gewährt, indem es diese Sünde und ihre Gedanken zur Verständnisbedingung der göttlichen Liebe macht. In diesem Vorgang entdecken wir nichts anderes als das Geschehen jener Liebe, welche Jesus Feindesliebe genannt hatte: wer selbst jenen ein Daseinsrecht gewährt, die ihrerseits ohne diesen Gewährenden sein wollen, der erstreckt seine Liebe wahrhaftig auf die Feinde. In dem Vorgang des Verstehens, in welchem Gott der Verstehende und der Mensch in seiner Sünde der Verstandene ist, geschieht nichts anderes als die Liebe Gottes zu den Feinden, die Liebe Gottes zu denen, die gegen ihn ständig verstoßen. Wer an diese Sprache der Liebe glauben lernt (das heißt: wer ihr zutraut, die Wahrheit und nichts als die Wahrheit zu sagen), wird diese Liebe nicht zum Stillstand bringen können bei sich selbst. Ein solcher Glaube kann demnach nicht folgenlos bleiben. Denn ein solcher Glaube enthebt den Menschen des Zwangs, sich selbst Anerkennung zu verschaffen. Ein solcher Glaube gibt dem Menschen Gelassenheit, die Gelassenheit, anderen ebenso Raum zu gewähren, wie es ihm durch Gott geschehen ist. Die Gelassenheit, dem andern, wie er wirklich ist, Raum zu gewähren, ist bloß ein anderer Name für den Vorgang des Verstehens. Im Verstehen des andern setzt sich jenes Verstehen fort, das in der Sprache der Liebe dem Menschen entgegengebracht wird. Und je mehr er daran glauben lernt, von Gott wirklich verstanden zu sein, desto mehr wird er darauf aus sein, die andern wirklich zu verstehen.

Das Verstehen ist ja häufig dadurch gestört, daß eine verfügende Sprache geführt wird, oder auch dadurch, daß man sich vom Andern bedroht fühlt. Der im Horizont der Liebe verstandene Mensch wird diese Bedrohung nicht so erfahren, daß sie ihn am Verstehen des andern Menschen hindern kann, und zwar des andern Menschen, wie er wirklich ist (nicht: wie man ihn sich wünscht). Man sagt «Tout comprendre c'est tout pardonner» und meint damit eine Schattenseite des Verstehens. Gewiß kann das Verstehen nicht darin konkret werden, daß einfach alles Ungute und Störende übersehen wird, wohl aber geschieht es darin, daß der andere Mensch in seiner ganzen Fehlbarkeit einen Raum gewährt bekommt, den er sich nicht erkämpfen muß. In diesem Sinne gilt das Sprichwort vom alles entschuldigenden Verstehen allerdings: alles entschuldigen kann ja niemals heißen, alles billigen, aber es kann heißen, daß alles Fehlbare von der Person des andern so unterschieden wird, daß diese Person das Daseinsrecht nicht verwirkt. Zusammengefaßt: Die Sprache der Liebe, die mir bei Gott Raum gewährt, hat ihre Folgen dort, wo ich die Gelassenheit finde, dem andern bei mir selbst Raum zu gewähren. So wirkt sich der Glaube in der Liebe aus.

b) In den Gleichnissen Jesu tritt uns eine Sprache entgegen, welche das menschliche Leben zur Klärung bringt. Oder mit einem johanneischen Ausdruck gesagt: Es tritt uns eine Sprache entgegen, welche uns zu

Reinen macht (vgl. Joh 13,10; 15,3). Im Blick auf das Leben übersetzt man diese Reinheit am besten mit Eindeutigkeit. Diese Sprache der Liebe bringt das Leben zur Eindeutigkeit. So formal kann es freilich nicht ausgedrückt werden. Denn die Klärung des Lebens geschieht materialiter so, daß dieses Leben als ein von Gott maßlos geliebtes Leben zum Verstehen kommt. Wenn das Leben als ein von Gott maßlos geliebtes Leben eindeutig wird, dann wird allererst klar, welchen Abgrund der Mensch in seiner Distanziertheit von Gott zwischen sich und Gott aufgetan hat. Dogmatisch gesprochen: Es kommt allererst ans Tageslicht, wie die Realität der Sünde in Wahrheit ist. Allerdings kommt diese Wirklichkeit der Sünde in den Gleichnissen immer als eine zur Sprache, die bereits überwunden ist. In die Tiefe des trennenden Abgrunds kann der Mensch erst schauen, wenn er auf der Brücke steht, die Gott über diesen Abgrund geschlagen hat. So wird die Distanz des Menschen zu Gott erst wahrhaftig sichtbar, wenn sie bereits überwunden ist.

In dieser Sprache wird offenbar, daß die Selbstvernichtung des Menschen nicht das letzte Wort haben kann. Und eben darin erweist sich diese Sprache als Sprache der Liebe. Denn die Sache der Liebe ist es, Abgründe zu überbrücken, Distanzen zu überwinden, in denen sich der Tod breit macht. Solches tut also die Sprache der Liebe, wenn ich auf sie hören kann. Und wer hätte keine Ohren zu hören? Aus dem Hören entsteht das Verstehen, und im Verstehen ist jene Liebe am Werk, welche Abgründe überwindet, das heißt: jene Liebe, welche der Verhältnislosigkeit ein Ende macht. Das ist genauerhin die Liebe, die den Tod tötet.

Nun ist es ja so, daß der Mensch, der sich als Sünder von Gott distanziert, sich in umso grösserer Nähe zu sich selbst und seiner Welt wähnt. Die Distanzierung von Gott nimmt der Mensch vor, damit er ganz bei sich selbst und der Welt sei. In diesem Zusammenhang ist es interessant, daß den Glaubenden nicht selten Weltfremdheit vorgeworfen wird. Gewiß gibt es viele Christen, die tatsächlich weltfremd sind, aber der Vorwurf der Weltfremdheit entsteht gar nicht aus der Erfahrung mit solchen Christen, sondern er entsteht vielmehr aus der Vorstellung, ein von Gott distanzierter Mensch stehe dafür mit beiden Beinen auf der Erde (und deshalb sei ein von Gott weniger distanzierter Mensch weltfremd). Allerdings muß in dieser Sache das folgende zu bedenken gegeben werden: Wenn es dem Menschen in seiner Distanziertheit unmöglich ist, auf die Sprache der Liebe zu hören und in ihr das Wort zur Klärung seines Lebens zu vernehmen, dann bleibt die Aufgabe der Klärung seines Lebens notwendigerweise ihm selbst überlassen. Er selbst hat die Aufgabe, für seine eigene Eindeutigkeit zu sorgen. Wie kann er dies tun? Er kann dies nur so tun, daß er die Eindeutigkeit seines Lebens *herstellt*. Und in dieser Herstellung von Eindeutigkeit geschieht es, daß er selbst, die andern

Menschen und überhaupt die ganze Welt zum Material werden, zum Material, mit dem er seine Eindeutigkeit herstellt. Er selbst, die andern und die ganze Welt werden zu Ton in seinen Händen. Dann verwendet der Mensch seine eigene Person bloß dazu, das letzte aus ihr herauszuholen. Dann gebraucht er die Menschen in seiner Umgebung nur dazu, Zeugen für seine Eindeutigkeit zu sein. Und dann verbraucht er schließlich die ganze Natur nur dafür, sich einen eindeutigen Namen zu machen. Es ist naheliegend, daß er dadurch alles andere als in die Nähe seiner selbst, zu seinen Mitmenschen oder zur Schöpfung kommt. In der Distanzierung des Menschen von Gott ist gleichzeitig seine Distanz zu sich und seiner Welt beschlossen, eine Distanz, welche hier die Gestalt der Vereinnahmung annimmt. Man könnte ohne weiteres die Errungenschaften der Gattung homo sapiens einmal unter diesem Gesichtspunkt betrachten: dienen sie nicht schlicht der Menschheit dazu, sich vom Nichts zu distanzieren? Solche Distanzierungen aber werden immer dann notwendig, wenn Gott nicht in die Nähe gelassen wird. Mit der wachsenden Distanz zu Gott wird die Nähe zum Nichts immer größer, was immer größeren Distanzierungsakten ruft.

Die Klärung des Lebens, welche die Sprache der Liebe dem Menschen gewährt, der auf sie hören kann, setzt sich fort in der Nähe zu Mensch und Welt. Die Klärung des Lebens im Sinne der göttlichen Überwindung des Todes setzt sich fort in der Nähe zu Mensch und Welt, in welcher das Leben zur klaren Auswirkung kommt.

c) Wir hatten an einzelnen Beispielen der Gleichnisrede Jesu beobachten können, daß diese Sprache dem Menschen einen Platz einräumt, einen Platz beispielsweise am Tisch, wo das eschatologische Freudenmahl gefeiert wird, einen Platz beispielsweise unter den Ersten im Gottesreich, oder einen Platz schließlich unter den Söhnen und Töchtern Gottes. Auf eine Formel gebracht heißt dies: Diese Sprache ist die Platzhalterin des Menschen im Angesicht Gottes. Sie hält ihm einen Platz frei in den Augen Gottes. Und diese Sprache kommt erst dann an ihr Ziel, wenn der Mensch Platz genommen hat am Tisch Gottes. Dies ist ihr Ziel, ohne dieses Platznehmen muß sie unvollständig sein. Aber sie bleibt in der Welt, auch wenn sie unvollständig bleibt: die Sprache der Liebe kann warten. Sie kann den Platz freihalten für den Menschen, ohne sich beleidigt zurückzuziehen, wenn er nicht Platz nimmt. Man könnte es auch in einer anderen Begrifflichkeit ausdrücken: Der Platz, den diese Sprache der Liebe freihält, ist gleich der Möglichkeit meines Daseins. Und zwar gleich einer Möglichkeit, welche sich ganz und gar nicht aus meiner Wirklichkeit ergibt. Es ist eine weit verbreitete, aber eben auch eine merkwürdige Annahme, das Mögliche müsse immer unter dem Diktat des Wirklichen stehen, ganz so, als ob nur das möglich wäre, was noch nicht wirklich ist, was aber aufgrund des Wirklichen durchaus möglich ist (vgl. [46]). Es ist eben das Kennzeichen der Liebe, daß sie nicht das Wirkliche zum

Kriterium für das Mögliche macht. Denn die Liebe macht Dinge möglich, welche sich aus der Wirklichkeit gar nicht ergeben. Die Liebe nimmt Partei für das Mögliche (in unserem Falle dafür, daß der Mensch zu den Söhnen Gottes gehört), und eben so macht sie das Mögliche zum Kriterium des Wirklichen. Angesichts der Möglichkeit, zu den Söhnen Gottes zu gehören, muß des Menschen Wirklichkeit, in welcher er sich als Tagelöhner, Buchhalter, Ignorant oder Verächter Gottes versteht, in einem neuen, kritischen Licht erscheinen. Es gibt ja im Leben verpaßte Möglichkeiten, Möglichkeiten, die ungenutzt an der Gegenwart vorbeigehen. Eine solche verpaßte Möglichkeit könnte es sein, wenn ich die Gnade nicht finde, am Tische Gottes Platz zu nehmen.

Es bedarf keiner besonderen Erwähnung, daß auch diese von der Sprache Gottes entgegengebrachte Liebe nicht folgenlos bleibt. Denn wer seinen Platz einnimmt unter den Söhnen und Töchtern Gottes, der wird die Mitmenschen neu kennenlernen als seine Brüder und Schwestern. Gewiß ist auch dies nicht einfach mit ihrer Wirklichkeit gegeben. Es ist ja völlig unbestreitbar, daß manche Brüder und Schwestern sich gar nicht so verhalten. Aber auch darin kommt die Liebe zur Wirklichkeit, daß sie den Menschen Partei ergreifen läßt für das Mögliche, indem er seinen Mitmenschen einen Platz offen hält dort, wo er sonst seine Schwestern und Brüder hat. Es ist zu erwarten, daß eine solche Liebe manche Enttäuschung erleben wird: sie wird brüskiert und sogar mit Füssen getreten werden. Aber solche Enttäuschungen werden sie niemals eines Besseren belehren können. Solche Enttäuschungen belehren ja bloß über das Wirkliche, über das sich die Liebe sowieso keine Illusionen machen kann. Wer aber für das Mögliche Partei nimmt, wird sich von Enttäuschungen keinesfalls eines Besseren belehren lassen. Wer seinen Platz einnimmt unter den Geladenen am Tische Gottes, der wird an seinem eigenen Tisch Plätze frei haben wollen, wo er andere Geladene speisen und tränken kann. Und er wird in dieser Speise und in diesem Trank mehr sehen wollen als bloß Ernährung. Er wird in dem Essen und Trinken jenen Einlaß wiederholen, welcher ihm von Gott an seinem Tische gewährt wurde: der Einlaß zur wahren Gemeinschaft. Manche Tischgäste werden kein feines Benehmen haben, manche Geladene werden nicht kommen – mit guten oder mit weniger guten Gründen –, der an der Sprache der Liebe orientierte Mensch wird solche Enttäuschungen nicht zum Anlaß nehmen, die Plätze an seinem Tisch aufzuheben. Wie er selbst einen Platz freigehalten bekommt, an welchem er jederzeit willkommen ist, so wird er seinen Brüdern und Schwestern einen Platz freihalten. Die Liebe ist – wie man an der Liebe Gottes erkennen kann – langmütig und geduldig. Sie nimmt Partei für das Mögliche und eben deshalb läßt sie sich nicht irritieren durch die Enttäuschungen der Wirklichkeit. Enttäuschungen heben ja nur Täuschungen über das Wirkliche auf, und gerade dies muß dem willkommen sein, welcher das Mögliche als Kriterium des Wirklichen betrachtet.

d) An der Gleichnisrede Jesu haben wir eine Sprache kennengelernt, die auf das Einverständnis des Angeredeten aus ist. Man könnte noch mehr sagen: eine Sprache, die den Menschen allererst als von Gott angesprochenen Menschen offenbart. In dieser Hinsicht ist die Sprache Jesu ein Vollzug theologischer Anthropologie: sie bespricht den Menschen nicht, sie definiert ihn nicht (statt irgendwie kosmologisch nun einfach theologisch), sie erschafft ihn vielmehr neu als ein Wesen, das ein Wort hat, zwar nicht in erster Linie ein Lebewesen, das ein Wort zu sagen hat, sondern ein Wesen, dem ein Wort gilt und das dieses Wort also zu hören hat. Besteht nicht die radikale Einsamkeit des Menschen darin, daß er nur noch Worte zu sagen hat, während ihm selbst keine Worte mehr gelten? Die Sprache Jesu vollzieht theologische Anthropologie, indem sie den Menschen anspricht.
Wir bestimmten diese Sprache genauer, indem wir auf ihre Widerstehlichkeit hinwiesen. Sie *bittet* um Einverständnis, ohne dieses Einverständnis erzwingen zu wollen. Man kann es auf Schritt und Tritt sehen: So sehr die Gleichnisrede Jesu alles daran setzt, den Menschen zum Einverständnis in sie zu bewegen, so sehr hält sie ihm den Raum zum Nein offen. Es verbindet sich in dieser Sprache die ins höchste gesteigerte Bitte mit der gelassensten Ungezwungenheit. Selbst meinem Unglauben gibt das Gleichnis Raum, indem es mich um Glauben bittet und nichts als bittet. Selbst die unmögliche Möglichkeit räumt es ein, um mich für die Möglichkeit aller Möglichkeiten zu gewinnen. Man könnte geradezu – anthropomorph – sagen: In dieser Sprache begibt sich Gott in unsere Hände. Er setzt sich aufs Spiel in der Bitte um Einverständnis. Und erst jetzt erkennen wir den scharfen Kontrast dieser Sprache zu manchen Sprachen in der Welt. Erst jetzt erkennen wir die Distanz dieses Wortes zu den Wörtern, die uns allzuoft gelten: es sind Wörter, die nicht bitten können. Es sind Wörter, die unser Einverständnis erzwingen wollen. Sogar Einladungen gehören nicht selten zu dieser Sorte! Es sind Sprachen, die über den Menschen Beschluß fassen. Das Geschäft der Liebe ist es, nichts erzwingen zu wollen. Das Geschäft der Liebe ist es, die Freiheit der Bitte zu haben. In der Gleichnisrede Jesu erkennen wir also die Sprache der Liebe, welche um Einverständnis zu bitten die Freiheit hat. Sie steht allen jenen Weisen des Sprachgebrauchs entgegen, die nichts anderem als der Verfügungsgewalt des Menschen dienen. Es ist das Geschäft der Liebe Gottes, sich auf die Äste hinauszulassen, wo allerhand passieren kann, sich in unsere Hände zu begeben, wo seine Liebe an uns ausgeliefert ist. Darin besteht die eigenartige Vollmacht der Liebe, daß sie sich dem Erzwingbaren und dem Gezwungenen widersetzt. Damit hängt aber zusammen, daß diese Liebe allererst Verhältnisse schafft. Sie schafft ein Verhältnis zwischen Gott und Menschen. Deshalb muß die Sprache der Liebe eine wahrhaft hermeneutische sein, eine Sprache, die Verhältnisse herstellt, wo Verhältnislosigkeit herrschte. Sie steht damit in radikalem

Gegensatz zu all jenen Sprachen, welche sich nicht aufs Bitten verlegen, sondern beschließen, definieren, erzwingen. Diese Sprachen helfen der Verhältnislosigkeit an die Macht, sie verbreiten das Schweigen, auch wenn sie noch so geschwätzig sind.

In dieser Bewegung der Liebe könnte das Sein-Lassen des Menschen durch Gott zum Ausdruck kommen. Mit dem Sein-Lassen ist jetzt ganz einfach gemeint, daß die Subjektivität des Menschen respektiert wird, beziehungsweise genauer: daß die Subjektivität des Menschen allererst hergestellt wird durch die um Einverständnis bittende Sprache. Es ist das Geschäft der Liebe, sein zu lassen. Insofern ist es die Sache der Sprache der Liebe, den Menschen zur Sprache kommen zu lassen. Und zwar so zur Sprache kommen zu lassen, daß wirklich er selbst und nicht ein Wunschbild oder ein Zerrbild seiner zur Sprache kommt. In der Liebe läßt Gott den Menschen sein. Genau deshalb ist Gott die Liebe, weil er den Menschen restlos sein läßt und ihm vorbehaltlos in der Liebe zugewendet ist. Dieses Sein-Lassen könnte jetzt freilich im Sinne des Laisser-faire, des Sich-selbst-Überlassens verstanden werden. Die voranstehenden Überlegungen haben ausreichend deutlich gemacht, daß dies ein Mißverständnis wäre. Denn Gott läßt den Menschen so sein, daß er sich ganz aufs Zureden verlegt. Das Zureden Gottes wird abgebildet im Zureden jenes Vaters, der seinen Sohn zum Fest bewegen will. Das Sein-Lassen ist nicht Laisser-faire, es hat vielmehr die konkrete *Gestalt des Zuredens*. Im Zureden vereinigt sich das intensive Verhältnis Gottes zum Menschen mit der vollendeten Gewährung von Subjektivität zuhanden des Menschen. Auch darin erkennen wir die Liebe wieder: denn die Liebe ist genau jene Relation, die ein ins höchste gesteigertes Verhältnis verbindet mit der äußersten Respektierung der Subjektivität des Menschen. In diesem Punkt unterscheidet sich die Liebe fundamental von dem, was wir in der Neuzeit Toleranz zu nennen pflegen: die Toleranz schickt sich in die unvermeidliche Subjektivität des andern, die Liebe setzt alles daran, dessen Subjektivität erstehen zu lassen.

In der Sprache des Evangeliums kommt dem Menschen Gott in Aktion entgegen, und zwar Gott in schöpferischer Aktion, in welcher er die Subjektivität des Menschen erschafft. In der Sprache der Liebe läßt Gott den Menschen sein. Und wie hätte der Mensch darauf zu antworten? Ganz einfach: indem er aufgrund der Sprache der Liebe an Gott glaubt. Was heißt das? Es heißt, daß der Glaube Gott Gott sein läßt. In der Antwort des Glaubens kehrt die Bewegung der Liebe zu Gott zurück, indem der Glaube den ihn sein lassenden Gott gewähren läßt. Der Glaube ist jene Existenzweise des Menschen, welche sich ganz von Gott bestimmen läßt, indem sie Gott Gott sein läßt (vgl. Luthers sinere Deum esse Deum, [40]). Deshalb kommt der Glaube aus dem Hören, genauer: aus dem Hören auf die Sprache der Liebe. Und eben dies unterscheidet ihn vom Unglauben, der bestimmend ist, der sich nicht aufs Bitten verlegt, sondern aufs Definieren. Der Unglaube bestimmt über die Existenz Gottes, indem er sie leugnet (natürlich nicht die Existenz eines höchsten Wesens, sondern die Existenz eines dem Menschen nahen Gottes der Liebe: daran sieht man, daß der Unglaube viel früher anfängt als dort, wo es um die Existenz eines höchsten Wesens geht).

Hier sind wir an dem Punkt angekommen, wo die weltlichen Folgen dieses Aspektes deutlich werden. Einzusetzen ist bei der zuletzt gemachten Aussage: Der Unglaube zeichnet sich durch das Bestimmen aus. Was hier als Eigenart des Unglaubens im Verhältnis zu Gott beschrieben wurde, ereignet sich ebenso in der Relation des Menschen zur Welt und zu den andern Menschen. Es ist auch hier das Betreiben des Unglaubens, über die andern Menschen und über die Welt bestimmen zu können. Dies kann sprachlich geschehen in der Gestalt einer sprachlichen Verfügung über die andern Geschöpfe Gottes. Es kann auch handgreiflich geschehen, wenn der Mensch Hand anlegt an das Leben von Menschen, wenn er Hand anlegt an die Gaben der Schöpfung, um sie für immer zu vernichten. So wie der Mensch im Unglauben das Ich auf Gott ausdehnt, indem er über Gott bestimmt, so dehnt derselbe Mensch sein Ich auf Mensch und Welt aus, indem er über sie verfügt. Während der Unglaube sich in der Macht des Verfügens auswirkt, wirkt sich der Glaube in der Liebe aus. Und dies bedeutet hier: Der Glaube wirkt sich im Seinlassen aus: im Seinlassen der andern Menschen, im Seinlassen der Schöpfung Gottes. Wenn der Mensch von der Sprache der Liebe berührt wird, wenn das göttliche Wort der Liebe Glauben zu erzeugen vermag in den Herzen der Menschen, dann kann der Mensch Abschied nehmen von der narzißtischen Vereinnahmung der Welt, von der narzißtischen Ausdehnung seines Ichs über alles, was ist. Denn er kann sein lassen, weil er selbst sein gelassen wird. Er kann einstehen für die Subjektivität der Menschen, weil er um seine eigene Subjektivität nicht mehr besorgt sein muß. Er kann die Welt als Garten erkennen, welchen zu bebauen seine vornehme Aufgabe ist. Auf diese Weise gewinnt der Mensch ein Verhältnis zur Welt und zu den Mitmenschen. Gewiß kann man sagen, daß sowohl die Natur als auch die Menschen ihr Sein objektiv haben. Aber dennoch sind sie darauf angewiesen, vom Menschen sein gelassen zu werden. Dennoch sind sie auf die Bewegung der Liebe angewiesen, welche Gott ist. Welt und Menschen können nur leben, wenn sie nicht aufgefressen werden durch den in seiner Gier nach Leben sich selbst überlassenen Menschen. Es ist sinnlos, auf die objektive Gegebenheit des Kosmos und der Gesellschaft zu pochen, um mich zum Respekt vor beidem zu zwingen. Das Lebensrecht des Kosmos und der Gesellschaft entsteht nirgendwo sonst als im Herzen des Menschen, der von der Liebe Gottes zum Seinlassen ermächtigt ist.

e) Schließlich entdecken wir die Bewegung der Liebe in dem Vorgang der Sammlung. Nicht nur *erzählen* viele Gleichnisse von solchen Sammlungsvorgängen (etwa das Sammeln der Fische in das Netz oder das

Sammeln des Korns in die Scheune), sondern sie *vollziehen* einen solchen Sammlungsvorgang, indem sie die Menschen im Einverständnis um sich sammeln. Ich hatte schon darauf hingewiesen, daß das Gleichnis mich auf mein Einverständnis mit ihm anspricht, mich auf seine Seite ziehen will. Nun bin aber nicht nur ich es, der da auf eine bestimmte Seite gezogen werde. Mit mir sammelt das Gleichnis eine Menge anderer Menschen ein, um sie auch an den Ort einzulassen, wo ich anzutreffen bin. Auf diese Weise überwindet die Gleichnisrede die Beziehungslosigkeit der Menschen. Man könnte noch einen Schritt weitergehen: Gerade indem das Gleichnis stark divergierende Einstellungen aufeinander bezieht, verschafft es den divergierenden Menschen einen Raum, in welchem sie zueinander finden können. Wenn man beispielsweise beachtet, wie sehr sich das Gleichnis um die Sammlung von arbeitsamen Ersten und beschenkten Letzten bemüht (Mt 20,1–15), oder wie sehr sich das Gleichnis um die Sammlung des verlorenen Tagelöhners und des verlorenen Buchhalters bemüht (Lk 15,11–32), so kann man erkennen, daß das gefundene Einverständnis die Divergierenden zugleich zum Einverständnis in das Dasein des andern führt. Eben darin erkennen wir wiederum das Geschäft der göttlichen Liebe, zusammenzuführen, was auseinandergekommen ist, zu vereinigen, was in Verhältnislosigkeit verharrt.
Von großer Wichtigkeit ist dabei, daß die Gesammelten an einen Ort hingestellt werden, der beiden fremd ist. Es wird keinem zugemutet, von sich aus seinen Ort (oder seinen Standpunkt!) zu verlassen, um sich an den Ort des andern zu begeben. Wohl aber wird beiden ein Ort zugespielt, wo sie beide hinkommen können, um dort vereinigt zu sein. Die Liebe Gottes vereinigt Menschen an einem Ort, der ihnen allen fremd ist. Sie werden – wie im Abendmahl – an den Tisch des Herrn, an einen *fremden Tisch* gebeten. Ihre Vereinigung geschieht gleichsam extra hominem. Daran kann man erneut erkennen, daß der Mensch erst extra se zu sich selbst kommt: oder wäre er etwa nicht bei sich selbst, wenn er mit seinem Bruder vereinigt ist? Die Sprache der Liebe ist genau jene Sprache, welche den Menschen außer sich versetzt, damit er dort ganz zu Gott kommen kann und dann eben ganz zu dem anderen Menschen versetzt und eben so ganz in die Nähe seiner selbst gelangt ist.
Es ist offensichtlich, daß diese Bewegung des Menschen extra se folgenreich ist für sein Verhältnis zu der Welt und den Menschen. Gerade im Punkt der Sammlung leuchtet dies ohne weiteres ein, da ja der Mensch ganz unmittelbar in die Nähe des anderen versetzt wird. Das Einverständnis in die Sichtweise der Gleichnisse, oder allgemeiner gesagt: das Einverständnis in die Liebe Gottes setzt sich von selbst fort in der intensiven Bemühung um gemeinsames Reden und Tun. Das Einverständnis an dem Ort extra se schafft eine Verbindung zu den dort versammelten Menschen, die sich gegen den Abbruch zur Wehr setzt. Diese Verbindung drängt auf gemeinsames Bemühen um die Zukunft. Diese Verbindung

drängt darauf, daß immer mehr Verhältnisse geschaffen werden nach Maßgabe dieses Ortes, wo Einverständnis möglich ist. In dieser Hinsicht gilt also, daß sich die sammelnde Bewegung der Liebe Gottes fortsetzt in der Versammlung der Menschen um ihre gemeinsame Zukunft. In diesem Sinne gilt dann auch, daß sich nicht um die Zukunft zu kümmern braucht, wer sich von der Liebe leiten läßt. Denn die Liebe tut *jetzt*, was gewiß Zukunft hat. Die Liebe läßt die Menschen ein in die Gegenwart, die der einzige Ort ist, wo sich ihre Zukunft wirklich entscheidet.

3. In diesem abschliessenden Gedankengang über das Werk der Liebe im Verstehen sind wir jetzt an den entscheidenden Punkt gekommen, wo wir des tiefsten Sinnes von Verstehen ansichtig werden. Verstehen geschieht gewiß immer auch als Verstehen *von* Sprache, als Erfassung von Mitteilungen, die mir auf dem Wege der Sprache zukommen. Aber dieses Verstehen von Sprache rührt noch nicht an die Tiefe meines Daseins, die durch das Aufdecken von Sachverhalten ja gar nicht erreicht wird. Schon tiefer gelangen wir, wenn wir Verstehen begreifen als Verstehen *durch* Sprache, das heißt: das Verstehen meiner selbst und der Welt, wie es mir von der Sprache zugespielt wird. Hier entdecken wir die hermeneutische Funktion der Sprache. Aber auch sie erschöpft noch nicht, was der Vorgang des Verstehens eigentlich meint. Vom Verstehen des Neuen Testaments kann ich eigentlich erst dort reden, wo nicht mehr ich der Verstehende bin, sondern wo ich selbst der Verstandene bin. Und zwar nicht einfach der Verstandene in dem Sinne, daß ich bis auf den Grund meiner Gedanken durchschaut wäre – auch das gehört wohl zum Gottesgedanken, ist aber mißverständlich. Der Verstandene vielmehr in dem Sinne, daß ich für Gott begreiflich bin, daß selbst meine ständige Distanz zu Gott ihm selbst begreiflich ist. Verstehen heißt im tiefsten Sinne, von Gott selbst verstanden sein. Eben diese Nachricht will mir die Sprache der Liebe auf vielerlei Weise zukommen lassen. Wenn diese Nachricht vernommen wird, dann geht mir das Verstehen selbst neu auf: Verstehen heißt eben auch in meinen weltlichen Zusammenhängen nicht, die Phänomene durchschauen, Welt und Mensch in den Griff zu nehmen. Verstehen heißt, den Ort kennenzulernen, an welchem ich mit der Welt und den Menschen vereinigt bin.

Es läßt sich nicht bestreiten, daß dieses Verstehen alles andere als eine voraussetzungslose Angelegenheit ist. Im Gegenteil, dieses Verstehen bekennt sich vollends zur Voraussetzung des Gotteswortes, wie es in Jesus Christus Gestalt angenommen hat. Dieses Verstehen beruht demnach auf einem zuhöchst partikularen Geschehen, das überhaupt nicht notwendigerweise verbindlich ist für alle Menschen. In dieser Hinsicht muß man also sagen, daß dieses Verstehen keine allgemeine Sache ist. Es ist nicht allgemeingültig im Sinne der erzwingbaren Voraussetzung, wohl aber erhebt es den Anspruch auf Allgemeingültigkeit in dem Sinne, daß es allen Menschen gilt. Dieses Verstehen erhebt Anspruch auf Allgemeingültigkeit, weil in ihm das Wesentliche des Verstehens zum Vorschein gekommen ist, das allen Menschen zugute kommen soll. Seine Allgemeingültigkeit beansprucht es indessen nicht so, daß es alle Menschen auf sich verpflichtet, sondern so, daß es niemanden von seiner Wohltat ausschließt. Allgemeingültigkeit dieses Verstehens kann nur entstehen durch die Arbeit an jedem einzelnen Herzen. Der Glaube an Jesus Christus ist identisch mit diesem auf einer höchst partikulären Voraussetzung ruhenden und dennoch allen Menschen geltenden Verstehen.

Schließlich kann man an diesem Verstehen schön erkennen, wie es die Alternative von Wort und Tat hinter sich läßt. Gewiß wird dieses Verstehen im Wort und nur im Wort von Jesus Christus konkret, aber es wird in diesem Wort konkret als die Bewegung der göttlichen Liebe, einer Liebe, die – gerade weil sie auf nichts anderes als auf mein Hören aus ist – niemals in meinem Hören zum Stillstand kommen kann. Es macht das Wesen der göttlichen Liebe aus, daß sie sich fortsetzt als Liebe zum Menschen. Und diese Liebe ist es ja auch, die niemals als Tat des Menschen zu isolieren wäre. Wenn sich der Mensch eingibt in die göttliche Bewegung der Liebe, so hat dies ganz gewiß auch Folgen mit tätlichem Charakter. Aber diese Werke sind nicht als Taten der Liebe ansprechbar, es sei denn in dem Zusammenhang des Wortes von der göttlichen Liebe. Die Lauterkeit der Liebeswerke erscheint ausschließlich in dem Wort von der Liebe Gottes, das als ihr eigentlicher Grund anzusehen ist. Man kann also gewiß sagen, daß die Liebe niemals als Tat des Menschen isolierbar ist, und dennoch muß man mit ebensolcher Schärfe sagen, daß die Liebe niemals anders denkbar ist denn als tätige Liebe. Es gibt keine Liebe, in welcher die Gesinnung die konkrete Tat ersetzen müßte. Liebe existiert nirgends als in der konkreten Liebestat. Auf diese Weise überwindet das Verstehen die Alternative von Wort und Tat, indem es gerade die tätige Liebe aus dem Hören kommen läßt und auf das gehörte Wort angewiesen bleiben läßt. Das Verstehen selbst ist demnach kein Vorgang, der innerhalb jener Alternative von Wort und Tat lokalisierbar wäre. Gerade das Verstehen ist ein Vorgang, der immer auch handgreifliche Folgen hat. Verstehen gibt es nicht anders als in der verständnisvollen Tat, so gut es die verständnisvolle Tat nicht anders gibt als im Horizont jenes Verstehens, in welchem der Mensch sich anders verstehen lernt denn als Täter seiner selbst.

2. Hermeneutische Streiflichter

Der erste Hauptteil der vorliegenden Hermeneutik war der Gleichnisrede Jesu gewidmet. Dabei wurde die Gleichnisrede als eine Grundform des neutestamentlichen Redens von Gott betrachtet. Insofern ist die Gleichnisrede nicht bloß für sich selbst hermeneutisch relevant, sondern erschließt darüber hinaus viele andere Sprachvorgänge des Neuen Testaments. Wenn das Geschäft der Hermeneutik darin besteht, ein Verhältnis zu schaffen zwischen dem Leser und der Sache eines Textes, dann ist das hermeneutische Potential der Gleichnisrede unter anderem darin zu erblicken, daß sie einen Zugang zu anderen Sprachformen möglich macht. Usurpation weltlicher Sprache – um nur ein Beispiel zu nennen – findet nicht nur in den Gleichnissen statt; sie ist vielmehr ein Grundvorgang jenes Redens von Gott, das an der Inkarnation orientiert ist.
Dies bedeutet jedoch nicht, daß das hermeneutische Potential anderer Sprachformen schon enthalten wäre in der Gleichnisrede. Wohl aber wird es erschlossen durch die Einsichten, die im ersten Hauptteil gemacht wurden. Es ist unmöglich, diesen Erschließungsvorgang erschöpfend darzustellen. Er muß weitgehend der Phantasie des Lesers überlassen bleiben. Immerhin sollen in den folgenden Abschnitten Fragmente jenes Erschließungsvorgangs vorgelegt werden, sozusagen hermeneutische «Streiflichter» aus dem Neuen Testament. Der Hauptakzent liegt wiederum auf den hermeneutischen Leistungen der betrachteten Sprachvorgänge.

2.1 Das Gebet

An manchen Orten des Neuen Testamentes wird vom Beten gesprochen, wird über das Beten nachgedacht, werden Gebete ausgesprochen. Das Gebet ist – wie es überhaupt zu den religiösen Gebärden des Menschen gehört – auch im Neuen Testament ein hervorragendes Moment des menschlichen Gottesbezuges. Die vorliegenden Überlegungen gelten zunächst dem Beten Jesu, dann seiner Anweisung zum Beten, schließlich dem von ihm gegebenen Gebet.

2.1.1 Das Beten Jesu

Von besonderem Interesse ist das kurze Gebet, das Jesus nach der Überlieferung der Passionsgeschichte im Garten Gethsemane sprach: «Abba, (mein) Vater, alles ist dir möglich. Nimm diesen Kelch fort von mir! Aber nicht was *ich* will, sondern was *du* willst (soll sein)» (Mk 14,36). Zwar ist die historische Beurteilung von Mk 14,32–42 sehr umstritten; namentlich ist es schwer vorstellbar, wie die späteren Erzähler zum Wortlaut des Gebetes gekommen sind. Wie sollte es Ohrenzeugen von einem Gebet geben, bei dem die Jünger ja schliefen? Allerdings ist diese Frage der historischen Dokumentation von untergeordneter Bedeutung. Denn das Gebet gibt die Haltung Jesu präzis wieder. Deshalb ist es gleichgültig, ob es von ihm genau so gesprochen wurde oder nicht.

Auffällig an diesem Gebet ist schon die *Anrede*: Abba. So spricht man über den Tisch hinweg den Vater an. Es ist eine Anrede, die sich durch die Nähe des Vaters einstellt. In ihr spricht sich nicht in erster Linie ein besonderes «Sohneswissen» aus (das steht erst im Mittelpunkt, wenn diese Anrede theoretisch verwertet wird). Primär zeugt sie von der Nähe des Gottes, der in diesem Gebet angesprochen wird. Die Nähe Gottes war grundlegend für das gesamte Wirken und Reden Jesu. Das Gebet in Gethsemane *reagiert* auf die Nähe Gottes, statt sie erst herstellen zu wollen. Daraus folgt: In der Anrede versetzt sich der Beter an einen bestimmten Ort, an den Ort, wo man Gott anredet, wie man über den Tisch hin den Vater anredet. Diese Anrede sollte zum charakteristischen Merkmal des Betens in der christlichen Gemeinde (Röm 8,15; Gal 4,6) werden.

Das Gebet Jesu selbst beginnt damit, daß Gott alle Möglichkeiten zugeschrieben werden. «Alles ist dir möglich.» Das ist eine Übertragung jener Allmacht auf Gott, die sonst das (narzißtische) Ich für sich beansprucht, beziehungsweise in deren Besitz es sich wähnt. Das Gebet zeigt sich somit als jene Gebärde, in welcher der Beter mit seiner Allmacht zu Ende kommt. Er gibt die Macht in fremde Hände. Er überträgt die Allmacht an einen Ort, der eindeutig außerhalb von ihm liegt. Das Gebet Jesu stellt also einen Raum dar, wo der Mensch den Wunsch der Allmacht überwindet, beziehungsweise einen Raum, wo der Mensch anbetend (und also zustimmend) eine Macht außer sich wahrnimmt. In diesem Zusammenhang ist das Gebet für die Feinde bemerkenswert, das Jesus in Mt 5,44 fordert. Dieses Gebet ist nicht etwa bloß deshalb wichtig, weil es die Voraussetzung wäre für die (folgende) Praxis der Liebe. Es ist seinerseits ein praktischer Akt der Feindesliebe. Denn im Beten für den Feind geschieht eine nicht mehr überbietbare Zuwendung zu dem Feind. *Das Gebet für den Feind ist das genaue Gegenteil des Wunsches, er möge doch vernichtet werden.* Und also läßt der Beter auf intensive Weise ab von der Macht, die er über seinen Feind gern hätte. Das Gebet für die Feinde ist insofern die Überwindung vieler Psalmgebete, welche die Vernichtung der Feinde wünschen. Im Gebet gibt der Beter Macht aus der Hand.

Das bedeutet jedoch nicht, daß er mit dem Wünschen aufhören müßte. Gerade die Bitte Jesu, der Kelch möge von ihm hinweggenommen werden, ist Ausdruck solchen Wünschens. Es ist menschlich, das Leiden und den Tod zu fürchten. Der Wunsch, von beidem verschont zu bleiben, ist ein menschlicher Wunsch. Menschliche Wünsche haben im Gebet ihren Platz, und zwar dort, wo der Beter die Macht schon aus der Hand

gegeben hat. Weil menschliche Wünsche hier ihren Platz haben, ist das Gebet der Ort, wo solche Wünsche bearbeitet werden.
Wie diese Arbeit an den Wünschen aussieht, erkennen wir im Schluß des Gebets Jesu: Nicht was ich will, sondern was du willst. Das ist der Ertrag des Gebets: die Annahme auch dieses Geschicks aus Gottes Hand. Es ist nichts Heroisches an dieser Annahme; nicht ein *Held* stellt sich hier seinem tragischen Schicksal. Der menschlichen Furcht vor dem Leiden und dem Tod wird uneingeschränkt Raum gegeben. Und zugleich bewegt sich der Beter dazu, das Kommende anzunehmen. Das Gebet ist, *wo es «lauter» geschieht*, der Raum, in welchem der Mensch aus seiner Allmacht hinüberschreitet zur Wahrnehmung und Anerkennung der ihm entgegenstehenden Wirklichkeit, ohne sich dabei das Wünschen zu verbieten. Diese Reinheit des Betens wurde in Gethsemane entdeckt. Das Gebet zum Vater, dem alle Macht zuzuschreiben und der eben deshalb Empfänger der menschlichen Wünsche ist, gesteht sich die Existenz eines fremden, göttlichen Willens ein. Dieses Gebet zum Vater hielt Jesus auf seinem Weg, der – einmal eingeschlagen – zu Ende gegangen werden mußte.
Es ist gewiß kein Zufall, daß am Ende dieses Weges noch einmal ein Gebet überliefert ist, ein merkwürdiges freilich: «Mein Gott, mein Gott, warum hast du mich verlassen?» (Mk 15,34). In der äußersten Gottverlassenheit findet Jesus die Sprache, an Gott festzuhalten. Er drückt seine Gottverlassenheit in einem Gebet aus. Darin wiederholt sich, was in der Abba-Anrede zum Ausdruck kam: das Gebet Jesu *verdankt sich* der Nähe Gottes. Auf diese Nähe stützt sich auch sein letztes Gebet, die äußerste Ferne Gottes beklagend. Die Welt nahm ihren Lauf. Kein Schimmer der kommenden Gottesherrschaft war zu sehen. Und dennoch: ein Schrei zu Gott. Durch diesen Schrei am Kreuz wurde die äußerste Gottverlassenheit für die Wirklichkeit Gottes erschlossen. Es stand Sprache zur Verfügung (der Psalm 22), welche die Paradoxie erlaubte, den Schrei der Gottverlassenheit in die Form eines Gebetes zu bringen. Und seit diesem Schrei steht die Sprache allen Menschen zur Verfügung. Mag ihre Gottverlassenheit noch so groß sein, immer werden sie von Jesus erwartet, dessen Schrei am Kreuz ihre Gottverlassenheit verbindet mit der Wirklichkeit Gottes. Das ist die Überwindung selbst des größtmöglichen menschlichen Abstands zu Gott. Vielleicht kann man sagen, der Schrei Jesu am Kreuz sei die Seligpreisung der Gottverlassenen. Denn die Seligpreisung ist ein Wort, das die Situation äußerster Mittellosigkeit verbindet mit dem austeilenden Gott. Die Seligpreisung – hier in der Gestalt des paradoxen Gebets – ist die eigentliche Hermeneutik des Lebens.

2.1.2 Jesu Anweisung zum Beten

In einem Zusammenhang, wo es um den Gerechten geht, der aus seinem Verhalten eine Schau vor den Menschen macht (vgl. Mt 6,1), entdeckt Mt 6,5f das Problem der *Selbstveräußerung im Gebet*. So, wie das Almosengeben und das Fasten immer tiefer in die Selbstveräußerung führen, wenn sie, statt vor Gott, vor den Menschen geschehen, steht auch das Beten am Abgrund der Selbstdarstellung. Es droht in den Strudel der Veräußerung zu geraten, die der Mensch im Interesse, sein ganzes Dasein als Rolle im Welttheater zu spielen, sich selbst antut. Dabei wäre gerade das Gebet der Ort, wo unmißverständlich Gott als Adressat gemeint ist. Deshalb setzt Jesus der Selbstveräußerung des Betens die Anweisung entgegen, beim Beten sei die Speisekammer zu benützen. Die Speisekammer ist – im palästinischen Haus – der einzige abschließbare Raum, der einzige Raum also, wo die Öffentlichkeit ausgeschlossen werden kann. In diesem Raum wird das Beten auf sich selbst zurückgeführt, hat es doch – wo es wahrhaftig geschieht – nur einen Adressaten: Gott. Sofern es diesen einen Adressaten hat, was ihm in der abgeschlossenen Kammer am leichtesten fällt, ist es der Neigung entzogen, sich an die Menschen zu richten. Es ist der alles verschlingenden Selbstveräußerung entzogen.

Diese Kritik des öffentlichen, von Gott abgewendeten Gebets ist von großer Tragweite für das Beten (wie vielleicht überhaupt für die menschliche Spiritualität). Immer wieder geschieht es, daß im Gebet gar nicht Gott angeredet wird, sondern anwesende Personen, die beeinflußt werden sollen. Oft werden im Gebet Mitteilungen durch die Blume gemacht. Häufig wird – in der Verkleidung der Bitte zu Gott – betend Kritik geübt an Anwesenden oder auch Nicht-Anwesenden. Ein solchermaßen pervertiertes Beten macht sich genau an jenem Ort breit, wo ein offenes Gespräch am Platz wäre. Es spricht die Gemeinten auf eine Weise an, die Kommunikation verhindert und Beziehungen abbricht. In solchermaßen pervertierten Gebeten herrscht der Aussagesatz vor; häufig tritt er an die Stelle der Bitte, der Klage oder der Danksagung. In solchen Gebeten herrscht die Sprache der Feststellung; sie verdrängt die Sprache der Beziehung. Auch daran erkennt man, daß solches Beten Beziehungen abbricht statt schafft.

Man könnte das Gebet verstehen als konzentrierte Spiritualität des Menschen, als Gebärde, wo sich die Spiritualität sozusagen verdichtet. Spiritualität ist ein anderes Wort für Gottesbezug. Man könnte auch sagen: Spiritualität ist die Erscheinungsform des Glaubens. Dazu ist das Gebet der Ort, wo der Glaube zugleich Gestalt annimmt und möglich wird. Das an die Menschen gerichtete Gebet jedoch führt dazu, daß auch das spirituelle Leben gleichsam aufgefressen wird vom Rollenspiel, das das Leben (in seiner gesellschaftlichen, wirtschaftlichen, freizeitlichen Erscheinungsform) gänzlich zu prägen scheint. Der Glaube wird – seiner

Gestaltwerdung beraubt – gezwungen, sich selbst zu veräußern: in religiöser Praxis, welche der Welt Respekt abnötigt, in der Gestaltung der Welt, welche dem Glaubenden Gewißheit vorspiegelt. Aber der Glaube läßt sich nicht veräußern, weder durch das Gebet noch durch eine sonstige Glaubenshandlung, denn der Glaube *äußert sich* – in der Liebe. Dort, in der Liebe, äußert er sich, aber nicht als er selbst, sondern als Liebe. Im Interesse solcher Lebensäußerung steht es, wenn Jesus das Gebet in die abgeschlossene Kammer verweist, also unterscheidend zwischen dem Beten und dem Alltäglichen, zwischen Spiritualität und Säkularität. Obwohl diese Unterscheidung – gerade in theologischen Kreisen – einem beträchtlichen Mißtrauen begegnet, wäre es sinnvoll, sich ihr anzuvertrauen. Wo die Spiritualität abwesend ist beziehungsweise der Ort des Gebets verloren gegangen ist, entsteht die Tendenz, das authentische Sein, das wahre Selbst-Sein, im Rollenspiel des Alltäglichen zu suchen. Der Säkularität wird aufgeladen, das zu bringen, was nur Ertrag der Spiritualität sein kann. An das Rollenspiel wird der Anspruch der Authentizität gestellt, wodurch es hoffnungslos überfordert wird.

Weitere interessante Aspekte des Betens werden entdeckt durch Mt 6,7f, einen Text, welcher das sinnvolle Beten dem Wortschwall der Heiden gegenüberstellt. Die Anspielung auf den Wortschwall der Heiden mag damit zusammenhängen, daß in nichtjüdischen Gebeten zuweilen viele Gottesepitheta aneinandergereiht werden. Freilich, sowenig wie das Judentum auf die Selbstveräußerung festgelegt wird, sowenig soll das Heidentum auf das Geplapper beim Beten reduziert werden. Kritisiert wird eine Gebets*praxis*, hier am Beispiel der Heiden aufgezeigt, die sich keinesfalls auf den Gegensatz von Juden und Heiden nivellieren läßt.

Was spricht sich aus in der Aneinanderreihung von Gottesbezeichnungen? Darin spricht sich das Bemühen aus, Gottes Person auf keinen Fall zu verfehlen. Darüber hinaus könnte es auch ein Versuch sein, Gottes Wohlwollen zu gewinnen. Sowohl Gottesbezeichnungen, die aneinandergereiht werden, als auch Zauberworte, die nicht selten in Gebete eingestreut werden, haben das eine Ziel: den Gott in Bewegung zu bringen. Die «Heiden» meinen, Gott durch die Quantität ihrer Worte in Bewegung bringen zu können.

Erwartungsgemäß warnt Jesus vor dieser Praxis des Betens. Unerwartet ist freilich die Begründung, die er angibt. Zu erwarten wäre gewesen, daß der Quantität der Heiden die Qualität des wahren Gebets gegenübergestellt würde. Gott ist unbestechlich, durch die Menge der Kaptationen nicht zu bewegen. Man hätte erwartet, Auskunft zu bekommen über die wahrhaft bewegenden Dinge: über die Reinheit des Herzens etwa, auf die es beim Gebet ankommt, über die Wahrhaftigkeit der Bitte selbst, die sich nur erbittet, was Gott gefällt. Man hätte erwartet, daß die quantitativen Mittel, die der «heidnische» Beter einsetzt, abgelöst würden durch die Qualität des Beters beziehungsweise des Gebets. Die Begründung Jesu aber lautet ganz anders: Denn euer Vater weiß, was ihr nötig habt, bevor ihr ihn bittet. Ein Gott, der solches weiß, muß nicht mehr bewegt werden. Er hat sich schon bewegt, aus den Fernen des Himmels in die Nähe zum Menschen. Das Beten Jesu scheint von der völligen Gewißheit auszugehen, daß es sich an den ganz nahen Gott wendet – an den Vater, über den Tisch hinweg angesprochen. Von dieser Nähe lebt sein Gebet. Und diese Nähe schließt ein Beten aus, das meint, Gott erst noch bewegen zu müssen.

Diese Einsicht könnte das Gebet überhaupt überflüssig machen. Gelten die Gebete gar nicht Gott? Sind sie Selbstgespräche, religiöse Formen der Selbstbesinnung? Sie mögen von alledem etwas haben, und dennoch wäre es grotesk, das aus der Nähe Gottes geschehende Beten Jesu seines Adressaten zu berauben. Ist denn Gott der einzige, der in Bewegung zu bringen ist? Wenn das Beten nicht mehr Gott in Bewegung bringen will, so kann es einen andern bewegen – *den Beter*. Die Warnung vor dem Wortschwall konzentriert das Gebet auf das Wesentliche: es ist selbst die *Bewegung der Bitte*. In der Bitte gesteht der Beter sich ein, daß er nicht selbst sich geben kann, was er erbittet. In der Bitte findet der Beter Schutz davor, seiner Eigenmacht alles zuzutrauen. Eben deshalb muß das Gebet die Gestalt der reinen Bitte haben, unbelastet von allen Versuchen, durch Anwendung von Macht der Bitte Nachdruck zu verleihen. Insofern orientiert sich das Beten an jener Witwe, die ihren Richter durch nichts anderes als durch Bitten anging (vgl. Lk 18,1–8). Das Gebet ist der Ort, wo der Beter Abschied nimmt vom Leben aus sich selbst, und wo er ein Leben aus dem Empfangen gewinnt. In der Bitte bewegt sich der Beter weg von einem Leben aus Eigenmacht hin zu einem angewiesenen Leben. Wie sehr das Gebet den Beter in Bewegung setzt, ließe sich auch an anderen Gebeten des Neuen Testaments beobachten. So eröffnet etwa das Dankgebet (vgl. die Abendmahlsliturgie in Mk 14 und 1 Kor 11) den Raum, wo der Betende zur Dankbarkeit findet, wo er die Gaben, die er sich nicht selbst geben kann, als solche in Empfang nimmt. Oder die neutestamentlichen Hymnen sind Räume, wo der Betende sich der Macht des Christus unterstellt, wo er – indem er dem Gekreuzigten zugesteht, den Namen über allen Namen zu haben (vgl. Phil 2,6–11) – eintritt in den Gehorsam des Gekreuzigten.

2.1.3 Das gegebene Gebet (Unser Vater)

Im vorhergehenden Abschnitt wurde festgestellt, daß beim Beten der Beter sich selbst bewegt. Diese Aussage verlangt insofern eine Präzisierung, als die Bewegung zur Bitte nicht in der Eigenmacht des Beters steht. Das Beten ist ihm immer gegeben, sei es in der Gestalt der Gebete, die er in seiner religiösen Erziehung lernt, sei es in der Gestalt der Gebete, die

literarischen Rang gewonnen haben. Im Zusammenhang dieser Gewährung der Bitte ist es zu verstehen, daß Jesus im Herrengebet (Mt 6,9–13par) seinen Jüngern die Bewegung zum Bitten ermöglicht. Dieses Gebet Jesu ist in vielerlei Hinsicht aufschlußreich für die Hermeneutik des Betens.
Schon mit der Anrede (*pater*, an anderen Stellen sogar in griechischer Transkription: *abba*, vgl. Mk 14,36; Röm 8,15; Gal 4,6) spielt Jesus den Jüngern die Nähe Gottes zu. Er ermächtigt sie, Gott so anzureden, wie man einen leiblichen Vater über den Tisch weg anredet. Mit der alltagssprachlichen Anrede Gottes wird das Gottesverhältnis der Betenden neu bestimmt. Und die Tatsache, daß diese Anrede an manchen Orten in griechischer Transkription erscheint, zeigt, wie sehr dieses Gottesverhältnis erfahren wurde als eines, das von Jesus gewährt ist. Die neue Gottesrelation, welche in dieser Anrede erschaffen wird, ist bestimmt durch *Nähe und Sohnschaft*. Die Anrede ist der Vollzug dieser Sohnschaft. Der Schritt aus der Ferne in die Nähe, der Schritt zur Sohnschaft, ist gekennzeichnet durch den Abschied von der Knechtschaft. An die Stelle des Knechtes, der für seinen Herrn arbeitet und Dinge produziert, ist das Kind getreten, das am Tisch des Vaters sitzt und zugreift. Die Vorstellung, daß die Gottesbeziehung durch des Menschen Werk erarbeitet werden muß, macht Gott zum Arbeitgeber. Dabei verliert der Mensch die Beziehung der Sohnschaft, er verliert den himmlischen Vater und verliert zugleich seine irdischen Schwestern und Brüder. Die Schwestern und Brüder werden zu Mitarbeitern oder aber zu Konkurrenten im Arbeitskampf. Auf diesen Verlust der Gottesbeziehung und diese Zerstörung der Weltbeziehung geht die Vater-Anrede im Herrengebet ein, sei es, um ihnen zuvorzukommen, sei es, um den Menschen aus der Negativität herauszugeleiten.
Von großer hermeneutischer Leistungsfähigkeit sind auch die ersten paar Bitten des Unser Vaters. Gebetet wird um die Heiligung des Namens Gottes. Dies setzt den Beter in Bewegung dorthin, wo er das Gottsein Gott selbst überläßt. Es unterbricht seine Versuche, Gottes Gottsein herbeizuführen, Gottes Gottsein zu verwirklichen, gleichsam Gott einen Namen zu machen. Diese Bitte bewegt den Beter zur Anerkennung dessen, daß es außer seinem eigenen Namen, dem er alles schuldig zu sein glaubt, einen andern Namen gibt, der Heiligung beansprucht.
Gebetet wird um das Kommen des Reiches. Auffallend im Zusammenhang vergleichbarer Gebete ist die lapidare Kürze dieser Bitte. Sonst pflegen sich mit der Bitte nach dem Kommen des Reiches Gottes viele menschlichen Wünsche zu verbinden: der Wunsch nach Vernichtung der Feinde Gottes (die zuerst einmal meine eigenen Feinde sind), der Wunsch, die Ungerechten und Gottesverächter mögen endgültig untergehen, und dergleichen mehr. Bei Jesus wird ganz lapidar für das Kommen des Reiches Gottes gebetet, weil es ganz um Gottes Herrschaft geht. Mit dieser Bitte vertragen sich menschliche Wünsche nicht.
Gebetet wird um das Geschehen des Willens Gottes. Wer in eine solche

Bitte einstimmt, wird von ihr geleitet zur Anerkennung eines Willens außer dem eigenen. Er wird geleitet vom narzißtischen Selbstbezug, in welchem der eigene Wille alles beherrscht und alles vermag, hin zum gereiften Weltbezug, wo das Fremde – auch der fremde Wille – wahrgenommen wird. Zugleich begleitet ihn diese Bitte dorthin, wo der Beter Abstand nehmen kann von der Apotheose des Willens. Im Sprichwort «wo ein Wille ist, ist auch ein Weg» erscheint ein noch nicht menschlich gewordener Wille. Ein menschlich gewordener Wille muß es lernen, den Weg in den Tod zu gehen, obwohl er nichts anderes als das Leben wollen kann.
Mehrere Bitten des Unser Vaters gelten schließlich den elementaren Lebensnotwendigkeiten: dem täglichen Brot, der Vergebung der Schuld, der Bewahrung vor dem Bösen. Diese Bitten bewegen den Beter dorthin, wo er seine Angewiesenheit auf ihm gewährte Lebensgrundlagen erkennen kann. Sie bewegen ihn vom Produzieren zum Empfangen. Diese Bitten sind auch eine Meditation auf das Gegebene. In ihnen lernt sich der Mensch neu kennen als einen mit elementaren Lebensmitteln Begabten. Er könnte sich vieles wünschen. Das Gebet lenkt den Menschen ab von dem, was er sich wünschen kann, und macht ihn aufmerksam auf das, was er zum Leben nötig hat. Es macht aufmerksam auf das Notwendige, das zum Leben gereicht und das auch zum Leben gereicht wird. Beten heißt aufmerksam werden auf das Lebensnotwendige. In diesem Sinne kann das Gebet selbst jener Kammer verglichen werden, wo ich – weil ich ganz auf Gott ausgerichtet bin – zu mir selbst komme. Das Beten ist so etwas wie eine stille Kammer des Lebens, wo ich aus dem besinnungslosen Wünschen herauskomme zur Besinnung auf das Notwendige. Das Gebet ist eine «Zeit der Freiheit» inmitten der einem unerbittlichen Gesetz unterworfenen Lebenszeit des Menschen ([56], 190–194).

2.2 Die Entdeckung des Willens Gottes

Unter der Entdeckung des Willens Gottes wird im Folgenden das verstanden, was die Gesetzesauslegung Jesu kennzeichnet. Das Gesetz ist nach zeitgenössischem Verständnis der verbindlich niedergeschriebene Wille Gottes. Die Gesetzesauslegung Jesu – mag man sie nun Gesetzeskritik oder -interpretation nennen – hat ihr entscheidendes Merkmal darin, daß sie im Gesetz den Willen Gottes allererst entdeckt. Dieser Grundzug der Gesetzesauslegung Jesu ist verantwortlich für die spezifische Weise, wie Jesus mit dem Phänomen des Willens Gottes umgeht. Ihr wenden wir jetzt unsere Aufmerksamkeit zu.

2.2.1 Das Gebotene

Sehr viele Perikopen, die mit der Gesetzesauslegung Jesu befaßt sind, erzählen Geschichten über den Sabbat. Offenbar konzentrierte sich die Auseinandersetzung um das Gesetz immer wieder auf Fragen der Sabbatpraxis. Dies könnte seinen Grund darin haben, daß der Sabbat der Ort war, wo das Gesetz Gottes in den Erfahrungsbereich der Menschen eintrat. An diesem Ort der erfahrungsmäßigen Konkretheit des Gesetzes stellte sich der Konflikt ein um die Frage, was der Sabbat wahrhaftig gebietet. Und dabei ging es immer um die Frage, was das Gesetz als ganzes wahrhaftig gebietet. Von einem solchen Konflikt erzählt Mk3,1–6, eine Geschichte, die die Stellung Jesu zum Sabbat historisch zutreffend zur Darstellung bringt.

In der Synagoge ist einer mit einer verdorrten Hand. Das ist keine schwere Krankheit, keine lebensbedrohende Notlage, die die Übertretung des Sabbatgebotes legitimieren könnte. In der Synagoge sind auch Gegner, die Anklagematerial suchen. Sie achten genau darauf, was Jesus sich an diesem Sabbat erlauben werde. Er erlaubt sich zunächst, den Menschen in die Mitte zu rufen. Dies ist ein erzählerisches Signal für die Tatsache, daß an diesem Sabbat in dieser Synagoge dieser Mensch die Hauptrolle spielt. Und dann erlaubt sich Jesus eine Vexierfrage: «Ist es erlaubt, am Sabbat Gutes zu tun oder Böses, Leben zu retten oder zu töten?» Mit dem «Ist es erlaubt» nimmt die Frage einen Sprachgebrauch auf, der in Gesetzeskreisen sehr verbreitet war. In der Frage nach dem Erlaubten fragt der Mensch, wie weit er angesichts des heiligen Willens Gottes noch gehen kann, ohne dessen Heiligkeit zu verletzen. Er fragt also nach einem Raum, dessen *Grenzen* das Gesetz Gottes markiert. Und insofern fragt er nach einem Raum, der vom Gesetz Gottes bloß begrenzt, aber nicht bestimmt ist. Ist es erlaubt? Diese Frage zielt, obwohl sie sich als dem Gesetz verpflichtet gibt, auf einen gesetzesfreien Lebensraum.

An diesen Sprachgebrauch knüpft die Vexierfrage an, um ihn ad absurdum zu führen. Ist es erlaubt, am Sabbat Gutes zu tun? So gestellt ist die Frage nach dem Erlaubten ganz widersinnig. Sie beginnt zwar mit «Ist es erlaubt?». Aber ihr Fortgang macht deutlich, daß es angesichts des Sabbats in Wahrheit *um das Gebotene* zu gehen hat. Ist es nicht geboten, am Sabbat Gutes zu tun? Dies ist die eigentliche, in der Vexierfrage verborgene und zugleich den herrschenden Sprachgebrauch ironisierende Frage. Die Vexierfrage leitet eine Kehre im Gesetzesverständnis ein. Wer angesichts des Gesetzes damit beschäftigt ist zu erkunden, was der Respekt vor der Heiligkeit Gottes (noch) erlaubt, hat den Willen Gottes im Gesetz noch gar nicht entdeckt. Wer ihn entdecken will, wird sein Augenmerk auf die Frage zu richten haben, was der Gedanke, daß dieses Gesetz Gottes Wille ist, jetzt *gebietet*. Die Frage nach dem Gebotenen läßt den Willen Gottes nicht mehr an den Grenzen des Lebensraums stehen. Sie läßt den Willen Gottes inmitten des Lebens bestimmend sein. Angesichts dessen, was der Schöpfer gebietet, kann meine Frage nicht lauten, was ich mir an Zerstörung noch erlauben kann, ohne die Heiligkeit des Schöpfers zu verletzen. Die Frage muß vielmehr sein, welches die gebotene Pflege und Bewahrung dieser Welt ist.

Die Vexierfrage Jesu arbeitet mit interessanten Parallelisierungen. Sie setzt einerseits «Gutes Tun» mit «Leben Retten», andererseits «Böses Tun» mit «Töten» parallel. Daß es erlaubt sei, am Sabbat Leben zu retten, hätte niemand bestreiten wollen. Für diesen Grenzfall war die Aufhebung des Sabbatgebotes ausdrücklich vorgesehen. Störend ist indessen die Parallelisierung. Wenn die Lebensrettung sich auf das Tun des Guten erstreckt, dann ist sie nicht mehr einzuschränken auf jene *Grenzfälle*, wo es buchstäblich um Leben und Tod geht. Dann ist die Lebensrettung der quantitativen Betrachtungsweise entzogen. Lebensrettung wird unbegrenzt verstanden. Genau dies ist die Entdeckung des Willens Gottes im Gesetz: die vom Gesetz vorgesehene Lebensrettung muß grenzenlos verstanden werden, wenn sie unter die Augen Gottes tritt. Ebenso grenzenlos ist die Tötung zu verstehen unter diesen Augen. Diese Kehre vom Grenzfall zum Unbegrenzten entspricht der Kehre vom Erlaubten zum Gebotenen vollkommen: wer nach dem Erlaubten fragt, orientiert sich an den Grenzfällen des Gesetzes. Wer nach dem Gebotenen fragt, gibt die Lebenswirklichkeit uneingeschränkt dem Gotteswillen preis. Die Grenzenlosigkeit, mit der Jesus hier Lebensrettung und Tötung verstanden wissen will, ist keine andere als jene, mit der er diesen kranken Menschen in den Mittelpunkt stellt, die Hilfe keinen Augenblick aufschiebend. Dieselbe Grenzenlosigkeit regiert auch den Satz, wonach der Sabbat um des Menschen willen geschaffen ist, nicht der Mensch um des Sabbats willen (Mk 2,27).

Man könnte die gesamte Gesetzesauslegung Jesu in der Bergpredigt unter diesem Gesichtspunkt der Unbegrenztheit verstehen. Nur ein Beispiel sei genannt: wenn Jesus das Verbot des Tötens ausdehnt auf den Zorn und die (harmlose) Beschimpfung (Mt 5,21f), so findet in eben dieser Antithese jene Grenzenlosigkeit Worte, von der auch die besprochene Vexierfrage Zeugnis ablegt. Man verwischt die Klarheit dieser Aussage, wenn man sich mit der Auskunft behilft, der Zorn und die Beschimpfung seien der *Beginn* eines Geschehens, das mit dem Töten *enden* könnte. Nicht Beginn des Tötens ist der Zorn, sondern Vollzug des Tötens. Diese Grenzenlosigkeit stellt sich ein, wenn man angesichts des gegebenen Lebens fragt, was geboten ist vom Geber. Sie stellt sich ein, wenn inmitten des Gesetzes der Wille Gottes selbst entdeckt worden ist.

2.2.2 «Ich aber sage euch»

Die Redewendung «Ich aber sage euch» ist ein auffälliges Kennzeichen der Gesetzesauslegung Jesu in der Bergpredigt, den sogenannten Antithesen. Auffällig ist diese Redewendung schon deshalb, weil sie ein stets wiederkehrendes Strukturmerkmal der Antithesen ist. Die Antithesen werden eingeleitet mit einem «Ihr habt gehört, daß gesagt ward (zu den Alten)»; es folgt ein Gebot oder Verbot aus der Thora; mit dem «Ich aber sage euch» wird sodann ein Jesuswort eingeleitet, welches das Gesetz kritisch auslegt (teilweise aufhebt, teilweise maßlos auslegt). Auffällig ist die Wendung ferner, weil in der bekannten zeitgenössischen Literatur des Frühjudentums keine Parallelen dazu existieren. Vergleichbar ist höchstens die (sehr seltene!) Formel «Ich sage aber» in rabbinischen Auslegungsdiskussionen. Allerdings setzt sich der Rabbi nicht vom Gesetz selbst ab (wie Jesus), sondern von der Meinung eines andern Schriftgelehrten. Dazu kommt, daß der betreffende Rabbi seine eigene Auslegung mit Schriftstellen stützt, während eine solche Argumentation in den Antithesen völlig fehlt. Aller historischen Wahrscheinlichkeit nach kennzeichnet diese Redewendung schon die Gesetzesauslegung des *irdischen Jesus*. Das ursprüngliche Ich ist demnach kein glänzender Gottessohn, sondern jener Menschensohn, der nicht hat, sein Haupt hinzulegen (Mt 8,20).

Wo immer der Wille Gottes von Menschen zur Sprache gebracht wird, ist Macht im Spiel. Von Matthäus lasse ich mir den Hinweis geben, daß hier *Exousia*, Vollmacht, im Spiel war (Mt 7,28b.29, wo der «Eindruck» der Lehre Jesu auf die Menge geschildert wird). Im Unterschied zur *Dynamis*, der Macht aus sich selbst, der Eigenmacht, handelt es sich bei der *Exousia* um eine Vollmacht, für die das Moment des Gewährtseins kennzeichnend ist. Die Frage, wer ihm solches erlaubt beziehungsweise von wem er eine solche Vollmacht habe, stellt sich immer schon an den, der den Willen Gottes zur Sprache bringt. Wer den Willen Gottes ausspricht – und auch wer ihn verschweigt –, konfrontiert die Menschen mit einem schlechthin Geltung beanspruchenden Gebot – oder enthält ihnen dieses eben vor. Die Frage nach der Vollmacht solchen Redens stellt sich von selbst. Sie ist identisch mit der Frage nach der *Begründung*, die für den Spruch des Willens Gottes angebbar ist. Um der hermeneutischen Bedeutung des «Ich aber sage euch» etwas auf die Spur zu kommen, fragen wir nach der Vollmacht, die in der Formulierung des göttlichen Willens ausgeübt wird, und zwar als Frage nach dem Begründungsvorgang. Zum Vergleich ziehen wir zwei mit Jesus ungefähr gleichzeitige Modelle heran: das pharisäisch-rabbinische und das apokalyptische.

Das bestimmende Pathos des *pharisäischen Umgangs mit dem Gesetz* ist die Durchdringung des alltäglichen Lebens mit dem Willen Gottes. Die Praxis des Gesetzes im Alltag der Welt ist die pharisäische Antwort auf

die Erkennungsmerkmale wahrer jüdischer Identität. Entgegen häufig anzutreffenden Vorurteilen muß festgehalten werden, daß die schriftgelehrte Arbeit Eindrückliches geleistet hat. Sie nahm unverkennbar Abstand von jeder fundamentalistischen Durchsetzung des Buchstabens und damit von jeder gesetzlichen Vergewaltigung des Lebens. Statt einer fundamentalistischen Repetition verschrieb sich die pharisäische Anwendung des Gesetzes der Auslegung. Damit sind wir am zentralen Punkt, wo die Vollmacht im pharisäischen Sinne zu Gesicht kommt.
In diesem Bereich wird der Wille Gottes wesentlich *exegetisch* zur Sprache gebracht. Demzufolge muß auch die Vollmacht, die ausgeübt wird, eine exegetische sein. Sie leitet sich ab von der Vollmacht, die dem Gesetz selbst zugeschrieben wird. Die Person des Auslegers verschwindet hinter der Vollmacht des Gesetzes. Mit dieser wesentlich exegetischen Gestalt pharisäischer Vollmacht hängt es zusammen, daß im Schoße dieser Gruppe zum ersten Mal formelle Auslegungsregeln entwickelt wurden. Sie werden auf Hillel zurückgeführt (tSanh VII 11). Die Entstehung von Auslegungs*regeln* verdankt sich dem Bemühen, der Willkür der Ausleger Grenzen zu setzen. Sie schützen das Gesetz vor der Macht seiner Ausleger; sie schützen die Vollmacht der Auslegung davor, sich in die Eigenmacht des Auslegers zu verkehren. Die Vollmacht, die dem Gesetz im Frühjudentum zugeschrieben wird, spiegelt sich nicht nur in der Ewigkeit des Gesetzes – es war vor Anbeginn der Schöpfung und wird ihr Ende überdauern –, wo es um seine auch vom Ende der Welt nicht antastbare Autorität geht. Sie spiegelt sich auch darin, daß in der schriftgelehrten Tradition schon bald eine Legende entstand, in welcher die mündliche Auslegungstradition bis auf den Gesetzgeber Mose zurückgeführt wurde (Pirqe Abot I 1). In dieser Fiktion findet der größtmögliche Rückzug des Schriftgelehrten hinter die Autorität des Gesetzgebers Mose statt. Die vom Gesetz abgeleitete Vollmacht ist hier geradezu mit Händen zu greifen. Interessant ist in diesem Zusammenhang der Stellenwert der Erfahrung. Im Gegensatz zu einem fundamentalistischen Verfahren, wo jede Erfahrung überhaupt verflüchtigt wird, wird sie im pharisäischen Modell sehr ernst genommen. Die Erfahrung des Alltäglichen ist es ja gerade, welche die immense Arbeit der Gesetzesauslegung erfordert und auch hervorgebracht hat. Die Gesetze werden ausgelegt auf alle möglichen Erfahrungssituationen hin, ein Verfahren, das man bisweilen mit dem wenig glücklichen Begriff der Kasuistik belegte. So wichtig also die Erfahrung zweifellos wird, so entschieden wird ihre Bedeutung auf eine einzige Dimension konzentriert. Die Erfahrung ist, gerade weil sie exegetisch so ernst genommen wird, das Anwendungsgebiet der Thora. Erfahrungen haben keine Offenbarungsqualität, sie machen den Willen Gottes nicht erkennbar. Sie sind vielmehr der Ort, wo verwirklicht wird, was die Offenbarung gebietet, das heißt: wo getan wird, was das Gesetz fordert. Im besten Falle ist die Erfahrung die Illustration der Offenbarung, was

sich auch an den rabbinischen Gleichnissen deutlich zeigen ließe.

Das *apokalyptische Modell* entwirft eine wieder andere Zuordnung von Willen Gottes, Vollmacht und Erfahrungswirklichkeit. Sein Offenbarungsverständnis kann mit dem Stichwort «Himmelsreise» umrissen werden: Je höher der Seher in den Himmel steigt, desto tiefer wird seine Einsicht in die göttlichen Geheimnisse. So steigt der Geist des Sehers in den Himmel auf, wo ihm – in der Gestalt eines Gesichts – die göttlichen Geheimnisse offenbart werden (äthHen 71,4; 1,2; 37,1). Oder der Engel steigt zum Seher herab, um ihm die autorisierte Offenbarung zu übergeben (4 Esr passim). Der himmlische Bote hält die wahren Antworten auf die Fragen bereit, die Esra aufgrund der Welterfahrung stellt. Mit dem apokalyptischen Offenbarungsverständnis ist es gegeben, daß der Mensch – aufgrund seiner *Menschlichkeit* – gar nichts wissen kann von Gott. «Du kannst nicht, vergänglich in einer vergänglichen Welt, den Weg dessen, der unvergänglich ist, erkennen» (4 Esr 4,11). Dem Offenbarungsempfang im Himmel entspricht, daß die Welterfahrung keine Offenbarungsqualität hat. Sie ist jedoch auch nicht mehr das Anwendungsgebiet des Willens Gottes. Die Welterfahrung spielt bloß noch die Rolle des Einspruchs gegen das Göttliche.

Durch dieses Offenbarungsverständnis ist der Boden bereitet für den Umgang mit dem *Willen Gottes*. Dieser ist niedergelegt im Gesetz. Die Erfahrung spricht gegen das Gesetz, und dennoch wird dieses mit aller Schärfe gegen die Welterfahrung behauptet. «Mögen also eher viele Gegenwärtige untergehen, als daß das vorgelegte Gesetz Gottes mißachtet werde» (4 Esr 7,20). Das Gesetz muß demnach nicht mehr an seinem eigenen Anspruch, nämlich zum Leben zu führen, gemessen werden. Es hat eine Autorität bekommen, gegen die es keinen Einspruch mehr gibt. Der Glaube, daß das Gesetz Leben bringt, erscheint im apokalyptischen Modell als die Behauptung, daß dieses Leben zwar nicht in der Jetztzeit, aber umso gewisser im kommenden Aeon ausbezahlt wird. Welche Qualität hat dann die Jetztzeit? Sie ist gleichsam eine Wartezeit; sie soll ausgefüllt werden damit, daß der Mensch einen Kampf mit sich selbst um die Erfüllung des Gesetzes kämpft. Das Tun des Willens Gottes ist die konkrete Gestalt des *Wartens* auf das erst kommende Leben. Weder im Blick auf den Offenbarungsempfang noch im Blick auf das Tun des Willens Gottes hat also der Mensch die Zuwendung zum Jetzt vorzunehmen. «Warum hast du dir nicht das Künftige zu Herzen genommen, sondern die Gegenwart?» (4 Esr 7,16). Die entscheidenden Dinge sind in der Urzeit geschehen und werden in der Endzeit sich ereignen. Das Jetzt wird zur Wartezeit, überwältigt von der Autorität des Gesetzes und überstanden im Gehorsam gegenüber jener Autorität.

Sowohl das apokalyptische als auch das pharisäische Modell der Gesetzesauslegung stattet das Gesetz mit einer *fremden* Autorität aus. Wenn *Jesus* demgegenüber seine Auslegung des Willens Gottes mit dem

«Ich aber sage euch» kennzeichnet, so könnte man in Versuchung kommen, auch diese Begründung dem Autoritätsmodell einzuordnen. Statt eines Gesetzgebers, der Gottes eigenes Wort in Stein meißelt, oder eines himmlischen Boten, der die Geheimnisse Gottes kennt, wäre es hier die Autorität des Gottessohnes, die der Auslegung des Willens Gottes die nötige Nachachtung verschaffte. Mag dies auf der Ebene des Matthäusevangeliums noch hingehen, wo man ja sagen könnte, der Gottessohn selbst sei – viel größer noch als der erste Mose – der Bringer der göttlichen Geheimnisse. Indes, die Redewendung «Ich aber sage euch» charakterisierte schon die Gesetzesauslegung des *Menschen* Jesus. Deshalb kommt dem ursprünglichen «Ich» keinerlei göttliche Autorität zu, es sei denn die religiöse Hybris. Demzufolge ist es unsachgemäß, die Ansage des Willens Gottes bei Jesus nach dem Autoritätsmodell zu verstehen. Während das pharisäische und das apokalyptische Modell das Gesagte mit einem Gewicht versehen, das außer diesem selbst liegt, rekurriert Jesus nur auf sein Ich. Da dieses Ich aber gerade nicht beanspruchen kann, ein Gewicht für das Gesagte abzugeben, kommt die Gesetzesauslegung Jesu dem Verzicht auf jedes externe Gewicht gleich. Es gibt kein Gewicht mehr außer dem, das das Gesagte selbst hat.
Es ist schon lange aufgefallen, daß Jesus in keiner Antithese mit der hebräischen Bibel argumentiert. Er verzichtet auf Abstützung durch den anerkannten Offenbarungsschatz. Das Wort Jesu allein steht dem Gebot des Gesetzes gegenüber. Daß Jesus auf diese Weise auf jedes Anführen von Autoritäten verzichtet, legt den Schluß nahe, daß es gar keine Autoritäten mehr gibt, die diese Aussagen stützen könnten und müßten. Ihre Wahrheit besteht ganz und gar in dem, was sie zu sagen haben. Ihre Wahrheit wäre nicht mehr dieselbe, würde sie von einer fremden Autorität gestützt. Deshalb gibt es auch nichts, was ihnen Gewicht verleihen könnte, außer dem, was sie sagen. Solche Rede wird zu Recht vollmächtige Rede genannt, sofern sie nichts anderes als das Gesagte selbst zum gewichtigen Wort macht. Demgegenüber muss jeder Versuch, dem Gesagten ein Gewicht zuzuschreiben, das außer diesem selbst liegt – sei es die Verstrickung in die Schuld, sei es die Aussichtslosigkeit der Lage, in der sich die Angesprochenen befinden –, als Versuch des gewalttätigen Redens gelten. Gewalttätig redet, wer den Angesprochenen ihre eigenen Lasten noch einmal auf die Schultern legt, um seinem Wort Gewicht zu verleihen, vollmächtig redet, wer den Willen Gottes in seinem eigenen Gewicht zur Sprache kommen läßt.
Unwillkürlich tauchen Bedenken auf, was die Verbindlichkeit solchen Redens betrifft. Es scheint die Allgemeingültigkeit des göttlichen Gebots nur dadurch aufrecht zu bleiben, daß es kategorisch gilt. Es *muß* seinen Ursprung im Himmel haben, damit es über allen ethischen Subjekten steht. Wenn der Gesetzgeber aus dem Himmel herniedersteigt, droht die Auflösung des Verbindlichen. «Denkt nicht, ich sei gekommen, das

Gesetz oder die Propheten aufzulösen (außer Kraft zu setzen)! Ich bin nicht gekommen, um aufzulösen, sondern um zu erfüllen» (Mt 5,17). Dieses Logion geht auf die Befürchtungen ein, die sich bei der Menschwerdung des Gesetzgebers einstellen. Die Befürchtungen sind fehl am Platz. Denn erst wenn der Gesetzgeber vom Himmel niedersteigt, geschieht die Vollendung des Willens Gottes. Dann beginnt der höchste Gott selbst mit der Arbeit an jedem einzelnen menschlichen Herzen, in welches er seinen Willen legen will. Wenn der höchste Gott auf diese Weise herniedersteigt, gibt es nichts mehr, was mir den Willen Gottes aufzwingen könnte. Aber statt dessen gibt es den Raum, der für mein Einverständnis in jenes gewichtige Wort aufgetan worden ist. Und erst in diesem Raum kommt mir der Wille Gottes als das nahe, was er in Wahrheit ist: als der Anspruch des Gegebenen, der auf mein Einverständnis angewiesen ist. Die Verbindlichkeit des Willens Gottes entsteht erst durch die Verbindung, welche die Arbeit des Menschgewordenen an den menschlichen Herzen unter den Menschen schafft.

Es stellt sich die Frage, woher Jesus die Vollmacht hat, den Willen Gottes so auszulegen. Die Vollmacht bezeichnet einen Raum der Freiheit. Einen solchen Raum der Freiheit kann nur für sich beanspruchen, wer *nicht willkürlich* spricht. Willkürlich sind im Gegenteil jene Worte, die mit fremden Gewichten versehen werden. Die Willkür sieht der Freiheit oder der Radikalität zum Verwechseln ähnlich – wenigstens auf den ersten Blick. Daß die Auslegung des Willens Gottes durch Jesus von einer ganz anderen Freiheit bestimmt und deshalb alles andere als willkürlich ist, erkennt man gerade dort, wo sie ihre größte Radikalität erreicht: im Gebot der Feindesliebe (Mt 5,43–48). Hier wird das «Ich aber sage euch» auf die Spitze getrieben, wenn mit dieser Redewendung dem anerkannten und hochbewerteten Gebot der Nächstenliebe die Feindesliebe als wahre Liebe gegenübergestellt wird. Dabei wird die Begrenztheit der Nächstenliebe entdeckt, es wird aufgedeckt, daß sie faktisch auf den Haß der Feinde hinausläuft. Damit wird evident, daß der Gedanke der Liebe in der Forderung der Nächstenliebe gar nicht konsequent gedacht ist. Das Gewicht dieses neuen Gebots Jesu entsteht also auch hier durch die Evidenz dessen, daß die Liebe – wenn sie konsequent ist – sich bis zu den Feinden erstrecken muß. Gewiß beruht das Gewicht dieser Forderung in ihr selbst. Allerdings entsteht die Evidenz der Forderung darüber hinaus – wenigstens für den, der im Buch der Natur zu lesen weiß – auch dadurch, daß sie Sonne und Regen zu Zeugen aufruft. Die Feindesliebe ist für Söhne Gottes, für solche also, die sich ganz von Gott bestimmen lassen, selbstverständlich, weil auch Gottes Sonne für Gute und Böse scheint und sein Regen Gerechten und Ungerechten zugutekommt. Man hat diese Argumentation schöpfungstheologisch genannt. Schöpfungstheologisch ist sie jedoch nicht in dem Sinne, daß sie auf die in den heiligen Schriften niedergelegte Schöpfungsordnung zurückgreift. Angerufen wird vielmehr die tägliche Erfahrung der Welt und ihrer Gaben, in welchen sich der Wille des Schöpfers ausspricht. Statt sich auf offenbarte Erfahrung zu berufen, offenbart sie das Geheimnis des Alltäglichen. Die Welterfahrung wird hier aufgeschlossen auf das hin, was sie über den Willen des Schöpfers zu verstehen gibt.

Dieser «schöpfungstheologische» Grundzug durchzieht die ganze Bergpredigt wie ein cantus firmus. An diesem cantus firmus wird klar, worum es der Forderung Jesu im Grunde geht. Es geht ihr darum, den *Anspruch des Gegebenen* in Erinnerung zu rufen. Der Wille des Schöpfers, das «Gesetz», begegnet dem Menschen in der Gestalt der Gaben, die ihm zum Leben gereichen und deren Anspruch es wahrzunehmen gilt. Der Anspruch, auch die Feinde zu lieben, ergibt sich aus der alltäglichen Erfahrung der Sonne und des Regens, in welchen die Liebe Gottes zu seinen Geschöpfen – den bösen und den guten, den gerechten und den ungerechten – gesehen werden kann. Oder – um ein anderes Beispiel aus der Bergpredigt zu nennen – die Gabe der Sprache trägt in sich selbst den Anspruch, mit jedem Wort die Wahrheit zu sagen (Mt 5,33–37). Die alttestamentliche Regelung des Meineidverbots schließt in sich, daß der Eid als Mittel ausdrücklicher Bekräftigung der Wahrheit akzeptabel ist. Dies ist freilich eine ethische Regelung, die sich schon als Regelung mit dem Bösen arrangiert hat: sie geht schon als Regelung darauf ein, die Wahrheit des Redens zu einem Grenzfall werden zu lassen. Und Jesus verbietet genau deshalb *jedes Schwören*, weil angesichts der gegebenen Sprache die Wahrheit kein Grenzfall sein kann. Insofern erinnert das Schwurverbot an den Anspruch, welchen die Gabe der Sprache an den Menschen stellt. Wie sehr dieses «schöpfungstheologische» Argument immer wieder auf die alltägliche Erfahrung des Gegebenen verweist, zeigt sich auch in der Wahl der Bilder. In Mt 5,25f werden dem Zuhörer zwei Prozeßgegner vor Augen gestellt, die auf dem Weg zum Gericht sind. Jetzt, da sie noch auf dem Wege sind, besteht die Gelegenheit zu einem Vergleich. Jetzt ist noch Zeit, gegenüber dem Prozeßgegner Wohlwollen zu üben. Später, wenn der Gerichtsort erreicht ist, wird die Gerechtigkeit ihren eigenen Weg nehmen, und von diesem Ort gibt es kein Entrinnen mehr, bis der Gerechtigkeit Genüge getan ist. Dieses kleine Gleichnis macht aufmerksam auf den Anspruch, der in der *gegebenen Zeit* liegt. *Solange noch Zeit ist* – und solange der Mensch atmet, ist noch Zeit –, *verpflichtet sie zum Wohlwollen.* Die Gerechtigkeit teilt keine Lebenszeit aus. Sie legt den Menschen auf seine Verfehlungen fest. Das Wohlwollen hingegen gibt in dem Maße Lebenszeit, wie es sich selbst der gegebenen Zeit verdankt. Das Wohlwollen ist, solange es Zeit gibt, *immer* an der Zeit. Es ist dem Leben in einem qualitativ höheren Sinne zugetan, als dies die Gerechtigkeit zu sein vermöchte. Die drei genannten Beispiele belegen, daß Jesu Auslegung des Willens Gottes zwar gekennzeichnet ist durch ein souveränes «Ich aber sage euch», daß aber zugleich dieser

Rückzug von jeglicher Autorität auf das menschliche Ich so gestaltet ist, daß dieses Ich auf das Gegebene und auf seinen Anspruch verweist. Geltung kann diese Auslegung des Willens Gottes nur soweit erlangen, als sie den Anspruch des Gegebenen auf evidente Weise zu Worte kommen läßt.

Freilich ist die Evidenz dieses Anspruchs in keiner Weise zwingend. Das Gegebene könnte deshalb nicht als eine Autorität eingeführt werden, auf die jedermann – wie auf eine lex naturae – verpflichtet werden könnte. Das Gegebene ist auch in dem, was es gebietet, mehrdeutig. Es ist angewiesen auf das hermeneutische Wort, welches seinen Anspruch in Eindeutigkeit überführt. Aber dieses Wort ist wiederum angewiesen auf das Einverständnis dessen, der es zu hören bekommt. Die Auslegung des Willens Gottes durch Jesus ist ein Wort, das etwas über die tägliche Erfahrung zu verstehen gibt. Es ist ein Wort, das – obwohl es das Fremde deutet – von seinem Sprecher verantwortet werden muß und so lange nicht zum Ziel kommt, als es nicht auf Verständnis stößt. Auch wenn das Buch der Natur aufgeschlagen wird, erhält das Wort kein anderes Gewicht als das Gewicht dessen, was es über das Gegebene zu verstehen gibt. Denn aus dem aufgeschlagenen Buch der Natur könnte auch ganz anderes gelesen werden. In der gleichmäßigen Verteilung von Sonne und Regen könnte auch die Gleichgültigkeit des Schöpfers erkannt und damit die Gleichgültigkeit des Tuns begründet werden. An der Gabe von Sprache könnte die Macht (auch die Macht zu Lüge) entdeckt werden, die sie für den Sprechenden bedeutet, und damit wäre dem machtvollen und gewaltsamen Gebrauch des Wortes Tür und Tor geöffnet. In der gegebenen Zeit könnte auch die Gelegenheit gesehen werden, den eigenen Besitz zu vermehren und dabei die Lebensmöglichkeiten der anderen einzuschränken, und damit wäre die Zeit zu einer Zeit des Wolfes gemacht worden. All dies kann geschehen, weil der Anspruch des Gegebenen in keiner Weise zwingend ist. Das Gegebene – so wie es von Jesus entdeckt wurde – unterwirft den Menschen nicht der Notwendigkeit (dem *dei* beziehungsweise der *anankē*). Deshalb kann gerade auch die Forderung Gottes den Menschen nicht auf das Notwendige verpflichten wollen. Vielmehr verpflichtet sie ihn auf das, was er dem Gegebenen schuldig ist (vgl. das *opheilete* [ihr seid es schuldig] in Joh 13,14), auf eine Schuld, die er dem Gegebenen auch schuldig bleiben kann. Man könnte auch sagen: Wenn der Gesetzgeber aus dem Himmel herniedersteigt, entsteht die Universalität seines Gebotes dadurch, daß seine Arbeit an den menschlichen Herzen universal ist. Es entsteht der Raum, wo es mir erlaubt ist, statt des Notwendigen das Geschuldete zu tun, das heißt: Es entsteht der Raum des *menschlichen* Tuns.

2.3 Das Evangelium

Wer heute das Wort «Evangelium» hört, denkt wohl zuerst an die Evangelien*bücher*. Diese primäre Assoziation verdankt sich einer bemerkenswerten Entwicklung, die die Wortbedeutung von Evangelium im Neuen Testament durchgemacht hat. Bezeichnete das Evangelium ursprünglich das Wort, das das Christusgeschehen als Tat der Liebe Gottes zur Sprache brachte (zum Folgenden vgl. [47]), so erhält es am Ende der neutestamentlichen Sprachentwicklung den Sinn «Evangelienbuch» (Buch, in welchem das Evangelium enthalten ist). An diesem für die neutestamentliche Theologie sehr signifikanten Bedeutungswandel hat das Markusevangelium nicht geringen Anteil. War es doch Markus, der die literarische Gattung des Evangelienbuches schuf und der zugleich seinem Buch die Überschrift «Evangelium von Jesus Christus» (Mk 1,1) gab. Die Entstehung dieser literarischen Gattung ist nicht nur im technischen Sinne kennzeichnend für das urchristliche Schrifttum, sondern sie birgt auch grundlegende hermeneutische Einsichten in sich. Wir vergegenwärtigen uns die hermeneutische Bedeutung der literarischen Gattung Evangelium am Beispiel des Markusevangeliums, weil hier, am Ort ihrer Entstehung, ihr hermeneutischer Impuls deutlicher wahrnehmbar ist als anderswo.

Markus braucht das Wort «Evangelium» relativ zu den andern Evangelien am häufigsten. Überdies braucht er es in den meisten Fällen absolut. Eine Ausnahme von diesem absoluten Gebrauch machen lediglich Mk 1,1 («Evangelium von Jesus Christus») und Mk 1,14 («Evangelium von Gott»). Bemerkenswert ist nun, daß beide Verse eine hervorgehobene Stellung im Aufbau des Evangeliums haben. Vom Evangelium von *Jesus Christus* spricht Markus, um die *Überschrift* über sein Buch zu formulieren. Vom Evangelium *von Gott* spricht Markus, um eine *Zusammenfassung* der Botschaft und des Auftretens Jesu zu geben. Beide Verse dienen also als Überschrift: der eine über die Wirkung Jesu, der andere über das Wirken Jesu. Das Wirken Jesu wird verbunden mit dem Evangelium Gottes, während die Wirkung Jesu zusammengefaßt wird unter dem Stichwort Evangelium von Jesus Christus.

Wir gehen davon aus, daß Mk 1,1 nicht bloß den äußeren Einsatzpunkt des Evangelienbuches markieren, sondern vielmehr eine Inhaltsangabe des ganzen Buches machen will. Thema des nun folgenden Buches ist es, den Anfang des Evangeliums von Jesus Christus festzuhalten. Freilich kann das Wort «Anfang» zu Beginn eines antiken Buches schlicht meinen, hier – mit der Überschrift – beginne das Buch. In diesem Fall gehört das Wort «Anfang» nicht mehr zur Überschrift. Statt daß das Thema des Buches der «Anfang des Evangeliums von Jesus Christus» wäre, wäre es dann einfach das «Evangelium von Jesus Christus». Allerdings ändert dies nichts an dem Sachverhalt selbst, daß nämlich im Markusevangelium tatsächlich über den Ursprung des Evangeliums von Jesus Christus berichtet wird. Genau in diesem Sinne kann das Wort «Anfang» in antiken Schriften vorkommen: ein mit «Anfang der Philosophie» überschriebenes Buch verspricht seinen Lesern, Auskunft zu geben über die Prinzipien, über den maßgeblichen Anfang, über den Ursprung der Philosophie. Dementsprechend will das Markusevangelium darstellen, was es mit dem Evangelium von Jesus Christus auf sich habe, indem es zurückgreift auf den maßgeblichen Anfang desselben.

Schon im Wort «Anfang» ist eine Doppelbedeutung beschlossen: es kann sich einerseits um den zeitlichen Anfang, andererseits um das Prinzip einer Sache handeln. Im gewöhnlichen Sprachgebrauch wird diese Doppelbedeutung häufig zugunsten der einen oder anderen Seite aufgegeben. Entweder spricht man vom zeitlichen Anfang oder aber von den Prinzipien. Im Blick auf das Evangelium von Jesus Christus freilich muß die Doppelbedeutung festgehalten werden: die Geschichte seines Anfangs im zeitlichen Sinne ist zugleich die Geschichte seines Wesens. Das Wesen des Evangeliums von Jesus Christus lerne ich nur kennen, wenn ich es in seiner elementaren Bezogenheit auf den zeitlichen Anfang belasse. Daraus ergibt sich: Das Evangelium von Jesus Christus ist ein *wesentlich zeitliches Phänomen.* Genau dies festzuhalten ist die Intention, die am Anfang der literarischen Gattung Evangelium steht. Und im Rahmen dieser Intention spielt der Übergang von «Evangelium Gottes» (Mk 1,14) zu «Evangelium Jesu Christi» (Mk 1,1) eine grundlegende Rolle. Dieser Übergang markiert einen Grundvorgang des neutestamentlichen Redens von Gott: auf vielerlei Weise wird der Schritt von einem theologischen zu einem christologischen Gottesbild, man könnte auch sagen: der Schritt zum menschgewordenen Gott, vollzogen und – da er sich ständig zu verflüchtigen droht – erneut festgehalten. Diesen Schritt kann man sich gut am genannten Übergang im Markusevangelium klar machen.

Zuerst muß freilich etwas zur Bedeutung des Wortes Evangelium *(euangelion)* gesagt werden. Mit diesem Wort ist ein überaus reiches Assoziationsfeld zur Stelle. Für die Leser des Markusevangeliums etwa lag die Assoziation nahe, an die Freudenbotschaften der antiken Welt zu denken. Botschaften – von Herolden aller Welt verkündigt – über erfochtene Siege, über die Geburt des langersehnten Sohnes, über die Thronbesteigung eines neuen Herrschers. Alle diese Freudenbotschaften proklamieren ein Ereignis, sie haben sozusagen «news-Charakter». Das Evangelium ist eine Nachricht von einem Ereignis, das die Angeredeten entscheidend und im guten Sinne betrifft. Das Evangelium benachrichtigt die Angesprochenen von einer Entscheidung, die zu ihren Gunsten gefallen ist.

Manche – in der Tradition des Judentums gebildete – Leser mögen eher an Tritojesaja gedacht haben. Dieser Prophet hatte die Hoffnung in die Welt gesetzt, daß am Ende der Zeit den Armen das Evangelium verkündigt werden wird, die Botschaft davon, daß die Zeiten zur Erfüllung gekommen sind und daß Gott in seiner rettenden Gegenwart offenbar geworden ist. Das Evangelium meint eine Nachricht von einem endzeitlichen und insofern endgültigen göttlichen Eingriff. Zur Zeit des Markusevangeliums war der Assoziationshorizont von Evangelium bereits reicher geworden als die genannten beiden Bedeutungsaspekte vermuten lassen. Evangelium trug schon jetzt die Assoziation an den irdischen Jesus in sich. Hatte doch schon er die rettende Nähe Gottes so vollzogen, daß dieses Ereignis nur noch mit dem Wort Evangelium adäquat erfaßbar war. Auf die Anfrage des Täufers, ob Jesus der sei, der da kommen sollte, oder ob man besser auf einen andern warte, lassen die Erzähler Jesus antworten: «Geht und berichtet Johannes, was ihr hört und seht: Blinde sehen und Lahme gehen; Aussätzige werden rein, und Taube hören; Tote werden auferweckt, und Armen wird das Evangelium verkündigt» (Mt 11,3–5). Hier wird das ganze Wirken Jesu begriffen unter dem Aspekt der Fülle der Zeit, wo das gute Wort von Gott selbst den Armen verkündigt werden wird. Mit dem Wort Evangelium verbunden war schließlich auch die seit Ostern ergehende Verkündigung der christlichen Gemeinde. Auch sie war insofern Evangelium, als sie das Christusgeschehen, vorab Kreuz und Auferstehung, als Tat der Liebe Gottes zu verstehen gab. Evangelium war dieses Wort, weil es von einem Ereignis zeugte, welches die Wende der Welt – oder eben: die Verkörperung der Liebe Gottes – bedeutete. In diesem Bereich war dann Jesus Christus der einzige Inhalt des Evangeliums. Im Zusammenhang dieses kurz skizzierten Assoziationsfeldes erschließt sich Mk 1,1: beim «Evangelium Jesu Christi» handelt es sich um die Nachricht über Jesus Christus, um das Wort, das Jesus Christus zum *Inhalt* (und nicht etwa zum Autor) hat.

Allerdings zeigt gerade der *Zusammenhang von Mk 1,1 und 1,14* klar, daß das Evangelium von Jesus Christus in einem unauflöslichen Zusammenhang steht mit dem von Jesus verkündigten Evangelium. Daß Jesus Christus zum Inhalt des Evangeliums werden konnte, ist bedingt dadurch, daß Jesus das Evangelium Gottes zur Sprache brachte. Das nachösterliche Wort über Christus wäre ohne das vorösterliche Wort Jesu nicht denkbar. Die Frage ist, wie beides aufeinander zu beziehen ist.

Lassen wir uns zunächst von der markinischen Zusammenfassung leiten, so erhalten wir einen Hinweis auf die Pointe des Wortes Jesu. Er verkündigte das Evangelium Gottes, das heißt: er gebrauchte Gott als ein gutes Wort. Dies betrifft nicht bloß seine Verkündigung, es kann geradezu als Zusammenfassung seines ganzen Daseins verstanden werden. Das ganze Dasein des irdischen Jesus ist geprägt dadurch, daß es die heilsame Nähe Gottes vollzieht, dadurch, daß es die Gottesherrschaft in die Nähe des Menschen versetzt. Unter diesen Aspekt ist gleichermaßen die Gesetzesauslegung, in welcher er den Willen Gottes unendlich nahe an das menschliche Herz bringt, und die Gleichnisverkündigung, in welcher dem Angesprochenen der Raum zu einer Einstellung auf die

Nähe der Gottesherrschaft aufgetan wird, sowie auch das Streitgespräch, in welchem Gott dem ihm und sich selbst entfremdeten Menschen auf den Leib rückt, und das Wunder, in welchem Jesus mit dem Finger Gottes den Tod und das Tödliche bannt, zusammenzufassen. Jesus verstand sich selbst offenbar ganz als die Näherung Gottes. *Er verstand sich selbst theologisch.* Denn nur mit Blick auf Gott wird überhaupt verständlich, wer Jesus in Wahrheit ist.

Es ist von großer hermeneutischer Tragweite, daß Markus sein Evangelienbuch nicht mit der Überschrift «Evangelium von Gott» versieht. Der Wechsel vom «Evangelium Gottes», wie es Jesus noch verkündigte, zum «Evangelium von Jesus Christus», wie es jetzt zu verkündigen ist, spiegelt den Ursprung dessen, daß Gott ganz aus seinen Wirkungen begriffen wird beziehungsweise daß Gott ganz und restlos mit seiner Tat der Liebe identifiziert wird. Deshalb ist jetzt nicht mehr Gott die angemessene Näherbestimmung von Evangelium, sondern Jesus Christus. Der einstige Verkündiger des Evangeliums von Gott ist jetzt so in dieses selbst eingegangen, daß er zu dessen einzigem Inhalt geworden ist. Der Wechsel zeigt an, daß aus der theologischen Selbstexplikation Jesu die explizite Christologie der nachösterlichen Gemeinde geworden ist. Und es ist dieser Ursprung des christlichen Glaubens, welcher die christologischen Überlegungen und die Trinitätslehre der späteren Kirche notwendig machte.

Obwohl also das Markusevangelium Jesus entschlossen christologisch versteht und insofern Gott christologisch denkt, begnügt sich Markus keineswegs mit der expliziten Christologie. Er begnügt sich nicht mit der *Proklamation des himmlischen Herrn*, er zieht sich nicht auf die Phantasie des Glaubens zurück. Statt dessen wagt er den Schritt zur Faktizität der Geschichte, statt dessen erzählt er auch die *Geschichte des irdischen Dieners* (Mk 10,42–45), der in die Hände der Menschen ausgeliefert ist. Um seine explizite Christologie zur Sprache zu bringen, muß er vom Menschen Jesus erzählen. Deshalb verhandelt er unter dem Titel «Evangelium von Jesus Christus» das, was über Jesus von Nazareth zu sagen ist. Mehr noch: Das von Jesus verkündigte und «dargestellte» Evangelium Gottes ist der Anfang, der maßgebliche Ursprung des Evangeliums von Jesus Christus. Es ist die Leistung dieses Evangelisten, den himmlischen Christus entschieden an den irdischen Jesus zurückzubinden. So fand die Phantasie des Glaubens ihren Weg zur Wirklichkeit der Geschichte, einen Weg, der keinem Glaubenden erspart bleibt und der einen Weg zur Menschwerdung *des Menschen* eröffnet.

Das eben beschriebene Miteinander – des himmlischen Christus und des irdischen Jesus – hat, wie das Markusevangelium zeigt, zu einer literarischen Gattung sui generis geführt. Die angemessene Gattung zur Beschreibung eines Menschen ist die Biographie (wie sie etwa in Suetons Kaiserbiographien vorliegt). Die angemessene Gattung zur Beschreibung eines Gottes ist der Mythos (wie er etwa in Gestalt der Göttermythen in den Vergottungsriten der Mysterien vorkam). Das Markusevangelium ist weder ein Mythos noch eine Biographie. Die literarische Gattung des Evangeliums kennt im antiken Schrifttum überhaupt keine Vorbilder und hat demzufolge als Schöpfung der urchristlichen Gemeinden – vielleicht sogar des Markusevangeliums – zu gelten. Diese Originalität verdankt sich jedoch nicht etwa einem literarischen Genius und seiner Kunstfertigkeit. Sie verdankt sich vielmehr der Sache, die hier zur Sprache kommen will. Diese Sache ist dadurch charakterisiert, daß der *Mensch* Jesus als Christus Gottes, als *Gott in Person*, gilt und zu beschreiben ist. Insofern gilt vom Markusevangelium, daß es weder eine Biographie noch ein Mythos ist, obwohl es von beiden etwas hat.

Die Biographie ist daran interessiert, das äußere und innere Werden eines Menschen zu beschreiben. Die Biographie ist im Grunde teleologisch orientiert (und es dürfte deshalb kein Zufall sein, daß die Biographie historisch gesehen wohl entstand in der peripatetischen Schule, unter dem Einfluß des aristotelischen Denkens). Wenn Gott in der Biographie vorkommt, dann gleichsam im Hintergrund: im Gedanken an ein gefügtes Geschehen, an Führung und Begabung des Helden. Demgegenüber ist das Markusevangelium dadurch charakterisiert, daß es Gott in den Vordergrund treten läßt. Er tritt in seinem Sohn auf den Plan; er erscheint inmitten der Tagesereignisse, im Vordergrund einzelner, detaillierter Geschichten (nicht etwa als Lenker der großen Zusammenhänge). Man könnte sagen: Während die Biographie vom Lebenslauf eines Menschen im Zusammenhang berichtet, läßt das Evangelium Gott Ereignis werden im Detail, in der einzelnen Geschichte, sei es etwa in der Berührung eines Unberührbaren, sei es etwa in der Suche eines ungerechten Zöllners. Das Evangelium enthält insofern biographische Züge, als die einzelnen Schritte des Menschen Jesus dem Schritt Gottes zu den Menschen die Konkretheit verleihen, ohne die der Schritt Gottes nicht auskommt.

Der Mythos demgegenüber wendet sich ganz dem Himmlischen zu. Er ist – wenn man so will – ein Werk der ungehinderten religiösen Phantasie. Gewiß können die Himmlischen, deren Geschichte im Mythos erzählt wird, die Erde dann und wann berühren. Aber es ist dies eine flüchtige und punktuelle Berührung, gleich der Berührung eines Kreises durch die Tangente. Diese berühren sich ja in einem mathematischen Punkt, gerade groß genug, um die Berührung auszusagen, und gerade klein genug, um die Zusammenkommenden unberührt zu lassen. Das Markusevangelium nun ist eine literarische Gattung, in welcher der Glaube und seine Phantasie sich einlassen auf die Wirklichkeit des Menschen Jesus. Der Glaube an den Christus läßt sich ein auf Dinge, die ihm nicht mehr verfügbar sind und zur Disposition stehen. Der Himmlische berührt nicht bloß flüchtig die Erde, er geht vielmehr so sehr ins Irdische ein, daß er selbst den Tod schmecken muß. Deshalb geht der Christus Gottes nicht unberührt von Jesus in die himmlische Herrlichkeit ein. Dieser Vorgang des Eingehens in das Wirkliche ist vergleichbar mit der theologischen Reflexion und Bearbeitung hymnischen Redens im Urchristentum. Während etwa der Philipperhymnus (Phil 2,6–11; ohne die Aussage vom Kreuzestod) eine Christologie vertritt, die sich zwar durch die Aussage von der Menschwerdung von manchem Mythos unterscheidet, die aber das Mythische doch wieder zur Geltung bringt, indem sie von der Menschwerdung ganz allgemein spricht, betont Paulus den konkreten Sklaventod Jesu und konfrontiert damit den mythischen Christus mit der Wirklichkeit Jesu. Während also der Philipperhymnus bloß eine *punktuelle* Berührung des Himmlischen mit der Welt erzählt, erweitert Paulus diese Berührung zu einer *Strecke*, so daß der himmlische Christus elementar betroffen ist vom irdischen Jesus (zumindest von seinem konkreten Tod). Ein anderes Beispiel stellt der Logoshymnus im Johannesevangelium dar (Joh 1,1–5. 9–14.16). Auch er widmet sich in erster Linie dem uranfänglichen und himmlischen Sein des Logos, auch er erzählt zunächst nur das *Faktum* der Fleischwerdung dieses Logos. Wäre uns nur ein solcher Mythos erhalten geblieben, so hätte der Fleischgewordene nur eine allgemeine Identität, und wir wären darauf angewiesen, Wörter wie «Leben», «Licht», «Gottes Kind», «Gnade» und so weiter mit Bedeutungen zu versehen, die aus der allgemeinen Betrachtung des Menschlichen und Göttlichen gewonnen wären. Nun aber steht dieser Logoshymnus am Anfang eines Evangeliums, in welchem der irdische Jesus eine gewichtige Rolle spielt. Daraus folgt, daß der fleischgewordene Logos seine konkrete Gestalt erlangt in der Verbindung mit dem fleischlichen Menschen Jesus. Der Mythos von der Fleischwerdung des göttlichen Logos verlangt geradezu nach dem Logos, der vom weltlichen Sein zu erzählen weiß. Dieser Schritt vom Mythos zum Logos ist ein dem christlichen Glauben immer schon aufgetragener Schritt. Er wurde gemacht von Paulus, der die ihm vorgegebene Christologie kreuzestheologisch präzisierte, von Johannes, der den Mythos von der Fleischwerdung Gottes in den Logos der Geschichte des Menschen Jesus übergehen ließ, und von Markus, der sein Evangelium von Jesus Christus nicht anders darstellen konnte denn als die unlösbare Verbindung zwischen Christus und Jesus.

Wenn es zutrifft, daß dieser Schritt dem christlichen Glauben immer schon aufgetragen und von verschiedensten Theologen auch getan worden ist, dann ist es unsachgemäß, diesen Schritt auf die zeitgeschichtlichen Umstände zurückzuführen. Gewiß entstand das Markusevangelium in einer Zeit, wo bereits die Gnosis ihre ersten Vorboten aussandte. Schon drohte die Verinnerlichung des Christus: schon gab es Glaubende, die sich Christus einzuverleiben suchten, um ihn und ihr himmlisches Selbst als Privateigentum zu betrachten. Es gab Glaubende, die ihren Sinn für das Gegebene verloren und sich selbst, die Empfänger, als Besitzer wähnten. Es war schon die Zeit, wo das wahre Selbst dem Leib ebenso fremd wurde wie der Gott der gegebenen Schöpfung. Daß ein solches Selbst auch den Versuch machen würde, den Christus dem Jesus zu entfremden, ist evident, denn es darf nichts geben, das die schroffe Trennung zwischen Himmel und Erde durchbricht. Die gnostische Verflüchtigung des menschgewordenen Gottes ging einher mit der Verflüchtigung der Schöpfung und der menschlichen Ganzheit. In dieser Situation war es angebracht, jener Verflüchtigung mit einem Evangelium die Stirn zu bieten. Aber der Schritt zum Evangelium war nicht durch diese Situation bedingt, sowenig *in ihr* die Mittel zur Überwindung dieser Gefahr bereitlagen. Der Schritt ist bedingt dadurch, daß die Sache des Evangeliums selbst dazu nötigte.

Markus stellt sein Evangelium vor als einen Versuch, die Frage nach dem Anfang, nach der *archē* des Evangeliums zu beantworten. Im Alltagszusammenhang stellt sich oft die Frage, wie alles angefangen habe. In dieser alltäglichen Frage verbirgt sich das tiefsinnige Suchen nach der fundamentalen Begründung, nach dem eigentlichen Wesen einer Sache. Wenn man auf ihren Anfang zurückgeht, lernt man eine Sache von Grund auf kennen. In diesem Zusammenhang muß daran erinnert werden, daß die *archē*-Frage im hellenistischen Kulturraum eine große Rolle spielte. Die Frage nach den Anfängen des Seienden, wie sie etwa im vorsokratischen Denken entwickelt wurde, zielt auf das, worauf alles Seiende in seiner Wechselhaftigkeit zurückgeführt werden kann. Der Anfang ist das Prinzip, das in allem Wechsel unveränderten Bestand hat. Deshalb nimmt das Wort *archē* dann auch die Bedeutung von Gesetz, grundlegender Ordnung an. Mindestens im griechischen Kulturraum ist das Prinzip des Zeitlichen selbst etwas Zeitloses. Die *archē* ist eben das, was im Wechsel des Zeitlichen Bestand hat, unverändert bleibt. Man könnte die Frage nach den Prinzipien, nach den Gesetzen des Werdens, verstehen als Frage nach der Elimination von Zeit. Diese Frage ist strukturell vergleichbar mit der Theoriebildung in den modernen Naturwissenschaften. Diese Theoriebildung hat ja zum Ziel, eine immer größere Zahl von Phänomenen oder von Ereignissen unter einem Grundsatz zu subsumieren und also eine immer größere Zeitinvarianz zu erhalten. Sie kann als Versuch verstanden werden, den Faktor Zeit aus der Erkenntnis zu eliminieren. Erstrebt werden Grundsätze, die jederzeit Gültigkeit haben. Diese Theorie richtet ihr Erkenntnisinteresse nicht auf das Einzelne, sondern auf das Allgemeine, als dessen Beispiele die vielen Einzelfälle vorstellbar sind. Diesem Verfahren ist die griechische Frage nach den Prinzipien vergleichbar: wer nach der *archē* fragt, fragt durch das Zeitliche hindurch.

Das war der kulturgeschichtliche Zusammenhang, in welchem das Markusevangelium seine Antwort auf die Frage nach dem Ursprung des Evangeliums von Jesus Christus versuchte. Dieses Buch gibt eine erstaunliche Antwort. Das Evangelium nahm seinen Anfang in Tagesereignissen. Darin auch hat es seine maßgebliche Grundlage. Das Evangelium hat seine maßgebliche Grundlage in einem geschichtlichen Zufall. Damit hängt es zusammen, daß die Zeitlichkeit zum Inhalt des Evangeliums gehört. Seine Wahrheit ist eine zeitförmige, niemals ablösbar von den Zeitumständen, unter denen sie in den Vordergrund der Welt getreten ist. Wer nach dem Anfang des Evangeliums fragt, fragt nicht durchs Zeitliche hindurch; er erinnert sich vielmehr an ein bestimmtes Zeitgeschehen, in welchem er Anfang und Ende aller Zeiten inmitten der Zeit sieht. Dieses Zeitgeschehen heißt im Markusevangelium *kairos*, entscheidender Augenblick (Mk 1,15). Es ist flüchtig und absolut entscheidend zugleich. Mit dieser Begründung des Evangeliums hängt es zusammen, daß die sinnliche Wahrnehmung eine große erkenntnistheoretische Bedeutung hat. Das Maß des Wahren wird nicht nach dem Maß der Abstraktion bestimmt. Vielmehr spielt die *sinnliche* Wahrnehmung in der Erkenntnis *Gottes* eine grundlegende Rolle (vgl. Joh 1,14; 1 Joh 1,1–4). Gerade in der johanneischen Theologie, welche ja eine dem Flug des Adlers gleiche Christologie entwickelt, wird ausdrücklich festgehalten, daß der Ursprung der Welt in den Vordergrund des Zufälligen getreten ist. Der Logos, der vor allen Dingen war und in dem alle Dinge zusammengehalten werden, tritt in den Vordergrund; seine Herrlichkeit ist zu *sehen* (Joh 1,14; sogar mit Händen zu greifen, 1 Joh 1,1–4). Der Weg, den der ursprüngliche Logos in der Welt geht, ist identisch mit dem Weg des Fleischgewordenen, wie er dann im Evangelium erzählt wird. Das Evangelium gibt, indem es vom Ursprung erzählt, der Frage nach dem Ursprünglichen eine neue Richtung: es lenkt die Aufmerksamkeit auf die Tagesereignisse, auf die Dinge, die im Vordergrund der Welt geschehen.

Über die hermeneutische Bedeutung, welche die neugefundene literarische Gattung des Evangeliums hat, soll jetzt wenigstens andeutungsweise Auskunft gegeben werden. Wenn die Wahrheit des Christus (und damit die Wahrheit über Gott) dann zur Erkenntnis kommt, wenn ich mich den Tagesereignissen eines geschichtlichen Augenblicks zuwende, werde ich von eben dieser Suche nach dem Wahren eingestellt darauf, mich dem Einzelnen zuzuwenden, wenn ich die Wahrheit kennenlernen will. Mit der Theologie des Neuen Testaments haben wir eine Rede von Gott vor uns, die nicht von ihrer Zeitlichkeit befreit werden kann (und muß). Es ist eine zeitförmige Art, von Gott zu reden. Es ist eine Rede von Gott, die der menschlichen Vernunft nicht jederzeit zugänglich und erschwinglich ist. Es ist deshalb eine Rede von Gott, die auf *Erinnerung* angewiesen ist, weil sie vergessen werden kann. Es ist ein Wort von Gott, das in seiner Zerbrechlichkeit in die Hände der Menschen gelegt und auf ihr Wohlwollen angewiesen ist. Solcher Art sind die Worte der Vernunft nicht. Sie sind es deshalb nicht, weil die Vernunft keine Zufälle produzieren kann (produzierte Zufälle unterstehen den Gesetzen der Wahrscheinlichkeitsrechnung; und es ist bis heute ein ungelöstes mathematisches Problem, wirklich zufällige Zahlen zu produzieren, in einem Computer etwa). Die

Wahrheit des Glaubens ist der Vernunft also nicht erschwinglich in der Hinsicht, daß sie nicht produzierbar ist durch die Vernunft. Sie ist ihr aber sehr wohl erschwinglich in der Hinsicht, daß sich die Vernunft etwas sagen lassen kann von diesem Zufall, den der Glaube ins Absolute gesteigert hat. Auch wenn die Vernunft ihn nicht produziert hat, ist der Zufall, einmal eingetreten, vernünftigem Nachdenken durchaus zugänglich.

Mit dieser Zeitförmigkeit der Wahrheit des Glaubens hängt es ferner zusammen, daß sie keiner Deduktion erreichbar ist. Sie ist nicht deduzierbar, so daß der vernünftige Zuhörer sie mit Notwendigkeit akzeptieren müßte. Da die Wahrheit, die einen solchen Ursprung hat, sich nicht im Bereich des Notwendigen, sondern *des Faktischen* ansiedelt, kann sie immer nur aufgewiesen, beschrieben, zur Klarheit gebracht werden im Vordergrund des Faktischen. Es gibt beispielsweise keine Argumente dafür, daß im Gebot der Feindesliebe die Liebe mit Notwendigkeit Ereignis geworden ist. Wohl aber gibt es die Evidenz, die dieses Gebot als Erscheinung der Liebe hat. Es ist ein natürlicher Wunsch des Menschen, seinen Wahrheiten die Notwendigkeit des Unwiderstehlichen verschaffen zu wollen. Die Evidenz allerdings, die das Ereignis der Liebe hat, geht bei solchen Versuchen verloren. Und verloren geht auch der Daseinsraum, welcher den Adressaten durch eine solche, auf Evidenz angewiesene Wahrheit eröffnet wird. Die Adressaten werden statt dessen dem Gesetz der Notwendigkeit unterworfen. Der Raum der Freiheit, den der Angesprochene angesichts des Evangeliums hat, muß gedacht werden als ein Raum, der von der zur Entscheidung stehenden *Sache* selbst gewährt wird (und nicht etwa begründet ist in einer «Willensfreiheit» des Adressaten). Insofern gilt von der zeitförmigen Wahrheit – der Ursprung weist auf sie hin – des Evangeliums, daß sie dem Angesprochenen die Freiheit zuspielt, sich auf die Evidenz einzulassen. Dies geschieht freilich nicht in der Gestalt einer Entweder-Oder-Frage. Es geschieht vielmehr so, daß das Evangelium mir nahelegt, einverstanden zu sein mit seiner Sicht der Dinge. Das Evangelium geht dem Angesprochenen darin voraus, daß es im geschichtlichen Zufall der Existenz Jesu Gott am Werk sieht. Streng genommen ist Freiheit erst dann erreicht, wenn es zum Einverständnis mit dieser Sicht der Dinge kommt, die Freiheit des Glaubens nämlich als Freiheit *zum* Glauben.

Mit dem vom Markusevangelium herausgestellten Ursprung hängt es schließlich zusammen, daß das Evangelium von allem Anfang an distanziert ist von der Produktivität des menschlichen Geistes. Es ist, weil es einen geschichtlichen Ursprung hat, ein Phänomen, das geeignet ist, die menschliche Empfänglichkeit – und sei sie noch so pervertiert – wieder ans Tageslicht zu bringen. Rezeptivität ist angesichts solcher Phänomene angebracht, die schon ursprünglich nicht verstehbar sind als Produkte. Solche Phänomene entlocken dem Adressaten gleichsam Rezeptivität. Er wird abgelenkt von seinem Zwang zur Produktivität. Wenn Markus den

Ursprung des Evangeliums so bestimmt, daß es sich dem geschichtlichen Zufall des Seins Jesu verdankt, dann ist es grundsätzlich der Spekulation und der wunschorientierten Projektion entzogen. Es ist grundsätzlich denjenigen menschlichen Aktivitäten entzogen, welche zur Verschüttung der Empfänglichkeit führen, beziehungsweise mit welchen sich der menschliche Hang zur Produktion durchsetzt. Gewiß sind auch geschichtliche Ereignisse der menschlichen Projektionsfreudigkeit und der Spekulation unterworfen. Gerade die Verbindung von Christus und Gesetz, wie sie in Galatien stattfand, wäre ein Beispiel für das erste, während die gnostische Verflüchtigung des im Fleisch gekommenen Christus das zweite belegt. Dennoch bedeutet der von Markus herausgestellte Ursprung des Evangeliums eine Unterwanderung der genannten Aktivitäten. Markus gab dem christlichen Glauben die Anregung, selbstkritisch zu denken. Selbstkritisch die Spekulation über den himmlischen Christus zu bedenken angesichts des irdischen Jesus, sie zu erkennen als einen Versuch, sich das Externe einzuverleiben. Selbstkritisch auch umzugehen mit den Wünschen, die sich in der Projektion zu Wort melden, um sie vom menschgewordenen Gott herniedergeleiten zu lassen vom Himmel auf die Erde.

2.4 Der Brief

Ein überraschend großer Teil der neutestamentlichen Schriften sind Briefe. Im überwiegenden Maße handelt es sich um Briefe, die eine bestimmte Gemeinde in einer bestimmten Lebenslage ansprechen. Offensichtlich erfährt das Evangelium seine Ausbreitung, Auslegung und Bewahrung weitgehend in der Gestalt von Briefen. Man könnte versucht sein, diese Gestalt auf die äußeren Umstände zurückzuführen, auf die Situation des großen Heidenmissionars Paulus etwa, dem wegen seiner räumlichen Trennung nichts anderes übrig bleibt, als Briefe zu schreiben. Gewiß spielen solche äußeren Bedingungen eine Rolle; sie reichen indessen nicht aus, um das Gewicht zu erklären, welches die Form des Briefes in der Verkündigung des Neuen Testaments gewonnen hat. Denn bestünde nicht eine innere Affinität zwischen dem Evangelium selbst und der Gestalt brieflicher Verkündigung, so wäre es wohl nie in diesem Ausmaß dazu gekommen. Die Form des Briefes hängt mit der Gestalt des Evangeliums zusammen. Deshalb ist es vielversprechend, nach dem hermeneutischen Potential zu fragen, das rein in der brieflichen Gestalt selbst liegt. Die hermeneutische Bedeutung dieser Gestalt der Verkündigung soll bedacht werden anhand einzelner Beobachtungen zu den Paulus- und den Johannesbriefen.

2.4.1 Briefliche Zuwendung

Bei den neutestamentlichen Briefen, namentlich bei denen aus der Hand des Paulus, haben wir es mit persönlichen Schreiben zu tun. Im Unterschied zu der Epistel, welche sich nicht an einen bestimmten Adressaten wendet, ist der Brief an unverwechselbar konkrete Empfänger gerichtet. Der Absender geht auf eine bestimmte Situation der Empfänger seines Briefes ein. Im Brief nimmt also die *Zuwendung* auf eigentümliche Weise Gestalt an. Der Brief ist so etwas wie literarisch gewordene Zuwendung von Mensch zu Mensch, eine Erscheinungsform jener Zuwendung, die auch im Evangelium der Urchristenheit ihre tiefe Verankerung hat.
Wird der Brief in der angedeuteten Weise als Vollzug der Zuwendung verstanden, so ist damit ein bloß technisches Verständnis abgelehnt. Technisch wird der Brief dann verstanden, wenn er nur unter dem Gesichtspunkt der Ortsveränderung von Gedanken betrachtet wird. In diesem technischen Verständnis ist der Brief bloß ein Übertragungsmittel, das durch die räumliche Distanz notwendig geworden ist. Das technische Verständnis wird dem Phänomen nicht gerecht. Dies kann man sich nur schon daran klar machen, daß die Wahl des Übertragungsmittels (in unserer Zeit etwa der Brief oder das Telephon) keineswegs neutral ist gegenüber den Gedanken, die damit übertragen werden. Denn ob ich einen Menschen durch das Telephon oder durch einen Brief anrede, gibt meiner Zuwendung zu ihm schon eine bestimmte Gestalt, lange bevor ich einen Satz gesprochen habe.
Der Brief muß demnach seinerseits schon als *eine bestimmte Form* der Zuwendung verstanden werden. Gerade bei Paulus ist er alles andere als ein Mittel zur Ortsveränderung der Gedanken. Er stellt selbst einen Grundvorgang der paulinischen Theologie dar. Die paulinischen Briefe dokumentieren auf jeder Seite den Versuch, auf die Situation der Adressaten einzugehen, ein Wort zur Lage der Adressaten zu sagen. Eingehen auf die Situation der Adressaten heißt, aus sich selbst herausgehen. Es geschieht eine Zuwendung, die an die Stelle des Selbstbezugs tritt. «Alles ist mir erlaubt!» So lautet ein Spitzensatz der korinthischen Christen (vgl. 1 Kor 6,12; 10,23). Anstößig an diesem Slogan ist für Paulus nicht etwa, daß er eine zu große Freiheit in Anspruch nimmt. Anstößig ist vielmehr die Konzentration auf die Frage, was *mir* erlaubt ist, die Fixierung auf das vom Eingelassensein in die menschliche Gemeinschaft abstrahierte Ich, welches seine Freiheit als unendliche Ausdehnung seiner Unabhängigkeit denkt. Wer sagt, ihm sei alles erlaubt, braucht keine Briefe zu schreiben. Jedenfalls keine Briefe, in denen er etwas anderes tut, als seinen Slogan zu veröffentlichen, keine Briefe, in welchen er sich einläßt mit der Situation der andern. Wer Briefe schreibt, ist schon an dem orientiert, was nützlich ist, an dem, was der menschlichen Gemeinschaft zugute kommt, oder eben an dem, was «auferbaut». Der Brief ist insofern ein

Zeichen für die Liebe, die eingeht auf die Lage des Angeredeten. Im Brief gewinnt eben jene Freiheit zur Auferbauung Gestalt, die Paulus an die Stelle der ins Unendliche ausgedehnten Unabhängigkeit setzt. Die Liebe hält nicht auf Distanz, sie mischt sich ein in die konkreten Verhältnisse. Eine Einmischung allerdings, die nicht mit Zudringlichkeit zu verwechseln ist. Die Liebe klopft an, statt mit der Tür ins Haus zu fallen (vgl. Mt 7,7–11). Der Brief ist genau diese Einmischung. Deshalb steht er in einem inneren Zusammenhang mit der Menschwerdung Gottes. Die Inkarnation ist die Einmischung Gottes in die menschlichen Verhältnisse. Sie ist die Verkörperung jener Zuwendung zur Situation des Angeredeten, welche charakteristisch ist für die Liebe selbst und welche auch im Brief als solchem ihr Echo findet.

Charakteristisch für die briefliche Zuwendung ist es, daß der Absender sich um Adressaten kümmert, die weit weg sind. Demzufolge kommt der Brief nur zustande, wenn der Absender sich in die Lage der Adressaten hineindenkt. Er tut dies, obwohl er sie nicht vor sich hat. Das bedeutet, daß er sich *aus seinen eigenen Gründen* mit ihnen beschäftigt. Die Empfänger kommen gar nicht erst in die Lage, sich ihren Existenzraum beim Absender zu erkämpfen. Der Absender hat ihnen diesen Raum schon dadurch zugestanden, daß er sich brieflich mit ihnen einläßt. Auch in diesem Punkt ist der Brief eine Widerspiegelung eines Grundzugs des Evangeliums. Das Evangelium ist jenes Wort, in welchem Gott den Menschen – seinen Feinden! (vgl. Röm 5,8–10) – einen Lebensraum eröffnet, ihnen Existenzraum zuweist, den sie nicht zu erkämpfen haben. Im Eröffnen des Existenzraums dem Existenzkampf zuvorzukommen, ist Sache und Wesen der Liebe. Indem die briefliche Zuwendung es verlangt, daß einer mit den Augen eines andern sehen lernt, obwohl dieser abwesend ist, ist der Brief ein Dokument, das den Existenzkampf der Empfänger unterläuft, weil es ihnen in zuvorkommender Weise Lebensraum zuschreibt.

Der Brief ist schließlich ein *Zeichen des Eintretens:* «so wie Christus bei Gott für uns eintritt, so tritt der Apostel an Christi Statt vor den Menschen – für den Menschen ein (Röm 8,34; 2 Kor 5,11–21)» ([30], 189). Wie tritt Christus bei Gott für uns ein? Gewiß nicht so, daß er auf die verborgenen Qualitäten des Menschen hinweist. Welche Qualität könnte Gott verborgen sein! Sache von Fürsprechern mag es wohl sein, auf unbeachtete oder verborgene Qualitäten hinzuweisen, Handlungen und Motive zu meiner Verteidigung vorzubringen. Ihre Sache mag es wohl sein, dem Richter die Qualitäten und die Person des Angeklagten zur Beachtung zu bringen. Christus ist kein solcher Fürsprecher. Denn Christus ist ja die Verkörperung dessen, daß Gott sich auf die Liebe festgelegt hat (vgl. Röm 5,8). Wenn Christus vor Gott für die Menschen eintritt, spricht er gerade nicht ihre verborgenen Qualitäten aus, sondern er spricht Gott auf *seine* Liebe zu den Menschen an. Er spricht nicht aus,

was vorzuweisen wäre an Respektablem, er spricht Gott vielmehr auf *seine* Kreativität an, in welcher er auch die zu Geliebten macht, die sich seinen Respekt nicht zu erwerben vermochten.
Inwiefern ist nun der Brief des Paulus ein Dokument, in welchem der Apostel auch *vor den Menschen* für die Menschen eintritt? Paulus tritt beispielsweise so für die Menschen ein, daß er die Menschen auf ihre Liebe anspricht. In Korinth tauchte die Frage auf, ob das Fleisch von Götzenopfern gegessen werden dürfe (1 Kor 8.10). Die theoretische Lösung ist glasklar: Da es – für uns! – keine Götter gibt (8,6), ist das Fleisch gewöhnlich; und da Gott die ganze Welt prägt, bringt mich das Essen weder näher zu Gott noch entfernt es mich von ihm (8,8). Das Götzenopferfleisch als *substantielles* Problem entfällt. Deshalb können die wahrhaft substantiellen Fragen gestellt werden. Wahrhaft substantiell ist, daß der Bruder, der das theoretisch Richtige noch nicht in seinen Lebensvollzug übernommen hat, der Schwache, nicht verloren geht. Denn auch für ihn ist Christus gestorben (8,11). Paulus tritt vor den Menschen ein für den schwachen Bruder, nicht indem er Vorschläge zur Pädagogik des Schwachen macht, sondern indem er die Starken auf ihre Liebe anspricht. Wahrhaft substantiell ist, daß die neu gewonnene Freiheit sich als Liebe auswirkt. Freilich ging es Paulus nicht nur darum, für die einen Menschen vor den andern einzutreten. Er hatte vielmehr die Notwendigkeit erkannt, daß für einen Menschen auch vor ihm selbst einzutreten war. Es kam ihm darauf an, ein Fürsprecher des Menschen coram eo ipso zu sein. In Korinth beispielsweise waren die Glaubenden abstrakt geworden: abstrakt vom Gekreuzigten durch ihre Konzentration auf den Erhöhten (1 Kor 1,10–2,5), abstrakt vom Lebenszusammenhang des Ethischen durch ihr Beharren auf subjektiver Grenzenlosigkeit (1 Kor 6,12; 10,23), abstrakt von der menschlichen Situation in der Welt durch ihren Wahn, alles schon zu besitzen (1 Kor 4,8). Die Menschlichkeit des Menschen wird konstituiert dadurch, daß er die Gaben der Schöpfung empfängt. Das Humanum erscheint im Empfängersein. Dieses Humanum hatten manche Glaubenden hinter sich gelassen, sie wähnten sich schon gesättigt, schon reich, schon zur Herrschaft gekommen. In dieser Situation drohender Un-Menschlichkeit macht sich Paulus brieflich zum Fürsprecher des Menschen coram eo ipso. Die, die vom Empfänger zum Besitzer fortgeschritten waren, spricht er auf das Empfangen an: Was hast du, das du nicht empfangen hast? (1 Kor 4,7). Gerade das Haben ist nicht ein Indiz für den Besitzerstatus des Menschen. Das Haben macht ihn zum Empfänger. Dem Besitzer droht die Zwiespältigkeit verfehlten Menschseins. Er rühmt sich, als ob er kein Empfänger wäre. Deshalb ist es Sache des apostolischen Fürsprechers, ihn anzusprechen auf die Selbst*wahrnehmung* statt auf das Selbstbewußtsein. In der (ihm durchaus erschwinglichen) Selbstwahrnehmung wird er entdecken, daß er ein Empfänger ist. Damit wird er seine eigene Menschlichkeit

entdecken. Vielleicht fällt ihm eine solche Entdeckung leichter angesichts eines *Briefes*, den er immer nur empfangen, niemals jedoch besitzen kann.

2.4.2 Theologie in Briefform

Wenn eine Theologie die Gestalt von Briefen annimmt, gibt sie damit Aufschluß über sich selbst. Die Gestalt von Briefen kann nicht jede Theologie annehmen. Deshalb ist der paulinische Brief aufschlußreich für seine Theologie und insofern für eine neutestamentliche Hermeneutik.

Wenn eine Theologie die Gestalt von Briefen annimmt, dann widmet sie sich jedenfalls dem Vordergründigen. Das theologische Denken des Paulus gilt den Problemen des Tages. Es bewegt sich nicht in jenen Höhen, die dem Leben abgewandt sind. Man könnte sagen: Die Theologie des Paulus gewinnt die Gestalt von Briefen, weil sie eine vordergründige Theologie ist. Das Wort «vordergründig» ist freilich erklärungsbedürftig, weil es – bezeichnenderweise – als Abwertung verstanden wird. Vordergründig soll diese Theologie heißen, weil sie im Vordergrund des Lebens angesiedelt ist. Sie spricht über die Erfahrungen im Vordergrund des Daseins, und in eben diesem Vordergrund macht sie die Gegenwart Gottes geltend. Paulus läßt es in seinen Briefen auf eine Begegnung des Menschen mit dem heilsamen Tod Jesu ankommen. Diese Begegnung hat vordergründige Folgen. Sie betrifft das menschliche Leben nicht erst in den letzten religiösen Tiefen (dort freilich auch), sondern schon inmitten der Mühen des Alltags.

Es ist deswegen nicht verwunderlich, daß die Theologie des Paulus weithin das Gepräge der Auseinandersetzung trägt. Man pflegt diese Eigenart polemisch zu nennen. Mit dieser Etikettierung ist zudem eine zweifelhafte Alternative zur Stelle: der polemischen Theologie steht die sachliche gegenüber, und es erscheint als ausgemacht, daß die Erkenntnisse der polemischen Theologie einen weit geringeren Wahrheitswert haben als die der sachlichen. Wir haben uns angewöhnt, dem kühlen Rechnen mehr Vertrauen zu schenken als der leidenschaftlichen Auseinandersetzung. Es ist indessen sehr die Frage, ob fundamentale Einsichten die Ruhe distanzierter Überlegung notwendig zur Voraussetzung haben. Das Denken des Paulus ist geprägt durch leidenschaftliche Auseinandersetzung. Und seine Briefe sind ein großartiges Indiz dafür, daß im Gemenge solcher Auseinandersetzung die tiefsten Einsichten in das Leben zu gewinnen sind. Die leidenschaftliche Auseinandersetzung geschieht, weil Paulus im Vordergrund lebt, in unmittelbarer Nähe zu seinen und seiner Partner Lebensvollzügen. Demgegenüber ist das kühle Rechnen hintergründig, es ist letztlich abstrakt vom wirklichen Vorgang des Lebens.

Die Vordergründigkeit der paulinischen Theologie muß positiv in Anschlag gebracht werden beim Versuch, Paulus zu verstehen. Dementsprechend kann es nicht angehen, etwa die Rechtfertigungslehre – von einer «Lehre» zu sprechen ist schon verräterisch – des Apostels dadurch zu relativieren, daß man sie auf die polemischen Auseinandersetzungen mit den Galatern zurückführt. Denn die Rechtfertigungsbotschaft, wie Paulus sie versteht, hat ihr Lebenselement genau in solchen Auseinandersetzungen. In diesen geht es in einer elementaren Weise um das Verstehen des Lebens. In der Auseinandersetzung darüber, ob die Galater ihre Lebendigkeit vom Geist oder vom Fleisch haben (vgl. Gal 3,1–6), geht es in einer die Lebensvorgänge schlechthin entscheidenden Weise um das, was wahre Lebendigkeit sein kann. Genau an diesem Ort ist die Rechtfertigungsbotschaft in ihrem Element. Wird sie dagegen zu einer Rechtfertigungslehre gemacht, die den Ansprüchen der kühlen Sachlichkeit genügen mag, wird sie recht eigentlich verflüchtigt.
Es kann ferner nicht angehen, die Kreuzestheologie des Paulus zu relativieren mit dem Hinweis auf die polemischen Zusammenhänge der Korintherbriefe. Denn das Wort vom Kreuz gilt durchaus dem Vordergrund: es führt die Suche nach Weisheit in die Kehre, eine Suche, in welcher sich der Mensch in den abstrakten Höhen des Überblicks verliert. Und es führt die Zeichenforderung in die Kehre, eine Forderung, in welcher der Mensch so tut, als könnte er seine eigene Lebendigkeit von langer Hand vorbereiten, als müßte er allererst ihren Tatbeweis antreten und einen solchen von seiner Umgebung ebenso verlangen. Das Wort vom Kreuz streitet in diesem Vordergrund für den Menschen gegen dessen Versuch, sich selbst im Namen des Lebensgewinns ums Leben zu bringen. Wenn eine Kreuzes*theologie* abstrahiert von diesem vordergründigen Eintreten des Wortes vom Kreuz, dann verliert sie sich selbst ins Ideologische. Dann stellen sich eben jene theoretischen Fragen, die gegenwärtig in der Paulusinterpretation so maßgebend geworden sind: Ist die paulinische Theologie Anthropologie oder Christologie? Hat Paulus die jüdische Lehre(!) vom Gesetz verstanden? Ist Paulus ein Apokalyptiker? Alle solchen Fragen erheben sich, wenn die paulinischen Briefe übergeführt werden in dogmatische Kompendien, wenn Paulus rezipiert wird, als ob er eine Theorie über Gott und die Welt vertreten würde.
Statt eine Theorie über Gott und die Welt zu vertreten, ist es das Anliegen dieser Theologie in Briefform, dem Geschehen Gottes in der Welt denkend und nachdenkend zu entsprechen. Ein solches Unternehmen hat im Gemenge des Alltäglichen statt. Es hat Anteil am Geschick der Zeitlichkeit, die stets die Erscheinungsform der Liebe ist. Die Liebe führt ins Zeitliche, weil sie in die Nähe der Dinge und der Menschen führt. Die vordergründige Theologie des Paulus erweist sich unter diesem Blickwinkel als ihrem Inhalt, welcher das Geschehen Gottes als Liebe in der Welt ist, angemessen.

Eine Theologie in Briefform zeichnet sich ferner aus durch den *Willen zur Argumentation*. Gerade ein Brief ist denkbar ungeeignet, ein abschließendes Wort zu sagen. Er ist eine Zuwendung zum Adressaten, die diesen in einer offenen Situation antrifft; ungewiß ist, wie er das Gesagte aufnehmen wird; ungewiß ist, ob ihn das Gesagte überhaupt zu treffen vermag. Der Brief ist ein schutzloses Stück Papier, das jederzeit vernichtet werden kann. Es liegt in den Händen des Empfängers, genauso wie der menschgewordene Gott sich in die Hände der Menschen begab. Der Brief ist so etwas wie die Gestaltwerdung des schwachen Wortes. Die Schwachheit des Wortes entläßt den Willen zur Argumentation aus sich. Denn das schwache Wort hält dazu an, den Angeredeten mit nichts anderem als mit der Kraft des Arguments zu bewegen.
Dieses Merkmal brieflicher Theologie wird explizit greifbar in den paulinischen Briefen, beispielsweise in 1 Kor 10,14–22. Hier geht es um den Götzendienst – den Dienst am Nichtigen also –, welcher sich mit dem Bedientwerden am Tisch des Herrn nicht verträgt. Paulus beginnt mit einem deutlichen Appell: «Flieht den Götzendienst, Geliebte!» (V.14) Allerdings bleibt es nicht beim Appell. «Zu euch rede ich als zu Verständigen. Beurteilt selbst, was ich sage!» (V.15) Paulus kann es nicht beim Appell bewenden lassen, weil er dann ihre Verständigkeit überginge. Das argumentierende Reden respektiert die Verständigkeit der Adressaten, ihre Mündigkeit (wie wir heute wohl sagen würden). Häufig läßt sich beobachten, daß man zwar die Mündigkeit der Angeredeten theoretisch feststellt, diese Mündigkeit aber in der konkreten Anrede sogleich wieder unterläuft. Gerade Appelle unterlaufen die Mündigkeit der Angesprochenen, weil sie befehlen, ohne zu argumentieren. Appelle veranlassen zu kopflosem Handeln, weil sie die Verständigkeit des Menschen gleichsam auslassen. Sie sind – unter Umgehung des Herzens – direkt auf die Hand gezielt. Solches ist aber denen gegenüber keinesfalls angebracht, für die Christus auch gestorben ist (vgl. 1 Kor 8,11: Der Bruder, für den Christus gestorben ist, darf nicht zugrundegerichtet werden, auch wenn er in seinem Gewissen schwach ist). Die Adressaten der paulinischen Briefe müssen Gelegenheit haben, einverstanden zu sein. Sie müssen Gelegenheit haben, ein verstehendes Ja zu sagen. Wie könnten sie sonst den Dienst am Nichtigen überhaupt fliehen? Ein von Appellen geleitetes Tun, und selbst wenn es Flucht vor dem Götzendienst wäre, ist immer noch Dienst am Nichtigen, weil es hinter dem zurückbleibt, was der Schöpfer des Verstandes dem Tun zumutet: verständig zu sein. Die Liebe zielt nicht auf blinden Gehorsam, sie zielt vielmehr auf das *verstehende Ja* – gerade auch des interessierten Gastes (vgl. 1 Kor 14,16). Im verstehenden Ja entsteht jene Mündigkeit, die sonst so fleißig theoretisch postuliert wird. Deshalb verlegt Paulus sich auf das Argumentieren. Die Sprache der Liebe räumt dem Angeredeten Dasein ein: gerade seine Verständigkeit wird allererst entdeckt, wenn er vom schwachen Wort, das argumentiert,

getroffen wird. Die Sprache der Liebe hat kein Interesse, den Menschen an die Wand zu spielen. Deshalb übergeht sie die Verständigkeit der Menschen nicht. Die Vertreter der Appelle halten sich häufig zugute, daß man Unverständigen bloß Appelle bieten könne. Wie sollen diese aber verständig werden, wenn sie nie Argumente zu hören bekommen?

Schließlich zeichnet sich eine Theologie in Briefform dadurch aus, daß sie der *Auslegung verpflichtet ist*. In den Briefen werden oft konkrete Fragen des Zusammenlebens oder des Lebens und Todes überhaupt besprochen. Paulus bearbeitet diese Fragen so, daß er das Geschehen Gottes in der Welt auslegt, auslegt in seinem Anspruch an das Verhalten des Menschen, auslegt auch in seinem Aufschlußreichtum für die elementaren Phänomene von Leben und Tod. Durch die Auslegung des Christusgeschehens werden dessen kosmologische, anthropologische, ethische und theologische Folgen ansichtig. Der Vorgang der Auslegung ermöglicht es, *mit* dem Christusgeschehen in der *eigenen* Welt zu leben. Genauso wie wir den Reichtum eines – uns zunächst fremden und unzugänglichen – Gegenstandes erst erkennen, wenn wir eine Zeitlang mit ihm leben, ihn bei uns sein lassen in unserer eigenen Welt, genauso führt die Auslegung ein Leben mit Christus herbei und legt die Reichtümer frei, die in diesem fremden Geschehen liegen. Die Frage ist nicht so sehr, ob das Christusgeschehen in die Welt des Paulus und der hellenistischen Christen passe. Die Frage ist vielmehr, ob die Welt und das Weltverständnis dieser Menschen zum Christusgeschehen passe. Ist die Fragerichtung in dieser Weise neu orientiert, dann ist jenes zerstörerische Verfahren zu Ende gekommen, in welchem das Christusgeschehen stets nach Antworten abgesucht und ihm bloß fremde Fragen gestellt werden. Auslegung ist nicht der Einpassung des Christusgeschehens in den Horizont unseres Fragens und unserer Bedürfnisse verpflichtet. Auslegung ist vielmehr ein Versuch, mit diesem fremden Geschehen leben zu lernen.

Der Vorgang der Auslegung des Christusgeschehens ist vergleichbar mit demjenigen der Auslegung der Schrift. Mit Blick auf die paulinischen Briefe läßt sich sagen, daß hier Auslegung des Christusgeschehens eins wird mit der Auslegung des Lebens. Was es um das Leben und um den Tod ist, wird geklärt im Nachdenken über den Christus. Und in diesem Vorgang erfährt nicht nur der Christus eine Auslegung, ausgelegt wird ebenso das Leben. Daraus ergibt sich, daß das Leben nicht mehr bloß der Illustrationsraum der Schrift- (oder: Christus-) Auslegung ist, ganz so als ob es etwas Eigentlicheres geben könnte als das Leben. Das Leben wird vielmehr zum Echoraum des Christus, weil das Christusgeschehen verankert ist in ihm. So sehr der Christus aufschlußreich für das Lebensphänomen ist, so sehr entdeckt man gerade in diesem Vorgang die erschließende Kraft desselben für Christus. Denn das, was mich umgibt, mein eigenes Leben und die Welt, kommt auf neue Weise zum Sprechen, wenn es von der Auslegung des Christus getroffen ist. Es spricht nun nicht mehr einfach sich selbst aus, es spricht vielmehr Christus aus, weil das Echo des Christus in ihm vernehmbar geworden ist.

2.4.3 Erinnerung und Zuschreibung

Die neutestamentlichen Briefe sind notwendig geworden durch die neue Situation des Menschseins, welche durch Christus geschaffen wurde. Es sind Schreiben, die diese Situation nicht erst herstellen. Ihre Sache ist es, die schon geschaffene Situation in Erinnerung zu rufen, sie erneut zu entdecken, wo sie in Vergessenheit zu geraten drohte. Damit tragen sie genau dieser Situation ihrerseits Rechnung: indem sie der Erinnerung, der memoria, verpflichtet sind, dokumentieren sie, daß auch die briefliche Kommunikation nicht mit nichts anfängt. Auch die briefliche Kommunikation gibt zu erkennen, daß sie von einer schon geschaffenen Kommunikation herkommt, von der Kommunikation nämlich, die durch die verkörperte Liebe unter den Menschen erzeugt wurde.

Die Verpflichtung des Schreibens auf die Erinnerung wird mehrfach thematisiert im *Ersten Johannesbrief*. Hier findet eine Auseinandersetzung statt mit einem Teil der christlichen Gemeinde, der sich abgespalten hat (vgl. 1 Joh 2,19). Was ist das Erkennungszeichen der gegnerischen Verkündiger? Man erkennt sie daran, daß sie nicht bleiben konnten (2,19). Sie konnten nicht bleiben beim Geist der ersten Zeugen (vgl. 1 Joh 1,1–4). Statt dessen plädierten sie für den Fortschritt des Glaubens, für den Aufschwung des Glaubenden zum Licht, das alles erleuchtet. Verbunden mit diesem Aufschwung war die faktische Abkehr von der Bruderliebe. Denn wer bei dem im Fleisch gekommenen Christus bliebe, schuldete es dem Lebenswandel Jesu, diesen in seinem eigenen Lebenswandel zur Auswirkung kommen zu lassen (1 Joh 2,6).

Wer den genannten Fortschritt nicht unternimmt und also im Raum des Christus bleibt, hat das Salböl vom Heiligen und ist mit dem Wissen ausgestattet (1 Joh 2,20). Die Metapher «Salböl (oder: Salbung) vom Heiligen» steht dafür, daß das Gottesverhältnis des Glaubenden durch Christus geprägt und geschaffen ist. Das Gottesverhältnis bemißt sich demnach nicht nach den Aufstiegsmöglichkeiten der Glaubenden, auch nicht nach ihrer Fortschrittlichkeit. Das Salböl, das sie haben, signalisiert ein Wissen, das nicht erweiterungsbedürftig ist. Der Christus kommt insofern für das Gottesverhältnis des Menschen auf, als er der Fürsprecher ist (vgl. 1 Joh 2,1), der Gott auf *seine* Liebe zu den Menschen anspricht. Der Christus kommt andererseits so für das Gottesverhältnis des Menschen auf, daß er den auf Liebe festgelegten (vgl. 1 Joh 4,7) Gott bei den Menschen vertritt. Dies ist das ausreichende Wissen, welches der brieflichen Kommunikation zugrunde liegt. Es ist nicht erweiterungsbedürftig, wohl aber der Vertiefung fähig. Vertiefen heißt sich der Konsequenzen, Dimensionen und Begründung dieses Wissens bewußt werden. Das verlangt ein entschiedenes Nachdenken, ein Nachdenken freilich, das nicht fortschreiten muß vom ausreichenden Wissen.

Genau dieses Nachdenken treibt auch der Erste Johannesbrief. Deshalb hält er ausdrücklich fest, der Grund des Schreibens sei nicht etwa, daß sie die Wahrheit noch nicht kennen, sondern umgekehrt sei der Grund des Briefes der, daß sie die Wahrheit schon kennen (1 Joh 2,21). Seine Aufgabe liegt nicht in der Mitteilung unerhörter Neuigkeiten. Sie liegt in der Vergewisserung der Wahrheit, die im Glauben als ausreichendes Wissen gegeben ist. «Man kann doch nicht mehr so einfach vom fleischgewordenen Christus reden», mögen die gegnerischen Verkündiger gesagt haben. «Man muß doch berücksichtigen, daß der Gedanke von der Menschwerdung Gottes eigentlich primitiv, materiell und Gottes unwürdig ist. Man muß den Geist rein erhalten, abgesondert von allem Fleisch. Deshalb muß man fortschreiten von der Herabkunft Gottes ins Fleisch zum Aufschwung des Glaubenden in die Höhen des Geistes.» Dem hält der Verfasser des Briefes entgegen: «Euer Wissen ist ausreichend, alle haben es, deshalb erkennt ihr in solchem Fortschritt die Lüge». Fortschrittliche Wahrheiten scheinen von vornherein Attraktivität zu haben. Dies kann man sich klar machen an der Rasanz, mit welcher sich modische Extravaganzen in der Kirche verbreiten, während die Vergewisserung der einfachen und alten Wahrheit, daß Christus für das Gottesverhältnis des Menschen aufkommt, ein Mauerblümchendasein fristet. Die Theologie in Briefform erhebt Einspruch gegen solche Fortschrittlichkeit. Sie betreibt eine Kommunikation, die auf Vergewisserung (statt Verunsicherung) hinausläuft. Die theologische Argumentation dieses Briefes hat das Ziel, das im Glauben vorhandene Wissen in Erinnerung zu rufen (1 Joh 5,13, wohl ursprünglich der Briefschluß). Sie hat den Glauben nicht etwa zu erschaffen. Theologische Argumentation erfüllt die ihr zukommende Aufgabe so, daß sie dem Glauben nachdenkt, beziehungsweise daß sie sich vom Glauben zu denken geben läßt. Ginge es darum, den Glauben allererst zu erschaffen, so gäbe sich das Denken der Illusion hin, gleichsam mit nichts anzufangen. Damit wäre es wahrhaft abstrakt geworden. Denn es ist nicht die Situation des Menschen, mit nichts anfangen zu müssen. Er fängt immer mit dem schon gegebenen Leben an. Deshalb kann er auch in seinem Denken keinen Standpunkt einnehmen wollen, der das Gegebene hintergeht (beziehungsweise fortschreitet von ihm) und sich in eine Zeit vor der Schöpfung versteigt. Der Glaube, den die johanneische Gemeinde schon hat, ist das Denkmal dessen, daß menschliches Leben nicht mit nichts anfängt. Dessen muß es sich stets von neuem vergewissern, indem es sich zu Bewußtsein bringt, was es schon hat. Der Sinn dieses Briefes ist dementsprechend den schon vorhandenen Glauben zum Bewußtsein seiner selbst zu führen, ihn gleichsam zum Klingen zu bringen.

Wenn es zutrifft, daß die briefliche Kommunikation von einer schon geschaffenen neuen Situation herkommt, dann geschieht in ihr nicht bloß Erinnerung, sondern auch *Zuschreibung*. Auch dies kann im Ersten Johannesbrief beobachtet werden. Wenn es die neu geschaffene Situation kennzeichnet, daß der Mensch nicht mehr für sein Sein aufkommen muß, dann ist der Raum eröffnet für die Zuschreibung neuen Seins. Dies geschieht hier in einem Abschnitt, der ganz auf das Phänomen des Schreibens konzentriert ist (1 Joh 2,12–14). Zwei Reihen von gleichartigen Zuschreibungen sind festzustellen, die erste jeweils mit dem durativischen «ich schreibe euch», die zweite mit dem aoristischen «ich schrieb euch (beziehungsweise: hiermit schreibe ich euch)». Das *durative Schreiben* legt wohl den Akzent darauf, daß Absender und Empfänger in demselben Raum, beispielsweise im Raum der Sündenvergebung, leben. Das Medium, das Absender und Empfänger verbindet, ist demnach nicht primär die gesendete Botschaft. Das verbindende Medium ist vielmehr die Situation (der Sündenvergebung), in welcher beide leben. Eine solche Botschaft darf wohl dann als geglückt gelten, wenn sie den ontologischen Zusammenhang zwischen Absender und Empfänger entdeckt, statt ihn zu postulieren oder zu erzwingen. Das *aoristische Schreiben* faßt demgegenüber wohl eher den performativen Aspekt ins Auge: hiermit schreibe ich euch Sündenvergebung aktuell zu. Die drei Zuschreibungen (Kinder, Väter, Jünglinge) sind am ehesten so zu verstehen, daß sie drei Aspekte des Menschseins in den Blick nehmen.

Kinder sind die Angesprochenen unter der Hinsicht, daß ihnen die Sünden vergeben sind. Das Kindsein kommt – wie man alltäglich beobachten kann – in der Geste des Getragenwerdens zum Ausdruck, genauso wie sich Elternschaft in der Geste des Tragens zum Ausdruck bringt. Für die Geste des Tragens steht hier die Vergebung der Sünden. Diese trägt die johanneische Gemeinde, weil in der Vergebung die Distanz zu Gott überwunden ist. Im entsprechenden Satz der zweiten Reihe (V.14) wird den Glaubenden Kindsein zugeschrieben, weil sie den Vater erkannt haben. Den Vater erkenne ich nicht theoretisch als Vater. Den Vater erkenne ich, wenn ich ihn als Vater beanspruche (eben: wenn ich mich von ihm tragen lasse). Wäre ich nicht Kind, wäre ich vielleicht der Partner Gottes oder gar sein Arbeitnehmer. In solchen Relationen – sie mögen alle wohl denkbar sein – lerne ich Gott nicht als Vater kennen und gewinne deshalb mein Sein als Kind nicht. Eben diesen Gewinn will die Zuschreibung erneut auszahlen.

Es folgt eine zweite Zuschreibung: *Väter* sind die Angesprochenen unter der Hinsicht, daß sie Erkenntnis haben. Sache von Vätern (und Müttern) ist es, eine *gereifte* Erkenntnis zu haben. Das unterscheidet sie von den zuweilen imposanten Kenntnissen ihrer Söhne und Töchter: die Erkenntnis der Väter ist weniger imposant als reif (wenn alles gut geht! Sonst werden aus ihnen die zornigen alten Männer, welche die Unreife ihrer

Jugend hinübergerettet haben ins Großvateralter ...). Die gereifte Erkenntnis besteht hier darin, daß sie den erkannt haben, der von Anfang war. Sie besteht darin, den Christus (den Uranfänglichen) in diesem Jesus (dem sinnlich Wahrnehmbaren, vgl. 1 Joh 1,1) zu erkennen. Gotteserkenntnis, Erkenntnis des schlechthin Ursprünglichen, ist dadurch gereift, daß sie sich auf den wirklichen Menschen Jesus einläßt. Gereifte Erkenntnis besteht wohl allgemein darin, daß sie sich auf die Wirklichkeit der Welt einläßt. Diese Erkenntnis ist nicht vom Aufschwung geprägt, sie hat – gerade als christologische – den Charakter des *Bleibens* im Zusammenhang des Lebens. Die unreife Erkenntnis dagegen ist unberührt von den Niederungen des Alltags; sie ist zweifellos konsequenter, «radikaler». Sie hat die Reinheit des Denkens oder auch des Träumens. Die gereifte Erkenntnis der Väter lautet: Das Ursprüngliche offenbart sich weder in der Konsequenz des Gedankens noch in der Leichtigkeit des Traums, es offenbart sich in der Wirklichkeit des Menschen Jesus, der dann allerdings auch nicht wenig zu träumen und erst recht zu denken gibt.

Junge Männer schließlich sind die Angeredeten unter der Hinsicht, daß sie das Böse besiegt haben. Sache der jungen Männer ist das Siegen, wie schon die Olympischen Spiele zeigen. Dieser Sieg aber ist perfektisch: er ist schon ausgefochten worden in der Erscheinung Christi, in welcher die Werke des Bösen ins Nichts aufgelöst wurden (vgl. 1 Joh 3,8). Die Werke des Bösen geschehen im Zusammenhang des Hasses. Dieser Zusammenhang des Hasses (in welchem der Haß stets geboten ist) wurde aufgebrochen durch die Erscheinung der Liebe, die wiederum Liebe gebietet. Im Unterschied zu den olympischen Athleten, welche kämpfen, um zu siegen, kämpfen diese jungen Männer, weil sie schon gesiegt haben. Das äußert sich darin, daß sie das Wort Gottes unter ihnen bleiben lassen. Gekämpft wird nicht nur um die Abwesenheit des Hasses, gekämpft wird – im einen Gebot der Bruderliebe – um die Anwesenheit der Liebe.

2.5 Die Bitte

In diesem letzten Abschnitt zu den hermeneutischen Streiflichtern aus dem Neuen Testament soll dem Phänomen der Bitte nachgedacht werden. Dabei geht es nicht um das Aufsuchen von linguistisch als Bitte definierbaren Sprechweisen. Die Frage wird vielmehr sein, inwiefern die Bitte es erlaubt, die charakteristische Erscheinungsweise des christlichen Redens genauer zu erkennen. Die Frage wird sein, inwiefern das christliche Reden grundsätzlich ein Bitten ist, inwiefern dieses Bitten im Zusammenhang steht mit dem Inhalt der christlichen Botschaft, und inwiefern schließlich wichtige Sprachformen der Verkündigung, nämlich das metaphorische Reden und die Geschichts-Erzählung, einen inneren Zusammenhang mit dem Bitten aufweisen.

Ausgangspunkt der Überlegungen ist ein Satz des Paulus, in welchem einerseits die Rolle des Verkündigers definiert wird als Bitten und andererseits ein Zusammenhang hergestellt wird zwischen der Botschaft und der Bitte. «Für Christus nun wirken wir als Gesandte (ausgedrückt mit dem durativisch gebrauchten Verbum *presbeuō* ... als Gesandter wirken) wie wenn Gott (selbst) ermahnen würde durch uns: an Christi Statt (in Christi Namen) bitten wir: Laßt euch versöhnen mit Gott!» (2 Kor 5,20). Beginnen wir beim letzten Teil, bei der *Versöhnung mit Gott*. Versöhnung bedeutet die Überwindung von Feindschaft, genauer: die Überwindung von Feindschaft durch Nähe statt durch Distanz. Das Gegenstück zur Versöhnung ist das Töten des Feindes, extremer Ausdruck für die Überwindung des Feindes auf dem Wege der Distanzierung. Versöhnung dagegen ist der Weg der Näherung, der Liebe zum Feind. Die Bitte: Laßt euch versöhnen mit Gott! bedeutet demnach: Laßt euch in die Nähe Gottes bringen, laßt euch zur Liebe Gottes bewegen!

Wichtig am Gedanken der Versöhnung ist, daß es dabei um die Überwindung des *menschlichen* Gotteshasses geht, nicht etwa – wie man sich unüberlegt vorstellt – um die Beruhigung des göttlichen Zorns über die Menschen durch das Opfer des eigenen Sohnes. Nicht Gott muß sich versöhnen lassen, nachdem die Untaten der Menschen ihn erzürnten, sondern die Menschen müssen sich versöhnen lassen mit der Existenz Gottes. Diese Versöhnung geschah (so hält 2 Kor 5,18 fest) *durch Christus*. Durch Christus wurde – so denkt Paulus – der menschliche Gotteshaß überwunden. Die Frage ist freilich, ob Paulus nicht zu weit gehe oder sogar einer Täuschung unterliege, wenn er das Gottesverhältnis der Menschen als Feindschaft bezeichnet (vgl. auch Röm 5,10). Paulus geht es jedoch nicht um die Beschreibung von subjektiven Befindlichkeiten. Würde er nach dem subjektiven Verhältnis des Menschen zu Gott fragen, hätte Paulus von allem anderen als von Feindschaft reden müssen. Denn die Religiosität des Menschen war kaum noch zu überbieten im hellenistischen Zeitalter. Kulte schossen wie Pilze aus dem Boden, Zugehörigkeit zu mehreren religiösen Grüppchen war beinahe selbstverständlich. Der Synagogengottesdienst fand in der ganzen «Welt» statt, auch der cultus publicus funktionierte recht gut. Und dennoch spricht Paulus vom Gotteshaß der Menschen. Ginge es um religionssoziologische Feststellungen, so könnten wir auch im Blick auf die Gegenwart kaum von Gottesfeindschaft reden, eher von Gleichgültigkeit. Paulus geht es weder um religionssoziologische noch -psychologische Feststellungen. Es geht ihm darum, was *faktisch* mit Gott geschieht in der Menschenwelt, inmitten der religiösen Betriebsamkeit seiner Zeit; es geht ihm darum, was faktisch geschieht mit dem Gott in Person, mit Jesus Christus.

Christus steht für die Liebe Gottes da. Und insofern beobachtet Paulus Gotteshaß, als nicht nur in der menschlichen Welt, sondern gerade auch im religiösen Betrieb die Verhältnisse bestimmt werden durch das do ut des. Christus steht für das Werk Gottes an den Menschen da. Also beobachtet Paulus Gotteshaß, wenn die gesamte Religiosität pervertiert wird in ein Stimulans zu größeren Werken und in eine Rechtfertigung der Selbstrechtfertigung. Christus steht für die Wahrheit und das Leben da. Also beobachtet Paulus Gotteshaß, wenn die Wahrheit in Lüge verkehrt und das Leben auf brachiale oder sublime Weise mit Füßen getreten wird. Paulus beobachtet in unzähligen Bereichen den objektiven Gotteshaß, den existentiellen Verstoß gegen den schöpferischen Gott.

Eben diese Feindschaft ist nach der Meinung des Paulus durch Gott selbst überwunden worden. Was kann das heißen? Es kann heißen, daß Gott dem ihn ständig von sich weisenden Menschen dadurch in die Nähe kommt, daß er sich in dessen Hände ausliefert. Es kann auch heissen, daß Gott dem Menschen zusetzt in der Liebe Christi (vgl. 2 Kor 5,14) und ihn auf diese Weise darauf aufmerksam macht, daß die Liebe das einzig Wahre ist. Es kann auch heißen, daß Gott dem Menschen – der sich ständig selbst erschafft – in Christus noch einmal als Schöpfer entgegenkommt und ihm die Erfahrung neuer Schöpfung verschafft (2 Kor 5,17). All dies sind Spuren der Versöhnung, Erscheinungsweisen dessen, daß Gott sich in Erinnerung ruft bei den Menschen, die ihm – tätig und untätig – fortwährend das Sein absprechen.

Daß Gott die Versöhnung Ereignis werden ließ durch Christus, hat zur Folge, daß es nun einen Dienst der Versöhnung gibt, genauer vielleicht: ein Dasein für die Versöhnung. Dieses Dasein äußert sich konkret als Überwindung der menschlichen Feindschaft gegen Gott. Im Dasein für die Versöhnung wird die fundamentale Kehre des Kreuzes weitergegeben an alle Welt, die davon etwas hören kann. Die Feindschaft gegen Gott wirkt sich aus als Verstoß gegen das Leben selbst, sei es in ruchlosen Untaten, sei es in bezwingenden Werktaten. Deshalb wirkt sich Versöhnung aus als Neuschöpfung des Lebens. Das Dasein für die Versöhnung wird, wie wir gleich sehen werden, die Gestalt der Bitte haben.

Zunächst aber: Das Ereignis der Versöhnung ist alles andere als logisch. Logisch wäre vielmehr das *Anrechnen der Untaten* (vgl. 2 Kor 5,19: *mē logizomenos … ta paraptōmata*). Logisch wäre, wenn die Vergehen auf den Menschen zurückfielen. Das Versöhnliche am genannten Ereignis besteht genau darin, daß diese weltliche Logik des Anrechnens durchbrochen wird. Gott ließ sich – anthropomorph gesprochen – auch durch die Vergehen nicht davon abhalten, die in diesen Vergehen errichtete Distanz zu überwinden. Dieses Geschehen geht über alle Logik hinaus. Es kann nur als Überraschung begriffen werden. Das Geheimnis des Lebens tritt noch einmal aus den Tiefen hervor, in welche es der Gotteshaß beziehungsweise die Lebensfeindlichkeit der Menschen gestoßen hatte. Der Schöpfer tritt noch einmal heraus aus dem Dunkel, in welches ihn seine eigenen Geschöpfe verbannt hatten.

Dieses überraschende Ereignis entließ einen Logos aus sich, den Logos der Versöhnung *(logos tēs katallagēs)*. Es ist ein Wort, das jener Überraschung Ausdruck gibt und zugleich den Menschen mit Gott versöhnt. Wie geschieht diese Versöhnung? Sie geschieht dadurch, daß das Wort von nichts anderem als jenem versöhnenden Ereignis spricht. Es spricht nicht etwa vom Gotteshaß der Menschen und seiner Aussichtslosigkeit. Aussichtslosigkeit wird der Gotteshaß sich selbst niemals attestieren. Es gehört gerade zu seinem Wesen, daß er sich aussichtsreich wähnt. Vom Gotteshaß verspricht sich der Mensch das Leben, sei es, indem er gegen alle vernünftigen Regeln verstößt, sei es, indem er das Leben werktätig herbeizwingt. Das Wort von der Versöhnung spricht vom Gotteshaß nur insofern, als er durch das Ereignis der Versöhnung überwunden ist. Es spricht demzufolge den Menschen nicht seinem Gotteshaß zu. Genau darin besteht das Versöhnliche. Das Wort von der Versöhnung ist, sofern es das Abrechnen hinter sich läßt, ein wesentlich unlogisches Wort. Es ist indessen, sofern es die Versöhnung des Menschen mit Gott bewirkt, ein sozusagen logischeres Wort.

Weil diese Versöhnung die Gestalt eines Ereignisses hat, ist der Versöhner auf Botschafter angewiesen. Vom Ereignis der Versöhnung wird es ein paar Verse weiter unten heißen, es sei der hochwillkommene Zeitpunkt (der *kairos euprosdektos*, 2 Kor 6,2). Der *kairos* ist der entscheidende Augenblick. Und dieser Augenblick ist das Gute schlechthin und also aufs höchste willkommen. Dies bedeutet, daß die Versöhnung aufgefaßt wird als so etwas wie konzentrierte Zeit, als auf die Spitze getriebene Zeitlichkeit (Gottes). Die Zeitlichkeit ist der Grund dafür, daß dieser Versöhner auf Gesandte angewiesen ist. Denn dieses Ereignis ist – weil es an Zeitlichkeit nicht mehr überboten werden kann – nicht überall und jederzeit gegenwärtig. Deshalb braucht es Gesandte, die es in fernen Ländern und späteren Zeiten zu vertreten wissen.

Mit der Zeitlichkeit der Versöhnung ist aber zugleich ihre Weltlichkeit gegeben. Und ihre Weltlichkeit sorgt dafür, daß das Wort von der Versöhnung ein klares und sagbares Wort ist. Das Wort von der Versöhnung gehört nicht zu den «unsagbaren Worten» (den *arrēta rhēmata*, vgl. 2 Kor 12,4), die man im Himmel vernimmt. Es ist vielmehr ein sagbares Wort, weil es im weltlichen Ereignis der Kreuzigung Jesu vernehmbar wurde. Weil sich Gott gleichsam ganz in dieses Ereignis hineingelegt hatte, wuchs der menschlichen Sprache die Ermächtigung zu, *Gottes* Wort von der Versöhnung zu sagen. Im Zureden des Apostels *(parakalein)* begegnet Gottes Zureden, im Menschenwort begegnet Gottes Wort. So könnte auf die Sprache angewendet werden, was in der Christologie die Lehre von der Inkarnation sagt. Die Gesandten werden gebraucht wegen der Zeitlichkeit des Geschehens; sie werden zugleich ermächtigt von seiner Weltlichkeit.

Die Sprache, die diese Botschafter sprechen, wird von Paulus als *Bitte* bestimmt. Der Apostel muß bitten können, wenn er an Christi Statt reden will. Dies ist nicht etwa aus taktischen Überlegungen angezeigt, sozusagen um eine gewinnende Wirkung zu haben. Die Notwendigkeit zu bitten ergibt sich vielmehr aus dem Ereignis der Versöhnung selbst. Dieses verweist den Gesandten an das Bitten. Das Logische ist erzwingbar, das Gute läßt sich fordern, um Versöhnung läßt sich nur bitten. Wenn der Apostel sich aufs Bitten verlegt, ist dies keine rhetorische Angelegenheit und erst recht keine captatio benevolentiae. Denn im Bitten entspricht der Apostel dem Gott, der die Logik des Erzwingbaren durch die Logik der Versöhnung überwunden hatte.

Zugleich schafft der bittende Gesandte Raum für die Versöhnung. In der Bitte, sich versöhnen zu lassen, wird dem unversöhnten Menschen ein Raum der Versöhnung bereitet: versöhnt ist er dann und nur dann, wenn er sich bitten läßt. Das Geschehen des Kreuzes bedeutet für Paulus, daß Gott hier persönlich Mensch geworden ist. Insoweit wurde der Haß der Menschen überwunden. Die inkarnatorische Bewegung setzt sich fort im Dasein für Versöhnung (in der *diakonia tēs katallagēs*, 2 Kor 5,18) und in der Würdigung des menschlichen Wortes, Gottes Wort sagen zu können. Das Ganze kann zusammengefaßt werden als Geschehen der Liebe. Und wenn es bezeugt wird, muß es in der Gestalt der Bitte bezeugt werden. Die Inkarnation findet ihren vollendeten Ausdruck in der Bitte des Gottes, der sich in die Hände der Menschen ausgeliefert hat. Und dieselbe inkarnatorische Bewegung setzt sich fort in der Menschwerdung des Menschen, die geschieht, wenn dieser sich bitten läßt. Die Inkarnation ist inhaltlich gesehen das Geschehen der Liebe; deshalb ist die Bitte die Sprache der Liebe. Denn die Liebe und nur die Liebe versteht zu bitten. Ist doch die Bitte der stärkste Ausdruck dafür, daß ich mir vom andern etwas wünsche, und zugleich der größte Verzicht darauf, seine Freiheit, die Bitte auszuschlagen, auch nur im geringsten anzutasten. Der auf solche Weise gebetene Mensch ist der Logik der Unversöhnlichkeit ebenso entnommen wie der Notwendigkeit des Todes.

Man könnte ohne weiteres das metaphorische Reden (Jesu) verstehen als eine Sprache, welche von der Bitte geprägt ist. Gerade die Gleichnisse lassen in keinem Augenblick einen Zweifel darüber offen, wohin sie den Hörer bewegen wollen. Sie lassen ebenfalls keinen Zweifel offen darüber, daß sie ohne den Hörer unvollständig sind. Sie sind keine eigenständigen Worte. Sie sind angewiesen auf das Einverständnis des Hörers. Man könnte deshalb sagen: Die Gleichnisse sind sprachliche Gestaltungen dessen, daß Gottes Wort sich in die Hände der Menschen ausgeliefert hat. Eben als solche Worte verzichten sie darauf, den Hörer zu bezwingen. Sie erschaffen ihm geradezu einen Raum, wo auch sein Nein einen Platz findet. Das metaphorische Reden (Jesu) stellt eine Sprache dar, die von den menschlichen Allmachtswünschen Abschied genommen hat. Es entspricht demgegenüber solchen Wünschen, eine bezwingende Sprache zu sprechen. In solchen Allmachtswünschen schwingt sich der Mensch an den Ort auf, wo er Gott wähnt. In Wahrheit aber ist Gott gar nicht mehr dort. Die bezwingende Sprache ist die sprachliche Erscheinungsform apokalyptischen Wünschens, in welchem der Mensch sich von der Gewalttätigkeit eine Bereinigung weltlicher Verhältnisse verspricht. Demgegenüber ist die Gleichnisrede eine von Ohnmacht durchdrungene Sprache. Sie ist machtlos wie die Liebe selbst, die ohnmächtig ist gegenüber allem, was nicht Liebe ist. Die Gleichnisrede versteht zu bitten und deshalb ist auch sie das Wort der Versöhnung, in welcher die Menschlichkeit des Menschen erschaffen wird.

Es ist wohl kein Zufall, daß Paulus ausgerechnet angesichts der Zeitlichkeit des entscheidenden Augenblicks den bittenden Charakter christlicher Botschaft entdeckt. Ist doch die Angewiesenheit dieser Botschaft auf zeitliches Geschehen ein entscheidendes Fundament des Bittens. Man könnte den christlichen Glauben – auf den knappsten Begriff gebracht – darstellen als Wahrnehmung des ewigen Gottes im zeitlichen Geschehen des Kreuzes. Solche Wahrnehmungen sind per definitionem nicht in der Lage zu bezwingen. Sie sind, weil auf zeitliches Geschehen bezogen, angewiesen auf das Einverständnis der Angesprochenen. Solche Wahrnehmungen verschaffen sich Ausdruck in der Geschichts-Erzählung, einer für die christlichen Texte ebenfalls grundlegenden Sprachform. Die Geschichts-Erzählung – so ist zu vermuten – ist insofern eine Gestaltwerdung des Bittens, als sie eine bestimmte Sicht des Geschehens am Kreuz unüberhörbar nahelegt, ohne sie jedoch erzwingen zu können. Doch mehr darüber wird der folgende dritte Hauptteil in Erfahrung bringen.

3. Die Geschichts-Erzählung

Der dritte Hauptabschnitt geht davon aus, daß die «Geschichts-Erzählung» eine vielfältige Rolle im Leben der christlichen Kirche und des christlichen Glaubens spielt. Dies kann man schon daran erkennen, daß christlicher Glaube sich kaum jemals aussprechen kann, ohne Geschichten zu erzählen. Daß immer Geschichten erzählt werden, kann geradezu ein scharfer Vorwurf etwa im Munde eines Schülers sein. Dabei verspürt dieser Schüler, der in der Schule auf die Herrschaft eines bestimmten Denkens abgerichtet wird, wohl etwas Richtiges, wenn er das Erzählen von Geschichten als unbehaglich empfindet: gewiß, vordergründig gesehen wehrt er sich gegen die alten Geschichten, die ihm da aufgetischt werden, hintergründig jedoch fürchtet er die Erschütterung der Herrschaft des Denkens, die von diesen Geschichten ausgeht, fürchtet er die Zerbrechlichkeit eines Glaubens, der sich auf solche Geschichten verläßt. Der Mensch verlangt verläßliche Wahrheiten, und diese kann er offenbar gerade nicht in Geschichten finden.
Dennoch äußert sich der christliche Glaube dadurch, daß er Geschichten erzählt. Dies geschieht nicht bloß im Religionsunterricht, wo es aus didaktischen Gründen notwendig sein könnte; es geschieht auch im Gottesdienst. Es geschieht überhaupt überall, wo der christliche Glaube sich zu Wort meldet. Erzählt werden da alte Geschichten über Jesus, erzählt werden auch die Geschichten aus dem Alten Testament, die nun zu Vorgeschichten der Geschichte Jesu geworden sind. Erzählt wird aber auch Biographisches, Geschichten von bedeutenden Bekennern des christlichen Glaubens. Erzählt wird schließlich auch die Geschichte der Kirche. Dieselben Erzählvorgänge wie in der Gegenwart finden wir der Grundgestalt nach auch in der Bibel. Im Neuen Testament hat das Evangelium geradezu die Gestalt von Geschichts-Erzählungen angenommen. Deshalb kann eine neutestamentliche Hermeneutik keinesfalls umhin, sich mit der Geschichts-Erzählung zu beschäftigen. Und sie kann hoffen, in dieser Beschäftigung einen Beitrag zum Selbstverständnis des christlichen Glaubens überhaupt zu leisten. Denn – vorab sei's gesagt – *an der Erzählfähigkeit* der christlichen Kirche hängt die *Glaubwürdigkeit ihres Wortes*. Wer verstehen kann, inwiefern der christliche Glaube Geschichten erzählen muß, gewinnt damit ein Verständnis dieses Glaubens überhaupt.

Geschichte – Geschichten

3.1 Glaube und Geschichte

hört gehört zum Geschichte ↓

In diesem ersten Unterabschnitt verständigen wir uns über das Verhältnis von Glaube und Geschichte, sofern es das hermeneutische Problem betrifft. Wir setzen zunächst ohne weiteres voraus, daß der Glaube ein wie immer zu bestimmendes Verhältnis zur Geschichte habe.
Betrachtet man den christlichen Glauben in seiner neuzeitlichen Situa-

tion, so entdeckt man schon auf den ersten Blick eine Reihe verschiedenartiger Bezüge des Glaubens zur Geschichte. Die Tatsache, daß das Thema der Geschichte durch die neuzeitliche Situation beständig an den Glauben herangetragen wird, macht das Verhältnis von Geschichte und Glaube zu einem erstrangigen hermeneutischen Problem. In dem Maße, wie die Geschichte als universaler Horizont des Menschen in den Vordergrund trat, wurde der christliche Glaube selbst in diese Problematik der Neuzeit einbezogen. Diesem Zusammenhang verdankt sich das Phänomen, daß dem Glauben die Geschichte auf ganz unterschiedliche Weise anvertraut wurde.

So kann man zum Beispiel beobachten, daß dem Glauben bisweilen die Deutung des universalen Geschehens aufgebürdet wurde. Je mehr sich der Mensch im Dickicht der Geschichte verlor, je undurchsichtiger ihm der rätselhafte Gang der menschlichen Geschichte erschien, desto mehr war er darauf aus, Deutungsinstanzen für dieses Wirrwarr zu finden. Unter diesen Deutungsinstanzen, die von dem absoluten Geist Hegels bis hin zur materialistischen Geschichtsphilosophie des vulgären Marxismus reichen, fand auch der christliche Glaube seinen Platz: dieser interpretierte die Geschichte seinerseits als einen von Gott geplanten Ablauf, ein Geschehen, in dem alles seinen Sinn und seinen Ort hat. Daß der christliche Glaube als Deutungsinstanz der Geschichte aufzutreten hatte, schien sich aus ihm selbst zu ergeben: wer an Gott als den Herrn der Geschichte glaubt, so lautet das Argument, der muß in der Lage sein, die Gesamtgeschichte universal zu deuten. Eine besondere Spielform dieser Geschichtsdeutung des Glaubens begegnet uns bis in unsere Tage in der Bemühung, mit theologischen Argumenten das nahe *Ende* der Geschichte anzuzeigen. Mit Verweis auf alte Prophezeiungen und Visionen der Endzeit wird Punkt für Punkt aufgezeigt, daß gerade unsere Zeit diese Endzeit ist. Nun gibt es gewiß manchen Grund anzunehmen, die Gattung homo sapiens werde es nicht mehr allzu lange machen. Aber es besteht dennoch ein fundamentaler Unterschied zwischen der Hoffnung, daß schon in naher Zukunft Gott allein zu handeln beginnen werde und der Mensch gänzlich aufhöre zu handeln, und der Befürchtung, es könnte der handelnde Mensch sich selbst den Untergang einhandeln. Die zuerstgenannte Hoffnung ermöglicht zwar einen rechten Gebrauch des Wortes Gott, sie verwehrt jedoch zugleich eine universale Geschichtsdeutung. Sie spricht ja gerade von einem aus der Geschichte *schlechthin nicht ablesbaren Ende der Geschichte*. Die zuletztgenannte Befürchtung dagegen ermöglicht einen universalen Geschichtshorizont, den sie bis zu seinem Ende hin extrapoliert, sie verwehrt aber gerade deswegen einen sinnvollen Gebrauch des Wortes Gott.

Man könnte sich fragen, woher denn der menschliche und insbesondere neuzeitliche Drang nach universaler Geschichtsdeutung komme. Da wären ganz verschiedene Momente zu nennen. Sicher ist jedoch der universale Verlust an Sinnhaftigkeit ein wesentliches Motiv jenes Drangs. Je weniger der neuzeitliche Mensch in der Lage ist, in der ganzen Zufälligkeit seiner eigenen Geschichte und Situation so etwas wie Sinn zu entdecken, desto mehr kompensiert er diesen Verlust an Sinnhaftigkeit durch die Betrachtung des Zufälligen *im Überblick*. Auch wenn er seiner zufälligen Situation keinen Sinn abzugewinnen vermag, so gewinnt er für das Zufällige im Zusammenhang eines universalen Plans wiederum einen Sinn. In diesem Punkt leisten alle universalen Entwürfe dieselbe Kompensation, gleichgültig ob sie theologisch oder materialistisch sind. Der Sinn wird verlegt in die großen Zusammenhänge. Der Sinn des Einzelnen wird erkannt, wenn es im Überblick betrachtet wird. Natürlich verwehren diese Betrachtungsweisen erst recht die Wahrnehmung der Sinnhaftigkeit im Einzelnen, da sie ja von vornherein von diesem absehen wollen. Deshalb ruft die fortschreitende Betrachtung aus der Überblicksposition ständig besseren allgemeinen Sinnhorizonten. Wir haben es hier mit einer aktiven Schleife in der Abstraktion von der Sinnhaftigkeit des Zufälligen zu tun. Es ist sehr die Frage, ob der christliche Glaube sich dazu hergeben kann, auf diese Weise den Sinnverlust des Einzelnen kompensieren zu wollen. Ganz abgesehen davon, daß aus einem Glauben an Gott als Herrn der Geschichte mitnichten folgt, es sei die Herrschaft dieses Herrn für den Glauben durchschaubar. Der seiner Situation bewußte Glaube wird mit diesem Verhältnis zur Geschichte deshalb sehr kritisch umgehen müssen. Es ist kennzeichnend für die neuzeitliche Situation, daß der Mensch sich nicht nur dem Zufall des Geschichtlichen überantwortet weiß, sondern daß er sich andererseits der Geschichte als Macher nähert. Das geschichtliche Handeln des Menschen, seine universalen Unternehmungen zur Ordnung und Neugestaltung der weltlichen Verhältnisse, all dies wird neuerdings verstanden als Verwirklichung der Humanitas. Die Geschichte ist hier zu einem Mittel geworden, wodurch der Mensch sein eigenes wahres Wesen herstellt, gewiß nicht von heute auf morgen zwar, aber im Laufe des unermüdlichen Vorantreibens des geschichtlichen Prozesses. Wer der Mensch in Wahrheit ist, so sagt man, stellt sich erst im Verlauf seiner Geschichte heraus, und zwar der Geschichte seines geschichtlichen Handelns. Auch dieses Verhältnis des neuzeitlichen Menschen zur Geschichte wirkt sich auf den christlichen Glauben aus. Freilich sind diese Auswirkungen von geradezu diametraler Gegensätzlichkeit.

Auf der einen Seite wird dem christlichen Glauben ein verkehrtes Geschichtsbewußtsein nachgesagt. Gerade der christliche Glaube sei es gewesen, der mit seinem Beharren auf der Jenseitigkeit der Wahrheit – auch der Wahrheit des Menschen – den Menschen um seine wirklichen Möglichkeiten betrog. Der Mensch konnte, solange er an seine jenseitige Wahrheit glaubte, seine wirklichen Möglichkeiten gar nicht entdecken. Im Glauben enthielt er sich seine geschichtliche Verwirklichung selbst vor. Deshalb muß der Glaube zum Verschwinden gebracht werden, damit der Mensch erst frei werde für die eigentliche Aufgabe. Der Glaube muß zum Verschwinden gebracht werden, damit die Geschichte als soteriologische Instanz erst recht in Erscheinung treten kann. Karl Marx hat dies in dem folgenden bemerkenswerten Satz ausgedrückt: «Es ist also die Aufgabe der Geschichte, nachdem das Jenseits der Wahrheit verschwunden ist, die Wahrheit des Diesseits zu etablieren» ([48], 379). Zusammen mit dem Glauben verschwindet das Jenseits der Wahrheit, und eben damit wird der Mensch zur Geschichte befreit. Er wird in der Geschichte jene letzte Instanz sehen lernen, deren Wahrheit es herzustellen gilt. Der Mensch wird sich – von der jenseitigen Wahrheit des Glaubens befreit – in der diesseitigen Geschichte selbst bewahrheiten können. Hier also löst die Geschichte den Glauben ab, wozu es nach Meinung mancher Zeitgenossen höchste Zeit geworden ist.

Man sollte meinen, angesichts dieser religionskritischen Position, die an Radikalität wirklich nichts zu wünschen übrig läßt, sei jede künftige Verbindung von Glaube und universaler geschichtlicher Selbstverwirklichung des Menschen hinfällig geworden. Doch man täuscht sich. Denn in diametralem Gegensatz zur Position von Marx kann man in neuerer und neuester Theologie den Glauben mit der Geschichte gänzlich versöhnt antreffen. Der Glaube wird eingespannt in die geschichtliche Verwirklichung des Menschen. Der Glaube ist der eigentliche Antrieb zur geschichtlichen Veränderung; mehr noch: der Glaube wird erst eigentlich konkret im geschichtsgestaltenden Handeln des Menschen. Im Streit um den geeigneten Antrieb zur geschichtlichen Praxis empfiehlt der Glaube seine besondere Kräftigkeit. Was ist mit dem Jenseits der Wahrheit, das Marx so deutlich herausstellte? Gewiß, es ist nicht einfach verschwunden, wohl aber ist es in die Zukunft gerückt. Unter dem Stichwort der Gottesherrschaft versteht man eine neue Zeit, die zwar theoretisch der menschlichen Herstellbarkeit entzogen ist, die es aber auf jeden Fall in den Zielen geschichtlichen Handelns zu operationalisieren gilt. Der Glaube zielt nun auf die Gottesherrschaft, und dies tut er im zielgerichteten geschichtlichen Handeln des Glaubenden. Daß die Welt verbessert werden muß, leuchtet jedem Menschen ohne weiteres ein. Daß die Weltverbesserung zugleich die Verwirklichung des Menschen sei, verdanken wir dem marxistischen Denken. Daß der Glaube als Motivierungsinstanz oder als Zielfindungsinstanz in diesen Verwirklichungsprozeß einbezogen wird, verdanken wir einer gänzlich unheiligen Allianz von Religion und Philosophie.

So diametral der Gegensatz zwischen der marxistischen Aufhebung des Glaubens und seinem theologischen Einsatz für die Verbesserung der Welt sein mag, in beidem kommt derselbe Verlust an jenseitiger Wahrheit zum Ausdruck: ob nun das Jenseits menschlicher Wahrheit zusammen *mit dem* Glauben verschwindet oder ob es durch eine Verkehrung des Glaubens *aus diesem* verschwindet, kommt für den Menschen auf dasselbe heraus. Er geht der Würde bei Gott verlustig und ist deshalb gezwungen, sich selbst um jeden Preis zu würdigen. Der Verlust dieser Würde bei Gott zwingt den Menschen zur Geschichte; ob er diesen Zwang nun mit Glaubenslosigkeit oder mit dem Aktivismus des Glaubens verschleiere, kommt auf dasselbe heraus.

Neben diesen beiden Verhältnisbestimmungen von Glaube und Geschichte gibt es noch eine dritte. Während unsere erste Überlegung der universalen Deutungskraft des Glaubens galt und unsere zweite Überlegung sich der universalen Handlungsmacht des Glaubenden zuwandte, gibt es eine weitere Überlegung, welche die Aktivität des Glaubens ganz anders sieht: Der Glaube ist im Blick auf die Geschichte insofern aktiv, als er sie *seinen Wünschen* unterwirft. Diese Art von Aktivität wird dem christlichen Glauben in massiver Weise vorgeworfen in der Freudschen Religionskritik. Freud sieht im Glauben die Herrschaft der Wünsche, er sieht in ihm die Illusion des Menschen, sich mit Hilfe eines mächtigen Vaters über seine lebenslange Hilflosigkeit hinwegzutäuschen. Dabei wird die illusionäre Aktivität des Glaubens hinsichtlich der Geschichte in zweifacher Weise herausgestellt. Schon am Ort seiner Entstehung herrscht der Wunsch des kindlichen Gemütes über die Realität: was der Glaube als die *Geschichte seiner Entstehung* ausgibt, ist keine Geschichte, sondern ein Sammelsurium kindlicher Wünsche. Und es ist dieselbe Herrschaft der Wünsche auch am Werk, wo es um den Realitätsbezug des Glaubenden geht. So gut wie schon bei der Entstehung die Wunscherfüllung überhand nahm, so gut ist auch der jetzige Bezug des Menschen *auf das Geschehen* illusionär. Der Mensch zieht sich aus der wirklichen Geschichte zurück, um sich seinen Wünschen zu überlassen. Hier wird also zugleich mit der unwahren Entstehung des Glaubens die Unwahrhaftigkeit gläubiger Existenz behauptet. So wie der Glaube die Geschichte seiner Herkunft verklärt, so verschleiert er des Menschen wahre Stellung in der jeweiligen Geschichte. Der Glaube verhält sich insofern zur Geschichte, als er diese durch seine Wünsche vereinnahmt.

Schließlich begegnen wir in der neuzeitlichen Situation einem noch einmal ganz anderen Verhältnis von Glaube und Geschichte. Dieses Verhältnis beruht auf der bestürzenden Erfahrung der Relativität und Vergänglichkeit, zu welcher der neuzeitliche Mensch angesichts seiner historischen Erkenntnis gezwungen war. Es erging dem Menschen wie jenem griechischen König Krösus, der unter seinen Händen alles zu Gold werden sah und in der Überfülle des von ihm erzeugten Reichtums elendiglich zugrundegehen mußte. Alles, was dem neuzeitlichen Menschen unter die Hände kam, wurde ihm zum *bloß Geschichtlichen*, zum Mahnmal seiner eigenen Vergänglichkeit, zum Merkmal des absoluten Relativismus. Der Mensch versank in seiner eigenen Zeitlichkeit. Er verwandelte jeden Halt, den er berührte, in ein Denkmal der Haltlosigkeit. In diesem Versinken aber war ihm jeder Strohhalm recht, der noch in seiner

Reichweite war. Deshalb wurde der christliche Glaube zu einem solchen Strohhalm: der christliche Glaube wurde zu einer Sammlung von Wahrheiten, welche einen überzeitlichen Charakter haben sollten. Der Glaube wurde zu einer Art Insel der Seligen, wohin der Mensch sich vor seinem Ertrinken im zeitlichen Chaos retten konnte. Der Glaube wird hier gerade in seinem *Widerspruch zur Geschichte* eingesetzt: «Der Glaube, so meint man, ist die Abkehr von der Unrast und Geschäftigkeit der Welt und die Hinwendung zur Stille und zum Frieden des Göttlichen, vom Diesseitigen zum Jenseitigen, vom Zeitlichen zum Ewigen, vom Wandelbaren und Unzuverlässigen zum Unwandelbaren und Verläßlichen, vom Geschichtlichen zum Übergeschichtlichen» ([49], 19). In dieser Verhältnisbestimmung von Glaube und Geschichte, deren Aussichtslosigkeit nunmehr offen zutage liegt, ist der Glaube so etwas wie ein Ersatz für die verlorengegangene platonische Metaphysik. Was dort die unvergänglichen Ideen zu leisten vermochten, wird im Zeitalter der Vergänglichkeit dem christlichen Glauben abverlangt. Aber es sollte sich zeigen, daß die Relativität des Geschichtlichen auf der ganzen Linie die Oberhand gewann. Der Mensch sah sich gezwungen, auch diesen Strohhalm fahren zu lassen. Damit soll freilich nicht gesagt sein, daß diese Vorstellung von der Insel der Seligen nicht auch heute noch vom christlichen Glauben Besitz ergreift: sei es in der Gestalt des Vorwurfs, er vermöge dies nicht zu geben und man wende sich deshalb verläßlicheren Glaubensweisen zu, sei es in Gestalt der regressiven Glaubenspraxis, die sich aus dem Zeitlichen entfernt in einen vermeintlich sicheren Hort der überzeitlichen Ideen Christi.

Wir haben jetzt in vier ganz knappen Gedankengängen darzustellen versucht, in welcher Weise der christliche Glaube in der Neuzeit mit dem Phänomen der Geschichte konfrontiert und verbunden wurde. Dieser viergestaltige Geschichtsbezug des Glaubens ist jedoch nicht der einzige. Er kommt ja gleichsam von außen und ist erst damit gegeben, daß der christliche Glaube eminent betroffen ist von der jeweiligen geschichtlichen Situation, in welcher er praktiziert wird. Schon diese Betroffenheit des christlichen Glaubens durch die geschichtliche Situation ist ein verhaltener Hinweis auf eine viel tiefergehende Bindung des Glaubens an die Geschichte. Diese Bindung kommt nämlich nicht bloß von außen an ihn heran, der christliche Glaube hat vielmehr – mit einem Ausdruck Ebelings gesagt – von allem Anfang an ein höchst intimes Verhältnis zur Geschichte. Dies konnte schon im Abschnitt über die Bedeutung der historisch-kritischen Methode für Theologie und Kirche beobachtet werden. Dazu folgen jetzt ein paar weitere Bemerkungen.

Das intime Verhältnis zwischen Glaube und Geschichte ist gegeben mit der grundlegenden Bezogenheit des Glaubens auf Jesus Christus. Gewiß ist in einer bestimmten Hinsicht jede Religion auf Geschichte bezogen, sofern ihre Lehren immer einen geschichtlichen Ursprungsort aufweisen.

Die entscheidende Frage ist jedoch, inwiefern der geschichtliche Ursprung gegenüber der Lehre invariant sei beziehungsweise inwiefern die Lehre ihren geschichtlichen Ursprung in sich schließe. In dieser Hinsicht ist der christliche Glaube weit intensiver auf die Geschichte Jesu Christi bezogen, als man im Rahmen der historischen Entstehungsbedingungen von Glaubensweisen verhandeln muß (nota bene: die Intimität dieses Geschichtsbezugs ist in gewisser Weise ein Erbe des Glaubens Israels, sie wurde aber im Rahmen des Christentums in bezeichnender Weise auf die Spitze getrieben). Der Geschichtsbezug des christlichen Glaubens beruht genau darauf, daß die Geschichte des Menschen Jesus als Geschichte von absoluter Maßgeblichkeit bekannt wird. Im christlichen Glauben wird aus dem «einmal» der Geschichte Jesu das «ein für allemal» der Geschichte des Gottessohnes, eine Geschichte, die niemals überholbar ist. Die Angewiesenheit des Glaubens auf diese Geschichte ist damit ins Maßlose gesteigert, und eben deshalb hat der christliche Glaube von Anfang an ein vehementes Interesse an dieser Geschichte des Menschen Jesus von Nazareth.

Zugleich ist offensichtlich, daß hier auch das Problematische an der Beziehung zur Geschichte von allem Anfang an offenbar war. Denn es war niemals eine geschichtliche Möglichkeit – und dies gilt auch für die uns so rückständig vorkommenden Zeiten um die Zeitenwende –, Gott selbst als Geschichte eines Menschen zu denken. Es ist kein Zufall, daß die Christologie auf vehementen Widerspruch stieß, und zwar auf Widerspruch gerade von der Seite, welche zum Geschichtsbezug des Glaubens von Hause aus ein gutes Verhältnis haben mußte. Es war immer eine geschichtliche Möglichkeit, Gott in einzelnen geschichtlichen Erfahrungen am Werk zu sehen, von da aus aber war es noch ein großer Schritt bis zu der Aussage, daß Gott in der Geschichte eines Menschen zur Welt gekommen sei. Die These von der Fleischwerdung des Gotteswortes trieb eben den Glauben an die allgemeine Anwesenheit des göttlichen Wortes in der Welt so auf die Spitze, daß dieser Glaube selbst als überspitzter Glaube verfolgt werden mußte.

Schon in der Betroffenheit des christlichen Glaubens durch die jeweilige geschichtliche Situation hatten wir einen Fingerzeig auf den intensiven Geschichtsbezug dieses Glaubens gesehen. Angesichts des auf die Spitze getriebenen Angewiesenseins auf die *Geschichte Jesu* verwundert es nicht, daß der christliche Glaube auch noch andere Dimensionen der Geschichtlichkeit hat: nicht nur bezieht er sich fundamental auf die Geschichte Jesu, sondern er vollzieht sich auch in der jeweiligen Situation mit ihrer konkreten geschichtlichen Eigenart. Gerade der Bezug auf jene vergangene Geschichte vermittelt dem Menschen einen unverwechselbaren Bezug auf seine je gegenwärtige Geschichte. Der Glaube an die vergangene Geschichte Jesu ist aus diesem Grund in eminenter Weise auch geschichtlich wirksam geworden. Dies ist im strikten Sinne zu verstehen:

nicht etwa die im Glauben vollzogenen Werke sind die geschichtliche Wirksamkeit des Glaubens, sondern der Glaube selbst ist geschichtlich darin wirksam, daß er den jeweiligen Menschen auf die Geschichte Jesu bezieht. Wer an einen Gott glaubt, der in der Geschichte eines Menschen zur Welt gekommen ist, der wird bestimmt ein anderes Verhältnis haben zu seiner jeweiligen Geschichte als der, welcher Jünger von ewigen Wahrheiten im sinnlosen Wechselspiel des Zufälligen ist.

Mit dem eben genannten Aspekt des Geschichtsbezugs hängt es wiederum zusammen, daß auch der Glaube selbst in gewisser Hinsicht ein geschichtlich denkender Glaube ist. Etwas einfacher gesagt: Nicht bloß ist der Inhalt des Glaubens geschichtlich, nicht bloß ist dann auch der Vollzug des Glaubens in verschiedenen Situationen geschichtlich, sondern darüber hinaus ist auch die *Vermittlung* zwischen dem Inhalt des Glaubens und dem Vollzug des Glaubens geschichtlich. Das heißt: Auch der Vorgang der Vermittlung ist der geschichtlichen Veränderung unterworfen. Je nach der geschichtlichen Situation, in welcher sich der Glaubende befindet, wird er sein Verhältnis zu seiner Ursprungsgeschichte neu finden müssen. Der geschichtliche Charakter dieser Vermittlung wirkt sich aus in einer bestimmten Grundform theologischen Denkens: Wenn das Verhältnis zwischen dem Jetzt und dem Damals nicht immer dasselbe bleiben kann, und wenn zugleich die Maßgeblichkeit jenes Damals für jedes Jetzt festgehalten werden soll, dann kann sich der Bezug nur in der Denkform der Auslegung vollziehen. In dem Vorgang der Auslegung nämlich wird die je geschichtliche Situation des Adressaten ebenso respektiert wie die Einmaligkeit des Vergangenen, das ausgelegt wird, *und* die jeweilige Verschiedenheit, in welcher der Auslegungsvorgang sich abspielt. Der Auslegungsvorgang selbst ist dem geschichtlichen Wandel unterworfen, er kann zu Zeiten vielleicht allegorisch oder symbolisch oder historisch sein. Er findet jedoch sein Kriterium immer daran, daß die vergangene Geschichte Jesu auf die Gegenwart des Glaubenden bezogen wird.

Wir gehen also davon aus, daß nicht nur von außen ein bestimmter Geschichtsbezug an den Glauben herangetragen wird, wie wir es zu Beginn dieses Abschnitts skizzenhaft zu zeigen versuchten, sondern daß auch von sich aus der Glaube ein intimes Verhältnis zur Geschichte hat. Dieses Verhältnis wird noch genauer zu entfalten sein. In einer holzschnittartigen Zeichnung gibt es sich als ein dreifaches zu erkennen: (1) es ist Bekennen einer menschlichen Geschichte als Geschichte Gottes; (2) es ist Vollzug dieses Bekennens im Blick auf die je verschiedene geschichtliche Situation; (3) es ist schließlich Geschichtlichkeit des Verhältnisses von Jetzt und Dann. Es wäre jedoch unklug anzunehmen, daß die beiden genannten Sichtweisen – die außenseitige und die innenseitige – einfach beziehungslos nebeneinander stünden. Vielmehr steht zu vermuten, daß das Verhältnis zur Geschichte, das der Glaube von sich aus hat, seine Auswirkungen hat auf jene Verhältnisse, die an den Glauben herangetragen werden. Diese Auswirkungen werden wir im ganzen Hauptteil im Auge behalten. Sie sollen aber jetzt schon als Fragen genauer umrissen werden.

Es wird *erstens* abzuklären sein, welche Auswirkungen der Geschichtsbezug des Glaubens hat auf die Erwartung, in ihm einer universalen Deutung des Geschehens habhaft zu sein. Kann ein Glaube, der an die universale Maßgeblichkeit des Zufalls der Geschichte Jesu glaubt, jemals die Deutung der Geschichte aus der Position des Überblicks vornehmen wollen? Was hat ein solcher Glaube zu sagen, wo es erst um die Voraussetzungen solcher Überblicke geht, das heißt dort, wo die Erfahrung des Sinnverlusts dazu zwingt, den Sinn kompensatorisch im Universalen zu suchen? Schon diese Fragen deuten an, daß der von sich aus auf die Geschichte Jesu bezogene Glaube Folgen hat für den Zwang zur universalen Deutung der Geschichte.

Es wird *zweitens* abzuklären sein, inwiefern der auf die Geschichte Jesu bezogene Glaube einen Widerstand darstellt gegen den menschlichen Drang, als Macher der Geschichte aufzutreten. Es wird davon abhängen, ob der Glaube die Geschichte Jesu als eine zugunsten des Menschen geschehene Geschichte zur Sprache bringen kann. Wenn ihm dies gelingt, muß die Vorstellung, der Mensch oder die Menschheit habe sich geschichtlich selbst zu verwirklichen, nicht unbestritten bleiben. Es wird die Frage sein, ob der Glaube gerade auch an der Geschichte das aufdecken kann, was dem Menschen Dasein gewährt, statt ihn zur Herstellung des Daseins herauszufordern. Oder theologisch gesprochen: Es wird davon abhängen, ob der an der Geschichte Jesu orientierte Glaube diese Geschichte gesetzlich oder evangelisch zur Sprache bringen kann. Und es besteht Grund zur Annahme, daß der Glaube nicht nur resistent sein wird gegen seine Aufhebung zugunsten des materialistischen Fortschritts, sondern daß er auch Widerstand entwickeln wird gegen seine selbstzerstörerische Verkehrung in einen Antrieb zu besserer geschichtlicher Selbstdarstellung des Menschengeschlechts.

Es wird *drittens* abzuklären sein, in welcher Hinsicht man von einer Aktivität des Glaubens sprechen kann. Vom Geschichtsbezug des Glaubens her wird sich abklären lassen, ob der Glaube nichts anderes ist als die von Wünschen geleitete Vereinnahmung der Wirklichkeit. Es wird gerade angesichts seines Bezugs auf die Geschichte Jesu die Frage gestellt werden müssen, ob denn dem Glauben allen Ernstes jedes Realitätsprinzip abgesprochen werden müsse, und zwar das Realitätsprinzip sowohl hinsichtlich seiner Herkunftsgeschichte als auch hinsichtlich seines Verhaltens zur Wirklichkeit der jetzigen Welt. Wirft man einen Blick auf das *faktische Verhalten* der vom süßen Gift des Glaubens befreiten Menschheit, die endlich zum wissenschaftlichen Weltbezug und zum Akzeptieren ihrer eigenen Unerheblichkeit hätte durchfinden müssen, so kommen einem gewisse Zweifel über die Realitätsgerechtheit der Empfehlungen Freuds.

Verhält sich denn die vom süßen Gift des Glaubens freie Menschheit so, als ob sie mit ihrer Endlichkeit versöhnt wäre? Macht sie nicht geradezu immense Anstrengungen, über diese ihre Endlichkeit hinauszukommen? Ist die Menschheit, die eben den Glauben an den allgegenwärtigen Gott aufzugeben hatte, nicht auf dem Weg, dem Zwang zur eigenen Mobilität ausgeliefert zu sein im Bemühen, omnipräsent zu sein wie einst Gott? Es wird also abzuklären sein, ob der christliche Glaube nicht an seinem Ursprung so auf die Wirklichkeit der Welt bezogen wurde, daß es ihm gar nicht mehr möglich war, diesen Zug zur Wirklichkeit jemals ganz zu verleugnen. Die Frage wird also einerseits lauten, wo die wie auch immer geartete Aktivität des Glaubens ihr Maß finde. Dazu wird andererseits eine zweite Frage kommen, die Frage nämlich, wo und wie weit die Aktivität des Glaubens gerechtfertigt sei, wo und wie weit der Glaube über das historische Erkennen (das Erkennen innerhalb des Weltlichen) hinausschreiten müsse, ohne sich dem Vorwurf des Wunschdenkens auszusetzen. Gegen die Verschlossenheit weltlicher Erkenntnis in sich selbst muß der Glaube zu Recht Stellung beziehen. Ihr gegenüber muß er zu Recht aktiv werden, um der Sünde einen Widerpart zu stellen. Dies wird also die zweite Frage sein: Wo genau liegt die angesichts der Geschichte Jesu notwendige Aktivität des Glaubens, die dennoch nicht einfach als Wunschdenken zu diffamieren ist.

Schließlich wird *viertens* abzuklären sein, inwiefern die Geschichtsbezogenheit des Glaubens den Glaubenden von selbst davor bewahrt, den Exodus aus der Geschichte anzutreten. Es wird nachzudenken sein darüber, inwiefern der Bezug auf die Geschichte Jesu Christi es verhindert, in der Zeitlosigkeit von Glaubenswahrheiten sein Heil zu suchen. Es steht zu vermuten, daß die Zeitlichkeit der Geschichte Jesu, welche ja im Rahmen des Glaubens gar nicht aufgehoben, sondern vielmehr maßlos gesteigert wird, ein Gegenüber darstellt zu des Menschen Drang nach jenen überzeitlichen Wahrheiten, auf die er sich in jeder Situation verlassen zu können glaubt. Zugleich wird jedoch abzuklären sein, inwiefern der an der Zeitlichkeit Jesu orientierte Glaube nicht auch den Menschen in eine Distanz zu seiner Zeit versetzt, ihn also dennoch nicht preisgibt an die Absurdität des Relativen, obwohl er ihm keine Insel der Seligen verheißt. Mit einem Wort gesagt: Es wird abzuklären sein, inwiefern die ins Maßlose gesteigerte Zeitlichkeit der Existenz Jesu den Menschen in seiner eigenen Existenz so treffen kann, daß er – von der bloßen Zeitlichkeit distanziert – in die größere Nähe zu seiner eigenen Zeit kommt. Oder ganz einfach gesagt: daß er sich selbst gegenwärtig wird, statt sich entweder nach dem verlorenen Paradies und der fernen Gottesherrschaft auszustrecken oder aber sich an die Gegenwart gänzlich zu verlieren.

3.2 Fiktion und Geschichte

Mit dem vorliegenden zweiten Unterabschnitt soll die Frage untersucht werden, wie sich der Glaube im Spannungsfeld von Fiktion und Geschichte verhält. Diese Fragestellung ist schon allein deshalb nicht aus der Luft gegriffen, weil immer wieder die merkwürdige Mär verbreitet wird, der christliche Glaube habe Jesus Christus schlicht erfunden und beruhe deshalb also auf einer Fiktion. Man könnte selbstverständlich versuchen, dieser Mär etwa dadurch zu begegnen, daß man auf die unbestreitbare geschichtliche *Realität des Glaubens* hinweist, der gegenüber die Frage nach der Geschichtlichkeit seines Stifters sekundär sei. Diesen Weg will ich keinesfalls begehen, und zwar nicht nur weil er mit geradezu furchtbaren logischen Hypotheken belastet ist, sondern aus dem ganz einfachen Grunde, weil der christliche Glaube von allem Anfang an auf die geschichtliche Realität seines Stifters verwiesen hat und niemals auf die geschichtliche Wirksamkeit des Glaubens selbst.

Inwiefern unterscheidet sich das, worauf der Glaube verweist, von einer Fiktion? Zunächst kann man sagen: der Glaube verweist auf eine konkrete Geschichte, die vergangen und abgeschlossen ist. Diese konkrete Geschichte Jesu ist jedenfalls dem Belieben der Nachwelt entzogen. In diesem Sinne beruht der Glaube eben nicht auf einer Fiktion, denn eine Fiktion hat ja nur im menschlichen Geist ihr Maß. Sie findet nur in der Begrenztheit der menschlichen Phantasie ihre Grenze, während die Geschichte Jesu, wie sie der Glaube zur Sprache bringt, zu einem gehörigen Teil der menschlichen Phantasie entzogen ist. Wenn also der Glaube sich in diesem Spannungsfeld von Geschichte und Fiktion eher der Geschichte zuneigt, so wird dies seine Gründe haben. Der Glaube hat offensichtlich sein Interesse an der gewissen Abgeschlossenheit und Unbeliebigkeit des Geschichtlichen. Im Unterschied zum Fiktionalen ist das Geschichtliche nicht veränderbar, es sei denn durch Geschichtsklitterung, die wiederum eine Fiktion darstellt. Die Geschichtsklitterung ist sozusagen eine kollektive Lüge, vergleichbar mit jener individuellen Lüge, welche als zurechtgestutzte Biographie eines Menschenlebens erscheint. Immerhin wird auch eine solche Fiktion früher oder später auf ihren Tatsachenbezug hin befragt werden können. Und dann besteht große Wahrscheinlichkeit, daß sie sich als Lüge herausstellt. Der Glaube neigt sich der Geschichte zu, weil er offensichtlich am Tatsachenbezug interessiert ist. Warum er dies ist, wird noch genauer zu fragen sein.

Man könnte jetzt freilich einwenden, die Geschichte sei ja immer nur im Wort von ihr da, und also könne es gar keinen Tatsachenbezug geben. Daraus müßte man schließen, daß keine (durch das Wort) erzählte Geschichte mehr als Fiktion erkennbar wäre. Dieser Schluß ist unsinnig. Zweifellos ist der Großteil der menschlichen Geschichte nur in der Gestalt von Urkunden und Erzählungen da. Zweifellos ist gerade die Geschichte Jesu nur in Gestalt von Urkunden da (Evangelien und Paulusbriefe). Aber es ist längst nicht ausgemacht, daß die Geschichte im Wort untergeht. Denn das Wort verweist auf das Geschehen. Und gerade die Frage hinter das Wort, die Frage nach dem tatsächlichen Geschehen wird von diesem Wort ermöglicht. Die so ermöglichte Erkenntnis des tatsächlichen Geschehens wiederum kann dazu dienen, die Charakteristika des Geschichte erzählenden Wortes besser zu erfassen, also zum Beispiel spezifische Interessen oder Eigenschaften der Erzähler zu erkennen. Die bessere Erkenntnis der Eigenschaften des Wortes wiederum erlaubt eine bessere Erkenntnis des Geschehens, auf das dieses Wort verweist. Auf solche Weise geschieht der Tatsachenbezug der historischen Erkenntnis. Und genau gleich geschieht der Tatsachenbezug des Glaubens, welcher in seinem Wort immer wieder auf geschichtliches Geschehen verweist. Dieses Wort will das Geschehen gerade nicht überholen. Es will vielmehr zu verstehen geben, *was hier geschehen ist.* Und Verstehen dessen, was geschehen ist, kann niemals stattfinden ohne den Tatsachenbezug. Verstehen dessen, was geschehen ist, kann niemals zu den Fiktionen gehören. Man sollte sich solches nicht einreden lassen von einer (erst noch schlechten) positivistischen Manier der Geschichtsbetrachtung, welche alles Verstehen schon ins Jenseits der Geschichte verlegt, angeblich um sich auf das rein Faktische zu beziehen.

Wenn also der christliche Glaube von Anfang an auf Geschehen verweist, auch wo er seine eigene Sicht der Dinge ausspricht, dann offenbart sich darin ein bemerkenswertes Interesse am Tatsachenbezug. In diesem Abschnitt wird noch zu fragen sein, ob der Glaube sein Verstehen gleichsam beliebig über das Geschehen ausgießt, oder ob es nicht auch für dieses Verstehen als solches so etwas wie einen Tatsachenbezug gibt. Hat der Glaube nicht *auch eine Geschichte zu erzählen*, wenn er begründen will, warum er das Geschehen mit Jesus so und nicht anders sehen will? Wir werden dieses Problem knapp streifen können, insbesondere mit dem Interesse, seine Bedeutung für die Freiheit des Glaubens herauszustellen.

Zunächst jedoch wenden wir uns der Frage nach dem Verhältnis von Fiktion und Geschichte zu. Dabei beschränken wir uns auf den Aspekt, wo Geschichte und Fiktion *innerhalb* des Geschichtsbezugs zur Diskussion stehen. Wir fragen also nicht nach dem Verhältnis von Erfindung und Tatsachenbezug, sondern wir fragen nach dem Verhältnis eines fiktionalen Tatsachenbezugs zu einem geschichtlichen Tatsachenbezug. Auf diese Fährte werden wir durch die korinthische Christologie und die paulinische Auseinandersetzung damit gebracht. Wir steigen ein mit einem ebenso bedeutsamen wie rätselvollen Ausspruch des Paulus in 1 Kor 1,17: «Christus hat mich nämlich nicht zu taufen geschickt, sondern das Evangelium zu verkündigen, nicht in Wortweisheit, damit nicht entleert werde das Kreuz des Christus.» In der ersten Hälfte dieses Satzes spricht Paulus über seine eigene geschichtliche Aufgabe: nicht zu taufen ist er gesandt, sondern das Evangelium zu verkündigen.

Etwas unvermittelt beschreibt Paulus dann das Wesentliche an seiner Verkündigung des Evangeliums, zunächst negativ: «nicht in Weisheit», dann final: «damit nicht entleert werde das Kreuz des Christus». Wir vergegenwärtigen uns zuerst denn Sinn dieses zweiten Satzteils. Zwischen der Negation der Wortweisheit und dem Finalsatz besteht ein enger Zusammenhang: die Verkündigung des Evangeliums kann nicht in Wortweisheit geschehen, damit das Kreuz Christ nicht entleert werde. Umgekehrt gesagt: Würde das Evangelium in Wortweisheit verkündigt, so würde dabei das Kreuz entleert. Man hat unter der *«sophia logou»* (Weisheit eines Logos) immer wieder eine rhetorische Qualität der Evangeliumsverkündigung verstehen wollen. Eine rhetorisch geschliffene und raffinierte Verkündigung stehe im Widerspruch zum ungehobelten Holz des Kreuzes. Der Einsatz rhetorischer Kunst verstelle den Zugang zum Kreuz, deshalb sei diesem nur die Armut eines rhetorisch effektlosen Wortes vom Kreuz angemessen. Eine solche Auslegung der Wortweisheit steht in scharfem Gegensatz zu der Praxis des Paulus, der in allen seinen Briefen die ganze Macht der Sprache aufbietet, um die Menschen des Evangeliums gewiß zu machen. Gerade auch der in 1 Kor 1,18ff vorliegende Abschnitt, welcher das Wort vom Kreuz zum Thema hat, ist rhetorisch von hoher Qualität. Wollte man also den Ausdruck «Wortweisheit» als formale Bezeichnung rhetorischen Könnens verstehen, so müßte sich dieser Satz gerade auch gegen Paulus selbst wenden.

Demgegenüber steht eher zu vermuten, Paulus spreche hier die Sprachform insofern an, als in ihr eine gewisse Denkweise beschlossen ist. Sprachform und Inhalt sind ja nicht beliebig kombinierbar, sondern ein bestimmter Inhalt muß eine bestimmte Sprachform nach sich ziehen (wie wir schon am Beispiel der Gleichnisse Jesu gesehen haben). Wenn Paulus sein Evangelium absetzt von der Wortweisheit, dann setzt er es ab von einer bestimmten Weltanschauung, von einem bestimmten sprachlichen Gebaren, welches durch das Stichwort *«sophia»* (Weisheit) charakterisiert ist. Nun ist «Weisheit» in Korinth kein nebensächlicher Begriff. Paulus kommt immer wieder auf ihn zu sprechen, wenn er sich mit korinthischen Anschauungen auseinandersetzt. Die Position der Korinther scheint mit dem Stichwort *«sophia»* sehr viel zu tun zu haben. Eine genauere Analyse der Stellen vermöchte zu zeigen, daß das Stichwort gerne in christologischem Zusammenhang vorkommt. Bei der Position der «Weisheit» scheint es sich also um eine zunächst *christologische* Position gehandelt zu haben.

Im Blick auf die religionsgeschichtliche Einordnung dieser Position liegt manches im Unklaren. Allerdings gibt der Ausdruck «Weisheit» bestimmte Hinweise. Es gab in weiten Kreisen des Judentums, insbesondere des hellenistischen Judentums, eine an der Sophia orientierte Theologie. Die an manchen Stellen geradezu personifizierte Weisheit wird zu einer Vermittlungsfigur zwischen dem in die Ferne gerückten Gott und der Gott verschweigenden Welt. Die Sophia kann auch Schöpfungsmittlerin sein. Sie gab der Schöpfung gleichsam eine göttliche Prägung, und deshalb ist sie dann auch Ermöglichung der Gotteserkenntnis. An der Weisheit soll sich orientieren, wer Gott erkennen und das Gute tun will. Im Rahmen der jüdisch-hellenistischen Weisheitsspekulation wurde dann auch so etwas wie ein weisheitlicher Mythos entwickelt. Die Weisheit kommt auf die Erde herunter, sucht dort eine Wohnung bei den Menschen, wird jedoch von diesen nicht erkannt oder nicht angenommen, zieht sich demzufolge in den Himmel zurück, wo sie fortan bei Gott wohnt. Vor diesem Rückzug hinterließ sie ihren Schatz einer bestimmten Gruppe (wie etwa den Henochleuten), die ihn aufzuheben und zu verkündigen haben.

Es ist keineswegs verwunderlich, daß eine solche spekulative Weisheitstheologie ihren Weg auch in die Christologie fand. War doch die Figur der Sophia großartig geeignet, um die göttliche Gegenwart in Jesus Christus zum Ausdruck zu bringen. Jesus Christus wird in diesem Rahmen als vom Himmel herabgestiegene Weisheit gesehen, die dann – in seiner Erhöhung – wieder zum Himmel aufsteigt. Es gibt eine Reihe neutestamentlicher christologischer Aussagen, wo solche Weisheitsspekulation im Hintergrund steht. An den meisten Stellen wurde freilich der Weisheitsmythos ganz erheblich umgestaltet (darauf kann jetzt nicht eingegangen werden). Dieser knappe religionsgeschichtliche Exkurs sollte deutlich machen, welche Hintergründe für die spezifisch korinthische Christologie wahrscheinlich sind. So etwa muß man sich die Anschauung vorstellen, die mit dem Stichwort «Wortweisheit» gemeint sein kann.

Noch Genaueres läßt sich freilich sagen, wenn man die Beziehung zwischen Wortweisheit und der Entleerung des Kreuzes bedenkt. Zunächst ist der Ausdruck *«kenōsai ton stauron»* beim Wort zu nehmen. Gewöhnlich versteht man darunter etwas vorschnell die Aufhebung der *Heilsbedeutung* des Kreuzes. Man sagt: Das Kreuz wurde in Korinth insofern entleert, als ihm keine Heilsbedeutung zugeschrieben wurde. Dieses Verständnis ist ungenau, da ja ganz deutlich von der Entleerung des Kreuzes (und nicht seiner Bedeutung) die Rede ist. Was aber kann damit gemeint sein? Wirft man einen Blick auf die Wortbedeutung von *«kenōsai»* bei Paulus, so stellt sich heraus, daß es an allen Stellen «vernichten» bedeutet. Paulus spricht vom Vernichten des Glaubens (Röm 4,14) oder vom Vernichten des Ruhmes (1 Kor 9,15; 2 Kor 9,3). Daraus ergibt sich: Die Entleerung des Kreuzes meint die Vernichtung des Kreuzes als eines geschichtlichen Ereignisses, sie spricht davon, daß dem Kreuz als einer geschichtlichen Gegebenheit das Dasein weggenommen wird. Die *Fiktion* ist genau jene Sprachform, in welcher geschichtliche Ereignisse vernichtet werden. Die Fiktion setzt sich über die Tatsächlichkeit hinweg, und sie setzt sich auch – wie gleich zu zeigen sein wird – über die geschichtliche Gegebenheit hinweg. In unserem Falle besteht freilich die Fiktion nicht

einfach in der Absehung von der Gegebenheit des Kreuzes, sondern vielmehr in einer bestimmten Einordnung des Kreuzes, in einer gleichsam denkerischen Bewältigung dieses Geschehens.
Die Frage ist jetzt, wie wir uns diese denkerische Bewältigung des Kreuzesgeschehens vorzustellen haben. Vorab sei's gesagt: Selbstaussagen der korinthischen Gemeinde sind uns keine überliefert, also sind wir darauf angewiesen, aus den Aussagen des Paulus einigermaßen zu rekonstruieren, was die korinthische Position gewesen sein mag. Daß dabei immer auch historische Phantasie im Spiel ist, soll nicht verschwiegen werden. In unserem Zusammenhang stört diese historische Phantasie insofern nicht, als wir nicht primär an einer historischen Deskription der korinthischen Position interessiert sind. In unserem Zusammenhang geht es vielmehr um das systematische Begreifen dieser Spielform von Geschichte und Fiktion.
Wenn wir uns vorstellen wollen, wie die denkerische Bewältigung des Kreuzes im Rahmen der «Weisheit» ausgesehen haben mag, dann halten wir uns zunächst mit Vorteil an den Satz in 1 Kor 1,17: Paulus konstatiert hier einen Zusammenhang zwischen einer bestimmten Sprachform (der Wortweisheit) und der Vernichtung des Kreuzesgeschehens (damit nicht entleert werde das Kreuz Christi). Also wird das Kreuz durch einen an der Weisheit orientierten *Umgang* mit ihm aufgehoben. Daraus ergibt sich die weitere Frage, ob im Rahmen der korinthischen Weisheits-Christologie eine solche Aufhebung des Kreuzes denkbar sei. Inwiefern kann eine Christologie, welche die Erscheinung Jesu Christi in den Rahmen der herabsteigenden Weisheit stellt, zugleich eine Vernichtung des geschichtlichen Kreuzes Christi bedeuten? In der so formulierten Frage ist deutlich, daß hier das Geschichtsverständnis der Weisheits-Christologie angesprochen ist; und zwar nicht das Geschichtsverständnis in dem Sinne, daß nach einem bestimmten *Bild* von der Geschichte gefragt wird, sondern vielmehr das Geschichtsverständnis in dem viel elementareren Sinne, ob nämlich die Weisheitschristologie überhaupt *Verständnis* aufbringen kann für das geschichtliche Geschehen des Kreuzes.
Um diese Frage zu beantworten, empfiehlt es sich, die Erinnerung an die Vorstufen der jüdisch-hellenistischen Weisheits-Spekulation aufzufrischen. Diese Spekulation kommt aus jenem breiten Strom israelitischer Welt- und Gottesanschauungen, welche wir als weisheitliche Theologie bezeichnen. Es liegt nahe, in der Weisheits-Spekulation der jüdisch-hellenistischen Zeit eine Nachfahrin weisheitlicher Theologie zu sehen, gerade auch weisheitlichen Geschichtsverständnisses. Wie war das weisheitliche Geschichtsverständnis geprägt? Manche Fachleute behaupten, die Weisheit habe überhaupt kein Verständnis für Geschichte gehabt. Noch immer geistert die These von der Geschichtslosigkeit der Weisheit in der Theologie herum. Die Weisheitstheologie ist aber nicht in dem Sinne geschichtslos, als sie kein Verhältnis hätte zu geschichtlichen Erfah-

rungen. Auch die Weisheit ist erfahrungsbezogen, auch sie ist interessiert an geschichtlicher Wirklichkeit. Sie ist auch nicht insofern geschichtslos, als sie bloß ein atomistisches Verständnis von Geschichte hätte, als sie also keine geschichtlichen Abläufe zu sehen vermöchte. Gerade die wahrscheinlich frühesten Geschichtsdarstellungen mit Ablaufcharakter sind ja durchaus weisheitlich gestaltet (etwa die Erzählung von der Thronfolge Davids). Was könnte dann aber mit der auch nicht einfach unberechtigten These von der Geschichtslosigkeit der Weisheit gemeint sein?

Die Antwort muß lauten: Die Zuwendung der Weisheit zu den geschichtlichen Erfahrungen geschieht im Interesse, der Weltordnung auf die Spur zu kommen. Deshalb werden für die Weisheit gar nicht geschichtliche Einzelerfahrungen relevant, sondern in ihnen sucht die Weisheit das Übergreifende, die Weltordnung, welche in den vielen Einzelerfahrungen zum Ausdruck kommt. Die Weisheit wendet sich den geschichtlichen Einzelerfahrungen zu, um in ihnen das sich Wiederholende zu erkennen. Denn das sich Wiederholende deutet auf Weltordnung hin. Die Geschichtslosigkeit der Weisheitstheologie besteht mithin darin, daß sie sich dem einzelnen geschichtlichen Ereignis nicht um seiner selbst willen zuwendet, sondern in dem Interesse, in der Summierung von Einzelereignissen eine übergreifende Ordnung zu entdecken. Die Weisheit fragt nach dem Dauerhaften, nach dem Übergreifenden in der geschichtlichen Zufälligkeit. Dies sieht man gerade auch dort, wo die Weisheit größere geschichtliche Abläufe erzählt. Diese werden erzählt mit dem Interesse, den göttlichen Plan darin zu erkennen. Die geschichtlichen Abläufe werden thematisch hinsichtlich der sich durchhaltenden Weltordnungsgrundsätze (etwa: Hochmut kommt vor dem Fall). Die Geschichtslosigkeit der Weisheit besteht demzufolge darin, daß sie kein Verhältnis *zur Kontingenz des Geschichtlichen* hat. Sie beschäftigt sich eigentlich bloß darum mit dem Kontingenten, um seine Kontingenz aufzuheben. Sie beschäftigt sich mit dem Einzelnen, um es in einen höheren Zusammenhang aufzuheben.

Es ist zu vermuten, daß dieses Erbe auch der frühjüdischen Theologie nicht verloren ging. Zu erinnern ist in diesem Zusammenhang an die wieder vermehrt zur Geltung kommende These, daß in der Apokalyptik eine Fortsetzung weisheitlichen Denkens zu sehen sei. Wenn dies zutrifft, dann kann die Periodisierung der Geschichte als weisheitlicher Zug interpretiert werden. Daß die Geschichte in ihrer Universalität nach einem göttlichen Plan ablaufe, ist der Apokalyptik ebenso selbstverständlich wie der damit verbundene Gedanke, die geschichtlichen Erfahrungen dieses Aeons könnten eigentlich nichts anderes über Gott lehren als dies, daß sie gewiß und planmäßig zu Ende gehen werden, um dann der eigentlichen Offenbarungszeit Gottes Raum zu geben. Es ist also nicht von der Hand zu weisen, daß das spezifische Geschichtsverständnis der älteren Weisheit seine Fortsetzung gefunden hat in spätisraelitischen theologischen Vorstellungen. Deshalb ist zu vermuten, daß auch in der Weisheits-Spekulation des hellenistischen Judentums etwas davon zu spüren ist. Dort ist die Weisheitstheologie mythologisch geworden. Man mußte sich so weit von den geschichtlichen Einzelerfahrungen distanzieren, daß die Gegenwart der Weisheit nur noch in der Gestalt einer esoterischen Lehre oder eines Mythos denkbar war. Das mythologische Denken ist in einem gewissen Sinne die logische Konsequenz eines auf die Weltordnung in der Geschichte abzielenden Denkens. Schon wer einen göttlichen Plan *im* Geschichtsablauf erkennen will, wird zu immer weitergehender Abstraktion gezwungen. Da kann es ohne weiteres dazu kommen, daß die Geschichtsabstraktion auf die Spitze getrieben wird und dann ins Mythologische umschlägt. Die Weisheit, die es schon in der älteren Theologie auf dem Wege der Aufhebung von Einzelerfahrungen zu erkennen galt, ist jetzt in gänzlicher Absehung von jeder Erfahrung erkennbar: sie wird zu einem überirdischen Wesen, das nur noch mythologisch darstellbar ist. Unter diesem Blickwinkel gesehen bearbeitet der Mythos genau die (neu entstandene) Situation, daß die Weisheit weder *in* den Dingen noch *in* geschichtlichen Abläufen wahrnehmbar war. Der Mythos von der herab- und hinaufsteigenden Weisheit ist demnach ein Gegenstück zur Skepsis des Predigers.

Auf diesem religionsgeschichtlichen Boden steht aller Wahrscheinlichkeit nach die korinthische Weisheits-Christologie. Sie versteht Christus im Rahmen des Abstiegs der göttlichen Weisheit auf die Erde. So kann ungehindert fortgeschritten werden zu einer Erhöhungschristologie, welche – wie in Korinth – ausschließlich an dem Sein des Erhöhten orientiert war. Maßgebend für das Sein des Erhöhten waren die pneumatischen Erlebnisse, maßgebend waren die gegenwärtigen Erfahrungen des erhöhten Geistchristus, nicht jedoch die Geschichte des Menschen Jesus von Nazareth. Nun wird langsam deutlich, inwiefern die Weisheits-Christologie zu einer Vernichtung des Kreuzesgeschehens werden kann. Es geht zwar nicht um die Vernichtung des Kreuzesgeschehens in dem Sinne, daß seine Tatsächlichkeit geleugnet würde oder auch nur ohne Bedeutung bliebe. Die These, die Korinther hätten den irdischen Jesus in ihren Gottesdiensten verflucht (in neuerer Zeit mit Verweis auf 1 Kor 12,3 vertreten), hat keine große Wahrscheinlichkeit für sich. Hätte man in Korinth den irdischen Jesus verflucht, wäre Paulus mit Sicherheit energischer gegen solche Praktiken vorgegangen. Die Aufhebung des Kreuzesgeschehens geschieht auf eine viel subtilere Weise. Selbstverständlich war auch in Korinth das Kreuz *eine* Heilstat. Zu betonen ist: *eine* Heilstat, *ein bestimmtes Element* des ganzen göttlichen Offenbarungsgeschehens, welches man wahrscheinlich in Analogie zum Abstieg und zum Aufstieg der Weisheit verstand. Die Vernichtung des Kreuzes besteht darin, daß dieses in einen größeren Zusammenhang aufgehoben ist, genauer: in den höheren Zusammenhang eines mythologischen Geschehens, das im Himmel seinen Anfang nahm und im Himmel sein Ziel fand, und dessen irdische Wirklichkeit bloß den Charakter eines Zwischenfalls hatte. Es war diese mythologische Umrahmung des Kreuzes, welche die Einwände des Paulus hervorrief. Die Aufhebung des Kreuzes in den Zusammenhang des göttlichen Mythos ist die Wortweisheit, die Paulus vermeiden will. Die Wortweisheit ist genau deshalb eine Entleerung des Kreuzes, weil sie ihm die Kontingenz nimmt, weil sie seine geschichtliche Einmaligkeit gleichsam rückgängig macht, indem sie das Kreuz mythologisch interpretiert.

Das also ist die Fiktion, auf die uns 1 Kor aufmerksam macht. Fiktion nicht in dem Sinne, daß geschichtliche Tatsachen einfach links liegen gelassen würden, sondern Fiktion in dem Sinne, daß der Tatsachenbezug aufgehoben wird *durch die Abstraktion*, durch die Einordnung des geschichtlichen Ereignisses in einen höheren Zusammenhang. Es ist offensichtlich, daß der Begriff der Fiktionalität damit beträchtlich ausgeweitet ist, ausgeweitet bis hin zu respektablen historischen oder geschichtstheologischen Unternehmungen unserer Tage. Fiktion im Lichte dieses Satzes muß auch das sein, daß die Kontingenz des Geschichtlichen übersprungen wird zugunsten einer Erkenntnis, welche sich an einem Ort über allen Dingen ansiedelt. Gegen eine solche Erkenntnis nimmt Paulus auf dem Gebiet der Christologie Stellung. Er nimmt dagegen Stellung, daß das Kreuz in der «Wortweisheit» so bewältigt wird, daß es entleert, aufgehoben ist. Nach Paulus ist es keinesfalls zulässig, das geschichtliche Ereignis des Kreuzes in einen allgemeinen (mythologischen) Rahmen zu stellen, in welchem es dann durchaus noch *eine* Bedeutung, aber eben keine entscheidende Bedeutung hat. Nach Paulus muß sich die ganze Christologie am Geschehen des Kreuzes orientieren. Dieses einzelne Geschehen ist für die ganze Christologie absolut maßgeblich. Deshalb will er in Korinth nichts anderes wissen als Christus den Gekreuzigten (vgl. 1 Kor 2,2). Diese paulinische Einsicht bedeutet das Ende weisheitlicher Spekulation. Statt daß das Kreuz Christi in den Rahmen des mythologischen Descensus und Ascensus der Weisheit aufgehoben wird, gerät jetzt das mythologische System in das Feuer des Kreuzesgeschehens.

Nicht, dass das mythologische Reden etwa seine Existenzberechtigung verloren hätte. Paulus weiß nur zu gut, daß mythologische Rede eine hervorragende christologische Bedeutung haben kann, solange diese Mythologie nicht mehr sein muß als der *Horizont* des Kreuzesgeschehens. Die Mythologie wird rechtens beigezogen, um die wahrhaftige Bedeutung dieses weltlichen Geschehens darzustellen und auszusprechen. Im Grunde geht es um die folgende einfache Alternative: Entweder wird das Kreuz mythologisch vereinnahmt und also vernichtet, oder die Mythologie wird durch das Kreuz bestimmt und dadurch ins Neue gewendet. Es ist offensichtlich, daß Paulus sich für das letztere entscheidet. Während in der korinthischen Erhöhungschristologie die Identität des Irdischen ausgewechselt wurde durch die mythologische Identität des Erhöhten, durch die mythologische Identität dessen, was der menschliche Geist an den Himmel projizierte, wird bei Paulus die Identität des Irdischen festgehalten, um als solche in den Himmel erhöht zu werden. Der Erhöhte läßt gerade nicht hinter sich, wer er als Irdischer war. Während bei den Korinthern die Fiktion sich selbst treu blieb, wurde sie bei Paulus angesichts der Kontingenz des Kreuzes ins Neue gewendet.

Mit dieser christologischen Grundentscheidung des Paulus hängt es zusammen, daß er das Kreuzesgeschehen um jeden Preis vor seiner Vernichtung bewahren will. Angesichts dieses Geschehens kommt die Weisheit zu Ende, wenn sie es wahrhaftig respektieren will. In diesem Sinne gilt, daß Gott in diesem Geschehen die Weisheit zur Torheit gemacht habe. Die Weisheit ist das Wissen im Überblick, das Denken in großen Zusammenhängen. Diese Weisheit kommt angesichts der Torheit des Kreuzes Jesu an ihr Ende, es sei denn, sie rette sich durch die Vereinnahmung des Kreuzes. Paulus will darauf beharren, daß eine Sprache geführt werde, welche diese Vereinnahmung nicht mit sich bringt. Was für eine Sprache mag dies sein? Wir wissen es nicht sicher. Das Wort vom Kreuz, wie es in 1,18–25 zur Sprache kommt, ist wohl nicht das typische Beispiel solcher Sprache. Wir wissen jedenfalls, daß es eine Sprache sein muß, die dem Ereignis des Kreuzes seine individuelle Würde läßt. Eine Sprache also, die gerade nicht absehen will von diesem Geschehen, die es nicht einordnen will in höhere Zusammenhänge. In der Regel ist die Geschichts-Erzählung genau jene Sprache, welche die geschichtlichen Einzelheiten zu würdigen weiß. Aber ob Paulus das Kreuz Christi in ähnlicher Weise wie etwa die synoptischen Passionsgeschichten zur Sprache gebracht hat, wissen wir nicht.

In einer ähnlichen Situation befinden wir uns angesichts der korinthischen Christologie, von welcher uns keine direkten Quellen Kenntnis geben. Dennoch läßt sich hinsichtlich der relevanten Sprachformen einiges sagen. Erinnern wir uns wiederum an die ältere Weisheit. Für ihren Zugang zur Wirklichkeit und insbesondere zur geschichtlichen Erfahrung ist es kennzeichnend, daß der «mašal» (der Spruch) die Grundform ihrer Sprache ist. In den Sentenzen und Sentenzgefügen wird die Disparatheit kontingenter Erfahrung geordnet, wird das Kontingente hinsichtlich seiner allgemeinen Bedeutung zum Ausdruck gebracht: Wer andern eine Grube gräbt, fällt selbst hinein. Ein solcher Satz kommt erst durch die Abstraktion von vielen Einzelerfahrungen zustande. Er dient der Aufhebung des Einzelnen in das Allgemeine. Bemerkenswert ist nun, daß diese abstraktive Tendenz gerade auch dort erhalten bleibt, wo die Weisheit sich der Sprachform der Erzählung bedient. Die Weisheit erzählt nicht etwa, um ein einzelnes Geschehnis zu würdigen, sie erzählt vielmehr, um entweder in einem Geschehensablauf die übergeordnete Weltordnung herauszustellen oder aber – hochinteressant! – um aus einem bestimmten Geschehen eine Lehre zu ziehen. Das Geschehen dient der Illustration einer Lehre, die erst noch aus diesem Geschehen zu ziehen ist und die dann gerade nicht mehr abhängig ist von dem einzelnen erzählten Geschehen. Um zu wissen, wie es dem Toren ergeht, ist die Geschichte eines bestimmten Toren entbehrlich. Sie veranschaulicht zwar, wie es ihm ergeht, die Lehre selbst jedoch steht auf eigenen Füßen.

Es ist kennzeichnend für die jüngere Weisheitstheologie im frühjüdisch-hellenistischen Raume, daß die Bindung der Lehre an die einzelnen Erfahrungen immer stärker gelockert wurde. Die Lehre emanzipierte sich schließlich so weit von der Erfahrung, daß sie nur noch als *geheime* Offenbarung Gottes verständlich war, daß sie also nur noch mythologisch zu sprechen vermochte. Die mythologische Darstellung der weisheitlichen Würde ist ein sicheres Indiz dafür, daß sie ihrer weltlichen Evidenz immer stärker verlustig gegangen war. Es ist wahrscheinlich, daß derselbe mythologische Denkhintergrund auch für die korinthische Christologie maßgebend war. Es ist deshalb weiterhin wahrscheinlich, daß die korinthische Christologie eine mythologische Sprachgestalt aufwies. Es sind zwar keine christologischen Texte der korinthischen Gemeinde bekannt, aber immerhin gibt es aus der vor- und nebenpaulinischen Überlieferung Texte, christologische Hymnen, die dem jüdisch-hellenistischen Sophia-Mythos sehr ähnlich sind. Gemeint sind jetzt etwa Hymnen wie Kol 1,15–20 und Phil 2,6–11 (wo nach der beinahe übereinstimmenden Ansicht der meisten Exegeten ein jüdisch-hellenistischer Vorstellungshintergrund nahmhaft zu machen ist). In beiden Fällen ist der Geschichtsbezug durch einen redaktionellen Hinweis auf das Kreuz sichergestellt (Phil 2,8; Kol 1,20). Beide Hymnen können ohne diesen Geschichtsbezug rein mythologisch verstanden werden (dazu weiter unten).

Ein solcher Mythos erzählt zwar auch eine Geschichte, aber eben nicht die Geschichte Christi, in welcher unausweichlich vom Kreuz zu erzählen wäre, sondern er erzählt die Geschichte der präexistenten Weisheit, die in Christus auf der Welt erschienen und dann wieder in den Himmel aufgestiegen ist. Die Berührung dieser mythologischen Christusfigur mit der konkreten Welt ist gleichsam auf einen *mathematischen Punkt* reduziert. Es wird bloß noch das Faktum der Menschwerdung des Präexistenten ausgesagt, ohne daß die konkrete Gestalt seines Menschseins eine inhaltliche Bedeutung hätte. Das heißt aber, daß die mythologische Sprachform ungebrochen, das mythologische Selbstbewußtsein sich selbst überlassen bleibt. Schon die paulinische Korrektur in Phil 2,8 («nämlich zum Tode am Kreuz») macht deutlich, daß Paulus mit dieser mythologischen Rede nicht einverstanden sein kann. Sie hebt genau die Ereignisgestalt des Kreuzes auf, indem sie dieses auf einen formalen Punkt reduziert. Demzufolge dürfte sich Paulus anderen Sprachformen zugewendet haben, von denen wir aber – da nur Briefe von ihm überliefert sind –

nichts Näheres wissen. Erzählung müssen sie jedenfalls enthalten haben. Paulus kommt alles darauf an, aus dem Kreuz Christi auch nicht eine wie immer geartete Lehre zu ziehen. Ihm kommt vielmehr alles darauf an, das Geschehen des Kreuzes als Geschehen zu vergegenwärtigen. Sein Wort hat die eine Aufgabe, den Menschen mit der Wirklichkeit des Kreuzesgeschehens zu konfrontieren. Dieses Wort kann demnach nie selbständig sein oder an die Stelle des Kreuzes treten wollen. Es muß *verweisen* auf das Geschehen selbst. Eben dies unternimmt Paulus in seinem «Wort vom Kreuz». Dieses stellt nur das Geschehen des Kreuzes heraus, es verhilft dem Geschichtlichen zu Wort, und eben deshalb ist es jeder Abstraktion entgegengesetzt, sei dies nun die lehrhafte oder die mythologische.

Faszinierend an dieser korinthischen Auseinandersetzung auf christologischer Ebene ist zu sehen, welche anthropologischen und kosmologischen Implikationen sie hat. Der korinthischen Christologie entspricht ein bestimmtes Verständnis des Menschseins in der Welt, ebenso wie sich ein solches mit Notwendigkeit aus der paulinischen Kreuzestheologie ergibt. Werfen wir zuerst einen Blick auf die korinthische Anthropologie. Schon in Erinnerung an die ältere Weisheit kann man einen Zusammenhang von Geschichtsverständnis und Anthropologie feststellen. Der weisheitliche Umgang mit der geschichtlichen Erfahrung ebenso wie die weisheitlich relevanten Sprachformen der Sentenz und Lehrerzählung deuten darauf hin, daß die weisheitliche Beschäftigung mit der Geschichte aus einem eminent praktischen Interesse geschieht. Aus der geschichtlichen Erfahrung kann eben gelernt werden, was zu tun ist. Denn wenn die regelhaften Zusammenhänge des Geschehens erkannt werden, können sie als praxisleitende Einsichten dienen.

In diesem Interesse für die Gestaltung der Praxis erschließt sich ein Grundzug weisheitlicher Anthropologie. Weisheit bedeutet nicht nur die Einsicht in die grundlegenden Zusammenhänge der Welt, Weisheit bedeutet zugleich *die* Tugend schlechthin. Weisheit bedeutet zugleich das Wissen um die Ordnungen der Welt *und* die diesem Wissen entsprechende Praxis. Die wissenschaftliche Weltbewältigung durch den Weisen geschieht im Interesse der praktischen Weltbemächtigung. Die Sprachformen der Sentenz und der Lehrerzählung dienen dem praktischen Geschichtsbezug aufs schönste: der Mensch kann aus der Geschichte lernen, was gegenwärtig zu tun sei, weil er Einsicht hat in die regelhaften Zusammenhänge, die das zufällige Geschehen ordnen.

Dieser weisheitliche Stellenwert der Praxis findet im korinthischen Hang zum Rühmen sein Gegenstück. Der Christusgläubige rühmt sich dessen, was er aus sich machen kann: er rühmt sich seiner Weisheit, welche ihn über die Primitivität der Sarkiker und der Psychiker hinaushebt in den Status der Vollkommenen. Im Phänomen des «Rühmens» vertraut sich der Weise dem an, was er *nicht* empfangen hat. Er vertraut sich dem an, was er von sich aus darstellt (vgl. 1 Kor 4,7). Die Korinther rühmen sich dessen, daß alles in ihren Möglichkeiten steht. «Alles ist mir erlaubt», dies ist die bis in die Unabhängigkeit von der Welt gesteigerte Weltbemächtigung (vgl. 6,12; 10,23). Weil sie sich dessen rühmen, daß sie Herr über alle Dinge sind und niemandem untertan, muß Paulus sie erinnern an die wahren Herrschaftsverhältnisse: Alles ist euer (gewiß!), ob Paulus, Kephas, Welt, Leben, Tod, Gegenwärtiges, Künftiges: alles ist euer, ihr aber seid Christi, Christus aber ist Gottes (vgl. 1 Kor 3,21–23). Diese Herrschaftsverhältnisse können die korinthischen Christen nicht mehr sehen. Gleichzeitig mit ihrer mythologischen Christologie stellte sich eine mythologische Anthropologie ein. Die Christusgläubigen wähnen sich unabhängig von Welt und Geschichte, so wie ihr mythologischer Christus unabhängig ist von Welt und Geschichte. Die Abstraktheit der Christologie vom Kreuz Jesu wiederholt sich in der Abstraktheit des Menschen von dem, was sein Leben trägt. Die christologische Übergehung des weltlichen Kreuzesgeschehens rächt sich jetzt als Überweltlichkeit des Menschen. Er übergeht die Welt, sei es in der Gestalt asketischer Verachtung des Fleisches, sei es in Gestalt libertinistischer Hingabe an alles, was Fleisch ist. Im Namen des Kreuzesgeschehens, dessen irdische Materialität er über alle Dinge stellt, protestiert Paulus gegen diese Weltübergehung, gegen diesen aufgeblasenen Wahn der Weltüberlegenheit: Gewiß – alles ist euer, ihr aber seid Christi (3,22f). Gewiß – alles ist euch erlaubt – aber längst nicht alles kommt eurer weltlichen Existenz und eurem Zusammenleben zugute (1 Kor 6,12: nicht alles dient zum Guten; ich werde mich doch nicht von irgend etwas beherrschen lassen; 10,23 [ganz ähnlich]: aber nicht alles dient dem Aufbau [sc der Gemeinde]).

Weil Paulus von der Fiktionalität der Christologie Abstand genommen hat, indem er das Kreuzesgeschehen zum absolut maßgeblichen christologischen Datum macht, kann er auch warnen vor der Fiktionalität der korinthischen Anthropologie. Der Zusammenhang scheint einleuchtend: wer einem fiktionalen Gottesglauben anhängt, wird selbst fiktional. Was ist mit denen, die einem fiktionalen Atheismus anhängen? Sie werden auf eine Weise fiktional, daß ihnen nicht einmal mehr das kritische Gotteswort den Weg zur Wirklichkeit der Welt zeigen kann. Im Sprachgebaren beginnt jene Fiktionalität, die sich unweigerlich auf alle Gebiete des Menschseins auszudehnen vermag.

Ein genaueres Hinsehen vermag zu zeigen, daß das mythologische Reden kein Verhältnis zur Zeitlichkeit hat. Auch darin erweist es sich als Nachfolger der älteren weisheitlichen Denktradition: auch diese hatte kein Verhältnis zur Zeitlichkeit. Durch die Lehre, die sie aus dem zeitlichen Geschehen zog, war die Weisheit gerade auf das Überzeitliche aus. Schon die ältere Weisheit vermochte die Zeitlichkeit, das heißt: die geschichtliche Einmaligkeit des Geschehens, nicht recht zu würdigen. Dies erscheint potenziert in dem mythologischen Bekenntnis zu Christus. So wie seine Menschwerdung zu einem mathematischen Punkt gemacht wird, so wird seine Existenz ins Überzeitliche verlegt. Zeitangaben, Angaben darüber, unter welchen zeitlichen Umständen dies oder jenes geschehen sei, fehlen in Mythen.

Es ist zu erwarten, daß auch diese Eigenart mythologischer Rede ihre anthropologischen Folgen zeitigt. In der Tat läßt sich dieses im Blick auf die Korinther belegen. Paulus wirft ihnen ausdrücklich vor, kein rechtes Verhältnis zur Zeit zu haben: «Ihr seid schon satt. Ihr seid schon reich geworden. Ohne uns wollt ihr schon zum Herrschen gekommen sein» (eigentlich: außerhalb unser, unabhängig von uns, seid ihr schon zur endzeitlichen Herrschaft gelangt; das heißt: Ihr meint, schon in der kommenden Heilszeit zu leben) (1 Kor 4,8). Weil manche korinthischen Christen zur Geschichte des Gekreuzigten kein Verhältnis haben, haben sie auch kein Verhältnis zu ihrer eigenen Zeitlichkeit. Sie wähnen sich am Ende aller Zeit, weil sie sich an den überzeitlichen Christus halten. Ihr Überspringen des Kreuzes setzt sich fort im Überspringen der eigenen Zeitlichkeit. In denselben Zusammenhang gehört es, wenn die Korinther behaupten, es gebe keine Auferweckung von den Toten (vgl. 1 Kor 15,12ff). Diese Auferstehungsleugnung ist nicht etwa zu verstehen im Sinne eines neuzeitlichen Agnostizismus beziehungsweise eines platten Pessimismus, der sagt: Mit dem Tod ist alles aus. Vielmehr sind die Korinther der Meinung, es gebe keine Auferweckung von den Toten mehr, weil sie selbst gar nicht mehr dem Tod unterworfen sind. Sie werden, da sie zum Glauben gekommen sind, nicht mehr sterben. Und deshalb ist eine Auferweckung auch nicht notwendig. Wir hatten schon gesehen: Die korinthischen Pneumatiker rühmen sich dessen, was sie von sich aus haben. Sie verlassen sich auf das, was sie besitzen, und eben deshalb mögen sie sich nicht darauf verlassen, daß Gott sie im Tode erneut erwartet. Sie mögen sich nicht darauf verlassen, daß sie im Tode noch einmal in ganz radikaler Weise auf das Empfangen angewiesen sind. Sie *können* nicht sterben und deshalb können sie nicht Menschen sein. (Menschsein heißt – im Tod – fahrenlassen dessen, was ich empfangen habe). Dies ist nichts anderes als eine Kombination ihrer praktischen Selbstmächtigkeit mit ihrem gestörten Verhältnis zur Zeitlichkeit. Wer die Geschichte des Gekreuzigten in dieser Weise überspringt, übergeht damit seine eigene Geschichtlichkeit: er überspringt seine Eingelassenheit in die Welt und in die Zeit.

Es hängt aufs engste mit der Verhältnislosigkeit zur Zeitlichkeit zusammen, daß die korinthischen Enthusiasten in die Gegenwart verspannt sind. Auf die Gegenwart sind sie einerseits dadurch fixiert, daß sie in der Gegenwart schon die ganze Zukunft erfüllt sehen, andererseits dadurch, daß sie keine Vergangenheit haben: die entscheidende religiöse Erfahrung war für sie das Erleben des gegenwärtigen Geist-Christus. Religiöse Erfahrung war für sie das Erleben pneumatischer Ekstase. Man könnte ebensogut sagen: Religiöse Erfahrung fiel zusammen mit der Selbsterfah-

rung. Die absolute Gegenwartsbezogenheit dieses Menschenbildes entstand dadurch, daß das Wort von Christus nichts anderes als zeitlose Erlösungssicherheit verbreitete. Das Wort von Christus verwies eben nicht auf Geschehenes. Es verwies nicht, wie das paulinische Wort vom Kreuz, auf das Geschehen, das in der Vergangenheit liegt und den Glaubenden gegenwärtig zugute kommt. Deshalb gab es keinerlei Ablenkung von der Gegenwart: alles war auf das Gegenwärtige konzentriert, weil alles im gegenwärtigen Erleben zur Entscheidung kommen mußte.
Paulus hat die Fiktionalität dieses menschlichen Daseinsverständnisses in aller Klarheit gesehen und herausgestellt. Er konnte dies tun, weil er allein auf die Theologie des Kreuzes setzte. Angesichts des Kreuzesgeschehens, in welchem die ganze menschliche Weisheit, das ganze Denken im Überblick, zu Ende kommt, weil der Mensch mit der ins Absolute gesteigerten Kontingenz Gottes konfrontiert wird, konnte Paulus das korinthische Menschenbild als Selbstbetrug durchschauen. Angesichts der Zeitlichkeit dieses Geschehens konnte es für ihn keine Überwindung der zeitlichen Weltlichkeit des Menschen geben. Er entlarvte im Namen des Wortes vom Kreuz das korinthische Rühmen, das Pochen auf die eigenen Möglichkeiten und Besitztümer, als Überstieg über die weltliche Konkretheit und Zeitlichkeit menschlicher Existenz, als den Versuch der Selbstheiligung, Selbstrechtfertigung und Selbsterlösung (1 Kor 1,30). Er entlarvte im Namen des Kreuzesgeschehens die korinthische Verliebtheit in die Geisterfahrung als einen Ausstieg aus der weltlichen Konkretheit menschlichen Daseins.
Ziehen wir das Fazit aus der korinthischen Auseinandersetzung, so läßt sich etwa das Folgende festhalten:

1. Die Auseinandersetzung um die sachgemäße Christologie fördert ein bemerkenswertes Verständnis von Fiktionalität zutage. Die Frage der Fiktionalität des Geschichtsbezuges stellt sich hier nämlich *innerhalb* desselben. Ein Geschichtsbezug als solcher ist noch nicht davor gefeit, fiktional zu sein. Die kritische Frage zielt auf das Verhältnis zur geschichtlichen Tatsächlichkeit: Wird das einzelne Geschehen aufgehoben in einen höheren Zusammenhang? Es spielt eine untergeordnete Rolle, ob dieser Zusammenhang mit einer Weltordnung, einem geschichtlichen Entwicklungsprozeß oder einem weisheitlichen Mythos gegeben ist. Jede Aufhebung des einzelnen Geschehens in einen solchen Zusammenhang bedeutet, daß der Geschichtsbezug zur Fiktion geworden ist. Man könnte auch sagen: Der Erfahrungsbezug wird denkerisch bewältigt und damit wird die Erfahrung vom Denken überwältigt, entleert. Die Fiktionalität des Geschichtsbezugs entsteht dadurch, daß die Zeitlichkeit des Geschehens aufgehoben wird. Dies kann selbstverständlich auf vielerlei Weise geschehen. Beliebt ist die Abstraktion vom Geschehen in der Gestalt einer Lehre oder in der Gestalt, daß das Geschehen zum Modellfall erklärt wird. Die Fiktionalität dieses Geschichtsbezugs gibt sich nun zu erkennen

als Grundform des gesetzlichen Geschichtsbezugs: das Geschehen kommt nicht mir *zugute*, sondern es spricht mich bloß darauf an, meinen Anstrengungen die rechte Richtung zu geben.

Demgegenüber nimmt Paulus für den Tatsachenbezug in der Christologie Stellung. Für Paulus ist zwar klar, daß der Mensch immer auch in allgemeinen Horizonten, immer auch mythologisch denkt. Aber Paulus bestimmt den Maßstab anders. Statt das Kreuz in den mythologischen Denkvorgang aufzuheben, macht er dessen Tatsächlichkeit zum absoluten Maßstab alles Nachdenkens. Er macht sie zum Maßstab im doppelten Sinne. Einerseits ist die Tatsächlichkeit der inhaltliche Maßstab jeder künftigen Rede von Christus. Von Christus kann nichts gesagt werden, was sich nicht mit dem Faktum seiner Kreuzigung verträgt. Der himmlische Christus ist kein anderer als der Gekreuzigte. Andererseits wird das Kreuzesgeschehen insofern zum Maßstab, als alles Nachdenken seine Tatsächlichkeit nicht aufheben darf, sondern erst recht *sichern* soll. Eine denkerische Bewältigung dieses Geschehens darf es nicht geben. Eine denkerische Würdigung seiner unentbehrlichen Tatsächlichkeit vielmehr ist das Bemühen christlicher Theologie. Genau diese Würdigung versucht Paulus in seinem Wort vom Kreuz durchzuführen. Wenn diese Würdigung gelingt, wenn es gelingt, das Kreuz Jesu im Horizont Gottes zu verstehen, dann führt dies gerade nicht zu einer Aufhebung des kontingenten Geschehens, sondern im Gegenteil zu einer Steigerung dieser Kontingenz. Die Zufälligkeit im wahren Sinne des Wortes wird nicht aufgehoben, sondern allererst recht entdeckt. Das Wort vom Kreuz sagt: «Gerade dieser Zufall geschah als Zufall um euretwillen. Gerade dieses Geschehen kommt euch zugute.» Das Einzelgeschehen des Kreuzes und dann in einem weiteren Sinne der ganzen geschichtlichen Existenz Jesu wird zur einzigartigen Erscheinung göttlicher Wahrheit: alles, was der Mensch bisher über Gott sich ausgedacht hatte, alles, was er bisher als Gott gefürchtet und verehrt hatte, gerät hier in eine heilsame Kehre. Gott wird restlos aus seiner Erscheinung begriffen. Gott wird restlos christologisch gedacht.

2. Wir sagten: Die paulinische Theologie schließt das Kreuzesgeschehen auf als ein dem Menschen zugute kommendes Geschehen. Dies ist seinerseits eine in einem gewissen Sinne allgemeine Aussage. Sie läßt sich jedoch ohne weiteres an einzelnen Erfahrungsphänomenen konkret aufzeigen:

a) Das Kreuzesgeschehen kommt im Falle der Korinther dem Menschen insofern zugute, als es das korinthische Rühmen *(kauchēsis)* unterläuft. Das Rühmen ist genau jene menschliche Haltung, in welcher der Mensch sich selbst Heiligung, Gerechtigkeit, Erlösung ist. Das Rühmen ist jene Haltung, in welcher der Mensch auf seine geistigen und dynamischen Besitztümer vertraut. Paulus unterläuft dieses Rühmen, indem er den gekreuzigten Christus als unsere Heiligung, Rechtfertigung und Erlösung zur Sprache bringt (1 Kor 1,30). Christus ist es, der für uns eintritt vor Gott, wenn es um unsere Person geht, und Christus ist es denn auch, der sich zwischen uns und unseren Hang zum Rühmen stellt. Inwiefern kann dies von Christus gelten? Eben dies läßt sich an der Tatsächlichkeit des Kreuzes erkennen: Das Kreuz Jesu ist das Merkmal seines Scheiterns, das Denkmal seiner Ohnmacht, in welcher jedes Rühmen ausgeschlossen ist. Zum Rühmen hatte Jesus keinen Grund, weil er am Kreuz schlechthin der in jeder Hinsicht Besitzlose ist. Sein Vertrauen kann er nur noch auf das setzen, was er empfangen kann. Und er hat – wie das Wort vom Kreuz sagt – empfangen in Hülle und Fülle. Das Wort vom Kreuz bringt den ohnmächtigen Jesus mit der Macht Gottes so in Zusammenhang, daß gerade seine Ohnmacht der Macht Gottes ungehindert Raum gibt und deshalb unmittelbar der Macht Gottes ausgesetzt ist. Eben darum kann am Kreuz jedes menschliche Rühmen zu Ende kommen. Das Rühmen geschieht ja in dem Interesse, sich vor Gott und auch vor sich selbst akzeptabel zu machen. Wenn nun der schlechthin ruhmlose Christus der von Gott über alle Maßen akzeptierte Mensch ist, dann ist der Zwang zum Rühmen unterbrochen.

Um einen Zwang handelt es sich allerdings, wenn man auch zuerst denkt, Rühmen sei eine Möglichkeit freier Selbstentfaltung. Paulus hat diesen Zwang ausgedrückt mit dem Stichwort der Zeichenforderung: «Während die Juden Zeichen fordern und die Griechen nach Weisheit suchen, verkündigen wir Christus den Gekreuzigten, ein Skandal für die Juden und eine Torheit für die Griechen» (1 Kor 1,22f). Die Weisheitssuche steht hier für das Rühmen der korinthischen Enthusiasten und sie wird der Zeichenforderung parallelisiert. Im Rühmen (Weisheitssuche) ebenso wie in der Zeichenforderung handelt es sich um analoge existentielle Phänomene, die sich angesichts des gekreuzigten Christus auswirken. Im Rahmen der Zeichenforderung ist Christus ein Nichts, ein ärgerlicher Versager, im Rahmen der Weisheitssuche ist Christus eine Torheit, ein abgrundtiefer Blödsinn. Die existentiellen Verhaltensweisen der Zeichenforderung und der Weisheitssuche kommen also am Kreuz zur Auswirkung, indem sie zur Verurteilung des Gekreuzigten führen. Zugleich ist das Kreuz der Ort, wo sie ihrerseits in die Kehre geführt werden können, wenn – es zur Erkenntnis Gottes auf dem Gesicht des Gekreuzigten kommt. Dann nämlich geschieht statt der Verurteilung des Gekreuzigten die Verurteilung der Zeichenforderung und der Weisheitssuche.

Wir hatten angesichts der korinthischen Christologie schon beobachtet, welche anthropologischen Sachverhalte sich in ihr aussprechen. Auch die Zeichenforderung und Weisheitssuche haben eine anthropologische Seite: diese anthropologische Seite ist eben das Rühmen, die Haltung des Besitzenden, der sich auf seinen Besitz verläßt. Was hier als Erwartung an den Gekreuzigten herangetragen wird, ist auch eine Erwartung des Menschen an sich selbst. Wer von Christus Zeichen fordert, steht selbst unter der Zeichenforderung, wer von Christus Weisheit erwartet, steht selbst unter dem Zwang des Überblicks. In der Erwartung an den Gekreuzigten offenbart sich der Mensch als einer, der nichts empfangen kann. «Rette dich selbst und steig herab vom Kreuz!» (vgl. Mk 15,31f). So lautet die Forderung. Der sterbende Jesus wird herausgefordert zum Regreß auf das, was er sich selbst geben kann oder wenigstens: können sollte. In dieser Forderung offenbart sich der Mensch als einer, der sich selbst geben muß, was er zum Leben braucht. Genau diese verhängnisvolle Verschlossenheit des Menschen in sich selbst kommt angesichts des Kreuzes zu Ende, vorausgesetzt er lasse die Zeichenforderung am Gekreuzigten zerbrechen, statt diesen Gekreuzigten in die Zeichenforderung aufzuheben, indem er das Kreuz als ein Durchgangsstadium, als eine Art uneigentlicher Existenz des Gottessohnes ansieht, der gegenüber der Sieg der Auferstehung ein umso größeres Zeichen ist. Wenn es gelingt, die kontingente Tatsächlichkeit des Kreuzes Jesu zum Maßstab der Theologie zu machen, dann ist es um den Zwang zum Rühmen in der Tat geschehen. So kommt das Kreuzesgeschehen dem Menschen zugute, indem angesichts dieses Denkmals seine anthropozentrische Verkehrtheit ihrerseits in die Kehre kommt und er dann rühmen lernt, was er empfangen hat: «Wer sich rühmen will, der rühme sich des Herrn» (1 Kor 1,31b). Er verlasse sich auf das, was er nicht hat.

b) Paulus interpretiert im Wort vom Kreuz dieses als ein Geschehen, wo die Weisheit zu Ende kommt. Auch darin erkennen wir eine Wohltat am menschlichen Leben. Die Weisheit kommt insofern zu Ende, als das Kreuz – wird es in seiner Tatsächlichkeit ernst genommen – schlechthin nicht mehr aufhebbar ist in einem höheren Zusammenhang mythologischer Weisheitschristologie. Die denkerische Bewältigung des Kreuzes muß zum Scheitern kommen, wenn alles gut geht, und dann wird das Gewinnen des Überblicks selbst in den Strudel der Kritik hineingerissen. Die gesicherten Abstraktionen zerbrechen, der Mensch sieht sich dem Geschehen unvermittelt ausgesetzt. Wenn es gelingt, im irdischen Dasein des Christus mehr zu sehen als einen mathematischen Punkt, mehr zu sehen als die formale Menschwerdung Gottes, wenn es gelingt, dieses Geschehen *inhaltlich* mit Gott oder mit der himmlischen Weisheit in Zusammenhang zu bringen, dann geschieht auf der Ebene der Christologie ein Realitätsbezug von höchster Tragweite. Mit dem Einlaß des himmlischen Christus in die irdische Weltlichkeit geht einher der Einlaß des Bekenners, des Glaubenden in die irdische Weltlichkeit. Der an den zur Welt gekommenen Gott glaubende Mensch kann niemals mehr von der Welt unabhängig sein wollen. Er kann die Welt und ihre Wirklichkeit ebenso wenig überspringen, wie er die Weltlichkeit Gottes überspringen kann. Dadurch geschieht es, daß er in die Weltlichkeit seiner Existenz allererst eingelassen wird. Es geschieht, daß der Mensch mit seiner eigenen Zufälligkeit in Übereinstimmung kommt. Der in der Christologie maßgebliche Realitätsbezug wirkt sich aus als Realitätsbezug im Bereich des Daseins. Im christologischen Mythos spiegelt sich ja nichts anderes als die menschliche Unabhängigkeit von Welt und Geschichte, wie das korinthische Beispiel deutlich zeigt. Im Geschichtsbezug des Wortes vom Kreuz, welches dieses vergangene Geschehen zur Wirklichkeit an mir macht, geschieht demzufolge die Heimholung des Menschen aus seiner Verstiegenheit ins Übermenschliche. Es geschieht – ganz einfach gesagt – als Folge der Menschwerdung Gottes die Menschwerdung des Menschen. Auch in dieser Hinsicht kann man also sagen, der Geschichtsbezug des christlichen Glaubens bringe das Kreuz als Geschehen zur Sprache, das dem Menschen zugute kommt.

c) Wenn das Kreuz entgegen der korinthischen Fiktion in seiner Tatsächlichkeit zur Sprache kommt, dann kommt es zugleich in seiner Zeitlichkeit zur Sprache. Es kommt zur Sprache als vergangenes Geschehen, das nie mehr Gegenwart sein kann (es aber auch niemals sein muß). Auch diese Zeitlichkeit des Kreuzesgeschehens zeitigt anthropologische Folgen: sie gibt den Menschen an seine Gegenwart zurück. Wie tut sie das? Das Phänomen der korinthischen Enthusiasten lehrt: weil sie kein Verhältnis hatten zur Zeitlichkeit des Kreuzesgeschehens, weil sie dieses Geschehen in die Unzeitlichkeit des Mythos aufhoben, hatten sie auch das Verhältnis zu ihrer eigenen Zeitlichkeit verloren. Erst das Wort vom Kreuz, das an die Zeitlichkeit der Gottesgegenwart in der Welt erinnert, gibt ihnen ihr Verhältnis zu ihrer Zeitlichkeit wieder zurück. Sie lernen verstehen, daß dieses vergangene Geschehen ihnen jetzt zugutekommt, indem es sie jetzt veranlaßt dazu, auch ihre eigene Zukunft Gott selbst zu überlassen. Weil die korinthischen Enthusiasten dem Kreuz keine Zeitlichkeit gaben, sahen sie für sich weder eine ihnen zugute kommende Vergangenheit noch eine Gott zu überlassende Zukunft. Alles konzentrierte sich auf die Gegenwart: dem gegenwärtigen Erleben wurde aufgelastet, Gott selbst zur Erfahrung zu bringen; der Gegenwart wurde zugemutet, schon der herrschaftliche Zustand zu sein. Dabei wurde die Gegenwart so überladen, daß gerade das Verhältnis zur Gegenwart gestört wurde. Wer um seine Zeitlichkeit nicht mehr weiß, kann auch nicht mehr gegenwärtig sein. Denn er wird zu einer Gegenwärtigkeit gezwungen, wo sich schlechthin alles entscheiden muß. Die Aufhebung dieses Verspanntseins ins Gegenwärtige setzt den Menschen allererst frei zur Zeitlichkeit, in welcher er die Zukunft Gott überlassen kann, weil er die Vergangenheit von Gott schon übernommen weiß. Auch dies ist also eine soteriologische Dimension des Geschichtsbezuges, wie er mit dem Wort vom Kreuz gegeben ist.

d) Schließlich ist darauf aufmerksam zu machen, daß mit dem Tatsachenbezug des Wortes vom Kreuz eine Aufrichtung der menschlichen Freiheit gegeben ist. Dazu besinnen wir uns kurz auf eine paulinische Aussage in 1 Kor 2,2: «Ich hatte mich dafür entschieden, nichts anderes zu wissen unter

euch als Jesus Christus, und diesen als Gekreuzigten.» Paulus spricht hier von einem Entscheid, den er selbst ausdrücklich gefällt habe. Man könnte nun vermuten, dieser Entscheid für die Verkündigung des Gekreuzigten sei gleichsam taktisch geschehen, etwa als Gegenpol gegen die korinthischen Enthusiasten. Der taktischen Begründung dieser Entscheidung widerspricht schon allein der Sachverhalt, daß Paulus überhaupt der Schöpfer der Kreuzestheologie im strengen Sinne gewesen ist. Sein Entscheid findet seine Begründung nicht in der Verfassung der korinthischen Gemeinde, sondern vielmehr in der Geschichtlichkeit des Kreuzes selbst. Mit der Kontingenz dieses Geschehens hängt es zusammen, daß ein Entscheid notwendig ist. Die Aufhebung des Einzelnen in allgemeine Wahrheiten versucht ja gerade, die Notwendigkeit des Entscheides durch die Notwendigkeit der Wahrheit selbst zu umgehen. Es ist mit dem Geschichtsbezug des Wortes vom Kreuz gegeben, daß es ein Geschehen als Zur-Welt-Kommen Gottes interpretiert und mir zum Entscheid vorlegt. Willst du in diesem Geschehen Gott am Werk sehen, wozu Gründe bestehen? fragt mich das Wort vom Kreuz. So war auch Paulus angesichts der urchristlichen Rede vom gekreuzigten Messias gefragt. Mithin stand er vor einem Geschehen, über dessen Bedeutung man gar nicht anders befinden kann, als indem man sich dafür (oder dagegen) entscheidet.
Mit dem Geschichtsbezug ist die Wahrheit des Glaubens als eine geschichtliche Wahrheit ausgewiesen, eine Wahrheit nämlich, der gegenüber es die Möglichkeit zur Entscheidung ebenso sehr gibt wie sie die Entscheidung des Menschen erfordert. Notwendige Wahrheiten lassen sich in Es-Sätzen ausdrücken, während angesichts dieser Wahrheit das Ich allererst ins Spiel kommt («*ich* habe mich entschieden»). Von der notwendigen Wahrheit unterscheidet sich die am Geschehen selbst orientierte Wahrheit dadurch, daß sie das Ich des Menschen ins Spiel bringt, indem sie das Ich des Menschen zur Entscheidung herausfordert. Das Wohltätige an der geschichtlichen Wahrheit ist, daß sie dem Entscheid des Ichs ausdrücklich Raum gibt, ohne jedoch dieses Ich den Beliebigkeiten des Geschmacks zu überlassen. Das Ich kann sich angesichts von Beliebigkeiten gar nicht entscheiden (de gustibus non est disputandum …), während es sich angesichts der Notwendigkeit gar nicht ins Spiel bringen kann. Die Notwendigkeit bringt das Ich zum Verschwinden, so wie die Beliebigkeit dieses Ich ins Leere entläßt.
Die als Wort vom Kreuz zur Sprache kommende geschichtliche Wahrheit dagegen bedeutet sowohl eine Aufforderung dazu, daß sich das Ich entscheidend ins Spiel bringt, als auch eine Ermöglichung dafür, indem sie dem Ich überhaupt einen Entscheidungsraum offenhält. Es kann sich für die innerweltliche Deutung des Kreuzes entscheiden, ohne auch nur im geringsten als dumm ausgegeben werden zu können. Die geschichtliche Wahrheit eröffnet dem Ich Entscheidungsraum. Sie läßt das Ich in seiner Personalität entstehen. Je personaler (das heißt: je geschichtlicher) die

Christologie gedacht wird, desto größere Aussichten hat der Mensch, zur Person zu werden.
Wir haben hier eine interessante Variante des Freiheitsproblems vor uns. Es ist bekanntlich eine umstrittene Frage, ob der Mensch überhaupt Entscheidungsfreiheit habe. Im Blick auf die geschichtliche Wahrheit des christlichen Glaubens stellt sich diese Freiheit wie folgt dar. Unberührt vom Wort vom Kreuz hat der Mensch keine Freiheit, sich zu entscheiden, weil er in den Notwendigkeiten verhaftet ist. Angesichts des Wortes vom Kreuz muß er sich frei entscheiden, weil das Wort vom Kreuz ihm eine Frage vorlegt, die jenseits der Notwendigkeiten ist.
Deshalb kann man sagen: das Wort vom Kreuz versetzt den Menschen in die Entscheidungsfreiheit, weil es ihm einen Entscheidungsraum eröffnet, der nicht von Notwendigkeiten beherrscht wird. Die Freiheit der Entscheidung hat der Mensch nur in der Gestalt, daß sie ihm zugespielt wird. Diese Entscheidungsfreiheit muß dem Menschen aber sogleich wieder verloren gehen, wenn das Wort vom Kreuz entweder durch soteriologische Beliebigkeiten oder durch die Notwendigkeit der allgemeinen Wahrheit ersetzt wird.
Auch in dieser Hinsicht hat also die Christologie erhebliche anthropologische Implikationen. Die Fiktionalität der Christologie erzeugt die Fiktionalität des Menschseins. Der Tatsachenbezug der Christologie dagegen sorgt für den Welt-, Zeit- und Gegenwartsbezug des Menschen.

3.3 Evangelium und Geschichte

Im vorhergehenden Abschnitt war es darum gegangen, das Evangelium in seinem Geschichtsbezug von der Fiktion abzusetzen. Dabei war das Evangelium in eine große Nähe zur Geschichte gerückt (was auch angemessen ist, sofern es um das Gegenüber zur Fiktion geht). Diese große Nähe zur Geschichte bedarf jetzt einer Präzisierung. Denn es trifft offensichtlich nicht zu, daß das Evangelium einfach mit Geschichte zusammenfällt. Dies gilt insbesondere unter den erkenntnistheoretischen Bedingungen der Neuzeit, wo ja der Historiker vom Wort Gott keinen Gebrauch mehr macht, um Geschichte zu schreiben. Demgegenüber ist es für das Evangelium charakteristisch, daß es einen dezidierten Gebrauch macht vom Wort Gott, um seine Geschichte zu erzählen. Mit dieser äußerlichen Beobachtung sind wir aufmerksam geworden auf den Punkt, wo sich das Evangelium von der Geschichte unterscheiden muß. Es ist jedoch nicht sinnvoll, sogleich auf diesen unterscheidenden Punkt einzugehen. Zunächst sollen vielmehr die erstaunlichen Gemeinsamkeiten zwischen Evangelium und Geschichte herausgestellt werden. So wird eine Beziehung möglich zwischen dem Verstehen von Welt, wie es sich in der historischen Erkenntnis darbietet, und dem Verstehen von Welt, wie es das Evangelium mit sich bringt. Aufgabe der hermeneutischen Reflexion ist es ja, Verhältnisse neu zu entdecken, wo der Blick auf sie nicht frei ist. Deshalb wenden wir uns zuerst den Gemeinsamkeiten von Evangelium und Geschichte zu.

3.3.1 Gemeinsamkeiten von Evangelium und Geschichte

Daß das geschichtliche Verstehen grundsätzlich kommensurabel ist mit dem christlichen Glauben, ist durch die Eigenart des Evangeliums bedingt. Das Evangelium bringt seine Botschaft zur Sprache, indem es auf konkretes Geschehen verweist, auf Kreuz und Auferstehung Jesu, auf Passionsgeschichte und Begebenheiten aus dem irdischen Dasein des Erlösers. Erst diese Eigenart des Evangeliums macht es möglich, es ins Verhältnis zu setzen zur Geschichte der Historiker. Wir werden dieses Verhältnis bestimmen, indem wir auf der Seite des Evangeliums den Ort der größtmöglichen Reduktion seines Geschichtsbezugs aufsuchen. Dieser Ort ist die paulinische Kreuzestheologie. Das Verfahren wurde gewählt, um möglichst genau auf jenen Punkt aufmerksam zu werden, wo der Geschichtsbezug des Evangeliums nicht mehr weiter reduziert werden kann. Würde man eine solche Fragestellung auf die Evangelien anwenden, so liefe man Gefahr, sich theologischer Sachkritik auszusetzen. Es ist eine immer noch weit verbreitete Meinung, der Geschichtsbezug der Evangelien sei eine theologisch unsachgemäße Angelegenheit, weil es für das Evangelium selbst nur darauf ankommen könne, *daß* es einen Bezug zu einer geschichtlichen Person habe. Von Bultmann ist dieses «Daß» herausgestellt worden. Und bis auf den heutigen Tag wird es als sachkritisches Instrument angesetzt, um die angebliche Illegitimität eines *inhaltlichen* Geschichtsbezugs zu erweisen. Da nun die These von dem lediglich formalen Geschichtsbezug sich anhand der paulinischen Theologie entwickelt und verfestigt hat, erscheint es mir sinnvoll, diese These auf der Ebene derselben paulinischen Theologie zu widerlegen. Deshalb wird die Kreuzestheologie herangezogen, um den inhaltlichen Bezug des Evangeliums auf Geschichte in der äußersten Reduktion in den Blick zu bekommen.

Der Bezug auf das faktische Geschehen

Sowohl die Geschichte der Historiker als auch das Evangelium muß einen Bezug auf das faktische Geschehen haben. Es ist weder für einen Historiker noch für einen Theologen statthaft, historische Fakten allererst zu schaffen oder einfach zu übergehen. Selbstverständlich werden beide, wenn sie eine bestimmte Geschichte zu erzählen haben, nicht bloß Fakten erzählen und erst recht nicht einfach alle Fakten erzählen. Eine Geschichte erzählen heißt immer schon, auszuwählen zwischen signifikanten und nicht-signifikanten Fakten. Selbstverständlich schließt es das Organisationsschema der Erzählung aus, einfach alle Fakten zusammenzustellen, die mit dem Referenzsubjekt der Geschichte zu tun haben. Doch trotz dieser eklektischen Grundstruktur der Geschichts-Erzählung kann sie nicht auf den Bezug zum Faktischen verzichten, sowenig wie das Evangelium einfach Fakten erschaffen kann, um seine Botschaft zur Sprache zu bringen. Dies entzieht sowohl die Geschichte als auch das Evangelium der Beliebigkeit. Wir werden uns das an zwei Beispielen vergegenwärtigen, an einem historischen und einem theologischen.

Zunächst das historische Beispiel. Man könnte ohne weiteres in einem Geschichtsbuch den folgenden Satz finden: «Mit der Besteigung des Mont Ventoux eröffnete Petrarca die Renaissance» (zum Folgenden vgl. [50] 98f, 106). Zunächst soll dieser Satz auf seinen Tatsachenbezug hin befragt werden. Er selbst spricht ja nicht einfach eine Tatsache aus. Er bringt vielmehr die Besteigung eines Berges in der Provence in Zusammenhang mit der geistesgeschichtlichen Epoche der Renaissance. Dieser Zusammenhang ist kein faktischer, wohl aber ist der Zusammenhang nicht aussprechbar ohne den Bezug zum Faktischen. Der Satz wäre zweifellos falsch, wenn es keinen Petrarca gegeben, wenn Petrarca nicht den Mont Ventoux bestiegen und wenn es keine solche Bewegung wie die Renaissance gegeben hätte. Mit diesen für die Wahrheit des geschichtlichen Satzes notwendigen Bedingungen ist gewiß noch nicht der ganze Tatsachenbezug ausgesprochen. Sie mögen jedoch als Andeutungen genügen, um die Angewiesenheit der Geschichte auf bestimmte Fakten zu illustrieren.

Dies führt uns zum theologischen Beispiel. Ähnliches kann nämlich auch vom Evangelium gesagt werden, wie es im Wort vom Kreuz zur Sprache kommt. Das Evangelium nennt den Gekreuzigten den Messias. Es nennt seinen ärgerlichen und törichten Tod Gottes Kraft und Gottes Weisheit. Sicher kann die Wahrheit solcher Aussagen nicht einfach durch den Rekurs auf das Faktische entschieden werden. Wohl aber kommen sie keinesfalls ohne dieses Faktische aus. Diese Sätze haben das konkrete Geschehen des Kreuzes als unverzichtbaren Bezugspunkt. Sie sind angewiesen auf diese Tatsache, um ihre Wahrheit aussagen zu können. Man kann sich dies leicht vergegenwärtigen, wenn man sich vorstellt, was mit dem christlichen Glauben geschähe, wenn Jesus nicht den Fluchtod des Gekreuzigten gestorben wäre. Daraus ist zu erkennen: der Tatsachenbezug entzieht sowohl die historischen als auch die theologischen Sätze der Willkür des Sprechers und der Phantasie der Glaubenden. Es läßt sich nicht einfach *alles* sagen über einen Messias, der diesen Tod gestorben ist. Es läßt sich nicht einfach *alles* tun im Namen eines Gekreuzigten, ohne daß es nicht den Widerspruch der Tatsachen hervorrufen muß. Gewiß kann man gerade mit Blick auf die fiktionale Theologie der Korinther sagen, daß Tatsachen keinerlei Garantie für wahrhaftiges Reden und

Denken darstellen. Sie können ohne weiteres ins Fiktionale gewendet werden (dies müßte man vielleicht angesichts der gegenwärtigen Tatsachengläubigkeit der Wissenschaft und des allgemeinen Bewußtseins *etwas lauter* sagen). Gewiß sind auch Tatsachen nicht einfach ein selbstwirksamer Schutzwall gegen die Lüge. Dennoch gilt: Solange das Evangelium von Jesus Christus seinen Bezug zum Faktischen nicht verschweigt, solange es Christus als den Gekreuzigten verkündigt, gibt genau dieser Tatsachenbezug immer wieder Anlaß und Grund zu kritischen Reflexionen. Denn solange die Sprache des Glaubens diesen Boden der Tatsachen unter ihren Füßen hat, solange kann sie, wenn sie von der Wahrheit zur Lüge fortschreiten sollte, immer wieder an ihren eigenen Tatsachenbezug erinnert und von da aus kritisiert werden. Es läßt sich zum Beispiel der gekreuzigte Christus nicht in Anspruch nehmen als Symbol und Heiligenschein weltlicher Gewalttätigkeit. So sehr dies in der Geschichte der Kirche vorgekommen sein mag, so sehr erlaubte es gerade der Bezug zum faktischen Geschehen am Kreuz, eine solche Verkehrung des Christusglaubens mit aller Schärfe als Verkehrung zu erkennen.

Man kann also formulieren: Gemeinsam ist der Geschichte und dem Evangelium der nicht reduzierbare Bezug zum faktischen Geschehen. Genau dieser Bezug verwehrt es in beiden Bereichen, daß das menschliche Subjekt sich zur willkürlichen Herrschaft über die Wahrheit aufschwingt. Denn der Bezug auf das Faktische entzieht die Sätze der Beliebigkeit, auch wenn er sie nicht einfach der strengen Notwendigkeit des Begriffs unterwirft. Mehr davon später.

Hinausgehen über das Faktische

Die zweite Gemeinsamkeit von Evangelium und Geschichte besteht darin, daß beide über das Faktische hinausgehen. Diesen Aspekt möchte ich ganz stark betonen. Denn es entspricht einer landläufigen Meinung, als ob der Historiker gleichsam bei den Fakten bliebe, während der Theologe über diese Fakten hinausginge. Diese landläufige Meinung beruht auf dem Vorurteil, daß es in der Geschichte überhaupt um Fakten und nichts als Fakten gehen könne. Diese Meinung ist falsch. In der analytischen Geschichtsphilosophie gibt es ein interessantes Gedankengebilde: den sogenannten Idealen Chronisten (vgl. [50] 240–291). Der Ideale Chronist ist ein Phantasieprodukt, anhand dessen man sich das Wesen des Historikers schön ausdenken kann. Der Ideale Chronist zeichnet sich dadurch aus, daß er stets in demselben Moment, wo etwas geschieht, dieses weiß, und sogar weiß, was in allen menschlichen Köpfen vorgeht. Der Ideale Chronist zeichnet sich aus durch ideale Kenntnis sämtlicher Fakten in jedem Augenblick der Geschichte. Würde ein solcher Idealer Chronist seine Kenntnisse kontinuierlich aufzeichnen, so ergäbe sich daraus die Ideale Chronik. Eine solche Chronik ist einem riesigen Feld von Random-Access-Memory-Zellen vergleichbar, in die hinein sämtliche Fakten geschrieben werden. Die Ideale Chronik wäre also eine unaufhörlich anwachsende Zusammenstellung sämtlicher historischer Fakten zu jedem beliebigen Zeitpunkt. In der Idealen Chronik wären demnach sämtliche Fakten aufgezeichnet, die in der bisherigen Geschichte geschehen sind. Man sollte eigentlich denken, die Erstellung einer solchen Idealen Chronik wäre das Ziel jedes Historikers. Die schon genannte volkstümliche Auffassung vom reinen Faktenbericht des Historikers beruht denn auch auf der Annahme, der Historiker sei so etwas wie ein Idealer Chronist (bloß bedeutend unvollkommener).

Freilich ist die volkstümliche Auffassung falsch und ist der Historiker kein unvollkommener Idealer Chronist. Denn schon ein flüchtiger Blick in die Ideale Chronik würde zeigen, daß in ihr gleichsam die Hauptsätze der Historiker fehlen. In ihr fehlen nämlich (dank ihrer Reproduktion reiner Tatsachen) die Erzählungssätze, genauso wie im Random-Access-Memory-Feld jede Verknüpfung fehlt. Es wäre dem Idealen Chronisten nicht möglich, den folgenden Satz zu sagen: «Der dreißigjährige Krieg begann im Jahre 1618». Denn ein solcher Satz setzt voraus, daß der Historiker mit dem Ereignis *ungleichzeitig* ist, das er beschreiben will. Zugleich ist es ohne weiteres einsichtig, daß die ganze Wahrheit über jenen Kriegsausbruch von 1618 jedenfalls *nicht* zum Zeitpunkt seines Eintretens aussagbar ist. Daraus ergibt sich, daß die Ideale Chronik die geschichtliche Wahrheit gar nicht sagen kann. Denn die geschichtliche Wahrheit kann erst sagen, wer über das Faktische hinausgeht, indem er das Faktische im Lichte des Künftigen versteht, und zwar besser versteht, als es der Beobachter gekonnt hätte.

Erinnern wir uns noch einmal an das Beispiel von vorhin: Mit der Besteigung des Mont Ventoux eröffnete Petrarca die Renaissance. Auf den Tatsachenbezug dieses Satzes als notwendiges Wahrheitskriterium habe ich schon hingewiesen. Nun geht es um das Überschreiten des Faktischen. Stellen wir uns einmal vor, der Bruder Petrarcas wäre bei jener Bergbesteigung dabeigewesen. Er nimmt also gewissermaßen die Position des Idealen Chronisten ein. Was hätte er ins Tagebuch geschrieben? Der Phantasie sind keine Grenzen gesetzt. Eines jedoch ist sicher: Er hätte niemals den oben zitierten Satz ins Tagebuch schreiben können. Denn die Beobachterposition verwehrt ihm die zeitliche Perspektive, die zu diesem Satz unbedingt notwendig ist. Was folgt aus dieser Eigenart des Geschichtlichen? Es folgt unter anderem daraus, daß die reine Beschränkung auf das Faktische gar nicht der Weg ist, *das Faktische* wahrhaftig auszusagen. Denn die Wahrheit über das Faktische kommt erst in der Zukunft ans Tageslicht: je mehr künftige Ereignisse geschehen sind, desto reicher wird die Wahrheit über ein vergangenes Ereignis der Geschichte. Dabei ist es gar nicht notwendig, daß die Ereignisse zueinander in einer *kausalen* Beziehung stehen. Es genügt, daß ein künftiger Historiker in der Lage ist, zwischen verschiedenen Ereignissen eine Beziehung allererst herzustellen. Also kann man sagen: Der Historiker geht, gerade wenn er seine Aufgabe wahrnimmt, über das faktische Geschehen hinaus, indem er dieses im Lichte künftigen Geschehens darstellt und deutet. Freilich ist auch die Deutung des Geschehens nicht willkürlich. Auch sie hat einen Tatsachenbezug, wie man sich am Satz über Petrarca leicht klarmachen kann.

In analoger Weise, wie der Historiker über das geschichtliche Faktum hinausgeht, geht auch das Evangelium über dasselbe hinaus. Rufen wir uns in Erinnerung, daß die Evangelien am besten als Passionsgeschichten mit ausführlicher Einleitung zu bezeichnen sind. Darin widerspiegelt sich nichts anderes als der Sachverhalt, daß die Geschichte Jesu erst von seinem Kreuzestod her zu erzählen war. Über Ereignisse seines Lebens – sagen wir einmal über Wundertaten oder über seine Taufe durch Johannes im Jordan – kann erst dann ein Mehr an Wahrheit ausgesagt werden, wenn man sie im Zusammenhang mit seinem Kreuzestod sieht. Daraus folgt: Der Beobachter am Jordan oder der Teilnehmer oder Nutznießer einer Wundertat ist viel weniger in der Lage, die Wahrheit über diese Fakten auszusprechen als der, welcher zu Jesus möglicherweise nur noch indirekt Kontakt hat, dafür aber das Geschehen im Blick auf seinen Tod erzählen kann. Der Regreß auf die Zeitgleichheit, der Regreß auf das faktische Geschehen kann deshalb, so notwendig er eben auch ist aus den Gründen, die im vorhergehenden Abschnitt zur Sprache kamen, niemals Wahrheitskriterium der Aussagen über Jesus sein, und zwar nicht einmal der historischen Aussagen, ganz zu schweigen von den theologischen Aussagen (von denen gleich zu reden sein wird).

Das Mehr an Zukunft, das der entfernte Beobachter hinter sich hat, gibt ihm ein qualitatives Plus gegenüber dem unmittelbaren Beobachter. (Man müßte sich einmal überlegen, welche Konsequenzen diese Einsicht hat für das gegenwärtige Pochen auf Erlebnisse. Was berechtigt eigentlich zu der Annahme, Selbsterlebtes sei von vornherein authentischer als bloß Erzähltes, über das man nachdenken kann und muß? Oder was berechtigt eigentlich zu der Annahme, die Betroffenen wüßten immer am besten, was in einer Sache zu unternehmen sei? Es könnte doch immerhin sein, daß gerade die Distanz der Wahrheitserkenntnis zugute kommt.) Es ist der Vorzug des Historikers (und nicht etwa sein Nachteil), daß er zu den Ereignissen Abstand hat, die er in ihrer größtmöglichen Wahrheit zur Sprache bringen will. Gerade die Tatsache, daß er kein Beobachter ist, ermöglicht die Erkenntnis historischer Wahrheit.

Das Problem wird angesichts des Evangeliums freilich noch komplexer. Denn das Evangelium beschränkt sich bekanntlich nicht darauf, die Geschichte Jesu im Lichte seines Todes zu erzählen. Vielmehr zeigt das Wort vom Kreuz, daß das Geschehen des Kreuzes selbst in einer gänzlich neuen Dimension erscheint. Der Kreuzestod Jesu wird ja von seiner Auferweckung her erzählt. So ist es zu erklären, daß das Kreuz Jesu als

Ereignis der Macht Gottes in der Welt zur Sprache kommt. Damit hängt zusammen, daß der Kreuzestod Jesu als Tod des Todes selbst verstanden wurde. Man soll sich nicht darüber hinwegtäuschen, daß diese Art von Hinausgehen über das Faktische sich *qualitativ* unterscheidet von dem, wie der Historiker über das Faktische hinausgeht. Dennoch muß festgehalten werden: Das Hinausgehen über das Faktische ist nicht etwa Kennzeichen einer theologischen Deutung des Geschehens. Jenes Hinausgehen kennzeichnet die Aussagen des Geschichtserzählers ebenso. Deshalb ist die Unterscheidung zwischen Geschichte und Evangelium niemals zu treffen als Unterscheidung von Faktum und Deutung. Sie ist vielmehr zu treffen als Unterschied von *Deutung und Deutung*.

Die Unterscheidung zwischen historischer Betrachtung des Kreuzestodes Jesu einerseits und evangelischer Betrachtung desselben Todes andererseits muß sich ausdrücken lassen als Unterschied in der Bedeutung, die dieses Geschehen jeweils hat. Dabei ist die theologische Deutung nicht schon deshalb im Unrecht, weil sie über das Faktische hinausgeht. Sie setzt sich erst dann ins Unrecht, wenn sie das Faktische hinter sich läßt. Eine das Faktische des Kreuzestodes Jesu hinter sich lassende Kreuzestheologie wäre zum Beispiel gegeben in der galatischen Kombination von Gesetz und Evangelium, wie wir noch sehen werden. Oder eine solche Deutung wäre zu sehen in der korinthischen Fiktion, welche das Geschehen des Kreuzes rückgängig macht. Auch wenn also auf der Ebene der Deutung sich das Evangelium qualitativ unterscheidet von der Geschichte, so muß dennoch festgehalten werden, daß beide grundsätzlich darin gleichwertig sind, daß sie das Geschehene *deuten*. Der sinnvolle Streit kann nicht dort stattfinden, wo es um den Übergang von Fakten zur Deutung geht, sondern muß dort stattfinden, wo es um die Wahrheit der evangelischen oder der historischen Deutung geht.

Man kann sich fragen, ob es die Möglichkeit eines *allgemeinen* Unterscheidungsmerkmals zwischen historischem und evangelischem Geschichtsbezug gebe. Dies läßt sich nur mit äußerster Vorsicht und vorderhand nur im Blick auf das Kreuzesgeschehen beantworten. Stellen wir uns einmal vor, wie der historische Bezug auf das Kreuzesgeschehen aussehen könnte. Ein Historiker kann den Kreuzestod Jesu als mutigen und vorbildlichen Tod eines Menschen verstehen, der für seine Prinzipien mit dem Leben eingestanden ist. Oder er kann diesen Tod verstehen als letzte Konsequenz eines Lebens, das man als fanatische Abweichung von den etablierten Lebensweisen bezeichnen könnte. Er kann einen solchen Tod auch verstehen als Tat der Unterdrückung, welche die herrschenden Klassen aller Zeiten auf radikale Neuansätze ausüben. Gewiß sind diese Deutungsmöglichkeiten nicht einfach falsch; ihre Richtigkeit soll jetzt auch gar nicht gegeneinander abgewogen werden. Wichtig ist ihr gemeinsamer Grundzug: Sie interpretieren den Tod Jesu, indem sie ihn in Zusammenhang bringen mit früheren oder späteren Ereignissen *der*

Geschichte. Sie interpretieren den Tod Jesu geschichtsimmanent, oder – wie man auch sagen könnte – sie interpretieren ihn *säkular.* Hierin begegnet uns wiederum die Säkularität der neuzeitlichen Verstehensbedingungen, welche es unbedingt zu respektieren gilt.

Fragt man nach den Kriterien einer solchen geschichtsimmanenten Deutung, so käme man am ehesten auf so etwas wie Stimmigkeit. Es ist gewiß nicht zulässig, den Kreuzestod Jesu mit beliebigen Ereignissen in Zusammenhang zu bringen. Dennoch kann er auch mit solchen in Relation stehen, zu denen er keine kausale Beziehung hat. (Auch die Gemeinde von Qumran beispielsweise erscheint durch den Kreuzestod Jesu in einem andern Licht, obwohl sie an ihm überhaupt nicht beteiligt ist). Die geschichtsimmanente Deutung hat sich nach den Kriterien der Stimmigkeit zu richten. Auf eine Formel gebracht: In der historischen Erzählung blitzt etwas auf von der Entsprechung, welche die Geschichte in ihrem Innersten zusammenhält.

Genau an diesem Punkt wird der qualitative Unterschied zur evangelischen Deutung einsichtig. Eine evangelische Deutung der Geschichte Jesu und insbesondere seines Kreuzestodes muß etwas aufblitzen lassen von der Entsprechung, welche Gott und die Geschichte im Innersten zusammenhält. Das bedeutet, daß jede evangelische Geschichts-Erzählung den Vorgang wiederholt, den man als Eingehen Gottes in die Geschichte bezeichnen könnte. Jede evangelische Geschichts-Erzählung ist ein sprachliches Ereignis, in welchem sich das Ereignis der Inkarnation wiederholt.

In dieser formelhaften Festlegung des maßgeblichen Unterschieds ist für den aufmerksamen Leser ein Anklang an die Theorie metaphorischer Rede wahrnehmbar gewesen. Dieser Anklang war beabsichtigt. Er soll ein vorläufiger Hinweis darauf sein, daß das Thema der metaphorischen Rede von Gott und der Geschichtserzählung als Evangelium sehr viel zu tun haben miteinander. Der formelhaften Festlegung des Unterschieds zwischen Evangelium und Geschichte lassen wir dann die notwendige Konkretheit folgen, wenn die Gemeinsamkeiten zwischen Geschichte und Evangelium hinreichend bedacht worden sind.

Erzählende Erklärung

Die dritte Gemeinsamkeit zwischen Evangelium und Geschichte ist schließlich darin zu sehen, daß beide auf die «erzählende Erklärung» angewiesen und ihr auch verpflichtet sind. Gemeint ist damit die narrative Grundstruktur von Evangelium und Geschichte. In diesem Zusammenhang erinnern wir uns an die Ausführungen zur historischen Erklärung (vgl. oben S. 123–128). Welchen Charakter hat die historische Erklärung? Sie hat grundsätzlich die Struktur «es geschah, und dann geschah, und dann geschah». Diese Struktur unterscheidet sie prinzipiell von anderen Erklärungsweisen, etwa von der generalisierenden Erklärungsweise, welche prinzipiell Sätze von der Gestalt «wenn, dann» bildet. Man könnte denselben Unterschied auch anders formulieren: Eine *historische* Erklärung spricht nur insofern von allgemeinen Gesetzmäßigkeiten, als diese zum Verständnis eines Vorgangs beitragen, der *als Ganzer* nicht in einer Wenn-Dann-Struktur beschreibbar ist. Umgekehrt spricht eine *generalisierende* Erklärung nur insofern vom Einzelgeschehen, als sie dieses als Beispiel für eine generelle Zustandsabfolgeregel namhaft machen will. Daraus ist erkenntlich, daß die historische Erklärung dem Einzelnen verpflichtet ist. Sie löst diese Verpflichtung ein, *indem sie das Einzelne als Gewordenes ausspricht, ohne es auf die Gesetze des Werdens zu reduzieren.* Die historische Erklärung ist also genau jene Verstehensweise, welche das Einzelne in seiner Unableitbarkeit zu würdigen trachtet. Eine solche Erklärung kommt nie ohne die *Erzählung* aus. In ähnlicher Weise ist das Verstehen eines Menschen auf die Erzählung seiner Geschichte angewiesen, wie gerade die Geschichten über Verstorbene zeigen. Allerdings garantiert das Erzählen der Geschichte nicht die Würdigung des Verstorbenen; seine Geschichte kann auch durch die Definitionsmacht des *Erzählers* bestimmt werden. Dennoch ist die Erzählung eine notwendige Bedingung dafür, daß ein Mensch als Einzelner und als er selbst gewürdigt werden kann.

Dies sieht man besonders schön, wo es um die Unentbehrlichkeit historischer Erklärungen geht. Wir sagten früher schon: historische Erklärungen sind genau dann fällig, wenn ein bestimmter Zustand nicht rationalisierbar ist, das heißt: wenn der Zustand nicht als Folge rationaler Verhaltensweisen einsichtig ist. Man könnte auch sagen: Eine historische Erklärung ist fällig, wenn funktionale Betrachtungsweisen vor einem Rätsel stehen. Und zwar ist sie fällig auf dem Grunde der funktionalen Betrachtungsweisen selbst. Ihre Notwendigkeit wird *funktional* anerkannt, wenn die funktionalen Erklärungsweisen versagen.

Damit ist noch zu wenig über die Fälligkeit einer historischen Erklärung gesagt. Es trifft nämlich nicht zu, daß ein solches Erklärungs*bedürfnis* immer Voraussetzung historischer Erklärungen sein muß. Denn es gibt zweifellos Erscheinungen, welche zwar die funktionale Betrachtungsweise nicht vor ein Rätsel stellen, welche aber dennoch einer historischen Erklärung bedürfen, um wahrhaftig erkenntlich zu werden. Ein hervorragendes Beispiel für eine solche Erscheinung ist das menschliche Leben. Es ist ohne weiteres möglich, daß eine bestimmte Person funktionalen Betrachtungsweisen zugänglich ist, ohne diese vor ein Rätsel zu stellen. Ganze Wissenschaftssorten beschäftigen sich ausschließlich unter funktionalen Gesichtspunkten mit der menschlichen Person. Dennoch wäre es falsch, wollte man eine menschliche Person als verstanden betrachten, wenn sie funktional verstanden ist. Sie erschöpft sich keineswegs in ihren Funktionen, so mannigfaltig diese auch sein mögen. Eine solche funktionale Betrachtungsweise reduziert das Personsein auf seine Funktion in der

Gegenwart. Man könnte auch sagen: Es verspannt die Person in die Gegenwart. Statt dieser Reduktion Vorschub zu leisten, hat jene Betrachtungsweise eine Ergänzung zu finden in der geschichtlichen Betrachtung. Wer eine Person in Wahrheit ist, stellt sich heraus, wenn ihre Geschichte wahrheitsgetreu erzählt worden ist. Eben durch die Erzählung ihrer Geschichte wird die Person in ihrem *Werdegang* gewürdigt. Sie wird zu einer geschichtlichen Individualität. Denn die Person wird in der Geschichts-Erzählung als etwas einmalig Gewordenes verstanden, ohne daß sie dabei auf die Gesetze des Werdens reduziert würde. Daraus ergibt sich: Die geschichtliche Rede tritt durch die erzählende Erklärung für die unmittelbare Würde des Einzelnen, ein, gleichgültig ob damit einzelne Personen oder einzelnes Geschehen gemeint sei. Die erzählende Erklärung steht für die Unableitbarkeit des Einzelnen, dafür, daß diesem Einzelnen ein ontologisch bedeutsamerer Status zukommt als dem Allgemeinen, welches in der generalisierenden oder der funktionalen Erklärung gewonnen wird.

In diesem Punkt der Unableitbarkeit des Einzelnen weiß sich das Evangelium in Übereinstimmung mit dem geschichtlichen Reden. Mit der Verpflichtung auf die erzählende Erklärung wahrt das Evangelium seine eigene Unableitbarkeit. Und zwar beginnt das Evangelium mit einer erzählenden Erklärung, ohne zuerst auf die funktionale oder rationale Legitimation derselben zu warten. Indem es mit erzählenden Erklärungen *beginnt,* verzichtet das Evangelium darauf, seine Unableitbarkeit sozusagen funktional zu legitimieren (was in jedem Falle mißlingen müßte). Denn die erzählende Erklärung ist ein positiver, im Evangelium selbst begründeter Vollzug seiner funktionalen Unableitbarkeit.

Was geschieht hier? Das Evangelium unterläuft auf diese Weise auch die scheinbare Funktionalität oder die scheinbare Un-Funktionalität des Glaubens an Jesus Christus. Gewiß, mancher mag keine erzählende Erklärung seines Glaubens verlangen, weil ihm dieser Glaube für sein Leben so viel gibt. Wenn dieser Glaube in seinem Leben eine so unbestrittene Funktion hat, kommt der Wunsch nach Erklärung gar nicht auf. In diesem Zusammenhang unterbricht das Evangelium die Selbstverständlichkeit solcher Funktionalität. Das Evangelium führt zu einem gesteigerten Selbstverständnis des Glaubens, der im Vollzug dieser Steigerung möglicherweise etwas an Funktionalität verliert und vielleicht etwas an Wahrhaftigkeit gewinnt. Diesen Sachverhalt kann man sich an der etymologischen Erklärung veranschaulichen. Die etymologische Erklärung (sagen wir: eines Wortes) ist zum Gebrauch dieses Wortes nicht unbedingt notwendig. Das Wort kann funktional eindeutig und sein Gebrauch ohne Rätsel sein. Durch die historische Erklärung wird jedoch dieses Wort in einem gewissen Sinne verrätselt. Es erhält Dimensionen, die möglicherweise gar nicht zu seiner funktionalen Eindeutigkeit passen. Die Verrätselung dieses anscheinend eindeutigen Wortes hat nun zur Folge, daß –

obwohl der Sprachgebrauch derselbe bleiben kann – das Sprachverständnis auf eine bezeichnende Weise gesteigert wird. Man lernt, dieses Wort in seinem Gewordensein zu würdigen, statt es auf seine Funktion zu reduzieren. Und ein Wort in seinem Gewordensein zu würdigen ist auch ein Schritt zum Hören auf Sprache: natura enim verbi est audiri. Genau dasselbe geschieht, wenn in der erzählenden Erklärung des Evangeliums der funktional selbstverständliche Glaube verrätselt wird. Er wird plötzlich sichtbar als eine Einzelheit, die sich nicht auf ihre Funktionalität reduzieren läßt. Der christliche Glaube läßt sich nicht begreifen, wenn man ihn funktional im Sinne einer Lebenshilfe begreift, die die Defizite des Weltlichen möglichst auszugleichen hat. Der christliche Glaube, wenn er erzählend erklärt wird, erscheint als eine menschliche Antwort, die nur um des Rufes Gottes willen erfolgt ist. Der christliche Glaube erscheint als etwas, das ausschließlich um der Wahrheit Gottes willen in der Welt ist und deshalb in einem gesteigerten Sinne eine Funktion in der Welt hat. Eine Funktion allerdings, die sich nicht aus weltlichen Notwendigkeiten ableiten läßt.

Dieselbe heilsame Verrätselung geschieht indessen auch dort, wo der Glaube eine selbstverständliche Un-Funktionalität hat. Auch die gegenwärtig wohl recht häufige Funktionslosigkeit des Glaubens wird durch das Evangelium unterlaufen, indem dieses den Glauben seiner funktionalen Definition entreißt, um ihn in seinem Gewordensein zu würdigen. Das Evangelium tut dies, indem es beispielsweise an das Wort vom Kreuz erinnert. Das Wort vom Kreuz berichtet von einem Geschehen, welches im Zusammenhang mit dem Wort Gott sich jeder funktionalen Einordnung widersetzt. Es ist aus diesem Grunde eine Torheit und ein Skandal. Indem das Evangelium genau dieses Widerständige an den Ursprungsort des Glaubens versetzt, entzieht es auch diesen Glauben sowohl seiner funktionalen Selbstverständlichkeit als auch seiner Belanglosigkeit. Eben in diesem Entzug wird das Kreuzesgeschehen bedeutsam als Gottes Kraft und Gottes Weisheit. Denn in diesem Entzug des Glaubens gegenüber positiver und negativer funktionaler Vereinnahmung geschieht so etwas wie Befreiung des Menschen aus seiner Verspanntheit in das Funktionale.

Dazu ein Aspekt der Verkündigungssituation der Kirche als Erläuterung. Auf die Frage, warum er sich mit biblischen Texten beschäftige, antwortet mancher Pfarrer: Ich habe zu predigen. Die Einrichtung der sonntäglichen Predigt gibt der Beschäftigung mit dem Evangelium einen Raum, der nicht durch das Bedürfnis des Pfarrers (oder der Zuhörer) erschaffen werden muß. Sie hat einen Raum jenseits von Funktionalität und Un-Funktionalität. Diese Einrichtung ist selbst geschichtlich geworden; und sie gibt Gelegenheit, das Reich der Bedürfnisse (beziehungsweise der fehlenden Bedürfnisse) zu verlassen.

Wir sagten, die erzählende Erklärung sei die Grundform geschichtlichen Redens, weil sie die fundamentale Kategorie des Geschichtlichen, nämlich das Einzelne, zu würdigen wisse. Man kann dazu noch etwas präziser Stellung nehmen. In der erzählenden Erklärung geschieht das Begreifen des Faktischen, ohne daß diese Faktizität wiederum aufgehoben wird in ein allgemeines Erklärungsmodell oder ein allgemeines Sinntotal. In der historischen Erklärung wird das Faktische als eine Möglichkeit unter anderen begriffen. Das Faktische wird also in seiner Zufälligkeit, in seiner Kontingenz begriffen. Die erzählende Erklärung würdigt die Tatsache, daß ein bestimmtes Geschehen faktisch so herausgekommen ist, ohne damit den andern Gedanken zu verbinden, daß dieses Geschehen eben so herauskommen *mußte*. Mit andern Worten gesagt: der erzählenden Erklärung bedient sich, wer sich selbst einen Standpunkt über den Dingen versagt. Der erzählenden Erklärung bedient sich, wer sich eingelassen weiß in die Kontingenz des Seienden, nicht im Besitze eines Schlüssels, womit er sich über das Kontingente erheben und dessen Geheimnis lüften könnte. Die erzählende Erklärung ist die Sprachform derer, die ihre Position inmitten des weltlichen Gemenges nicht verleugnen wollen. Es ist deshalb eine sehr anspruchsvolle Erklärung, die immer wieder durch erhabene Standpunkte gestört wird. Einer der größten Störfaktoren ist gegenwärtig die historische Metaphysik des Marxismus.

Was bedeutet es, wenn eine solche Grundstruktur der Erklärung als Gemeinsamkeit zwischen Evangelium und Geschichte bezeichnet wird? Das Evangelium spricht doch von Gott, und die Geschichte spricht – wie wir eben sagten – von Zufällen. Gerät da Gott nicht in eine verdächtige Nähe zu den Zufällen? Dies läßt sich in der Tat nicht bestreiten. Die Tatsache, daß die Nähe Gottes zu den Zufällen *stört,* muß vielmehr selbst kritisch bedacht werden. Wer die Wahrnehmung Gottes in geschichtlichen Zufällen für unsinnig und unmöglich hält, muß sich fragen lassen, ob er nicht im Namen Gottes seinen eigenen erhabenen Standpunkt retten wolle. Kommt es dem Menschen zu, das zur Welt Kommen Gottes als etwas anderes zu begreifen denn als einen Zufall? Wenn er dieses Geschehen als kontingentes Geschehen begreifen lernt, dann lernt er verzichten darauf, eine Position des Überblicks einzunehmen, die vorgibt, auch noch über Gottes Handeln den Überblick zu haben.

In der Theologie geistert seit Jahrhunderten ein Satz von Lessing herum, wonach zufällige Geschichtswahrheiten der Beweis von notwendigen Vernunftswahrheiten niemals sein können. Diesem Satz ist uneingeschränkt zuzustimmen. Nicht zuzustimmen ist hingegen seiner theologischen Rezeption. Gegen die Begründung des Evangeliums auf einen geschichtlichen Zufall könnte der Satz doch nur sprechen, wenn die Wahrheit des Glaubens von der Art der notwendigen Vernunftwahrheiten wäre. Daß sie das nicht ist, ist aus der vorliegenden Hermeneutik mit ausreichender Deutlichkeit hervorgegangen. Das Wesen der Wahrheit des Glaubens ist es, daß sie das Ich zum Vorschein kommen läßt, während es andererseits die Eigenart der notwendigen Vernunftwahrheiten ist, daß sie jedes menschliche Ich zum Verschwinden bringen. Schon allein aus diesem Grund ist es unwahrscheinlich, daß die Wahrheit des Glaubens von der Art der notwendigen Vernunftwahrheiten ist. Die Wahrheit des Glaubens ist ja eine solche, welche erst im Einverständnis des Ichs ihr Ziel findet, statt daß sie die Unterwerfung des Ichs erzwingt. Zu diesem Charakteristikum der Wahrheit des Glaubens paßt es, daß Gott selbst als weltlicher Zufall begriffen wird. Daß von Gott die Rede sein kann, verdankt sich ausschließlich seinem eigenen Wollen. Es ergibt sich keineswegs aus der Notwendigkeit der Welt. Eben dies wird mit dem Wort Zufall ausgedrückt. Daß Gott sich nicht den weltlichen Notwendigkeiten verdankt, wird in der erzählenden Erklärung gewürdigt, und diese Würdigung bringt zum Ausdruck, daß Gott die weltlichen Notwendigkeiten hinter sich läßt, wenn er sich seinen Geschöpfen zuwendet. Muß dies nicht auch bedeuten, daß er sie in dieser Zuwendung von der Verhaftung in weltliche Notwendigkeiten befreit? Muß dies nicht auch bedeuten, daß Gott für die Welt mehr als notwendig ist?

Eben dies müßte eine natürlichere Theologie feststellen können. Eine natürlichere Theologie hat die *Freiheit* Gottes zum Wort als ihren Ausgangspunkt. Was heißt Gottes Freiheit zum Wort? Sie besagt, daß Gottes Wort als eine Möglichkeit unter anderen zu begreifen ist, ohne daß es anginge, diese zur einzigen Möglichkeit zu erklären und ohne daß dabei diese eine Möglichkeit ins Beliebige versänke. Gottes Freiheit zum Wort hat auf der Seite des Menschen eine Entsprechung. Sie bedeutet, daß der Mensch von der Wahrnehmung dieses Wortes niemals absehen kann, daß er niemals im Rückzug auf seine eigene Subjektivität sich das Wort Gottes selbst sagen kann. Es bedeutet, daß er die Freiheit zum Hören haben muß. Wer das Wort Gottes im eigentlichen Sinne des Wortes als ein zufälliges Wort verstehen lernt, der hat begriffen, warum Jesus seine Freiheit zum Wort in ein paar zufälligen Geschichten wie etwa den Gleichnissen vollzogen hat. Genau diese Geschichten gilt es zu würdigen als eine Möglichkeit unter anderen und eben so dann als *die* Möglichkeit, die Leben verheißt. Leben verheißt nicht das zwingende Wort. Leben verheißt vielmehr das Wort der Liebe, welche allem Gezwungenen widersteht. Diese Freiheit Gottes zum Wort wird gewürdigt, wenn vom Ergehen seines Wortes erzählt wird. Eben deshalb ist das Evangelium der erzählenden Erklärung verpflichtet.

Hier sind wir wiederum einer interessanten Entsprechung von Inhalt und Form auf der Spur. Gewiß darf man die Struktur der erzählenden Erklärung nicht einfach davon abhängig machen, ob die linguistisch erfaßbaren Merkmale von Erzählungen auftreten. Eine erzählende Erklärung liegt genau dort vor, wo über das Handeln Gottes keine zeitinvarianten, sondern zeitliche Aussagen gemacht werden, oder wo das Handeln Gottes in seiner unreduzierbaren Einzigartigkeit und Unaufhebbarkeit ins Allgemeine gewürdigt wird. In diesem Sinne treten gerade bei Paulus viele

Merkmale der erzählenden Erklärung auf, auch wenn die linguistische Textsorte Erzählung bei ihm nicht sehr häufig ist. Schon allein die häufigen Aoriste im Zusammenhang christologischer Aussagen sprechen da eine deutliche Sprache. Daß es sich bei der erzählenden Erklärung des Evangeliums um eine Entsprechung von Inhalt und Sprachform handelt, gilt insofern, als die erzählende Erklärung nicht einfach rhetorisch oder didaktisch bedingt ist. Sie ergibt sich vielmehr aus der Botschaft des Evangeliums selbst. Das Evangelium will nichts anderes zur Sprache bringen als die Gegenwart Gottes im Sinne einer Überraschung. Es will nichts anderes zur Sprache bringen als die weltliche Nicht-Notwendigkeit der Erscheinung Gottes in Jesus von Nazareth. Eben deshalb spricht das Evangelium angesichts eines Gekreuzigten von der Ankunft Gottes. Diese Ansage kann das Evangelium jedoch nur machen, indem es zur erzählenden Erklärung greift. Es würdigt damit die Kontingenz der Anwesenheit Gottes und lernt dann auch, die Kontingenz des Geschichtlichen dankbar entgegenzunehmen. In diesem Punkt sind Evangelium und Geschichte durchaus analog. Beide sind durch das, was sie zu sagen haben, genötigt, sich der Grundstruktur der erzählenden Erklärung zu verpflichten.

Im Blick auf den christlichen Glauben kann eine letzte Beobachtung hinzugefügt werden. Nicht nur äußert sich der Glaube so, daß er im Kreuzesgeschehen Gott zur Sprache bringt, sondern sein Geschichtsbezug erstreckt sich auch darauf, zu sagen, wie er zu einer solchen Wahrnehmung komme. Der Glaube operiert eben nicht damit, daß sein Verständnis des Kreuzes durch intensives Bedenken dieses Paradoxes beispielsweise entstehe oder daß Gott – weil er sich im Gegenteil offenbare – sich im Kreuz offenbart habe. Der Glaube denkt in dieser Hinsicht viel konsequenter geschichtlich. Muß er nämlich erklären, wie er zu einer Wahrnehmung der Herrlichkeit Gottes auf dem Gesicht des Gekreuzigten gekommen sei, so erzählt er wiederum eine Geschichte. Diese Geschichte ist nun nicht nur in mannigfaltiger Weise durch die Evangelien überliefert, welche das irdische Dasein Jesu als aufschlußreich für sein Verständnis hinstellen. Die für die Entstehung des Glaubens maßgebliche Geschichte erscheint auch bei Paulus, als eine Kurzgeschichte des Auferstandenen in 1 Kor 15,3ff. Diese Kurzgeschichte (er starb und wurde begraben, er wurde auferweckt und ist uns erschienen) gibt Auskunft über die Entstehung des Glaubens. Damit respektiert der Glaube auch seine eigene Nicht-Notwendigkeit. Er respektiert, daß er sich einem konkreten Geschehen verdankt und daß er deshalb niemals sein eigener Grund sein kann. Auch insofern also ist der Glaube der erzählenden Erklärung verpflichtet, als er nicht einmal seine eigene Entstehung anders begreifen kann denn als Möglichkeit unter anderen.

In neuester Zeit mehren sich wiederum die Versuche, den christlichen Glauben in seiner Entstehung anders zu erklären. Man bemüht sich, um jene Kurzgeschichte herumzukommen. Dies kann auf mancherlei Weise bewerkstelligt werden. Es kann beispielsweise der Versuch gemacht werden, die Entstehung des christlichen Glaubens rein aus dem Eindruck Jesu auf seine Jünger zu erklären. Weil Jesus und seine Lehre so dem Leben verpflichtet war, daß das Leben als ihre einzige Pointe erscheint, konnte es dazu kommen, daß der tote Jesus als Lebendiger erfahren wurde. Dies ist sozusagen die gutmütige Seite dieser Erklärung. Es gibt auch andere. Beispielsweise die Erklärung, daß es die Jünger einfach nicht wahrhaben wollten, nun von Jesus getrennt zu sein. Deshalb ergriffen sie den Glauben an ihn als eine Art von Ersatz für seine Abwesenheit. Im Glauben behielten sie ihn bei sich. Auch dies ist eine Erklärung, die auf jene Kurzgeschichte verzichten will. Erklärungen dieser Art werden immer wieder vorgetragen, seien sie nun psychologischer, soziologischer oder kerygmatischer Natur. Sie alle verzichten auf die Kurzgeschichte des Glaubens, weil sie den Glauben auf solidere Grundlagen stellen wollen als auf einen geschichtlichen Zufall.

3.3.2 Die Unterscheidung von Geschichte und Evangelium

Es war ja bereits angeklungen, daß das Evangelium sich an einem bestimmten Punkt unterscheidet von den Geschichten, wie wir sie zu erzählen pflegen. Während die Geschichten etwas aufblitzen lassen von der Entsprechung, welche das Geschichtliche im Innersten zusammenhält, läßt das Evangelium etwas davon aufblitzen, was Gott und die Geschichte im Innersten zusammenhält. Diese Unterscheidung machen wir uns jetzt klar an einer kreuzestheologischen Aussage des Paulus. «Christus hat uns losgekauft von dem Fluch des Gesetzes, indem er für uns (uns zugute) zum Fluch geworden ist – heißt es doch in der Schrift (wörtlich: denn es steht geschrieben): Verflucht ist jeder, der am Holze hängt» (Gal 3,13). Daß es sich an dieser Stelle um einen Geschichtsbezug handelt, können wir einerseits dem Schriftzitat entnehmen, welches auf die Kreuzigung Jesu anspielt. Andererseits können wir es der narrativen Zeitform «er hat uns losgekauft» (*exēgorasen,* Aorist) entnehmen, welche gerade nicht die zeitinvariante Freiheit des Menschen vom Fluch des Gesetzes in den Blick nimmt, sondern den zuhöchst zeitlichen Akt der Befreiung. Wir werden noch sehen, daß das geschichtliche Ereignis der Befreiung nicht etwa deshalb erwähnt wird, um gleichsam den Anfang menschlicher Freiheit vom Fluch anzusprechen. Die Begegnung des Menschen mit diesem zeitlichen Geschehen und nur diese macht die Befreiung vom Fluch des Gesetzes aus. Diese Begegnung hinter sich lassen hieße, in den Fluch des Gesetzes zurückfallen.

Wenn also gelten kann, daß hier ein Geschichtsbezug vorliegt, so entdekken wir andererseits das Evangelium in der Aussage der Befreiung.

Kennzeichen des Evangeliums ist es, eine befreiende Botschaft zu sein, und das heißt: zugunsten des Menschen zu geschehen, wie das «uns zugute» ausdrücklich festhält. Deshalb sind wir berechtigt, diesen Satz als Beispiel für den Geschichtsbezug des Evangeliums anzuführen. Gerade angesichts des Geschichtsbezugs wird die Unterschiedenheit des Evangeliums von Geschichte überdeutlich.

Vergegenwärtigen wir uns kurz das übergreifende Thema dieses Abschnittes (V.6–14). Es findet sich unmittelbar vorher in V.5 ausgesprochen. Es ist die Frage, woher der Geist, der Gottesgeist, in Wahrheit komme. Wo der Geist Gottes ist, da ist Gott wirklich. Und wo Gott wirklich ist, da ist der Mensch lebendig. Denn der Geist Gottes erschafft das Leben des Menschen. Deshalb erscheinen, wo der Geist Gottes ist, die Zeichen des Lebens, seien dies nun spektakuläre Wunder, Krafttaten zugunsten des Lebens, seien dies nun unscheinbare Gefälligkeiten, Andeutungen verhältnisreichen Daseins. Mit der Gegenwart des Gottesgeistes ist die Gegenwart Gottes selbst gemeint, das, was das Leben des Menschen lebendig macht.

In der Frage, woher der Gottesgeist komme, besteht in Galatien offensichtlich eine prinzipielle Alternative: entweder kommt er aus den Werken des Gesetzes oder aber er kommt aus der Kunde des Glaubens (aus der Kunde, die Glauben schafft). Die Frage lautet also: Wo wird der Gottesgeist konkret, in den Werken des Gesetzes oder im Glauben? Für Paulus kann kein Zweifel bestehen, daß in dieser Alternative nur eines richtig sein kann, während die galatischen Irrlehrer wohl ein Zugleich befürwortet hätten. Während sie der Meinung waren, Glaube sei gut, jedoch nur in Verbindung mit den Werken des Gesetzes, schließt nach Paulus die Wirksamkeit Gottes im Glauben es aus, daß dieselbe Wirksamkeit Gottes ihre Herkunft aus den Werken des Gesetzes haben könne.

Paulus entwickelt diese Alternative in den folgenden Versen, indem er einen Schriftbeweis vorführt. Es ist allerdings insofern ein merkwürdiger Schriftbeweis, als die Schrift sowohl gegen ihre ursprüngliche Intention als auch gegen die gesamte jüdische Auslegungstradition ausgelegt wird. Man fragt sich unwillkürlich, was eigentlich ein solcher Schriftbeweis beweisen soll, wenn er doch gar nicht auf der Schrift selbst und der herrschenden Auslegungsweise beruht. Diese Frage führt, wie wir noch sehen werden, auf eine interessante Fährte. Doch zuerst zum Schriftbeweis. Paulus entfaltet die Alternative von Gesetz und Glaube in den beiden Abschnitten V.6–9 (Abraham) und 10–12 (Gesetz).

In V.6–9 wird Abraham als Beleg aufgeführt für die Gerechtigkeit aus Glauben. Paulus zitiert in diesem Zusammenhang die berühmte Stelle Genesis 15,6: Er glaubte Gott, und das wurde ihm als Gerechtigkeit angerechnet (V.6). Die Gerechtigkeit des Abraham, also sein Anerkanntsein vor Gott, besteht ausschließlich aufgrund des *Glaubens*. Paulus bringt dann den Glauben in Zusammenhang mit der Abrahamssohn-

schaft: Die aus Glauben (leben, sind), diese sind die Söhne Abrahams (V.7). Damit ist die Abrahamssohnschaft strikte an den Glauben gebunden. Der Glaube ist der zureichende Grund dafür, daß jemand als Abrahamssohn zu gelten hat. Darum ist für Paulus das Thema der universalen Bedeutung des Glaubens mit der universalen Ausweitung der Abrahamssohnschaft verbunden. Die Gerechtigkeit aus Glauben kommt auch den Heidenvölkern zu. Weil Abraham gleichsam das Mahnmal dieser Glaubensgerechtigkeit ist, werden in ihm alle Heidenvölker gesegnet werden, wie die Schrift voraussagt (V.8). Alle, die aus Glauben leben, werden des Segens Gottes teilhaftig werden (V.9).
Man muß sich schon klar machen, wie diametral Paulus hier der Schrift und ihrer Auslegungstradition entgegensteht. Erstens wird schon in Gen 26,5 präzisiert, was unter dem Glauben Abrahams zu verstehen sei («weil Abraham auf mein Wort gehört und alles gehalten hat, was er mir zu halten hatte: meine Gebote, Satzungen und Gesetze»). Dies setzt sich in der Auslegungstradition fort, insbesondere so, daß Abrahams Glaube immer wieder aufgezeigt wird anhand seiner Bereitschaft, Isaak zu opfern. Abrahams Glaube besteht darin, daß er die Gebote Gottes bis zum äußersten hält. Deshalb wird der Segen, der Abraham zukommt, identifiziert mit dem Segen, welchen das Gesetz seinem Täter verheißt. Dazu paßt die allgemeine Auffassung von der Abrahamssohnschaft. Zunächst, in alten Zeiten, war es wohl niemandem möglich, ein Abrahamssohn *zu werden,* es sei denn er habe diese Sohnschaft von seinen Vätern ererbt. In späterer Zeit konnten auch solche, die nicht von Natur aus Abrahamssöhne waren, unter bestimmten Bedingungen auf den Segen Abrahams hoffen. Sobald das Tun des Gesetzes den Segen Abrahams erbringt, ist der Gedanke prinzipiell möglich, daß auch Heiden zu Tätern des Gesetzes werden können, um sich damit den Segen Abrahams zu erwerben. Diese jüdische Auslegungstradition hat ihre Ausläufer bis hin ins Neue Testament hinein. So lesen wir in Jak 2,21–23: «Ist nicht unser Vater Abraham aus Werken gerecht gesprochen worden, als er seinen Sohn Isaak auf den Altar legte? Da siehst du, daß der Glaube zusammen mit seinen Werken wirksam war und aus den Werken der Glaube erst vollendet wurde und daß das Schriftwort erst erfüllt wurde, das sagt ... (es folgt Gen 15,6)». Erst im Zusammenhang mit dem mächtigen Strom dieses Denkens, das in der Gesetzeserfüllung, im Tun der Werke, die Gerechtigkeit Abrahams sah, und das seine Macht auch auf christlichem Boden ausübte und immer noch ausübt, wird die beinahe atemberaubende Kühnheit des Paulus sichtbar, mit welcher er diesem mächtigen Strom zu widerstehen wagte.
In einem zweiten Gedankengang beweist Paulus aus der Schrift, daß das Gesetz nichts anderes ist als ein Fluch. Präziser: ein Fluch ist das Gesetz für die, welche ihr Sein auf das Gesetz gründen *(ex ergōn nomou eisin).* Die ihr Sein aus Gesetzeswerken haben, stehen unter dem Fluch des

Gesetzes, denn – wie das Gesetz selbst sagt – es muß *alles* erfüllt werden. Man könnte in diesem Stadium des Schriftbeweises noch denken, der Fluch des Gesetzes bestehe bloß in der Unfähigkeit der Täter, alle Gebote zu tun. Dies wäre jedoch ein Trugschluß, wie der folgende Vers zeigt. Mit Berufung auf Habakuk 2,4 («Der Gerechte wird aus Glauben leben») stellt Paulus fest, daß also unter der Herrschaft des Gesetzes niemand vor Gott gerecht werden könne (V.11). Warum ist das so? Wenn das Leben, wie Paulus aus Habakuk entnimmt, aus Glauben besteht, dann kann es nicht aufgrund der Werke des Gesetzes bestehen. Das Gesetz verheißt nicht dem Glaubenden Leben, sondern dem Täter (seinem eigenen Verständnis nach interpretiert natürlich das Gesetz den Täter als Glaubenden). Auch hier widerspricht Paulus sowohl dem Gesetz selbst als auch der Auslegungstradition desselben. Nach der ursprünglichen Intention des Gesetzes war es ja keinesfalls bloß der Fluch, den das Gesetz bringt. Vielmehr bringt das Gesetz beides, Fluch *und* Segen: Fluch dem Untäter, Segen dem Täter. Und dies steht ganz im Gegensatz zu der paulinischen Auffassung, wonach der Segen auf der Seite Abrahams und also des Glaubens steht, während der Fluch auf der Seite des Gesetzes und also des Seins aufgrund des Gesetzes steht. Dieselbe Unstimmigkeit muß auch hinsichtlich des Habakukzitates festgestellt werden. Als schönes Beispiel der Auslegungstradition kann 1QpHab VIII 1f angeführt werden, wo die von Paulus zitierte Stelle wie folgt gedeutet wird: die Deutung «bezieht sich auf alle Täter des Gesetzes (...) im Hause Juda». Damit wird das Leben aus Glauben ersetzt durch das Tun des Gesetzes. Die Gerechtigkeit wird wiederum verstanden als Gesetzesgerechtigkeit.

Worin besteht demgegenüber nach Paulus der Fluch des Gesetzes? Der Fluch liegt in dem faktischen Gebrauch des Gesetzes, in dem Gebrauch nämlich, durch das Tun des Gesetzes den Segen, das Leben, die Gerechtigkeit vor Gott erlangen zu wollen. Der Fluch besteht gar nicht etwa darin, daß der Mensch zu schwach ist, das Gesetz auch lückenlos zu tun. Dieser Fluch des Gesetzes wäre geradezu harmlos. Er könnte jederzeit aus der Welt geschafft werden etwa dadurch, daß man der göttlichen Gnade zuschreibt, für das Defizit an Werken aufkommen zu können, oder daß man etwa schon dem *Vorsatz,* das Gesetz zu erfüllen, den Charakter der Erfüllung zuschreibt. Nach Paulus besteht der Fluch des Gesetzes auf einer viel tieferen Ebene. Der Fluch besteht darin, daß mein Sein, meine Lebendigkeit, meine Gerechtigkeit gar nicht in der Reichweite der Werke des Gesetzes ist. Was ich mit den Werken des Gesetzes erreichen kann, ist eine Verbesserung der Welt, eine Verbesserung der allgemeinen Lebensumstände. Was ich aber mit meinem Tun nicht erreichen kann, ist meine eigene Lebendigkeit, ist die Konstitution meines eigenen Seins. Der Fluch des Gesetzes besteht darin, daß es mich als Täter anspricht und eben dadurch mir zugleich verwehrt, das Ziel meines Lebens zu erreichen. Es ist schlicht unmöglich, einen Tatbeweis des Lebens zu erbringen, weil

meine Lebendigkeit gar nicht in der Reichweite meines Tuns ist. Darin besteht der Fluch des Gesetzes: Es macht mich zum Täter meiner selbst, obwohl ich mit meinen Taten mich selbst niemals erreiche.
Angesichts dieser überraschenden Unabhängigkeit des Paulus von allem, was bisher gedacht und geglaubt worden ist, fragt man sich unwillkürlich, worauf diese Eigenständigkeit beruhe. Es sind in dieser Sache schon verschiedene Antworten gegeben worden. Man sagt beispielsweise, Paulus sei an seiner eigenen Unfähigkeit, das Gesetz zu tun, verzweifelt und habe deshalb das Tun des Gesetzes überhaupt abgelehnt. Oder man sagt, Paulus habe durch Umkehrung dessen, was bisher gültig gewesen sei, sein neues Gesetzesverständnis gewonnen (so daß es also kontradependent zum alten Gesetzesverständnis wäre). Oder man sagt schließlich, daß das paulinische Evangelium unableitbar sei in dem Sinne, daß es im Blick auf seine Entstehung gar nichts zu sagen gebe. Es sei in den vorpaulinischen Gemeinden der Gegensatz von Geist und Fleisch, von Glaube und Werken einfach aufgetaucht und von Paulus übernommen und perfektioniert worden. Alle diese Herleitungen werden der Radikalität des paulinischen Evangeliums nicht gerecht (auch und gerade die These von der Unableitbarkeit), weil alle aus der paulinischen Theologie so etwas wie eine Lehre machen, je nach Geschmack dann mit anthropologischer, theologischer oder auch christologischer Stoßrichtung.
Auf die Frage, woher diese Unabhängigkeit des Paulus stamme, gibt Gal 3,13 eine eindeutige Antwort. Das neue Gesetzesverständnis des Paulus ergibt sich aus dem Bezug des Gesetzes auf das Kreuzesgeschehen Jesu. Weil Paulus das Gesetz im Kreuzesgeschehen erfüllt sieht, kann er die Schrift gegen ihre eigene Intention und gegen das herrschende Schriftverständnis auslegen. Wie ist dies zu verstehen?
Auszugehen ist von der interessanten Beobachtung, daß die einzige Schriftstelle unseres Abschnitts, welche in ihrem ursprünglichen Sinn verwendet wird, in Gal 3,13 steht. Verflucht ist jeder, der am Holze hängt, sagt die Schrift nach Dtn 21,23. Paulus verwendet dieses Schriftzitat, um den gekreuzigten Jesus so zu definieren, wie er durch das Gesetz definiert ist: als einen Verfluchten. Wieso kann Paulus hier die Schrift in ihrer ursprünglichen Intention verwenden, ganz im Gegensatz zu sämtlichen Schriftzitaten des vorliegenden Abschnittes? Die Antwort muß lauten: weil das Kreuzesgeschehen selbst in der Reichweite des Gesetzes liegt. Das Gesetz ist ja nicht nur eine Orientierungsinstanz über das rechte Handeln, das Gesetz ist vielmehr auch die entscheidende Definitionsmacht über alles, was wir Welt nennen würden. Schon im Judentum war ja das Gesetz an die Stelle der Weisheit getreten. Das Gesetz bezeichnete die Struktur der Welt ebenso wie es die Ordnungen des menschlichen Lebens regelte. Deshalb hat das Gesetz die Definitionsmacht über alles Seiende, über Natur und Geschichte, über Welt und Mensch. Das Kreuz ist ein weltliches Geschehen. Als solches liegt es durchaus in der Reich-

weite des Gesetzes. Das Gesetz kann seine Definitionsmacht angesichts des Kreuzes voll zum Austrag bringen. Es definiert Jesus als von Gott Verfluchten. Wahrscheinlich ist diese Schriftstelle schon vor und auch neben Paulus polemisch gegen den Gekreuzigten angewendet worden, als abschließende Abweisung des Anspruchs, dieser Jesus sei der Messias Gottes gewesen. Für Paulus ist also das Geschehen am Kreuz und dann überhaupt die irdische Existenz des Jesus genau der Ort, wo das Gesetz zur Auswirkung kommen kann, wo das Gesetz seine verfluchende Macht ausspielen kann. Man muß sich dies konkret vorstellen. Die irdische Existenz Jesu war gekennzeichnet durch die Maßlosigkeit der Liebe, in welcher Jesus das Gesetz erfüllte und kritisierte. Nun waren es die Helfershelfer des Gesetzes, das heißt: die ihr Sein aufgrund des Gesetzes hatten, die Jesus ans Kreuz brachten. Es dürfte historisch zutreffen, daß der Konflikt Jesu mit dem herrschenden Gesetzesverständnis zu seinem Kreuzestod führte. In äußerster Konzentration kann man dann sagen: Das Gesetz brachte den irdischen Jesus, für den die Liebe Erfüllung und Ende des Gesetzes zugleich war, ans Kreuz und definiert ihn nun als Verfluchten. Das ist die Auswirkung, die das Gesetz als umfassende Definitionsmacht auf Jesus hat.
Allerdings erfolgt schon im Schriftzitat ein – wenn auch noch verhaltener – Umschlag. Im Unterschied zur Septuaginta-Version mag Paulus den Verfluchten nicht mehr als von Gott Verfluchten aussprechen. (Die Septuaginta sagt «von Gott» [*hypo theou*], was bei Paulus fehlt.) Schon dies ist ein Fingerzeig auf den entscheidenden Umschlag. Die Definitionsmacht des Gesetzes wird nicht mehr identifiziert mit der Definitionsmacht Gottes. Was der irdische Jesus in den Augen des Gesetzes war, wird nicht mehr darauf ausgedehnt, was er in den Augen Gottes ist. Das Urteil Gottes und das Urteil des Gesetzes sind nicht mehr dasselbe. Wie ist es zu dieser Disjunktion gekommen? Die Antwort muß wiederum jene Kurzgeschichte des Evangeliums geben: Er ist gestorben und auferweckt worden. Was bedeutet Auferweckung? Auferweckung bedeutet, daß Gottes Schöpfermacht, welche Leben aus dem Nichts schaffen kann, an Jesus zur Auswirkung gekommen ist. Auferweckung bedeutet, daß der Gekreuzigte in den Augen Gottes lebt. Der, der in den Augen des Gesetzes verflucht ist, lebt nun in den Augen Gottes. Deshalb ist das Urteil des Gesetzes und das Urteil Gottes nicht dasselbe. Und deshalb muß Paulus das «von Gott» (verflucht) auslassen, denn in der Auferweckung hat eine Unterbrechung zwischen Gott und Gesetz stattgefunden. Von nun an liegt das Weltliche in der Reichweite des Gesetzes, nicht aber Gott selbst. Die Reichweite des Gesetzes ist gerade dort, wo es zur Auswirkung gekommen ist, begrenzt worden auf die Welt. Deshalb kann man sagen: In dem Tode Jesu hat sich das Gesetz so ausgewirkt, daß es nunmehr mit seiner Wirkung aus ist. In seinem Sich-Auswirken auf den Gekreuzigten ist das Gesetz an sein Ende gekommen.

Genau hier sind wir an dem Punkt, wo die Erklärung für die paulinische Unabhängigkeit offensichtlich ist. Paulus hat nämlich diesen Vorgang der Auswirkung des Gesetzes in demselben Vers auch noch anders zur Sprache gebracht. Er nimmt nun Christus als das Subjekt des Geschehens und sagt: In diesem Geschehen hat Christus uns losgekauft vom Fluch des Gesetzes. Was ist der Fluch des Gesetzes? Es ist der Fluch, den Tatbeweis des Lebens erbringen zu müssen. Es ist der Fluch, auf dem Wege der Tätigkeit das Leben niemals zu erreichen. Von diesem Fluch hat uns Christus freigekauft. Wie hat er das getan? Die Antwort lautet: indem er die Forderung des Gesetzes gleichsam abgalt, indem er die Forderung des Gesetzes zufriedenstellte. Das Gesetz fordert den Tod seiner Übertreter. Diesen Tod hat Jesus auf sich genommen, damit die verfluchende Macht des Gesetzes zur Auswirkung komme. Aber die Schöpfermacht Gottes hat dafür gesorgt, daß dieses Geschehen nicht zum Tod des Jesus, sondern zum Tod des Gesetzes führte. Und dies ist, wie Paulus sagt, für uns geschehen. Das Gesetz hat seinen Anspruch auf uns verloren, es kann uns nicht mehr als Täter unserer selbst ansprechen. Warum kann es das nicht mehr? Die Antwort lautet: weil es sich herausgestellt hat, daß es gar nicht das Leben bringt. Und die Verheißung des Lebens ist genau das, womit uns das Gesetz als Täter unserer selbst anspricht. Die Werke des Gesetzes sind ja motiviert dadurch, daß das Gesetz seinem Täter eine Mehrung des Lebens verspricht. Damit nimmt es ihn in Anspruch. Dieser Anspruch ist jetzt vorbei.

Gerade in Gal 3,13 kann man beobachten, in welchem Sinne das Evangelium über das bloß Geschichtliche hinausgeht. Dieses Hinausgehen ist im «für uns» *(hyper hēmōn)* verborgen. Das Evangelium bringt dieses konkrete Geschehen als Geschehen zu unseren Gunsten zur Sprache und gerade nicht als ein Geschehen, das den Menschen allererst zum Werk herausfordert. Als Geschehen nämlich, das uns ein bestimmtes Sein zuspricht: das Sein als vom Fluch des Gesetzes Befreite. Warum kann solches zu unseren Gunsten geschehen sein? Weil in diesem Geschehen Gott selbst sich ereignet hat. Denn wo Gott sich ereignet, geschieht dies zugunsten des Menschen. Eben weil dieses Geschehen eine theologische Dimension hat, ist es dem Zusammenhang des Geschichtlichen entzogen. Auf welche Weise es dem Zusammenhang des Geschichtlichen entzogen ist, kann man gerade daran erkennen, daß das Gesetz die Definitionsmacht über den Gekreuzigten verliert. Dieses Geschehen ist mit den Augen Gottes zu betrachten, und eben so ist es den Augen des Menschen entzogen. Darum kommt auch die geschichtliche Betrachtungsweise zu Ende an diesem Geschehen.

Dennoch läßt das Evangelium das Geschehen ganz und gar nicht hinter sich. Kein anderer als der Gekreuzigte lebt in den Augen Gottes. Kein anderer als der vom Gesetz Verfluchte ist der Träger des göttlichen Segens. Das geschichtliche Einordnen kann gerade deshalb zu Ende kommen, weil das Evangelium sich auf ein Geschehen bezieht, das in der Reichweite weltlicher Erkenntnis liegt. Die weltliche Erkenntnis wird in ihrem eigenen Reich aufgesucht, damit sie in die Kehre kommen kann. Gott geschieht unter den Augen des Menschen, damit diese erneuert werden können. Und also lernt der Mensch das, was unter seinen Augen geschieht, neu sehen mit den Augen Gottes. Gerade der Geschichtsbezug des Evangeliums sorgt also dafür, daß die geschichtliche Betrachtungsweise der evangelischen weichen kann. Gerade die Weltlichkeit Gottes sorgt dafür, daß die weltlichen Maßstäbe ihre universale Definitionsmacht verlieren.

Das Evangelium geht in dem Punkt weit über das Geschichtliche hinaus, wo es um die Wahrnehmung Gottes im weltlichen Geschehen geht. Eben deshalb kann das Evangelium dieses Geschehen als *die* Lebensmacht schlechthin zum Ausdruck bringen.

Dieses Geschehen ist es denn auch, das die Schrift allererst aufschließt. Die Schrift beweist, wie V.6–12 auf je eigene Weise zeigen, erst nachdem sie im Kreuz erfüllt worden ist, was sie beweisen soll. Daraus ergibt sich: Dieses bestimmte Geschehen wird auch insofern dem Zusammenhang des Geschichtlichen entzogen, als es allem Geschichtlichen, auch allem Heilsgeschichtlichen, gegenübertritt. Die ganze Vergangenheit wird in seinem Lichte grundsätzlich neu verstanden, wie gerade das von Grund auf neue Gesetzesverständnis des Paulus zeigt. Das heißt aber, daß die Geschichte nicht mehr als Anschauungsrahmen genommen wird, in welchen auch dieses Geschehen einzuordnen wäre. Vielmehr wird die ganze vergangene Geschichte nach diesem Geschehen neu verstanden. Dasselbe läßt sich auch von der künftigen Geschichte sagen. Alles was geschieht, wird im Gegenüber zu diesem Geschehen als das offenbar, was es in Wahrheit ist. Demnach wird dieses Geschehen, obwohl es als einzelnes Geschehen nicht übergangen wird, verabsolutiert zum eschatologischen Geschehen. Es wird als geschichtliches Geschehen verabsolutiert zum Ende der Geschichte inmitten der Geschichte. Insofern wird dieses Geschehen dem Zusammenhang des Geschichtlichen entnommen. In diesem Punkt geht das Evangelium qualitativ über das Geschichtliche hinaus, allerdings ohne dieses Geschichtliche einfach hinter sich zu lassen.

Vielleicht ist eine Bemerkung zu den Folgen dieses Vorgangs erlaubt. Paulinisch gesprochen zunächst: Abrahams Glaube steht für den reinen Gottesbezug des Menschen. Der reine Gottesbezug des Menschen – unter Absehung von den Werken des Gesetzes – kommt für die Gerechtigkeit des Menschen auf. das angenommene Sein in den Augen Gottes geschieht aufgrund des Glaubens. Was ist der Glaube? Der Glaube ist das Sein-Lassen Gottes. Präziser: der Glaube läßt Gott sein in dem Geschehen am Kreuz. Der Glaube sieht in dem Geschehen am Kreuz die Lebensmacht Gottes, welche jedem Menschen zugute kommt. Was ist die Lebensmacht Gottes? Sie kommt dort zum Zuge, wo Gott sich gegen meine eigene

Tätigkeit durchsetzt. Wo setzt sich Gott gegen meine eigene Tätigkeit durch? Im Glauben, wo ich Gott an mir wirksam sein lassen kann.
Welche Folgen hat dies für das geschichtliche Sein des Menschen? Sie sind vielfältig: Es fallen – paulinisch gesprochen – die Werke des Gesetzes dahin, welche sich zwischen mich und mein Leben stellen. Es fällt der Anspruch des Gesetzes. Was ist das Gesetz? Das Gesetz ist das Wesen der Welt, sofern es mich anspricht auf mein Tätersein. Man könnte auch sagen: Das Gesetz ist das Wesen der Geschichte, sofern sie mich anspricht auf geschichtliche Selbstverwirklichung. Am Beispiel Abraham kann man sehen, wie das geschichtliche Sein des Menschen verändert wird: Die geschichtliche Herkunft ist nicht mehr ausschlaggebend für die Erlangung der Abrahamssohnschaft. Nicht mehr der ist ein Sohn Abrahams, der zum auserwählten Volk gehört. Aber auch nicht die geschichtliche Verwirklichung meines Lebens macht mich zum Sohn Abrahams. Nicht der ist ein Sohn Abrahams, der das Gesetz tut. Sondern ein Sohn Abrahams ist der, welcher glaubt, das heißt der, welcher dem Geschehen am Kreuz absolute Definitionsmacht zuschreibt. Wer solches tut, läßt dieselbe schöpferische Lebensmacht, die sich am Gekreuzigten ausgewirkt hatte, sich selbst zugute kommen. Er ist sowohl über die geschichtliche Selbstverwirklichung als auch über das Pochen auf geschichtliche Ansprüche hinausgekommen. Er ist, weil er dieses geschichtliche Geschehen als Ereignis Gottes in der Geschichte wahrnimmt, von dem Zwang der Geschichte befreit.
Zusammenfassend gesagt: Das Evangelium geht über die geschichtliche Betrachtungsweise hinaus, indem es das kontingente Geschehen am Kreuz zum concretum universale macht, zum Ende der Geschichte inmitten der Geschichte. Es nimmt die theologische Dimension dieses Geschehens wahr. Es verschweigt nicht, was Gott und die Geschichte im Innersten zusammenhält. Das Evangelium vollzieht also so etwas wie einen gesteigerten Geschichtsbezug. Dieselbe Steigerung des Geschichtsbezugs läßt sich in den Folgen des Evangeliums erkennen. Der gesteigerte Geschichtsbezug erschließt das Kreuzesgeschehen dem Glauben. Der Glaube erschließt das Menschsein der Wirklichkeit Gottes. Der so der göttlichen Lebensmacht ausgesetzte Mensch verliert seinen Zwang zur Geschichte, und eben so wird er dem Geschichtlichen zurückgegeben, das er nunmehr nicht mehr als Legitimationsgrundlage für seine Lebensansprüche und auch nicht mehr als Ort seiner geschichtlichen Vergewisserung betrachten muß. Wer vom Zwang zur Geschichte befreit ist, ist mit der Kontingenz seines geschichtlichen Seins versöhnt. Genauso wie der, der vom Fluch des Gesetzes befreit ist, ermächtigt ist zur Erfüllung des Gesetzes, welche in der Liebe geschieht (vgl. Röm 13,8–10).

3.4 Die Fremdheit der Geschichte

Wenn das Evangelium sein Wort des Lebens sagt, indem es eine alte Geschichte erzählt, dann verweist es uns an Fremdes. Die alte Geschichte des Lebens und Sterbens Jesu ist uns so fremd, daß uns dies beinahe unerträglich vorkommt. Sie kommt uns vor wie ein erratischer Block inmitten einer sanften Auenlandschaft. Und es werden alle möglichen Bemühungen unternommen, diesen erratischen Block in die Auenlandschaft einzupassen.

Immer wieder wird die historische Erkenntnis in den Dienst dieser Bemühung gestellt. Sie soll dazu verhelfen, das Fremde kennenzulernen, sich in es hineinzufühlen mit allen Mitteln der geschichtlichen Kunst. Und bald ist man so sehr vertieft in das Fremde, daß man die eigene Umgebung nicht mehr wahrnimmt. Im Bild gesprochen: Man hat sich so sehr in den erratischen Block hineingebohrt, daß man von der sanften Auenlandschaft nichts mehr sieht. Und dahin ist die fruchtbare Spannung zwischen Fremdem und Vertrautem.

Die Frage ist, ob ich mich in das Fremde überhaupt so einleben kann, ohne einer Illusion zu erliegen. Die Antwort auf diese Frage hängt wesentlich davon ab, wie radikal der Gedanke des Fremden gedacht wird, wenn es um das Geschichtliche geht. In dem Modell des «inneren Verstehens» (dazu [50]) ist es zu wenig radikal gedacht. Denn das Ideal des inneren Verstehens beruht darauf, daß ich – bei geeigneten historischen Kunstmitteln – die Fremdheit des historischen Gegenstandes überwinden kann. Den historischen Gegenstand habe ich nur dann verstanden, wenn er mir nicht mehr fremd ist. Demgegenüber muß der Gedanke der Fremdheit radikaler gedacht werden. Die Fremdheit des Geschichtlichen ist unüberwindlich, wie man sich an der gleich folgenden Überlegung klar machen kann.

Es ist eine Binsenwahrheit, daß ich von vergangenen Geschehnissen einen zeitlichen Abstand habe. Dieser zeitliche Abstand ist nun nicht einfach ein Index, der zum Geschehen selbst sozusagen akzidentiell dazukommt, ein Index, der einfach den zeitlichen Ort dieses Geschehens angibt, ohne auf das Geschehen selbst Einfluß zu haben. Denn in Wahrheit ist ja der zeitliche Abstand zu einem Geschehen genau der Grund dafür, daß ich dessen Zukunft kenne (die für mich dann schon Vergangenheit ist). Wenn ich die Zukunft eines Geschehens kenne, dann weiß ich darüber mehr, als zum Zeitpunkt seines Eintretens gewußt werden konnte. Eben dies macht die prinzipielle Fremdheit jenes Geschehens mir gegenüber aus, die ich gerade nicht dadurch überwinden kann, daß ich mich in das Geschehen selbst versetze. Denn wenn ich den zeitlichen Abstand zu überwinden suche, mache ich das Mehr an Wahrheit rückgängig, das mir dieser Abstand erkenntlich machte. Das heißt: Ich löse das *Geschehen* selbst auf. Ich versuche, das Geschichtliche in ein bloß Faktisches zu verwandeln.

Insofern hat das Geschichtliche eine Fremdheit, die ich nicht überwinden kann, und die ich, recht besehen, auch gar nicht überwinden wollen kann. Das Geschichtliche ist mir nur als ein Fremdes zugänglich, nur als etwas, das sich in Distanz zu mir befindet, und ohne dessen Zerstörung kann diese Fremdheit niemals aufgehoben werden. Deshalb wird es vernünftig sein, das Geschichtliche als Fremdes anwesend sein zu lassen; es anwesend sein zu lassen in seiner Fremdheit, ohne es zu assimilieren, ohne es aber auch wegzustoßen. Die Sprengung von erratischen Blöcken verschönert keine Auenlandschaft. Wenn nun das Evangelium mir die Geschichte Jesu erzählt, um mir sein Wort des Lebens zu sagen, so werde ich mit genau diesem Problem der Fremdheit konfrontiert. Ich muß die Fremdheit als etwas verstehen lernen, das unabänderlich ist.

Dies hatte übrigens schon für die ersten Zeugen gegolten. Auch ihnen war Jesus fremd geworden nach seinem Tode. Sie erkannten ihn nicht, bis sie endlich mehr wußten über ihn als man zu seinen Lebzeiten wissen konnte. Das Evangelium lehrt, mit der Fremdheit des Jesus Christus leben zu lernen. Es intendiert das Anwesendseinlassen des Fremden, ohne daß er vereinnahmt werden muß. Dies ist für das menschliche Subjekt eine erhebliche Zumutung, wie gerade die vielen Internalisierungsversuche zeigen. Das menschliche Subjekt tendiert darauf, das Fremde sich einzuverleiben, das Geschichtliche – wenigstens in der willkürlichen Deutung – sich zu unterwerfen. Nicht selten kann man auch beobachten, daß das Subjekt selbst das Geschichtliche für sich in Anspruch nimmt, indem es aus dem Geschichtlichen seine Eigenmacht ableitet. Das Subjekt erklärt das Geschichtliche zum Anstoß seines eigenen geschichtlichen Handelns. Die Geschichte wird zum Steinbruch subjektiver Handlungsmaximen. Auf diesem Wege wird das Geschichtliche gerade nicht in seiner Fremdheit gewürdigt, sondern auch es wird zum Material für das sich selbst zeitigende Subjekt.

Immerhin wehrt sich der Tatsachenbezug des Geschichtlichen gegen die Internalisierungsversuche. Gerade als Geschichts-Erzählung entzieht das Evangelium das fundamentale Geschehen mit Jesus der menschlichen Dispositionsfreiheit. Es entzieht den Grund des Glaubens der menschlichen Subjektivität. Man könnte auch sagen: Es konfrontiert das Subjekt aufs schärfste mit der Fremdheit. Schon das geschichtliche Verstehen muß lernen, sein Verständnis nicht im Widerspruch, sondern in Vereinbarung mit der Fremdheit des Vergangenen zu sehen. Und schon das geschichtliche Verstehen kann dem Menschen die Erkenntnis bringen, daß es so etwas wie Ablenkung von der Selbstbezogenheit gibt, wenn das Fremde wahrgenommen wird. Auch zu unserer eigenen Epoche nämlich und zu unseren eigenen Formen des Menschseins haben wir keinen unmittelbaren Zugang. Sie erschließen sich uns nicht durch einen reflexiven Akt, durch einen Akt der Selbstzuwendung. Vielmehr erschließt sich unsere Epoche und unser Menschsein, wenn das Licht des Fremden auf uns fällt.

Die Selbsterkenntnis geschieht indirekt. Sie geschieht unter Beisein des Fremden. Dies kann schon das geschichtliche Verstehen lehren.

Allerdings ist und bleibt das Fremde eine Provokation für die Eigenmacht des Ich. Dies kann man am besten dort sehen, wo die ganze Weltgeschichte neu geschrieben wird, damit sie den Zwecken der menschlichen Subjekte unterworfen werden kann. Oder man kann es auch dort sehen, wo Biographien ständig den subjektiven Bedürfnissen ihrer Träger angepaßt werden. Das Fremde bleibt eine Provokation für das Subjekt, und deshalb kommt es im besten Falle dazu, das Fremde als etwas Unvermeidliches zu tolerieren. Es gehört zur Kultur der Endlichkeit des Subjekts, daß es toleriert, worauf es – nüchtern betrachtet – keinen Machtanspruch haben kann.

Wenn nun das Evangelium uns mit der fremden Geschichte Jesu bekannt macht, um uns das Wort des Lebens zu sagen, dann fordert es freilich mehr als jene Toleranz. Es fordert den Glauben daran, daß unsere Rettung in jenem Geschehen beschlossen ist. Was glaubt der Glaube? Der Glaube glaubt, daß in jener fremden Geschichte das Heil des Glaubenden entschieden worden ist. Er glaubt, daß in der Externität jenes Geschehens des Menschen Interna gut aufgehoben sind. Der Glaube lernt also das Externe neu kennen. Er lernt es kennen als etwas, woher dem Menschen Heil und Leben entgegenkommt. Er lernt es neu kennen als Gewährung des Lebens statt als dessen Bedrohung. Deshalb läßt der Glaube einen neuen Bezug zum Externen erstehen. Es ist nicht das Tolerieren des Unvermeidlichen, sondern vielmehr das Einstehen für die Externität. Konkret gesprochen heißt das: der Glaube lehrt die Würdigung des Externen. Er ist selbst die Würdigung des Externen oder die Liebe zum Fremden.

Wie gewinnt mich der Glaube für eine solche Liebe? Er macht mir das Externe, das Fremde erkennbar als Gewährung des Lebens. Er erschließt mir das Externe in seiner soteriologischen Bedeutung, und eben so entlastet er das Subjekt von seinen soteriologischen Ambitionen. Diese Erschließung des Externen als heilschaffender Macht hat erhebliche anthropologische Folgen. Sie entbindet das Subjekt davon, sich das Externe zu unterwerfen. Weil das Subjekt ja, das Externe zerstörend, seine eigene Rettung zerstören müßte. Sie entbindet das Subjekt auch davon, das Externe allererst zu erschaffen. Denn was schon Sein hat, hat sein Sein nicht von des Subjekts Gnaden. Deshalb weist der Glaube das Subjekt ein in die Wahrnehmung der Schöpfermacht Gottes. Die Schöpfermacht Gottes wahrnehmen aber heißt auf seine eigene Schöpfungstätigkeit verzichten. Es heißt Abstand nehmen von der subjektiven Selbstversorgung mit Heil.

Das Evangelium wahrt also, wenn es von der Rettung in der Geschichte Jesu Christi zu berichten weiß, die Externität der Rettung. Man könnte auch sagen: Es wahrt das Extra-nos Gottes. Nun ist aber das Evangelium auf den Glauben des Menschen aus. Demzufolge geschieht die Wahrung der Externität Gottes konkret im Glauben. Sie geschieht konkret in der Wahrnehmung der Externität Gottes. Dieses Extra-nos Gottes wird im Glauben an mich herangetragen, so nahe an mich herangetragen, quo propius cogitari non potest. Der Glaube ist ja nichts anderes als das Seinlassen des schlechthin nicht zu vereinnahmenden Externen, das Seinlassen des mir nicht disponiblen Gottes. Der Glaube ist nichts anderes als das Platzhalten für das Fremde inmitten des Eigenen, ohne daß dieses Fremde seine Fremdheit verliert. Der Glaube ist die Liebe zum Fremden und als solcher ist er die Pforte für jenes Leben, das mir aus dem Externen kommt.

Wir können uns diesen etwas komplexen Sachverhalt vor Augen führen im Anschluß an eine paulinische Aussage. «Von mir aber sei es ferne, mich zu rühmen außer im Kreuz unseres Herrn Jesus Christus, durch welches mir die Welt gekreuzigt ist und ich der Welt» (Gal 6,14). Paulus setzt sich hinsichtlich seines Rühmens deutlich ab von jemandem, der sich eben gerade nicht im Kreuz Christi rühmt. Er setzt sich ab von den gegnerischen Verkündigern, welche in Galatien eine Verbindung von Christus und Gesetz predigen. Sie fordern zur Erfüllung des christlichen Glaubens die Beschneidung (als Gesetzeswerk). Von diesen setzt er sich ab, wie V.12 und 13 deutlich zeigen. Diese Leute charakterisiert er als solche, die eine gute Rolle im Fleisch spielen wollen *(euprosōpēsai en sarki)*. Sie wollen gleichsam eine gute Figur machen im Bereich des Weltlichen. Deshalb fordern sie die Beschneidung. Selbstverständlich hätten diese Gegner solches nie von sich selbst gesagt. Ihr Selbstverständnis war, Apostel Christi zu sein. Paulus läßt es sich dennoch nicht nehmen, über ihr Verhalten objektiv zu urteilen, das heißt: zu sagen, worauf ihre Verbindung von Christus und Gesetz faktisch hinausläuft. Und sie läuft darauf hinaus, eine gute Rolle im Fleisch zu spielen. Sie läuft auf die Wahrung des Gesichts hinaus. Die Gegner wahren ihr Gesicht, indem sie ihr Vertrauen auf das Fleisch richten, präziser: indem sie ihren Ruhm auf das Fleisch der Galater abstützen (V.13). Warum gelingt ihnen auf diese Weise die Wahrung des Gesichts? Es ist dem Menschen hochwillkommen, auf sein Sein nach dem Fleisch angesprochen zu werden. Wie spreche ich einen Menschen auf sein Sein nach dem Fleisch an? Ich bringe sein Leben, sein Heil sogar, in die Reichweite seiner menschlichen Möglichkeiten. Das heißt: Ich spreche ihn auf die Werke des Gesetzes an. Ich spreche ihn als Täter seiner selbst an, ich halte ihn zum Tatbeweis seines Lebens an. Ihn auf sein Sein nach dem Fleisch ansprechen heißt ihn aufmerksam machen darauf, daß in der Internalisierung sein Heil liegt.

Es ist selbstverständlich für Paulus, daß ein solches Ansprechen des Menschen auf seine weltlichen Möglichkeiten nicht vereinbar ist mit der Botschaft vom gekreuzigten Christus. Denn der gekreuzigte Christus verdankt sein wahres Sein dem Handeln Gottes, welcher Nichtseiendes ins Sein ruft. Der gekreuzigte Christus mußte sein Gesicht verlieren, weil alle Welt auf die Wahrung des Gesichts bedacht war. Deshalb gibt der Christus zu erkennen, daß in der Wahrung des Gesichts kein Leben beschlossen liegt, sondern vielmehr der Tod (wie eben die Wahrung des Gesichts sich an Jesus ausgewirkt hat). Insofern ist der menschliche Hang zur Wahrung des Gesichts in eine heilsame Kehre gekommen am Kreuz. Und deshalb ist es unvereinbar, die Menschen im Namen des Gekreuzigten auf die weltlichen Möglichkeiten anzusprechen. Wer solches tut, gibt sich als einer zu erkennen, dem es auf die Wahrung *seines* Gesichts ankommt. Und eben so gibt er sich als einer zu erkennen, welcher die Menschen als Material zu dieser Wahrung des Gesichts verbraucht.

Es ist für Paulus ebenso selbstverständlich, daß die strikte Verkündigung des Kreuzes Verfolgung mit sich bringt. Deshalb legt er die gegnerische Verbindung von Christus und Gesetz aus als Ausweichen gegenüber der notwendigen Verfolgung. Daß die Kreuzesverkündigung Verfolgung mit sich bringt, konnte Paulus am eigenen Leibe erfahren. Freilich geht es nicht immer so dramatisch zu und her. Immerhin: Die Verkündigung des Gekreuzigten muß Befremden hervorrufen. Sie weckt den Widerstand der menschlichen Subjekte. Der Widerstand wird geweckt, weil die Rettung aufgrund des indisponiblen Geschehens zugesprochen und insofern also der menschlichen Eigenmacht entzogen wird. Dies weckt den Widerstand der Subjekte, die sich alles, auch die eigene Rettung, einverleiben wollen. Das Fremde verursacht Widerstände, und erst recht, wenn es als Fremdes heilsam sein soll. Darin liegt auch die Erklärung für die Erfolge der galatischen Irrlehrer beschlossen. Ihr Erfolgsgeheimnis war, daß sie den Menschen auf seine Eigenmacht ansprachen. Ihr Erfolgsgeheimnis war, daß sie das Rühmen (die *kauchēsis*) der Galater auf die Werke des Gesetzes richteten. Denn es ist dem Subjekt willkommen, zum Herrn über alle Dinge erklärt zu werden. Deshalb ist es nicht verwunderlich, wenn die gegnerischen Apostel in der Tat eine gute Rolle im Fleisch spielten.

Von diesem allem also setzt sich Paulus ab, wenn er seinen Ruhm ausschließlich auf das Kreuz Christi setzt. Er rühmt sich des Fremden. Er rühmt sich dessen, was er – korinthisch gesprochen – empfangen hat. Dafür ist das geschichtliche Geschehen am Kreuz eine prinzipiell unüberwindliche pièce de résistance. Seinen Ruhm setzt Paulus nicht auf das Fleisch und eben deshalb auch nicht auf das Fleisch der Galater. Sie sind somit aus der Materialisierung entlassen. Sie sind, weil das Rühmen von ihnen abgezogen wurde, in die Personalität gewiesen. In einem geradezu atemberaubenden Satz entwirft Paulus die anthropologischen und kosmologischen Konsequenzen dieser Umlenkung des Rühmens: Im Kreuz Christi, sagt er, ist die Welt mir gekreuzigt und ich der Welt. Wie soll man dies verstehen?

Zunächst ein erster Versuch: Man kann sagen, daß das Kreuz zwischen

Paulus und die Welt tritt. Es unterbricht den Konnex, der zwischen dem Ich und der Welt herrschte. Was für ein Konnex ist hier angesprochen? Die entscheidende Aussage liegt in den Dativen: ein Dativ ist meistens eine Kurzformel für ein Begünstigungsverhältnis (oder für dessen Gegenteil). Die Welt wird zu meinen Gunsten gekreuzigt, sie wird zu meiner Begünstigung gekreuzigt. Daß die Welt zu meinen Gunsten gekreuzigt wird, drückt zunächst aus, daß die Welt keinen Anspruch mehr auf mich hat. Sie hat keinen Anspruch mehr, weil das Kreuz dazwischengetreten ist.

Das Kreuz sagt alles über mich, was in den Augen Gottes über mich zu sagen ist. Insofern ist die Welt ihrer Definitionsmacht über mich verlustig gegangen. Ich bin nicht mehr auf die Welt angewiesen, um zu sagen, wer ich sei. Mein Sinn, meine Identität, meine Rettung besteht im Kreuz, und also muß sie nicht mehr in der Welt bestehen. Die Welt konnte mich aber insofern in Anspruch nehmen, als sie sich als Material für meine Identitätsherstellung anbot, weil sie sich als Helferin in der Antwort auf die Sinnfrage zur Verfügung hielt. Warum geschieht diese Unterbrechung *zu meinen Gunsten*? Weil ich der Definitionsmacht der Welt entkommen bin, weil ich nicht mehr darauf angewiesen bin, weltlich das erreichen zu wollen, was gar nicht in der Reichweite der Welt liegt. Dieser Konnex ist durch das Kreuz unterbrochen, weil es mir Identität zuspricht. Meine weltliche Identität ist gekreuzigt. Gleichgültig wie ich sie mir zurechtgelegt habe, im Kreuz hat Gott mir neue Identität zugewiesen: die Identität des geliebten Geschöpfs.

Der Konnex zwischen dem Ich und der Welt wurde aber auch *zugunsten der Welt* unterbrochen. Daß ich der Welt gekreuzigt bin bedeutet, daß sie meinen Machtansprüchen entzogen ist. Auch wenn die Menschen nach wie vor ihre Identität mit sarkischen Mitteln herstellen und also die ganze Welt in Anspruch nehmen, so ist dieser Machtanspruch gebrochen, weil er schlicht unnötig geworden ist. Im Glauben an die Rettung im Kreuz kommt dieser Machtanspruch konkret zu Ende. Denn der Glaube ist nichts anderes als die gegenwärtige Schöpfungsmacht Gottes, die meine Identität herstellt und deshalb meinen Machtansprüchen auf die Welt zuvorkommt. Man könnte auch sagen: der Glaube bezieht die anfängliche Schöpfungsmacht Gottes so auf mein jetziges Leben, daß ich davon absehen kann, den Tatbeweis dieses Lebens ständig neu zu erbringen. Paulinisch gesprochen: In der Rechtfertigung des Gottlosen, welche im Glauben konkret wird, ereignet sich die Schöpfungsmacht Gottes, welche Nichtseiendes ins Sein ruft (vgl. Röm 4,17). Es ereignet sich, wie Paulus in Gal 6,15 sagt, Neuschöpfung *(kainē ktisis)*. Neuschöpfung geschieht in Christus. Sie geschieht, wo der Mensch das im Namen des Christus zu sagende Wort auf sich selbst bezieht, dort, wo er das im Wort von Christus vergegenwärtigte Geschehen als Geschehen an ihm selbst gelten lassen kann. An diesem Ort ist das Ich des Menschen den herrschenden Defini-

tionsmächten entzogen. Es ist neu geschaffen: weder Beschneidung ist etwas (*ti estin,* vermag etwas, hat Definitionsmacht) noch Unbeschnittenheit, sondern neue Schöpfung (ist geschehen, hat Definitionsmacht).
Genau diese Neuschöpfung des Ichs geschieht zugunsten der Welt. Auch das Ich ist der Welt gekreuzigt, sofern es nämlich davon absehen kann, die Welt für seine Sicherstellung zu verbrauchen. Solange das Ich den Tatbeweis des Lebens erbringen muß, macht es alle Welt zum Material, zum Material für die Selbstdarstellung *en sarki* (im Bereich der weltlichen Möglichkeiten), und eben so beraubt es alle Welt der geschöpflichen Würde. Das neugeschaffene Ich muß die Welt nicht mehr materialistisch als Gelegenheit zur Selbstverwirklichung mißbrauchen, es würdigt die Welt als gute Gabe Gottes. Dies gilt nicht etwa nur von der Natur (was uns gegenwärtig wohl eher bewußt ist), sondern es gilt auch von den Menschen. Auch sie wollen als Geschöpfe gewürdigt werden. Und diese Würde entsteht nur im Herzen dessen, der von Gottes Wort zu einem neuen Geschöpf gemacht worden ist. Insofern gilt dann auch, daß Welt und Menschen nicht bloß um ihrer selbst willen interessant sind, sondern vielmehr in ihrer geschöpflichen Würde auf eine neue Weise interessant werden. Der Glaube an den Gekreuzigten macht Menschen und Welt interessant*er*.
Wir sehen also, daß im Rühmen meine Macht über die Welt und der Welt Macht über mich aufs engste verschränkt sind. Im Rühmen sind Ich und Welt so zusammengeschlossen, daß sie einander zugleich fern sind. Denn der Konnex zwischen dem Ich und der Welt geschieht zu*un*gunsten *beider*. Das Ich gerät in die Selbstentfremdung, weil es mit sarkischen Mitteln eine Frage beantworten will, die gar nicht in der Reichweite des Fleisches liegt. Also befindet sich die Aktivität des Ich in einem fundamentalen Selbstwiderspruch. Gerade in seiner Aktivität kommt es gar nicht an sich heran, es wird sich selbst vielmehr entfremdet. An einem Beispiel aus dem Lebenszusammenhang wird dies klar: Wenn der Mensch in imposanter Weise aktiv wird, verschafft er sich – wenn alles gut geht – den Respekt der andern. In Wahrheit aber ist er auf den Gewinn von Liebe aus. Eben diesen Gewinn verspielt er, indem er für den Respekt arbeitet. Das ist der Selbstwiderspruch, in welchen der Mensch durch das Gesetz verstrickt wird.
Andererseits wird auch die Welt entwürdigt, indem sie zum Material der Selbstdarstellung verfremdet wird. Die Verfremdung hat ihre Ursache darin, daß die Welt mich dadurch in den Griff nimmt, daß sie mich auf meine weltliche Identität festlegen will, eine Identität, über die hinauszukommen mir jedes weltliche Mittel recht sein muß. Nun aber kommt dieses Rühmen am Kreuz zu Ende. Es kommt so zur Auswirkung, daß es fortan mit seiner Wirkung aus ist. Genau dieses Zu-Ende-Kommen des Rühmens ist die konkrete Gestalt des Evangeliums. Denn in diesem Vorgang wird der Konnex zwischen dem Ich und der Welt unterbrochen,

ein Konnex, der beide einander nur fremd und distanziert werden ließ. Diese Unterbrechung geschah im Namen der Liebe, mit welcher Gott den Menschen liebt, und sie geschah insofern im Interesse der Liebe, die der Mensch fortan der Welt entgegenzubringen vermag. Damit sind Mensch und Welt einander näher gekommen, als sie sich in der einstigen Verschränkung jemals kommen konnten. Die Unterbrechung geschieht, wie so manche Unterbrechung, im Interesse der größeren Nähe.

3.5 Die Vergangenheit der Geschichte

Indem das Evangelium die Geschichte Jesu erzählt, lokalisiert es Gottes Handeln, das alles entscheidet, in der Vergangenheit. Daß von Gottes entscheidendem Handeln in der Sprachform des Aorists gesprochen werden muß, deutet auf den prinzipiellen Vergangenheitscharakter des Evangeliums hin. Dieser Vergangenheitscharakter bedeutet eine erhebliche Provokation für den gegenwartsorientierten Menschen. Und er bedeutet eine Peinlichkeit für den aktualitätslüsternen Theologen. Und dennoch ist das Moment der Vergangenheit konstitutiv für das Evangelium. Das Evangelium von Jesus Christus ist nicht invariant gegenüber der Zeitlichkeit. Sein Zeitpunkt ist nicht bloß ein zufälliger Index. Das Evangelium von Jesus Christus ist grundsätzlich an den Zeitpunkt seiner Erscheinung gebunden. Es ist konstitutiv für das Evangelium, daß es Gott anhand eines *vergangenen* Geschehens zur Sprache bringt.
Die Frage ist jetzt, inwiefern dieses Vergangene konstitutiv sein soll. Darauf gibt es eine ganze Palette von Antworten, die allesamt das eine Geheimnis dieses Geschehens zu umschreiben versuchen. Für das Evangelium ist die Vergangenheit insofern konstitutiv, als es dieses vergangene Geschehen im Lichte des Künftigen zu verstehen bemüht ist und zu verstehen gibt. Das Geschehen am Kreuz kommt erst in seiner Zukunft zur Wahrheit. Erst wenn man die Herrlichkeit Gottes auf dem Gesicht des Gekreuzigten sehen lernt, wird das Wort vom Kreuz möglich. Es ist durchaus als Erscheinungsform der Gnade anzusehen, daß wir nicht mehr die Position der Jünger unter dem Kreuz einnehmen müssen (die ja vor allem durch Abwesenheit glänzten). Es ist durchaus eine Wohltat, mehr zu wissen über das Kreuz, als es den damaligen Beobachtern möglich war. Die Vergangenheit des evangelischen Geschehens ist ein Reflex der Asymmetrie des Göttlichen. Es ist eben gar nicht wahr, daß wir uns in die Position der Jünger unter dem Kreuz begeben müssen, um unsere wahre Einstellung zu Jesus Christus zu gewinnen. Damit machen wir die Wohltat der Vergangenheit dieses Geschehens rückgängig. Die Vergangenheit will uns schon

auf die Seite der Gnade versetzen, bevor wir uns selbst auf diese Seite zu stellen vermögen. Die Vergangenheit des Geschehens ist also für das Evangelium konstitutiv, weil das Evangelium eine *geschichtliche Erfahrung* ausspricht, die geschichtliche Erfahrung nämlich, daß in dem Menschen Jesus Gottes Sohn zu erblicken sei. Genau diese geschichtliche Erfahrung kann erst gemacht werden, wenn das Geschehen mit Jesus dem beobachtenden Zugang entzogen ist.

Das Moment der Vergangenheit ist ferner insofern konstitutiv für das Evangelium, als die geschichtliche Erfahrung notwendig in der *Gestalt des Wortes* gegenwärtig ist. Eine geschichtliche Erfahrung kann per definitionem nicht anders als in der Gestalt des Wortes ausgedrückt werden, weil zu einem mir entzogenen Geschehen kein anderer als ein sprachlicher Bezug mehr möglich ist. Darum ist das Evangelium notwendig *Wort* vom Kreuz. In der wortgestaltigen Anwesenheit des Evangeliums aber liegt es beschlossen, daß es ein unerschöpfliches Sinnpotential aus sich entläßt. Denn die wortgestaltige Anwesenheit erlaubt es mir, das im Evangelium präsentierte Geschehen mit immer neuen Augen zu betrachten. Es erlaubt mir, jenes Geschehen mit meinen Augen anzusehen und dabei Wahrheitsmomente zu entdecken, die erst mit meinen Augen entdeckt werden können.

Gerade die Wortgestalt des Evangeliums macht ja auch seine Schriftlichkeit möglich, und seine Schriftlichkeit bedeutet ja seine Herauslösung aus dem ursprünglichen Kontext. In eben dieser Herauslösung aber liegt die Unerschöpflichkeit des Sinnpotentials beschlossen. Man könnte auch sagen: In der Herauslösung aus dem ursprünglichen Kontext liegt es beschlossen, daß ich selbst vom Evangelium ansprechbar bin. Dies ist eine besonders entlastende Weise der Vergegenwärtigung des Evangeliums. Es ließe sich ja ohne weiteres denken, daß die von jenem Geschehen ausgehende *Bewegung* der Kirche für den Gegenwartsaspekt des Evangeliums aufkommen müßte. Sicher wird dies bis zu einem gewissen Maß der Fall sein müssen. Aber eben bloß bis zu einem gewissen Maße. Wenn nämlich das entscheidende Handeln Gottes in der Vergangenheit lokalisiert wird, ist seine Vergegenwärtigung prinzipiell dem Aufkommenmüssen und Aufkommenkönnen der Bewegung Kirche entzogen. Es kann in nichts anderem als im Wort gegenwärtig sein. Mit dieser wortgestaltigen Gegenwart jenes Geschehens ist zugleich gegeben, daß es der Verfügungsgewalt des gegenwärtigen Menschen entzogen ist. Denn für das Vergangene ist es konstitutiv, daß es nicht mehr disponibel (und auch nicht mehr perfektibel) ist. Es ist ein Geschehen, das sich unserem Zugriff entzieht.

Schließlich ist es konstitutiv für das Evangelium, daß es sich zusammen mit dem vergangenen Geschehen, auf das es sich bezieht, einläßt auf die Ohnmacht der Vergangenheit. Es ist ja unverkennbar und gibt wohl auch Anlaß zu manchem theologischen Ärger, daß die Vergangenheit sich nicht gegen die gegenwärtige Vereinnahmung wehren kann. Gewiß gilt von dem Kreuzesgeschehen, daß es dem menschlichen Ich nicht mehr disponibel ist. Es gilt aber ebensosehr von ihm, daß es gegenüber der menschlichen Deutungsgewalt machtlos ist. Und nicht nur gegen diese Deutungsgewalt ist es machtlos, sondern gegen das, was man sozusagen als Extremfall derselben betrachten könnte, das gänzliche Vergessen. Das Evangelium ist, weil es sich auf eine geschichtliche Erfahrung stützt und nur auf diese, verletzlich. Es könnte ohne weiteres vernichtet werden durch das Vergessen. Während man den pythagoreischen Lehrsatz mit größter Sicherheit wieder entdecken würde, auch wenn er aus dem Gedächtnis der gesamten Menschheit gestrichen wäre, müßte das Evangelium von dem gekreuzigten Gottessohn für immer der Vergangenheit angehören, wenn es einmal vergessen wäre. Geschichtliche Erfahrungen sind nicht reproduzierbar. Zeitliche Wahrheiten sind dem Vergessen ohnmächtig ausgeliefert.

Genau in diesem Ausgeliefertsein des Evangeliums liegt es jedoch beschlossen, daß das menschliche Ich in das Geschehen des Evangeliums einbezogen ist. Das menschliche Ich ist der Erinnerung fähig. Es ist insofern fähig, dafür zu sorgen, daß das Evangelium nicht vergessen wird. Das Evangelium hat eine Gestalt, die sein Angewiesensein auf den Menschen jederzeit deutlich zur Schau trägt. Es ist auf mein Eingedenken angewiesen, um als Evangelium in dieser Zeit gegenwärtig zu sein. Genauso wie Gott selbst in dem gekreuzigten Jesus sich in die Hände der Menschen ausgeliefert hat, genauso ist das Wort vom Kreuz unserem Eingedenken anheimgestellt. Die Vergangenheit ist machtlos. Das Vergangenheitsmoment am Evangelium ist demnach ein Streiflicht der Widerstehlichkeit Gottes. Und die Widerstehlichkeit Gottes ist beschlossen in seiner Menschwerdung, welche im Interesse der Menschwerdung des Menschen geschehen ist. Angesichts des widerstehlichen Gottesworts nämlich wird dem Menschen bewußt, in welchem Sinne er ein *zōon logon echon* ist, ein mit dem Wort begabtes Wesen.

Vielleicht ist es sinnvoll, noch ein Wort zu dem schon genannten Eingedenken zu sagen. In diesem Eingedenken erinnert sich der Mensch dessen, was ihm nicht verfügbar ist. Er erinnert sich auch dessen, was seiner eigenen Machtausdehnung Widerstände entgegensetzt. Er lernt aber zugleich das Widerständige kennen als Ermöglichung statt als Einschränkung seines Lebens. In der Erinnerung macht sich der Mensch zum Anwalt des widerständigen Gotteswortes, zum Anwalt eines Wortes, das ihm vielleicht gar nicht ins Konzept paßt. Und eben auf diese Weise macht der Mensch eine Erfahrung *mit* dem Evangelium, indem er im Eingedenken sich der Gegenwart Gottes in der Welt bewußt wird. Gewiß erstreckt sich die Machtlosigkeit dieser Gegenwart auch auf die Erinnerung selbst. Denn auch die Erinnerung ist nicht davor gefeit, der menschlichen Selbstverschlossenheit zu unterliegen.

Die Verspanntheit in das Gegenwärtige kann sich beispielsweise darin

auswirken, daß ich dem Vergangenen meine Fragen aufdränge. Ich nehme es nur insofern wahr, als es auf meine Tagesfragen eine Auskunft gibt. Dieser Bezug auf das vergangene Geschehen verdient den Namen Erinnerung nicht. Er verwehrt es dem Evangelium, mich von meiner Wahrnehmung der Tagesfragen abzulenken. Und eben so nimmt er dem Evangelium seine wohltuende Macht. Dies muß umso schärfer herausgestellt werden, als es zu einem angesehenen theologischen Ansatz geworden ist zu sagen, die Verkündigung der Kirche habe sich nach der Tagesordnung der Welt zu richten. Dabei tut man so, als ob bereits klar wäre, was die Gegenwart ist, in die hinein das Vergangene gezwängt wird. Die Frage wäre indes, ob nicht gerade das Vergangene um Hilfe angegangen werden müßte, wenn es um die Konstitution *der Gegenwart* geht. Es gilt als fortschrittliche theologische Erkenntnis anzunehmen, die Traktandenliste der Verkündigung werde von der Welt geschrieben (was auch immer jetzt unter Welt zu verstehen sein mag). Gewiß ist dies nicht einfach falsch. Aber es muß auf die Abgründigkeit dieses Verfahrens hingewiesen werden, das nur noch Fragen in das Evangelium einträgt und dieses dann in die Selbstverschlossenheit der Gegenwart aufhebt. Damit aber ist das Evangelium wiederum der menschlichen Verfügungsgewalt unterworfen, obwohl das ganze Verfahren den Anschein von Erinnerung erzeugt. Erinnerung muß demgegenüber heißen die Eigenständigkeit des vergangenen Geschehens würdigen, auch das Evangelium selbst als einen vergangenen Text ernst nehmen.
Die Fragen der gegenwärtigen Tagesordnung sollen gewiß nicht einfach ausgeblendet werden. Sie sollen aber, statt daß sie ständig ins Evangelium eingetragen werden, an dieses *herangetragen* werden. Das Herantragen unserer Fragen an das Evangelium verwehrt es zwar, im Namen des Evangeliums Antworten zu geben, in welchen das Ich keine Rolle mehr spielt. Wer Fragen an das Evangelium heranträgt, muß sich selbst aufs Spiel setzen, wenn er angesichts des Evangeliums mit diesen Fragen umgehen will. Aber auch dieser Vorgang geschieht ja im Interesse der Menschwerdung des Menschen. Es kann nicht Ziel seiner Menschwerdung sein, sein Ich zum Verschwinden zu bringen hinter einer schlechthin zwingenden Autorität. Auch darin kann also so etwas wie die Gnade des widerstehlichen Wortes gesehen werden, das als Wort vom vergangenen Kreuzesgeschehen dem menschlichen Eingedenken anheimgestellt ist.
Damit sind schon die *anthropologischen Konsequenzen* angesprochen, welche sich aus dem Vergangenheitsmoment des Evangeliums ergeben. Das vergangene Geschehen, welches mir im Wort vom Kreuz als entscheidendes Geschehen Gottes entgegengebracht wird, hat das Charakteristikum des Zeitlichen. Es ist ein besonderes Geschehen, ein Geschehen von einer geradezu bestürzenden Zufälligkeit. Und es bedeutet zunächst eine Provokation für den Menschen, in diesem schlechthin besonderen Geschehen die Wende der Welt sehen zu lernen. Diese Provokation kann der Mensch nie hinter sich lassen. Und wenn es zum Glauben an das Evange-

lium kommt, so ist das genau der Moment, wo der Schritt von der Provokation zur Wohltat, vom Ärgernis zur göttlichen Kraft gelingt. Ja, dieser Schritt ist selbst die entscheidende Erfahrung, die es mit dem Evangelium zu machen gilt. Es ist der Schritt von dem Standpunkt der Erhabenheit dorthin, wo man sein Herz an das Besondere hängen kann.
Es ist eine große Versuchung, die absolute Wahrheit nur in der größtmöglichen Abstraktheit des Denkens zu erkennen. Wer aber sein Herz an das Abstrakte hängen will, wird den Kopf an die Stelle seines Herzens setzen müssen, und er wird selbst abstrakt werden. Nun aber erzählte das Evangelium von einem schlechthin besonderen Geschehen, in welchem die Wahrheit Gottes endgültig erschienen sei. Wer sein Herz an dieses Besondere zu hängen wagt, wird eben dadurch in die Nähe des Besonderen versetzt. Er wird zum Anwalt des Besonderen, zum Anwalt des Widerstehlichen, zum Fürsprecher des Machtlosen. Eben diese Anwaltschaft, in welche der Mensch durch das Evangelium eingewiesen und eingeübt wird, ist so etwas wie die Einweisung in das Leben selbst. Was ist denn das Leben anderes, als daß der Mensch seinen Sinn auf das Besondere richten kann? Was ist es anderes, als daß der Mensch zum Wegbereiter des Widerstehlichen werden kann? Was ist es anderes, als daß der Mensch dem Machtlosen alle Würde zukommen lassen kann? Die Entdeckung und Pflege des Besonderen, des Widerstehlichen, des Machtlosen, dies eben ist der Lebensvorgang selbst. Und in den lebensspendenden Vorgang dieser Pflege des Unscheinbaren ist der Mensch eingewiesen, sofern er an seine eigene Rettung in dem vergangenen, unscheinbaren, widerstehlichen Geschehen am Kreuz glauben lernt. Der Glaube ist, wie man auch daran wieder erkennen kann, selbst in das Leben gerichtet. Darin erkennen wir den Glaubensbezug des menschlichen Lebens.

3.6 Der Gegenwartsbezug des Geschichtlichen

Wenn es zutrifft, daß das Moment der Vergangenheit für das Evangelium konstitutiv ist, dann ist der Gegenwartsbezug des Evangeliums nicht selbstverständlich. Wäre das Evangelium eine allgemeine Wahrheit, die das Moment der Zeitlichkeit bloß akzidentiell hat, dann wäre sein Gegenwartsbezug kein Problem. Allgemeine Wahrheiten gelten prinzipiell in jeder Zeit. Nun haben wir im letzten Abschnitt gezeigt, daß das Moment der Vergangenheit wesentlich zum Evangelium gehört, weil es eine geschichtliche Erfahrung zum Inhalt hat. Daraus ergibt sich mit Notwendigkeit, daß ein Gedankengang zum Gegenwartsbezug des Evangeliums angeschlossen wird. Da sich das Vergangenheitsmoment des Evangeliums seinem Geschichtsbezug verdankt, halten wir uns auch beim Nachdenken über den Gegenwartsbezug am sinnvollsten an das Phänomen des Geschichtlichen.

Es ist allerdings notwendig, daß man sich von lange gehegten Vorurteilen löst, wenn es um den Gegenwartsbezug des Geschichtlichen geht. Wir haben im letzten Abschnitt zu zeigen versucht, inwiefern das Moment der Vergangenheit ein Wesensmerkmal (und nicht bloß ein Akzidens) des Geschichtlichen ist. Wird dies ernst genommen, so kann jedenfalls die Vergegenwärtigung des Vergangenen nicht mehr der wahre Modus des Gegenwartsbezuges sein. Jede auf die Ausschaltung des Zeitunterschiedes zielende Vergegenwärtigung des Vergangenen müßte das Geschichtliche zerstören. Die am Ziel der Gleichzeitigkeit orientierte Vergegenwärtigung des Geschichtlichen zerstört insofern ihren Gegenstand, als sie ja das Moment des Vergangenseins aufhebt. Sie schaltet prinzipiell den zeitlichen Abstand aus. Diese kritische Einsicht muß vor allem das Geschichtsverständnis der Existenzphilosophie empfindlich treffen, beruht doch dort der Gegenwartsbezug des Geschichtlichen darin, daß sich das erkennende Subjekt im Akt der Entscheidung in die Gleichzeitigkeit zum Vergangenen begibt. Genau genommen ist der zeitliche Abstand schon dort aufgehoben, wo die Geschichte übergeführt wird in die Geschichtlichkeit der Existenz.

Grundlegend für den Gegenwartsbezug des Geschichtlichen muß sein, daß es seinen Vergangenheitscharakter nicht verliert. Grundlegend muß sein, daß der garstige Graben zwischen dem Jetzt und dem Damals nicht zugeschüttet wird. Im Gegenteil: Gerade der garstige Graben, welcher uns das Vergangene als fremd erscheinen läßt, ist der geschichtlichen Erkenntnis förderlich. Denn wenn das Ideal der Gleichzeitigkeit einmal als unmöglich und unsinnig erkannt worden ist, kommt es zu so etwas wie einer distanzierten Begegnung mit dem vergangenen Geschehen. Die distanzierte Begegnung besagt, daß das Geschehen stets mit neuen Augen angesehen wird. Es muß stets mit einer neuen Situation konfrontiert werden. Diese neuen Augen, diese neue Situation gehören, nimmt man einmal die Relativität des Geschichtlichen ernst, selbst zu der Wahrheitserkenntnis, die im Abstand zum Vergangenen möglich ist. In der abständigen Begegnung zwischen dem Jetzt und dem Damals kommt es ständig zu neuen Wahrheiten, die über das Damals auszusagen sind. Die Abständigkeit der Begegnung ist die Bedingung der Möglichkeit, daß neue Sinnerschließungen entstehen können. In einer Formel gesagt: Auf der distanzierten Begegnung beruht das unerschöpfliche Sinnpotential des Geschichtlichen.

Mit dem Ausdruck der distanzierten Begegnung ist aber der Gegenwartsbezug des Geschichtlichen erst sehr formal beschrieben. Ihm wenden wir nun unsere Aufmerksamkeit zu. Dabei gehen wir so vor, daß wir uns anhand der geschichtsphilosophischen Überlegungen zum Gegenwartsbezug des Geschichtlichen herantasten an den theologischen Kern dieser Sache. Deshalb wird den geschichtsphilosophischen Überlegungen jeweils eine Überlegung zu einem paulinischen Satz an die Seite gestellt. Der Satz steht in Gal 2,19.20a und stellt, wie ohne weiteres einsehbar ist, einen Gegenwartsbezug des Kreuzesgeschehens dar. «Ich nämlich bin durch das Gesetz (auf Betreiben des Gesetzes) dem Gesetz gestorben (dh den Ansprüchen des Gesetzes gestorben, oder: in den Augen des Gesetzes gestorben), damit ich Gott (für Gott) lebe. Ich bin ein mit Christus Gekreuzigter (*synestaurōmai* als perfektische Form meint die gegenwärtige Gestalt der paulinischen Identität und ist der stärkste Hinweis auf den Gegenwartsbezug). Lebendig aber bin nicht mehr *ich*, sondern Christus lebt in mir.» Dieser Satz bezieht das Geschehen des Kreuzestodes Jesu auf die gegenwärtige Existenzweise des Paulus, wie man sowohl im *synestaurōmai* als auch in der ausdrücklichen Beschreibung des gegenwärtigen Lebens (V.20a) ersehen kann. Deshalb dient dieser Satz gleichsam zur theologischen Vertiefung der grundsätzlichen Überlegungen.

3.6.1 Die Problematik des Gegenwartsbezugs des Geschichtlichen

Sie wird gewöhnlich abgehandelt als Frage, was man aus der Geschichte lernen könne (dazu [26] 204–224). Nun gibt es darauf eine Antwort, die sehr schnell zur Hand ist. Aus der Geschichte kann man lernen, was man tun soll. Dies ist eine weit verbreitete Art, den Gegenwartsbezug des Geschichtlichen zu definieren. Sie tritt auch nicht selten in den Legitimationen des Schulfaches Geschichte auf (was dem Zeitgeist ein recht deutliches Zeugnis ausstellt). Der Vorteil dieser Definition ist, daß der Vergangenheitscharakter des Geschichtlichen unangetastet bleibt. Alles Geschichtliche wird zum Anstoß, nicht zum Denkanstoß, sondern zum Handlungsanstoß. Die Geschichte lehrt den Menschen, Geschichte selbst zu machen. Die Beschäftigung mit der Geschichte geschieht mit der Absicht, handlungsleitende Orientierung zu finden.
Zumeist verwandelt sich das geschichtliche Einzelgeschehen in diesem Zusammenhang in ein Handlungsmodell (entweder via negationis oder per analogiam). Das Geschichtliche als Vergangenes *selbst hat keinen Bezug zur Gegenwart.* Es wird erst dadurch gegenwärtig, daß ein menschliches Handlungssubjekt es in gegenwartsgestaltende oder besser noch zukunftsgestaltende Praxis *umsetzt.* Schon im eben gebrauchten Wort des Umsetzens wird aber deutlich, daß dabei gar nicht das Geschichtliche selbst, sondern eine Abstraktion desselben gegenwärtig wird. Interessant ist in diesem Zusammenhang, daß das Adjektiv «historisch» geradezu zu einem Synonym für «veränderbar» geworden ist. Nota bene: nicht etwa veränderlich, vergänglich, endlich, sondern veränderbar, der Handlungsmacht des Menschen zur Disposition gestellt. Etwas geschichtlich Gewordenes gilt in diesem Vergegenwärtigungsmodell geradezu als Ausweis dafür, daß es *praktisch* veränderbar sein muß. Nun krankt freilich dieser Gegenwartsbe-

zug daran, daß die Geschichte keinen Gesetzmäßigkeiten unterliegt. Denn die Regelhaftigkeit des Geschehens wäre überhaupt Voraussetzung dafür, daß aus vergangenen Geschehnissen handlungsrelevante Maximen ableitbar sind. Da diese Regelhaftigkeit jedoch geschichtlich nicht zutrifft, besteht keine Möglichkeit, daß die Geschichte uns zu sagen vermöchte, was zu tun oder zu sagen sei. Es besteht nun einmal ein Hiatus zwischen dem Sein und dem Sollen. Und auch eine Verwandlung des Geschehens in Modelle kann diesen Hiatus nicht aus der Welt schaffen.

Am Beispiel des paulinischen Satzes können wir noch einen Schritt weiter gehen. Die Wirklichkeit des Kreuzesgeschehens ist für Paulus dadurch charakterisiert, daß er dem Gesetz gestorben ist, um nun Gott zu leben. Gerade dieser zweite Teil wird nicht selten im Sinne der praktischen Umsetzung des Vergangenen verstanden. Für Gott leben heißt dann (ethisch), daß der Mensch sich nach den Forderungen Gottes verhält, daß er Gott wahrhaftig gehorsam ist. Das Kreuzesgeschehen hätte dann insofern eine Gegenwartsbedeutung, als es einen Machtwechsel gebracht hätte. Dem Gesetz ist Paulus gestorben, das heißt: dem alttestamentlichen Gottesrecht ist er nicht mehr verpflichtet, dafür jedoch der Gerechtigkeit Gottes, welche sich im Kreuzesgeschehen wahrnehmen läßt. Allerdings ist eine solche Auffassung ungenau. Denn der Ausdruck «*theō zēn*» (für Gott leben) muß doch zunächst verstanden werden in Analogie zum Leben des Auferstandenen. Wie der Gekreuzigte zwar in den Augen des Gesetzes ein Verfluchter war, jedoch in den Augen Gottes zum Leben erweckt ist, genauso ist Paulus dem Anspruch des Gesetzes gestorben, weil sein eigenes Ich von dem Kreuzesgeschehen mitbetroffen ist, und genauso lebt Paulus nun in den Augen Gottes. Leben für Gott muß also zunächst Leben in den Augen Gottes heißen. Dies besagt, daß nicht einfach die gesetzliche Autorität ausgewechselt worden ist. Vielmehr hat sich der Anspruch an den Menschen mit dem Kreuzesgeschehen prinzipiell gewandelt. Während ihn das Gesetz *als Täter* ansprach, um ihm Leben zu versprechen, spricht ihn Gott im Kreuzesgeschehen *auf den Glauben* an, damit er seine Lebendigkeit in den Augen Gottes wahrnehme. Aus dem gesetzlichen Anspruch ist demnach ein evangelischer Anspruch geworden. Also geht es nicht um praktische Umsetzung des Kreuzesgeschehens in den konkreten Dienst im Alltag, sondern es geht um den Glauben an die mir zukommende Lebendigkeit außerhalb der Werke des Gesetzes.

Die Geschichte ist, im Lichte des Evangeliums, zu einer evangelischen Dimension des Menschseins geworden, zu einer Dimension, die dem Menschen Lebendigkeit gewährt. Das steckt im Ausdruck «Leben in den Augen Gottes». Freilich ist auch die praktische Seite dieses Glaubens unübersehbar. Wenn ich nicht mehr für meine Lebendigkeit aufkommen muß mit den Werken des Gesetzes, wenn ich nicht mehr den Tatbeweis für mein Leben erbringen muß oder das Kreuzesgeschehen praktisch vergegenwärtigen will, dann bleibt mir Zeit für eine Liebesbeziehung zu Menschen und Welt. Zur Liebe bin ich ermächtigt, weil ich in den Augen Gottes lebe, und eben ein solches Leben in der Liebe ist selbstverständlich auch im ethischen Sinne ein Leben *für Gott.* Für Gott lebe ich, also lebe ich auch für Gott. An dieser Überlegung kann man erkennen, daß die praktische Vergegenwärtigung des Geschichtlichen ihre größte Problematik darin hat, daß die ganze Geschichte zum Gesetz und damit das ganze Tun zum Werk des Gesetzes wird.

3.6.2 Die Situation der Frage

In der theologischen Hermeneutik ist insbesondere im Gefolge der existentialen Geschichtsinterpretation eine andere Definition des Gegenwartsbezugs sehr weitgehend wirksam geworden. Gemeint ist jetzt der Anschluß an die existentialphilosophische Geschichtsauffassung, wie er vor allem durch Bultmann vollzogen wurde. Diese Auffassung sieht in der Geschichte die Geschichte des menschlichen Denkens und Wollens. Dieses Denken und Wollen ist geprägt vom Wesen des Lebens. Das Wesen des Lebens ist das ständige Unterwegssein des Menschen zur Eigentlichkeit. Das Leben ist wesentlich auf Zukunft ausgerichtet. In diesem Zusammenhang ergibt sich die folgende Möglichkeit, die Gegenwartsbedeutung des Geschichtlichen zu erfassen. Die gesamte Geschichte erscheint als mannigfaltige Darstellung menschlicher Entwürfe zur Eigentlichkeit. Im geschichtlichen Geschehen begegnet mir der Mensch in seinem Wollen. Dieses Wollen schließt immer zugleich ein Sollen des Menschen mit ein. Wenn ich nun in eine existentielle Begegnung mit diesem Feld menschlichen Denkens und Wollens eintrete, werde ich in die Situation der Frage nach *meiner* Eigentlichkeit geführt. Das Geschichtliche führt mich in die Situation der Frage, wo es dann gilt, in der existentiellen Entscheidung meinen eigenen Entwurf der Eigentlichkeit zu wagen. In dieser existentiellen Entscheidung hole ich sowohl die Vergangenheit als auch die Zukunft in die Gegenwart herein. In der Gegenwart entscheide ich über die Bedeutung des Vergangenen und entwerfe in ihr zugleich meine Zukunft.

Interessant an diesem Entwurf sind vor allem die beiden folgenden Punkte:

1. Die Zeitlichkeit des Vergangenen spielt insofern nur eine akzidentielle Rolle, als der Zeitpunkt des vergangenen Geschehens relativ zum Ich der Gegenwart unerheblich ist. Der Entwurf menschlichen Seins kann genauso wahrgenommen werden in jüngster wie in fernster Vergangenheit. Dies beruht auf dem Geschichtsbegriff der Existentialphilosophie. Die Geschichte ist immer nur im gegenwärtigen Subjekt wirklich. Die Geschichte ist eigentlich in der Geschichtlichkeit des Subjekts. Und

deshalb hat sie keine Wirklichkeit außerhalb dieses Subjekts. Und eben darum ist der Zeitpunkt des Geschehens von bloß akzidentieller Bedeutung. Dieses Geschichtsverständnis befindet sich in einer gewissen Spannung sowohl zu analytischen Erkenntnissen, wonach die Temporalität des Geschehens für seine Erkenntnis von grundlegender Wichtigkeit ist, als auch zum Evangelium selbst, das das Kreuzesgeschehen jedenfalls in seiner objektiven Geschichtlichkeit festhält. Gerade der Evangelist Lukas gibt hier mit seinen genauen chronologischen Angaben einen deutlichen Fingerzeig.

2. Interessant an der genannten Definition des Gegenwartsbezugs ist ferner, daß das erkennende Subjekt des Menschen ausschließlich als Handlungssubjekt in Frage kommt. Der Mensch bezieht sich *entscheidend* auf die Geschichte, er ist, wenn es zu ihrer Vergegenwärtigung kommt, Handlungsubjekt. Dies steht in auffälligem Widerspruch zu dem, wie der Mensch in der Geschichte selbst zur Sprache kommt. Dort kommt er nämlich gerade nicht als Handlungssubjekt zur Sprache, sondern als Referenzsubjekt. Eine Geschichte ist erst dann von ihm zu erzählen, wenn seine Handlungen nicht einfach rezeptartig ausführbar waren. Eine Geschichte ist erst zu erzählen, wenn neben dem Gewollten auch Ungewolltes, neben dem Handeln auch Erleiden, neben dem Erwarteten auch Überraschendes zu erzählen ist. Eben darin zeigt sich, daß der Mensch Subjekt seiner Geschichte nicht so ist, wie er Subjekt einzelner Handlungen ist.

Wenn von ihm eine Geschichte zu erzählen ist, dann kommt allererst die Identität seines Ichs zustande. Wenn also der Mensch im Vollzug der Vergegenwärtigung des Geschichtlichen nun ausschließlich als Handlungssubjekt in Frage kommt, als Handlungssubjekt, das sich in der geschichtlichen Entscheidung entwirft, dann kommt der Mensch in der Vergegenwärtigung jedenfalls als ein anderer in Frage, als Menschen von derselben ontologischen Qualität in der Geschichte zur Sprache kommen. Dies ist nicht einleuchtend. Wenn der Mensch doch in der Geschichte als Referenzsubjekt zum Vorschein kommt, müßte er auch in der Vergegenwärtigung des Geschichtlichen ein solches Referenzsubjekt sein können. Referenzsubjekt kann er sein, wenn er die Geschichte nicht einfach – theologisch gesprochen – in die Rolle des Gesetzes versetzt. Von der Geschichte läßt er sich also nicht einfach in die Situation der Frage führen, sondern er lernt die Geschichte in einer anderen Dimension wahrnehmen. Er lernt Geschichte wahrnehmen als ein Geschehen, das ihn auch zum Sein ermächtigt. Es trifft wohl nicht zu, daß der Mensch seine ganze Geschichte in der existentiellen Entscheidung einholen muß, auch wenn er sich zweifellos schuldig machen kann in der unentschiedenen Übernahme des Vergangenen. Die mir zuvorkommende Geschichte bedeutet eben nicht bloß eine Aufforderung zum eigenen Entwurf. Sie bildet auch einen Daseinsraum, den ich nicht erst durch Entscheidung neu erschaffen muß.

In diesem Zusammenhang wäre es interessant, einmal die mir zuvorkommende Existenz beispielsweise der Kirche zu bedenken. Insbesondere ist es interessant, die mir zuvorkommende Sprache zu bedenken, die so etwas wie eine ausdrückliche Gestalt der daseinsgewährenden Geschichte ist. Sie gewährt mir einen Lebensraum, ohne daß ich sie in der existentiellen Entscheidung allererst einzuholen hätte. Solche Sprache steht mir zur Verfügung, sie fällt mir zu. Und wenn ich eine Entscheidung zu fällen habe, dann ist es die Entscheidung *gegen sie*. Das ist die am Phänomen des Geschichtlichen ablesbare Asymmetrie der göttlichen Liebe. In ihr widerspiegelt sich die Asymmetrie des Lebens: das Leben kann ich mir nur nehmen, niemals aber geben.

Wenden wir dies auf unser Beispiel Gal 2,19f an, so ergibt sich die folgende Überlegung: Paulus kann von sich selbst sagen, er sei ein mit Christus Gekreuzigter. Dieses Ereignis der Kreuzigung des Ichs geschieht jedoch nicht einfach in der menschlichen Entscheidung für Christus, sondern Paulus ist allen Ernstes der Ansicht, daß das Geschick seines eigenen Ichs schon im Geschehen am Kreuz mitentschieden worden sei. Gewiß läßt sich dieses Mitentschiedensein nicht im Sinne einer Heilstatsache objektivieren. Gewiß kommt diese Entscheidung des Christus zugunsten meines Ichs erst dann zum Ziel, wenn ich sie mir gefallen lasse. Daraus darf jedoch nicht geschlossen werden, daß ich jenes Geschehen in meiner Entscheidung reproduzieren könne. Gott sei Dank muß ich jenes Geschehen der Kreuzigung gerade nicht an mir reproduzieren und kann dennoch ein mit Christus gekreuzigter Mensch sein. Wodurch geschieht dies? Es geschieht durch das Wort vom Kreuz, vermittelt in den Wörtern der Kirche und in den Sakramenten der Gemeinde. Das Wort vom Kreuz gewährt mir Raum in dieser Vergangenheit, die ich nicht produziert habe und deshalb auch nicht zu reproduzieren brauche. Das Wort vom Kreuz vollzieht das Kreuzesgeschehen als Geschehen an mir, ohne mir in der existenziellen Entscheidung eine Wiederholung des Geschehens zuzumuten. Das Wort vom Kreuz gewährt einen Raum für meine *schon entschiedene* Existenz. Die Frage muß sein, ob ich aus diesem Lebensraum wieder austreten will in die Finsternis des Todes.

3.6.3 Identität

Wenn also sowohl historische als auch theologische Gründe dafür sprechen, daß aus der Geschichte nicht das Handeln lernbar ist und daß die Geschichte mich nicht einfach in die Situation der Frage führt, was soll ich dann aus der Geschichte lernen können? Die Antwort *Hermann Lübbes* lautet: aus der Geschichte lernen wir, wer wir und andere sind ([26] 213). Die Aufgabe der Geschichtsbetrachtung ist es, vergangene Identität zu präsentieren, vergangene Personen in Erscheinung treten zu lassen. Wenn es die Hauptfunktion der Geschichtserzählung ist, vergangene Identität zu präsentieren, dann ist es evident, daß Geschichten gar keine Moral haben können. Geschichten sind eine Einführung in die nicht-moralische Betrachtungsweise vergangenen Menschseins. Sie schaffen Interesse an vergangenem Dasein. Wenn von einem Individuum eine Geschichte erzählt wird, dann wird gerade dadurch deutlich, daß seine Identität nicht auf seinen Willen zurückgeführt werden kann.

Gerade die Geschichten lehren demnach, daß die Identität eines bestimmten Menschen nicht auf seiner Eigenmacht ruht. Also sind Geschichten eine Einführung in die Unverfügbarkeit menschlicher Identität, oder – wie man auch sagen könnte – eine Einübung in die Kontingenz des Daseins. Deshalb haben die Geschichten – im Unterschied etwa zu Lehrfabeln – keine Moral. Sie entziehen die Geschichte ihrer praktischen Ausbeutung, indem sie den Blick auf das lenken, was der menschlichen Handlungsmacht entzogen ist. Indem sie an vergangenem Menschsein zeigen, daß die Identität des Menschen weder auf seinen Willen noch auf seine Praxis rückführbar ist, vermitteln Geschichten so etwas wie eine Einsicht darein, daß der Mensch in gewisser Weise sich selbst entzogen ist. Denn sie zeigen ja, daß der Mensch nur das Referenzsubjekt und nicht das Handlungssubjekt der Geschichte ist. Dies läßt sich von der Geschichte ganz allgemein sagen. Die Geschichte lehrt uns, daß wir in dieser Welt niemals ausschließlich als Handlungssubjekt in Frage kommen. Der Gegenwartsbezug der Geschichte besteht in der Lehre, daß der Mensch sich selbst in gewisser Weise entzogen ist.

Aus dieser Lehre ließe sich offensichtlich eine Predigt entnehmen. Gemeint ist die Predigt der Endlichkeit und Vergänglichkeit, welche sich angesichts des Menschseins in der Geschichte ergibt. Diese Predigt der Endlichkeit und Vergänglichkeit hätte den Menschen bekannt zu machen damit, daß er sich mit der Kontingenz seines eigenen Daseins abfinden muß. Er muß wissen, daß er Referenzsubjekt der Geschichte ist, nicht Handlungssubjekt. Eigentlich müßten ja die Theologen ein gutes Verhältnis haben zu dieser Predigt der Endlichkeit und Vergänglichkeit, welche sich hier als Lehre aus der Geschichte nahelegt. Umso bestürzender ist es zu beobachten, daß gerade Theologen, die sich selbst Fortschrittlichkeit zuschreiben, immer wieder eine andere Predigt anstimmen. Es ist eine Predigt, welche ihren maßgeblichen Text in der utopischen Ideologie hat, wonach der Mensch dereinst zum ausschließlichen Handlungssubjekt der Geschichte aufgestiegen sein werde. Es ist eine Predigt, welche das wahre Menschsein erst in der Verwirklichung der uneingeschränkten Handlungsmacht erkennen will, und welche demzufolge dem gegenwärtigen Menschsein ein Defizit zuerkennen muß.

Diese Predigt der *Un*endlichkeit und *Un*vergänglichkeit weist den Menschen in eine göttliche Position, in eine Position, die er sich immer erträumt haben mag, aber auch in eine Position, in welcher Gott schon nicht mehr ist. Die Predigt der Unendlichkeit und Unvergänglichkeit versieht die menschlichen Träume mit einem Heiligenschein. Sie heiligt die menschlichen Wünsche zur Selbstherrlichkeit. Und genau dieser Heiligenschein täuscht den konkreten Menschen darüber hinweg, daß die Position der Selbstherrlichkeit von Gott selbst eben nicht eingenommen wird. Und eben so verleitet diese Predigt der Unendlichkeit den Menschen dazu, an Gott vorbeizugehen und dann auch sich selbst zu verfehlen. Und eben so erweist sich diese Predigt als Predigt des Gesetzes, weil sie den Menschen auf eine Subjektsposition anspricht, die er niemals erreichen können wird und die er – recht besehen – auch niemals erreichen soll. Die Predigt der Unendlichkeit sät Zwietracht zwischen das wirkliche Sein des Menschen und sein wirkliches Verhalten: mit seinem Verhalten, seiner Anstrengung in Richtung Handlungssubjekt, vernichtet er sein wirkliches Sein, sein Sein als Referenzsubjekt. Die Predigt der Unendlichkeit spricht den Menschen auf ein Verhalten an, in welchem er sich selbst widersprechen muß. Und eben deshalb ist diese Predigt die Predigt des Gesetzes.

Paulus konnte Abstand nehmen von der Predigt des Gesetzes. Durch das Gesetz bin ich dem Gesetz gestorben, sagt er in Gal 2,19, ich bin aus dem Anspruch des Gesetzes befreit. Vom Anspruch des Gesetzes ist er befreit, weil er in den Augen Gottes lebt. Sein Leben hat er – geschichtlich gesprochen – nicht als Handlungssubjekt, sondern als Referenzsubjekt. Nur mit Referenz zu Gott kann man sagen, er *habe* das Leben. Wie kommt Paulus zu einer solchen Aussage? Die Antwort folgt unmittelbar darauf: Ich bin ein mit Christus Gekreuzigter. Das Ich des Paulus ist mit der Geschichte Jesu Christi aufs engste verknüpft. Wenn in der Geschichte Jesu die Identität des Jesus Christus präsentiert wird, so geschieht dies immer mit der Absicht, klar und deutlich zu machen, daß und inwiefern unsere Identität mit auf dem Spiel steht.

Für Paulus ist seine eigene Identität erkenntlich geworden an der Geschichte des Gekreuzigten. Die Geschichte des Gekreuzigten lenkt ihn davon ab, Handlungssubjekt seiner eigenen Geschichte zu sein. Denn sie bringt ihn als Referenzsubjekt zur Sprache: als Referenzsubjekt in der Geschichte der Liebe Gottes. Der Gekreuzigte ist genau jener Mensch Gottes, der den Menschen einen Platz bereithält in der Geschichte der Liebe Gottes. Und gerade der Gekreuzigte konnte ganz und gar Referenzsubjekt seiner Geschichte bleiben, und eben so wurde er zum Hauptstück der Geschichte Gottes in der Welt. Wenn das menschliche Ich in diesem Raum Platz nimmt, der da in der Geschichte der Liebe Gottes offen gehalten wird, dann erhält es eine neue Identität: die Identität des Mitgekreuzigtseins mit Christus. Es mag nun die Frage entstehen, was für ein Ich mit Christus gekreuzigt sei. Die Antwort kann man sich leicht geben. Es ist das Ich, das ständig über sein geschichtliches konkretes Dasein hinauskommen muß. Es ist das Ich, das sich handelnd und machtergreifend auf die Gegenwart beziehen muß. Es ist das Ich, das vom Gesetz angesprochen ist.

Wenn auf diese Weise eine neue Identität des Ichs zustandekommt, dann wird auch deutlich, daß der Mensch sich selbst entzogen ist. Paulus spricht dies explizit aus: Nun lebe nicht mehr ich, sondern Christus lebt in mir. Manche sehen in diesem Satz freilich eine typisch religiöse Entfremdung des Menschen. Denn für manche ist die Tatsache, daß sie sich selbst entzogen sind, eine so große Provokation, daß sie nicht einmal den Gedanken daran aufkommen lassen können. Und es ist ja wahr: Der Entzug des Menschen gegenüber sich selbst ist so etwas wie ein Vorschein des Todes, in welchem die Entzogenheit endgültig sein wird. Aber eben, es ist ein Vorschein des Todes *Jesu,* in welchem seine endgültige Entzogenheit zugleich sein endgültiges Sein bei Gott beinhaltet. Wenn der Mensch also sich selbst entzogen ist, so ist er damit nicht auf das Nichts, sondern auf Gott bezogen. Diesen Vorschein des Todes sollte er sich zugunsten des Lebens gefallen lassen.

Schon was die Geschichte lehrt, übt den Menschen ein in die Position, wo er sich seine Entzogenheit gefallen läßt. Aber die Lehre der Geschichte führt ihn nur ein in die *Unvermeidlichkeit* dessen, daß er nicht Herr über alle Dinge ist. Sie führt ihn allenfalls ein in das Geltenlassen der Kontingenz des Lebens. An dieser Lehre hat auch das Evangelium teil, wenn es die Geschichte Jesu erzählt. Aber das Evangelium geht über diese Lehre hinaus. Es präsentiert die Identität des Gekreuzigten, um mir einen Platz in der Geschichte Gottes anzubieten. Es gewährt mir Identität im Sinne eines Referenzsubjekts, allerdings nicht bloß eines Referenzsubjekts der zwischen dem Absoluten und dem Nichts hin und her schwankenden Geschichte, sondern eines Referenzsubjekts in der auf die Fülle des Lebens gerichteten Geschichte der Liebe Gottes. Deshalb kann Paulus sagen: Jetzt lebe nicht mehr ich, sondern Christus lebt in mir. Man könnte dies paraphrasieren: Jetzt kommt Christus für meine Lebendigkeit auf. Lebendig bin ich, wenn ich aufwache aus dem Traum von meiner auf der Handlungssubjektposition beruhenden Lebendigkeit. Deshalb kann man vom Gegenwartsbezug des Evangeliums sagen: Nicht nur entzieht es die Geschichte Gottes meiner praktischen Ausbeutung, indem es sich gegen die lehrhafte Auswertung wehrt, sondern es bezieht auch den gegenwärtigen Menschen neu auf die Gegenwart. Es bezieht ihn so auf die Gegenwart, daß er dieser Gegenwart nicht die Garantie seiner Identitätsfindung auflasten muß. Der Mensch wird als Referenzsubjekt auf die Gegenwart bezogen. Dies ist der Gegenwartsbezug des Evangeliums, das die Geschichte des Gekreuzigten zu seinem Herzstück hat. Das Evangelium beteiligt sich maßgeblich an der Frage, wer ich jetzt bin, und eben so unterbricht es meine Alleinherrschaft in dieser Frage. Es unterbricht auch die Zwangslage, daß ich mir selbst ausgeliefert bin in dieser Frage.

Wir sagten: Aus der Geschichte kann man lernen, daß des Menschen

Dasein kontingent ist. Das ist die Lehre der Endlichkeit und Vergänglichkeit, zu der sich die Lehre aus der Geschichte steigern läßt. Allerdings lehrt das Evangelium mehr. Es spricht von einem kontingenten Geschehen, von einem freilich auch bloß historisch verstehbaren und dennoch theologisch zu verstehenden Geschehen, in welchem das Absolute sich auf die Kontingenz absolut eingelassen habe. Wir sagten früher schon: Das Evangelium spricht vom concretum universale, und es meint damit ein kontingentes Geschehen, in welchem Gott wahrzunehmen sei. Wenn selbst Gott so eng mit der Vergänglichkeit im Zusammenhang steht, dann ergibt sich daraus sowohl eine *Verschärfung* als auch eine *Steigerung* weltlicher Kontingenz. Gerade der Mensch auf der Suche nach Gott ist an das schlechthin Kontingente verwiesen. Und es wird ihm jede Möglichkeit entzogen, sich im Namen Gottes aus der Vergänglichkeit davonzumachen. Er wird unmittelbar konfrontiert mit der Möglichkeit seines Nichtseins (denn er lernt sein eigenes Sein als Möglichkeit unter anderen kennen) sowie mit der Wirklichkeit seiner Ohnmacht (denn er lernt sein Dasein als geschichtliches und nicht einfach als gewolltes kennen). Das verschärft die Wahrnehmung der Kontingenz des Lebens.

Allerdings hat das kontingente Geschehen des Kreuzes zu gelten als Ereignis der Macht Gottes, in welchem die Nichtigkeit aufgehoben und die Liebe zum Vergänglichen entdeckt wurde, so daß die menschliche Situation der Vergänglichkeit erschlossen wurde als der Ort, wo Gottes Lebendigkeit stattfindet. Oder mit den Worten des Paulus gesagt: die Dynamis (Gottes) kommt in der Schwachheit (des Menschen) zur Vollendung (vgl. 2 Kor 12,9). Die so erschlossene Kontingenz menschlichen Daseins hat eine Steigerung erfahren. Die Vergänglichkeit und Endlichkeit des Menschen kann demzufolge nicht mehr bloß hingenommen werden, gleichsam als defizitäre Unvermeidlichkeit, sondern sie wird mit dem Lob und Dank des Geschöpfs bedacht. Aus der Hinnahme der Weltlichkeit menschlichen Seins wird die *Freiheit* der Kinder Gottes zur Weltlichkeit.

3.7 Entmythologisierung

In einer knapp gehaltenen Überlegung zum neutestamentlichen Umgang mit der Mythologie machen wir uns klar, inwiefern das auf die Geschichte Jesu bezogene Evangelium selbst die Entmythologisierung fordert und dann auch ermöglicht. Wir vergegenwärtigen uns dieses Problem an einigen Beobachtungen zum Philipperhymnus (Phil 2,6–11). Dieses vorpaulinische Lied ist wahrscheinlich auf dem Hintergrund hellenistisch-jüdischer Sophia-Theologie zu sehen. Gerade die Sophia-Spekulation des Judentums bot für den Gedanken der Menschwerdung Gottes günstiges Ausgangsmaterial, da ja auch dort von der Erscheinungsweise der transzendenten Weisheit in der Welt die Rede ist. Diese Weisheitsvorstellung macht gleichsam die Gottesgegenwart auf der Erde sagbar. Eine gewisse Nähe besteht ferner auch zum sogenannten Urmensch-Erlöser-Mythos der Gnosis (wie er etwa im Perlenlied der Thomasakten erscheint). Der gnostische Mythos könnte erklären, warum der Gang aus der Präexistenz in die Niedrigkeit notwendig war. Gleichgültig welchem religionsgeschichtlichen Milieu man den Vorzug gibt, in beiden Fällen handelt es sich eindeutig um mythologisches Denken. Das Spannende an diesem Hymnus ist nun zu beobachten, wie er mit dem mythologischen Denken umgeht. Es lassen sich drei Stufen dieses Umgangs erkennen.

1. Betrachtet man allein den religionsgeschichtlichen Horizont, so ist sowohl im Falle der Weisheitstheologie als auch im Falle der Gnosis der Bannkreis des Mythologischen insofern nicht verlassen, als beide nicht von einer Menschwerdung sprechen (also von einer Entäußerung wie in V.7a oder dem Gehorsam bis zum Tode wie in V.8b). Die entsprechende Erlösergestalt hat denn auch eine vollkommen mythologische Identität. Sie ist keine Person der Geschichte, sondern eine Symbolfigur der Urzeit. Der Urmensch als Erlöser nimmt keine menschliche Gestalt an, weil die Erlösung von dieser Menschlichkeit gar nicht abhängt. Das Heruntersteigen vom Himmel ist bloße Ortsveränderung, nicht etwa eine Gestaltwerdung der göttlichen Zuwendung zum Niederen. Die Erlösung sowohl im gnostischen als auch im weisheitlichen Denken besteht darin, daß dem Menschen ein Wissen übergeben wird, daß ihm eine Lehre gelehrt wird, mit deren Hilfe er sich selbst erkennen lernt. Die Erlösung *ist* genau diese Selbsterkenntnis. Deshalb ist der Erlöser selbst entbehrlich, er wird restlos vertreten durch das Wissen oder die Lehre über ihn. Deshalb ist die Begegnung mit dem Erlöser nicht entscheidend. Entscheidend ist die Begegnung mit der Lehre, welche aus dem Mythos vom Erlöser hervorgeht.

Diese Eigenart der Soteriologie ist für die anthropologische Ebene bedeutsam. So wenig wie der Erlöser menschliche Gestalt annimmt, so wenig werden die menschlichen Träume von der Göttlichkeit des Selbst einer Konfrontation mit der menschlichen und weltlichen Wirklichkeit unterzogen. Das wahre Selbst des Menschen bleibt unberührt vom Weltlichen. Deshalb muß es das Ziel des Menschen sein, sich immer stärker aus dem Zusammenhang des Weltlichen zu entfernen. Die mythologische Identität des Erlösers, welche sich hier darin äußert, daß er Gott bleibt, widerspiegelt die mythologische Identität des Menschen, welcher sich im Rückzug auf sein wahres Selbst den Bedingungen der Weltlichkeit entzieht.

2. Betrachtet man die Ebene des vorpaulinischen Christushymnus, so befindet man sich auf einer zweiten Stufe des Umgangs mit dem Mythologischen. Gewiß, die präexistente Erlöserfigur wird in eindrücklicher Weise in die Menschwerdung entlassen. Er hielt nicht gierig daran fest,

Gott gleich zu sein (vgl. Phil 2,6). Er nahm Sklavendasein an, wurde den Menschen gleich, und durch seine Erscheinung als Mensch erwiesen (2,7). Ja sogar der Tod blieb ihm nicht erspart, eine eindrückliche Tat seines Gehorsams (2,8). Hier ist also mit aller Schärfe die Menschwerdung des Erlösers in den Mittelpunkt gestellt. Und die Menschwerdung, die Niedrigkeit ist es auch, welche den Grund für seine Hoheit angibt (*darum* hat Gott ihn erhöht, 2,9). Insofern ist also die Unberührtheit des Mythologischen durchaus gestört.
Allerdings ist es auf dieser Stufe nicht einsichtig zu machen, was für einen Stellenwert die konkrete Gestalt des Menschseins des Erlösers hat. Die Menschwerdung wird hier gleichsam formal gedacht, sie wird zu einem reinen Daß verdünnt. Zwar kommt der Hymnus nicht ohne das faktische Menschsein Jesu aus (man muß ja überhaupt annehmen, daß die Existenz Jesu, die in aller Erinnerung war, zu der hier angeführten Modifikation des mythischen Denkens führte), aber zugleich spielt das faktische Menschsein Jesu auch keine bestimmende Rolle für die Identität des Christus.
Dies kann man beispielsweise daran erkennen, daß die Aussagen über sein Menschsein durchaus allgemein verstanden werden können. So ist etwa die Knechtsgestalt seines Daseins (V.7) verstehbar als Gestalt des allgemeinen Menschseins, welches in hellenistischer Zeit als Unterordnung unter die Gewalt der Mächte verstanden wurde. Die Knechtsgestalt des Erlösers war eben die Gestalt des Menschseins, welche er nun mit allen Menschen teilte. Er wurde in dem Sinne *ein* Mensch, als er an dem allgemeinen Schicksal des Menschlichen teilhatte.
Ebenso kann man seine Erniedrigung verstehen als Aufgeben seiner gottgleichen Seinsweise. Erniedrigung bedeutet schon die Menschwerdung. Die Erniedrigung liegt schlicht darin beschlossen, daß er in die Welt eintritt wie ein Mensch (durch die Geburt) und daß er von dieser Welt abtritt wie ein Mensch (durch den Tod). Der Gehorsam bis zum Tod ist verstehbar als konsequenter Verzicht auf die Göttlichkeit.
Diese Beispiele zeigen, daß die Menschlichkeit des Erlösers von bloß allgemeiner Identität ist. Die Identität des Christus ist insofern allgemein menschlich, als sein Weg sich nicht unterscheidet von dem Weg, den jeder Mensch in der Welt zu gehen hat: dem Weg von der Geburt bis zum Tode. Die grundsätzlich mythologische Identität des Christus bleibt jedoch erhalten, weil auch die Menschwerdung in den Rahmen des Mythologischen aufgehoben wird. Die Menschwerdung wird zu einem Punkt reduziert, der auf die Identität des Christus keinen bestimmenden Einfluß hat. Die Niedrigkeit dieses Erlösers wird immer noch von seiner Hoheit bestimmt, weil in ihr der allgemeine Gegensatz von Göttlichem und Menschlichem als Gegensatz von Hoheit und Niedrigkeit schlechthin erscheint.
Auf die anthropologische Ebene übertragen heißt das: Die Weltberüh-

rung der menschlichen Träume ist gleichsam punktuell. Sie werden von dieser Weltberührung nicht *bestimmend* getroffen. Die Vorstellung vom Menschsein des Menschen bleibt dementsprechend allgemein: ein Mensch ist der Mensch, weil er wie alle andern geboren wird und sterben muß.

Es dürfte einleuchten, daß man mit einer solchen allgemeinen Identität nicht leben kann. Es stellt sich unverzüglich die Notwendigkeit ein, sich eine Unverwechselbarkeit des Menschseins zu verschaffen. Diese Unverwechselbarkeit hat sich das menschliche Ich dann eigenhändig zu erwerben. In diesem Punkt ist es vom Erlöser nicht berührt. So wie der Erlöser nicht eigentlich Mensch in Person geworden ist, sondern die Menschheit angenommen hat, so definiert sich der Mensch nicht als einmalige Individualität, sondern als Mensch schlechthin, welcher seine Unverwechselbarkeit erst herzustellen hat. Die Abstraktion vom Menschsein hinsichtlich des Erlösers setzt sich fort in der Abstraktheit des Menschseins hinsichtlich der Menschen. So wie die mythologische Identität des Christus unangetastet bleibt, bleibt des Menschen Menschlichkeit abstrakt. Welche Konsequenzen könnte die Einsicht haben, daß dieses weit verbreitete anthropologische Grundmodell im Prinzip mythologisches Denken darstellt?

3. Die ganze Sache ändert sich mit einem Schlage durch den paulinischen Hinweis auf den konkreten Tod Jesu am Kreuz (2,8c). Die Erwähnung dieses Todes bringt die konkrete, geschichtliche Gestalt des Menschseins Jesu unüberhörbar ins Spiel. Christus erscheint nicht mehr als der Mensch schlechthin, als ein Mensch wie alle andern auch, sondern er erscheint in seiner Personalität. Er erscheint als ein bestimmter Mensch, dessen Tod und Leben ihn von allen anderen Menschen unverwechselbar unterscheidet. Mit der Einführung des Kreuzestodes wird die mythologische Identität des Christus ersetzt durch die geschichtliche Identität des Jesus von Nazareth. Damit ist der Prozeß der Entmythologisierung tendenziell und prinzipiell eingeleitet.

Der Prozeß der Entmythologisierung findet konkret so statt, daß die *geschichtliche Identität* des Erlösers eine bestimmende Größe wird. Der Mythos von der himmlischen Existenz bildet nunmehr den *Horizont* dessen, daß die irdische, weltliche Existenz des Jesus in ihrer wahren Bedeutung erscheint. Der Mythos wird also dadurch entmythologisiert, daß er zum Horizont der Menschlichkeit des Erlösers wird. Wer Christus zu allen Zeiten ist, kann fortan nur gesagt werden, indem man davon erzählt, wer Jesus von Nazareth war. Wie bestimmend die geschichtliche Identität durch die Erwähnung des Kreuzestodes wird, kann man sich vergegenwärtigen, wenn man andere Aussagen des Hymnus betrachtet.

So kann etwa der Gehorsam des Erlösers nicht mehr verstanden werden als seine Treue zur Menschwerdung. Der Gehorsam ist vielmehr die konkrete Unterordnung unter den Willen Gottes, er ist der Gehorsam gegenüber dem göttlichen Wort der Liebe, wie er durch den Menschen

Jesus vollzogen wurde. Dieser Gehorsam verwies Jesus an die Seite der Sünder und Ausgestoßenen, und die Maßlosigkeit dieses Gehorsams brachte ihn mit dem gemessenen Gesetzesgehorsam in Konflikt und brachte ihm schließlich den Tod am Galgen ein.

Die Selbsterniedrigung läßt sich nun nicht mehr verallgemeinern als Dahingabe seiner göttlichen Existenzweise und Annahme der Menschheit, sondern die Erniedrigung muß verstanden werden als Unterordnung unter den Vater, in welcher Jesus Gottes Sohn war (vgl. Mt 18,4). Die Erniedrigung in dieser Konkretheit vollzog sich auch als Dienst an den Geringsten. Sie vollzog sich als Unterordnung unter die Hilfsbedürftigkeit der Schwachen. Und in dieser Konkretheit der Menschwerdung Gottes vollzieht sich so etwas wie eine Entmythologisierung des Menschseins. Es ist deshalb zu vermuten, daß das Programm der Entmythologisierung der neutestamentlichen Schriften, welches durchaus seine große Berechtigung hat, fortgesetzt werden muß in der Entmythologisierung des Menschseins.

Wie geschieht diese Entmythologisierung? Man kann dies zunächst nur sagen, indem man beschreibt, wie das Menschsein durch die Menschlichkeit Gottes entmythologisiert wurde. Dies geschah, indem hier eine Herrschaft in der Gestalt des Dienens ausgeübt wurde. Wohlverstanden: nicht eine als Dienen verkleidete Herrschaft (ganz so, als ob der Erlöser die Menschengestalt als Verkleidung gehabt hätte), sondern die als Dienst konkret gestaltete Herrschaft. Eben dies entmythologisiert die Herrschaft der Welt, welche mit Macht und Stärke herrscht. Entmythologisiert wurde das Menschsein auch, indem hier eine Macht in Erscheinung trat, welche die Gestalt der ohnmächtigen Liebe hatte. Die Ohnmacht der Liebe muß angesichts der Menschwerdung als das menschlich Angemessene erscheinen, während die Welt auf Macht und Stärke setzt. Entmythologisiert wird das Menschsein, indem der Hymnus von der Unterwerfung der Mächte spricht, und zwar von Mächten, die sich das mythologische Selbstverständnis des Menschen zu allen Zeiten zunutze machen konnten.

Ihre Pointe erreicht die Entmythologisierung des Menschseins schließlich in dem, was man als ethischen Aspekt dieses Hymnus bezeichnen könnte. Der ethische Aspekt wird durch Paulus besonders herausgestrichen, weil der Hymnus selbst im Kontext des Briefes einen ethischen Stellenwert erhält. Paulus mahnt, aber er mahnt mit dem Evangelium. Der Hymnus ist durch zwei Stichworte mit dem Kontext des Briefes verknüpft: durch die *tapeinophrosynē,* die Demut, und durch die *hypakoē,* den Gehorsam. Paulus geht davon aus, daß im Singen des Hymnus die Unterordnung unter die Herrschaft des Gekreuzigten geschieht. Im Singen des Hymnus, im Nachbeten dieses Gebets, geschieht es, daß der Mensch in seinem Dasein entmythologisiert wird, weil er aus der Herrschaft der Mächte in die Herrschaft des Gekreuzigten entlassen wird. Dieser konkret geschehende Herrschaftswechsel hat Folgen für eine unmythologische Gestalt des Menschseins. Paulus bezeichnet diese Gestalt mit *Demut* (ein Wort, das bei uns nicht gerade in höchster Würde steht).

Die Erniedrigung des Erlösers, die im Hymnus in alle Himmel hinauf erhoben wird, ermöglicht das Dasein in Demut, in welcher die Anliegen des anderen stets wichtig genommen werden. Dies wird genau dann ermöglicht, wenn der Mensch Einsicht gewinnt in die Gottesträchtigkeit der Gestalt des niedrigen Daseins Jesu. In der Demut liegt die Verheißung, von Gott ebenso unendlich wichtig genommen zu werden, wie Gott den erniedrigten Jesus unendlich wichtig genommen hat. Und eben diese Verheißung bedeutet zugleich eine Befreiung davon, in der selbsterschaffenen Hoheit und Stärke die Verwirklichung des wahren Menschseins zu erblicken. Auf dem Hintergrund des abstrakt gedachten Menschseins, und zwar auch des von Gott abstrakt gedachten Menschseins, ist es gut verständlich, wenn der Mensch sich selbst wichtig nehmen und dann auch sich selbst wichtig machen muß. Dies ist eine mythologische Daseinsweise des Menschen, es ist die Daseinsweise, die neuestens als Gotteskomplex beschrieben werden konnte. Diese mythologische Daseinsweise wird insofern unterlaufen, als Gott selbst seine Erscheinung in der Niedrigkeit Jesu hat. Deshalb ist gerade der Glaube an diesen Gott der Schritt von der mythologischen zur wahrhaftigen Daseinsweise, und deshalb wirkt sich dieser Glaube aus als Existenz in Niedrigkeit, in welcher das Wohl des Andern maßgebend ist und in welcher die Liebe eingibt, was zu tun ist (vgl. 2,2.4). Im Hymnus erhält die Niedrigkeit gleichsam ihre Unverwechselbarkeit, sofern es völlig klar wird, wodurch sie ermöglicht ist und in welchem Namen sie geschehen kann. Ermöglicht könnte sie ja durchaus durch menschliche Machtbedürfnisse sein. Niedrigkeit wäre dann eine maskierte Hoheit. Wer diesen Hymnus singt, wird eingewiesen in eine Niedrigkeit, die niemals die Gestalt des Hochmuts hat, sondern vielmehr die der Liebe.

Ähnliches läßt sich vom Gehorsam sagen: Das Singen des Liedes ist genau der Vollzug des Gehorsams unter die Herrschaft des Gekreuzigten. Aus diesem Vollzug ergibt sich die gehorsame Gestalt menschlichen Daseins von selbst. Denn wer sich klar darüber geworden ist, was in der Welt absolut maßgeblich ist, der wird sich auch daran halten wollen. Der Gehorsam muß nun nicht mehr formal gedacht werden. Gehorsam gibt es nur als Gehorsam gegenüber dem Gekreuzigten und als Gehorsam, wie ihn der Gekreuzigte gegenüber dem Wort Gottes darstellte. Die selbstherrliche Daseinsweise, die auf nichts und niemanden hören will und eben so allem und jedem den Gehorsam versagt, ist nun offenbar geworden als mythologische Art des Existierens. Menschlich ist der Gehorsam gegenüber dem Gekreuzigten. Und dieser Gehorsam ist es auch, welcher den Menschen in eine emanzipatorische Distanz versetzt zu den Gehorsamsforderungen, welche von verschiedensten Mächten und Machthabern dieser Welt erhoben werden. Man muß Gott mehr gehorchen als den

Menschen. Dieser Satz ist angesichts der Menschlichkeit Gottes allererst konkret geworden. Dieser Gehorsam impliziert ein gespanntes Verhältnis zu den Herrschaftsweisen und Herrschaftsstrukturen dieser Welt und zu der oftmals zu selbstverständlichen Einteilung der Welt in Oben und Unten (welche sich grundsätzlich gleich bleibt, wenn Unten und Oben vertauscht werden). Das ist die ethische Implikation der Entmythologisierung des Menschen: Er findet die Freiheit zur Niedrigkeit und zugleich die Frechheit zum Gehorsam gegenüber dem Gekreuzigten.
Die Entmythologisierung des Menschen, wie sie hier als Ersatz der mythologischen Identität des Christus durch die geschichtliche Identität des Menschen Jesus vollzogen wird, ermöglicht es, daß die menschlichen Träume vom Himmel herabsteigen, um als Gebete zu Gott wieder zum Himmel emporzusteigen. In diesem Herabsteigen der Wünsche und in ihrer Verwandlung in Gebete wiederholt sich die Menschwerdung Gottes, weil in ihr die Menschwerdung des Menschen stattfindet. Dieser Vorgang überholt das Entmythologisierungsprogramm insofern, als er *den Vorgang der Entmythologisierung* existential interpretiert (und nicht bloß den Mythos). Das ist zugleich der Vorgang, in welchem die Mächte der Welt entmachtet werden. Denn sie haben ihre größte Macht, sofern sie sich die Träume des Menschen zunutze machen können, deren Verwirklichung sie anbieten und in die Hand des Menschen zu legen vorgeben.

3.8 Die Relativität des Christusgeschehens

Wenn das Evangelium seine Botschaft nur sagen kann, indem es sich in eminenter Weise auf die Geschichte Jesu Christi bezieht, dann hat auch diese Botschaft Anteil an der Relativität, die allem Geschichtlichen zukommt. Das Evangelium gibt sich ganz an den «geschichtlichen Zufall» des Lebens und Sterbens Jesu Christi preis, wenn es von Gott spricht. Damit liefert es in gewisser Weise auch das Wort von Gott an die Zufälligkeit aus.
In der Theologie der Neuzeit freilich wurde dieser Bezug auf das Zufällige eher mit Skepsis behandelt. Man könnte diese Behandlung darstellen anhand der Wirkungsgeschichte, die Lessings Satz von den zufälligen Geschichtswahrheiten in der Theologie hatte. Daß zufällige Geschichtswahrheiten der Beweis für notwendige Vernunftwahrheiten nie werden können, ist zwar (geschichtsphilosophisch und logisch gesehen) evident. Daß aus dieser Einsicht aber theologischerseits der Schluß gezogen wurde, also könne sich auch der Glaube nicht auf zufällige Geschichtswahrheiten stützen, ist nicht von vornherein überzeugend. Verkündigt denn das Evangelium eine Wahrheit von der Art der notwendigen Vernunftwahrheiten? Die bisherigen Überlegungen und Beobachtungen haben auf diese Frage eine eindeutige Antwort gegeben. Es ist deshalb

nicht unproblematisch, daß der Tatsachenbezug des Glaubens häufig dogmatisch abqualifiziert wird als eine Flucht in die (unstatthafte) Sicherheit. Vielleicht müßte der geschichtlichen Vergewisserung des Glaubens ein ganz anderer Stellenwert eingeräumt werden. Gerade die geschichtliche Vergewisserung könnte eine nachdenkliche Tätigkeit des Glaubens sein, in der er von der Sicherheit der Selbstbegründung fortschreitet zur Gewißheit seines geschichtlichen Grundes.

Mit der Bezogenheit auf das geschichtliche Sein Jesu ist es jedenfalls gegeben, daß auch das Evangelium Anteil hat an der Relativität des Geschichtlichen. Es sind eine ganze Reihe von Faktoren zu benennen, welche in ihrem Zusammenwirken die Relativität des Geschichtlichen ausmachen.

Die *erkenntnistheoretische* Relativität ergibt sich daraus, daß vergangenes Geschehen dem erkennenden Subjekt prinzipiell unbeobachtbar ist. Daraus ergibt sich, daß dieses auf Zeugen angewiesen ist, die ihrerseits ein Geschehen mit ganz bestimmten Augen ansahen und es mit Hilfe bestimmter sprachlicher Kompetenz bezeugten. Relativ ist das Geschehene unter diesem Aspekt insofern, als es nur in Beziehung zu bestimmten (zufälligen) Zeugen existiert und der Nachwelt in dieser Relativität zur Kenntnis gebracht wird. Die Angewiesenheit auf Zeugen macht zugleich die Relativität des Historikers aus: er kann – was mancher bedauern mag – des Geschehens nur im Zusammenhang des Menschlichen ansichtig werden.

Relativ ist das Geschichtliche auch in der Hinsicht, daß immer ein bestimmtes Organisationsschema voraussetzt, wer einen geschichtlichen Sachverhalt darstellt. Die geschichtliche Wahrnehmung ist demzufolge geprägt von den (zufälligen) Wahrnehmungsbedingungen einer Epoche. Auch das Geschehen, auf das das Evangelium seine Botschaft gründet, wird demzufolge von verschiedenen Epochen verschieden wahrgenommen. In der Wahrnehmung historischer Ereignisse gibt eine Epoche immer auch sich selbst zu erkennen. Deshalb sind ihre Wahrnehmungen relativ zu ihrem augenblicklichen Wirklichkeitsverständnis. Dies schließt jedoch ein, daß das historische Geschehen seinerseits auch in dem Sinne relativ ist, daß es ein wichtiger Ort ist, wo verschiedene Epochen zueinander in Beziehung treten. An diesem Ort wird ja sichtbar, in welcher Relation geschichtliche Wahrnehmungen und also auch bestimmte Epochen *zueinander* stehen.

Schließlich ist der Rekurs auf Geschichte auch in der Hinsicht erkenntnistheoretisch relativ, daß jeder, der sich den historischen Fakten zuwendet, dabei von bestimmten Interessen und Neigungen geleitet wird. Zwischen seinen Fragestellungen und der Weise, wie er die Geschichte darstellt, besteht ein innerer Zusammenhang. Von dieser «Parteilichkeit» sind selbstverständlich auch die neutestamentlichen Zeugen nicht ausgenommen, obwohl zu ihnen sogleich noch mehr zu sagen sein wird. Diese

Parteilichkeit ist jedoch nicht etwa die Verhinderung des Geschichtsbezugs des Evangeliums, sondern vielmehr dessen Ermöglichung.
Freilich ist das Geschichtliche nicht bloß in erkenntnistheoretischer, sondern auch in *ontologischer Hinsicht relativ*. Jedes geschichtliche Ereignis erlangt seine Bedeutung und seine Wahrheit im Zusammenhang mit andern Ereignissen. Relativ ist es insofern, als die Geschichte noch nicht zu ihrem Ende gekommen und also noch nicht die ganze geschichtliche Wahrheit der Ereignisse zutage getreten ist. Zu keinem Zeitpunkt der Geschichte kann abschließend gewußt werden, welche Bedeutungsmöglichkeiten und Wahrheitsmomente an einem vergangenen Ereignis aufgetreten sind. Diese prinzipielle Relativität des Geschichtlichen macht es unmöglich, das Besondere *historisch* zu verabsolutieren. Das Besondere gibt sich nicht als Absolutes zu erkennen. Vielmehr erreicht es erst im Zusammenhang mit anderem seine geschichtliche Wahrheit. Daraus folgt, daß das geschichtliche Ereignis unweigerlich relativ ist, sofern es niemals aus seinem geschichtlichen Kontext isolierbar ist.
Von diesem ontologischen Moment der Relativität ist auch das Evangelium betroffen, zumal es sich auf ein im höchsten Maße besonderes Ereignis, das Leben und Sterben Jesu, beruft. Auch für die biblischen Zeugen gilt, daß ihre Sicht der Geschichte Jesu grundsätzlich relativ ist. Dies kann man schon daran erkennen, wie sich den Zeugen unter dem neuen Aspekt der Erfahrung, daß Jesus in den Tod am Kreuz gehen mußte, die Geschichte Jesu anders erschloß als sie es während seiner Lebenszeit erfahren hatten. Jetzt mußte diese Geschichte von ihrem besonderen Ende her neu erzählt werden. Alle Ereignisse des Lebens Jesu wurden relativ zu seinem Tod. Mit fortschreitender theologischer Reflexion wird immer klarer herausgearbeitet, daß die Vollmacht Jesu, wie sie sich vornehmlich in seinen Wundertaten zeigte, relativ zu seiner Ohnmacht am Kreuz war. Am Beispiel des Petrus etwa, der auf halbem Wege sein Messiasbekenntnis ausspricht (vgl. Mk 8,27–33), wird gezeigt, daß Jesus überhaupt nicht verstanden ist, wenn er nicht von seinem Leidensweg und seinem Tod her verstanden wird. Gerade der Protest des Petrus gegen dieses Leiden wird dadurch überwunden, daß Petrus auf den Weg hinter Jesus verwiesen wird. Dieser Weg muß zu Ende gegangen und mitgegangen werden, bevor es Zeit ist für Messiasbekenntnisse. In diesem Sinne kann der «Weg» als markinische Metapher für die Relativität des Seins Jesu verstanden werden.
Das Evangelium zeichnet sich freilich dadurch aus, daß es das Jesusgeschehen nicht bloß in den Zusammenhang des Geschichtlichen bringt. Vielmehr sieht es eine Relation zwischen diesem Geschichtlichen und Gott selbst. Dies läßt sich allein schon daran erkennen, daß der Mensch Jesus als Christus bekannt wird. In diesem Bekenntnis setzt das Evangelium das Besondere und Relative der Geschichte Jesu noch einmal in eine neue Relation, in die Relation zum Absoluten. Bemerkenswert an diesem

Vorgang ist vor allem, daß das Relative dabei nicht in das Absolute aufgehoben wird. Die Geschichte Jesu wird an keinem Ort gleichsam verschlungen von der Übermacht des Christus. Das Relative vor der Aufhebung ins Absolute zu bewahren, erforderte erhebliche Arbeit. Diese Arbeit können wir an verschiedenen Orten der neutestamentlichen Schriften beobachten.

Diese Arbeit findet beispielsweise statt, wenn Markus sein Evangelium schreibt. Sein Unternehmen hat zum maßgebenden Ziel, den Christusglauben an das zu binden, was von Jesus zu erzählen war. Gewiß sagt der Christusglaube mehr, als was angesichts des Menschen Jesus zu sagen wäre. Aber die Höhenflüge des Glaubens finden ihr Kriterium an der Niedrigkeit des Menschen Jesus. In diesem Unternehmen wird demnach dafür gesorgt, daß die Absolutheit des Christus relativ bleibt zur Besonderheit Jesu. Dieselbe Arbeit findet statt, wenn Paulus den korinthischen Versuchen, mit dem Kreuz Christi theologisch fertig zu werden, seine Theologie des Kreuzes entgegensetzt. In Korinth scheint die Gefahr bestanden zu haben, daß das Kreuz Jesu in eine höhere Weisheit über Christus aufgehoben werden könnte. In diesem Zusammenhang nimmt Paulus mit allen Mitteln den Rückruf zum Kreuz vor, einem Geschehen, das weltlich gesehen eine Torheit ist und nur als diese Torheit überhaupt Gottes Weisheit sein kann. Auf vielerlei Weise hält Paulus daran fest, daß die Identität des Christus sich konkret an der Armut Jesu entscheidet, am konkreten Weg der Erniedrigung, den der höchste Gottessohn gegangen ist.

Auf wieder eine andere Weise wird dieselbe Arbeit geleistet von der johanneischen Theologie, welche – im Johannesevangelium – den Sohn des Joseph und den Sohn Gottes so entschlossen identifiziert, daß dieses Evangelium bis hinein in die sprachliche Struktur einen inkarnatorischen Grundzug erhält. Die theologische Schlüsselaussage von der Fleischwerdung des göttlichen Wortes erhält ihr Gegenstück in der grundsätzlichen Zweideutigkeit des johanneischen Sprachgebrauchs: im Verbum «erhöhen» beispielsweise sind die beiden Bedeutungen «ans Kreuz erhöhen» und «in den Himmel erhöhen» unlösbar und unüberbietbar miteinander verschränkt. Die im Laufe des Urchristentums aufgewendete Arbeit, das Absolute ganz an das Relative zu binden, hat hier ihre wohl schönste Frucht getragen. Wie sehr gerade in diesem Evangelium die Herrlichkeit Christi an die Niedrigkeit Jesu gebunden wird, zeigt die Ostergeschichte vom «ungläubigen» Thomas (20, 24–29) Thomas gibt sich nicht zufrieden, bis er sich von der Handgreiflichkeit der Erscheinung Jesu überzeugt hat. Wen seine Mitjünger in der wunderbaren Erscheinung gesehen haben, kann Thomas erst erkennen, wenn er *die Wundmale betastet hat.* Wer der Auferstandene ist, stellt sich erst durch die Zeichen des Gekreuzigten heraus. Diese Geschichte ist ein untrüglicher Hinweis dafür, daß Jesus nicht von Christus verschlungen wurde, beziehungsweise dafür, daß

– anthropologisch gesprochen – die religiöse Weisheit und Phantasie nicht über den menschgewordenen Gottessohn zu herrschen vermochte.

Der Ertrag der skizzierten Arbeit an der Relation des Absoluten zum Relativen ist es, daß das Absolute die Signatur des Relativen erhält. Dies führt nicht nur nicht zur Aufhebung des Besonderen, sondern vielmehr zur unendlichen Würdigung desselben. Indem die Existenz Jesu in ein intensives Verhältnis zur Existenz Gottes gebracht wird, wird die Existenz Jesu unendlich wichtig genommen. Damit hängt es zusammen, daß die Evangelien ebenso wie Paulus keinesfalls verzichten können auf den Rückgriff und die (bei Paulus aufs äußerste konzentrierte) Erzählung des Lebens Jesu. Die unendliche Würdigung dieses relativen Geschehens macht aus dem concretum des Lebens Jesu ein *concretum universale,* ein concretum also, in welchem die universale Wahrheit selbst in Erscheinung tritt.

Es ist unverkennbar, daß der Schritt zu dieser Art von Relativität von großer Tragweite ist. Die neutestamentlichen Autoren sind sich dieser Tragweite wohl bewußt gewesen. Als Beispiel mag Paulus dienen, der in 2 Kor 4,6 jenen einschneidenden Schritt ausdrücklich reflektiert. Dieser Schritt erscheint an dieser Stelle als die Erkenntnis der Herrlichkeit *Gottes* auf dem Gesicht *Jesu* Christi. Eine solche Erkenntnis hat ihren Platz in den Herzen der Menschen, dort also, wo die Fäden des Existierens zusammenlaufen. Im Herzen entsteht sie, und dennoch ist sie diesem Herzen keinesfalls erschwinglich. Wenn sie trotzdem dort entsteht, so führt Paulus dies auf Erleuchtung zurück. Kein anderer als der Gott, der schon zu Beginn der Welt dem Licht zu leuchten befahl, ist es, der es auch jetzt, inmitten der Welt, erneut Licht werden läßt in den Herzen der Menschen. Paulus führt also jenen Schritt auf einen schöpferischen Akt Gottes zurück, der der uranfänglichen Erschaffung des Lichts vergleichbar ist. Damit ist klargestellt, daß sich ein solcher Schritt nicht aus dem Zusammenhang des Weltlichen ergibt. Er kann wiederum nur in seiner Relativität zum schöpferischen Gott angemessen verstanden werden. Denn er ist von einer Qualität, die den Zusammenhang des Seienden übersteigt. Er ist von einer Tragweite, die nur erfaßt wird, wenn sie an dem Ort bedacht wird, *wo es um den Ursprung und nicht bloß um den Bestand des Seienden geht.* Und dennoch ist jener fundamentale Schritt inmitten des Weltlichen Wirklichkeit geworden. Man muß weder in den Himmel aufsteigen noch in die Unterwelt sich hinabbegeben, um dieses Schatzes teilhaftig zu werden. Denn dieser Schatz, so unendlich wertvoll er ist, wird aufbewahrt in irdenen Gefäßen, in endlichen, zerbrechlichen und geschöpflichen Menschen. Die irdenen Gefäße sind eine Metapher für die menschliche Erscheinung des Apostels, für das menschliche Wort der Zeugen, für die Weltlichkeit auch der neutestamentlichen Schriften.

Indem das relative Geschehen des Lebenslaufs Jesu in Verbindung gebracht wird mit dem absoluten Gott, wird dessen Relativität gerade nicht geschmälert, sondern vielmehr gesteigert. Das Christusgeschehen wird in diesem neuen Zusammenhang gleichsam relativer als es als rein geschichtliches Geschehen gewesen wäre. In gewisser Weise tritt es nämlich aus dem Zusammenhang des Geschichtlichen heraus, um in das Gegenüber zu allem Geschehen zu treten. Dies gilt im Blick auf seine Zukunft, seine Gegenwart und auch seine Vergangenheit.

Das Christusgeschehen tritt insofern ins Gegenüber zur Vergangenheit, als es zum Auslegungskriterium der heiligen Schriften und auch der heilsgeschichtlichen (jüdischen) oder religiösen (hellenistischen) Ansprüche wird. Im Gegenüber zum Christusgeschehen erschließen sich die alten Geschichten von Abraham in neuer Weise. Abraham wird – in völligem Widerspruch zur Schrift und auch zur jahrhundertelangen Auslegungstradition – zum Paradebeispiel der Gerechtigkeit aus Glauben (vgl. Röm 4,3; Gal 3,6). Im Gegenüber zum Christusgeschehen wird, statt der Fixierung auf die Werke des Gesetzes, die rettende Macht des Glaubens neu entdeckt. Ebenso erschließen sich im Gegenüber zum Christusgeschehen die alten Erfahrungen hellenistischer Religiosität neu. Die Erfahrung der unwiderstehlichen Kraft, welche unwillkürlich für einen Ausweis des Göttlichen genommen wurde, wird erkenntlich als der Zug der *stummen* Götzen. Die Erfahrung der unwiderstehlichen Anziehungskraft wird neu erschlossen als die Macht, die von jenen Göttern ausgeht, welche kraft ihrer Stummheit mit dem Munde der sie verehrenden Menschen ausgerüstet sind (vgl. 1 Kor 12,1–3).

Im Gegenüber zum Christusgeschehen wird die Gegenwart des Lebens neu erschlossen. Paulus kennt – wie alle Welt – die Erfahrung von weltlicher Widrigkeit: Bedrängnis, Zweifel, Verfolgung, Niedergedrücktwerden. Diese Erfahrung erschließt sich im Zusammenhang mit Jesus als ein Widerschein seines Sterbens. Und so verliert sie ihren vernichtenden Charakter, wie denn auch das Sterben Jesu nicht in Nichts, sondern in die Hände Gottes geführt hatte. Deshalb «werden wir in Zweifel geführt, aber nicht in Verzweiflung, werden wir zu Boden gedrückt, aber nicht vernichtet» (2 Kor 4,8b.9b). Im Lichte des concretum universale, das aus dem Zusammenhang des Geschichtlichen heraus und ins Gegenüber zur Gegenwart tritt, werden die concreta der Zeit verständlich in ihrer Vergänglichkeit. Und insofern kann Abschied genommen werden von ihrer Nichtigkeit.

Schließlich tritt das Christusgeschehen auch ins Gegenüber zu allem Künftigen, sofern es auch die künftigen Ereignisse aufschließt für die Gottesgegenwart. Nicht zufällig ist es die Aufgabe des johanneischen Parakleten, der Gemeinde das Kommende anzukündigen (Joh 16,13). Der Paraklet ist jene Figur, in welcher das Johannesevangelium die unendliche Wichtigkeit des abgeschiedenen und also endlich gewordenen Christus denkt. Der Paraklet ist die Figur, mit deren Hilfe die alles entscheidende Bedeutung des Augenblicks wahrgenommen wird, in welchem Jesus gekommen war. Wenn dieser Paraklet die Gemeinde das Kommende lehrt, so kann es sich dabei kaum um eine bloße Ankündigung des Kommenden handeln. Das eigentliche Problem am Kommenden ist ja nicht, daß man es nicht kommen sieht, sondern ob man, wenn man es kommen sieht, die rechte Einstellung dazu findet. Eben zu dieser Einstellung wird der Paraklet der Gemeinde verhelfen. Er verhilft ihnen aber genau so dazu, daß er das Kommende in den Zusammenhang dessen bringt, was der abgeschiedene Christus sagte und darstellte. Im neutestamentlichen Schrifttum ist der Christus jedoch nicht bloß hermeneutischer Schlüssel des Kommenden. Er ist auch, wenigstens an ein paar Stellen des Neuen Testaments, maßgebend für die absolute Zukunft. An die Stelle des göttlichen Richters wird der Christus treten, vor dem sich alle Welt zu verantworten hat (vgl. Mt 25; 2 Kor 5,10: das Richterpodest Christi). In Christus haben die Menschen angesichts des Jüngsten Tages einen Fürsprecher (vgl. 1 Joh 2,1). Sache dieses Parakleten wird zwar nicht sein, Gott auf die vielen verborgenen Vorzüge anzusprechen, die der zu beurteilende Mensch auch noch hat. Wie könnte Gott ein Vorzug verborgen bleiben? Sache dieses Parakleten wird es sein, den richtenden Gott auf *seine* Liebe anzusprechen, die aus dem zu leicht Befundenen einen Gerechten macht. Indem das Christusgeschehen auf diese Weise auch ins Gegenüber zum Kommenden und zur absoluten Zukunft tritt, wird es grundsätzlich zum alles entscheidenden Kriterium auch apokalyptischer Aussagen. Indes, die apokalyptischen Bilder sind – auch im Neuen Testament – aus den menschlichen Wünschen geboren. Und diese Wünsche waren – auch an manchen neutestamentlichen apokalyptischen Stellen – stärker als der Gekreuzigte. In der Endzeitvorstellung von dem geschlachteten Lamm, das die endgültige Herrschaft übernimmt, blitzt etwas auf von der Maßgeblichkeit *des Gekreuzigten* für die absolute Zukunft (Apk 5,6). Wenn jedoch dieses Bild alsbald wieder übermalt wird durch den weißen Reiter, der – das tödliche Schwert in seinem Mund – die Völker mit eisernem Stabe unterwirft (vgl. Apk 19,11–16), dann sind hier die menschlichen Wünsche des Gekreuzigten erneut Herr geworden. Dies ändert jedoch nichts daran, daß die endgültige Maßgeblichkeit des Gekreuzigten festgehalten und den Nachgeborenen als kritischer Maßstab der Träume zugespielt wird.

Die gesteigerte Relativität des Christusgeschehens, welche soeben hinsichtlich von Vergangenheit, Gegenwart und Zukunft charakterisiert wurde, drückt sich aus in der Ankündigung des Auferstandenen, er werde bei den Menschen sein alle Tage bis an der Welt Ende (Mt 28,20). Wie immer er sonst noch bei ihnen sein mag, er ist es jedenfalls in der Erinnerung, die ihn erneut mit Vergangenheit, Gegenwart und Zukunft in Verbindung zu bringen vermag. Man würde diese Steigerung seiner Relativität rückgängig machen, wollte man sich entweder einer bloßen Beschreibung oder aber einer eigenmächtigen Reproduktion jenes

Geschehens verschreiben. Gerade seine Relativität trägt den Anspruch in sich, daß es in jedem Augenblick der Geschichte zu einer neuen Begegnung mit ihm kommt. Im Unterschied zum gnostischen Erlöser, der entbehrlich ist, wenn er seine Botschaft übergeben hat, rettet der Christus nur in der Begegnung. Und diese gesteigerte Relativität des Christus wiederholt sich im Vorgang der Auslegung. Im auslegenden Nachdenken tritt das concretum universale zu jeder Zeit in ein Verhältnis.

3.9 Metaphorische Rede und Geschichts-Erzählung

Der dritte Hauptteil soll abgeschlossen werden durch eine Überlegung zum Verhältnis von metaphorischer Sprache und Geschichts-Erzählung. Diese zwei Grundformen neutestamentlicher Rede von Gott weisen einen inneren Zusammenhang auf. Er ist schon an mancher Stelle dieser Arbeit angeklungen. In ein paar Punkten soll er – wenigstens skizzenhaft – explizit gemacht werden. Dabei betrachten wir den genannten Zusammenhang unter dem Aspekt, inwiefern in ihm die Sprache des Glaubens ihre Eigenart findet. Die Frage wird also sein, inwiefern der Zusammenhang von metaphorischer Rede und Geschichts-Erzählung noch einmal ein Licht wirft auf die Sprache, die der Glaube spricht.

3.9.1 Übertragung Jesu auf Gott

Der Zusammenhang zwischen der metaphorischen Rede und der Geschichts-Erzählung ist zunächst in einem bestimmten Bedingungsverhältnis zu sehen. Denn die Entstehung des neutestamentlichen metaphorischen Redens verdankt sich nicht bloß der Kraft der Sprache. Sie verdankt sich in gewisser Hinsicht einem Geschehen, das in einer Kurzformel wie folgt beschrieben werden kann: Jesus ist von den Toten auferstanden. Zwar verbietet es die erkenntnistheoretische Verfassung des geschichtlichen Denkens, daß dieser Satz Anspruch darauf erhebt, *geschichtliche* Wirklichkeit zu beschreiben. Anspruch auf geschichtliche Wirklichkeit kann in dem Satz zunächst nur das erheben, was mit dem Wort Jesus gemeint ist, während die Auferstehung von den Toten nicht als Ereignis im historischen Sinne des Wortes in Frage kommt. Allerdings sind auch in diesem Zusammenhang Dinge zu nennen, die durchaus Anspruch auf historische Wirklichkeit erheben. Es gibt von mehreren Leuten Behauptungen, sie hätten den toten Jesus erneut gesehen. Gleichgültig wie diese Erscheinungen psychologisch zu erklären sein mögen, sie gehören zu den historischen Spuren jenes Geschehens, das die genannten Leute als Auferstehung Jesu von den Toten verstanden hatten. Unter diesen Vorbehalten kann jener Satz als Zusammenfassung des grundlegenden Geschehens gelten, das zur Entstehung des christlichen Glaubens und auch seiner Sprache geführt hat.

Dieses Geschehen führte in den urchristlichen Schriften zu einer Vielfalt von ähnlichen Aussagen. Einige Beispiele seien genannt: Jesus ist der Christus (Joh 20,31). Jesus ist der Sohn Gottes (vgl. Mk 15,34). Die Anrede an den Christus, nachdem er seine Wundmale vorgewiesen hat: Mein Herr und mein Gott (Joh 20,28). Die Torheit des Kreuzes ist Gottes Weisheit, die Ärgerlichkeit des Kreuzes ist Gottes Kraft (vgl. 1 Kor 1,18–25). Christus ist unsere Rechtfertigung, Heiligung und Erlösung (vgl. 1 Kor 1,30). Die Macht (Gottes) kommt in der Schwachheit (des Menschen) zur Vollendung (2 Kor 12,9). Das Wort ward Fleisch (Joh 1,14). In allen diesen Aussagen sind Gott und Welt, Endzeit und Gegenwart, Himmel und Erde auf charakteristische Weise zusammengehalten. Alle diese Aussagen sind Beispiele für die Eigenart der Metaphorik, wie sie in der Sprache des christlichen Glaubens entstand.

Sosehr die Sprache des christlichen Glaubens metaphorischen Charakter hat, sowenig könnte man sagen, die *metaphorischen Möglichkeiten der Sprache selbst seien die zureichende Entstehungsbedingung* dafür, daß der christliche Glaube diese Sprache fand. Hier geht es nicht bloß um das Glück des Metaphorischen, wiewohl gerade dieses weithin – auch in der Theologie – in verhängnisvoller Weise unterschätzt wird. Die spezifische Metaphorik der Sprache des Glaubens verdankt sich vielmehr dem Geschehen, das wir soeben auf die Formel der Auferstehung Jesu von den Toten brachten. Deshalb gehört es wesentlich zu dieser Sprache, daß erzählt wird von jenem Geschehen, aus welchem sie ihre metaphorische Kraft schöpft.

Wenn es der Sprache gegeben ist, die Torheit des Kreuzes in einen Zusammenhang zu bringen mit der Weisheit des höchsten Gottes, so bedeutet dies gewiß eine Art Auferstehung der Sprache. Aber man könnte nicht sagen, daß die Sprache kraft ihrer metaphorischen Möglichkeiten aufersteht. Sie *wird* auferweckt durch das, was vom toten Jesus zu erzählen war. Wenn es der Sprache gegeben ist, die weltliche Existenz eines Menschen so in Zusammenhang zu bringen mit dem Wort Gottes, daß es zur Rede von der Fleischwerdung des Wortes kommt, so ist damit gewiß eine glückliche Verbindung von Himmel und Erde gelungen. Aber man könnte nicht annehmen, die Sprache habe es in ihrer eigenen metaphorischen Macht, zu sagen, was Gott und die Welt in ihrem Innersten zusammenhält. Dies zu sagen kann ihr nur gelingen, wenn sie sich dem anvertraut, daß Gott selbst zur Welt gekommen ist.

In der Erzählung von jenem Geschehen gibt der Glaube sich selbst und aller Welt Rechenschaft darüber, daß er nicht aus eigener Kraft sagt, was er als Evangelium zu proklamieren hat. Er gibt sich und andern Rechenschaft darüber, daß er nicht auf sich selbst gegründet ist, sondern sich der geschichtlichen Erfahrung verdankt, die mit Jesus Christus zu machen war und ist. Dennoch ist auch in diesem Zusammenhang zu beachten, daß der Glaube die Geschichte Jesu (beziehungsweise die Geschichte von seinem eigenen Werden) *metaphorisch* erzählt. Genau damit gibt er zu verstehen, daß in jener Geschichte *Gott* in die Welt eingegangen ist. Insofern gibt er zu verstehen, daß jene Geschichte der Ursprung der Entsprechung ist, die Gott und die Welt in ihrem Innersten zusammenhält. Was Gott und die Welt im Innersten zusammenhält, ist weder eine theologische Qualität der Welt noch eine kosmologische Qualität Gottes. Es ist vielmehr der entscheidende Schritt Gottes über den Abgrund, der durch menschliche Distanznahme aufgerissen wird, eine Distanznahme des in sich verschlossenen Menschen von den Wohltaten Gottes. Dieser Schritt Gottes erscheint im Neuen Testament in der Gestalt, daß das *Leben Jesu auf das Leben Gottes übertragen wird.* Der Glaube sieht im Zugehen Jesu auf die Menschen den göttlichen Schritt, durch den unendliche Abgründe überwunden werden.

Für die menschliche Distanznahme zu Gott gibt es schlechthin keine Erklärung; wie es zur Sünde kommt, ist in undurchdringliches Dunkel gehüllt. Dieser Rätselhaftigkeit der Sünde entspricht es, daß es für den Schritt des Schöpfers über den Abgrund schlechthin kein Argument gibt. Nicht einmal das Defizit des Menschlichen ist ein solches. So wie die Sünde rätselhaft ist in ihrem vernichtenden Streben, so ist das schöpferische Walten Gottes, welches in jenem Schritt noch einmal ans Tageslicht getreten ist, geheimnisvoll und grundlos wie die Liebe. Als Begründung kann nur noch der Rekurs auf den Willen Gottes in Frage kommen. Bei Paulus erscheint dieser Rekurs im Gedanken des Wohlgefallens Gottes: Während die Welt, umgeben von der Weisheit Gottes, Gott auf dem Wege der Weisheit nicht erkannt hat, gefiel es Gott, durch die Torheit der Verkündigung die zu retten, die glauben (vgl. 1 Kor 1,21). Derselbe Rekurs erscheint schon in einem Jesusgleichnis: daß der Hausherr alle Arbeiter zu Ersten macht, kann schlechthin nicht begründet werden, es sei denn mit dem Willen des Hausherrn: Ich *will* diesen letzten so viel geben wie dir (vgl. Mt 20,14b).

3.9.2 Übertragung Gottes auf Jesus

Die metaphorische Wahrheit und die Geschichts-Erzählung der Sprache des Glaubens hängen ferner insofern zusammen, als die Lebendigkeit Gottes auf das Leben Jesu übertragen wird. Diese metaphorische Tätigkeit führt notwendigerweise dazu, daß die Geschichte Jesu nach seinem Tode in ganz neuer Weise erzählt werden muß. Gesehen mit den Augen der Menschen, die in Zeichenforderung und Weisheitssuche verstrickt sind, ist er ein Ärgernis und eine Torheit, gesehen mit den Augen Gottes, der schöpferischen Macht schlechthin, ist er eine himmlische Kraft und

Weisheit. Eine himmlische Kraft und Weisheit allerdings ist er nur *als* weltliches Ärgernis und weltliche Torheit. So ist die Sichtweise mit den Augen Gottes auch in der Geschichts-Erzählung gebunden an die Sichtweise der Welt. Auch hier sorgt die metaphorische Struktur des Redens dafür, daß die Welt die Verständnisbedingung Gottes ist.

Im Evangelium ist die Sichtweise der Welt so mit der Sichtweise Gottes verbunden, daß die Sichtweise Gottes die Kehrseite der weltlichen Sichtweisen ist. Während diese Verbindung in der Gleichnisrede dadurch zustande kommt, daß die weltliche Bedeutung der einzelnen Erzählzüge unabdingbare Voraussetzung dessen ist, was die Parabel über das Reich Gottes zu sagen hat, wirkt sich die genannte Verbindung in der Geschichts-Erzählung dadurch aus, daß sie einen unübersehbaren Tatsachenbezug hat. Die Geschichts-Erzählung verweist von sich aus auf tatsächliches Geschehen, wie es unter den Augen der Welt stattgefunden hat. Dieser Verweis ist umso unentbehrlicher, je entschlossener das Leben Jesu in den Rahmen der Lebendigkeit Gottes gestellt wird. In der Wende zu den weltlichen Tatsachen macht das Evangelium klar, daß die Geschichte, die es unter dem Aspekt der Liebe Gottes erzählt, ihrer Verständlichkeit verlustig ginge, würde sie von den weltlichen Tatsachen abgeschnitten. Die weltliche Tatsache der Kreuzigung Jesu gibt die Verständnisgrundlage ab für den gekreuzigten Gott. Zwar trifft es zu, daß Christus *nicht nach dem Fleisch erkannt* wird, sondern nach dem Geist (vgl. 2 Kor 5,16). Es wird aber kein anderer Christus nach dem Geist erkannt als der Christus *im* Fleisch.

Zu berücksichtigen ist in diesem Zusammenhang, daß 2 Kor 5,16 einen unauflöslichen Zusammenhang zwischen dem Erkennen Jesu nach dem Geist und dem Erkennen *aller Menschen* nach dem Geist feststellt. Man kann die Lebendigkeit Gottes (oder die Gottesgegenwart) nicht auf Jesus Christus übertragen, ohne sie nicht zugleich auf die Brüder und Schwestern Jesu zu übertragen. Dies ist gleichsam die ethische Relevanz des metaphorischen Redens. Um diese ethische Relevanz haben die neutestamentlichen Schriften ganz entschieden gekämpft. Bei Paulus etwa erscheint dieser Kampf dort, wo die Entfremdung der Schwestern und Brüder Jesu droht, weil diese eingespannt werden in das Streben der Verkündiger, eine gute Rolle im Fleisch zu spielen (vgl. Gal 6,12f). Wer Jesus als den Christus bekennt und insofern die Lebendigkeit Gottes auf ihn überträgt, kann seine Brüder nicht mehr brauchen als Material für seine Selbstdarstellungsbedürfnisse. Derselbe Kampf erscheint auch dort, wo Paulus den ethischen Selbstbezug der korinthischen Glaubenden kritisiert. Gewiß ist alles erlaubt, aber wer nach dem fragt, was dem jeweiligen Subjekt *erlaubt* ist, verliert die Frage nach dem aus dem Blick, was angesichts der Brüder und Schwestern Jesu *geboten* ist (vgl. 1 Kor 6,12; 10,23). Dieser Kampf um den Zusammenhang zwischen Jesus Christus einerseits und seinen Brüder und Schwestern andererseits stellt sich im 1. Johannesbrief dar als der Kampf um die Unteilbarkeit der Liebe. Niemand kann behaupten, er liebe Gott, wenn er zugleich seine Brüder und Schwestern haßt (vgl. 1 Joh 4,20). Die Lebensführung Jesu ist gerade für den, der an ihn als den Christus glaubt, absolut maßgebend (vgl. 1 Joh 2,6). Und deshalb kann er die Bindung an die Brüder und Schwestern, auf die er durch die Lebensführung Jesu verwiesen wird, niemals hinter sich lassen.

Die Übertragung der Lebendigkeit Gottes auf das Leben Jesu hat also unmittelbare Folgen für die Augen, die einer für die Menschen hat. Niemand kann behaupten, er sehe in Jesus den Sohn Gottes, ohne nicht zugleich die Menschen seiner Umgebung als Kinder Gottes und eben so als Brüder und Schwestern neu kennen zu lernen. Wer die ihn umgebenden Menschen auf diese Weise neu kennenlernt, überträgt Gott insofern auf ihr Leben, als er das Geheimnis ihres Lebens offenhält. Wenn er ihre Geschichte erzählt, so wird er damit nicht nach ihrer Lebendigkeit greifen. Er wird erzählenderweise ihr Geheimnis dadurch wahren, daß er ihre Geschichte nicht zu einem eigenmächtigen Abschluß bringt. Selbst wenn diese Geschichte schon zu Ende ist, wird er sie in Gottes Hände legen. Er bringt das Leben der Menschen (und selbstverständlich auch sein eigenes) nicht zum weltlichen Abschluß. Er unterscheidet das Leben von dem, was weltlich erklärbar ist, indem er es dem Verstehen Gottes anheimstellt.

Dies öffnet einerseits die Augen für die weltliche Wirklichkeit eines Lebens, die ja dort gerade nicht gewürdigt wird, wo ein Leben in die Erklärungsmechanismen weltlicher Erkenntnis gezwängt wird. Wo ein Leben den weltlichen Erklärungsmächten unterworfen wird, kann es nicht mehr als das erscheinen, was es in Wirklichkeit ist, nämlich als ein Leben, das sich auch seiner weltlichen Erscheinung nach der Schöpfungsmacht Gottes verdankt. Wird ein Leben dem Verstehen Gottes anheimgestellt, so öffnet dies andererseits die Augen für die Unverfügbarkeit seines Geheimnisses. Unser Leben ist mit Christus in Gott aufgehoben. So formuliert der Kolosserbrief den Ertrag, den die Übertragung der Lebendigkeit Gottes auf das menschliche Leben bringt (Kol 3,3). Was es heißt, Christus nach dem Geist zu erkennen, wird dort konkret, wo auch das Geheimnis allen weltlichen Lebens gewahrt wird. Es wird konkret, wo alles Leben dem weltlichen Zugriff entzogen wird, sei dieser brachial oder spirituell, und also entlassen wird in die Freiheit, die den Kindern Gottes zusteht.

3.9.3 Angewiesen auf Weltlichkeit

Der Zusammenhang von metaphorischer Sprache des Glaubens und der Geschichts-Erzählung erscheint schließlich dort, wo es um die Angewiesenheit auf die Weltlichkeit der Welt und der Geschichte geht. Weil das

Evangelium auf die Weltlichkeit dessen angewiesen ist, was es an Welt und Geschichte zur Sprache bringt, hat es alles Interesse an der neuzeitlichen Wendung zur Säkularität. Es liegt durchaus im Interesse des Evangeliums, daß die Welt – wie dies unter den erkenntnistheoretischen Bedingungen der Neuzeit im Prinzip geschieht – weltlich verstanden und also als lückenloser Zusammenhang von Faktoren und Bedingungen gesehen wird. Auf diese Wende ist das Evangelium recht eigentlich angewiesen, es sei denn, die Wende zur Säkularität nehme die Gestalt einer verkleideten Verstrickung in die Sünde an.

In der metaphorischen Sprache geht Gottes Wort so auf das Weltliche ein, daß dieses Wort *nur dann zum Sprechen kommt, wenn es die Säkularität des Weltlichen respektiert.* Soll das Gottesreich in der Metapher vom Sauerteig abgebildet werden können (vgl. Mt 13,33), so kommt alles darauf an, daß die Frau den Sauerteig aus vollkommen weltlichen Gründen in das Mehl bringt: sie bringt ihn in das Mehl, weil sie seine durchdringende Kraft kennt. Diese durchdringende Kraft des Sauerteigs kann in dem Maße zur Metapher für die Gottesherrschaft werden, als sie auch im Zusammenhang des Weltlichen verstanden wird. Oder es kann die überraschende Liebe des Vaters in dem Maße zur Metapher für die Liebe Gottes werden (vgl. Lk 15,11–32), als sie im Zusammenhang des Weltlichen belassen wird: der jüngere Sohn denkt vernünftig, wenn er sich seinen Vater nur noch als den Arbeitgeber vorstellen kann. Und in diesem Zusammenhang wird evident, inwiefern die Liebe das Vernünftige übersteigt.

Was für das metaphorische Reden angedeutet wurde, gilt in ähnlicher Weise auch für die Geschichts-Erzählung des Evangeliums. Auch in ihr geht Gottes Kraft so auf das Geschichtliche ein, daß sie nur im Respekt vor der weltlichen Tatsächlichkeit des Geschehenen wahrnehmbar ist. Es wundert deshalb nicht, daß der Rückruf zu dieser Tatsächlichkeit im Neuen Testament auf vielerlei Weise erfolgt. Er erfolgt als Rückruf zum Kreuz, das weltlich gesehen ein Ärgernis und eine Torheit ist und das angewiesen ist auf diese weltliche Sicht, wenn es als Gottes Weisheit und Gottes Kraft verstanden werden soll. Denn nur *als* Ärgernis und Torheit ist es Gottes Kraft und Weisheit. Derselbe Rückruf zur Tatsächlichkeit erfolgt auch als Rückruf zum Weg Jesu, auf den Petrus mit seinen phantastischen Hoffnungen und Erwartungen gewiesen wird (vgl. Mk 8,27–33). Oder er erfolgt als Rückruf zur Paradoxie des Gedankens, daß der allseits bekannte Sohn Josephs und Marias das vom Himmel herabgestiegene Brot des Lebens sei (vgl. Joh 6,41–51b). In allen diesen Rückrufen wird klar gemacht, daß das Evangelium seine Geschichte von Gott nicht erzählen kann, wenn sie nicht zu ihrer Verständnisbedingung die weltliche Geschichte Jesu hat.

In dem Sachverhalt, daß das Wort Gottes angewiesen ist auf eine weltlich verstandene Welt und Geschichte, kann man die Näherung Gottes zur

Welt erblicken. Gott kommt gleichsam so zur Welt, daß er ganz in die Nähe des Weltlichen kommt, ohne sich diesem jedoch aufdrängen zu wollen. Das Wort Gottes kommt ganz in die Nähe des weltlichen Sprechens, um sich *in dieser Nähe* dadurch von den weltlichen Sprechweisen zu unterscheiden, daß es sich in keiner Weise aufzwingt. Deshalb ist die Würdigung der Welt in ihrer Säkularität die notwendige Voraussetzung dafür, daß die göttliche Nähe zur Welt verstanden werden kann. Sache der Liebe ist es, sein zu lassen. Deshalb ist es Sache des Wortes Gottes, die Welt in ihrer Weltlichkeit sein zu lassen, ohne diese Welt aber sich selbst zu überlassen. Und deshalb spricht das Wort Gottes eigentlich nie etwas anderes als die Näherung Gottes zur Welt aus.

Weil sich das Wort Gottes zwar nähert aber nicht aufzwingt, gibt es die *Freiheit* des Glaubens. Denn die Freiheit, an Gottes Nähe zu glauben, entsteht erst in jener Nähe Gottes, die die Welt nicht überwältigt. Eine Überwältigung der Welt könnte in unserem Zusammenhang bedeuten, daß die Welt und ihre Sichtweisen untergehen müssen, wenn Gott kommt (wie es ja auch in den apokalyptischen Wünschen vorgestellt wird). Eine sozusagen katastrophale Näherung Gottes findet statt, wo die Unterwerfung zur einzigen Möglichkeit geworden ist. Deshalb vergeht an dem Jüngsten Tag, der sich in den apokalyptischen Wünschen zeigt, die *Freiheit* zu glauben. Nun sieht jedoch das urchristliche Schrifttum gerade darin, daß Jesus Christus die Freiheit zu glauben brachte, den entscheidenden Augenblick (den Kairos) beziehungsweise das Ende der Welt. Unter dem Eindruck der Menschlichkeit Jesu ist aus der katastrophalen Näherung Gottes eine rettende geworden (vgl. den Schritt vom richtenden zum rettenden Ziel der Sendung des Sohnes in Joh 3,17). Weil die Freiheit des Glaubens dort entsteht, wo Gott nicht überwältigend ist, spricht auch dieser Glaube kein überwältigendes Wort. Darum spricht der Glaube metaphorisch: die metaphorische Sprache ist dazu geschaffen, beides gelten zu lassen, die Vorstellung von der Näherung Gottes *und* die Widerstehlichkeit seiner Gegenwart. Die metaphorische Sprache ist nicht darauf angewiesen, das Weltliche zu verletzen, wenn sie von Gott reden will, denn die Widerstehlichkeit seiner Gegenwart wird dadurch konstituiert, daß das Weltliche auch aus sich selbst verstanden werden kann. Insofern gibt sich die metaphorische Sprache zu erkennen als die Sprache des Menschen, der in die Welt eingelassen ist. Und zwar als die Sprache des in die Welt eingelassenen Menschen, der es dennoch nicht darauf hinauslaufen läßt, daß die Welt zu einem weltlichen Abschluß gebracht wird. Die metaphorische Sprache ist die Sprache eines Menschen, der die Welt unverhohlen würdigen will und sie gerade deshalb nicht auf sich selbst zurückwerfen mag.

Man könnte denselben Sachverhalt auch theologisch ausdrücken. Der in diesem dritten Abschnitt genannte Zusammenhang von metaphorischer Sprache und Geschichts-Erzählung des Evangeliums besteht darin, daß beide auf die Weltlichkeit des Gegebenen angewiesen sind, um über es mehr zu sagen, als weltlich zu sagen wäre. Insofern gilt von dieser Sprache des Glaubens: Sie ist die Sprache des Geschöpfs, das die Geschöpflichkeit seiner selbst und aller Welt zu würdigen weiß. Das Geschöpf weiß seine eigene Geschöpflichkeit zu würdigen, indem es sich eine Sprache zuspielen läßt, die es weder in die Position des überwältigenden Demiurgen noch in diejenige des dem Nichts gegenüberstehenden Titanen versetzt. Und sofern es sich diese Sprache zuspielen läßt, ist es ihm auch gegeben, die Geschöpflichkeit aller Welt zu würdigen. Darin gibt sich die Sprache des Glaubens zu erkennen als Sprache der Liebe: Sie hat die Freiheit anzureden statt zu überreden; sie hat die Gelassenheit anzusprechen statt zu besprechen; sie hat die Vollmacht, aus dem Selbstgespräch zu erlösen statt zum Monolog zu verurteilen. Die Sprache der Liebe hat all dieses, weil sie kein bombensicherer Keller ist, wo Schätze vor dem Zugriff der Menschen geschützt werden, sondern ein zerbrechlicher Tonkrug, der freien Zugang zu diesem Schatz zuläßt. «Wir haben diesen Schatz in zerbrechlichen Tonkrügen, denn die überlegene Kraft soll Gottes sein und nicht etwa von uns ausgehen» (2 Kor 4,7).

Epilog

Der fremde Gast

In dem als Überschrift gewählten Ausdruck «fremder Gast» drückt sich die Ambivalenz des Fremden aus. Im Unterschied zur griechischen oder lateinischen Sprache etwa, wo die genannte Ambivalenz sich ausdrückt in der ambivalenten Bedeutung *eines* Wortes (hospes beziehungsweise *xenos*), hat die deutsche Sprache der Neuzeit die Doppelbedeutung von Gast aufgegeben. Ursprünglich war das Wort jedoch auch im Deutschen zweideutig, so daß es entweder den Feind oder den Freund bezeichnen konnte. In diesem Sprachgebrauch ist die eigentümliche Problematik aufbewahrt, die das Fremde offenbar an sich hat. Das Fremde, in der Gestalt fremder Götter oder fremder Menschen, ist auf der einen Seite etwas Bedrohliches. Es ist unvertraut, man kennt es nicht. Es ist unberechenbar, so daß man Gefahr läuft, die Beherrschung der Lage zu verlieren. Auf der andern Seite wird dasselbe Fremde erfahren als eine Bereicherung des Lebens. Vom Unvertrauten verspricht man sich neue Wege des Vertrauens, vom Unbekannten neue Kenntnisse, vom Unberechenbaren eine neue Weise des Rechnens. Die Ambivalenz des Fremden besteht also darin, daß in ihm Lebensbedrohung und Lebensbereicherung verschränkt sind.

Die grundsätzliche Zweideutigkeit des Fremden ist verantwortlich dafür, daß es ihm gegenüber zwei einander entgegengesetzte Verhaltensweisen gibt: Es wird entweder gastlich aufgenommen oder aber feindselig bekämpft. Der Kampf gegen das Fremde hat dessen Vernichtung zum Ziel. Nun hat diese *Vernichtung ihrerseits* wiederum zwei Gesichter: Sie findet statt als totaler Ausschluß oder aber totaler Einschluß des Fremden (vgl. [51],1–16). Die extreme Form *dieses Ausschlusses* ist die Ermordung des Fremden. Indessen kann der Vernichtungswunsch zu vielen anderen Gestalten des Ausschlusses führen: zum Fremdenhaß, zur Ghettoisierung des Fremden, zur Verbannung des Fremden in ein anderes Land. Historisch kommt der Ausschluß des Fremden etwa dort zur Erfahrung, wo die drohende Hellenisierung des jüdischen Volkes verschiedene Abwehrreaktionen erzeugte: sie reichten von der Absonderung der Pharisäer von allem, was ihrer Definition des Jüdischen nicht entsprach, bis hin zur buchstäblichen und lokalen Sezession der Gruppe von Qumran. Anscheinend ist der Mensch geneigt, dem Fremden feindselig zu begegnen. Dies zeigt sich nicht zuletzt in den vielen Computerspielen, die die abendländische Zivilisation neuerdings überfluten. So verschieden diese Spiele im einzelnen gestaltet sind, so groß ist die Übereinstimmung einer Mehrzahl darin, daß es in ihnen um die Abwehr eines von außen kommenden Eindringlings geht. Die Eindringlinge sind schon durch ihre physische Gestalt als Fremde identifizierbar. Und der Spieler erhält umso mehr Erfolgspunkte und Bestätigungen, je mehr Eindringlinge er zu vernichten vermag. Ohne die Existenz solcher Spiele dramatisieren zu wollen, kann man doch festhalten, daß sie ein Symbol für die Einübung in die Abwehr des Fremden darstellen.

Die extreme Form des Ausschlusses, die Ermordung des Fremden, läßt einen *Blick tun auf* die wahre Natur des Gegenstücks: auf *den totalen Einschluß des Fremden.* Der Einschluß wird vollzogen als eine Vereinnahmung all dessen, was fremd sein könnte. Die Fremden werden zur vollkommenen Assimilation an die Verhältnisse des Gastlandes angehalten. Ein historisches Beispiel dieser Anpassung ist die Proselytenpraxis des Frühjudentums. Gewiß galt das Liebesgebot für jeden Nächsten. Da waren auch Fremde eingeschlossen, sofern sie sich zu Proselyten machen ließen und sich also (durch Beschneidung und Verpflichtung auf das Gesetz) an die Einheimischen anpaßten. Daß vom Fremden Assimilation verlangt wird, ist – so human dies im Einzelfall auch erscheinen mag – ebenfalls aus dem Vernichtungswunsch geboren. Und in der Tat wird ja der Fremde gleichsam vernichtet, wenn er seine Identität aufgeben muß, um überhaupt am Leben zu bleiben. Beide Erscheinungsformen der Ablehnung des Fremden, der Einschluß und der Ausschluß, verhindern es, daß das Fremde eine Bereicherung für die Einheimischen werden kann. In beiden Fällen wird dem Fremden der Abschied gegeben, noch bevor er Gast werden konnte.

Kehren wir zurück zur grundlegenden Ambivalenz des Fremden: Es appelliert sowohl an die Abwehrkräfte als auch an die Empfänglichkeit dessen, der mit ihm konfrontiert wird. Dies wird anschaulich in der lukanischen Erzählung von Paulus und den Areopagiten (Apg 17,18ff). Paulus verkündigte in Athen eine fremde Botschaft, als er von Jesus und (seiner) Auferweckung sprach (V. 18). Die Fremdheit wird schon dadurch dokumentiert, daß die Athener ihn mißverstehen, wenn sie meinen, er spreche vom Götterpaar «Jesus» und «Auferstehung». Angesichts dieser fremden Botschaft scheiden sich die Geister der Zuhörer. Sie findet auf der einen Seite den Spott der Philosophen: «Was will denn wohl dieser Körnerpicker sagen?» (V. 18). Der Spott ist eine Erscheinungsform der Abwehr des Fremden. In ihrem Spott bleiben diese Hörer bezogen auf das, was ihnen vertraut und vernünftig erscheint. Ihr Spott vernichtet den ansprechenden Charakter dieser fremden Botschaft und beläßt die Spötter in der Selbstbezogenheit.

Dieselbe Botschaft findet jedoch auf der andern Seite das Interesse der Zuhörer: «Können wir wohl erfahren, was das für eine neue Lehre ist, die du verkündigst? Denn du bringst uns befremdliche Dinge zu Ohren. Wir möchten nun gerne wissen, wie es sich damit verhält» (V. 19b.20). In der Exegese ist zwar umstritten, ob es sich bei diesem Interesse um echte Offenheit oder um unverbindliche Neugier handelt. Lukas scheint auf das Letztere zu zielen (vgl. V. 21). Immerhin mag jedoch die Frage erlaubt sein, ob die Alternative «echte Offenheit – unverbindliche Neugier» überhaupt angemessen ist. Ist nicht auch die Neugier ein Motiv der

Offenheit? Hat nicht auch die Neugier – selbst in der lukanischen Erzählung – dazu geführt, daß die Areopagiten Paulus zuhörten? Angesichts der in der Tat befremdlichen Botschaft kann man wohl nicht mehr verlangen als Neugier. Der Fortgang der Erzählung zeigt jedenfalls, daß die Neugier der erste Schritt war, sich von dieser Botschaft etwas sagen zu lassen (vgl V. 32.34). In der Neugier hatten die Philosophen immerhin einen Sinn für die Bereicherungen, die das Fremde mit sich bringen kann.

Mit diesem Aspekt des Fremden hängt es zusammen, daß die *Liebe zum Fremden* ein wichtiges Moment hellenistischer und dann auch neutestamentlicher Lebenskunst war. Die Gastfreundschaft stellt den Menschen ein auf die Botschaften, die ihm aus der Fremde zukommen können. Ein schöner Beleg dafür ist die Ermahnung zur Fremdenliebe *(philoxenia)* im Hebräerbrief (13,2). Diese Ermahnung wird hier damit begründet, daß schon manche einen Engel bei sich hatten, ohne es zu wissen. Der Engel steht für die Botschaft, die aus der Fremde kommt. In ihr kann Gott selbst sprechen. Und die Gastfreundschaft ist kaum deshalb angebracht, weil man sich durch die Vertreibung der Engel die Strafe des Jüngsten Tages zuziehen könnte. Sie ist vielmehr angebracht, weil man andernfalls die Botschaft der Engel verpassen könnte. In dieser Begründung klingt noch die Tatsache nach, daß die Religiosität schon immer maßgebend war für das positive Verhalten dem Fremden gegenüber. Sehr früh schon wurden gerade die Fremden unter den Schutz der Götter gestellt, was die Gastfreundschaft auf eine recht tragfähige Grundlage stellte.

Zwar ist die Liebe zum Fremden kein Spezifikum der neutestamentlichen Botschaft. Aber es ist dennoch schon lange aufgefallen, daß das Neue Testament die Liebe zum Fremden mit einer seltsamen Unzweideutigkeit in den Mittelpunkt stellt. Diese Unzweideutigkeit ist nicht mehr erklärbar mit der allgemeinen Einstellung der Religion zum Fremden. Sie kam vielmehr deshalb zustande, weil Jesus selbst ein ganz bestimmtes Verhältnis zum Fremden gewann. Symptomatisch für dieses Verhältnis ist etwa die Geschichte vom Oberzöllner Zachäus (Lk 19,1–10). Die Frage nach dem genauen historischen Wert dieser Geschichte braucht uns nicht zu beschäftigen, da diese in ihren Grundzügen das Verhalten Jesu angemessen zur Sprache bringt. Hier erscheint Jesus als ein Fremder, der sich selbst in das Haus des Oberzöllners zum Nachtessen einlädt (vgl. V 5). Befremden ruft für diesmal nicht die Fremdheit des Gastes, sondern vielmehr die Fremdheit des Gastgebers hervor. Die Leute protestieren dagegen, daß Jesus bei einem solchen Sünder Gastrecht in Anspruch nimmt. Für diesen aber lohnt sich die Aufnahme des fremden Gastes über die Maßen. Fast bekommt man den Eindruck, das Sprichwort vom fröhlichen Wirt, der fröhliche Gäste macht, müßte hier umgekehrt werden: Der fröhliche Gast macht den fröhlichen Gastgeber. Weil der Menschensohn gekommen ist zu suchen, was verloren ist, widerfährt dem Gastgeber nichts Geringeres als das Heil durch diesen Gast (vgl. V 9f).

Die Geschichte zeigt also einerseits, welche Lebenskräfte von fremden Gästen ausgehen können. Welcher Hörer wäre hinfort nicht eingestellt auf Gastfreundschaft? Die Geschichte zeigt andererseits, daß Jesus selbst gleichsam die Stelle der Fremden einnimmt. Jesus vertritt, weil er selbst ein Fremder ist, die Interessen der fremden Gäste.

In der ganzen Jesusüberlieferung wird Jesus unverkennbar als der Fremde gezeichnet. Nicht nur ist er bei den Tischgemeinschaften, die er an der Stelle Gottes mit den Verlorenen stattfinden läßt, darauf angewiesen, daß er in fremden Häusern Gastrecht findet, er hat darüber hinaus nicht einmal einen Ort, wo er sein Haupt hinlegen könnte. Unter den Menschen hat er keine Heimat, im Unterschied zu den Füchsen und Vögeln, die ihre Gruben und Nester haben. Und dennoch macht ihn diese Heimatlosigkeit nicht zu einem wilden Gast, der nirgends eine Bleibe findet. Jesus ist zwar ein Fremder, aber er nimmt als solcher ständig das Gastrecht in Anspruch. Er vertritt den fremden Gott, der bei den Menschen einkehrt. Er leistet die *Arbeit Gottes am Aufschluß der Menschen für das, was sie von ihrer Verstrickung in sich selbst ablenken könnte.*

Indem Jesus die Position des fremden Gastes einnimmt, bringt er eine tiefgreifende Bewegung in Richtung Aufnahmebereitschaft in die Welt. Die Aufnahme von fremden Gästen erhält geradezu eschatologische Relevanz. «Ich war ein Fremdling, und ihr habt mich beherbergt», heißt es folgerichtig im Gleichnis vom großen Weltgericht (Mt 25,35c; vgl. 43a). In den fremden Gästen dieser Welt, die ihre Rechtlosigkeit und Ohnmacht mit den Hungernden und Durstigen, den Nackten und Kranken teilen, tritt der Christus an die Menschen heran, der am Ende der Zeit allein zu befinden haben wird über das Tun der Menschen. Ihr Verhalten gegenüber den Fremdlingen in dieser Welt hat die Tragweite des Endgültigen. Nachhaltiger kann die Würde des fremden Gastes kaum mehr eingeschärft werden.

Dem Sachverhalt, daß Jesus die Stelle des Fremden eingenommen und auf diese Weise die Stellvertretung des fremden Gottes vollzogen hatte, entsprechen die christologischen Überlegungen des Johannesevangeliums. Dort wird Jesus verstanden als der menschgewordene Logos, als die Verkörperung der seit den Uranfängen des Universums maßgebenden Zuwendung Gottes zur Welt. Zwar wird der Menschgewordene als Fremder identifiziert, indem er von den Menschen nicht erkannt wurde (vgl. Joh 1,10). Aber diese Fremdheit ist sozusagen einseitig. Vom Logos heißt es nämlich, daß er in sein Eigenes gekommen sei (Joh 1,10). Die christologischen Überlegungen des Johannesevangeliums laufen nicht etwa auf die Botschaft von dem weltfremden Gott hinaus, der – wie in der späteren Gnosis – mit der Welt schlechthin nichts zu tun hat. Ein solcher Gott könnte niemals als Gast einkehren bei den Menschen. Ein Fremder ist er nur insofern, als seine Geschöpfe in ihm nicht mehr den Schöpfer zu erkennen vermögen. Und eben deshalb kommt er als Fremder in sein

Eigentum und bittet um gastliche Aufnahme. Auch hier sehen wir eine (christologische) Erscheinungsform der göttlichen Arbeit an der menschlichen Aufnahmebereitschaft. Diese Aufnahmebereitschaft ist von fundamentaler Bedeutung, weil die zeitliche und ewige Lebendigkeit des Menschen auf ihr beruht. Deshalb hängt es von der gastlichen Aufnahme dieses Fremden ab, ob die Menschen zum «wahren Leben» gelangen.

Auf der *sprachlichen Ebene* der johanneischen Theologie erscheint die Fremdheit des Menschgewordenen in den hartnäckigen Mißverständnissen, welchen er von verschiedenen Seiten begegnet. Die Mißverständnisse laufen immer wieder darauf hinaus, den Fremden entweder zu verstoßen (dieser kann nicht das Himmelsbrot sein, wenn er doch der Sohn Josephs und Marias ist, vgl. Joh 6,41ff) oder aber ihn in einem räuberischen Griff für die eigenen Ziele zu vereinnahmen (nach der Brotvermehrung packen ihn die Leute, um ihn zum messianischen König nach eigener Façon zu machen, vgl. Joh 6,14f). Die johanneischen Dialoge über die Mißverständnisse ihrerseits sind ein sprachlicher Reflex der göttlichen Arbeit an der Aufnahme des Fremden. Und zwar an einer Aufnahme des Fremden als Gast, ohne daß dieser seine Fremdheit aufgeben muß. Der ganze Inkarnationsgedanke kann verstanden werden als ein Versuch, die göttliche Arbeit an der Entfremdung der Welt auf den Begriff zu bringen. Dementsprechend sind die dialogischen Bearbeitungen der Mißverständnisse ein Versuch, der Menschwerdung Gottes in der Sprache zu entsprechen.

Die angedeutete Fremdheit des menschgewordenen Gottes findet ihre Fortsetzung in der Fremdheit der Glaubenden gegenüber der Welt. Freilich wird man sich diese Fremdheit nicht etwa so denken dürfen, daß sie in eine Beziehungslosigkeit zur Welt mündet. Zwar trifft es zu, daß der scheidende Christus hingeht, um den Glaubenden eine Wohnung beim Vater zu bereiten (vgl. Joh 14,1–3), aber die Glaubenden haben dennoch *in dieser Welt* ihre Bleibe: sie befinden sich nicht etwa im Zustand des Exodus aus der Welt, sondern sie bleiben in dem Raum der Liebe, den ihnen der Christus inmitten der Welt geschaffen hat (vgl. Joh 15,1–17). Sie sind in dieselbe Welt gesandt, die Gott als sein Geschöpf beansprucht und der er in Christus seine Liebe erklärt hat. Das inkarnatorische Zugehen Gottes auf die Welt findet seine Fortsetzung im liebenden Zugehen der Glaubenden auf dieselbe Welt. Deshalb ist die Frage angebracht, ob diese «Weltfremden» der Welt nicht näher kommen als die, die Freunde der Welt zu sein wähnen. Wie dem auch sei, sie bleiben in der Welt – nicht als ihre Feinde, sondern als ihre Gäste. In *ihrer* Bitte um Gastrecht kommt die Arbeit Gottes an der Aufnahmebereitschaft der Menschen zur Auswirkung.

Die neutestamentliche Vorstellung von Jesus als dem fremden Gast legt den Grund dafür, ihr hermeneutisches Potential wahrzunehmen. Denn nicht bloß die Glaubenden werden in seinem Gefolge zu fremden Gästen, sondern auch die neutestamentlichen Texte selbst lassen sich mit dieser Metapher verstehen. Deshalb soll am Ende der vorliegenden Hermeneutik der Versuch stehen, die *Wahrnehmung neutestamentlicher Texte anhand der Metapher vom fremden Gast* zu begreifen. Dabei entsteht eine Bilderfolge mit verschiedenen aufeinander folgenden Phasen.

Wer einen neutestamentlichen Text zum ersten Mal liest, mag sich vorkommen, wie wenn ein Fremder an seine Tür klopfen würde. Er wirft einen ersten Blick auf ihn. Und dabei springt die Fremdheit des Textes in die Augen. Die Fremdheit kommt zunächst dadurch zustande, daß der Leser sich in einem großen historischen Abstand zum Text befindet. Eine andere Welt mit einer ganz anderen Konstitution von Wirklichkeit begegnet ihm da. Die Fremdheit wird jedoch erheblich verstärkt dadurch, daß der Leser sich in einem beträchtlichen theologischen Abstand vom Text vorfindet. Von ihm aus gesehen macht der Text einen merkwürdigen Gebrauch vom Wort Gott. Ein anderer Gott begegnet da, ein gekreuzigter Gott, und eine ganz andere Vorstellung von Glauben. Der Leser sieht also, daß ein Fremder draußen steht. Dieser ist anders als die Einheimischen. Seine Fremdheit wird in diesem ersten Blick gleichsam vom Vertrauten aus definiert. Seine Fremdheit besteht vorerst bloß darin, daß er anders ist als das Gewohnte. Der Fremde hat noch kein eigenes Gesicht gewonnen, es wird auf die Andersartigkeit reduziert. Es entsteht eine naheliegende Reaktion: Dich können wir hier nicht brauchen. Du bist eine Bedrohung. Und es werden Abwehrstrategien entwickelt, um den Fremden zu bewältigen. Niemand kann es sich leisten, Fremde einfach wegzuschicken. Salonfähiger ist ihre Vereinnahmung. Die Abwehrstrategien funktionieren so, daß sie die Definitionsmacht des Vertrauten auf den Fremden ausdehnen. Sie haben auch ihre wissenschaftlichen Gegenstücke. Da wird etwa historisch nachgewiesen, daß der Fremde gar kein Anrecht auf gastliche Aufnahme haben kann; er gehört unweigerlich in die Vergangenheit. Oder es wird soziologisch und psychologisch aufgezeigt, daß die Fremdheit ein *Defizit* des Textes ist: widersetzt er sich gewissen vertrauten sozialen Mechanismen, so wird ihm kurzerhand Einäugigkeit oder Naivität zur Last gelegt. Die Abwehrstrategien vernichten den Fremden, indem sie ihn der Definitionsmacht des Vertrauten unterwerfen.

Der Fremde aber bleibt draußen stehen. Er kann warten, bis die Tür aufgeht. Und an manchen Orten geht die Tür wahrhaftig auf. Denn es gibt Einrichtungen, die die erste ablehnende Reaktion der Subjekte überwinden. Es gibt Einrichtungen, die einen Raum darstellen für die Beschäftigung mit fremden Gästen, jenseits der Bedürfnisse oder Motive der Einheimischen. Eine solche Einrichtung ist beispielsweise der Sonntagsgottesdienst. Er schafft Zeit für die Beschäftigung mit fremden Texten. Diese Zeit ist einfach da, sie braucht nicht auf Bedürfnisse abgestellt zu werden. Der Fremde tritt ein. Langsam gewöhnt man sich an ihn. Zugleich entsteht die Tendenz, ihn zu assimilieren. Der Text wird reduziert auf einheimische Argumente. Man erkennt in ihm, was man immer schon sagen wollte. Man reduziert ihn auf die Brauchbarkeit innerhalb der Agenda, welche angeblich die Welt (oder die Medien?) der Kirche vorschreibt. Und man staunt, was der vergangene Text schon alles gewußt hat. Dieses Staunen ist in Wahrheit kein Staunen über den fremden Gast. Es ist ein Staunen über die immer schon vorausgesetzte (vermeintliche) Überlegenheit der Neuzeit über alle Zeiten.

Nun existiert unter uns freilich (noch) eine historische Kultur. Ihr Effekt ist es, die Assimilierungsversuche der Einheimischen zu durchkreuzen. Die historische Kultur ist eine Denkweise, die den Respekt vor der Würde des Fremden methodisch zum Zug bringt. Der Leser versucht, sich den Text durch Assimilation einzuverleiben. Und dabei versucht er, sich um ein weiteres Gegenüber zu bringen. Er versucht, sich selbst Einsamkeit zu verschaffen. In dieser Lage kommt ihm die *historische Kultur gegen sich selbst zu Hilfe*: sie ermöglicht den methodischen Respekt und also die Rettung des Fremden vor dem Verbrauch. Die historische Erkenntnis macht aufmerksam, daß es Probleme gibt, die mein Problembewußtsein übersteigen. Sie bedeutet so etwas wie eine Einübung in das Seinlassen dessen, was es hienieden außer mir noch gibt. Die historische Erkenntnisleistung ist es, daß der Fremde mir etwas von *seiner* Geschichte zu erzählen vermag. Er bekommt sein eigenes Gesicht, seine eigene Individualität. Er ist jetzt nicht mehr einfach fremd, er ist dieser bestimmte Fremde. Seine Fremdheit besteht nicht mehr bloß in der Differenz zum Vertrauten, sie hat eine konkrete Gestalt gewonnen.

Nun ist der Fremde jemand geworden. Er beginnt, Selbstverständlichkeiten zu erschüttern. Er erschüttert zunächst und vor allem die Selbstverständlichkeit, daß ich mir selbst alles sagen muß. Denn seine bloße Anwesenheit macht klar, daß er mir etwas zu sagen hat. Insofern erschüttert er die bloß *kritische* Wahrnehmung, in welcher die Neuzeit eine beängstigende Fingerfertigkeit erlangt hat. Er *ermuntert zur Rezeptivität* als einem grundlegenden Lebensvorgang. Der Fremde erschüttert jedoch auch die Selbstverständlichkeit, in der einerseits von der Existenz und andererseits von der Nichtexistenz Gottes ausgegangen wird. Er vollzieht ein Wort, in dessen Anspruch Gott eine Wirklichkeit bekommt, die jenseits der genannten Selbstverständlichkeiten liegt. Insofern befreit er von gedankenlosem Glauben ebenso wie von gottloser Vernünftigkeit.

Der Leser eines neutestamentlichen Textes macht eine weitere Erfahrung mit diesem. Ihm wird klar, daß der Text sich kaum wehren kann gegen die Versuche, ihn sich einzuverleiben. Der Text kann mit Füßen getreten werden, er kann verdreht und mißbraucht werden von denen, die ihrer Selbstdarstellung frönen müssen. Und dennoch tritt der Text mit dem Anspruch an die Menschen heran, Gottes Wort zu sagen. Sollte Gottes Wort in dieser Machtlosigkeit wohnen? Die Ohnmacht *dieses* Wortes

Gottes erschafft seinen Lesern einen neuen Daseinsraum. Sie legt ihnen nahe, Anwalt des machtlosen Wortes Gottes zu werden. Insofern bedeutet sie eine Einübung in die Pflege dessen, was auf des Menschen Schutz angewiesen ist. Die Ohnmacht *dieses* Wortes Gottes erschafft ferner einen Raum, wo es zu Beziehungen kommen kann. Unter Machtlosen kommt es zur Beziehung, unter Starken herrscht die Konkurrenz. Insofern bedeutet dieser fremde Gast eine Einübung in ein Leben, das aus der Schwachheit allererst entsteht. Er macht aufmerksam auf den Sachverhalt, daß die göttliche Lebenskraft in der Schwachheit zur Vollendung kommt.

Der eigentliche Sinn der Wahrnehmung neutestamentlicher Texte besteht darin, diesen Fremden Gastrecht zu gewähren. Sie sollen Fremde bleiben dürfen, ohne weggeschickt zu werden. Dann entfalten sie den Reichtum, den sie als Gäste auszuteilen haben. Die neutestamentliche Hermeneutik hat die Aufgabe, die menschliche Aufnahmefähigkeit angesichts dieser fremden Gäste zu entdecken. *Entdecken* kann sie sie, *erschaffen* kann sie sie nicht. Deshalb wird die Hermeneutik gerade in Würdigung ihrer Wissenschaftlichkeit sinnvollerweise mit einem Gebet abgeschlossen, das anzeigt, was sie nicht mehr in der Hand hat: die *Erschaffung* der menschlichen Empfänglichkeit für den fremden Gast aus dem Himmel ([53]):

> «Sei mir willkommen, edler Gast.
> Den Sünder nicht verschmähet hast
> und kommst ins Elend her zu mir.
> Wie soll ich immer danken dir?»

Anhang I

Schlüssel zur zitierten Literatur

[1] J. Behm, Artikel *hermēneuo* usw., in: ThWNT II 659,1 – 662,28.

[2] G. Ebeling, Wort Gottes und Hermeneutik, in: ders, Wort und Glaube (I), Tübingen ³1967, S. 319–348.

[3] G. Ebeling, Artikel «Hermeneutik», in RGG ³III 242–262.

[4] P. Stuhlmacher, Vom Verstehen des Neuen Testaments. Eine Hermeneutik, Göttingen 1979 (GNT 6).

[5] O.F. Bollnow, Dilthey. Eine Einführung in seine Philosophie, Stuttgart ²1955.

[6] R. Bultmann, Neues Testament und Mythologie. Das Problem der Entmythologisierung der neutestamentlichen Verkündigung, in: Kerygma und Mythos I, Hamburg 1954, S. 15–48.

[7] K. Barth, Unerledigte Anfragen an die Theologie, in: ders, Die Theologie und die Kirche. Gesammelte Vorträge II, München 1928, S. 1–25.

[8] C.F. von Weizsäcker, Der Garten des Menschlichen. Beiträge zur geschichtlichen Anthropologie, München/Wien ²1977.

[9] E. Jüngel, Quae supra nos, nihil ad nos. Eine Kurzformel der Lehre vom verborgenen Gott – im Anschluß an Luther interpretiert, in: ders, Entsprechungen: Gott – Wahrheit – Mensch. Theologische Erörterungen, München 1980 (BEvTh 88), S. 202–251.

[10] E. Jüngel, Gott als Geheimnis der Welt. Zur Begründung der Theologie des Gekreuzigten im Streit zwischen Theismus und Atheismus, Tübingen 1977.

[11] G. Ebeling, Die Bedeutung der historisch-kritischen Methode für die protestantische Theologie und Kirche, in: s [2], S. 1–49.

[12] E. Troeltsch, Über historische und dogmatische Methode in der Theologie, in: G. Sauter (ed), Theologie als Wissenschaft, München 1971 (TB 43), S. 105–127.

[13] G. Stählin, Artikel *hamartanō*. D. Sprachgebrauch und Sprachgeschichte ... vor und im NT, in: ThWNT I 295,9–299,3.

[14] E. Jüngel, Gott – als Wort unserer Sprache, in: ders, Unterwegs zur Sache. Theologische Bemerkungen, München 1972 (BEvTh 61), S. 80–104.

[15] I. Kant, Kritik der reinen Vernunft, ed I. Heidemann, Stuttgart 1968 (Reclam 6461–70/70a/b).

[16] W. Mostert, Sinn oder Gewißheit? Versuche zu einer theologischen Kritik des dogmatistischen Denkens, Tübingen 1976 (HUTh 16).

[17] I. Kant, «Beantwortung der Frage: Was ist Aufklärung?», in: K. Vorländer, Philosophie der Neuzeit. Die Aufklärung. Geschichte der Philosophie V, München 1967 (rde 281/82).
[18] W. Anz, Artikel «Aufklärung. I. Geistesgeschichtlich», in: RGG ³I 703–716.
[19] E. Fuchs, Marburger Hermeneutik, Tübingen 1968 (HUTh 9).
[20] W. Dilthey, Der Aufbau der geschichtlichen Welt in den Geisteswissenschaften, in: ders, Gesammelte Schriften VII, Stuttgart/Göttingen ³1961, S. 79–188.
[21] W. Dilthey, Ideen über eine beschreibende und zergliedernde Psychologie, in: Gesammelte Schriften V, Stuttgart/Göttingen ³1961, S. 139–240.
[22] K.-O. Apel, Szientistik, Hermeneutik, Ideologiekritik. Entwurf einer Wissenschaftslehre in erkenntnisanthropologischer Sicht, in: Hermeneutik und Ideologiekritik, Frankfurt 1971 (Theorie-Diskussion), S. 7–44.
[23] R. Bultmann, Das Problem der Hermeneutik, in: ders, Glauben und Verstehen II, Tübingen ⁵1968, S. 211–235.
[24] P. Ricœur, Hermeneutik und Strukturalismus. Der Konflikt der Interpretationen I, München 1973.
[25] K. Barth, Der Römerbrief. Vorwort zur 2. Auflage, in: J. Moltmann (ed), Anfänge der dialektischen Theologie I, München 1962 (TB 17), S. 105–118.
[26] H. Lübbe, Geschichtsbegriff und Geschichtsinteresse. Analytik und Pragmatik der Historie, Basel/Stuttgart 1977.
[27] L. Wittgenstein, Vermischte Bemerkungen. Eine Auswahl aus dem Nachlaß, ed G.H. von Wright, Frankfurt 1977.
[28] Augustinus, Confessiones. Bekenntnisse, Lateinisch und Deutsch, München ³1966.
[29] W. Mostert, Scriptura sacra sui ipsius interpres. Bemerkungen zum Verständnis der Heiligen Schrift durch Luther, in: Lutherjahrbuch 46 (1979) 60–96.
[30] E. Fuchs, Hermeneutik, Bad Cannstatt ³1963.
[31] E. Fuchs, Was wird in der Exegese des Neuen Testaments interpretiert?, in: ders, Zur Frage nach dem historischen Jesus, GA II, Tübingen 1960, S. 280–303.
[32] E. Jüngel, Metaphorische Wahrheit. Erwägungen zur theologischen Relevanz der Metapher als Beitrag zur Hermeneutik einer narrativen Theologie, in: s [9], S. 103–157.
[33] P. Ricœur, Biblische Hermeneutik, in: W. Harnisch (ed), Die neutestamentliche Gleichnisforschung im Horizont von Hermeneutik und Literaturwissenschaft, Darmstadt 1982 (WdF 575), S. 248–339.
[34] E. Grassi, Macht des Bildes: Ohnmacht der rationalen Sprache. Zur Rettung des Rhetorischen, Köln 1970.

[35] P. Handke, Über die Dörfer. Dramatisches Gedicht, Frankfurt 1981.
[36] J.L. Austin, How To Do Things With Words, ed J.O. Urmson/M. Sbisà, Oxford ²1980.
[37] H. Weder, Die Gleichnisse Jesu als Metaphern. Traditions- und redaktionsgeschichtliche Analysen und Interpretationen, Göttingen ³1984 (FRLANT 120).
[38] G. Ebeling, Dogmatik des christlichen Glaubens, Band I, Tübingen 1979.
[39] D.O. Via, Die Gleichnisse Jesu. Ihre literarische und existentiale Dimension (deutsche Übersetzung), München 1970 (BEvTh 57).
[40] W. Mostert, «Fides creatrix». Dogmatische Erwägungen über Kreativität und Konkretion des Glaubens, ZThK 75 (1978) 233–250.
[41] G. Bornkamm, Gotteswort und Menschenwort im Neuen Testament, in: ders, Studien zu Antike und Urchristentum, GA II, München 1963 (BEvTh 28), S. 223–236.
[42] E. Fuchs, Jesus. Wort und Tat, Tübingen 1971.
[43] E. Jüngel, Anthropomorphismus als Grundproblem neuzeitlicher Hermeneutik, in: E. Jüngel/J. Wallmann/W. Werbeck (ed), Verifikationen, Fschr G. Ebeling, Tübingen 1982, S. 499–521.
[44] H. Diels/W. Kranz, Die Fragmente der Vorsokratiker I/1, Berlin ⁵1934.
[45] W. Weischedel, Der Gott der Philosophen I, Darmstadt 1979.
[46] E. Jüngel, Die Welt als Möglichkeit und Wirklichkeit. Zum ontologischen Ansatz der Rechtfertigungslehre, in: s [14], S. 206–233.
[47] H. Weder, «Evangelium Jesu Christi» (Mk 1,1) und «Evangelium Gottes» (Mk 1,14), in: U. Luz/H. Weder (ed), Die Mitte des Neuen Testaments, Fschr E. Schweizer, Göttingen 1983, S. 399–411.
[48] K. Marx, Zur Kritik der hegelschen Rechtsphilosophie, in: K. Marx/F. Engels, Werke I, Berlin 1961, S. 378–391.
[49] G. Ebeling, Das Wesen des christlichen Glaubens, München/Hamburg ³1967 (Siebenstern).
[50] A.C. Danto, Analytische Philosophie der Geschichte (deutsche Übersetzung), Frankfurt 1974.
[51] G. Stählin, Artikel *xenos* usw., in: ThWNT V, 1,1–36,10.
[52] H. Conzelmann, Der erste Brief an die Korinther, Göttingen ¹⁰1969 (KEK 5).
[53] M. Luther, Vom Himmel hoch da komm ich her, 1533.
[54] F. Overbeck, Christentum und Kultur. Gedanken und Anmerkungen zur modernen Theologie, aus dem Nachlaß herausgegeben von C. A. Bernoulli, Darmstadt ³1973.
[55] Charles Baudelaire, Les Fleurs du Mal. Spleen et Idéal IV, Gallimard 1972, S. 38: «Correspondances».
[56] R. Leuenberger, Zeit in der Zeit. Über das Gebet, Zürich 1988.

Anhang II

Ausführlicher besprochene Texte:

Anhang III

Ausgewählte Literatur zur Hermeneutik

K.-O. Apel, Szientistik, Hermeneutik, Ideologiekritik. Entwurf einer Wissenschaftslehre in erkenntnisanthropologischer Sicht, in: Hermeneutik und Ideologiekritik, Frankfurt 1971 (Theorie-Diskussion), S. 7–44.

E. Arens, Kommunikative Handlungen. Die paradigmatische Bedeutung der Gleichnisse Jesu für eine Handlungstheorie, Düsseldorf 1982.

E. Auerbach, Mimesis. Dargestellte Wirklichkeit in der abendländischen Literatur, Bern 1946.

J.L. Austin, How To Do Things With Words, ed J.O. Urmson/M. Sbisà, Oxford [2]1980.

N.T. Bakker, In der Krisis der Offenbarung. K. Barths Hermeneutik, dargestellt an seiner Römerbrief-Auslegung, Neukirchen-Vluyn 1974.

K. Barth, Der Römerbrief. Vorwort zur 2. Auflage, in: J. Moltmann (ed), Anfänge der dialektischen Theologie I, München 1962 (TB 17), S. 105–118.

K. Barth, Unerledigte Anfragen an die heutige Theologie, in: ders, Die Theologie und die Kirche. Gesammelte Vorträge II, München 1928, S. 1–25.

R. Barthes (et alii), Analyse structurale et exégèse biblique, Neuchâtel 1971.

F. Belo, Das Markus-Evangelium materialistisch gelesen, Stuttgart 1980.

K. Berger, Exegese des Neuen Testaments, Heidelberg 1977 (UTB 658).

K. Berger, Hermeneutik des Neuen Testaments, Gütersloh 1988.

E. Best, The Literal Meaning of Scripture, the Historical Critical Method and the Interpretation of Scripture, Proceedings of the Irish Biblical Association 5 (1981) 14–35.

E. Biser, Theologische Sprachtheorie und Hermeneutik, München 1970.

J. Blank, Verändert Interpretation den Glauben? Freiburg 1972.

O.F. Bollnow, Dilthey. Eine Einführung in seine Philosophie, Stuttgart [2]1955.

G. Bornkamm, Der Lohngedanke im Neuen Testament, in: ders, Studien zu Antike und Urchristentum, GA II, München [2]1963 (BEvTh 28), S. 69–92.

G. Bornkamm, Die Theologie Bultmanns in der neueren Diskussion. Literaturbericht zum Problem der Entmythologisierung und Hermeneutik, in: ders, Geschichte und Glaube I, GA III, München 1968 (BEvTh 48), S. 173–275.

G. Bornkamm, Geschichte und Glaube im Neuen Testament. Ein Beitrag

zur Frage der «historischen» Begründung theologischer Aussagen, in: s Bornkamm, Theologie, S. 9–24.
G. Bornkamm, Glaube und Vernunft bei Paulus, in: s Bornkamm, Lohngedanke, S. 119–137.
G. Bornkamm, Gotteswort und Menschenwort im Neuen Testament, in: s Bornkamm, Lohngedanke, S. 223–236.
G. Bornkamm, Jesus von Nazareth, Stuttgart [8]1968 (UB 19).
G. Bornkamm, Mensch und Gott in der griechischen Tragödie und in der urchristlichen Botschaft, in: s Bornkamm, Sünde, S. 173–195.
G. Bornkamm, Paulinische Anakoluthe, in: s Bornkamm, Sünde, S. 76–92.
G. Bornkamm, Paulus, Stuttgart [4]1979 (UB 119).
G. Bornkamm, Sünde, Gesetz und Tod (Röm 7), in: ders, Das Ende des Gesetzes. Paulusstudien, GA I, München [5]1966 (BEvTh 16), S. 51–69.
F. Bovon/G. Rouiller (ed), Exegesis. Problèmes de méthode et exercices de lecture (Genèse 22 et Luc 15), Neuchâtel 1975 (BT[N]).
H. Braun, Die Problematik einer Theologie des Neuen Testaments, in: s. Strecker, Problem, 405–424.
H. Braun, Vom Verstehen des Neuen Testaments, in: ders, Gesammelte Studien zum Neuen Testament und seiner Umwelt, Tübingen [2]1967, S. 283–298.
I. Broer, Die Gleichnisexegese und die neuere Literaturwissenschaft, BN 5 (1978) 13–27.
R.E. Brown, «And the Lord said»? Biblical Reflections on Scripture as the Word of God, ThSt 42 (1981) 3–19.
R. Bultmann, Das Problem einer theologischen Exegese des Neuen Testaments, in: s Strecker, Problem, S. 249–277.
R. Bultmann, Geschichte und Eschatologie, Tübingen [2]1964.
R. Bultmann, Glauben und Verstehen, GA I, Tübingen [6]1966.
R. Bultmann, Glauben und Verstehen, GA II, Tübingen [5]1968.
R. Bultmann, Neues Testament und Mythologie. Das Problem der Entmythologisierung der neutestamentlichen Verkündigung, in: Kerygma und Mythos I, Hamburg 1954, S. 15–48.
R. Bultmann, Theologie des Neuen Testaments, ed O. Merk, Tübingen [9]1984 (UTB 630).
P.M. v. Buren, Reden von Gott in der Sprache der Welt. Zur säkularen Bedeutung des Evangeliums (deutsche Übersetzung), Zürich 1965.
W. Burkert, Homo necans. Interpretationen altgriechischer Opferriten und Mythen, Berlin 1972 (RVV 32).
D.A. Carson/J.D. Woodbridge (ed), Scripture and Truth, Grand Rapids 1983.
M. Clévenot, So kennen wir die Bibel nicht, München 1978.
H. Conzelmann, Der erste Brief an die Korinther, Göttingen [10]1969 (KEK 5).

H. Conzelmann, Paulus und die Weisheit, in: ders, Theologie als Schriftauslegung, München 1974 (BEvTh 65), S. 177–190.
J.D. Crossan, In Parables. The Challenge of the Historical Jesus, New York 1973.
J.D. Crossan, Raid on the Articulate. Comic Eschatology in Jesus and Borges, New York 1976.
O. Cullmann, Christus und die Zeit: in: s Strecker, Problem, S. 278–293.
A.C. Danto, Analytische Philosophie der Geschichte (deutsche Übersetzung), Frankfurt 1974.
W. Dilthey, Der Aufbau der geschichtlichen Welt in den Geisteswissenschaften, in: ders, Gesammelte Schriften VII, Stuttgart/Göttingen ³1961, S. 79–188.
W. Dilthey, Ideen über eine beschreibende und zergliedernde Psychologie, in: Gesammelte Schriften V, Stuttgart/Göttingen ³1961, S. 139–240.
G. Ebeling, Artikel «Hermeneutik», in RGG ³III 242–262.
G. Ebeling, Das Wesen des christlichen Glaubens, München/Hamburg ³1967 (Siebenstern).
G. Ebeling, Dogmatik und Exegese, ZThK 77 (1980) 269–286.
G. Ebeling, Einführung in theologische Sprachlehre, Tübingen 1971.
G. Ebeling, Luther. Einführung in sein Denken, Tübingen 1964.
G. Ebeling, Schrift und Erfahrung als Quelle theologischer Aussagen, ZThK 75 (1978) 99–116.
G. Ebeling, Studium der Theologie. Eine enzyklopädische Orientierung, Tübingen 1975 (UTB 446).
G. Ebeling, Theologie und Verkündigung. Ein Gespräch mit Rudolf Bultmann, Tübingen 1962 (HUTh 1).
G. Ebeling, Wort und Glaube (I), Tübingen ³1967.
G. Ebeling, Wort und Glaube II, Tübingen 1969.
O. C. Edwards, Sociology as a Tool for Interpreting the New Testament, AThR 65 (1983) 431–448.
E. E. Ellis, Prophecy and Hermeneutic in Early Christianity, Tübingen 1978 (WUNT 18).
J. Ernst (ed), Schriftauslegung. Beiträge zur Hermeneutik des Neuen Testaments und im Neuen Testament, München 1972.
H. Faber, Religionspsychologie, Gütersloh 1973.
R. Fetscher, Grundlinien der Tiefenpsychologie von S. Freud und C.G. Jung in vergleichender Darstellung, Stuttgart 1978 (problemata 69).
H. Fischer, Gespaltener christlicher Glaube. Eine psychoanalytisch orientierte Religionskritik, Hamburg 1974.
H. Frankemölle, Biblische Handlungsanweisungen. Beispiele pragmatischer Exegese, Mainz 1983.
S. Freud, Der Mann Moses und die monotheistische Religion, Studienausgabe IX, Frankfurt 1974, S. 455–581.

S. Freud, Totem und Tabu, Studienausgabe IX, Frankfurt 1974, S. 287–444.
E. Fromm, Religion, Stuttgart 1980.
N. Frye, The Great Code. The Bible and Literature, London 1982.
E. Fuchs, Alte und neue Hermeneutik, in: ders, Glaube und Erfahrung, Zum christologischen Problem in Neuen Testament, GA III, Tübingen 1965, S. 193–230.
E. Fuchs, Das entmythologisierte Glaubensärgernis, in: ders, Zum hermeneutischen Problem in der Theologie. Die existentiale Interpreation, GA I, Tübingen ²1965, S. 211–236.
E. Fuchs, Das Neue Testament und das hermeneutische Problem, in: s. Fuchs, Alte, S. 136–173.
E. Fuchs, Das Problem der theologischen Exegese des Neuen Testaments, in: s. Fuchs, Glaubensärgernis, S. 138–153.
E. Fuchs, Das Problem der theologischen Hermeneutik. Ein Gruß an Rudolf Bultmann anläßlich der Beendigung seiner akademischen Lehrtätigkeit in Marburg, in: s. Fuchs, Glaubensärgernis, S. 116–137.
E. Fuchs, Das Sprachereignis in der Verkündigung Jesu, in der Theologie des Paulus und im Ostergeschehen, in: s. Fuchs, Glaubensärgernis, S. 281–305.
E. Fuchs, Das Wort Gottes, in: s. Fuchs, Glaubensärgernis, S. 323–333.
E. Fuchs, Das Zeitverständnis Jesu, in: s. Fuchs, Aufgabe, S. 304–376.
E. Fuchs, Der historische Jesus als Gegenstand der Verkündigung, in: s. Fuchs, Alte, S. 433–444.
E. Fuchs, Die Analogie, in: s. Harnisch, Gleichnisforschung, S. 1–19.
E. Fuchs, Die Aufgabe der neutestamentlichen Wissenschaft für die kirchliche Verkündigung heute, in: ders., Zur Frage nach dem historischen Jesus, GA II, Tübingen ²1965, S. 55–65.
E. Fuchs, Die der Theologie durch die historisch-kritische Methode auferlegte Besinnung, in: s. Fuchs, Aufgabe, S. 219–237.
E. Fuchs, Die Frage nach dem historischen Jesus, in: s. Fuchs, Aufgabe, S. 143–167.
E. Fuchs, Die Sprache im Neuen Testament, in: s. Fuchs, Aufgabe, S. 258–279.
E. Fuchs, Die Theologie des Neuen Testaments und der historische Jesus, in: s. Strecker, Problem, S. 378–404.
E. Fuchs, Hermeneutik, Bad Cannstatt ³1963.
E. Fuchs, Hermeneutik?, in: s. Fuchs, Alte, S. 116–135.
E. Fuchs, Glaube und Geschichte im Blick auf die Frage nach dem historischen Jesus. Eine Auseinandersetzung mit G. Bornkamms Buch über «Jesus von Nazareth», in: s. Fuchs, Aufgabe, S. 168–218.
E. Fuchs, Glaube und Wirklichkeit, in: s. Fuchs, Glaubensärgernis, S. 1–44.
E. Fuchs, Jesus. Wort und Tat, Tübingen 1971.

E. Fuchs, Marburger Hermeneutik, Tübingen 1968 (HUTh 9).
E. Fuchs, Muß man an Jesus glauben, wenn man an Gott glauben will? Vorerwägungen zur Auslegung von 1 Kor 15,1–11, in: s. Fuchs, Alte, S. 249–279.
E. Fuchs, Was ist existentiale Interpretation? A, in: s. Fuchs, Glaubensärgernis, S. 65–90.
E. Fuchs, Was ist existentiale Interpretation? B, in: s. Fuchs, Glaubensärgernis, S. 91–115.
E. Fuchs, Was wird in der Exegese des Neuen Testaments interpretiert?, in: ders., Zur Frage nach dem historischen Jesus, GA II, Tübingen 1960, S. 280–303.
M. Fuhrmann/H.R. Jauss/W. Pannenberg (ed), Text und Applikation. Theologie, Jurisprudenz und Literaturwissenschaft im hermeneutischen Gespräch, München 1981.
R.W. Funk, Die Struktur der erzählenden Gleichnisse Jesu, in: s. Harnisch, Gleichnisforschung, S. 224–247.
R.W. Funk, Language, Hermeneutic, and Word of God. The Problem of Language in the New Testament and Contemporary Theology, New York 1966.
H.G. Gadamer, Wahrheit und Methode. Grundzüge einer philosophischen Hermeneutik, Tübingen ^{4}1975.
H. Gese, Erwägungen zur Einheit der biblischen Theologie, ZThK 67 (1970) 417–436.
J. Gnilka, Methodik und Hermeneutik, in: ders. (ed), Neues Testament und Kirche, Fschr R. Schnackenburg, Freiburg 1974, S. 458–475.
L. Goppelt, Theologie des Neuen Testaments, Göttingen ^{3}1978 (UTB 850).
N.K. Gottwald (ed), The Bible and Liberation. Political and Social Hermeneutics, Maryknoll, New York 1983.
E. Grässer, Das eine Evangelium. Hermeneutische Erwägungen zu Gal 1,6–10, ZThK 66 (1969) 306–344.
E. Grassi, Macht des Bildes: Ohnmacht der rationalen Sprache. Zur Rettung des Rhetorischen, Köln 1970.
A.J. Greimas, Strukturale Semantik. Methodologische Untersuchungen, Braunschweig 1971.
A.H.J. Gunneweg, Vom Verstehen des Alten Testaments, Göttingen 1977 (GAT 5).
E. Güttgemanns, Narrative Analyse synoptischer Texte, in: s Harnisch, Gleichnisforschung, S. 179–223.
F. Hahn, Die neutestamentliche Wissenschaft, in: Wissenschaftliche Theologie im Überblick, Göttingen 1974 (KVR 1402), S. 20–38.
F. Hahn, Probleme historischer Kritik, ZNW 63 (1972) 1–17.
W. Harnisch, Die Gleichniserzählungen Jesu. Eine hermeneutische Einführung, Göttingen 1985 (UTB 1343).

W. Harnisch (ed), Die neutestamentliche Gleichnisforschung im Horizont von Hermeneutik und Literaturwissenschaft, Darmstadt 1982 (WdF 575).

W. Harnisch (ed), Gleichnisse Jesu. Positionen der Auslegung von Adolf Jülicher bis zur Formgeschichte, Darmstadt 1982 (WdF 366).

H. Harsch/G. Voss (ed), Versuche mehrdimensionaler Schriftauslegung. Bericht über ein Gespräch, Stuttgart 1972.

M. Hengel, Historische Methoden und theologische Auslegung des Neuen Testaments, KuD 19 (1973) 85–90.

E. Jüngel, Anthropomorphismus als Grundproblem neuzeitlicher Hermeneutik, in: E. Jüngel/J. Wallmann/W. Werbeck (ed), Verifikationen, Fschr G. Ebeling, Tübingen 1982, S. 499–521.

E. Jüngel, Die Welt als Möglichkeit und Wirklichkeit. Zum ontologischen Ansatz der Rechtfertigungslehre, in: s Jüngel, Gott, S. 206–233.

E. Jüngel, Gott – als Wort unserer Sprache, in: ders, Unterwegs zur Sache. Theologische Bemerkungen, München 1972 (BEvTh 61), S. 80–104.

E. Jüngel, Metaphorische Wahrheit. Erwägungen zur theologischen Relevanz der Metapher als Beitrag zur Hermeneutik einer narrativen Theologie, in: s Jüngel, Quae, S. 103–157.

E. Jüngel, Quae supra nos, nihil ad nos. Eine Kurzformel der Lehre vom verborgenen Gott – im Anschluß an Luther interpretiert, in: ders, Entsprechungen: Gott – Wahrheit – Mensch. Theologische Erörterungen, München 1980 (BEvTh 88), S. 202–251.

W.-D. Just, Religiöse Sprache und analytische Philosophie. Sinn und Unsinn religiöser Aussagen, Stuttgart 1975.

E. Käsemann (ed), Das Neue Testament als Kanon, Göttingen 1970.

E. Käsemann, Geist und Buchstabe, in: ders, Paulinische Perspektiven, Tübingen 1969, S. 237–285.

E. Käsemann, Vom theologischen Recht historisch-kritischer Exegese, ZThK 64 (1967) 259–281.

F.W. Kantzenbach, Die Bergpredigt. Annäherung – Wirkungsgeschichte, Stuttgart 1982.

F.W. Kantzenbach, Verstehen und Verantworten. Hermeneutische Beiträge aus den theologischen Disziplinen, Stuttgart 1976.

H.C. Kee, Das frühe Christentum in soziologischer Sicht, Göttingen 1982.

D.H. Kelsey, The Uses of Scripture in Recent Theology, London 1975.

G. Klein, Das Ärgernis des Kreuzes, in: ders, Ärgernisse. Konfrontationen mit dem Neuen Testament, München 1970, S. 115–131.

G. Klein, Individualgeschichte und Weltgeschichte bei Paulus, in: ders, Rekonstruktion und Interpretation, München 1969 (BEvTh 50), S. 180–224.

G. Klein, Sündenverständnis und theologia crucis bei Paulus, in: C. Andresen/G. Klein (ed), Theologia crucis – Signum crucis, Fschr E. Dinkler, Tübingen 1979, S. 249–282.

W.G. Kümmel, Das Neue Testament. Geschichte der Erforschung seiner Probleme, München [2]1970 (Orbis academicus III/3).

B.C. Lategan, Directions in Contemporary Exegesis: Between historicism and structuralism, JTSA 25 (1978) 18–30.

Th. Leithäuser/B. Volmerg, Anleitung zur empirischen Hermeneutik. Psychoanalytische Textinterpretation als sozialwissenschaftliches Verfahren, Frankfurt 1979 (es 972).

X. Léon-Dufour (ed), Exegese im Methodenkonflikt, München 1973.

R. Leuenberger, Zeit in der Zeit. Über das Gebet, Zürich 1988.

Chr. Link, Die Welt als Gleichnis. Studien zum Problem der natürlichen Theologie, München [2]1982 (BEvTh 73).

Chr. Link, In welchem Sinne sind theologische Aussagen wahr?, EvTh 42 (1982) 518–540.

E. Lohse, «Ich aber sage euch», in: ders, Die Einheit des Neuen Testaments, Göttingen 1973, S. 73–87.

H. Lübbe, Geschichtsbegriff und Geschichtsinteresse. Analytik und Pragmatik der Historie, Basel/Stuttgart 1977.

U. Luck, Welterfahrung und Glaube als Grundproblem biblischer Theologie, München 1976 (TEH 191).

D. Lührmann, Auslegung des Neuen Testaments, Zürich 1984 (Zürcher Grundrisse zur Bibel).

U. Luz, Erwägungen zur sachgemäßen Interpretation neutestamentlicher Texte, EvTh 42 (1982) 493–518.

J. Macquarrie, Gott-Rede. Eine Untersuchung der Sprache und Logik der Theologie (deutsche Übersetzung von A. Pieper), Würzburg 1974.

E.S. Malbon, Structuralism, Hermeneutics, and Contextual Meaning, JAAR 51 (1983) 207–230.

B.J. Malina, The Social Sciences and Biblical Interpretation, Interp. 36 (1982) 229–242.

U. Mann, Einführung in die Religionspsychologie, Darmstadt 1973.

R. Marlé, Das theologische Problem der Hermeneutik, Mainz 1965.

L. Martin, Versuch zur strukturalen Analyse des Gleichnis-Berichts Matthäus 13,1–23, in: s Harnisch, Gleichnisforschung, S. 76–126.

W.A. Meeks (ed), Zur Soziologie des Urchristentums. Ausgewählte Beiträge zum frühchristlichen Gemeinschaftsleben in seiner gesellschaftlichen Umwelt, München 1979 (TB Historische Theologie 62).

O. Merk (ed), Schriftauslegung als theologische Aufklärung. Aspekte gegenwärtiger Fragestellungen in der neutestamentlichen Wissenschaft, Gütersloh 1984.

F. Mildenberger, Theorie der Theologie, Stuttgart 1972.

J. Moltmann, Exegese und Eschatologie der Geschichte, in: ders, Perspektiven der Theologie, München 1968, S. 57–92.

W. Mostert, «Fides creatrix». Dogmatische Erwägungen über Kreativität und Konkretion des Glaubens, ZThK 75 (1978) 233–250.

W. Mostert, Menschwerdung. Eine historische und dogmatische Untersuchung über das Motiv der Inkarnation des Gottessohnes bei Thomas von Aquin, Tübingen 1978 (BHTh 57).
W. Mostert, Scriptura sacra sui ipsius interpres. Bemerkungen zum Verständnis der Heiligen Schrift durch Luther, in: Lutherjahrbuch 46 (1979) 60–96.
W. Mostert, Sinn oder Gewißheit? Versuche zu einer theologischen Kritik des dogmatistischen Denkens, Tübingen 1976 (HUTh 16).
C.F.D. Moule, Essays in New Testament Interpretation, Cambridge 1982.
Chr. D. Müller, Die Erfahrung der Wirklichkeit. Hermeneutisch-exegetische Versuche mit besonderer Berücksichtigung alttestamentlicher und paulinischer Theologie, Gütersloh 1978.
H. Müller-Pozzi, Psychologie des Glaubens. Versuch einer Verhältnisbestimmung von Theologie und Psychologie, München 1975.
E. Nase/J. Scharfenberg (ed), Psychoanalyse und Religion, Darmstadt 1977 (WdF 275).
A.L. Nations, Historical Criticism and the Current Methodological Crisis, SJTh 36 (1983) 59–71.
D. Nestle, Neues Testament elementar. Texte der Verfolgten. Sprache der Liebe. Wort Gottes, Neukirchen-Vluyn 1980.
K. Niederwimmer, Kerygmatisches Symbol und Analyse. Zur Kritik der tiefenpsychologischen Bibelinterpretation, ARPs 7 (1962) 203–223.
K. Niederwimmer, Tiefenpsychologie und Exegese, WzM 22 (1970) 257–272.
W. Pannenberg, Hermeneutik und Universalgeschichte, ZThK 60 (1963) 90–121.
W. A. de Pater, Reden von Gott. Reflexionen zur analytischen Philosophie der religiösen Sprache, Bonn 1974 (FThL 5).
W. A. de Pater, Theologische Sprachlogik, München 1971.
N. Perrin, Jesus and the Language of the Kingdom. Symbol and Metaphor in New Testament Interpretation, London 1976.
R. Pesch, Neuere Exegese – Verlust oder Gewinn, Freiburg 1968.
R. Pettazoni, Der Allwissende Gott, Frankfurt 1957 (FiBü 319).
K. Rahner, Exegese und Dogmatik, in: H. Vorgrimler (ed), Exegese und Dogmatik, Mainz 1962, S. 25–52.
P. Ricœur, Biblische Hermeneutik, in: s. Harnisch, Gleichnisforschung, S. 248–339.
P. Ricœur, Hermeneutik und Strukturalismus. Der Konflikt der Interpretationen I, München 1973.
P. Ricœur, Hermeneutik und Psychoanalyse. Der Konflikt der Interpretationen II, München 1974.
P. Ricœur, La métaphore vive, Paris 1975.
P. Ricœur, Stellung und Funktion der Metapher in der biblischen Sprache, in: P. Ricœur/E. Jüngel, Metapher. Zur Hermeneutik religiöser Sprache, EvTh Sonderheft, München 1974, S. 45–70.

J.M. Robinson, Kerygma und historischer Jesus, Zürich ²1967.
J.M. Robinson/J.B. Cobb (ed), Die neue Hermeneutik, Neuland in der Theologie II, Zürich 1965.
J. Roloff, Das Kerygma und der irdische Jesus. Historische Motive in den Jesus-Erzählungen der Evangelien, Göttingen ²1973.
J. Scharfenberg, Sigmund Freud und seine Religionskritik als Herausforderung für den christlichen Glauben, Göttingen 1968.
K. H. Schelkle, Hermeneutische Regeln im Neuen Testament, in: ders, Wort und Schrift, Düsseldorf 1966, S. 31–44.
W. Schenk, Evangelium – Evangelien – Evangeliologie. Ein «hermeneutisches» Manifest, München 1983 (TEH 216).
H. Schlier, Über Sinn und Aufgabe einer Theologie des Neuen Testaments, in: s. Strecker, Problem, S. 323–344.
H. H. Schmid, Schöpfung, Gerechtigkeit und Heil, ZThK 70 (1973) 1–19.
H. H. Schmid, Unterwegs zu einer neuen Biblischen Theologie?, in: K. Haacker (ed), Biblische Theologie heute, Neukirchen-Vlnyn 1977, S. 75–95.
W. Schmithals, Die Theologie Rudolf Bultmanns, Tübingen ²1967.
F. Schnider, Die verlorenen Söhne. Strukturanalytische und historisch-kritische Untersuchungen zu Lk 15, Fribourg 1977 (OBO 17).
U. Schoenborn, Jesu sakramentale Verkündigung, Marburg 1972 (Diss. theol.).
G. Schunack, Textverständnis, Textbegriff und Texttheorie, in: G. Ebeling/E. Jüngel/G. Schunack, Fsch E. Fuchs, Tübingen 1973, S. 299–321.
H. Schweizer, Wovon reden die Exegeten? Zum Verständnis der Exegese als verstehender und deskriptiver Wissenschaft, ThQ 164 (1984) 161–185.
E. Schweizer, Kanon?, EvTh 31 (1971) 339–357.
E. Schweizer, Wer ist Jesus Christus?, ThLZ 99 (1974) 721–732.
R. Scroggs, The Sociological Interpretation of the New Testament. The Present State of Research, NTS 26 (1980) 164–179.
G. Sellin, Allegorie und «Gleichnis». Zur Formenlehre der synoptischen Gleichnisse, ZThK 75 (1978) 281–335.
B. Snell, Die Entdeckung des Geistes. Zur Entstehung des europäischen Denkens bei den Griechen, Hamburg ⁴1975.
R.A. Spencer (ed), Orientation by Disorientation. Studies in Literary Criticism and Biblical Literary Criticism, Fschr W.A. Beardslee, Pittsburg 1980.
Y. Spiegel (ed), Doppeldeutlich. Tiefendimensionen biblischer Texte, München 1978.
Y. Spiegel (ed), Psychoanalytische Interpretationen biblischer Texte, München 1972.
G. Stachel, Die neue Hermeneutik, München 1968.
O. H. Steck, Welt und Umwelt, Stuttgart 1978 (Kohlhammer Taschenbü-

cher Biblische Konfrontationen 1006).
A. Stock, Einheit des Neuen Testaments. Erörterung hermeneutischer Grundpositionen der heutigen Theologie, Einsiedeln 1969.
A. Stock, Textentfaltungen. Semiotische Experimente mit einer biblischen Geschichte, Düsseldorf 1978.
A. Stock, Umgang mit theologischen Texten. Methoden, Analysen, Vorschläge, Zürich 1974.
G. Strecker, Das Problem der Theologie des Neuen Testaments, in: ders. (ed), Das Problem der Theologie des Neuen Testaments, Darmstadt 1975 (WdF 367), S. 1–31.
G. Strecker/U. Schnelle, Einführung in die neutestamentliche Exegese, Göttingen 1983 (UTB 1253).
P. Stuhlmacher, Historische Kritik und theologische Schriftauslegung, in: ders., Schriftauslegung auf dem Wege zur biblischen Theologie, Göttingen 1975, S. 59–127.
P. Stuhlmacher, Neues Testament und Hermeneutik – Versuch einer Bestandesaufnahme, in: s. Stuhlmacher, Kritik, S. 9–49.
P. Stuhlmacher, Vom Verstehen des Neuen Testaments. Eine Hermeneutik, Göttingen 1979 (GNT 6).
P. Stuhlmacher, Zur Methoden- und Sachproblematik einer interkonfessionellen Auslegung des Neuen Testaments, in: EKK Vorarbeiten 4, Zürich 1972, S. 11–55.
S. McF. Teselle, Speaking in Parables, New York 1975.
G. Theissen, Psychologische Aspekte paulinischer Theologie, Göttingen 1983 (FRLANT 131).
G. Theissen, Soziologie der Jesusbewegung, München 1977 (TEH 194).
G. Theissen, Studien zur Soziologie des Urchristentums, Tübingen ²1983 (WUNT 19).
G. Theissen, Urchristliche Wundergeschichten. Ein Beitrag zur formgeschichtlichen Erforschung der synoptischen Evangelien, Gütersloh 1974 (StNT 8).
A.C. Thiselton, The Two Horizons. New Testament Hermeneutics and Philosophical Description with Special Reference to Heidegger, Bultmann, Gadamer, and Wittgenstein, Grand Rapids 1980.
M. Titzmann, Strukturale Textanalyse. Theorie und Praxis der Interpretation, München 1977 (UTB 582).
M.A. Tolbert, Defining the Problem: The Bible and Feminist Hermeneutics, Semeia 28 (1983) 113–126.
E. Troeltsch, Über historische und dogmatische Methode in der Theologie, in: G. Sauter (ed), Theologie als Wissenschaft, München 1971 (TB 43), S. 105–127.
M. Trowitzsch, Verstehen und Freiheit. Umrisse zu einer theologischen Kritik der hermeneutischen Urteilskraft, Zürich 1981 (ThSt 126).
D.O. Via, Die Gleichnisse Jesu. Ihre literarische und existentiale Dimension

(deutsche Übersetzung), München 1970 (BEvTh 57).
A. Vögtle, Die hermeneutische Relevanz des geschichtlichen Charakters der Christusoffenbarung, in: ders, Das Evangelium und die Evangelien. Beiträge zur Evangelienforschung, Düsseldorf 1971, S. 16–30.
A. Vögtle, Hermeneutische Grundfragen der neutestamentlichen Exegese, in: W. Marx (ed), Verstehen und Auslegen, Freiburg 1968 (Freiburger Dies Universitatis 14), S. 23–41.
R. Warning (ed), Rezeptionsästhetik. Theorie und Praxis, München 1975 (UTB 303).
H. Weder, Das Kreuz Jesu bei Paulus. Ein Versuch, über den Geschichtsbezug des christlichen Glaubens nachzudenken, Göttingen 1981 (FRLANT 125).
H. Weder, Der Mythos vom Logos (Johannes 1). Überlegungen zur Sachproblematik der Entmythologisierung, in: H. H. Schmid (Hrsg.), Mythos und Rationalität, Gütersloh 1988, S. 44–75.
H. Weder, Der «Strukturalismus» in der Theologie, KRS 130 (1974) 386–389.
H. Weder, Die Gabe der *hermēneia* (1 Kor 12 und 14), in: H. F. Geisser/W. Mostert (ed), Wirkungen hermeneutischer Theologie. Eine Zürcher Festgabe zum 70. Geburtstag Gerhard Ebelings, Zürich 1983, S. 99–112.
H. Weder, Die Gleichnisse Jesu als Metaphern. Traditions- und redaktionsgeschichtliche Analysen und Interpretationen, Göttingen [3]1984 (FRLANT 120).
H. Weder, Die Menschwerdung Gottes. Überlegungen zur Auslegungsproblematik des Johannesevangeliums am Beispiel von Joh 6, ZThK 82 (1985) 325–360.
H. Weder, Die «Rede der Reden». Beobachtungen zum Verständnis der Bergpredigt Jesu, EvTh 45 (1985) 45–60.
H. Weder, ELEUTHERIA und Toleranz, in: T. Rendtorff (ed), Glaube und Toleranz. Das theologische Erbe der Aufklärung, Gütersloh 1982, S. 243–254.
H. Weder, «Evangelium Jesu Christi» (Mk 1,1) und «Evangelium Gottes» (Mk 1,14), in: U. Luz/H. Weder (ed), Die Mitte des Neuen Testaments, Fschr E. Schweizer, Göttingen 1983, S. 399–411.
H. Weder, Exegese und Dogmatik. Überlegungen zur Bedeutung der Dogmatik für die Arbeit des Exegeten, ZThK 84 (1987) 137–161.
H. Weder, Exegese und Psychologie. Zu Gerd Theissens Analyse paulinischer Theologie, VuF 33 (1/1988) 57–63.
H. Weder, Gesetz und Sünde. Gedanken zu einem qualitativen Sprung im Denken des Paulus, NTS 31 (1985) 357–376.
H. Weder, «Leiblichkeit». Neutestamentliche Anmerkungen zu einem aktuellen Stichwort, in: M. Krieg/H. Weder, Leiblichkeit, Zürich 1983 (ThSt 128), S. 31–50.
H. Weder, Wunder Jesu und Wundergeschichten, in: VuF 29/1/1984, S. 25–49.
H. Weder, Zum Problem einer «christlichen Exegese». Ein Versuch, einige methodologische und hermeneutische Anfragen zu formulieren, NTS 27 (1980) 64–82.

H. Weder, Zu neuen Ufern? Exegetische Vorstöße in methodisches Neuland, EvKomm 21 (1988) 141–144.
C.F. von Weizsäcker, Der Garten des Menschlichen. Beiträge zur geschichtlichen Anthropologie, München/Wien [2]1977.
A. N. Wilder, Early Christian Rhetoric. The Language of the Gospel, Cambridge (Mass.) 1971.
A. N. Wilder, Jesus Parables and the War of Myths. Essays on Imagination in the Scripture, London 1982.
W. Wink, Bibelauslegung als Interaktion. Über die Grenzen historisch-kritischer Methode, Stuttgart 1976.
M. Winter, Pneumatiker und Psychiker in Korinth. Zum religionsgeschichtlichen Hintergrund von 1 Kor 2,6–3,4, Marburg 1975 (MThSt 12).
L. Wittgenstein, Vermischte Bemerkungen. Eine Auswahl aus dem Nachlaß, ed G.H. von Wright, Frankfurt 1977.
W. Wrede, Über Aufgabe und Methode der sogenannten Neutestamentlichen Theologie, in: s. Strecker, Problem, S. 81–154.
W. H. Wuellner/R. C. Leslie, The Surprising Gospel. Intriguing Psychological Insights from the New Testament, Nashville 1984.